Friedhelm Krummacher
Geschichte des Streichquartetts

Friedhelm Krummacher

Geschichte des Streichquartetts

Band 1: Die Zeit der Wiener Klassik

Mit 109 Notenbeispielen

LAABER

Bibliographische Information der Deutschen Bibliothek

Die Deutsche Bibliothek verzeichnet diese Publikation
in der Deutschen Nationalbibliographie;
detaillierte bibliographische Daten sind im Internet über
<http://dnb.ddb.de/> abrufbar.

© 2005 by Laaber-Verlag GmbH, Laaber
Alle Rechte vorbehalten
Printed in Germany / Imprimé en Allemagne
ISBN 3–89007–587–8
Layout: Emmerig DTP, Lappersdorf
Druck und buchbinderische Verarbeitung: druckhaus köthen GmbH
Umschlagbild: Das Streichquartett, anonyme Darstellung des 18. Jahrhunderts

Inhaltsverzeichnis

Geleitwort VII

Vorwort IX

Einleitung XV

Teil I
Gründung der Gattung – Werdegang oder Schöpfungsakt   1

1. Schwierigkeiten der Vorgeschichte: Haydns
   frühe Experimente 1
2. Arbeit am Modell: Haydns Weg von op. 9 zu op. 33 24
3. Luigi Boccherini: Positionen aus Distanz 52
4. Perspektiven der Lehre: Theoretische Normen und
   Kriterien der Gattung 70
5. Aus Haydns Umfeld: Seitenwege und Zeitgenossen 86
       Mannheim, Franz Xaver Richter und Christian Cannabich   88
       Wiener Anfänge: Von Franz Asplmayr bis Jan Baptist Vanhal   92
       In Haydns Kreis: Michael Haydn, Tomasini und Dittersdorf   106
       Wiener Konjunkturen: Kozeluch und die anderen 109
       Ignaz Pleyel: »élève de Mr. Haydn« 122
       Hofmusik in Wallerstein: von Beecke und Rosetti 131
       Reaktionen im Norden: Kraus und Wikmanson 138

Teil II
Norm und Individuation – Das klassische Streichquartett   147

1. Haydns reife Quartette von op. 42 bis op. 103 147
2. Integration der Kontraste: Mozarts Quartettkunst 178
3. Reformulierung der Gattung: Beethovens op. 18 und op. 59   223
4. Zur Zeit der Wiener Klassik: Vom Quatuor concertant
   zum Quatuor brillant 268
       Das Quatuor concertant: Von Baudron bis Cambini 269
       Haydn in Sicht: Vachon und Jadin 280
       Zum Quatuor brillant: Kreutzer und Rode 285
       Wiener Maß in Italien: Radicati und Benincori 290
       Nachklang in Wien: Gyrowetz, Krommer und Hänsel 299
5. Hermetik und Expansion: Cherubini als Quartettkomponist   314

Teil III
Krisis im Kontinuum – Polarisierung der Möglichkeiten (I) 329

1. Beethovens späte Quartette 329
2. Im Schatten Beethovens: Quartette des frühen 19. Jahrhunderts 392
    Die Vettern Romberg 395
    Heikle Ambitionen: Hummel und Ries 406
    Erhöhter Anspruch: Friedrich Ernst Fesca 419
    Echo im Süden: Arriaga und Donizetti 431
    Von Paris nach Leipzig: George Onslow 438

Geleitwort

Dem Wunsch des Verlegers folgend, wird diese Darstellung, die zuvor im »Handbuch der musikalischen Gattungen« als Teilband 6/1-2 erschien, in einer Neuausgabe als »Geschichte des Streichquartetts« vorgelegt, die den Wortlaut unverändert zu belassen hatte. Das abweichende Format nötigte allerdings zur Gliederung in drei Bände, wobei Teil III der Originalausgabe auf die beiden ersten Bände aufgeteilt werden mußte. Soweit für die Bandtitel summarische Epochenbegriffe benutzt werden, sind sie so eingeschränkt aufzufassen, wie sie im Text verwendet werden.

Die Zeit war zu kurz bemessen, um die gründliche Prüfung aller Angaben zu erlauben. So mußten sich Korrekturen auf offenkundige Versehen begrenzen, ohne neuere Literatur heranziehen zu können, während auf die Abbildungen der Erstausgabe zu verzichten war. Wie die zusammenfassenden Kapitel in Teilband 2 werden auch die entsprechenden Kapitel aus Teilband 1 durch Zwischentitel gegliedert, die der leichteren Übersicht dienen mögen. Zudem werden die Kapitel, die einzelnen Komponisten gewidmet sind, im Register näher erschlossen, das für die untersuchten Werke maßgebliche Seiten nennt, ohne durch bloße Erwähnungen belastet zu werden. Im ersten Band der Neuausgabe finden sich die Vorworte beider Teilbände in einem gemeinsamen Text zusammengeführt, im dritten Band werden die Literaturverzeichnisse zusammengefaßt.

Wer sich mit den hier behandelten Quellen und Autoren befaßt, wird auch Anlaß zu Ergänzungen und Korrekturen sehen. Das aber war in Kauf zu nehmen, wenn erstmals versucht werden sollte, die Geschichte einer so anspruchsvollen Gattung in ihrem Zusammenhang und zugleich in ihren Verzweigungen zu umreißen. Herrn Dr. Henning Müller-Buscher ist für die Initiative zur Neuausgabe zu danken, ebenso Herrn Dr. Thomas Emmerig, der die Herstellung des Umbruchs übernahm, während das Register seitens des Verlags angefertigt wurde.

Kiel, den 1. 1. 2004   Fr. Kr.

Vorwort

Die Überzeugung, das Streichquartett unterscheide sich von anderen Gattungen durch höchsten Anspruch, scheint derart eingewurzelt zu sein, daß sie kaum noch erörtert werden muß. Wie wenig selbstverständlich sie ist, wird jedoch einsichtig, wenn man daran erinnert, daß das Quartett zunächst in der Hausmusik beheimatet war, während es zugleich die Sonderform des Quatuor brillant kannte. Falls der Gattung dennoch besonderer Rang zukommt, kann das nicht folgenlos für einen ersten Versuch bleiben, ihre Geschichte umfassend zu skizzieren. Dann nämlich dürfte es naheliegen, die maßgeblichen Werke primär als Modelle einer Geschichte des Komponierens aufzufassen. Denn der Anspruch, der mit der Gattung verbunden wird, richtet sich nicht nur an Komponisten und Spieler, sondern ebenso an Kritiker und Forscher. Sind daher Urteile unstatthaft, die nicht in analytischer Einsicht gründen, so kann eine Gattungsgeschichte nicht Analysen umgehen, in denen die Interpretation ihr Fundament findet. Wenig besagen Urteile ohne analytische Begründung zumal für neue Musik, die sich tradierten Regeln entziehen will und sie dennoch zur Voraussetzung hat. Dem Muster eines linearen Fortschritts, neben dem Beharrung als Regression erschiene, ließe sich daher nur um den Preis der Vereinfachung folgen. Einer Begradigung widersetzt sich nicht nur die Komplexität historischer Situationen, vielmehr bedingen sich die Momente wechselseitig, da ein Progressus nicht zu markieren wäre, stünde ihm nicht die Kontinuität einer Tradition gegenüber.

Ein Handbuch setzt eigentlich voraus, sein Gegenstand sei von der Forschung soweit erfaßt, daß eine zusammenfassende Übersicht möglich wird. Wo diese Prämisse entfällt, wird man keine vollständige Erschließung des Quellenbestands erwarten können. Zudem ist ein Handbuch, das vieles zu nennen hat, ohne alles aufnehmen zu können, nicht ohne eine Akzentuierung denkbar, die unvermeidbar von den Interessen eines Autors geleitet ist. So erklärt sich aus früheren Vorarbeiten, daß das Repertoire des 19. und des frühen 20. Jahrhunderts im Zentrum steht. Doch hat sich der Bestand im 20. Jahrhundert derart vermehrt, daß er zu zunehmender Eingrenzung nötigt, und zumal die Produktion der letzten Jahrzehnte erreicht ein Ausmaß, das nur in exemplarischer Auswahl zu bewältigen ist.

Durchweg gilt die Maxime, daß Aussagen und Urteile auf der Kenntnis der Werke durch Ausgaben und Einspielungen basieren, während auf Ausnahmen hinzuweisen bleibt. Doch wird ein Versuch, Musik des späteren 19. und des 20. Jahrhunderts zu erfassen, vielfach auf die Grenzen stoßen, die der Verbreitung der Werke zunehmend gesetzt waren. Leichter dürfte es sein, von Paris, London oder New York aus die Quellen zur Frühgeschichte des Streichquartetts zu erreichen, als für spätere Phasen die Grundlagen der Nationalmusik kennenzulernen. Fanden maßgebliche Exempla bis 1850 vielerorts Beachtung, so lag dann der Preis für die Emanzipation nationaler Traditionen in ihrer begrenzteren Geltung. Die Konzentration auf Hauptmeister hatte zur Folge, daß sich selbst Musiker, die im eigenen Lande beträchtliches Ansehen gewannen, auswärts kaum durchsetzen konnten. Und die Schwierigkeiten des Zugangs werden nicht geringer, je weiter man sich der Moderne nähert. Was selbst für gedruckte Partituren gilt, betrifft desto mehr die Forschungsliteratur, die nicht nur aus sprachlichen Gründen nur begrenzt herangezogen werden konnte. Um ein Bild von der Komplexität der Moderne zu vermitteln, müßte man Bibliotheken aller beteiligten Länder konsultieren – ein Vorhaben, das einen Autor überfordern würde. Aus naheliegenden Gründen waren Bestände aus deutschsprachigen und skandinavischen Länder eher zugänglich, während Werke aus anderen Ländern nicht immer gleichermaßen erreichbar waren.

Haben die ersten drei Teile übergreifende Probleme im Zusammenhang zu behandeln, so nötigt die wachsende Verzweigung des Repertoires für spätere Phasen zu weiterer Auffächerung der Kapitel. Statt systematischer Anordnung nach generellen Kriterien, die das Detail der Werke schmälern müßten, wurde daher der Gliederung nach Zeitphasen und Ländern der Vorzug gegeben. Einwände dagegen muß man nicht scheuen, sofern es um abwägende Urteile statt um eigenmächtige Bestimmungen geht. Wie zuvor Epochenbegriffe wie Klassik, Romantik und Biedermeier umgangen oder begrenzt wurden, so werden im weiteren Bezeichnungen wie Impressionismus, Neoklassizismus oder Neue Einfachheit nur eingeschränkt verwendet. Die bis 1850 formulierte Gattungstheorie, welche die ersten Teile umreißt, blieb zwar lange wirksam, in dem Maße jedoch, wie sie von unterschiedlichen Positionen abgelöst wurde, ist sie nicht mehr zusammenhängend, sondern an exemplarischen Werken zu erörtern. Während der Begriff der »Moderne« primär Musik meint, die nach 1900 die Grenzen einer freien Tonalität erreichte, impliziert die Rede von »Neuer Musik« Konsequenzen einer Aufhebung der Tonalität, wogegen das Kennwort »Avantgarde« weiteren Stufen vorbehalten wird. Je mehr sich aber die Phasen der Neuen Musik mit Avantgarde und Postmoderne überlappen, desto weniger besagen feste Zeitgrenzen, die ohnehin nur einen Rahmen abgeben, ohne Überschneidungen im geschichtlichen Prozeß auszuschließen.

Eine Gliederung nach Epochen hätte es nahegelegt, die ersten drei Teile bis zu Brahms fortzuführen, um den folgenden die Phasen der Moderne vorzubehalten. Damit würde jedoch die Zäsur verdeckt, die für das Streichquartett mit dem Tod von Beethoven und Schubert eintrat. Daß fortan von einer historischen Stufe auszugehen war, die als klassisch zu gelten hatte, begründete seit Mendelssohn und Schumann eine neue Problematik, die sich zudem mit der Ausbildung nationaler Traditionen kreuzte. Wie in sie manche Einzelwerke nicht einzufügen waren, so konnten selbst bedeutende Beiträge nicht überall nationale Idiome begründen. Aus dem Verhältnis zwischen Werken und Traditionen wird erst die außerordentliche Pluralität begreiflich, die sich im 20. Jahrhundert entfaltet hat. Indem historische und nationale Impulse noch nach 1900 wirksam blieben, wurden sie zu einer Voraussetzung der Moderne im 20. Jahrhundert.

Gesonderte Kapitel waren in den Teilen IV und VI nur Komponisten einzuräumen, deren Quartette jenseits nationaler Grenzen in den Gattungskanon aufrückten. Nächst Mendelssohn, Schumann und Brahms dürfte das für Schönberg und seine Schüler sowie für Bartók und Hindemith gelten, während die Stellung Regers zu begründen sein wird. Dagegen ließen sich in Teil VII Komponisten wie Milhaud, Rosenberg oder Schostakowitsch in den Kontext ihrer Länder einfügen. Die Fülle beteiligter Autoren machte eine Auswahl erforderlich, die von der Zugänglichkeit der Werke und damit von Zufällen nicht unabhängig war. Vorrangig waren daher Komponisten zu erfassen, für die das Quartett zentrale Bedeutung hatte, während Autoren einzelner Werke zurückstehen mußten, falls ihre Beiträge nicht besonderen Rang haben.

Ein Schwerpunkt liegt demnach in den Teilen IV und V, die sich um eine repräsentative Auswahl bemühen, wogegen die anwachsende Produktion für die Folgezeit zur Eingrenzung der Teile VII und VIII nötigte. Die Suche nach eigenen Wegen, die nach 1920 viele Autoren in ihren Ländern einschlugen, erschwerte mit der Werkverbreitung auch den Austausch, auf den ein breiter Diskurs angewiesen wäre. Ein Handbuch jedoch, das die Gattungsgeschichte umreißt, ist auf den Forschungsstand angewiesen, der sich nur in Teilbereichen erweitern läßt. So wenig gleichmäßig abgewogene Resultate zu erwarten sind, so viele Einzelheiten müssen offen bleiben, wenn vorläufige Antworten auf ausgewählte Fragen gesucht werden. Daß von den Änderungen nach 1950 der tradierte Gattungsbegriff nicht unberührt blieb, mag man bedauern, ohne es übersehen zu dürfen. Der von Joachim Brügge übernommene Ausblick am Ende von Teil VIII konnte nicht nur knapper ausfallen, weil er mit Werken der letzten Jahrzehnte einer kürzeren Zeitspanne galt. Manche Entwicklungen sind vielmehr im Fluß, weshalb ein bleibender Ertrag noch nicht absehbar ist. Weiß ein Historiker, daß sich nicht wenige Werke erst spät erschlossen haben, dann muß er auch damit rechnen, daß sich die Bedeutung neuer Beiträge erst in weiterer Zukunft erweisen wird.

Lebensdaten zeitgenössischer Autoren entsprechen dem bis 2001/02 ermittelten Stand und sind gegebenenfalls zu aktualisieren. Das Literaturverzeichnis erfaßt nur Publikationen, die für die Geschichte der Gattung maßgeblich sind. Man mag fragen, wozu sich ein Autor bemüht, so viele Werke durchzusehen, um am Ende dennoch festzustellen, daß die maßgeblichen Beiträge von den bekannten Musikern geschrieben wurden. Erst wer aber den beträchtlichen Standard der Zeitgenossen kennt, kann den Rang der Hauptwerke ermessen, die sich aus ihrem Kontext abheben und ohne ihn doch weniger verständlich würden. Ein Wort zum Schluß sei daher dem Verfasser erlaubt, der hiermit den Versuch abschließt, auf der Basis von Quellen und Analysen die Geschichte des Komponierens an zwei Gattungen zu verfolgen, die für eher »funktionale« Musik vor der Aufklärung und für »autonome« Werke im Zeichen eines neuen Kunstbegriffs exemplarisch sein dürften. Vom Repertoire der Figuralmusik vor 1700 ging der Versuch aus, die Geschichte der vokalen Choralbearbeitung von der Frühen Neuzeit bis zu Bach zu erschließen. Und von Mendelssohns Kammermusik her wurde der Geschichte des Streichquartetts nachgegangen, die mit dieser Darstellung bis zur Gegenwart gelangt. Es bleibt zu hoffen, daß daraus sichtbar wird, welche Aufgaben sich stellen, wenn man Musikgeschichte von den Werken aus verstehen will.

Ein Versuch, die Geschichte des Streichquartetts zu skizzieren, nimmt zwangsläufig beträchtliche Zeit in Anspruch. Die Aufgabe, die Carl Dahlhaus ins Auge gefaßt hatte, überließ er 1988 dem Autor, an dessen Vorarbeiten noch Stefan Kunze Anteil nahm, bevor er allzufrüh abberufen wurde. Die Ausarbeitung verzögerte sich durch zusätzliche Verpflichtungen während der Jahre nach 1989, doch konnten größere Abschnitte 1996 in einem Forschungssemester formuliert werden, für dessen Gewährung der Deutschen Forschungsgemeinschaft Dank gebührt. Ebenso ist der Norwegischen Akademie der Wissenschaften für einen Gastaufenthalt 1998 zu danken.

Die Darstellung war auf die Hilfe vieler angewiesen, die an geeigneter Stelle genannt werden, während ihnen hier nur summarisch zu danken ist: Dr. Michael Arntz (Köln), Dr. Antonio Baldassarre (Zürich), Hans-Rupert Bitterhof (Kassel), Dr. Per Olov Broman (Uppsala), Siegwald Bütow M. A. (Leipzig), Dr. Lionel Carley (London), Dr. Sten Dahlstedt (Södertälje), Marat Dickermann (Bad Homburg), Christoph Dohr (Köln), Dr. Katrin Eich (Karlsruhe), Hansjörg Ewert (Würzburg), Prof. Dr. Paul Feuchte (Freiburg i. Br.), LKMD Udo R. Follert (Speyer), Dr. Markus Frei-Hauenschild (Göttingen), Dr. Ryszard Daniel Golianek (Poznan), Matthias Härtenstein M. A. (Freiburg), Elisabeth Hilsdorf M. A. (Berlin), Eva-Maria Hodel (Breitkopf & Härtel, Wiesbaden), Prof. Dr. Karlheinz Höfer (Romberg-Archiv Vechta), Herfried Homburg (Spohr-Archiv Kassel), Prof. Dr. Ulrich Konrad (Würzburg), Dr. Michael Kube (Tübingen), Dr. Rainer Mohrs (Verlag Schott, Mainz), Prof. Dr. Siegfried Oechsle (Kiel), Peter Pfeil (Friedrich Kiel-Gesellschaft Bad

Laasphe), Prof. Dr. Dorothea Redepenning (Heidelberg), Dr. Salome Reiser (Kiel), Prof. Dr. Thomas Schipperges (Leipzig), Prof. Dr. Heinrich W. Schwab (Kopenhagen), Dr. Wolf-Dieter Seiffert (München), Prof. Dr. Wolfram Steinbeck (Köln), László Strauß-Németh (Freiburg), Selke Strehk M. A. und Dr. Christian Strehk (Felde), Dr. Michael Struck (Kiel), Prof. Evelinde Trenkner (Scharwenka-Gesellschaft Lübeck), Dr. Friedrich Wedell (Kiel) sowie Dr. Klaus Werner (Cloppenburg).

Ebenso dankbar bin ich den Bibliotheken und ihren Mitarbeitern, die mir Quellenbestände zur Einsicht überließen und in Filmen oder Kopien zugänglich machten: Staatsbibliothek zu Berlin – Preußischer Kulturbesitz (Musikabteilung mit Mendelssohn-Archiv), Gemeentemuseum Den Haag (Dr. Frits Zwart), Badische Landesbibliothek Karlsruhe (Dr. Martina Rebmann), Universitätsbibliothek Kiel, Det Kongelige Bibliotek København (Claus Røllum-Larsen), The British Museum London, Bayerische Staatsbibliothek München, Universitetsbiblioteket – Norsk musikksamling Oslo, Bibliothèque Nationale Paris, Kungliga Musikaliska Akademiens Bibliotek – Statens musikbibliotek Stockholm (Susanne Haglund und Anna-Lena Holm), Württembergische Landesbibliothek Stuttgart, Archiv der Gesellschaft der Musikfreunde in Wien sowie Österreichische Nationalbibliothek Wien. Herzlich danke ich Prof. Dr. Otto Biba (Archiv der Gesellschaft der Musikfreunde in Wien), sowie Dr. Helmut Hell, Dr. Joachim Jaenecke und Dr. Hans-Günter Klein (Staatsbibliothek zu Berlin), die mit zahllosen Auskünften auf zuvorkommende Weise behilflich waren und die Zustimmung zur Wiedergabe von Beispielen aus den von ihnen betreuten Quellen erteilten. Gleicher Dank gilt den Verlagen Bärenreiter (Kassel), Breitkopf & Härtel (Wiesbaden/Leipzig) und G. Henle (München) für die Erlaubnis, den von ihnen verlegten (*GA*) Gesamtausgaben Beispiele zu entnehmen. Dabei gelten folgende Abkürzungen: W. A. Mozart, *Neue Ausgabe sämtlicher Werke* (Bärenreiter): *NMA*; Fr. Schubert, *Neue Ausgabe sämtlicher Werke* (Bärenreiter): *NGA*; *L. van Beethoven's Werke* (Breitkopf & Härtel): *AGA*; *L. van Beethoven, Werke* (G. Henle Verlag): *NGA*; J. Haydn, *Werke* (G. Henle Verlag): *HGA*. Herangezogene alte Gesamtausgaben (*AGA*) der Werke von Mendelssohn, Schumann und Brahms erschienen bei Breitkopf & Härtel in Leipzig.

Der Umfang der Darstellung ergab sich aus den Forderungen der Werke und aus den Schwierigkeiten der Quellenlage. Was dazu und zur Begründung der Disposition zu sagen ist, wird in der Einleitung zur Sprache kommen. Zu danken habe ich zunächst den Studierenden in Kiel, die eine Reihe von Lehrveranstaltungen mit ihrer Teilnahme begleiteten. In diesen Dank schließe ich sodann meine Kollegen am Musikwissenschaftlichen Institut der Christian-Albrechts-Universität ein, die mir mit Gesprächen und Anregungen behilflich waren. Ferner danke ich Frau Christel Schmidt, die größere Teile des Manuskripts in erster Fassung schrieb, sowie besonders Frau Marita Gründemann, die mit Umsicht und Sorgfalt die Druckvorlage übernahm. Überaus dankbar bin ich Thomas Hochradner für die gründliche redaktionelle Bearbeitung des gesamten Textes und Siegfried Mauser für ebenso kritische wie förderliche Diskussionen. Vor allem aber danke ich herzlich Ludwig Finscher, der mir in selbstloser Weise Quellen und Bücher aus seinem Besitz zugänglich machte und darüber hinaus Teile des Manuskripts gelesen und mit kritischen Anmerkungen versehen hat.

Sehr dankbar bin ich dem Verleger Dr. Henning Müller-Buscher, der die Entstehung dieser Darstellung mit Geduld und Anteilnahme begleitete, sowie Prof. Dr. Joachim Brügge (Salzburg), der freundlicherweise dazu bereit war, in kurzer Zeit und auf sehr begrenztem Raum den abschließenden Ausblick zu verfassen. Nicht in Worte fassen läßt sich, was ich meiner Frau zu danken habe.

Friedhelm Krummacher

Einleitung

Das Streichquartett gilt zwar seit Beethovens Zeit als sublimstes Genus der Instrumentalmusik, doch hat es erstaunlich lange gedauert, bis der Versuch gemacht wurde, die Geschichte der Gattung zu umreißen. Offenbar war eine historische Darstellung nicht vordringlich, weil die Meisterwerke hinreichend vertraut waren, und sie erschienen zudem als zu individuell, um sich mühelos in einen geschichtlichen Zusammenhang einzufügen. Freilich wäre das Vorhaben einer Gattungsgeschichte leichter gefallen, solange das Repertoire enger umgrenzt war und nur beschränkt durch neue Musik erweitert wurde. So hätte sich ein schmalerer Werkbestand favorisieren lassen, als das heute vertretbar sein dürfte. Denn nicht nur die Kenntnis der Musik des 19. Jahrhunderts hat sich beträchtlich erweitert, auch die Frühgeschichte der Gattung wurde genauer erhellt, und in höherem Ausmaß konnten sich die Werke seit der Moderne durchsetzen.

Die Geschichte einer Gattung vermittelt sich zunächst durch Werke, von ihnen – um ein Wort Georg Dehios aufzugreifen – »geht die Betrachtung aus, zu ihnen kehrt sie zurück«.[1] So muß die Darstellung ihr Zentrum in den Hauptwerken finden, die Maßstäbe für den Rang der Gattung gesetzt haben. Wenn dennoch auch Quartette wenig bekannter Autoren einbezogen werden, so weder in der ohnehin unrealistischen Absicht zur Vollständigkeit noch in der Hoffnung auf eine Rehabilitierung verschollener Meisterwerke (mit denen nur selten zu rechnen ist). Doch lassen sich an weniger geläufigen Beiträgen die Reaktionen auf Hauptwerke ablesen, und die Kontinuität der Quartettkultur, die eine Basis für die höchsten Leistungen bildete, wurde von oft vergessenen Musikern getragen. Es war ihre Musik, die den Boden für das Verständnis bedeutender Werke bereitete, deren Rang man nicht nur als selbstverständlich hinnehmen wird, wenn man ihn im Kontext der Zeit erfaßt.

Erst von den Werken her läßt sich also bestimmen, was unter dem Begriff einer Gattung zusammengefaßt wird. Für das Streichquartett mag das zunächst einfacher scheinen als etwa für Duosonaten oder für Klaviermusik, in deren Bezeichnungen verschiedene Besetzungen oder Formen zusammentreten. Der naheliegende Gedanke, auch Streichquintette einzubeziehen, verbot sich nicht nur aus Rücksicht auf die Planung dieser Handbuchreihe, vielmehr zeigt sich gerade im Vergleich mit dem Streichquartett, in welchem Maß die unterschiedlichen Besetzungen für historische und satztechnische Differenzen beider Gattungen verantwortlich sind. Immerhin versteht es sich auch für die Frühzeit des Quartetts nicht von selbst, schon einen verbindlichen Gattungsbegriff vorauszusetzen. Seit er sich aber im frühen 19. Jahrhundert be-

---

1 Dehios Formulierung eröffnete 1900 das *Handbuch der Deutschen Kunstdenkmäler* und auch später noch die Vorworte zur Neubearbeitung dieser Reihe, vgl. etwa Fr. Piel, *Baden-Württemberg*, München und Berlin 1964, S. I.

festigte, wurde das Streichquartett als ideale Repräsentation des vierstimmigen Satzes und daher als Inbegriff reiner Instrumentalmusik verstanden. Demnach war es notwendig, in zwei resümierenden Querschnitten die Entstehung des Gattungsbegriffs und die Bildung eines Werkkanons anhand theoretischer und ästhetischer Zeugnisse zu erörtern. Spätestens seit Heinrich Christoph Koch verband sich mit dem Streichquartett die Vorstellung vom besonderen Anspruch der Gattung.[1] Soll dieser Topos, der bis heute wirksam ist, keine leere Formel sein, so muß das Folgen für ein Handbuch haben. Daher waren auch hinlänglich bekannte Quartette erneut in den Blick zu nehmen, um eine bündelnde Perspektive zu suchen, die sich nur an den Werken und ihrer Analyse begründen kann. Wenn jede Analyse ein Stück Interpretation bildet, dann sind es analytische Interpretationen, die den Rückhalt einer Gattungsgeschichte darstellen. Wieweit die Kriterien, die sich an ihnen ausweisen, auch für weitere Werke gelten können, wird im einzelnen abzuwägen sein. Dabei scheinen sozialgeschichtliche Prämissen für das Quartett weniger belangvoll zu sein als für andere Gattungen. In exemplarischer Weise läßt sich jedoch am Paradigma des Streichquartetts verfolgen, wie ein geschichtlicher Wandel – der kein Wechsel war – von der Funktion einer geistvollen Unterhaltung zum emphatischen Verständnis des Kunstwerks führte. Daß die Gattung damit in besonderem Maß zum Ort kompositorischer Diskurse wurde, begründete nicht nur ihre Resistenz gegen Tendenzen der ›Programmmusik‹, sondern befähigte sie zu einer geschichtlichen Geltung, die auch durch die Umbrüche des 20. Jahrhunderts nicht ernstlich geschmälert worden ist.

Engagierte Liebhaber und Musiker werden zuerst an jenen Werken Interesse hegen, deren Rang die Gattung begründet hat. Doch steht zu hoffen, daß sich auch Aufmerksamkeit für weniger bekannte Musik wecken läßt, die nicht immer nur historisch belangvoll sein muß. Läßt sich das kaum überschaubare Repertoire des 18. Jahrhunderts nur summarisch zusammenfassen, so sind für die späteren Phasen doch nicht wenige Werke zu nennen, die in Kenntnis Beethovens die kompositorische Anstrengung sichtlich vorantrieben. Und die ernsthafte Arbeit nahm dann gerade bei Komponisten zu, deren Œuvre lange als ›Kapellmeistermusik‹ abgetan wurde. Die scheinbar klassizistische Musik des 19. Jahrhunderts wird jedoch zu einem gattungsgeschichtlichen Problem, sofern sie sich darum bemüht, die Tradition der Gattung zu thematisieren. Aus einem so einfachen wie hoffentlich einleuchtenden Grund verzichtet die Darstellung aber darauf, die Geschichte der Gattung nach Maßgabe von Anklängen oder Ähnlichkeiten zu verstehen. Nicht selten legt die Rede von Anspielungen die verfängliche Vorstellung einer Geschichte der Einflüsse und Abhängigkeiten nahe (von wo aus der Schritt zur Trennung der Meister und der Epigonen nicht weit ist). Je mehr Werke man kennenlernt, desto mehr wachsen mit der Re-

1 H. Chr. Koch, *Versuch einer Anleitung zur Composition. Dritter und lezter Theil*, Leipzig 1793, S. 325ff.

gistrierung der Anklänge auch die Zweifel an ihrer Bedeutung. Nicht der Schein melodischer oder rhythmischer Analogien, sondern erst strukturelle Prinzipien und Relationen geben Aufschluß darüber, wie sich Werke im historischen Zusammenhang begreifen und nicht bloß einordnen lassen. Was neu und radikal an Werken Beethovens oder Schuberts war, ist erst im Vergleich mit Leistungen von Zeitgenossen zu ermessen, die mitunter bemerkenswert genug bleiben. Sie machen auch verständlich, warum sich selbst Hauptwerke Haydns oder Mozarts nicht sogleich erschlossen, und sie wirken damit der Gefahr entgegen, als selbstverständlich hinzunehmen, was mittlerweile geläufig geworden ist.

Demnach stellt sich die Geschichte des Quartetts als Teil jener Problemgeschichte des Komponierens dar, die Carl Dahlhaus als Aufgabe der Forschung umrissen hat.[1] Sie läßt sich daher nicht als Chronik von Werken und Ereignissen erzählen, sondern hat mit simultanen Vorgängen, mit Zeitverschiebungen oder mit Überhängen zu rechnen. So räumt die Disposition den maßgeblichen Komponisten gesonderte Kapitel ein, wie sie auch exemplarischen Autoren wie Boccherini, Cherubini und Spohr vorbehalten sind. In jedem der acht Hauptteile werden andererseits weitere Fäden der Gattungsgeschichte gebündelt, die sich aus Werken von Zeitgenossen ermitteln lassen. Unvermeidlich sind dabei Kreuzungen, wenn etwa nach Haydns Quartetten op. 33 auch frühere Beiträge anderer Musiker zur Sprache kommen oder wenn nach Beethovens früheren Quartetten auf das lange zuvor entstandene Pariser Quatuor concertant zurückgegriffen wird, das jedoch erst nach 1800 seine Wende zum Quatuor brillant erfuhr. Und chronologisch wird später nicht grundlos dem Œuvre Schuberts vorgegriffen, dessen gesonderte Position damit desto deutlicher hervortreten kann.

Je weiter der Zeitrahmen ist, mit dem eine Gattungsgeschichte zu tun hat, desto größer wird wohl die Gefahr, auch ungewollt einer Teleologie zu verfallen, die das Bild einer Entwicklung zu steuern scheint. Sie würde in der Tat auf einem illegitimen Zirkel beruhen, wenn sie sich im voraus der Ziele sicher wäre, auf die der Gang der Geschichte hinliefe. Doch läßt sich das Risiko verringern, wenn das Problem im Blickfeld bleibt, das in der Rekonstruktion eines historischen Geflechts angelegt ist, wie es sich zuerst in den Werken selbst reflektiert. Und die These, daß in ihnen jene kompositorischen Erfahrungen beschlossen sind, die zu den treibenden Impulsen für die Gattungsgeschichte wurden, muß nicht auf einer zirkulären Konstruktion basieren. So läßt sich die Darstellung von der Überzeugung leiten, daß nach Maßgabe struktureller Kriterien, die aus den Werken zu ermitteln sind, auch die Probleme verständlich werden können, als deren Lösungen sich weitere Kompositionen begreifen lassen. Die Definition der musikalischen Zeit etwa, die in Haydns Frühwerk zum Vorschein kommt, kann als eine Prämisse späterer Konsequenzen verstanden werden, mit denen die thematische Strukturie-

1 C. Dahlhaus, *Die Musik des 19. Jahrhunderts*, Wiesbaden und Laaber 1980 (Neues Handbuch der Musikwissenschaft 6), S. 1–4.

rung des Satzes vorangetrieben wurde. Und daß sich damit Mozart auseinanderzusetzen hatte, bevor Beethoven seine konzentrierten Prozesse entwarf, bildete eine Bedingung der radikalen Verfahren seines Spätwerks, als dessen Alternative dann die reifen Quartette Schuberts erscheinen. In dem Maße freilich, wie sich solche Perspektiven in den Hauptwerken abzeichnen, wird es erneut problematisch, zu ihnen die Beiträge anderer Musiker in Beziehung zu setzen. Doch müssen die Musterwerke als Maßstab gelten, um eine Orientierung im komplexen Gefüge der Gattungsgeschichte zu markieren. Aus ähnlichen Gründen verbot sich eine Eingrenzung auf Sonatensätze, die vielfach in speziellen Studien bevorzugt wurden. Bei aller Aufmerksamkeit, die gewichtige Kopfsätze beanspruchen dürfen, finden nicht wenige Werke ihren Horizont gerade in Binnen- oder Finalsätzen. Und der Wandel von einer Abfolge der Sätze, die sich auf Konvention berufen kann, zum geschlossenen Zyklus, der als Total begriffen werden will, ist nicht ohne den Blick auf die verschiedenen Sätze zu verstehen, auch wenn dabei wechselnde Akzente unumgänglich sind.

Wenn dennoch versucht wird, den Kontext des historischen Repertoires wenigstens ansatzweise zu umreißen, dann kann eine solche Skizze weder für das 18. noch dann für das 19. oder 20. Jahrhundert auch nur annähernd repräsentativ oder gar vollständig sein. Dieser Anspruch wäre schlicht vermessen, denn der Bestand wird unabsehbar, sobald man hinter den etablierten Werkkanon zurückgeht. Nur Bruchstücke eines überbordenden Vorrats lassen sich fassen, und jede Auswahl – die sich auch pragmatischen Erwägungen verdankt – ist in der notwendigen Akzentuierung unweigerlich dem Vorwurf der Zufälligkeit ausgesetzt. So erlaubt dieses Wagnis alles eher als verbindliche Entscheidungen, zumal oft genug nur auf die Lücken der bisherigen Kenntnisse hingewiesen werden kann.

Nicht geringer als die historiographischen Probleme, mit denen ein gattungsgeschichtlicher Versuch zu rechnen hat, wiegen die Schwierigkeiten der Erschließung des Materials. Sie sind eine Folge der Überlieferungsformen, die ihrerseits als Spiegel der Rezeptionsweisen auch einen Teil der Gattungsgeschichte selbst darstellen. Während die Meisterwerke nach den verdienstvollen Gesamtausgaben des 19. Jahrhunderts nunmehr meist in neuen kritischen Editionen vorliegen, verhält es sich diametral anders mit den Beiträgen weiterer Zeitgenossen. Bis zur Mitte des 19. Jahrhunderts war es die Regel, daß Streichquartette – anders als Kammermusik mit Klavier – nur in Stimmen gedruckt wurden, die für den Bedarf der Spieler vollauf genügten. Da nur ganz ausnahmsweise auch autographe Partituren erhalten blieben, ist der heutige Interessent auf die originalen Stimmendrucke oder auf handschriftliche Kopien angewiesen, die aber erst seit etwa 1830 in Partiturform angefertigt wurden. Es bedeutet zwar eine große Hilfe, daß für Quartette der Zeit

[Anmerkung 4 zu S. XIX:] H. Ulrich, *Chamber Music. The Growth and Practice of an Intimate Art*, New York 1948, ²1953; D. N. Ferguson, *Image and Structure in Chamber Music*, Minneapolis 1964; H. Renner, *Reclams Kammermusikführer* (unter Mitarbeit von W. Zentner, A. Würz, S. Greis), Stuttgart 1959, ⁶1966; A. Werner-Jensen (Hg.), *Reclams Kammermusikführer* (unter Mitarbeit von L. Finscher, W. Ludewig und Kl. H. Stahmer), Stuttgart ¹²1997; M. Berger, *Guide to Chamber Music*, London 1985, New York ²1989; Fr.-R. Tranchefort (Hg.), *Guide de la musique de chambre*, Paris 1989; V. Rangel-Ribeiro / R. Markel, *Chamber Music. An International Guide to Works and Their Instrumentation*, New York und Oxford 1993; I. Allihn (Hg.), *Kammermusikführer*, Stuttgart und Kassel 1998, als Taschenbuch München und Kassel 2000; W. Gruhle, *Streichquartett-Lexikon. Komponisten, Werke, Interpreten*, Gelnhausen 1996.

EINLEITUNG XIX

Haydns auf nicht wenige, wiewohl mitunter recht verstreute Editionen zurückgegriffen werden kann, zu denen auch die entsprechenden Bände der Denkmälerausgaben zählen. Für die Musik nach 1800 jedoch, für deren Erfassung Stimmensätze kaum zureichen, sind Partituren nach dem gegenwärtigen Stand der Quellenbibliographie nicht leicht ausfindig zu machen (und daß der Arbeit der Spartierung Grenzen gesetzt waren, muß nicht eigens gesagt werden). Desto mehr ist ein Versuch wie dieser auf Hilfe angewiesen, die zuerst in der Ermittlung zeitgenössischer oder späterer Partiturabschriften bestand. Überaus hilfreich war es jedoch, wenn dazu Spartierungen von Kollegen herangezogen werden konnten, denen daher aufrichtiger Dank gebührt.

Auf solche Werke, die nicht ohne weiteres zugänglich sein dürften, konzentriert sich deshalb die Auswahl der Notenbeispiele und Abbildungen, deren Anzahl in Grenzen zu halten war. Nur in Ausnahmen ließen sich dagegen Beispiele aus den bekannten Hauptwerken mitteilen, die in zahlreichen Ausgaben verfügbar sind. Nicht wenige Versäumnisse der Wissenschaft wurden in neuerer Zeit von kundigen Musikern mit Einspielungen unbekannter Werke ausgeglichen (für die dann wie vordem die Stimmensätze ausreichten). Daß sich Künstler für wenig bekannte Werke einsetzen, könnte selbst Wissenschaftler nachdenklich stimmen, die solche Musik für eher entbehrlich halten. Da aber das Angebot ständigem Wechsel unterliegt, konnte nur ausnahmsweise auf Neuaufnahmen verwiesen werden, denen dennoch vielerlei Anregungen zu verdanken sind.

Ein Buch wie dieses kann nicht ohne eine Vielzahl von Vorarbeiten auskommen, denen es verpflichtet bleibt, auch wenn sie nicht immer im einzelnen angeführt werden können. Zuerst ist hier der Pionierarbeiten Wilhelm Altmanns zu gedenken, die aus den praktischen Erfahrungen eines Bibliothekars hervorgingen. Denn Altmann tat sich mit Kollegen zum Quartettspiel zusammen, um eine kaum vorstellbare Fülle wenig bekannter Werke zu erproben.[1] So spontan seine Urteile oft ausfielen, so unentbehrlich bleiben seine Verzeichnisse gerade für Kammermusik des 19. Jahrhunderts. Von ihm und von weiteren Autoren stammen auch all die Beiträge zu *Cobbett's Cyclopedic Survey of Chamber Music*, die unschätzbare Informationen vermitteln und doch dort nicht mehr näher zu zitieren waren, wo neuere Arbeiten vorrangig genannt werden mußten.[2] So sehr Hans Mersmanns Übersicht über die Kammermusik von einer sehr eigenen Sicht geprägt war, so bedenkenswert sind manche Einsichten geblieben, auch wenn man ihnen nicht immer zustimmen mag.[3] Noch weniger lassen sich all die Führer durch die Kammermusik anführen, die in nicht geringer Zahl vorliegen und oft auch anregende Hinweise enthalten.[4] Neben Wulf Konolds knapper Zusammenfassung, deren erster Band keine Fortführung fand[5], ist vor allem das Buch von Paul Griffiths zu nennen, das am ehesten den Anspruch einer gedrängten Geschichte des Streichquartetts erfüllt.[6] Jeder weitere Versuch ist aber

---

1 W. Altmann, *Handbuch für Streichquartettspieler. Ein Führer durch die Literatur des Streichquartetts*, Bd. 1–4, Berlin 1928–31 (Hesses Musik-Handbücher 86–87, 92 und 94) (Reprint Wilhelmshaven 1972); ders., *Kammermusik-Literatur. Verzeichnis von seit 1841 erschienenen Kammermusikwerken*, Leipzig 1910, ebenda ³1923 (Reprint Hofheim 1967).

2 W. W. Cobbett, *Cyclopedic Survey of Chamber Music*, Bd. 1–2, London 1929; Neuauflage unter dem Titel: *Cobbett's Cyclopedic Survey of Chamber Music. Compiled and Edited by W. W. Cobbett. With supplementary Material ed. by Colin Mason*, Bd. 1–3, London u. a. ²1963.

3 H. Mersmann, *Die Kammermusik*, Leipzig 1930–34 (Führer durch den Konzertsaal, Abt. III, Bd. I–IV), insbesondere Bd. I: *Die Kammermusik des XVII. und XVIII. Jahrhunderts bis zu Haydn und Mozart*, ebenda 1933; Bd. II: *Beethoven*, ebenda 1930; Bd. III: *Deutsche Romantik*, ebenda 1930.

4 Siehe Anmerkung 1, S. XVIII.

5 W. Konold, *Das Streichquartett. Von den Anfängen bis Franz Schubert*, Wilhelmshaven 1980 (Taschenbücher zur Musikwissenschaft 71).

6 P. Griffiths, *The String Quartet*, London 1983, ²1985.

ganz besonders auf die wahrhaft enzyklopädische Darstellung angewiesen, die Ludwig Finscher erstmals 1965 vorlegte.[1] Die im einzelnen revidierten Urteile der Neufassung spiegeln vielfach auch die Ergebnisse, die sich im Diskurs der neueren Forschung ergaben.[2] Im Unterschied zu einem Beitrag, der im Rahmen einer Enzyklopädie für die Fülle der genannten Komponisten und Werke auf eine Vielzahl gesonderter Artikel verweisen kann, muß eine Monographie zwangsläufig eine begrenzte Auswahl treffen, falls sie nicht nur Namen und Titel zu nennen hat, sondern eine Vorstellung von der Musik vermitteln will, die eine Geschichte der Gattung konstituiert. Wenn dabei nach Maßgabe der Zugänglichkeit von Quellen und Beispielen zu verfahren ist, so bleibt nur zu hoffen, daß die Auswahl zumindest nicht gänzlich verfehlt ausfällt.[3]

Wer ein solches Vorhaben unternimmt, kennt die Erfahrung, daß sich die Erfassung der Quellen, der Editionen und der Forschungsliteratur unmöglich auf gleichmäßig aktuellem Stande halten läßt. Denn die Gegebenheiten ändern sich rascher, als eine zusammenfassende Darstellung zu erreichen ist. So konnte die neubearbeitete Ausgabe der Enzyklopädie *Die Musik in Geschichte und Gegenwart* nur noch mit ihrem Sachteil herangezogen werden, und die letzte Auflage von *The New Grove Dictionary of Music and Musicians* erschien zu spät, um noch mehr als nur punktuell ausgewertet zu werden.[4] Gleiches gilt für zahlreiche neuere Arbeiten, auf die weithin nur noch in Anmerkungen hingewiesen werden konnte. Was immer man vermissen mag, so bleibt jede Zusammenfassung doch von einer Auswahl abhängig. Nicht durchweg konnten daher neueste Aufsätze oder Ausgaben maßgeblich sein, und oft waren es gerade ältere Arbeiten, die Anlaß zur Anknüpfung oder Auseinandersetzung gaben. Ohnehin mußten zumeist Verweise genügen, wo eine nähere Diskussion reizvoll gewesen wäre. So wenig dabei ›Objektivität‹ – was immer man damit meine – zu erreichen ist, so unumgänglich findet auch eine Darstellung, die auf Sachlichkeit bedacht ist, ihre Schranken in den begrenzten Einsichten des Autors, selbst wenn sich sein Urteil um eine Begründung bemüht. Lange konnte man meinen, den Versuch einer solchen Gattungsgeschichte erstmals zu machen, bis zu Beginn des Jahres 2001 Bernard Fourniers *Histoire du Quatuor à cordes* bekannt wurde, deren erster Band allein das Streichquartett »de Haydn à Brahms« auf 1206 Seiten behandelt.[5] Für eine detaillierte Auseinandersetzung war es nicht nur zu spät, weil das hier vorliegende Buch weithin abgeschlossen war und in Teilen schon der redaktionellen Bearbeitung unterlag. Vielmehr unterscheidet sich davon das Werk Fourniers, das zu mehr als zwei Dritteln den Quartetten Beethovens gewidmet ist, im methodischen Verfahren ebenso gründlich wie in der sachlichen Gliederung. Dem Leser sei also die Entscheidung darüber überlassen, wo er welche Informationen zu finden hofft. Und für den Autor ist es eine Entlastung,

1 L. Finscher, Art. *Streichquartett*, in: *MGG*, Bd. 12, Kassel u. a. 1965, Sp. 1559–1601.

2 Ders., Art. *Streichquartett*, in: *MGG²*, Sachteil Bd. 8, Kassel u. a. 1998, Sp. 1924–1977; ders., Art. *Streichquartett-Ensemble*, ebenda, Sp. 1977–1989, sowie Art. *Streichquintett*, ebenda, Sp. 1989–2005.

3 Vgl. weiterhin auch M. Tilmouth, Art. *String quartet*, in: *New Grove Dictionary*, London 1980, Bd. 18, S. 276–287; Cl. Eisen / A. Baldassarre / P. Griffiths, Art. *String quartet*, in: *New Grove Dictionary²*, London 2001, Bd. 24, S. 585–595; J. H. Baron, *Chamber Music. A Research and Information Guide*, New York und London 1987 (Music Research and Information Guides 8); ders., *Intimate Music. A History of the Idea of Chamber Music*, Stuyvesant/N.Y. 1998.

4 *MGG*, zweite, neubearbeitete Ausgabe, hg. v. L. Finscher, Sachteil Bd. 1–9, Kassel u. a. 1994–1998, Register 1999; Personenteil Bd. 1ff., ebenda 1999ff.; *The New Grove Dictionary of Music and Musicians*, Second Edition, ed. by St. Sadie und J. Tyrell, London 2001.

5 B. Fournier, *L'Histoire du Quatuor à cordes*, (I) *de Haydn à Brahms*, Paris 2000.

daß er zugleich auf eine Alternative hinweisen kann, wie sie unterschiedlicher kaum zu denken ist.

So möge dieses Buch als ein Versuch aufgenommen werden, zur Lösung einer Aufgabe beizutragen, die nach Rang und Umfang so einschüchternd wie faszinierend und beglückend bleibt.

Teil I: Gründung der Gattung – Werdegang oder Schöpfungsakt?

1. Schwierigkeiten der Vorgeschichte: Haydns frühe Experimente

Vor anderen Gattungen des klassischen Werkkanons scheint sich das Streichquartett dadurch auszuzeichnen, daß es in unlösbarer Verbindung mit dem Namen Haydns um 1760 neu entstand, ohne unmittelbar an ältere Vorformen anzuknüpfen. Während Trio und Sonate oder Konzert und Sinfonie schon nach Ausweis der Benennungen an frühere Muster anschlossen, fehlen offenbar vergleichbare Modelle für das Quartett (falls man sie nicht in jeder vierstimmigen Musik für Streicher suchen will, ohne auf Differenzen der Formen und Verfahren Rücksicht zu nehmen). Wenn Haydns fünfsätzige *Divertimenti a quattro* op. 1 und 2 ab 1762 im Druck erschienen, dann muß ein Teil dieser Werke – ungeachtet der Datierungsfragen im einzelnen – noch in den Jahren um oder vor 1760 entstanden sein. Kaum ein Jahrzehnt zuvor jedoch konzentrierte sich Bach in seinem Spätwerk auf die *Kunst der Fuge* und auf die h-Moll-Messe, und erst 1751 entstand mit *Jephtha* das letzte große Oratorium von Händel. Zwar könnte man einwenden, dieser Hinweis rücke Unvergleichliches nebeneinander, und zudem ließe sich ergänzen, daß schon vor 1750 ein beträchtlicher Teil der Mannheimer Musik von Johann Stamitz vorlag. So verzweigt aber die Vorgeschichte jenes Repertoires ist, für das sich die unangemessene Bezeichnung der ›Vor‹ oder ›Frühklassik‹ eingebürgert hat, so deutlich markiert die zeitliche Nähe zum Spätwerk von Bach und Händel eine eingreifende Zäsur, wie sie auch noch das Frühwerk von Haydn repräsentiert. Freilich sind die Divertimenti op. 1 und 2 noch nicht als Quartette bezeichnet, mitunter sind sie auch in abweichender Besetzung ›a sei‹ mit zwei zusätzlichen Hörnern überliefert (op. 2 Nr. 3 und 5) oder verweisen auf anders besetzte Frühformen (op. 1 Nr. 5–6), und die fünfsätzige Anlage mit zwei Menuetten – an zweiter und vorletzter Stelle – erinnert in der Tat an den Bereich der Serenaden und Divertimenti. Allerdings sind auch noch Werke wie op. 33, an deren Gattungscharakter niemand zweifelt, nur im Erstdruck als ›Quartette‹ benannt, wogegen Haydn in den Autographen an der Angabe ›a quatro‹ festhielt, um erst das einzeln publizierte Werk op. 42 selbst als ›Quartetto‹ zu bezeichnen. Auch die fünfsätzige Anlage bedeutet nicht mehr als eine Verdoppelung des Tanzsatzes, zugleich liegen jedoch die übrigen Satztypen bereits vor. Und solange zwischen ein und mehrfacher Besetzung kaum prinzipiell zu unterscheiden ist, besagen solche Varianten mehr für die usuelle Praxis als für die kompositorische Intention. Desto wichtiger wird damit aber das Kriterium der internen Satzstruktur.

Fragt man also nach den Bedingungen einer Vorgeschichte des Streichquartetts, so kann man sich weder an den Bezeichnungen allein noch nur am Kriterium der vierstimmigen Besetzung orientieren, ohne zugleich die Implikationen der Satzstruktur heranzuziehen. Im Hinblick auf Haydns frühe Quartette kann eine Zusammenfassung der geschichtlichen Gegebenheiten nur exemplarisch verfahren, indem sie sich auf die eingehenden Untersuchungen von Ludwig Finscher stützt.[1] Zu unterscheiden ist demnach nicht nur zwischen regionalen und lokalen Zentren der Musikpflege, wie sie sich während des 17. und zumal des frühen 18. Jahrhunderts ausgebildet hatten. Mit ihnen verbinden sich vielmehr unterschiedlich akzentuierte Traditionen der Besetzungen und Gattungen, die sich auch in Werken für Streichinstrumente auswirken und durch maßgebliche Komponisten repräsentiert werden. Innerhalb der italienischen Musik, in der die Oper den unangefochtenen Vorrang behauptete, trat der traditionellen Ensemblemusik an S. Petronio in Bologna mit ihrer eigenartigen Bevorzugung der Trompete die überaus reiche Musikpflege Venedigs gegenüber, neben dem Wirken von Tartini in Padua, von Veracini in Florenz und Sammartini in Mailand blieb der Instrumentalmusik in anderen Orten Nord wie Süditaliens weniger Raum, und eine Ausnahme bildete die Tätigkeit von Durante in Rom. Dagegen konzentrierte sich die französische Kammermusik primär auf die Hauptstadt Paris, in der das Concert spirituel seit der Gründung durch Anne Danican Philidor (1725) die öffentliche Darbietung instrumentaler Musik erlaubte, um später durch weitere Reihen ergänzt zu werden (1741 Societé academique des Enfants d'Apollon, 1769 Concert des Amateurs). Ungeachtet der Geltung spezifisch französischer Traditionen wurde das Repertoire zunehmend von italienischer Musik bestimmt, die sich nicht ohne Widerstände durchzusetzen begann. Dazu trug auch die Aktivität der Pariser Verlage bei, zu denen noch die entsprechenden Unternehmungen in London und Amsterdam hinzukamen. Eine vergleichbare Konzentration kannte die Musikpflege im deutschen Sprachbereich zu keiner Zeit, trotz des unbestrittenen Rangs des Musiklebens in Wien und später Berlin besaßen die Hofkapellen in Dresden, Stuttgart oder München eigene Geltung, und dazu kamen nicht nur zahlreiche kleinere Kapellen in Mittel und Süddeutschland, sondern neben den Klöstern und Stiften auch zunehmend die bürgerlichen Initiativen in bedeutenden Städten. In Augsburg veranstaltete das Collegium musicum unter Philipp David Kräuter seit 1713 öffentliche Konzerte, das seit 1660 bestehende Hamburger Collegium musicum gab seit 1722 unter Telemann öffentliche Konzerte, das 1672 gegründete Collegium musicum in Frankfurt a. M. öffnete sich zu Telemanns Zeit schon 1712, und die Wirksamkeit der Collegia musica in Leipzig mündete seit 1743 im ›Großen Konzert‹. Besonders in England befruchteten sich höfische, adlige und bürgerliche Musikpflege wechselseitig, seit

1 L. Finscher, *Die Entstehung des klassischen Streichquartetts. Von den Vorformen zur Grundlegung durch Joseph Haydn*, Kassel u. a. 1974 (Studien zur Geschichte des Streichquartetts I; zugleich Saarbrücker Studien zur Musikwissenschaft 3) (abgekürzt: L. Finscher, *Die Entstehung*); ders., Art. Streichquartett, in: *MGG*, Bd. 12, Kassel u. a. 1965, Sp. 1559–1601, rev. in: *MGG*, zweite, neubearbeitete Ausgabe, Sachteil Bd. 8, Kassel u. a. 1998, Sp. 1924–1977 (abgekürzt: L. Finscher, *MGG* bzw. *MGG²*); ders., *Gattungen und Besetzungen der Kammermusik*, in: *Reclams Kammermusikführer*, hg. v. A. Werner-Jensen, Stuttgart 1997, S. 11–132 (abgekürzt: L. Finscher in *Reclams Kammermusikführer*).

1710 bestand die Academy of Ancient Music, und nach weiteren privaten Initiativen bildeten sich später die öffentlichen Abonnementskonzerte aus, wie sie Johann Christian Bach und Karl Friedrich Abel seit 1764/65 und Johann Peter Salomon seit 1786 anboten.

Die Entstehung des öffentlichen Konzertlebens, die Eberhard Preußner etwas einseitig als Prozeß der Verbürgerlichung zusammengefaßt hat[1], setzt also den Paradigmenwechsel voraus, in dessen Verlauf der Primat vokaler Musik vom Vorrang der Instrumentalmusik abgelöst wurde. Der Vorgang ist ebenso ablesbar an der Musiktheorie, deren Tradition lange durch die Lehre vom Kontrapunkt innerhalb der vokalen Polyphonie geprägt blieb, bis Johann Matthesons *Vollkommener Capellmeister* 1739 erstmals als Modell für die Lehre von der Melodie mit ihren Einschnitten ein Menuett heranzog, wie es dann für die Kompositionslehre seit Joseph Riepel (ab 1752) und Heinrich Christoph Koch (ab 1782) verbindlich wurde.[2] Müßig wäre dennoch die Frage, ob der sozialgeschichtliche Wandel im Prozeß der Kompositionsgeschichte begründet lag oder umgekehrt. Beide Vorgänge bedingten sich vielmehr wechselseitig, ohne eine einseitige Rangentscheidung zu erlauben. Auch eine so eigenartige Gattung wie das Streichquartett hatte zwar die Entfaltung instrumentaler Musik in weitestem Ausmaß zur Voraussetzung, fraglich bleibt indes, in welchem Maß sie auf ein dezidiert öffentliches Musikleben angewiesen war. Luigi Boccherini schrieb seine frühen Quartette (op. 1 und 8, 1761–67) in einer Zeit, in der er wechselnd in Italien, Wien und Paris wirkte, er war also nicht auf die Musikpflege eines bestimmten Ortes angewiesen. Haydn komponierte nach seiner Äußerung zu Griesinger das erste Divertimento (op. 1 Nr. 1) um 1750 auf Anregung des Carl Joseph Weber von Fürnberg in Weinzierl bei Wieselburg, und auch die späteren Quartette entstanden weithin in der provinziellen Abgeschiedenheit von Eisenstadt oder Esterháza. Zu europäischer Geltung kamen all diese Werke vorrangig durch die immer zahlreicheren Drucke, deren Absatzchancen aber weniger mit dem öffentlichen Konzert als mit der häuslichen Pflege von Kammermusik zu motivieren sind. Von Anfang an wird das Quartett also durch die Ambivalenz von breiter Wirkung und privater Konzentration charakterisiert, und beide Faktoren markierten gemeinsam auch den weiteren Weg der Gattungsgeschichte. Der Anteil, den die private Hausmusik daran hatte, läßt sich zwar – bis auf einzelne Berichte – weit weniger klar dokumentieren als das öffentliche Konzertwesen mit den überlieferten Programmen. Dennoch bildet dieser private Charakter, der über die Etablierung des öffentlichen Kammerkonzerts hinaus im 19. Jahrhundert wirksam blieb, eine charakteristische Differenz zu anderen instrumentalen Gattungen. Damit verbindet sich nicht zuletzt die solistische Besetzung, die eher der Hausmusik entspricht und eine fundamentale Entscheidung für das Streichquartett wurde. Auch darin bekundet sich die Unabhängigkeit von äußeren Gegebenheiten als konsti-

---

1 E. Preußner, *Die bürgerliche Musikkultur. Ein Beitrag zur deutschen Musikgeschichte des 18. Jahrhunderts*, Hamburg 1935, Kassel und Basel ²1954; ders. (Hg.), *Die musikalischen Reisen des Herrn von Uffenbach aus Frankfurt a. M. 1712–1716*, Kassel und Basel 1949.

2 J. Mattheson, *Der vollkommene Capellmeister*, Hamburg 1739 (Reprint Kassel und Basel 1954 [Documenta musicologica I/5]), S. 224f.; J. Riepel, *Anfangsgründe der musikalischen Setzkunst*, Bd. 1: *De Rhythmopoeia Oder von der Tactordnung*, Frankfurt und Leipzig 1752; H. Chr. Koch, *Versuch einer Anleitung zur Composition*, Bd. 1–3, Leipzig 1782–1793; vgl. dazu A. Feil, *Satztechnische Fragen in den Kompositionslehren von F. E. Niedt, J. Riepel und H. Chr. Koch*, mschr. Diss. Heidelberg 1955; H. Forschner, *Instrumentalmusik Joseph Haydns aus der Sicht Heinrich Christoph Kochs*, München und Salzburg 1984 (Beiträge zur Musikforschung 13).

tutives Merkmal einer Gattung, die wohl am wenigsten für Versuche einer sozialgeschichtlichen Interpretation tauglich ist.

Für die italienische Sinfonia und Sonata a quattro zog Finscher besonders Werke von Giovanni Battista Sammartini (aus den Jahren 1732–40) und von Antonio Brioschi (in Kopien zwischen 1740 und 1756) heran.[1] Nicht nur die Besetzung für vier Streicher, sondern auch die Satzformen und Thementypen dieser Musik könnten den Vergleich mit späteren Quartetten wohl nahelegen. Dagegen wurden die 6 *Sonate a quattro senza Cembalo* von Alessandro Scarlatti (entstanden nach 1715) zwar von E. J. Dent (1903) und A. E. Hull (1929) als ›erste Streichquartette‹ in Anspruch genommen. Die Kompositionen stellen aber eher nur eine Fortführung der älteren Sonata da chiesa dar, auf deren lineare Faktur sie zumal in der Kontinuität der rhythmischen Anlage zurückweisen. Kaum ganz anders verhält es sich aber auch mit den *Concerti* und *Concertini a 4* von Giuseppe Torelli (op. 5, Bologna 1629), Francesco Durante (8 *Concerti a 4*, um 1750), Baldassare Galuppi (7 *Concerti*, um 1740) oder Pietro Loccatelli (*Concerti* op. 7, Leiden 1741). Sofern nicht ein solistischer Violinpart hervortritt, bedeutet die oft dreisätzige Satzfolge oder die Beteiligung des Generalbasses keineswegs das maßgebliche Merkmal einer Unterscheidung vom späteren Quartett. So kunstvoll der mitunter fast ›durchbrochen‹ wirkende Satz anmutet, so sehr ist er in aller kammermusikalischen Feinheit doch selbst bei scheinbar ›galanter‹ Melodik auf den rhythmisch gleichmäßigen Verlauf der Stimmen angewiesen. Daß solche Werke den heutigen Hörer eher an ›barocke‹ Musik als an die der Klassik erinnern, liegt primär an ihrer rhythmischen Verfassung. Unbeschadet der Differenzierung im einzelnen gilt für sie immer noch wie für die Concerti seit Corelli und Vivaldi, daß mit dem Impuls der Eröffnung zugleich über die rhythmische Gangart des Satzverlaufs oder wenigstens ganzer Satzphasen entschieden ist. Und die rhythmische Organisation des Zeitverlaufs wird sich als maßgebliches Kriterium der frühen Quartette von Haydn wie auch – wenngleich in anderer Weise – von Boccherini erweisen.

So erscheint denn als »Schlüsselfigur« – um mit Finscher zu sprechen – Sammartini, dessen frühe Sinfonien drei oder vier Streicherstimmen vorsehen, ohne dem Generalbaß noch eine entscheidende Funktion zuzugestehen. Wichtiger als der äußere Aspekt der dreisätzigen Anlage wird auch hier die interne Satzstruktur. Auf die Abkunft von der Opernsinfonie deutet zunächst noch der kompakte Klang, der durch Dreiklangsbrechungen, unisone Passagen und Skalenfiguren geprägt ist. Ob dabei schon von ›Vorformen‹ des Sonatensatzes oder von ›liedhaften‹ Zügen der langsamen Sätze zu sprechen ist, braucht hier nicht entschieden zu werden. Charakteristisch ist jedoch, daß auch diese weit verbreiteten Werke zwar vielfach das ›galant‹ bewegliche Idiom der ›Frühklassik‹ ausbilden, zugleich aber ihre Prägung durch die rhythmische Kontinui-

---

1 L. Finscher, *Die Entstehung*, S. 47f. und S. 60 zu Sammartini als »Schlüsselfigur«; B. Churgin (Hg.), *The Symphonies of Giovanni Battista Sammartini*, Vol. I: *The Early Symphonies*, Cambridge/Mass. 1968; St. Kunze, *Die Sinfonie im 18. Jahrhundert. Von der Opernsinfonie zur Konzertsinfonie*, Laaber 1993 (Handbuch der musikalischen Gattungen 1), S. 143–154 (abgekürzt: St. Kunze, *Die Sinfonie*). – Bei einer so komplexen Lage nehmen sich die vormals vielerörterten Fragen der Priorität recht müßig aus, vgl. E. J. Dent, *The Earliest String Quartets*, in: The Monthly Musical Record 33 (1903), S. 202ff.; A. E. Hull, *The Earliest Known String-Quartet*, in: The Musical Quarterly 15 (1929), S. 77–87.

G. B. Sammartini, Sinfonia G-Dur, erster Satz, T. 1–8 (Edition Bathia Churgin 1968, Nr. 13).

tät nicht leugnen, die sich der Kunst des Hochbarock verdankt. Die Sinfonia G-Dur Nr. 13 etwa beginnt zwar im Kopfsatz mit markanten, anfangs durch Pausen getrennten Akkordschlägen, zu denen Baß und Viola eine absteigende Skalenfigur wiederholen. Und die anschließende Satzgruppe ab T. 3 kontrastiert nicht nur durch auftaktige Rhythmik, sondern auch durch die Paarung beider Violinen über schreitender Baßstimme bei füllender Viola. Gerade diese Kontrastgruppe erweist sich aber in der Fortspinnung ab T. 6 als Kette von Sequenzen, die in sich durch rhythmische Homogenität bestimmt sind. Gleiches gilt für den neuerlich konstrastierenden Einschub ab T. 9, der als aufsteigende Sequenzgruppe mit repetierten Sechzehnteln der Oberstimmen zu gleichmäßigen Achteln der Unterstimmen angelegt ist. Wo also konträre Satzgruppen begegnen, sind sie intern nach dem Prinzip rhythmischer Kontinuität organisiert. Deutlicher noch wird dieser Sachverhalt in der dreistimmigen Sinfonia A-Dur Nr. 16, deren erster Hauptteil nach späterer Terminologie einer Exposition vergleichbar wäre. Bestünde das Ziel in der rhythmischen Selbständigkeit der Stimmen, so würde es durch die reduzierte Besetzung begünstigt. Im Gegenteil aber wird der Satz durch eine stets gleichartige rhythmische Formel geprägt. Die Differenz gegenüber den ersten Divertimenti von Haydn kann freilich erst dann deutlich werden, wenn man die interne rhythmische Struktur zum Vergleich heranzieht.

G. B. Sammartini, Sinfonia A-Dur, erster Satz, T. 1–6 (Edition Bathia Churgin 1968, Nr. 16).

Allerdings bezog sich die Rede von Sammartini als »Schlüsselfigur« weniger auf die Sinfonien als auf die späteren 5 Concertini, die im berühmten Pariser Fonds Blancheton in Kopien aus dem Jahr 1763 vorliegen. Sie zeichnen sich in der Tat durch faktischen Ausfall des Generalbasses, durch kammermusikalische Faktur und durch ebenso prägnante wie knappe Motivik aus. Gerade das mitgeteilte Beispiel zeigt aber in allen drei Sätzen des Concertino F-Dur eine überaus einheitliche Rhythmik der Unterstimmen, die im ständigen Gleichmaß eines Musters – laufende Achtel, stete Halbe bzw. Viertel nebst Achtel – den gesamten Satzverlauf trägt und an die kontinuierliche Zeitgestaltung ›barocker‹ Musik bindet. Mag man mit H. G. Mishkin (1953) solche Werke als frühe »String Quartets« beanspruchen[1], so bleibt ihre rhythmische Faktur doch vom internen Verlauf der Quartette Haydns deutlich getrennt. Eher dürfte die Feststellung zutreffen, das Concerto a quattro sei im Quatuor concertant aufgegangen, ohne jedoch eine Voraussetzung für Haydns Kunst zu bilden.

Solche Einschränkungen gelten auch für die Tradition der französischen Kammermusik, an der Finscher überzeugend darlegen konnte, wie sehr das spezifisch französische Idiom zunehmend von italienischen Mustern überlagert wurde (L. G. Guillemain, *6 Symphonies dans le goût italien* und *6 Concertini a quatre* op. 7, 1740, *Six sonates en quatuors* op. 12, 1743).[2] Die Bezeichnung ›en quatuor‹ bezieht sich eher auf die Besetzung als auf das Quartett als Gattung, und die Satztechnik ist eher den italienischen Modellen der Triosonate und des Concerto als dem Verfahren der Werke Sammartinis verpflichtet. Auch die weiteren Quellen französischer Kammermusik der Jahrhundertmitte widerlegen nicht die Feststellung, daß das Streichquartett in Paris »noch anderthalb Jahrzehnte auf sich warten« ließ – bis zu den Pariser Drucken von Werken Haydns ab 1762/66 und dem Auftreten von Boccherini ab 1768.

Eine Spur jedoch, die näher an die Entstehung des Streichquartetts heranzuführen verspricht, verbindet sich mit dem Begriff der ›Quartettsymphonie‹. Innerhalb der verzweigten Geschichte der Sinfonie bildete sich im süddeutschen, genauer: im österreichisch-böhmischen Raum eine Spezies der Sinfonie für Streicher heraus, der allerdings keine längere Lebensdauer oder nachhaltige Wirkung beschieden war. Die gemeinsame Grundlage für sie wie für die anderen Zweige der Gattung war die italienische Opernsinfonie, eine eigene Voraussetzung bestand in Wien innerhalb der kontrapunktischen Kirchensinfonien, wie sie von Antonio Caldara und Franz Tuma vor und nach 1740 gepflegt wurde. Dieser Tradition sind die fugierten Sätze für Quartettbesetzung verpflichtet, die von Tuma selbst wie von Georg Matthias Monn und Franz Xaver Richter erhalten sind. Ist für die Sinfonie freilich – wie Stefan Kunze geltend gemacht hat – von vornherein die orchestrale Besetzung maßgeblich, so ist umgekehrt die solistische Besetzung der einzelnen

[1] H. G. Mishkin, *Five Autograph String Quartets by Giovanni Battista Sammartini*, in: Journal of the American Musicological Society 6 (1953), S. 136–147; B. Churgin / N. Jenkins, *Thematic Catalogue of the Works of Giovanni Battista Sammartini: Orchestral and Vocal Music*, Cambridge/Mass. 1976.

[2] L. Finscher, *Die Entstehung*, S. 64ff.; St. Kunze, *Die Sinfonie*, S. 73ff.; als überholt erscheint inzwischen die Arbeit von U. Lehmann, *Deutsches und italienisches Wesen in der Vorgeschichte des klassischen Streichquartetts*, Würzburg-Aumühle 1939.

Stimmen kennzeichnend für das Streichquartett.¹ Zwar ist für die Quartettsinfonie die Besetzung nicht im einzelnen genau festzulegen, doch legt die Bezeichnung solcher Werke als ›Sinfonien‹ die chorische Besetzung nahe, ohne ihre Reduktion auszuschließen. Denn solche Werke bilden insgesamt eher Sonderfälle, die auf eine nur regional begrenzte Geltung schließen lassen. Von Richter etwa erschienen 1744 in Paris *Six grandes Simphonies [...] en quatre parties*, die vielleicht noch seiner Wiener Zeit bis 1740 entstammen, weit wichtiger wurden aber seit seiner Anstellung in Mannheim (1747) die späteren Werke wie zumal die *Six Quartettos* (London 1768). Tumas Sonaten ›a quattro‹, die zusammen mit Triosonaten und Sinfonien gleicher Besetzung in Neuausgaben vorliegen, bieten zwar durchaus qualitätvolle Musik, die mitunter auch Züge der ›galanten‹ Schreibweise aufgreift, gleichwohl aber im kontrapunktischen Satz wie in der Funktion des Generalbasses die Herkunft aus spätbarocker Tradition nicht leugnen kann.

Als wichtigster Repräsentant der Wiener Quartettsymphonie verbleibt damit Georg Matthias Monn, denn die knapp zwanzig Sinfonien, die ihm zuzuschreiben sind, kommen überwiegend ohne Bläser aus und rechnen demnach primär mit Streichern. Daß Monn durch Guido Adler in der berühmten Kontroverse mit Hugo Riemann als Exponent einer ›Wiener Schule‹ proklamiert wurde, die gegenüber der ›Mannheimer Schule‹ den Vorrang einer Lokaltradition der Wiener Klassik belegen sollte, wirkt nachträglich kaum recht verständlich.² Denn Monns Werke zeigen durchweg höchst traditionelle Züge in ihrer kurzgliedrigen Anlage, ihrer Bindung an den Generalbaß, ihrer regulären Sequenztechnik und gleichmäßigen Figuration. Die dreisätzige Streichersinfonie H-Dur verrät zwar noch die Nähe zum Triosatz, ist aber gleichwohl ein bezeichnendes Beispiel. Im ersten Teil, der eher als A-Teil denn als Exposition

1 L. Finscher, *Die Entstehung*, S. 69–84, zu Fr. Tuma S. 71f., zu G. M. Monn S. 72f., zu Placidus v. Camerloher S. 78f.; zum Repertoire der Wiener ›Fugenquartette‹ vgl. vor allem W. Kirkendale, *Fuge und Fugato in der Kammermusik des Rokoko und der Klassik*, Tutzing 1966, S. 69ff.; überaus hilfreich ist der leider unveröffentlichte Anhang zur Habilitationsschrift von L. Finscher (vgl. ders., *Die Entstehung*) mit einer Bibliographie der Streichquartettdrucke 1760–1820 (mit Fundorten, Verlagsnummern und nach Möglichkeit auch Datierungen; mschr. Ex. im Musikwissenschaftlichen Seminar der Universität Heidelberg).

2 St. Kunze, *Die Sinfonie*, S. 69.

G. M. Monn, Sinfonia H-Dur, erster Satz, T. 1–5 (*DTÖ*).

zu bezeichnen ist, werden Viola und Baß fast ständig in gleichmäßiger Achtelbewegung zusammengeführt. Das prägnante Motiv des ersten Taktes, das den Tonikaklang abwärts ausschreitet, wird im zweiten Takt um eine Quinte versetzt wiederholt. Die beiden folgenden Takte jedoch bezeichnen – trotz kapriziöser Rhythmik – nur den Kadenzvorgang, in dem der tonikale Kernton figurativ umspielt wird. Wiederholt die zweite Violine im folgenden Viertakter das ganze Modell, so setzt der Baß aus, während nun Viola und erste Violine die Begleitung übernehmen. Ab

T. 9 jedoch setzt eine weitflächige Sequenzgruppe an, in der sich über stufenweisem Abstieg der Unterstimmen die beiden Violinen komplementär ablösen. Nur an den sequenzierten Skalen T. 19–23 ist auch die Viola beteiligt, dann aber in komplementärem Wechsel mit beiden Oberstimmen in Terzparallelen. So müßig es wäre, in diesem kontinuierlichen Ablauf nach einem ›Seitensatz‹ zu suchen, so wenig ist insgesamt von einem ›Sonatensatz‹ oder nur seiner Vorform zu sprechen. Denn der Mittelteil (A') bietet keine verarbeitende ›Durchführung‹, sondern folgt im modulierenden Verlauf, der von Fis-Dur über cis-Moll wieder zurück nach H-Dur führt, den figurativen Modellen des A-Teils, dem auch der dritte Formblock (A") entspricht. Die weiteren, ebenfalls dreisätzigen Sinfonien von Monn (in D, G, D) zeigen zwar kontrastierende Episoden im Wechsel mit akkordischen Satzblöcken, fordern indes desto mehr auch chorische Besetzung. Die sechs Quartettsinfonien, die in Wiener Handschriften vorliegen, sind durch eher kammermusikalischen Satz charakterisiert, verraten aber gerade in fugierten Sätzen die Nähe zur Kirchensinfonie. Solche Werke sind also kaum für die Vorgeschichte des Quartetts in Betracht zu ziehen, sondern bezeichnen nur generelle Voraussetzungen einer Musik für Streicher, die den selbständigen Weg von Haydn desto klarer hervortreten läßt. Die Funktion von ›Vorläufern‹ läßt sich desto weniger mit den Quartettsinfonien von Musikern wie Johann Zach in Mainz oder Placidus von Camerloher in Freising verbinden, deren Werke zwar einige Verbreitung fanden, sich jedoch desto schärfer von Haydns frühen Divertimenti abheben.

Auf das Frühwerk Haydns dürfte indes keine andere Tradition derart hinweisen wie die des österreichischen ›Quartettdivertimento‹, das auch unter der Bezeichnung ›quadro‹ begegnet. Daß der Begriff des »quadro« mit »drey Oberstimmen« zuerst offenbar bei Johann Adolph Scheibe im *Critischen Musikus* (1745) genannt wird, scheint zudem auf eine besonders frühe Reaktion seitens der norddeutschen Musiktheorie hinzudeuten.[1] Dem entspricht es auch, daß Haydn seine frühen Quartette – wie erwähnt – als ›Divertimenti‹ kennzeichnete. Demnach wäre in dieser Richtung zu suchen, wenn man die Entstehung des Quartetts vor Haydn erhellen will. Dabei kann auch eine abweichende Folge der Sätze kein ausschließendes Kriterium bilden, da Haydns Werke in op. 1 und 2 ihrerseits mit zwei Menuetten auch noch nicht dem späteren Zyklus entsprechen. Zudem wiegen Kriterien wie die Satzfolge oder die Satztypen für diese Phase offenbar weniger schwer als die Aspekte der Lösung vom Generalbaß, der solistischen Besetzung und des obligat vierstimmigen Satzes. Kaum lösbar dürfte jedoch zunächst die Schwierigkeit sein, entsprechende Divertimenti für Quartett genauer zu datieren oder sogar in die Zeit vor Haydns eigenen Frühwerken zu weisen. Haydns Sprachgebrauch legt den Gedanken nahe, die Prämissen seiner Frühwerke eher im Umkreis von Divertimento, Serenade oder Cassation zu vermuten

[1] J. A. Scheibe, *Critischer Musikus*, Leipzig ²1745 (Reprint Hildesheim und Wiesbaden 1970), S. 674ff.; vgl. dazu auch L. Finscher, *Die Entstehung*, S. 84ff.

1 L. Finscher, ebenda, S. 84–105, zu Paradeiser und Hoffstetter S. 98f., zu Dussek, Starzer und M. Haydn S. 99ff.

2 St. Kunze, *Die Sinfonie*, S. 157–172. Zu Monns H-Dur-Sinfonie vgl. die Edition in den *DTÖ*, Bd. 31, hg. v. W. Fischer, Wien 1912, S. 51ff. Während von Johann Stamitz noch keine Streichquartette im engeren Sinn vorliegen, ist von Anton Stamitz – wie auch von weiteren Vertretern der jüngeren Mannheimer Gruppe – ein beträchtlicher Bestand von 54 Werken in Serien mit je sechs Quartetten belegt, die in Drucken mit wechselnden Opuszahlen (op. 1, 1779, bis op. 29, 1782) oder Bandnummern (livre 4–9) erschienen. Dagegen finden sich von Carl Stamitz nur sechs Quartette (Strasbourg 1774), doch fallen all solche Werke schon in die Zeit Haydns und nicht in die Gründungsgeschichte der Gattung.

als in Gattungen wie der Sinfonie, der Sonate oder gar dem Concerto, die ihm der Terminologie wie der Sache nach durchaus vertraut waren.

Das Divertimento für Streichquartett wird zwar primär durch Komponisten des österreichischen Raums repräsentiert, nach den Untersuchungen von Finscher jedoch, der diese Tradition näher verfolgt hat, dürften die in Betracht kommenden Werke kaum vor 1770 anzusetzen sein.[1] Zu nennen wäre der im Stift Melk tätige Pater Marianus Paradeiser, dessen Kompositionen zwischen 1766 und 1775 anzusetzen sind. Ihnen kommen die Werke des im Kloster Amorbach wirkenden Roman Hoffstetter nahe, dessen Quartette op. 1 und 2 um 1770 und 1780 entstanden sein dürften. Nach 1770 liegen offenbar die Divertimenti von Franz Xaver Dussek, die entweder vier Sätze aufweisen oder fünfsätzig mit doppeltem Menuett angelegt sind. Erst recht reagieren die beiden Quartette von Joseph Starzer wohl schon auf die Modelle von Haydn, auch dessen Bruder Michael Haydn scheint seine eigenen Quartette erst nach 1780 geschrieben zu haben, und die überwiegend dreisätzigen Werke von Florian Leopold Gaßmann oder Johann Mysliveček sind noch weniger für die Vorgeschichte des Streichquartetts oder gar als Modelle für Haydn selbst in Anspruch zu nehmen. Am ehesten namhaft und zudem auch besonders produktiv war gewiß Johann Baptist Vanhal, von dem sechs *Divertimenti a quattro* 1773 im Katalog von Breitkopf angezeigt wurden, die vielleicht mit den in Paris um 1770 erschienenen Quartetten op. 1 und 2 identisch waren, während weitere 6 *Quattri* op. 26 um 1782 anzusetzen sind (von noch späteren Werken abzusehen). Auch hier also dürften eher Reaktionen auf Haydn als etwa Voraussetzungen seiner Entscheidungen vorliegen, die sich in diesem Kontext nur noch selbständiger, zugleich aber auch desto rätselhafter ausnehmen.

Zusammengenommen lassen solche Hinweise auf unterschiedliche Traditionskreise wohl ermessen, welchen Umfang das Komponieren für vier Streicher seit Sammartinis Sinfonien und erst recht mit weiteren Werken seit etwa 1740 annahm. Kann dabei aber kaum von Streichquartetten im enger einzugrenzenden Sinn die Rede sein, so handelt es sich ebensowenig um ›Vorbilder‹ oder nur Vorformen dieser Gattung selbst. Nicht unwichtig ist auch der überraschende Befund, daß das Streichquartett nicht zu den Gattungen gehört, die im Œuvre der ersten Generation der ›Mannheimer Schule‹ hervortreten, deren eminente Bedeutung für die Sinfonie Stefan Kunze erneut hervorgehoben hat.[2] So wichtige Vorentscheidungen die Trios op. 1 von Johann Stamitz enthalten, so wenig tragen diese Werke doch zur Entstehung des Streichquartetts bei. Fehlen aber entsprechende Werke etwa von Franz Beck, Anton Fils oder Ignaz Holzbauer, so zählen die nicht sehr zahlreichen Quartette von Christian Cannabich und Ignaz Fränzl bereits zu dem umfangreichen Repertoire, das die weiten Wirkungen von Haydn repräsentiert.

Nimmt man jedoch die Hinweise ernst, die Haydn selbst seinen Biographen Dies und Griesinger gab, so deutet alles darauf hin, daß zumindest seine ersten Versuche, die in op. 1 eingingen, schon beträchtliche Zeit vor 1760 anzusetzen sind. Wenn das aber zutrifft, so konzentriert sich die Genese der Gattung desto mehr auf das Frühwerk des Komponisten, mit dessen Namen das Streichquartett seit jeher verknüpft ist. Die weitere Forschung wird gewiß zusätzliche Informationen vermitteln können, sie alle aber bezeichnen kaum eine unmittelbare Vorgeschichte Haydns, sondern umreißen eher den Hintergrund, vor dem seine grundlegenden Maßnahmen umso deutlicher werden. In dem Maße, wie frühere Ansätze geltend zu machen sind, wurden sie in Haydns eigenen Verfahren zugleich auch umgeprägt. Als Schöpfer des Streichquartetts erscheint also Haydn, sofern sich bereits in seinem Frühwerk jene Kunst der freien Zeitgestaltung in den Grenzen des vierstimmigen Satzes ausbildete, deren weitere Entfaltung dann den Maßstab für die Geschichte der Gattung gesetzt hat.

»Ich war von der Welt abgesondert, niemand in meiner Nähe konnte mich an mir selbst irre machen und quälen, und so mußte ich Original werden.« Haydns rückblickende Formulierung, die sein Biograph August Griesinger 1810 mitteilte, bezog sich auf seine frühe Tätigkeit im Dienst des Fürsten Esterházy, sie findet sich jedoch kaum zehn Seiten nach dem Kommentar zur Entstehung des ersten Quartetts.[1] Den Bericht über den Auftrag vom Baron Fürnberg ergänzte Griesinger: »Haydn, damals 18 Jahr alt, nahm den Antrag an, und so entstand sein erstes Quartett«, wonach das Incipit aus dem Kopfsatz von op. 1 Nr. 1 folgt. Es besteht kaum Anlaß zum Zweifel an dieser frühen Datierung, denn die gleichzeitige, aber unabhängige Biographie von Albert Christoph Dies bezeugt analog: »Er schrieb im neunzehnten Jahre seines Alters Quartette«. Beide Angaben weisen übereinstimmend in die Zeit um 1750 zurück, in die jedoch kaum andere Werke Haydns zu datieren sind.[2] Die Auszeichnung durch ein Notenzitat gestand Griesinger nur wenigen Werken zu; sie könnte freilich durch den Hinweis relativiert werden, daß bei Erscheinen beider Biographien bereits die 1802 von Pleyel besorgte Gesamtausgabe der Quartette Haydns vorlag, in der das erste Werk naturgemäß eine exponierte Stellung einnahm. Indes erscheinen die Werke op. 1 Nr. 1–4 an früher Stelle auch in Haydns Entwurfkatalog (in dem freilich weitere und auch spätere Werke oftmals fehlen).[3] Doch fügte Griesinger hinzu, daß Haydns »erstes Quartett« auch »gleich nach seiner Erscheinung ungemeinen Beyfall erhielt, wodurch er Muth bekam, in diesem Fache weiter zu arbeiten«. Mit der Hervorhebung des einen Werkes verbindet sich also der Hinweis auf seine Resonanz und Haydns fortgesetzte Arbeit in dieser Gattung.

Der These freilich, in op. 1 und 2 seien Voraussetzungen der Gattung angelegt, könnte es widersprechen, daß die Werke als ›Divertimenti‹

1 G. Aug. Griesinger, *Biographische Notizen über Joseph Haydn*, Leipzig 1810 S. 15f. und 24f.

2 A. Chr. Dies, *Biographische Nachrichten von Joseph Haydn*, Wien 1810, S. 40.

3 Zum Entwurfkatalog (EK) und zum Haydn-Verzeichnis (HV) vgl. J. P. Larsen (Hg.), *Drei Haydn-Kataloge im Faksimile*, Kopenhagen 1941, zur Zählung der Quartette A. van Hoboken, *Joseph Haydn. Thematisch-bibliographisches Werkverzeichnis*, Bd. I, Mainz 1957, Gruppe III, S. 359–462 (zitiert Hob III). Eine recht frühe Datierung der zehn Quartettdivertimenti vertrat auch L. Finscher, *Die Entstehung*, S. 137f. und 142, zu ihrer Verlegung in die Jahre 1755–61 tendiert dagegen Georg Feder, *Haydns Streichquartette. Ein musikalischer Werkführer*, München 1998 (abgekürzt: G. Feder, *Haydns Streichquartette*), S. 26. Als authentisch gelten op. 1 Nr. 1–4 und 6 (Hob III:1–4, 6) sowie Nr. ›0‹ Es-Dur (Hob II:6), wogegen Hob III:9 und 11 wegen der Überlieferung mit Hörnerstimmen abzurechnen sind und aus op. 2 lediglich Nr. 1, 2, 4 und 6 (Hob III:7, 8, 10, 12) verbleiben; vgl. dazu: *Joseph Haydn. Werke* (abgekürzt: *HGA*), Reihe XII, Bd. 1: *Frühe Streichquartette*, hg. v. G. Feder und G. Greiner, München 1973, Kritischer Bericht S. 9ff. und 65f.

bezeichnet sind, durchweg fünf Sätze aufweisen und mitunter auch in anderen Fassungen und Besetzungen vorliegen. Damit ist der Versuch, ihre historische Bedeutung zu ermessen, auf die Probleme der Datierung und Überlieferung angewiesen. Weder die Berichte der Biographen noch die Einträge im Entwurfkatalog erlauben die genaue Datierung so früher Werke. Mit der ersten »Erscheinung« von op. 1 verwies aber Griesinger auf den Pariser Erstdruck, der offenbar 1762 anzusetzen ist. Es fällt auch im weiteren Kontext nicht leicht, für diese Zeit vergleichbare Werke anderer Komponisten nachzuweisen, um die Priorität von Haydns Versuchen zu schmälern. Zudem läßt es die frühe Publikation zu, die Entstehung einzelner Werke schon vor 1760 anzunehmen. Die Bezeichnung ›Divertimento‹ besagt wenig, da Haydn den Terminus ›Quartett‹ erst 1785 in op. 42 aufgriff. Daß einige Stücke aus op. 1 und 2 mit zusätzlichen Hörnern vorliegen oder Rückschlüsse auf frühere Versionen erlauben, läßt sich dann eher erklären, wenn man daran erinnert, daß sich in dieser Phase das Streichquartett erst von anderen Gattungen abzulösen begann. Das gilt auch für die fünfsätzige Anlage, die nur dann befremden kann, wenn man von der späteren Norm des Zyklus ausgeht. Die Verdoppelung des Menuetts betraf aber gerade jenen Satztyp, dessen gedrängte Form für die Kompositionslehre und für Haydns eigene Praxis ein Feld des Experimentierens bildete. Die Einwände gegen die Behauptung, den Versuchen in op. 1 und 2 komme modellhafte Funktion zu, lassen sich aber erst ausräumen, wenn an den Werken ein neuer Ansatz einsichtig wird.

Die Sätze in op. 1 geben sich auf den ersten Blick weder sehr feinsinnig noch kunstvoll oder gar kompliziert, eher wirken sie munter, spielerisch oder auch derb, und sie überraschen schon äußerlich durch überaus knappes Format. Wer in ihnen – herkommend von Haydns reifer Kunst – experimentelle Vorformen oder angestrengte Arbeit sucht, wird sie wohl enttäuscht beiseite legen, wie sie denn auch im Konzertleben und selbst in der Hausmusik höchstens eine periphere Rolle spielen. Legt man an die Ecksätze den Maßstab des klassischen Sonatensatzes an, so findet man kaum mehr als embryonale Vorstufen von Haupt- und Seitensatz oder Exposition und Durchführung, und so wenig die langsamen Mittelsätze dem klassischen Adagio gleichen, so deutlich tragen die Menuette die Spuren des robusten Tanzes. In solcher Sicht handelt es sich – mit Finscher zu reden – um »kleine und locker gefügte, technisch und musikalisch relativ anspruchslose Werke, die stilistisch fest in der Divertimentosphäre ruhen«.[1] Man muß sich von gewohnten Formbegriffen lösen, wenn man erkennen will, wie verblüffend frei und planvoll zugleich die Möglichkeiten des kadenzmetrischen Satzes in kompaktem Rahmen ausgelotet werden. Die Vorgabe bildet gleichsam der einzelne Takt für sich, der vom Komponisten als Maß gesetzt und wechselnd gefüllt wird. Er kann sich mit dem folgenden Takt zum Zweitakter so zusammenfügen, wie dieser sich dann zur Taktgruppe potenzie-

---

[1] L. Finscher, *Die Entstehung*, S. 138 und weiter zu op. 1–2 S. 142–156 sowie zusammenfassend S. 157. Vgl. ferner ders., *Joseph Haydn und seine Zeit*, Laaber 2000 (abgekürzt: L. Finscher, *Haydn*), S. 115–125 und bes. zu Hob II:6 S. 120ff. Daß die Werke »nicht frei von zeitgebundenen Stilmitteln« seien, meinte G. Feder, *Haydns Streichquartette*, S. 27, indem er auf das rückblickende Urteil Ernst Ludwig Gerbers verwies: »Schon seine ersten Quatros, welche um das Jahr 1760 bekannt wurden, machten allgemeine Sensation. Man lachte und vergnügte sich auf der einen Seite an der außerordentlichen Naivetät und Munterkeit, welche darinne herrschte, und in andern Gegenden schrie man über Herabwürdigung der Musik zu komischen Tändeleyen und über unerhörte Oktaven«; vgl. E. L. Gerber, *Historisch-biographisches Lexicon der Tonkünstler*, Bd. I, Leipzig 1790, Sp. 611. Die Bemerkung zielt offenbar auf die unterschiedliche Resonanz im süddeutschen Bereich und in der norddeutschen Kritik, sie macht damit aber auch die provokant neuartige Wirkung der Werke erkennbar.

ren läßt. Die Kette von Takten und Taktgruppen definiert sich einerseits in harmonischen Relationen, die durch Kadenzstufen markiert sind. Sie resultiert andererseits aus der metrischen Gewichtung, die sich in der rhythmischen Formulierung artikuliert. Das Wechselspiel zwischen metrischen und harmonischen Prämissen wird in den rhythmischen und melodischen Gestalten konkret und in der Folge der Taktgruppen durch die Kadenzordnung gesteuert. Dabei nimmt sich der Begriff des Themas fast als Belastung aus, wenn sich mit ihm die Erwartung verbindet, daß eine Substanz ihre thematische Funktion durch Verarbeitung ausweise. Im Verhältnis zwischen den fundierenden Voraussetzungen ergeben sich aber Verläufe, die geradezu wechselnden Versuchsanordnungen gleichen. Und die zeitliche Nähe zum Barock macht den prinzpiellen Abstand nur desto frappanter.

Am B-Dur-Quartett op. 1 Nr. 1 zeigte Thrasybulos Georgiades 1953 in einer grundlegenden Studie, welch fundamentale Funktion in der Folge der Taktgruppen dem eröffnenden Auftakt zufällt, dessen Gewicht im Verlauf zurücktritt, bis er in einer Kontrastgruppe ausfällt, um sich erst wieder in die Schlußgruppe einzufügen.[1] Für die unscheinbaren melodischen Splitter, die kaum nur prägnanten Motiven entsprechen, ist der Wechsel zwischen auf und abtaktiger Artikulation maßgeblich. Auch für die analogen Ecksätze ist der Begriff des Sonatensatzes wenig hilfreich, desto klarer geht der Verlauf vom Modell eines Suitensatzes mit zwei wiederholten Teilen aus. Führt der erste Teil (A) von der Tonika zur Dominante bzw. Parallele, so lenkt der zweite (A') zurück zur Tonika, in ihr verharrt dann der letzte Abschnitt (A"), der sonst dem A-Teil entspricht. Zwar birgt das Schema, das sein Modell im Menuett findet und auch im langsamen Satz begegnet, die Umrisse des späteren Sonatensatzes mit Exposition, Durchführung und Reprise. Wo aber in A ein Seitensatz zu erwarten wäre, findet sich primär die Befestigung der neuen Tonart, und in A' folgt ein Modulationsprozeß mit Rückkehr zur Tonika, ohne schon dem Anspruch einer thematischen Durchführung zu gehorchen:

1 Thr. Georgiades, *Zur Musiksprache der Wiener Klassiker*, in: Mozart-Jahrbuch 1951, Salzburg 1953, S. 51–59. Vgl. weiter auch J. Webster, *Freedom of Form in Haydn's Early String Quartets*, in: *Haydn Studies. Proceedings of the International Haydn Conference Washington D.C. 1975*, hg. v. J. P. Larsen, H. Serwer und J. Webster, New York und London 1981, S. 522–530.

Teil:	A	A'	A"
in Dur:	T – D	modulierend	T – T
in Moll:	T – Tp	modulierend	T – T

In diesem knappen Rahmen werden die systematischen Versuche angestellt, die sich exemplarisch in op. 1 Nr. 1 verfolgen lassen. Die beiden ersten Takte entfalten im Unisono den aufsteigenden B-Dur-Klang bei gleichmäßiger Folge von auftaktiger Achtel und abtaktiger Viertel. Setzen zu T. 3 die Unterstimmen aus, so bilden beide Violinen erstmals einen zweistimmigen Satz, in dem die zweite Violine dem bisherigen Rhythmus folgt, während die erste nun in Achteln den Klangraum bis zur oberen Oktave erweitert. Sofern dieser Takt die aufsteigende Linie vervollständigt, ergänzt er den Zwei- zum Dreitakter. Doch bildet seine rhythmische Variante, der auch ein erster harmonischer Wechsel entspricht (T–S–T), das Modell für T. 4, indem bei pausierender erster Violine die drei Unterstimmen in durchlaufenden Achteln die Kadenz komplettieren (T–D–T). Mit dieser internen Differenzierung ergibt sich also insgesamt doch ein Viertakter, dem auch die folgende Taktgruppe entspricht. In ihr wird freilich das zweistimmige Glied (T. 7 gemäß 3) harmonisch mit Halbschluß auf der Dominante modifiziert (T–D), so daß der anschließende Takt als harmonischer Abschluß notwendig wird.

J. Haydn, op. 1 Nr. 1 (Hob. III: 1), erster Satz, T. 1–18 (*HGA*, G. Henle-Verlag).

Schon die ersten Takte lassen also am Verhältnis metrischer und harmonischer Faktoren erkennen, was der Begriff des kadenzmetrischen Satzes meint.[1] Das Muster der Achtelkette mit abgehobenem Auftakt samt zwei abtaktig gebundenen Noten bleibt auch in der Anschlußgruppe gewahrt (T. 9–13), nur die Oberstimme ist aber durchgehend beschäftigt, schon die zweite Violine setzt mehrfach auf der letzten Achtel aus, und die Unterstimmen markieren mit Binnenauftakten die Taktmitte (T. 9–10), um erst danach auf eigene Impulse zu verzichten. Die modulierende Funktion erfüllt die Taktgruppe, indem sie direkt auf der relativen Dominante der neuen Zieltonart ansetzt (C – F). Scheint sie sich dann schlicht zu wiederholen (T. 13–16), so vollzieht sich gerade hier die neue metrische Orientierung. Bei Aussetzen der Unterstimme schlägt die Phrasierung der in Terzparallelen geführten Violinen

---

1 St. Kunze, *Mozarts Opern*, Stuttgart 1984, S. 353 und 419, bestimmte als »kadenzmetrischen Satz« das Konstruktionsprinzip, das in der Interaktion zwischen Metrik und Kadenzharmonik die »Herstellung geschlossener Architektur bei fortschreitender Aktion« konstituiert.

in T. 15 um, sofern nun die betonte erste Achtel gestoßen und die beiden folgenden gebunden erscheinen. Damit wird der Auftakt eliminiert, wie es die Pause an seiner Stelle in T. 16 anzeigt. So kann die Kontrastgruppe folgen (T. 17–20), in der über gleichmäßigen Achteln der Unterstimmen die erste Violine eine dominantische Dreiklangsbrechung in Sechzehnteln abwärts einführt, die auf der neuen Tonika von der zweiten Violine beantwortet wird. Gegenüber diesem konträren Viertakter, für den der Begriff Seitensatz kaum paßt, kehren die letzten Takte zur auftaktigen Diktion zurück (T. 21–24). Alle Stimmen artikulieren nun gemeinsam, ohne sich metrisch zu kreuzen. Der homorhythmische Satz knüpft zunächst an das Unisono des Anfangs an (T. 21), er entfaltet sich dann in der Kadenzierung (T. 22), die bei Verkürzung auf einen halben und Auffüllung auf einen ganzen Takt spielerisch repetiert wird. Gerade der Schlußtakt aber wird auf eine Viertel gestutzt, so daß der Viertakter nicht vollständig ausgefüllt wird.

Der Wechsel der metrischen Impulse im Verhältnis der Stimmen wird durch die kadenzierende Ordnung gelenkt, deren übergreifende Instanz der Modulationsvorgang bildet. Diese Momente bestimmen auch den Verlauf nach der Doppeldominante (A'), sofern die abtaktigen Sechzehntel aus der Konstrastgruppe nun mit Auftakt versehen werden. So können sie sich mit den auftaktigen Bildungen aus dem ersten Satzteil ablösen, auch wenn nicht gleich von einer Verbindung zwischen Haupt- und Seitensatz zu reden ist. Dem Dialog beider Modelle (T. 25–28) entspricht eine Quintschrittsequenz (G – c, F – B). Ihr folgt bei schrittweiser Sequenzierung aufwärts die Verkürzung des ersten Impulses auf halbe Takte im Wechsel beider Oberstimmen, womit zur Tonika zurückgelenkt wird (T. 29–31). Die eintaktige Formel der Oberstimme, die im Wechsel mit den Unterstimmen das Kadenzziel umschreibt, wird in ihrer Wiederholung durch Sechzehntel umspielt (T. 31–34), ihre halbtaktige Verkürzung paart sich jedoch mit harmonischer Eintrübung (T. 35–36, DDV – D – T). Die melodische Umkehrung des Incipits vom Satzbeginn – nun aber in b-Moll – bildet Ziel und Abschluß des Mittelteils, der auf der Dominante auspendelt (T. 37–40). Der weitere Verlauf (A") entspricht unter Wahrung der Tonika prinzipiell dem des ersten Teils (A). Der zweite Viertakter wendet sich allerdings zur Subdominante (T. 45 gegenüber T. 5), und die Modulationsgruppe wird durch eine Sequenzkette ersetzt, die zur Tonika zurückführt (T. 49–52).

Man kann es überzogen finden, wenn für Georgiades 1951 »der leere Takt, unabhängig von der rhythmischen Ausfüllung, als eigene Wesenheit« galt, die sogar eine Beziehung zwischen dem »reinen Taktbegriff« und dem »reinen Zeitbegriff« im Denken Kants begründe. Allerdings bezog sich die These, der klassische Satz sei ein »Symbol der Willensfreiheit« und »als Einheit erst in der Vorstellung zu verwirklichen«, auf die ausgebildete »Musiksprache des Mozart-Theaters« um 1780.[1] Auch wer

[1] Thr. Georgiades, *Aus der Musiksprache des Mozart-Theaters*, in: Mozart-Jahrbuch 1950, Salzburg 1951, S. 76–98: 87.

diese Sicht nicht teilt, wird sich der Einsicht in das Verfahren des frühen Haydn nicht verschließen können. Zwar erschien die *Kritik der reinen Vernunft* erst 1781, und so wenig Haydn sie wohl studierte, so wenig konnte seine Kunst von Kant gewürdigt werden. Es bleibt aber eine bedenkenswerte Konstellation, daß just in der Phase, in der die Zeit zum Problem des Denkens wurde, durch Haydns Komponieren die musikalische Zeit neu konstituiert wurde. Der Zeitraum des Taktes und der Taktgruppen ist es, der vom Komponisten zu erfüllen ist, und mit dem Verhältnis der Takte stellt sich die Aufgabe, einen Zusammenhang als Zeitprozeß zu gestalten. Die Lösungen lagen in den Voraussetzungen der Harmonik und Metrik, die sich in melodischen und rhythmischen Gestalten konkretisieren. Die Diskontinuität, die in op. 1 so markant hervortritt, bedeutet eine prinzipielle Differenz gegenüber barocken Traditionen, die durch die rhythmische Kontinuität des Satzes über dem Basso continuo bestimmt sind. Sie hatten sich nicht lange vor 1700 gegen die vielgliedrigen Formen durchgesetzt, die zuvor nach dem Muster der abschnittsweisen Reihung in der Motette auch instrumentale Gattungen wie Toccata und Sonata prägten. Die einheitliche Rhythmik ermöglichte zusammen mit der harmonischen Disposition die weiträumige Architektur der barocken Großformen, die im Concerto ihr Modell fand. Genau diesem Verfahren aber erteilen Haydns Versuche – in scheinbar anspruchslosem Rahmen – eine definitive Absage. Erfaßt man die Neuheit dieses Ansatzes, so wird man nicht müde, ihm in anderen Frühwerken nachzugehen. Die wechselhaften Verhältnisse zwischen formelhaften Bauelementen begegnen wohl auch in anderen Gattungen, und sie dürften mit unterschiedlichen Farben des Orchesters oder der Kammermusik mit Klavier sogar klarer zu realisieren sein. Ihre konsequente Umsetzung in den homogenen Satz des Quartetts machte jedoch die Bedeutung von op. 1 und 2 aus, wie sich auch im Vergleich mit Werken der Zeitgenossen erweisen wird. Nur an wenigen Beispielen läßt sich ergänzend zeigen, was diese Prämissen für weitere Ecksätze und auch für die Binnensätze besagen.

Das Es-Dur-Quartett op. 1 Nr. 2 beginnt mit zwei analogen Zweitaktern, die die Grundstufen umschreiben (T – D, D – T). Als Nachsatz erscheint jedoch eine fünftaktige Gruppe, deren irregulärer Umfang sich aus dem Halteton beider Violinen in T. 5 oder mit dem Einschub

J. Haydn, op. 1 Nr. 2 (Hob. III: 2), erster Satz, T. 1–9 (*HGA*).

der Oberstimme in T. 7 erklären ließe. Wiederholt sich der Vordersatz ab T. 10 in den Mittelstimmen, so wird er von der um einen Takt verspätet einsetzenden Oberstimme überdeckt, die in der Artikulation bloßer Tonwiederholungen die Taktgruppierungen verschleiert. Der damit eingeführten auftaktigen Artikulation entspricht es, wenn die zur Dominante führende Gruppe ab T. 21 in den Unterstimmen die Volltakte markiert, während die Oberstimmen auftaktig nachschlagen. Zwar setzen sich die Auftakte mit ein oder zwei Achteln dann weiter durch, ab T. 30 mit Auftakt ergeben sich aber eine sechs- und danach eine viertaktige Gruppe, und der Epilog bietet eine Verkürzung auf Eintakter, bevor die zweitaktige Kadenz abschließt. Die modulierende Phase beschränkt sich auf ganze acht Takte (T. 48–55), danach scheint mit dem Zitat der ersten neun Takte bereits die Reprise anzusetzen (T. 56–64). Nun aber schließt sich eine weitflächige Sequenz an (T. 65–73), und eine damit verzahnte zwölftaktige Gruppe (T. 73–84) lenkt von der Tonikaparallele zurück zur Dominante, so daß die weitere Reprise anschließen kann. Mit dem Einschub liegt jedoch nicht etwa der nachträgliche Ersatz für eine vorenthaltene Durchführung vor, vielmehr greift das Spiel mit irregulären Bausteinen in den Formverlauf selbst ein, während zugleich der gesamte Mittelteil bei abtaktiger Phrasierung bleibt. – In Nr. 3 tauschen – wie auch in op. 2 Nr. 6 – Kopf und Mittelsatz die Position, so daß ein Adagio als Eröffnung dient, während ein mittleres Presto dem Formmodell eines zweiteiligen Tanzsatzes mit triomäßiger Alternative und anschließender Wiederholung folgt. Dagegen setzt sich das einleitende Presto in Nr. 4 – wiederum im 3/8-Takt – aus scheinbar simplen Partikeln zusammen, es prägt aber in mitunter irregulärer Taktgruppierung erneut das wechselnde Spiel zwischen auf und abtaktigen Impulsen aus. Das gilt nicht uneingeschränkt für das B-Dur-Quartett Nr. 5, das als wohl nicht authentisches Arrangement auf eine Symphonie zurückgehen mag und größere Formgruppen mit eher gleichmäßiger Rhythmik ausbildet. Das letzte Werk in C-Dur jedoch demonstriert neuerlich im 6/8-Takt die intrikaten Möglichkeiten von Haydns Verfahren. So regelhaft sich die ersten Viertakter zueinander verhalten, um von einem wiederholten Zwei- und einem sequenzierenden Viertakter beantwortet zu werden, so raffiniert verschieben sich nach verlängertem Auftakt die Taktgruppen am Schluß, bis der letzte Takt in den Unterstimmen den verspäteten Ausgleich bietet.

So stehen die Kopfsätze fast immer im 6/8- oder 3/8-Takt, sie folgen damit dem Typus der ›Chasse‹ als ›Jagdmusik‹, doch bildet gerade das gleichmäßige Gefälle der Taktart das Gehäuse für die wechselnden metrischen Konstellationen.[1] Dagegen sind die Finalsätze in op. 1 durchweg als Presto bezeichnet, sie folgen demselben Aufriß wie die Kopfsätze, verwenden aber meist den 2/4-Takt (ausgenommen Nr. 3 im 3/8- und Nr. 5 im 6/8-Takt). Das Finale in Nr. 1 etwa beginnt zwar volltaktig, die

[1] Vgl. A. L. Ringer, *The Chasse as a Musical Topic of the 18th Century*, in: Journal of the American Musicological Society 6 (1953), S. 136–147.

J. Haydn, op. 1 Nr. 6 (Hob. III: 6), Finale, T. 1–15 (*HGA*).

bis T. 6 verlängerte Gruppe bricht hier jedoch plötzlich ab. Der taktweise Wechsel zwischen dem Incipit und einer eingeschobenen Figur mündet mit der dominantischen Modulation in einer figurativen Fläche, die Schlußgruppe indes kombiniert auf- und abtaktige Artikulation. Entsprechende Maßnahmen in den weiteren Finali werden im letzten Werk überboten. Zwar prägt die Oberstimme zunächst auftaktige Zweitakter aus, die Begleitung jedoch erscheint als dreitaktige Kadenzgruppe. In ihr erweist sich aber – näher besehen – der erste Takt als vorgreifende Befestigung der Tonika, während sich danach zweitaktige Gruppen der Unterstimmen mit denen der Oberstimme um je einen Takt überlappen. Und die Überlagerung wird erst im Unisono quasi als Annex justiert (T. 9–10). Dem wiederholten Zweitakter, der zur Dominante moduliert, folgt eine Gruppierung aus 6 + 2 Takten, am Schluß aber schlägt die Betonung beider Oberstimmen zur Taktmitte um, um erst im Kadenzanhang ausgeglichen zu werden (T. 32–36). Demgemäß werden im Mittelteil zwei sequenzierende Zweitakter durch einen Anhang im Unisono auf siebentaktigen Umfang erweitert, und die anschließende Kette von Zweitaktern, die in c-Moll ansetzt, greift das Initium des Satzes auf und verkürzt es weiter, sie mündet aber in dreitaktiger Umschreibung der Dominante. Selbst die Reprise weist noch unerwartete Einschübe auf, die eine witzige Verzögerung bewirken (T. 53–54, 71–72).

Die insgesamt 12 Menuette in op. 1 gehen zwar von einem ebenso robusten wie kompakten Tanztyp aus, um ihn jedoch wechselnd zu differenzieren. Im ersten Menuett aus Nr. 1 etwa wird die regelhafte Periodisierung durch Annex erweitert (T. 8–10), in der Mitte des zweiten Teils begegnet ein sechstaktiger Einschub (T. 29–34), und das Trio in Es-Dur reduziert den Klang in der Ablösung zweistimmiger Gruppen, die von zwei- auf eintaktigen Umfang verkürzt werden. Gerade das Trio macht in seiner scheinbaren Einfachheit das intrikate Spiel mit formelhaften Partikeln einsichtig. Ähnlich beginnt der vierte Satz – als zweites Menuett – mit einem scheinbar regulären Viertakter, dessen Nachsatz allein den Oberstimmen überlassen bleibt. Ihr letzter Takt aber kreuzt sich mit dem thematischen Einsatz der Unterstimmen, der dann imitierend von den Violinen übernommen wird. Diese kontrapunktische Überlagerung der Einsätze prägt auch den Mittelteil, dessen Periodik durch Einsätze in taktweisem Abstand modifiziert wird, während der Rückgriff auf den Anfang mit imitatorischem Wechsel von Unter- und Oberstimmen die Konsequenzen zieht (T. 29ff.). Kontrapunktische Technik dient in diesem Kontext weniger der linearen Verdichtung als der metrischen Komplikation, sofern sich als Resultat der Einsatzfolge die Taktgruppen überlagern. Zwar sind nicht alle Menuette gleich komplex, doch kommt auch kaum eines ganz ohne solche Kunstgriffe aus. Stößt im ersten Menuett aus Nr. 6 die mit Triole durchsetzte Achtelbewegung in T. 3 auf eine punktierte Formel, so wird sie in T. 9 zum ›lombardischen‹ Rhythmus umgekehrt, als dessen Variante in der Wiederholung eine Triolengruppe erscheint (T. 11). Noch die letzten Takte stellen die Triolen, die Punktierung und ihre Umkehrung als Bauelemente nebeneinander (T. 31ff.). Auch das Trio hebt sich durch Reduktion von Stimmgruppen und Verkürzung der Taktgruppen ab. Komplexer noch gerät hier das zweite Menuett, das schon im Incipit den dominantischen Leitton (fis) durch Synkopierung in den Oberstimmen betont. Bleibt anfangs der viertaktige Rahmen gewahrt, so schließt sich ein Fünftakter an, in dem sich nachträglich bloße Tonrepetitionen als Einschub erweisen (T. 5).

J. Haydn, op. 1 Nr. 1 (Hob. III: 1), zweiter Satz: Minuet und Trio (»Minuet secondo«), T. 1–10 (*HGA*).

T. 35–48

Während die modulierende Satzmitte eine großräumige Sequenz bildet, kehrt die Synkopierung – nun ohne modulierenden Effekt – in T. 19 und 21 wieder, sie bleibt also kein nur punktuelles Ereignis.

Die langsamen Mittelsätze – fast stets Adagio benannt – folgen in der Regel dem gleichen Schema mit zwei wiederholten Teilen. Wo die Wiederholung entfällt wie in Nr. 1, scheint das Modell dennoch ebenso durch wie in dem eröffnenden Adagio aus Nr. 3. Die Norm vertritt etwa der dritte Satz aus Nr. 2, ein Adagio in B-Dur im 4/4-Takt. Cello und Mittelstimmen markieren gleichmäßig die Begleitung in durch Pausen profilierten Achteln und Sechzehnteln. Stimmt darüber die Oberstimme ihre Kantilene an, so gleicht der Verlauf – wie es scheint – dem langsamen Satz eines italienischen Violinkonzerts spätbarocker Art. Im weiteren aber zeigt sich, daß die Schichten des Satzes nur anfangs derart getrennt sind, um dann zunehmend zu kommunizieren und das anfängliche Prinzip geradezu umzukehren. Die wachsende Ornamentierung der Oberstimme führt schon ab T. 5 zur rhythmischen Angleichung an die Mittelstimmen, die schließlich ihrerseits zu Haltetönen der ersten Violine die Führung übernehmen können (T. 7–8). Und die hierarchische Schichtung des Satzes wird in den Schlußtakten widerrufen, wenn beide Unterstimmen die Kadenz markieren, zu der die Violinen die nachschlagende Ausfüllung liefern (T. 9–10). So geht der Satz nach dem Doppelstrich umgekehrt vom Unisono in punktierter Rhythmik aus, um erst allmählich zur ursprünglichen Struktur zurückzukehren. Die traditionelle Schichtung der Stimmen ist also nur Ausgangspunkt eines Prozesses, der den ganzen Satzverlauf bestimmt. – Komplexer noch gerät das Es-Dur-Adagio in Nr. 1, das zwar ab T. 5 ebenso eine Kantilene der Oberstimme zu gleichmäßiger Begleitung in Sechzehnteln präsentiert. Vorgeschaltet ist jedoch eine viertaktige Eröffnung, die auf einem Orgelpunkt der Tonika basiert und in breiten Notenwerten als kontrapunk-

J. Haydn, op. 1 Nr. 2 (Hob. III: 2), dritter Satz, T. 1–3 (*HGA*).

T. 7–10.

tischer Satz mit synkopischen Dissonanzen die Kadenz umschreibt. Wie in Nr. 2 ist auch hier die Entfaltung des Dialogs der Oberstimme mit der Begleitung zu verfolgen, und auch ohne Markierung durch Wiederholungsstriche wird das Ende eines ersten Teils auf der Dominante in T. 18 deutlich. Der zweite Teil greift zunächst auf das Thema zurück, bis in T. 25 wieder die Tonika erreicht wird. Ziel des Satzes ist aber die Integration der befremdlichen Eröffnung (T. 37–39). Sie wird nämlich einerseits durch Paarung beider Violinen in aufwärts schwebender Skalenbewegung abgefangen, wonach die Schlußkadenz folgt (T. 40–43). Sie bildet andererseits das Gegenstück zur vorangehenden Ornamentierung der Melodik in der ersten Violine (T. 34–36), in der genau dieselben Kerntöne durchscheinen, die auch die kontrapunktische Satzgruppe bestimmen (as-g, c-b). Ornamentierte Oberstimme und kontrapunktischer Satz werden als Gegenpole des Satzes also aufeinander bezogen. Der Ausnahmefall macht erkennbar, wie subtil Haydn schon im Frühwerk den tradierten Typ der begleiteten Kantilene zu modifizieren wußte. Was als Rückfall in ältere Konventionen anmutet, erweist sich als weitere Versuchsanordnung, die unter den Bedingungen des langsamen Satzes das Bauprinzip aus metrischen und harmonischen Partikeln in der Schichtung der Stimmen zu einem schlüssigen Prozeß überformt.

All die Verfahren, die schon in op. 1 ausgebildet sind, werden auch in op. 2, wiewohl in sichtbar erweiterter Dimension, fortgeführt. Die Erprobung der gleichsam abstrakten Parameter in op. 1 setzte voraus, daß die einzelnen Bausteine eher formelhaften Splittern glichen. Sie gewinnen in op. 2 aber ein eigenes Gewicht in dem Maße, in dem sie latent motivische Funktion erhalten und damit einen eher thematischen Satzverlauf anbahnen. Auszuscheiden sind dabei Nr. 3 und 5 (nach herkömmlicher Zählung), da sie im Entwurfkatalog als »Divertimenti a sei« mit Hörnern erscheinen.[1] Daß sie lange als Quartette galten, macht die prinzipielle Abgrenzung der Gattungen nicht hinfällig. Wenn das Quartett sich aus der Sphäre des Divertimentos ablöste, so ergaben sich naturgemäß solange Kreuzungen, wie der zyklische Grundriß mit zwei Menuetten verblieb. Da op. 2 ab 1762 publiziert wurde, dürften die Werke wenigstens teilweise schon zuvor entstanden sein.[2] Desto bemerkenswerter ist trotz analoger formaler Umrisse der spürbare Abstand zu op. 1, wie nur an wenigen Beispielen anzudeuten ist.

Der Kopfsatz des A-Dur-Quartetts Nr. 1 steht im 2/4-Takt; die Exposition erreicht zwar nur den Umfang von 36 Takten, das prägnante Thema jedoch besteht aus zwei Dreitaktern, die sich wie Vorder- und Nachsatz verhalten. Sie beginnen mit volltaktigem Akkordschlag auf Tonika bzw. Subdominante, triolierte Sechzehntel zielen auftaktig auf den zweiten und in ihm wieder drei auftaktige Achtel dominantisch auf den dritten Takt mit Rückkehr zur Tonika. Die folgenden Figuren der ersten Violine werden von den Unterstimmen durch auftaktige Achtel ergänzt,

1 Vgl. *HGA* XII/1, Kritischer Bericht, S. 65f.
2 Zur Verbreitung von op. 1–2 vgl. die Quellenübersicht ebenda, S. 9–25.

J. Haydn, op. 2 Nr. 1 (Hob. III: 7), erster Satz, T. 1–8 (*HGA*).

die ihrerseits auch die Modulation zur Dominante ab T. 15 bestreiten. Hebt sich auch weiterhin kein Seitensatz ab, so wird der ganze Verlauf nun durch die auftaktigen Impulse quasi motivisch bestimmt. Der Mittelteil beginnt mit Imitation des eröffnenden Themas, und tritt dann einmal zur Figuration der Oberstimme der auftaktige Impuls zurück, so durchzieht er doch wieder die folgenden Satzgruppen, so daß von Umrissen einer Durchführung zu reden ist, die immerhin 33 Takte erreicht. – Ähnlich entspricht im Kopfsatz des E-Dur-Quartetts Nr. 2 – wieder im 2/4-Takt – einer Exposition von 44 Takten der partiell motivisch gearbeitete Mittelteil mit 35 Takten. Das achttaktige Thema gliedert sich in Vorder- und Nachsatz bei regelmäßigem Wechsel zwischen erster Violine und Unterstimmen in zweitaktigen Gruppen. Sein auftaktiger Impuls prägt auch hier die weiteren Satzphasen, während die Durchführung auf den Themenkopf wie dann auch auf seine Fortspinnung zurückgreift. Beide Sätze wie auch das 6/8-Presto aus Nr. 2 folgen zwar noch dem raschen Allegrotyp, die metrische Irregularität aus op. 1 tritt aber zugunsten der rhythmischen und motivischen Stabilisierung des Verlaufs in den Hintergrund.

Die langsamen Sätze repräsentieren erneut das Muster einer Kantilene zu gleichmäßiger Begleitung, die formale Weitung paart sich aber mit zunehmender Differenzierung innerhalb der Oberstimme und in ihrem Verhältnis zur Begleitung. Das ›Poco adagio‹ aus Nr. 1 umfaßt immerhin 70 Takte, die erste Violine entspinnt in wachsender Ornamentierung den Dialog mit den Unterstimmen, in deren durchgehende Sechzehnteltriolen sie sich dann einfügt. Das Adagio aus Nr. 2 bleibt mit 42 Takten zwar knapper, über begleitenden Achteln beider Unterstimmen lösen sich aber nun die Violinen derart ab, daß der Anfang fast an eine Triosonate gemahnen kann. Von der dominantischen Kadenz in T. 5 an vermittelt die zweite Violine jedoch, indem sie zwar dem Muster der Begleitung folgt, um aber immer wieder dialogisch auf die Oberstimme zu reagieren. Und in der Kadenzgruppe beider Satzhälften werden alle Stimmen in repetierten Sechzehnteln zusammengeschlossen, womit sich der Radius der Konstellationen abermals erweitert. Das Quartett Nr. 4 in F-Dur zeichnet sich – nach einem weniger konzentrierten Kopfsatz – durch ein expressives ›Adagio non troppo‹ in f-Moll aus, das den ersten Mollsatz in Haydns Quartetten darstellt. Während die Ornamentierung der Oberstimme eher sparsam gehandhabt wird, bleibt der Dialog zwischen ihr und der Begleitung dem Satzzentrum vorbehalten (T. 43ff.). Einen Sonderfall bildet das B-Dur-Werk Nr. 6, sofern als Mittelsatz ein Presto erscheint, das formal dem Pendant in op. 1 Nr. 3 entspricht. An der Spitze begegnet hier aber erstmals ein langsamer Variationensatz. Die Baßstimme des Themas, das in zwei wiederholten Teilen zu 8 und 12 Takten besteht, wird auch in den vier Variationen notengetreu gewahrt, nur werden in der letzten Variation die Wiederholungen ausgeschrieben, um dem Oberstimmensatz Raum zu interner Variierung beider Formteile zu geben. Mit dem Baßgerüst, das ohne metrische Komplikation weithin durch auftaktige Impulse gesteuert wird, bleibt auch der harmonische Satzverband erhalten, innerhalb des streng regulierten Rahmens hat sich also die Kunst des Variierens zu bewähren. Der unterschiedlichen rhythmischen Charakteristik der Variationen entspricht partiell das wechselnde Verhältnis zwischen den Stimmen. Schon im Thema selbst schließt sich die zweite Violine anfangs der Oberstimme an, um ihr aber dann die Führung zu überlassen. In den drei ersten Variationen bilden die Mittelstimmen ein begleitendes Band, das den rhythmischen Charakter mit gleichmäßigen Sechzehnteln, mit auftaktigen Sechzehnteln im Staccato und schließlich mit trillerhaften Gesten markiert. Demgemäß wird in der Oberstimme die figurative Umspielung des Themas von Sechzehnteln über Trillerfiguren zu Sechzehnteltriolen gesteigert. Kehren in der letzten Variation beide Teile zunächst zum Modus des Themas zurück, so hebt sich davon die ausgeschriebene Wiederholung mit ornamentalen Zweiunddreißigsteln ab. Die Grundform und ihre weiteste Variante verbinden sich also, und so schlicht der Satz zunächst anmutet, so planvoll verfolgt er unter eng definierten Prämissen sein Prinzip.

Die acht Menuette der authentischen Werke in op. 2 wirken auffällig regulär, wenn man sie mit den Experimenten in op. 1 vergleicht. Die ersten Satzteile bleiben in den Menuetten wie in den Trioteilen recht knapp, sofern die Norm von acht Takten weiterhin nur auf 10 oder 12 Takte erweitert wird. Wo der maßgebliche Impuls des Anfangs im Mittelteil aufgenommen wird, ergibt sich aber eine rhythmische Profilierung, und je weiter das Verfahren reicht, desto mehr gewinnt es latent motivische Qualität, die durch die Verarbeitung im Mittelteil stabilisiert wird. Der vierte Satz aus Nr. 2 etwa schreitet im ersten Viertakter den Dreiklangsrahmen in kräftiger Akzentuierung aus, einer rhythmisch analogen Taktgruppe folgt eine konträre Fortspinnung in skalaren Achteln auf- und abwärts, ihre Fortspinnung überspielt indessen die Zäsurierung der Taktgruppen und wird erst in repetierten Schlußakkorden unvermittelt gebremst. Der rhythmische Impuls des Beginns durchzieht dagegen auch den Mittelteil und gewinnt damit motivisches Profil, während die Achtelfortspinnung auf einen Zweitakter eingegrenzt wird. Ähnlich verfährt das zweite Menuett aus Nr. 1, sofern die anfangs eingeführte punktierte Rhythmik die folgenden Taktgruppen unter Einschluß des Mittelteils bestimmt. Die Trio-Teile heben sich wieder durch klangliche Reduktion ab, ihre anmutige Diktion verzichtet aber auf auffällige metrische Komplikationen. Wo es einmal wie im Trio des ersten Menuetts aus Nr. 2 nach Doppelstrich zu synkopischer Überlappung der Stimmen kommt, ergibt sich doch keine intrikate Verschiebung, sondern bei stufenweiser Sequenzierung ein geschlossener Satzblock aller Stimmen. Und das Trio im zweiten Satz aus Nr. 1 übertrifft sogar das Menuett selbst im Grad seiner motivischen Vereinheitlichung. – Weniger deutlich werden analoge Differenzen gegenüber op. 1 in den Finalsätzen. Sie unterscheiden sich aber in op. 2 weiter von den gewichtigen Kopfsätzen, indem sie eher als spielerischer Ausklang wirken. So wird statt der Analogie beider Ecksätze in op. 1 nun die schärfere Kontrastierung ihres Charakters in op. 2 angebahnt. Damit deutet sich ein Ziel der künftigen Gestaltung des Zyklus an, indem den kantablen Kopfsätzen dann konzise Finali gegenübertreten. Der Schlußsatz aus Nr. 6 etwa gibt sich zunächst im Wechsel der Stimmen fast als ein Perpetuum mobile im 3/8-Takt, ab T. 18 jedoch wird dieser Bewegungsfluß den Unterstimmen überlassen, während auf dominantischer Position die Oberstimme einen rhythmisch markanten Zweitakter formuliert, der fast als neues Thema anmutet. So geht denn auch der Mittelteil nicht vom anfänglichen Laufwerk aus, sondern prägt zunächst eine knappe Formel aus zwei Achteln aus, die dann in spielerischer Überlagerung zwischen den Stimmen wandert. Konzentrierter ist das abschließende Presto in Nr. 2, das überaus knappe Kopfmotiv wird von den Unterstimmen komplementär ergänzt, deren Rhythmik dann aber die Fortspinnung übernimmt. Wieder scheint sich auf der Dominante ein Kontrastgedanke auszubilden, der im Grunde nur aus einer Doppelschlagfigur besteht. Er wird indes von den auftaktigen Formeln aus dem Satzbeginn begleitet, und so kann er auch in der Reprise ganz ausfallen. In ihr kehrt dafür die ebenso witzige Episode wieder, die plötzlich arpeggienhafte Figuren der Oberstimme einführt, zugleich aber harmonisch repetierend auf der Dominante stehenbleibt (T. 40 und 109). Ein so knappes Sätzchen läßt schon jenen geistreichen Witz erkennen, der auch weiterhin in Haydns Finali begegnet. Ihre Konzentration ist nämlich die Voraussetzung derart unerwarteter Wendungen, die gegen gewohnte Normen verstoßen und damit alles eher als nur harmlos sind.

So wird in op. 2 zwar noch der zyklische Grundriß gewahrt, der schon op. 1 äußerlich von den späteren Quartetten unterschied. Bezeichnend ist aber nicht nur die unterschiedliche Differenzierung beider Werkreihen, deren erste auf die Prüfung der Bedingungen des Satzes ausging, während die zweite die formale Erweiterung mit interner Stabilisierung vereint. Charakteristischer noch ist es, wie planvoll Haydn schon hier in experimenteller Freiheit seinen Weg verfolgt, der bei bedachtsamer Beschränkung auf äußerste Ökonomie und Konzentration zugleich zielt, womit maßgebliche Grundlagen des klassischen Satzes umrissen werden. Die fünfsätzige Anlage der Quartettdivertimenti verringert keineswegs die Bedeutung dieser Werkgruppe, die als Gründungsdokument des Streichquartetts gelten darf. Denn wenn sich erst später – und nicht zuletzt mit Haydns Quartetten ab op. 9 – die Viersätzigkeit durchsetzte, dann kann diese Norm nicht für Werke in Betracht kommen, deren Entstehung in eine Phase zurückreicht, die für den Zyklus noch keine solche Normierung kannte. Daß aber die äußere Differenz gerade in der Verdoppelung des Menuetts liegt, spricht für das hohe Gewicht des Tanzsatzes, der das Gehäuse eines metrischen Wechselspiels abgab, wie es zu gleicher Zeit die Traktate Joseph Riepels lehrten. So erweist sich der kadenzmetrische Satz als entscheidender Impuls für die Entstehung der Gattung, die auf dieser Grundlage ihre thematisch definierten Formprozesse auszubilden vermochte.

2. Arbeit am Modell: Haydns Weg von op. 9 zu op. 33

Mit den ›epochalen‹ Quartetten op. 9 steht für Haydn der klassische Zyklus fest: Menuett an zweiter, langsamer Satz an dritter Stelle, und beide umgeben vom kantablen Moderato als Kopfsatz und vom lockeren Presto als Finale (Hob III:19–24).[1] Trotz allen Gewichts der Versuche in op. 1 und 2 liegt der Typus so neu wie fertig zugleich vor, eine Entscheidung scheint getroffen zu sein, und Vermutungen über Vorarbeiten durch Haydn oder andere werden fast gegenstandslos. Die Entstehungsgeschichte der Werke ist nicht zu rekonstruieren, weil die Autographe fehlen. Im Entwurfkatalog begegnet Nr. 1 in d-Moll zuerst, und so könnte gerade dieses Ausnahmewerk relativ früh anzusetzen sein.[2] Der Erstdruck erschien in London 1771, die Entstehung der Werke dürfte also bis in die Jahre 1768–70 zurückreichen. Daß der Erstausgabe bis 1800 mehr als ein halbes Dutzend weiterer Drucke folgte, läßt den exemplarischen Rang ermessen, der auch durch andere Werke nicht relativiert wird. Fortan enthalten auch die folgenden Serien in der Regel je ein Werk in Moll und eines mit Variationensatz.[3]

Wie bei den folgenden Quartettserien wechselte die – nicht auf Haydn zurückgehende – Opuszählung in den zeitgenössischen Ausgaben; auch wenn aber an der eingeführten Zählung für op. 3 und die weiteren Werkreihen festgehalten wird, ergeben sich für die interne Folge der Werke Differenzen zwischen den verbreiteten Editionen (wie denen des Verlages Eulenburg) und der Haydn-Gesamtausgabe, die für op. 9 die Reihenfolge nach dem Entwurfkatalog wählte, wie es die folgende Konkordanz zeigt:

1 G. Feder, *Haydns Streichquartette*, S. 34–39: 34, wonach die Quartette op. 9 zwar »nicht zu den berühmtesten« zählen und »dennoch von epochaler Bedeutung« sind; vgl. L. Finscher, *Die Entstehung*, S. 191f.; ders., *Joseph Haydn und seine Zeit*, Laaber 2000, S. 400–404. Vgl. insgesamt R. Barrett-Ayres, *Joseph Haydn and the String Quartet*, London 1974; H. Keller, *The Great Haydn Quartets*, New York 1986; J. Neubacher, *Untersuchungen zur Technik der Schlußgestaltung*, Tutzing 1986; H. Forschner, *Instrumentalmusik Joseph Haydns*, München / Salzburg 1984; M. Bandur, *Form und Gehalt in den Streichquartetten Joseph Haydns*, Pfaffenweiler 1988; N. Schwindt-Gross, *Drama und Diskurs. Zur Beziehung zwischen Satztechnik und motivischem Prozeß*, Laaber 1989; A. Raab, *Funktionen des Unisono*, Frankfurt a. M. 1990; E. R. Sisman, *Haydn and the Classical Variation*, Cambridge/Mass. und London 1993; A. Ballstaedt, ›Humor‹ und ›Witz‹ in Joseph Haydns Musik, in: Archiv für Musikwissenschaft 55 (1998), S. 195–219.

2 Zur Datierung vgl. *HGA* XII/2, hg. v. G. Feder, München und Duisburg 1963, S. VIf.; J. Webster, *The Chronology of Haydn's String Quartets*, in: Musical Quarterly 61 (1975), S. 17–46: 19ff.

3 Vgl. L. Finscher, *Die Entstehung*, S. 193–207.

Hob III	bisher	GA
Nr. 22	Nr. 4	Nr. 1 d-Moll
Nr. 19	Nr. 1	Nr. 2 C-Dur
Nr. 21	Nr. 3	Nr. 3 G-Dur
Nr. 20	Nr. 2	Nr. 4 Es-Dur
Nr. 23	Nr. 5	Nr. 5 B-Dur
Nr. 24	Nr. 6	Nr. 6 A-Dur

Der Kopfsatz des C-Dur-Quartetts Nr. 2, das für op. 9 als repräsentativ gelten kann, ist als Moderato bezeichnet, ungeachtet seiner wechselvollen Gliederung verfügt er aber eigentlich nur über ein Thema. Der kantable Bogen in der ersten Violine setzt sich von der Oberquinte des Grundtons bis zu seiner unteren Oktave im Rahmen einer Duodezime ab, ihm geht ein bis zur oberen Oktave ausgreifender Auftakt voran, im dritten Takt aber schnappt die Melodielinie förmlich ab. Die unmittelbare Wiederholung des Dreitakters bildet eine ornamentale Variante, in deren mittlerem Takt die Harmonik durch Zwischendominanten bereichert wird. Mit T. 7 setzt ein zunächst neuer Gedanke an, der nur anderthalb Takte umfaßt, mit seiner Wiederholung aber wieder eine dreitaktige Gruppe bildet und in engräumiger Umspielung der Tonika als Fortspinnung des Themas fungiert. Erst eine fünftaktige Gruppe erwei-

J. Haydn, op. 9 Nr. 1 (Hob. III: 19), erster Satz, T. 1–8 (*HGA*).

tert danach mit dominantischer Modulation den Radius, wobei sich die Binnenkadenzen auf die zweite Takthälfte verschieben. Scheint dann auf der Dominante in T. 15 ein neues Thema anzuheben, so erweist es sich als aus dem Themenkopf gewonnene Variante. Der auftaktige Quartsprung und die absteigende Linie werden in gleichmäßigen Sechzehnteln auf einen Takt komprimiert, und dieses Motiv setzt in engräumiger Imitation und auch intervallischer Umkehrung den variativen Prozeß fort. Eine weitere Variante bestreitet – nun in g-Moll – den Satz ab T. 19, und nachdem ein knapper Kanon (T. 22–23) die Stimmen im verminderten Septakkord mit Fermate staut, setzt wieder auftaktig die spielerische Schlußgruppe ab T. 25 an, die ohne eigene motivische Qualität am Ende Triolen mit Sechzehnteln verbindet. Die Durchführung wird zunächst kaum motivisch gesteuert, sofern über gleichsam arpeggierender Begleitung die Oberstimme ein neues Motiv mit Sequenz einführt (T. 34–37). Die triolischen Sechzehntel der Begleitung jedoch weisen auf die ornamentale Themenvariante zurück, und die Einwürfe der Oberstimme erinnern an den eröffnenden Auftakt. Der Rückgriff auf solche Elemente bereitet das Themenzitat in a-Moll T. 38 vor, und das Ziel bildet die Imitation der komprimierten Variante ab T. 44 (gemäß T. 15). Der Wechsel der rhythmischen Impulse in den Taktgruppen, der schon in den Frühwerken erprobt wurde, verbindet sich hier also im kantablen Moderato mit einer melodischen Diktion, die von der Oberstimme aus bei zunehmender Auffächerung des Satzverbands auf die thematischen Ansätze zurückgreift. – Ein Pendant bildet der Es-Dur-Kopfsatz in Nr. 4, dessen Durchführung die ganze Exposition – wiewohl in anderer Abfolge – variativ aufnimmt. Das Thema selbst schreitet in diesem Moderato die Kadenzstufen in gleichmäßiger Achtelbewegung aus, die durch wechselnde Phrasierung profiliert und bis T. 5 erweitert wird. Schließen sich in der Oberstimme neue Formulierungen an, so deutet die Begleitung auf die pulsierende Gangart des Themas zurück. Doch läßt sich in T. 10 kein Seitenthema annehmen, da der Satz auf der Tonika verharrt und sich in weiteren Varianten fortsetzt. Auch die sequenzierende Imitation ab T. 15 zehrt in der Begleitung vom rhythmischen Modus des Beginns, und komplementäre Achtel im Wechsel der Stimmen bilden noch die Basis für die quasi solistische Figuration der Oberstimmen. Ausgehend vom eröffnenden Themenzitat, nimmt die Durchführung dann die sequenzierende Imitationsgruppe auf (gemäß T. 15), um erst danach die Kontrastgruppe zu verarbeiten (T. 65ff. analog T. 10). So tritt dem homogenen Thema eine Vielfalt weiterer Gruppen entgegen, deren Umstellung in der Durchführung nicht nur auf Zufall beruht. Für sich genommen wirken die Satzglieder eher noch formelhaft, ihr gegenseitiges Verhältnis bestimmt sich aber in den wechselnden Konstellationen zwischen Oberstimme und Satzverband. Nach diesem Prinzip statt nach Maßgabe motivischer Arbeit ergibt sich die neue Gruppierung der Durchführung, die damit das Verfahren der Exposition weiterführt.

Der kantablen Thematik der Kopfsätze werden also unscheinbare Partikel entnommen, ihre variative Fortspinnung bestimmt Korrespondenz und Kontrast der Satzgruppen im Wechselverhältnis der Stimmen, den Zusammenhang verbürgt aber ornamentale Umbildung statt motivischer Arbeit. Auch die polyphonen Ansätze bewirken kaum prinzipielle Kontraste, und selbst die durchführenden Teile stellen eher Varianten der Exposition als ihre Verarbeitung dar. Generell gilt das zwar auch für den Kopfsatz des d-Moll-Quartetts Nr. 1, so reich und expressiv er aber in seiner Harmonik wirkt, so wenig läßt er doch ein eigentliches Seitenthema zu. Das sechstaktige Hauptthema gliedert sich

J. Haydn, op. 9 Nr. 4 (Hob. III: 22), erster Satz, T. 1–11 (*HGA*).

in das markante Kopfmotiv, das nach zwei Halben samt Kadenzglied abbricht (a), und in eine auftaktige Kontrastgruppe, deren knappe Formeln von Pausen durchsetzt sind, bis eine zweitaktige Kadenzgruppe zur Ausgangslage zurückführt (b). Erst mit dem erneuten Rückgriff auf den Themenkopf ergäbe sich ein Achttakter, an die Stelle der auftaktigen Kontrastfiguren tritt nun aber erst die Fortspinnung mit jähem Wechsel der Klanglage, Rhythmik und Dynamik (c; T. 10–11). Die rasche Modulation zur Parallele F-Dur eröffnet nach kurzem Kontrast (d) ab T. 19 Figurationsphasen, die denen anderer Sätze gleichen. Die Umstellung dieser Glieder in der Durchführung ersetzt aber noch entschiedener eine motivische Verarbeitung. Heben sich im Thema der Exposition der prägnante Kopf und die markante Kadenz ab (a + b), so wären danach Modulations- und Kontrastgruppe zu unterscheiden (c + d). Die Durchführung erhält zunächst den Zusammenhang zwischen Kopf und Kadenz (a + b), fügt dann aber an den Kopf die Kontrastgruppe an, um erst vor der Reprise auf die Modulationsgruppe zu rekurrieren (also a – d – c). Damit vertritt also die Umgruppierung das Verfahren motivischer Arbeit. Solche Prinzipien bestimmen auch die Kopfsätze in Nr. 3 und 6, wogegen der eröffnende Variationensatz in Nr. 5 ein Sonderfall bleibt, auch wenn er seinem Thema vorerst kaum mehr als vier figurative Varianten abgewinnt.

Nicht ganz so individuell erscheinen zunächst wohl die Menuette in op. 9, die auch kaum solche metrischen Extravaganzen wie in op. 1 aufweisen. Gegenüber den robusteren Tanzsätzen in op. 2 tritt aber als Ziel eine Differenzierung hervor, die in den Mittelteilen bis zu Zügen motivischer Arbeit führen kann. In Nr. 2 etwa steht dem ersten Viertakter eine zweitaktige Gruppe gegenüber, die durch ausgeschriebenen Doppelschlag ausgezeichnet ist und zweifach sequenziert wird. Auf dieses Motiv greift auch der Mittelteil zurück, der die Sequenzierung der Figuren mit metrischer Verschiebung verbindet. Wie der ebenso knappe Satz in Nr. 4 verzichtet auch das G-Dur-Menuett in Nr. 3 im A-Teil auf die Modulation zur Dominante; wird die erste Taktgruppe auf fünf Takte erweitert, so pendelt die folgende vierfach um Tonika und Dominante, bis ein zweitaktiger Anhang energisch kadenziert. Gerade der Triller aus dieser Kadenz ist es, der dann in der Quintschrittsequenz des Mittelteils aufgenommen wird. Wenn diese Sequenz dem melodischen Anstieg zu Beginn korrespondiert, so entsprechen sich in beiden Trioteilen stufenweise Sequenzen ab- und aufwärts, die zudem durch synkopische Dissonanzen markiert werden. Besonders komplex gerät das Menuett d-Moll in Nr. 1, das schon im A-Teil 20 und insgesamt 48 Takte umfaßt. Einer zweitaktigen ›Devise‹, die nach raschem Abstieg und vermindertem Septsprung abreißt, folgt ein auf vier Viertel gestraffter Zweitakter. Bereits die anschließende Gruppe führt mit sechs Takten zur Durparallele, ein weiterer Ansatz aber bildet eine freie Variante der ›Devise‹ aus, und die Wiederholung dieser Gruppe führt zunächst zur Tonika und dann zur Molldominante. Auf die Variante greift auch der Mittelteil zurück, um in ihrer Umkehrung seinen Höhepunkt zu finden (T. 27). Das Trio ist beiden Violinen allein vorbehalten, wird aber durch Doppelgriffe faktisch dreistimmig, und die Fortspinnung in Sequenzen abwärts wird im zweiten Teil durch Sequenzierung aufwärts beantwortet, wobei jedoch die Verkürzung der Notenwerte einen hemiolischen Effekt bewirkt. Dieselbe Paarung von sinnfälliger Differenzierung und subtilem Witz ist auch in den übrigen Menuetten wahrzunehmen.

Ähnlich schließen auch die langsamen Sätze an frühere Modelle an, die aber durch größeren Reichtum der Gestalten erweitert werden. Das Adagio F-Dur in Nr. 2 bezieht sich auf die Rhythmik des Siciliano im 6/8-Takt, das charakteristische Initium – Viertel und vier Zweiunddreißigstel – zieht sich durch alle Satzgruppen, doch kommt es kaum zum Austausch zwischen Oberstimme und Begleitung, sofern das Thema nur punktuell auch in die zweite Violine eindringt. Ein Sonderfall ist das ›Cantabile‹ c-Moll aus Nr. 4, denn dem Kernsatz mit dominierender Oberstimme im 3/4-Takt geht ein eröffnendes Adagio im 4/4-Takt voran, das unmißverständlich rezitativische Züge zeigt. Deutlicher sucht das C-Dur-Largo aus Nr. 3 dem Wechsel der Satzgruppen einen entwickelnden Verlauf abzugewinnen. Bildet sich aus knappen Ansätzen schrittweise der melodische Zusammenhang, so wird die Entwicklung dann vom akkordischen Satzgerüst mit ornamentaler Begleitung getragen, woran die Stimmen gleichermaßen partizipieren. Auch im Vergleich mit den Gegenstücken der anderen Quartette, die das dialogische Verfahren weiterführen, erweist sich das ›Adagio cantabile‹ B-Dur aus Nr. 1 als eindrucksvolle Lösung. Die scheinbar irreguläre Form läßt gleichwohl das geläufige Schema durchscheinen, denn dem zur Dominante führenden ersten Teil und seiner ornamentierten Wiederholung (A' ab T. 23) folgt das modulierende Mittelstück (ab T. 45), wonach der abermals variierte Kernsatz in der Tonika verbleibt, aber ohne Wiederholung auskommt (A" T. 55–76). Die drei Hauptteile haben gleichen Umfang, mit ihrer melodischen Ornamentierung zieht nun aber das variative Verfahren auch in den langsamen Satz ein. Zudem wird die eröffnende Kantilene der Oberstimme schon in T. 4 von den Unterstimmen abgelöst, die ab T. 11 und in der Teilkadenz ab T. 20 gleichberechtigt mitwirken. So wird das Satzgefüge durch seine dialogischen Relationen charakterisiert.

Die Finali in op. 9 entsprechen durchweg dem kapriziösen Prestotyp, fallen aber gegenüber op. 1 individueller und zugleich intrikater aus, womit sich der Kontrast zu den kantablen Kopfsätzen verschärft. Wie in op. 2 wird der Formverlauf, der sich einem Sonatensatz annähert, durch rhythmisch analoge Impulse geprägt, die eine Folie für unvermutete Abweichungen bilden. Gleich der zweite Finalsatz C-Dur formuliert eine zehntaktige Eröffnung im Wechsel von ausgefaltetem Dreiklang, Abstieg im Unisono, zweitaktigem Pendel und kadenzierendem Schlußglied. Neu wiederum setzen die folgenden Gruppen in kurzzügiger Ablösung von chromatischer Oberstimme und dem Block der Unterstimmen an, und eine Phase mit Trillerfiguren mitsamt einem Figurationsfeld ergänzt den Bestand, dessen Eckglieder auch in der Durchführung erscheinen. Konzentrierter zwar, aber auch weniger reich ist das Finale in Nr. 4, ebenso beschwingt wie konzis ist der Satz in Nr. 3 angelegt, dem bei größerer Ausdehnung das Gegenstück in Nr. 5 entspricht, das erstmals eine gesonderte Coda zeigt, während das Finale in Nr. 6 mit 54 Takten extrem kurz bleibt. Größere Eigenart besitzt wieder das Presto in d-Moll aus Nr. 1, das erstmals Züge eines fugierten Satzes annimmt. Zwar handelt es sich um kein regelrechtes Fugato, denn statt einer Exposition mit Dux und Comes liegt eine kanonische Einsatzfolge auf gleicher Stufe vor (T. 1, 3, 5 und 6 in beiden Violinen). Unübersehbar ist gleichwohl die Absicht der polyphonen Differenzierung; ihr entspricht die Engführung der Außenstimmen samt eintaktiger Sequenz der Oberstimme (T. 10–13), und noch der durchbrochene Satz ab T. 15 führt dieses Konzept fort, auch wenn nach einem letzten Einsatzpaar (T. 20–21) das figurative Wechselspiel dominiert. Die Durchführung steigert den polyphonen Anspruch, indem die Stimmpaare anfangs thematische Einsätze in halbtaktigem Abstand zu dichter Sequenzierung verschränken, und auch die durchbrochene Phase wird zu einem modulierenden Feld erweitert (T. 52–71). Verzichtet die Reprise auf die kanonische Eröffnung (T. 73 entspricht T. 20), so entfällt damit zunächst das Hauptthema selbst. Was aber verbleibt, ist eine letzte Engführung, die an den Themenkopf erinnert. Bemerkenswert ist jedenfalls, daß im Sonderfall des d-Moll-Quartetts auch das Finale eine polyphone Aufwertung erfährt.

Überblickt man die Fülle der Lösungen mit ihrer Differenzierung in op. 9, so ist es rückblickend schwer verständlich, daß so lange das dubiose ›opus 3‹ ernstlich Haydn zugeschrieben werden konnte. Während die fraglichen sechs Quartette in Haydns Entwurfkatalog fehlen, wurden sie zwar in das spätere Verzeichnis von Haydns Kopisten J. Elssler und in die Ausgabe der Quartette von Pleyel 1802 aufgenommen. Schwerer als das Fehlen von Autographen – was auch für andere Frühwerke gilt – wiegt der Umstand, daß weitere Drucke und Kopien vor 1800 fehlen – ausgenommen den Pariser Erstdruck von Bailleux (um 1777).[1] Nachdem die befremdlichen Züge dieser Werke wechselnd als Zeichen der Unsicherheit oder des Experiments gedeutet wurden, gelang 1964 H. C. Robbins Landon und Alan Tyson der Nachweis, daß die Violinstimmen des Erstdrucks vor Nr. 1 die getilgte Angabe »Sigr. Hoffstetter« zu erkennen geben. Und Hubert Unverricht fand 1968 in Romanus Hoffstetter aus Amorbach den Autor, von dem je sechs Quartette einmal mit 5 und dann mit nur 3 Sätzen vor 1772 und 1781 als op. 1 und 2 in Amsterdam und Mannheim erschienen sind.[2] Zwischen diese wechselnden Formen könnte das ›opus 3‹ insofern passen, als der viersätzigen Norm in Nr. 2 und 4 Werke mit nur 3 bzw. 2 Sätzen entgegenstehen. Die Zuweisung an Hoffstetter war weithin akzeptiert, als Günther Zuntz sie 1986 erneut in Zweifel zog.[3] Man wird sich seinem Hinweis nicht verschließen, daß die Tilgung eines Namens nicht sogleich die Zuschreibung an den eliminierten Autor erlaube, wogegen Erstdruck und spätere Belege jedenfalls Haydn nennen. Bei aller Bemühung um korrekte Angaben konnte Pleyel aber Irrtümer so wenig umgehen wie Haydn selbst bei der Revision seines Werkverzeichnisses.[4] Die wechselnde Satzfolge im ›opus 3‹ müßte zwar nicht für Hoffstetter als Autor sprechen, sie paßt aber noch weniger zu Haydns zyklischen Formen, falls man nicht der Mutmaßung von Zuntz folgt, der Druck basiere auf Sätzen von Haydn in der nicht autorisierten Zusammenstellung durch einen Kopisten oder Verleger.

Plausiblere Argumente könnte indessen der analytische Befund erbringen. Die auffällige Inhomogenität des ›opus 3‹ mit seinem Wechsel von Formen und Techniken wäre noch leidlich motivierbar, wenn man sie mit der Bandbreite eines in längerer Zeit entstandenen Werkvorrats erklären wollte. Auch Ausnahmen wie der Fantasia mit fünf Variationen in Nr. 2 oder dem ›Dudelsack‹-Menuett in Nr. 3 ließen sich singuläre Sätze in Haydns unbezweifelten Quartetten zur Seite stellen (so das ›Capriccio‹ samt ›Cantabile‹ oder das ›Menuett alla zingarese‹ in op. 20 Nr. 2 und 4). Wäre das ›opus 3‹ mit Zuntz vor op. 9 und damit

1 Vgl. L. Finscher, *Die Entstehung*, S. 168f., näher zu den Werken ebenda, S. 171–181; H. Unverricht, *Die beiden Hoffstetter. Zwei Komponistenportraits mit Werkverzeichnissen*, unter Mitarbeit von A. Gottron und A. Tyson, Mainz 1968 (Beiträge zur mittelrheinischen Musikgeschichte 10), S. 12ff.

2 H. C. Robbins Landon / A. Tyson, *Who composed Haydn's Op. 3?*, in: The Musical Times 105 (1964), S. 506f.; L. Sómfai, *Zur Echtheitsfrage des Haydn'schen ›Opus 3‹*, in: Haydn-Jahrbuch 3 (1965), S. 153–163.

3 G. Zuntz, *Die Streichquartette op. 3 von Joseph Haydn*, in: Die Musikforschung 39 (1986), S. 217–239; zuvor bereits Øiv. Eckhoff, *The Enigma of ›Haydn's Opus 3‹*, in: Studia Musicologica Norvegica 4 (1978), S. 8–45, wonach die Serie zwar nicht auf Haydn zurückgehe, für das qualitativ unterschiedliche F-Dur-Quartett Nr. 3 jedoch ein anderer Autor als für die übrigen Werke anzunehmen sei.

4 G. Aug. Griesinger, *Biographische Nachrichten*, S. 124, wonach sich der alte Haydn »kaum der Hälfte seiner Arbeiten bestimmt« erinnern konnte.

vor 1769 anzusetzen, so bliebe neben der überraschenden Breite der Ecksätze die fast regelmäßige Verwendung selbständiger Seitenthemen und auch Schlußgruppen befremdlich genug. Unleugbar enthält die Sammlung handwerklich gediegene Musik, der auch einprägsame Themen, wirksame Einfälle und klangliche Effekte nicht fehlen. Die klarsten Indizien gegen Haydns Autorschaft bieten aber die routinierte Satztechnik und die überaus regelhafte Metrik. Die sog. ›Serenade‹ im F-Dur-Quartett Nr. 5 ist gewiß der berühmteste Satz, sie ist aber nicht nur so hübsch wie glatt und simpel, sie zeigt auch eine derart gleichmäßige Struktur ohne jede Spur einer internen Entwicklung, wie sie keinem Satz von Haydn zu eigen ist. Das gilt nicht nur für Binnenwiederholungen, die auf alle Varianten verzichten, vielmehr bleibt die Konfrontation der melodiösen Oberstimme und der Begleitung im Pizzicato durchweg erhalten. Hat man einmal begriffen, wie essentiell für Haydns langsame Sätze seit op. 1 Nr. 1 der prozessuale Dialog der Stimmen ist, so kann dieser Satz wohl nicht von ihm stammen. Ähnlich erweitert das Menuett dieses Werkes die schematische Reihung von Zwei- und Viertaktern nur am Ende des A-Teils durch einen zweitaktigen Anhang, während der Versuch eines motivischen Rückgriffs im nur viertaktigen Mittelteil mit äußerster Simplizität erkauft ist. Das ›Scherzando‹ als Finale ahmt zwar die hüpfenden Kurzmotive Haydns täuschend nach, ohne aber die auftaktige Phrasierung im Verlauf so zu ändern, wie es für Haydn seit jeher die Regel war. Und der Kopfsatz erstaunt ebenso durch das stete Regelmaß der Taktgruppen, die sich zur Symmetrie von Vorder- und Nachsatz auf gleiche Weise fügen wie noch in der Überleitung und im Seitensatz. Selbst die Durchführung zeigt eine Mechanik in der Sequenzstruktur, wie sie bei Haydn kaum je begegnet. Je früher man das ›opus 3‹ ansetzt, desto größer wird der Abstand zu den Experimenten in op. 1 und 2 und zu den entwickelten Werken in op. 9.

Bedenkenswert bleibt die Auseinandersetzung um das ›opus 3‹ gleichwohl, weil sie einem Probefall der Philologie und erst recht der Analyse gleichkommt. Unabhängig von ihrer Zuschreibung dokumentieren die Werke den Standard der zeitgenössischen Produktion und dann wohl auch die frühe Haydn-Rezeption. Im Vergleich erweist es sich, wie wenig Haydns Musik zu begreifen ist, wenn man nicht ihre metrisch intrikate Struktur verfolgt. Desto klarer hebt sich zugleich die zähe Arbeit des Komponisten in den folgenden Werkserien ab. Nur ein Jahr nach op. 9 erschienen 1772 die Quartette op. 17 und wieder ein Jahr danach die sog. ›Sonnenquartette‹ op. 20. Die Entstehung beider Reihen ist durch die Autographe für 1771 und 1772 verbürgt, die zeitliche Nähe zu op. 9 verbindet sich mit sinnfälligen Entsprechungen, verdeutlicht aber ebenso die weitere Entfaltung der Modelle.[1] Die Opuszahlen gehen übrigens hier wie auch sonst nicht auf Haydn zurück, sie haben sich aber im Unterschied zur wechselnden Zählung in den zeit-

---

[1] Zu op. 17 vgl. *HGA* XII/2, S. VIf., zu op. 20 *HGA* XII/3, hg. v. G. Feder und S. Gerlach, München 1974, S. VII, sowie Kritischer Bericht, S. 9f. und S. 17ff.

genössischen Drucken seit Pleyels Gesamtausgabe unlösbar mit den dadurch bezeichneten Werkgruppen verbunden. Für op. 17 freilich überliefern Autograph und Entwurfkatalog übereinstimmend eine Anordnung, die von späteren Ausgaben abweicht, in der Gesamtausgabe aber wiederhergestellt wurde, wie die folgende Übersicht zeigt (zur Vermeidung von Mißverständnissen werden die Werke im weiteren nach Tonarten statt Nummern zitiert):

Hob III	bisher	GA
Nr. 26	Nr. 2	Nr. 1 F-Dur
Nr. 25	Nr. 1	Nr. 2 E-Dur
Nr. 28	Nr. 4	Nr. 3 c-Moll
Nr. 30	Nr. 6	Nr. 4 D-Dur
Nr. 27	Nr. 3	Nr. 5 Es-Dur
Nr. 29	Nr. 5	Nr. 6 G-Dur

Gemeinsam mit op. 9 ist op. 17 nicht nur der Beginn von vier Werken mit einem Allegro moderato und von je einem Quartett mit einem Variationssatz und einer ›Chasse‹. Steht jeweils ein Werk in Moll, so beginnt auch je ein langsamer Satz nach Art eines Siciliano (op. 9 Nr. 1, op. 17 E-Dur), und jeweils ein langsamer Satz weist Molltonart mit rezitativischen Zügen auf (in op. 9 Nr. 3 und in op. 17 G-Dur). Solche Analogien wirken sich auch im Verhältnis der Sätze aus, wenn etwa der Beginn mit Variationen durch besonders kunstvolle langsame Sätze ausgeglichen wird (op. 9 Nr. 5, op. 17 Es-Dur) oder wenn der eröffnenden Chasse ein überaus beschwingter Finalsatz antwortet (op. 9 Nr. 6, op. 17 D-Dur). Gleichwohl erlaubt der festliegende Grundriß des Zyklus Differenzierungen im einzelnen, indem die Kopfsätze thematisch verdichtet, die Finali weiter ausgebaut und die Mittelsätze schrittweise verfeinert werden. Gemäß dem Gewicht der Thematik in op. 17 begegnet schließlich im Es-Dur-Quartett so klar wie kaum je zuvor eine thematische Beziehung der Ecksätze durch ihr Incipit.

Mit dem Kopfsatz des F-Dur-Quartetts scheint einmal ein regulärer Sonatensatz vorzuliegen, in dem ein viertaktiges Seitenthema auf der Dominante ansetzt (T. 16). Genau genommen bildet es aber nur die leicht variierte Sequenz einer Taktgruppe, die vier Takte zuvor eine Stufe höher in d-Moll beginnt. Hier erscheint der vermeintliche Seitensatz gleichsam also auf ›falscher‹ Stufe, während sich die ›richtige‹ Stufe aus der Sequenzierung ergibt. Ihr Kopfmotiv jedoch, das von der gedehnten Quinte des Grundtons in vier Sechzehnteln abschreitet, greift auf eine entsprechende Figur zuvor zurück, die sich ihrerseits aus dem Abschluß des Hauptthemas herleitet (T. 9 und 4). Sie resultiert also im Grunde schon aus dem Hauptthema selbst, das ähnlich gedehnt auf der Quinte ansetzt und den Klangraum zur Oktave erweitert, um danach in Sechzehnteln abwärts zu führen. Dieselbe Gestalt liegt ab T. 4 auch

J. Haydn, op. 17 Nr. 2 (Hob. III: 26), erster Satz, T. 1–8 (*HGA*).

einer variierten Wiederholung zu Grunde, die durch interne Sequenzierung um einen Takt verlängert wird. Das scheinbar neue Seitenthema erweist sich also als Variante des Hauptsatzes, und seine figurativen Partikel bestimmen noch in anderer Konstellation die Schlußgruppe. Mit dem thematischen Modell beginnt auch die Durchführung, in der sich dann freilich Figuren der Oberstimme ähnlich wie kurzfristig schon einmal in der Exposition zu verselbständigen drohen (T. 20ff. und 51ff.). Im thematisch begründeten Satzverlauf erscheinen also Phasen mit freier Figuration meist in der Oberstimme, in denen bei akkordischer Begleitung die thematische Bindung zurücktritt. Beide Pole bedingen sich aber gegenseitig, sofern sich freie Figuration als solche erst im Verhältnis zum thematischen Kontext ausweist und umgekehrt. An den Nahtstellen solcher Phasen wird die Figuration auch latent von figurativen Elementen der Thematik durchsetzt, und an ihrem Ende wird sie durch thematisches Material der Gegenstimmen gleichsam abgefangen. Übrigens wird in der Reprise der vormalige ›Seitensatz‹ durch weitere motivische Varianten vertreten (T. 77ff.), womit sich nachträglich die Deutung der Exposition bestätigt.

So treten gerade in der Werkreihe, die in der thematischen Begründung der Form so entschieden fortschreitet, auch tragende Prinzipien von Haydns Kunst hervor. Mit der Ökonomie des Materials paart sich nicht nur seine variable Umbildung, die thematische Konzentration bedarf vielmehr des Widerparts freier Phasen, an deren Integration sie sich erst zu bewähren hat. Weniger kantabel als eher tändelnd beginnt der erste Satz im E-Dur-Quartett, dessen Thema in gleichmäßigen Achteln zwar einfach wirken kann, in seinen Gliedern aber dicht verzahnt und mit steten Varianten fortgesponnen wird. Statt ein Seitenthema auszubilden, tendiert die Exposition wieder zu solistischer Figuration, die dann erneut durch motivische Reminiszenzen eingefangen wird, wie denn auch beide Pole den Verlauf der Durchführung bestimmen. Im komplexen Gefüge so unterschiedlicher Satzfelder erreicht die Durchführung im Kopfsatz des G-Dur-Quartetts einen Umfang, der den der übrigen Teile sogar übertrifft und damit frühere Relationen geradezu umkehrt. Dagegen greift der Satz in c-Moll wieder auf den kantablen Typus zurück, der hier jedoch seine expressive Pointierung erfährt. Das Thema erscheint zwar als regulär achttaktig, der erste Takt ist aber ohne Begleitung gleichsam als Devise vorangestellt, der Schlußtakt bricht kadenzierend in seiner ersten Hälfte ab, und dazwischen bilden sechs Takte im vollständigen Satz ein motivisch so dichtes wie variables Netz. Das Material ist derart reich, daß von seinen Elementen der ganze Satzverlauf zehrt, auch wo er die charakteristische Solofiguration aufweist. Das Gegenstück der intensiven Durchführung, die in der Ausarbeitung der vorangestellten Devise zu akkordischem Satz in gleichmäßigen Halben kulminiert (T. 79ff.), bildet wieder eine knappe Coda, in der die Figurationen mit den halben Noten der Devise verknüpft werden und im leisen Durschluß verklingen. Der eröffnende Variationensatz im Es-Dur-Quartett entspricht hingegen nach Format und Satzart noch einem Pendant im B-Dur-Werk aus op. 9, auch wenn die Unterstimmen am variativen Verfahren partiell wieder teilhaben.

Die Menuette führen die verdichtende Intensivierung fort, wie es schlagend an dem E-Dur-Satz sichtbar wird. Der Mittelteil setzt sogleich mit imitativer Verarbeitung des prägnanten Kopfmotivs ein, das in keiner Taktgruppe fehlt. Die imitatorische Arbeit wird im Trio in e-Moll fortgeführt, das durch die sequenzierte Kette dissonierender Synkopen Takt für Takt seine klangliche Schärfe erhält. Die Tendenz zur Verdichtung des Mittelteils durch kontrapunktische und motivische Arbeit gilt ebenso für die Menuette in F- und Es-Dur. Im c-Moll-Quartett weicht zwar das Menuett in das helle C-Dur aus, das Trio jedoch fällt in die Mollvariante zurück und prägt erneut einen Verlauf voll synkopischer Dissonanzen aus. Scheinbar leichter wiegen die übrigen Tanzsätze, doch erreicht das G-Dur-Menuett seinen Witz in hemiolischer Überlagerung seiner Schlußpartie, was ähnlich im D-Dur-Satz durch wechselnde Länge der Taktgruppen bewirkt wird. – Besondere Aufwertung erfahren in op. 17 die langsamen Sätze, wie es zumal an der zweiteiligen Anlage des Satzes im Es-Dur-Werk zu verfolgen ist. Gegenüber dem hymnischen Beginn dieses Satzes in As-Dur mit seiner weit ausgreifenden Melodik kann die folgende Sequenzfigur mit Trillern und Tonrepetitionen fast irritieren, zumal beide gemeinsam eine sechstaktige Gruppe abgeben. Der nächste Sechstakter bildet aber bereits bei analogem Beginn eine erste Variante, die sich dominantisch zum weiteren Verlauf öffnet. Das kantable Kopfmotiv wird über vier Takte hin ausgesponnen, sein Anhang aber auf nur zwei Takte gekürzt. Die Entwicklung des Satzes läßt jedoch die Ausarbeitung des Kopfmotivs durch fast alle Stimmen hin hervortreten, um dem hymnischen Tonfall immer mehr

J. Haydn, op. 17 Nr. 3 (Hob. III: 27), dritter Satz, T. 1–14 (*HGA*).

Konstanz einzuräumen (T. 13–19), während erst der Teilschluß auf den kadenzierenden Anhang zurückgreift (T. 33ff.). Im Zentrum der ersten Satzhälfte erfährt das Adagio seine expressive Steigerung (T. 20–32), sie ist zugleich aber geradezu episodisch, sofern in ihr die Thematik ausgeblendet wird. Während die Unterstimmen nur pochende Achtelrepetitionen beisteuern, hat die Oberstimme kaum eigene melodische Qualität. Alles konzentriert sich damit auf die Harmonik, die eine neue Intensität erreicht. Sie basiert auf der Verselbständigung des ›neapolitanischen‹ Sextakkords der relativen Dominante B-Dur mit Es-Dur als Ziel, und sie führt von Ces- über Ges-Dur bis zu einem Akkord in Eses-Dur (also enharmonisch gleich D-Dur) und wieder zurück. Demgemäß wird diese Phase in der zweiten Satzhälfte modifiziert, in der sich der Prozeß derart umkehrt, daß die erste Sechstaktgruppe ohne den kadenzierenden Anhang bleibt, der erst in die folgende Gruppe eindringt und schließlich allein den Ausklang des Satzes bestreitet. Ein so eigenes harmonisches Gewicht erreichen die anderen Sätze nicht, ohne deshalb an Bedeutung einzubüßen. Eine andere Lösung bildet im G-Dur-Quartett ein Adagio in g-Moll, dessen kantabler Kernsatz zuerst fast unvermittelt auf einen rezitativischen Einschub trifft (ab T. 12). Die Satzmitte findet dagegen zu einem kantablen Bogen bei gleichmäßig pochenden Achteln der Begleitung. Ihr gegenüber wirkt die Reprise des Anfangs fast als eine Rücknahme in knappen Taktgruppen, sie führt damit eher als zuvor auf den rezitativischen Einschub hin, bis sich beide Schichten am Ende überlagern.

Die Finalsätze weiten sich nicht nur zu regulären Sonatenformen aus, sie lassen sogar eher Binnenkontraste ein als die Kopfsätze und steigern damit die subtile Verarbeitung, die noch kleine motivische Formeln metrisch raffiniert zu nutzen weiß. Exemplarisch ist der Schlußsatz im D-Dur-Quartett, dessen simples Thema im Kern auf einer Sequenzkette in Terzparallelen beruht, zugleich aber variabel genug für konzentrierte Verarbeitung ist. Zweistimmig eingeführt, ruht es sodann auf Orgelpunkt, um sich über drei- zu vierstimmigem Satz zu erweitern. Witzig genug ist der Widerspruch dieses Materials zum Aufwand seiner Verarbeitung, denn strikt motivisch ist auch die gesamte Durchführung angelegt. Ausgenommen von solcher Verdichtung bleiben in der Exposition – wie in der Reprise – knappe Figurationsgruppen, die einen klanglich effektvollen Exkurs einschließen (T. 35 ff. und T. 45 ff.). Damit wird aber im huschenden Perpetuum mobile einmal jene Klanglichkeit ausgefaltet, die dem Thema zugleich inhärent ist. An die Wiederholung des zweiten Teils (mit Durchführung und Reprise) schließt noch eine sechstaktige Coda an, in der das kleine Sequenzmotiv isoliert hervortritt und zugleich melodisch umgekehrt wird. Pointe dieses Schlusses ist die potenzierte Paarung von Simplizität und Gelehrsamkeit, wogegen das c-Moll-Finale sein so knappes wie prägnantes Initium desto konsequenter ausarbeitet, um es in der Coda zu bestürzender Konsequenz zu treiben. Ähnlich geistvoll sind aber auch die Finali der Quartette in Es- und F-Dur, womit im Rückblick noch einmal der Abstand zum dubiosen ›opus 3‹ deutlich wird.

Die ›Sonnenquartette‹ op. 20 – den Beinamen verdanken sie dem Titelblatt des Amsterdamer Drucks von J. J. Hummel 1779 – schließen 1772 die erstaunliche Folge der 18 Werke ab, mit denen Haydn die Grundlagen des klassischen Streichquartetts schuf. Es sollte aber fast zehn Jahre dauern, bis mit op. 33 die nächste Werkserie folgte, die nach Haydns Hinweis auf eine »gantz neu Besondere art« angelegt waren: »Denn zeit 10 Jahren habe keine geschrieben«.[1] So sah denn auch Ludwig Finscher in op. 20 die Zeichen einer Krise, deren Lösung erst in op. 33 erreicht werde.[2] Ablesbar wäre sie nicht nur an der Belastung von drei Werken durch Finalsätze, in denen erstmals mehrthemige Fugen begegnen. Weitere Indizien lägen auch in den Extremen der Kopfsätze zwischen den Polen kammermusikalischer Verdichtung und orchestraler Klangfülle, und wenn weiter die langsamen Sätze zwischen Variation, Szene, Kantilene und Serenade changieren, so kehren die Menuette zum klaren Bau stilisierter Tanzsätze zurück. Damit werde schließlich der Typus derart gefährdet, daß die Ecksätze entweder hart kontrastieren oder aber aufeinander reagieren, während sich zugleich der Kontrast der Binnensätze verschärfe. Nun wäre allein die Pause zwischen op. 20 und op. 33 kaum schon Anlaß, von einer Krise nicht nur Haydns, sondern sogar der Gattung insgesamt zu reden. Die fugierten Finali gewinnen aber an Gewicht mit ihrem Verhältnis zu den Kopfsätzen in der ursprünglichen Reihenfolge, wie sie die Gesamtausgabe nach den Angaben des Entwurfkatalogs bietet (die erhaltenen Autographe nennen keine näheren Daten und spiegeln nicht die Entstehungsfolge).[3]

1 *Joseph Haydn. Gesammelte Briefe und Aufzeichnungen*, hg. v. D. Bartha, Kassel u. a. 1965, S. 106 f. (Nr. 39–40, an Johann Caspar Lavater und Fürst Kraft Ernst zu Öttingen-Wallerstein am 3. 12. 1781); vgl. dazu ferner G. F. [= G. Feder], *Ein vergessener Haydn-Brief*, in: Haydn-Studien, hg. v. G. Feder, Bd. I, München und Duisburg 1965, S. 114–116: Haydns Schreiben vom 3. 12. 1781 an Abt Robert Schlecht von Salmannsweiler (Salem). Zum Autograph von op. 20 vgl. *HGA* XII/3, Kritischer Bericht, S. 9 f., zu weiteren Drucken ebenda, S. 17 ff.

2 L. Finscher, *Die Entstehung*, S. 235 ff.; ders., *Joseph Haydn*, S. 404 ff., versah zwar das Wort »Krise« mit Fragezeichen, hielt aber auch daran fest, daß in der »Vielfalt von Satzfolgen« gerade »das Fundament der sonst so systematischen Arbeit an der Gattung [...] ins Wanken« gerate, vgl. ebenda, S. 406; G. Feder, *Haydns Streichquartette*, S. 44, sah in den fugierten Finali auch eine Reaktion auf die »Critic« der »Herrn Berliner«, von der Haydns autobiographische Skizze spricht; vgl. *Haydn. Gesammelte Briefe*, S. 77 (Nr. 21 vom 6. 7. 1776). J. Chr. Stockmann, *Critischer Entwurf einer auserlesenen Bibliothek*, Berlin 1771 (zitiert nach *HGA* XII/3, S. VII) hatte unter Hinweis auf Haydn und andere Zeitgenossen »Fehler gegen den Satz« und »grosse Unwissenheit des Contrapunkts« in den »Quatuor's dieser Herren« gerügt.

3 Vgl. dazu *HGA* XII/3, Kritischer Bericht, S. 9 ff.; L. Finscher, *Die Entstehung*, S. 219 f.

Hob III	bisher	GA	Tonart	Kopfsatz	Finale
Nr. 35	Nr. 5	Nr. 1	f-Moll	Allegro moderato, 159 ₵	Fuga a 2 Soggetti, 184 ₵
Nr. 36	Nr. 6	Nr. 2	A-Dur	Allegro di molto, 164 6/8	Fuga a 3 Soggetti, 95 ₵
Nr. 32	Nr. 2	Nr. 3	C-Dur	Moderato, 106 ₵	Fuga a 4 Soggetti, 162 6/8
Nr. 33	Nr. 3	Nr. 4	g-Moll	Allegro con spirito, 270 2/4	Allegro molto, 104 ₵
Nr. 34	Nr. 4	Nr. 5	D-Dur	Allegro di molto, 298 3/4	Presto scherzando, 126 ₵
Nr. 31	Nr. 1	Nr. 6	Es-Dur	Allegro moderato, 106 ₵	Presto, 160 2/4

Am Beginn stehen demnach die drei Werke, deren Finalsätze ihre Aufgabe mit der Paarung von zwei über drei bis zu vier Themen systematisch steigern. Die weiteren Finali kehren zwar zum Typ des raschen Schlußsatzes zurück, doch nutzt auch der g-Moll-Satz kontrapunktische Verfahren, und nur das letzte Presto verwendet den früher bevorzugten 2/4-Takt. Dagegen entspricht dem unterschiedlichen Charakter der Kopfsätze auch der Wechsel ihres Umfangs, sofern sich gegenüber der Norm des Moderato die Taktzahl bei raschem Tempo erweitern und fast verdoppeln kann. Solche zunächst äußeren Indizien lassen sich freilich auch anders auffassen. Im unterschiedlichen Umfang der Kopfsätze wird zugleich der Wechsel ihres Tempos ausgeglichen, womit ein annähernd gleiches Gewicht erreicht wird. Die Kette der fugierten Finali ist auch als systematische Steigerung der Aufgaben zu verstehen, nach deren Bewältigung bereits in op. 20 und nicht erst später ein entspannter Schluß möglich wird. Und in der Vielfalt der Eck- und auch der Binnensätze könnte man vielleicht eine weitere Differenzierung der Möglichkeiten sehen, die in op. 9 und op. 17 angelegt waren, um nun einen vorläufigen Abschluß zu finden. Ein Versuch zur Klärung solcher Fragen muß jedoch von den berühmten Fugenfinali seinen Ausgang nehmen.

Die f-Moll-Fuge zunächst, mit der die Reihe einsetzt, bezieht sich nicht nur im Allabreve-Takt auf barocke Konventionen, auch die Thematik greift auf den traditionsreichen Typus zurück, den Warren Kirkendale als »Pathotyp« gekennzeichnet hat.[1] Ihm entspricht nach Quintfall auf den Grundton der Sextsprung aufwärts samt vermindertem Septsprung abwärts auf den Leitton (ein ähnlicher Rahmen also wie etwa im Thema Regium aus Bachs *Musicalischem Opfer*). Dagegen ist das Kontrasubjekt durch markante Tonrepetitionen und intern sequenzierte Achtel charakterisiert. Freilich lösen sich Dux und Comes mit Quint- und Quartinitium regelgerecht – bei einem überzähligen Einsatz – nur anfangs ab, und nur der ersten Durchführung folgt ein abgegrenztes Zwischenspiel, in dem der Kopf des Kontrasubjekts sequenziert wird (T. 23–35). Wo aber die zweite Durchführung zu erwarten wäre, folgen die Einsätze scheinbar unregelmäßig, ohne abgrenzbaren Zwischenspielen Raum zu lassen. Damit scheint sich der Verlauf eher dem älteren Ricercare zu nähern, auch wenn durchweg die Konzentration auf die The-

---

1 W. Kirkendale, *Fuge und Fugato in der Kammermusik des Rokoko und der Klassik*, Tutzing 1966, S. 137 und S. 185.

men bewahrt wird. Von der Folie der Tradition heben sich jedoch zwei gegenläufige Prinzipien ab, die alles eher als konventionell sind. Eine erste Einsatzkette, die in As-Dur beginnt, stützt sich auf die Gestalt des Dux mit seinem Quintfall und schreitet eine Quintkette abwärts bis Ges-Dur in T. 64 aus. Ihr antwortet eine Kette von Einsätzen des Comes, die in Quarten aufwärts wieder das Ziel c-Moll T. 84 erreicht. Von hier an verdichten sich die Einsätze, bis nach Engführung und einer simultanen Umkehrung die klangliche Steigerung über Orgelpunkt in einer Fermate gestaut wird (T. 111). Die Gegenstimmen indes greifen anfangs primär auf das Kontrasubjekt und seinen sequenzierten Kopf zurück, doch wird vorübergehend auch die Achtelfortspinnung des Themas selbst abgespalten (T. 45ff.), die dann die Phase vor dem Orgelpunkt beherrscht. Die kontrapunktische Verdichtung der Einsätze gehorcht also der harmonischen Planung, zugleich wird sie von der Arbeit mit abgespaltenen Motiven erst recht im Schlußteil überlagert. Er beginnt zwar mit enggeführten Einsatzpaaren von Dux und Comes, um dann aber nur noch wenige weitere Einsätze zuzulassen. Statt dessen setzt sich nun die Arbeit mit abgespaltenen Partikeln durch, die den Verband der Fuge auflöst. Einem nochmaligen Orgelpunkt folgt zwar ein Kanon der Außenstimmen in halbtaktigem Abstand, die Auflösung der Fuge durch motivische Arbeit endet aber mit einem letzten Themeneinsatz in akkordischem Satz, der den Gegenpol zum ursprünglichen Prinzip bedeutet.

Die Umbildung der tradierten Fuge, die schon im äußerlich konventionellen f-Moll-Finale einsetzt, wird entschiedener noch in den Sätzen mit drei und vier Themen fortgeführt. Die A-Dur-Fuge formiert aus Tonrepetitionen und einer kleinen Spielfigur den Kopf des ersten Themas, das sich als pausendurchsetzte Sequenzkette mit synkopischen Oktavsprüngen fortspinnt. Den ersten Kontrapunkt stellt demgemäß ein sequenzierter Abstieg in synkopischen Sekundschritten dar, und in dieses Gewebe fügen sich die analog sequenzierten Spielfiguren eines weiteren Kontrapunkts ein. Die drei Gestalten bilden also nicht selbständige Themen einer strengen Tripelfuge, sondern einen sequenzierenden Stimmverband, dessen Elemente im Satzverlauf abgetrennt, fortgesponnen und in wechselnder Konfiguration kombiniert werden, bis die scheinbare Fuge am Ende im Unisono aller Stimmen mündet. Weiter noch treibt dieses Spiel die Fuge in C-Dur, die schon im tänzelnden 6/8-Takt ihre Absage an barocke Traditonen proklamiert. Das Thema und der erste Kontrapunkt beginnen bereits mit Pause auf betonter Zählzeit, und jedes der vier Themen ist eine ebenso knappe wie prägnante Motivformel, der die Möglichkeit zur Abspaltung eingeschrieben ist. Dazu kommt einerseits der chromatische Schritt im ersten Thema sowie andererseits die kleine Spielfigur in Sechzehnteln nach Eintritt aller Themen (erstmals T. 12). Damit steht ein überreiches Material bereit, das die Möglichkeit vielfältiger Kombinatorik enthält. In ihr erge-

J. Haydn, op. 20 Nr. 2 (Hob. III: 32), vierter Satz, T. 1–12 (*HGA*).

ben sich Phasen, in denen jede Erinnerung an einen fugierten Satz zurücktritt, wie etwa die Synkopenketten ab T. 60 und T. 83 oder die Gruppen der Spielfiguren ab T. 132, während der Satz zugleich zunehmend von der Chromatik des Kopfmotivs gefärbt wird, wie nach T. 43 oder T. 119. Bis in das markante Unisono des Schlusses hinein wirken diese Elemente nach, und so entspricht der Satz eher einem Puzzle seiner Motive als dem Leitbild einer mehrthemigen Fuge. Bezieht sich darauf etwa Haydns Schlußbemerkung »Sic fugit amicus amicum«?

Damit wird nun einsichtig, daß die fugierten Finali wohl weniger eine Krise als eine eigentümliche Konsequenz indizieren. Führte Haydns Weg vom experimentellen Spiel mit Taktgruppen, das zunächst die Prämissen der Metrik erprobte, über die motivische Profilierung zur thematischen Organisation, so mündet er nun im Extrem der Finali aus op. 20. In ihnen wird eine durchgehende Thematisierung erreicht, wie sie das Modell der Fuge gewährleistet. Sie wird zudem durch die mehrthemige Anlage gesteigert, die mit der Kombination des Materials die Chance der Auflösung in motivische Arbeit bietet. Im Rückgriff auf die Fuge eignete sich Haydn nicht nur eine Tradition an, von der er Abstand genug gefunden hatte, um sie radikal umzukehren. Vielmehr hatte sich an dieser Aufgabe die neu gewonnene Fähigkeit zur motivischen Durchdringung der Form im variablen Umgang mit den Partikeln zu bewähren. So gesehen markieren die fugierten Finali aus op. 20 weniger eine kritische Erschütterung als das Vermögen zur Durchsetzung der eigenen Prinzipien gegenüber konträren Vorgaben. Fortan erlaubten die in op. 20 gemachten Erfahrungen die kontrapunktische Differenzierung aller Sätze, womit der Fundus des klassischen Streichquartetts entscheidend erweitert wurde. Zu fragen bleibt nur, wie sich dazu die anderen Sätze in op. 20 verhalten.

Im g-Moll-Finale bildet das Thema ein Motivbündel, das sich von dem der mehrthemigen Fugen kaum unterscheidet. Die Partikel werden in kontrapunktischer Kombination vorgestellt, um dann getrennt verfügbar zu werden. Das geläufige Formschema der Schlußsätze bietet damit den Rahmen für motivische Kombinatorik wie für überraschende Kontraste. Dagegen überläßt das Presto scherzando in D-Dur zunächst den Oberstimmen die Spielfiguren des Themas, an dem die Unterstimmen dann zunehmend partizipieren, während das knappe Es-Dur-Finale den Typus früherer Schlußsätze metrisch und kontrapunktisch differenziert. – Die ersten Sätze sind gewiß höchst vielfältig und unterschiedlich, sie folgen auch nur noch zur Hälfte dem kantablen Moderatotyp und zeigen sonst eher zügiges Tempo. Mit kontrastierenden Themengruppen und konzertanten Episoden fallen sie zwar wechselnd konzentriert aus, sie signalisieren aber weniger eine Krise, sondern erweitern den Satztyp durch verschärfte Individualisierung. Das Moderato in f-Moll entfaltet den Ansatz der Oberstimme in melodischer Sequenzierung und rhythmischer Beschleunigung über pochender Achtelbegleitung, je weiter aber die Mittelstimmen beteiligt werden, desto markanter erinnert immer noch die Baßstimme an das einheitliche Maß dieser Begleitung. Ausgenommen bleibt nur eine akkordische Takt-

J. Haydn, op. 20 Nr. 5 (Hob. III: 35), erster Satz, T. 1–5 (*HGA*).

gruppe (T. 28ff.), die gleichwohl kaum als Seitenthema fungiert; in ihr wird zwar das Achtelmaß durch Punktierung nuanciert, zugleich aber kongruieren alle Stimmen in homorhythmischem Satz. Dagegen kündigt das Allegro di molto A-Dur – mit dem charakterisierenden Zusatz ›scherzando‹ – gleich in der Spielfigur des ersten Taktes eine Tendenz an, die schon in der Themenwiederholung und dann weiter in figurativen Episoden ausgetragen wird; auch die Kontrastgruppe in e-Moll (T. 31ff.) hat in sequenzierender Anlage kaum thematischen Rang, teilt aber mit dem Hauptthema noch immer den auftaktigen Impuls. Vielgliedriger noch ist das Moderato C-Dur, dessen Thema als zweistimmiger Kontrapunkt mit Füllstimme angelegt ist; das mehrfach umspielte Terzintervall impliziert dabei die figurativen Elemente, die dann in knappen Einwürfen der Einzelstimmen hervortreten. Stehen diese eher locker gefügten Sätze den fugierten Finali gegenüber, so nimmt in den übrigen Kopfsätzen wieder die thematische Konzentration zu. Das Thema im Allegro con spirito g-Moll findet seine rhythmische Kontur mit Auftakt und punktiertem Zählton, dessen Umspielung durch Halbtöne im weiteren von Achteln zu Sechzehnteln gesteigert wird. Sie bildet dann den Rahmen für so unerwartete Einschübe wie einen fanfarenhaften Tuttiklang mit anschließender Solofigur (T. 65ff.). Eine ähnlich konzise Rhythmik verbindet der Kopfsatz Es-Dur mit figurativen Gesten der Außenstimmen, und beide Aspekte des Themenkomplexes werden in der Exposition und zumal in der Durchführung gemeinsam oder auch getrennt entfaltet. Ein Maximum an Konzentration gewinnt endlich der fast problemlos einfache Kopfsatz im D-Dur-Quartett. Der sechstaktige Themenkern über Orgelpunkt beginnt mit vierfacher Repetition des Tonikaakkords in enger Lage und erweitert sich gemessen in einer Kadenzfolge, die nur einmal durch zwei überbundene Viertel und am Ende dann durch Sechzehntel profiliert wird. Jedes dieser unscheinbaren Elemente wird im Satzverlauf ausgearbeitet. Hat man die Taktgruppe mit ihren Varianten viermal gehört, so hat sich die akkordische Repetition derart eingeprägt, daß man sie ständig gleichsam mithört, wenn sich Triolenfiguren darüber entspinnen. Die überbundenen Viertel aus dem Thema selbst prägen noch die sequenzierenden oder kadenzierenden Satzgruppen, und die abgespaltenen Triolen werden am Ende durch die Sechzehntel der Themenkadenz ersetzt. Mit so unauffälligen Gebilden gelingt leichthin ein Satz voll spielerischer Konzentration: Figuration und Thematisierung sind identisch geworden.

Solche Vielfalt zeichnet auch die langsamen Sätze aus, die ebenso den Vorrat der Typen bereichern und dreimal nun auch vor den Tanzsätzen stehen (in den Werken in A-, C- und D-Dur). Im D-Dur-Quartett begegnet erstmals ein Thema in d-Moll mit vier Variationen als Binnenstatt als Finalsatz. Wieder wird die Kette der Variationen primär vom Baßgerüst getragen, die den Oberstimmen damit den Raum für eine Entfaltung überläßt, die schon in der ersten Variation weiter als zuvor ausgreift. Verzichtet die letzte Variation auf Wiederholung beider Teile, so wird sie durch eine ausführliche Coda erweitert, die alle Aspekte von Parallelführung der Stimmen über synkopische Verschiebung bis zu Gesten im Solo oder Unisono oder zu dynamischen Kontrasten auf engstem Raum zusammenfaßt. Auch das Adagio im C-Dur-Quartett – überschrieben als ›Capriccio‹ – steht in der gleichnamigen Molltonart, vorangestellt ist nicht nur eine pathetische Eröffnung im Unisono voller Punktierungen und Triller, vielmehr wird dieser Satztyp im Stimmverband ausgearbeitet, bis erst in der Satzmitte die Kantilene der Oberstimme zu gleichmäßiger Begleitung in Es-Dur ansetzt.[1] Das Poco adagio des g-Moll-Quartetts steht entsprechend in G-Dur, im gewohnt zweiteiligen Schema entfaltet es den akkordischen Satzbeginn, indem zunächst der Cellopart figurativ hervortritt, woraus sich schrittweise die Beteiligung aller Stimmen ergibt. Das F-Dur-Siciliano im f-Moll-Quartett wird durch interne Varianten differenziert, an denen allerdings nur die Oberstimmen teilhaben, und von ihrem Primat zehrt auch das als

---

1 Vgl. dazu J. Brügge, *Joseph Haydn, op. 20, Nr. 2, Capriccio – eine Vorlagekomposition für W. A. Mozart, KV 171,1*, in: Neues Musikwissenschaftliches Jahrbuch, hg. v. Fr. Krautwurst, Bd. 1 (1992), Augsburg 1993, S. 69–86.

›Cantabile‹ charakterisierte Adagio im A-Dur-Quartett, das ohne markante Zäsurierung seiner Zweiteilung auskommt. Einen Gegenpol erreicht wieder das ›Affettuoso e sostenuto‹ As-Dur aus dem letzten Werk in Es-Dur, das im 3/8-Takt alle Stimmen am durchweg akkordischen Satzverband beteiligt. Das gängige Formschema wird zwar durch die Andeutung eines Seitensatzes erweitert (T. 20ff.), der aber weder thematischen Rang noch kontrastierende Funktion hat. Anstelle der üblichen Relation zwischen Melodik und Begleitung bildet sich erstmals ein durchlaufender Strom aus, der gerade im akkordischen Satz alle Stimmen erfaßt. In dichter Verkettung sind die Taktgruppen im Thema wie in seiner Fortspinnung kaum mehr zu trennen, und erst im Teilschluß tritt die Oberstimme ornamental hevor, womit sich der gewohnte Prozeß geradezu umkehrt. – Die Menuette schließlich sind zwar nicht so betont kunstvoll wie in op. 17, zumal sie kaum über so ausgearbeitete Mittelteile verfügen. Doch noch ein knapper Satz wie der in A-Dur steckt voller Feinheiten, wenn etwa nach behäbig volltaktigem Vordersatz der Nachsatz graziös auftaktig ansetzt, um ohne Modulation auf wiederholtem Dominantakkord zu enden, während umgekehrt der B-Teil mit dem Vordersatz ohne seine Ergänzung abbricht. Erst recht wird im C-Dur-Menuett das Taktgefälle durch Synkopen verschleiert, die im klangdichten Satz voller Liegetöne desto wirksamer werden. Im Kontrast zum repetierten Satzkern akzentuieren die Zwischenglieder markant das Taktgefälle, und auch das Trio in c-Moll beginnt mit dissonanten Synkopen zu sequenzierendem Baß, markiert dann aber in kräftigem Unisono das Taktmaß und verklingt offen auf dominantischem Schluß. Und das Allegretto alla zingarese in D-Dur ist mehr als ein vordergründiger Scherz, denn seine Pointe liegt darin, daß die geradezu bizarren Synkopen in regulären Viertaktern aufgehen, wobei sich nebenher ein nicht ganz strenger Kanon im Abstand einer Viertel ergibt (T. 10–16).

Die überbordende Fülle in op. 20 läßt sich vielleicht als gefährliches Übermaß auffassen, sie ist aber auch das Indiz der Individualisierung, zu der die Satztypen erweitert werden. Daß den fugierten Finali besonderes Gewicht zukommt, ist ein Resultat der Umprägung der konventionellen Fuge durch ein Höchstmaß an motivisch flexibler Verdichtung. Damit bildet op. 20 auf Haydns Weg ein Ziel, das auch ein Potential umschließt. Der Gedanke liegt nahe, Haydn habe die Möglichkeiten im Quartett derart ausgelotet, daß die Ergebnisse zunächst für andere Gattungen zu nutzen waren (wie erst weitere Vergleiche zeigen könnten). Dann aber kann es auch nicht erstaunen, daß Haydn einer Pause bedurfte, um sich in op. 33 erneut dem Streichquartett zuzuwenden.

Die ›russischen‹ oder ›Jungfern-Quartette‹ op. 33, deren Beinamen auf eine Widmung in der zweiten Ausgabe von Artaria bzw. auf die Vignette in Hummels Druck von 1782 zurückgehen, wurden treffender auch als »gli Scherzi« benannt. Denn erstmals sind die Tanzsätze – was

1 Vgl. dazu die Nachweise S. 36, Anmerkung 1, ferner L. Finscher, *Die Entstehung*, S. 238f.; G. Feder, *Haydns Streichquartette*, S. 54ff.

2 A. Sandberger, *Zur Geschichte des Haydnschen Streichquartetts*, in: Altbayerische Monatshefte 1900, zitiert nach ders., *Ausgewählte Aufsätze zur Musikgeschichte*, München 1921, S. 224–265: 260ff.; Fr. Blume, *Joseph Haydns künstlerische Persönlichkeit in seinen Streichquartetten*, in: Jahrbuch Peters 38 (1931), S. 24–48, auch in ders., *Syntagma Musicologicum. Gesammelte Reden und Schriften*, hg. v. M. Ruhnke, Kassel u. a. 1963, S. 526–551: 546; L. Finscher, *Die Entstehung*, S. 266.

3 *Haydn. Gesammelte Briefe*, S. 109 (Nr. 41 vom 4. 1. 1782) und S. 111 (Nr. 42 vom 20. 1. 1782); Zur Anordnung und Verbreitung vgl. HGA XII/3, S. VIIf., Kritischer Bericht, S. 29ff., ferner G. Feder, *Die Überlieferung und Verbreitung der handschriftlichen Quellen zu Haydns Werken (Erste Folge)*, in: Haydn-Studien, hg. v. dems., Bd. I, München und Duisburg 1965, S. 3–42.

4 W. Steinbeck, *Das Menuett in der Instrumentalmusik Joseph Haydns*, München 1973, S. 93–107.

singulär bei Haydn bleiben sollte – als ›Scherzo‹ oder ›Scherzando‹ bezeichnet, und auch ihre Alternativsätze sind nicht als ›Trio‹ tituliert. Im Dezember 1781 bot Haydn in einem ›Schemabrief‹, der den berühmten Hinweis auf »eine gantz neu Besondere Art« enthält, diese Werke einer Reihe von Gönnern und Liebhabern »auf praenumeration« an.[1] Offenbar suchte Haydn damit Abnehmer handschriftlicher Kopien noch vor der Drucklegung zu gewinnen. Als Adolf Sandberger 1900 zuerst ein Exemplar dieses Briefs fand, bezog er Haydns Formulierung auf »die thematische Arbeit« als »das Kind aus der Ehe des Kontrapunkts mit der Freiheit«, Friedrich Blume befand 1931, Haydn erreiche »nach Sturm und Drang« hier »klassische Reife«, und abwägend sah auch Ludwig Finscher 1974 »das klassische Streichquartett« erst in op. 33 vollauf verwirklicht.[2] Zwar läßt sich ergänzen, daß op. 33 in nicht weniger als zwölf Ausgaben erschien, doch erfuhr auch schon op. 20 kaum geringere Verbreitung. Seit sich aber weitere Exemplare des Schemabriefs fanden (erhalten sind solche an den Fürsten Kraft Ernst zu Oettingen-Wallerstein, an den Abt von Salem und an Johann Caspar Lavater), relativierte sich das Gewicht der Aussagen. Immerhin betonte Haydn nicht grundlos, er habe seit zehn Jahren keine Quartette mehr vorgelegt. Doch schon vor Jahresende erschien – unerwartet früh – die Ankündigung des Drucks durch den Verlag Artaria in Wien, worauf Haydns Brief vom 4. 1. 1782 gereizt reagierte.[3] Zwar fehlen Angaben im Entwurfkatalog, und auch die Autographe sind verschollen, ihrer Anordnung und damit vielleicht der Entstehungsfolge dürfte aber der Erstdruck vom April 1782 mit der Angabe »Œuvre XXXIII« nahestehen. Diese Abfolge hat die Gesamtausgabe gegenüber der üblichen Zählung wiederhergestellt, der hier gleichwohl gefolgt wird (siehe Übersicht S. 44).

Ungewöhnlich ist zunächst die konsequente Bezeichnung der Tanzsätze, zudem stehen sie – anders als in op. 9 und 17 – nicht durchweg an zweiter, sondern wechselnd auch an dritter Stelle im Zyklus. Deutlich ist allerdings, daß sie den zweiten Platz bewahren, wo der erste Satz ein Moderato bildet, während sie nach den raschen Kopfsätzen in G- und D-Dur und den langsamen Sätzen an dritter Position folgen. Diese Umstellung war aber schon – wiewohl weniger konsequent – in op. 20 zu verfolgen (Ausnahmen bildeten dort das C-Dur-Quartett mit eröffnendem Moderato und Menuett als drittem Satz sowie das g-Moll-Quartett mit Menuett an zweiter Stelle nach raschem Kopfsatz). So wenig wie die Stellung der Sätze ist aber auch ihre Faktur grundlegend neuartig. Wolfram Steinbeck konnte zeigen, daß diese Scherzi – ungeachtet der Bezeichnung – die Arbeit am Menuett fortführen.[4] Das spricht wohl dafür, daß die Angabe ›Scherzo‹ ähnlich wie ›Scherzando‹ hier einmal zur Hervorhebung des artifiziellen Charakters im Abstand zum konventionellen Tanzmenuett benutzt wurde. Als charakterisierender Zusatz begegnete das Beiwort ›scherzando‹ schon zuvor mehrfach, als

Nr. 1 h-Moll (GA Nr. 3)			
Allegro moderato 91 c	Scherzo, Allegro (h – H), 36 + 26 3/4	Andante (D), 92 6/8 (Hs – Ss | Dfg. | Repr. Hs – Ss)	Presto, 194 2/4 (Sonatensatz)
Nr. 2 Es-Dur (GA Nr. 2)			
Allegro moderato 90 c	Scherzo, Allegro (Es), 34 + 34 3/4	Largo e sostenuto (B), 72 3/4 (A – B – A' – B' – A – Coda)	Presto, 172 6/8 (Rondo)
Nr. 3 C-Dur (GA Nr. 4)			
Allegro moderato 167 ¢	Scherzo, Allegretto (C), 34 + 16 3/4	Adagio ma non troppo (F), 91 3/4 (AB – A'B' – A"B")	Rondo – Presto, 170 2/4 (Rondo)
Nr. 4 B-Dur (GA Nr. 6)			
Allegro moderato 89 c	Scherzo, Allegretto (B – b), 24 + 19 3/4	Largo (Es), 63 3/4 (A – B – A' – B' – A")	Presto 214 6/8 (Rondo)
Nr. 5 G-Dur (GA Nr. 1)			
Vivace assai 305 2/4	Largo, cantabile (g), 53 ; (A – ›Dfg.‹ – A' – Coda)	Scherzo, Allegro (G), 42 + 20 3/4	Allegretto / Presto 106 6/8 (Thema, 4 Variationen, Coda)
Nr. 6 D-Dur (GA Nr. 5)			
Vivace assai 164 6/8	Andante (d), 50 ; (A – ›Dfg.‹ – A' – Coda)	Scherzo, Allegretto (D), 26 + 24 4/4	Allegretto 114 2/4 (Rondo, Doppel-Variation)

Bezeichnung eines Satzes aber wurde der Begriff ›Scherzo‹ nach op. 33 wohl wieder entbehrlich. Gewiß geben die Tanzsätze in op. 33 den früheren an Kunstfertigkeit nichts nach, ohne jedoch völlig andere Kennzeichen auszubilden. Im Es-Dur-Scherzo wird – mit Steinbeck zu sprechen – »die Einfachheit des Tanzmenuetts« selbst »zum Gegenstand artifiziellen Spiels gemacht«[1], dagegen bewirkt im G-Dur-Satz schon gleich zu Beginn der Wechsel sequenzierter Motivkerne mit zwei Vierteln einen hemiolischen Effekt im 3/4-Takt, der die Norm des Tanzes aus den Angeln zu heben droht. Auf der Mitte zwischen den Extremen liegt ein kunstvoll gearbeiteter Satz wie der im h-Moll-Quartett, der Takt für Takt aus dem motivischen Impuls des Beginns entwickelt wird. Auch wo die Oberstimmen in witzigen Tonrepetitionen innehalten, führen die

1 Ebenda, S. 107.

J. Haydn, op. 33 Nr. 1 (Hob. III: 37), zweiter Satz, T. 1–8 (*HGA*).

Unterstimmen das motivische Spiel fort, bis alle nach unerwartetem Trugschluß zur Kadenz zusammenfinden. Wieder anders verschmilzt das Scherzando im C-Dur-Quartett mit dem Zeitmaß des Tanzes einen dicht akkordischen Satz, dessen choralhafte Klangfolge bei freilich anderer Rhythmisierung wohl auch in einem eher sakralen Kontext nicht unpassend wäre.

Eher als die Scherzi könnten die Finali als Indizien eines neuen Ansatzes verstanden werden, denn sie folgen zur Mehrzahl – und dies wiederum erstmals – dem Typus des Rondos. Nur am Ende des h-Moll-Quartetts begegnet das geläufige Sonatenschema, und das G-Dur-Quartett schließt mit einem Variationensatz. In unterschiedlicher Weise und mit immer neuem Witz bestimmt das Rondo aber die Finali in Es-, C- und B-Dur. Die einfachste Form – das ›Kettenrondo‹ – repräsentiert das Finale im B-Dur-Quartett mit drei Refrains und zwei Couplets samt Coda. Refrain 1 sowie Couplet 1 und 2 deuten mit je zwei wiederholten Teilen auf die Herkunft vom vormaligen Suitensatz, die Wiederholungen der übrigen Teile werden ausgeschrieben. Beide Couplets kontrastieren tonartlich (in Es-Dur und g-Moll) und rhythmisch durch Achtelbewegung der führenden Stimmen. Doch bilden die Refrains statt bloßer Wiederholung ständige Varianten aus, und das Kernmotiv mit zwei auftaktigen Sechzehnteln durchzieht nicht nur sie, sondern auch das Couplet 1, während Couplet 2 von laufenden Sechzehnteln der Begleitung geprägt wird. Der bloßen Addition der Teile begegnet also ein Netzwerk, das zwischen ihnen vermittelt. Das Verfahren wird in dem bezaubernden C-Dur-Finale, dessen Thema auf ein kroatisches Tanzlied zurückweist, mit vier Refrains und drei Couplets erweitert, wobei sich erstes und letztes Couplet in a- und c-Moll abheben. Nach Couplet 1 scheint der zweite Refrain zu beginnen, doch wird er gleich derart fortgesponnen, daß er durchführende Züge annimmt, womit sich der Satz dem späteren Sonatenrondo nähert. Der Kopf des Refrains besteht nur aus Umspielung des Terzfalls (g-e) in repetierten Achteln oder Sechzehnteln, aus ihnen aber kann sich einerseits eine Fortspinnung in schwirrender Kontinuität ergeben, während andererseits der Terzfall in nur zwei Tönen isoliert wird. So scheint der Satz im Forte zu enden, die Pointe aber ist ein unerwarteter Annex im Piano. Äußerlich simpler und doch ebenso raffiniert ist das Es-Dur-Finale, das ein Muster für die Analyse von Georgiades abgab.[1] Das knappe Sätzchen kommt ohne gearbeiteten Mittelteil aus und umfaßt nur drei Refrains und zwei Couplets, von denen sich nur das erste auf der Subdominante tonartlich abhebt. Der Refrain aber führt subtil von auftaktigen Zweitaktern über ihre Verlängerung zur Verschiebung der auftaktigen Akzente. Während sie in den Couplets zu schwirrender Achtelbewegung potenziert werden, zieht die Coda die gegenteilige Konsequenz. Sie beginnt als dritter Refrain, die Taktgruppen aber werden durch unerwartete Pausen getrennt,

---

1 Thr. Georgiades, *Zur Musiksprache der Wiener Klassik*, in: Mozart-Jahrbuch 1951, Salzburg 1953, S. 50–59: 54ff.

zwischen sie tritt gar ein knappes ›Adagio‹, und den Schluß bildet die Präsentation der isolierten Bausteine gleichsam als auskomponierte Analyse des Materials.

Die Coda des Es-Dur-Rondos führt damit in der Ordnung der Taktgruppen nochmals Voraussetzungen des klassischen Komponierens vor: Der durchgängige Zeitstrom wird aufgehoben, und die musikalische Zeit wird in getrennten Motivgruppen definiert. Die systematische Erprobung des Rondoprinzips setzt sich auch im Finale des D-Dur-Quartetts fort, das Rondo und Variation vereint. Denn das Formschema (A – B – A' – B' – A"), das drei Refrains und zwei Couplets umfaßt, paart sich mit dem Wechsel von zwei Themen in D-Dur und d-Moll, die zugleich fortschreitend variiert werden. All die Spielarten des Rondos, die in op. 33 erkundet werden, sind auch in der weiteren Gattungsgeschichte wirksam geworden.

Anders als die Finali und wohl auch die Scherzi führen die Kopfsätze in op. 33 frühere Modelle fort, um sie freilich auch zu modifizieren. Dem Allegro moderato steht zweimal ein Vivace assai gegenüber, und der D-Dur-Satz folgt dabei dem Typ der Chasse im 6/8-Takt. Die Themen erweitern sich zwar zu Komplexen, sie entstehen aber aus knappen Kernformeln, womit motivische Arbeit in die Themenaufstellung selbst einzieht. Im Kopfsatz des h-Moll-Quartetts bildet eine solche Kernzelle nach Auftakt eine Viertel, die nach Quartsprung durch vier Sechzehntel nebst Kadenzglied ergänzt und dann sequenziert wird. Der Satz scheint dreistimmig in D-Dur zu beginnen, der Leitton zu h-Moll fließt unauffällig erst in T. 3 ein, und eine Kadenz auf der Tonika wird gar erst in T. 10 erreicht. Mit der Verschleierung der Tonart verbindet sich von

J. Haydn, op. 33 Nr. 1 (Hob. III: 37), erster Satz, T. 1–4 (*HGA*).

Anfang an motivische Arbeit, die schon in den ersten Takten am Wechsel der Motivzelle zwischen den Außenstimmen und dann an ihrer weiteren Ausspinnung ablesbar wird. Einen Kontrast scheinen engräumig wiederholte Sechzehntel mit Punktierung und markanter Kadenzgruppe anzudeuten (T. 11). Sie werden aber vom Kernmotiv mit seinen Varianten abgelöst, die dann auch in vergrößerter Form die Punktierung in sich aufnehmen (T. 22). Beide Gestalten verbinden sich schließlich in der Durchführung, in der nun selbst Figuration als Fortspinnung des Themenkerns fungiert (T. 44). Das Prinzip der Themenbildung aus Partikeln, die alle Phasen verketten, bestimmt ähnlich auch die anderen Kopfsätze.

Das weiträumige Thema des Es-Dur-Satzes wird in seinen Gliedern durch die Formel von zwei auftaktigen Sechzehntel verbunden, und aus dem engmaschigen Geflecht tritt nur eine knappe Figurationsphase hervor. Desto dichter wird dann die gewichtige Durchführung von der Kernzelle geprägt (T. 33–62). Ähnlich ist der B-Dur-Satz als einheitlicher Verlauf aus kleinen Bausteinen organisiert. Davon hebt sich das Moderato im C-Dur-Werk (dem ›Vogelquartett‹) zunächst mit geschlossenen Gruppen aus je sechs Takten ab, deren Sequenzierung den Themenkomplex überaus klar gliedert. Während repetierte Achtel der Mittelstimmen den Taktraum ausmessen, setzt die Oberstimme mit Tonrepetitionen in breiten Werten an, die durch rasch ausgreifende Figuren abgelöst werden. Das Thema kehrt demnach zu der kantablen Linie einer Oberstimme zurück, es löst jedoch erneut einen Prozeß motivischer Integration aus. Denn seine Tonrepetitionen, die nur durch Vorschläge profiliert sind, tragen nicht nur die Figurationen der Fortspinnung, sie erfahren auch ihrerseits Verkürzung, und sie behaupten sich in einer weiteren Variante auf der Dominante am Ort des Seitensatzes. Damit hat die Thematik eine Prägnanz gewonnen, daß in der Durchführung faktisch Tonrepetitionen und Vorschläge zum Gegenstand der Arbeit werden. – Dem Themenkern im G-Dur-Satz ist als ›Motto‹ just die Kadenz vorangestellt, in die dann das Thema selbst einmündet. Der Satz fängt also gleichsam mit seinem Schluß an. Die Rhythmik des ›Mottos‹ prägt aber nicht nur den Themenkopf, dessen Fortführung mit hüpfenden Achteln dann sequenziert und schließlich zur Begleitung verschliffen wird. Denn die Variante im Rhythmus des ›Mottos‹ und des Kopfmotivs begegnet auch im fließenden Legato eines neuen Seitensatzes (T. 49). Paart die Durchführung zunächst Motto und Thema, so verbindet ihre Schlußphase über Orgelpunkt Haupt- und Seitensatz als zwei Seiten eines Kerns (T. 132–151). Knappe Satzgruppen mit figurativer Ausspinnung kennzeichnen ähnlich den Satz in D-Dur, seine Figuration dringt auch als ornamentale Variante in die Reprise ein, die durch einen markanten Einschub erweitert wird (T. 86–98).

So konsequent also der Verlauf von der Themenerfindung an aus motivischen Bausteinen entsteht, so unverkennbar greift das Verfahren auf die in op. 20 ausgebildeten Prinzipien zurück. Daß op. 33 frühere Ansätze erweiternd fortführt und nicht erst vom ›Sturm und Drang‹ zu klassischer Bändigung findet, bestätigt sich auch an den langsamen Sätzen, in denen die systematische Überformung der herkömmlichen Zweiteiligkeit zu verfolgen ist. Dem konventionellen Grundriß mit zwei Teilen gehorcht nur noch das Andante im h-Moll-Quartett, das im 6/8-Takt die zweitaktigen Gruppen des Anfangs schrittweise ausspinnt, bis eine Phase höherer Kontinuität quasi als Seitensatz gewonnen wird

(T. 17). Dabei wird jeder schroffe Kontrast der Stimmen gemieden, und nur noch dem modulierenden Zentrum ist figurative Begleitung vorbehalten, die dann auch in die ornamental variierte Reprise einzieht (T. 62ff.). In den Quartetten G- und D-Dur folgt den raschen Kopfsätzen ein Largo bzw. Andante in der gleichnamigen Molltonart. Beide Sätze weisen unter Verzicht auf Wiederholungszeichen dreiteilige Anlage auf, und beidemal steht in der Mitte eine knappe verarbeitende Gruppe (A – Mittelteil – A'). Das Largo g-Moll begnügt sich damit, einen knappen Kontrast im Unisono (A T. 9) in den Kontext der variierten Wiederholung unmerklich zu integrieren (A' T. 38). Dagegen kehrt das Andante d-Moll das Verhältnis zwischen Kantilene und Begleitung höchst eigenartig um. Die Mittelstimmen füllen anfangs zum Halteton der Oberstimmen den Klangraum nur in engschrittigen Achteln aus, sie erreichen aber thematische Funktion in dem Maß, indem sich die Oberstimme weiter zu entfalten sucht. Die übrigen Sätze bilden mehrgliedrige Formen aus, in denen ein kantabler Kern zweifach wiederholt und durch Zwischenteile ergänzt wird. Im Largo sostenuto des Es-Dur-Quartetts setzen die Binnenkontraste jeweils anders mit Akkordschlägen und dynamischen Akzenten an, während der zunächst zweistimmige Kernsatz bei seiner Wiederkehr durch figurative Begleitung aufgefüllt wird. Das Largo im B-Dur-Quartett reduziert den Gegensatz beider Ebenen, was durch ihren ornamentalen Gestus begünstigt wird. Geradezu bezwingende melodische Kraft gewinnt dagegen das Adagio im C-Dur-Quartett, in dem das Gefälle des 3/4-Taktes metrisch so differenziert wird, daß sich homogene Viertakter bilden, die von den Gegenstimmen verkettet werden, womit gleichzeitig die Hierarchie der Stimmen relativiert wird. Der Kernsatz (A) erfährt bei der ersten Wiederkehr eine Ornamentierung (A'), die in der letzten Wiederholung gestrafft wird (A"). Ihm folgt jeweils nach einer vermittelnden Gruppe, in der die Ruhelage des liedhaften Themas verklingt (T. 9–13), eine leicht kapriziöse Ergänzung, für die der Begriff Kontrast dennoch verfehlt wäre (B ab T. 14). Pendelnde Akkorde werden – ansetzend auf der Dominante – von der Oberstimme engräumig umspielt, um schließlich in die kantable Diktion zurückzuführen. Indem diese Gruppe auch den Satzschluß bestreitet, ergibt sich eine mehrgliedrige Kette, in der sich innige Kantabilität und ihr ornamentaler Widerpart in wechselseitiger Balance bedingen.

Was die Eigenart des klassischen Satzbaus ausmacht, läßt sich exemplarisch am Thema ermessen, das die Voraussetzungen des weiteren Prozesses umschließt. Die Akkordfolge beschränkt sich auf die Grundstufen und macht bereits einsichtig, wie das Gefälle des 3/4-Taktes latent wirksam und zugleich überspielt wird.

Der Tonika in Quintlage folgen in Vertretung der Dominante die VII. Stufe und auf unbetonter Zählzeit erneut die Tonika, diesmal je-

J. Haydn, op. 33 Nr. 3 (Hob. III: 39), dritter Satz, T. 1–13 (*HGA*).

doch als Sextakkord. Auf der Takteins erscheint sodann in enger Lage der dominantische Sekundakkord, und nach diesem markanten Akzent werden die beiden nächsten Zählzeiten in rascher Achtelfolge von Tonika, Dominante und – erstmals – Subdominante abgelöst. Erst in T. 3 begegnet die Tonika wieder betont, jedoch erneut nur als Sextakkord, während die folgenden Zählzeiten durch die hier zuerst betonte Subdominante eingenommen werden. Die Begrenzung auf die Grundpositionen wird also durch ihre wechselnde Stellung und Gewichtung kompensiert, keinmal seit Beginn erscheint die Tonika in betonter Position und zugleich in Grundstellung, und nach stetem Wechsel von Tonika und Dominante bereitet die gedehnte Subdominante die Kadenz vor, die sich als Halbschluß auf schwacher Zählzeit zum Fortgang öffnet. – Die melodische Konkretisierung ist der Oberstimme übertragen, die zugleich aber auf die Gegenstimmen angewiesen ist. Das Incipit fällt von der Quinte aus abwärts, ausgeterzt von der zweiten Violine, während die Unterstimmen in Gegenbewegung aufwärts führen. Im dominantischen Sekundakkord in T. 2 ist die engste Lage erreicht, von der aus sich die Achtelketten in Gegenbewegung der Außenstimmen entfalten. So wird in der Tonikaquinte T. 3 – nun über Sextakkord – die Ausgangslage erreicht, die aber im melodischen Aufstieg um eine Sekunde überboten wird, wonach der Oktavsprung abwärts die Kadenz anbahnt.

Während repetierte Achtel der Viola die Pause überbrücken, setzt der zweite Viertakter analog auf der Dominante, nun aber als Quintsextakkord ein, die Tonika folgt erst auf zweiter Zählzeit, und der Sekundakkord der Dominante wird auf dem dritten Viertel – wieder erstmals – durch die verminderte None (des) getrübt. Er öffnet sich zum Bogen der folgenden Takte, sofern die Tonika nun als Sextakkord erscheint und in der Achtelkette die Subdominante durch den Tonikasextakkord ersetzt wird. In Vierteln wird die Kadenz gefestigt, sie wird aber mit dominantischem Vorhalt verzögert, während erst auf schwacher Zählzeit die

Tonika in Grundlage nachschlägt. Der melodische Umriß des ersten Viertakters wird im zweiten derart erweitert, daß er zwar in T. 5 eine Sekunde tiefer ansetzt, mit der Achtelkette in T. 6 aber in der Tonikaterz der oberen Oktavlage kulminiert, wonach die beschleunigte Kadenz – erstmals in Sechzehnteln – umgekehrt abwärts führt.

Motivische Prägnanz bewirkt endlich das Kopfmotiv mit punktierter Achtel samt Zweiunddreißigsteln, denn diese ornamentale Figur kehrt nicht nur in T. 3 wieder, sondern sie eröffnet auch in T. 5 und T. 6 den zweiten Viertakter. Weiter impliziert die Achtelkette in T. 2 und T. 6 einen Impuls von drei auftaktigen Achteln, der auch in der Überbrückung der Pausen und damit in jedem zweiten Takt erscheint. Das Kopfmotiv eröffnet zugleich die fünftaktige Ausspinnung in ihren beiden ersten Takten, die mit dem Leitton (h in T. 9–10) entschieden zur Dominante modulieren. Die absteigende Linie danach trifft auf die scharfe Sekunddissonanz (T. 11), und die neue Tonika C-Dur wird in T. 12 durch Alteration zur Mediante As-Dur erweitert, nach der sich der Des-Dur-Akkord als ›neapolitanischer‹ Klang vor der Variante c-Moll erweist. So öffnet die Fortspinnung über ihre modulierende Funktion hinaus den harmonischen Ambitus, auf den Themenkern verweist aber nicht nur das Incipit, dessen sequenzierende Wiederholung die Erweiterung auf fünf Takte bewirkt, sondern auch die Kadenz mit absteigenden Sechzehnteln (T. 12 analog T. 7).

Die Überbrückung der Zäsuren durch auftaktige Achtel setzt sich ab T. 13 als Band repetierter Achtel fort, das den ganzen B-Teil durchzieht (T. 14–29). In ihm lösen sich zunächst Tonika und Dominante bei figurativer Umspielung der Oberstimme ab, aus der die Kadenz T. 16 mit erweitertem Ambitus herausführt. Die analoge Gruppe ab T. 17 wird durch interne Sequenz harmonisch erweitert (A – d, G – C), die ausgeweitete Kadenzfigur stößt aber in den Oberstimmen (T. 20) auf den Vorhalt (gis) zur Terz der Subdominante. Im zweiten Ansatz danach bewirkt derselbe Ton (notiert als as) in T. 23 die Mollfärbung der Subdominante, von der erst nach chromatischer Kette mit verminderten Septkorden die Kadenz erreicht wird (T. 23–24). Noch in den wiederholten Kadenzgesten, mit denen der Satzteil verklingt, wirken die repetierten Achteln der Begleitung nach, die dem Themenkern selbst entstammen.

Wahrhaft klassisch ist dieser Bau aus einfachen Elementen, die im »kadenzmetrischen Satz« das Gefälle des Taktes voraussetzen und die Grenzen der Takte zugleich überbrücken. Dies bewirkt zunächst die dichte Folge der Akkorde, die fast auf jeder Zählzeit wechseln. Sie können sich mit den Grundfunktionen begnügen, da ihre Akkordstellung und ihre Position im Takt ständig variiert. Damit verbindet sich die Balance der melodischen Bögen, die das Taktgefälle und die Akkordprogression überwölben. In ihnen zeichnen sich schließlich rhythmische und motivische Zellen ab, die in der Fortspinnung wirksam werden.

1 Vgl. G. Feder, *Haydns Streichquartette*, S. 34. Während Haydns Kontrakt als Vizekapellmeister vom 1. 5. 1761 ihm noch vorschrieb, neue Werke »niemand zu COMMUNICIren, viel weniger abschreiben zulassen, sondern für IHRO DURCHLAUCHT einzig, und allein vorzubehalten«, fehlt gerade dieser Passus im neuen Vertrag als Kapellmeister vom 1. 1. 1779, vgl. *Haydn. Gesammelte Briefe*, S. 41ff. (Nr. 1) und S. 83 (Nr. 22b).

2 E. L. Gerber, *Neues historisch-biographisches Lexikon der Tonkünstler*, Bd. 2, Leipzig 1812, Sp. 575. Zu op. 33 befand am 17. 8. 1782 der Hamburgische Correspondent, diese »Quatuors« seien durch »herrlichen Gesang, treffliche Harmonien, unvermuthete und überraschende Ausweichungen und eine Menge neuer, noch nie gehörter Gedanken« ausgezeichnet; der Zusatz freilich, sie »erfordern auch eine Execution von Meisterhänden«, deutet bereits auf die künftige Scheidung zwischen Werken für Liebhaber und professionelle Musiker hin (zitiert nach L. Finscher, *Die Entstehung*, S. 268).

3 L. Finscher, *Die Entstehung*, S. 270; ders., *Joseph Haydn*, S. 410.

4 J. H. Koudal, *Nodefundet på Aalholm Slot. En kort praesentation*, in: Caecilia. Årbog Aarhus 1992–93, S. 265–278: 273.

Untergründig durchziehen sie noch den scheinbar kontrastierenden Teil, der den Themenkern auflöst und doch mit ihm verkettet bleibt. Denn auch ein so kantables Thema – so sehr es in sich ruht – ist im klassischen Satzgefüge nicht sich selbst genug. Es ist vielmehr auf seine Entfaltung angewiesen, die auch die Distanzierung vom kantablen Themenkern bedeutet. Beide Pole mit ihren Varianten konstituieren wechselweise den genau abgewogenen Satzprozeß. Jene rätselhafte Vollkommenheit, die den Inbegriff des Klassischen ausmacht, wird aus dem überaus differenzierten Verhältnis einfacher Elemente verständlich.

Daß Haydn noch vor dem Druck von op. 33 Abnehmer handschriftlicher Kopien suchte, läßt wohl die Folgerung zu, daß die Werke nicht für einen einzelnen Auftraggeber entstanden. Sie mögen gewiß in Esterháza von Musikern um den Konzertmeister Luigi Tomasini gespielt worden sein, schon zuvor konnte Haydn aber der Fülle der Nachdrucke entnehmen, welch weites Echo solche Kompositionen fanden. Wenn auch für die frühen Quartette weder Anlässe noch Aufträge belegbar sind, dann ist für ihre Entstehung von vornherein mit eigenen Entscheidungen des Autors zu rechnen.[1] Offenbar traf schon in der Gründung der Gattung die kompositorische Intention mit einem öffentlichen Interesse derart zusammen, daß damit die Konvention der Auftragswerke abgelöst wurde, wie es fortan auch für die weitere Gattungsgeschichte maßgeblich blieb.

Nicht ohne Grund befand Ernst Ludwig Gerber 1812, daß Haydn von op. 20 an »in seiner ganzen Größe als Quartetten-Komponist« erscheine.[2] Nicht für sich alleine, wohl aber auf der Basis von op. 9 und op. 17 repräsentieren die Quartette op. 20 gemeinsam – trotz des Zeitabstands – mit op. 33 den Fundus und zugleich den Maßstab für das klassische Streichquartett und damit für die weitere Geschichte der Gattung. So wies Finscher denn auch auf die Reihe der Komponisten hin, die sich entweder wie Ignaz Pleyel (1783), Anton Wranitzky (1790), Joseph Eybler (1794) oder Peter Haensel (1798) als Schüler Haydns bezeichneten oder aber ihre Quartette mit Widmung an Haydn veröffentlichten, wie es Pleyel, Adalbert Gyrowetz, Haensel und später noch Andreas Romberg taten.[3] Und so ist es auch kein Zufall, wenn selbst die periphere Sammlung eines adligen Liebhabers, die unlängst im dänischen Schloß Aalholm gefunden wurde, auch alle frühen Quartette Haydns enthält (freilich mit Ausnahme des ›opus 3‹).[4] Sie zeigen insgesamt weniger Brüche oder gar Krisen als vielmehr die ebenso vielfältige wie beharrliche Arbeit an jenen Prämissen, die schon ansatzweise in den Divertimenti op. 1 und 2 hervortraten. Dazu gehört nicht nur der Vorrat der Satztypen und der technischen Verfahren, die immer neu modifiziert und zugleich differenziert werden. Maßgeblich ist weiter die ständige Verbindung von äußerster Konzentration und unerwarteter Lockerung, von kontrapunktischer Intensität und spielerischer Handhabung, von planvoller Entwicklung und unerwarteten Einschüben. Verbindlich aber wird ebenso das flexible Verhältnis der Stimmen, das nicht einfach mit ständiger Gleichberechtigung zu identifizieren ist, sondern wechselnde Konstellationen zuläßt, in denen sich die Stimmen immer neu wechselseitig definieren können. Und damit bildet sich schließlich der Radius all der Charaktere aus, die zwischen kantablem Moderato und graziösem Presto, gravitätisch schreitendem Tanz und federndem Spiel, hymnischem Cantabile und ornamentaler Variation, huschendem Rondo und scheinbar traditionellem Kontrapunkt einbeschlossen sind. In der Fülle und Ausfächerung solcher Charaktere wie in der Dignität ihrer Ausarbeitung lag die normative Verpflichtung, die fortan dem Streichquartett seinen Rang sicherte, an der sich aber auch alle weiteren Leistungen zu messen hatten.

3. Luigi Boccherini: Positionen aus Distanz

So rasch wie der europäische Ruhm, den Boccherini zu Lebzeiten genoß, nach 1800 zu verblassen begann, so wechselvoll fielen dann später die Urteile über den bloßen ›Vielschreiber‹ oder den ›genialen Einzelgänger‹ aus.[1] Sein Name blieb noch am ehesten als der eines Spezialisten des Streichquintetts in Erinnerung, seine Beiträge zu dieser Gattung wurden seit 1818 in einer umfassenden Edition veröffentlicht, der wenig später auch eine Ausgabe der Streichtrios folgte, die letzte Publikation seiner Quartette blieb aber für lange Zeit der um 1803 erschienene Druck der sechs Werke op. 58, die schon 1799 entstanden waren.[2] Die Konstellation macht wohl auch kenntlich, welche Konkurrenz in der Gattung des Quartetts inzwischen entstanden war, während für Trios und Quintette kein vergleichbarer Werkkanon vorlag. Immerhin schrieb Louis Picquot 1851 eine erste Biographie, auf die sich 1882 auch die knappe Darstellung von Hans M. Schletterer stützte; obwohl aber die rund 125 Quintette nie ganz vergessen waren, fanden die Quartette auch bei Hugo Riemann oder Wilhelm Fischer kaum nur beiläufig Erwähnung.[3] Daß schon um 1820 ein Musiker wie Spohr, der selbst später an den Rand der Geschichte gedrängt wurde, kein Verständnis mehr für den scheinbar leichten Ton Boccherinis hatte, ist weniger im Abstand der Generationen als im grundlegenden Wechsel der Paradigmen begründet.[4] Denn so oft Boccherini einst neben Haydn genannt worden war, so gründlich schien er nun von ihm überflügelt worden zu sein, und so mischten sich in Urteile, die von unterschiedlichen Gattungsnormen getragen wurden, fast unvermeidlich auch nationale Ressentiments ein. Nachdem Riemann für den Primat der ›Mannheimer Schule‹ eingetreten war, beharrte Fausto Torrefranca in seinen Arbeiten seit 1931 entschieden auf der Eigenständigkeit italienischer Traditionen, für die er im

1 H. M. Schletterer, *Luigi Boccherini*, Leipzig 1882 (Sammlung musikalischer Vorträge, hg. v. P. Graf Waldersee, Reihe IV, Nr. 39), S. 105–156, bes. S. 122; L. Finscher, *Die Entstehung*, S. 43f.

2 St. Sadie, Art. *Boccherini*, in: *New Grove Dictionary*, Bd. 2, London 1980, S. 829; Chr. Speck, *Boccherinis Streichquartette. Studien zur Kompositionsweise und zur gattungsgeschichtlichen Stellung*, München 1987, S. 9 und S. 201ff.

3 L. Picquot, *Notice sur la vie et les ouvrages de Luigi Boccherini, suivie du catalogue raisonné de toutes ses œuvres*, Paris 1851; A. Bonaventura, *Boccherini*, Milano 1931; zu Schletterer s. o. Anmerkung 1; H. Riemann, *Mannheimer Kammermusik des 18. Jahrhunderts. 1. Teil: Quartette und Quintette*, in: *DTB*, Bd. 27, Leipzig 1914, S. XXI; W. Fischer, *Instrumentalmusik von 1750–1828*, in: *Handbuch der Musikgeschichte*, hg. v. G. Adler, Berlin-Wilmersdorf ²1930, S. 814.

4 Vgl. H. M. Schletterer, *Boccherini*, S. 141f.; L. Spohr, *Lebenserinnerungen*, hg. v. F. Göthel, Tutzing 1986, Bd. II, S. 115.

Streichquartett an der Seite von Tommaso Giordani, Baldassare Galuppi und Giuseppe Cambini vornehmlich auch Boccherini nannte. Dabei scheute er sich nicht vor der Prophezeiung, die weitere Kenntnis der Musik Boccherinis werde das Bild von Haydns und Mozarts Bedeutung derart revidieren, daß »die mühsam errichtete Konstruktion« der Historiker – und zumal der deutschen – zusammenbrechen werde.[1] All solche Diskussionen, die mit formalen Kriterien über die Entstehung einer Gattung nach wechselnden Anteilen und Einflüssen zu entscheiden suchen, gleichen rasch dem Rangiergelände einer Stilkritik, die nach Richtungen und Gewichten sortiert, ohne nach ästhetischen Kriterien und historischen Folgen zu fragen. Zum Fehlen neuerer Ausgaben trat zudem eine differierende Opuszählung, die lange die Angaben der Erstdrucke übernahm und damit keine zutreffende Vorstellung von der Entstehungsfolge der Werke vermitteln konnte. Zwar hat das Werkverzeichnis von Yves Gérard 1969 eine Klarstellung geschaffen, wogegen nach wie vor nur etwa ein Viertel der Werke in verläßlichen Ausgaben greifbar ist.[2] Der Klärung mag daher ein Vergleich dienen, während im weiteren die Zählung nach Boccherinis eigenem Werkverzeichnis bevorzugt wird. Der Komponist unterschied hier selbst zwischen »opera grande« und »piccola«, womit er drei- und ausnahmsweise viersätzige Werke von denen mit nur zwei Sätzen abhob. Von insgesamt 91 Quartetten, von denen das letzte mit nur einem Satz unvollendet blieb, weisen lediglich zwölf jene Viersätzigkeit auf, die für Haydn seit op. 9 zur Norm wurde; 33 Werke sind dreisätzig, wogegen sich die Hälfte des Bestandes mit nur zwei Sätzen begnügt. Allein solche Indizien deuten schon auf prinzipielle Differenzen gegenüber Haydn, die sich ebenso an der Struktur der Sätze und ihrer internen Organisation verfolgen lassen.

Eine nähere Übersicht über Abfolge und Bezeichnung aller Sätze vermittelte 1987 die grundlegende Arbeit von Christian Speck, die sich auf exemplarische Analysen konzentrierte, um die Eigenart von Boccherinis Kunst darzulegen.[3] Statt summarischer Charakteristik ganzer Werkserien liegt daher die begrenzte Auswahl von Werken nahe, die in Partituren und neuen Aufnahmen greifbar sind, um einen Begriff vom Spektrum dieser Musik zu geben.[4] Lange war man sich darin einig, daß sich Boccherini nach der ersten Sammlung von 1761 kaum nennenswert entwickelt habe. Immerhin fällt zunächst auf, daß viersätzige Werke – nach ersten Vorboten 1770 und 1780 – erst seit 1787 häufiger auftreten, zu einer Zeit also, in der ein neuer Standard durch Haydn und dann Mozart bestimmt wurde. Dennoch war der zweisätzige Typus für Boccherini damit nicht abgetan, bezeichnend ist es aber, daß solche Werke ab op. 33 (1781) nicht mehr unmittelbar nach ihrer Entstehung gedruckt wurden (abgesehen vom Nachzügler op. 53). Doch auch die viersätzigen Werke op. 39 und op. 41 (1787–88) hatten auf ihre Publikation zu warten, bis sie mit op. 52 in einem Sammeldruck 1798 er-

---

[1] F. Torrefranca, *Avviamento alla storia del quartetto italiano*, in: *L'approdo musicale*, Turin 1966, S. 1–187: 51; ders., *Mozart e il quartetto italiano*, in: Bericht über die musikwissenschaftliche Tagung der Internationalen Stiftung Mozarteum in Salzburg vom 2. bis 5. August 1931, hg. v. E. Schenk, Leipzig 1932, S. 79–102; vgl. dazu auch Chr. Speck, *Boccherinis Streichquartette*, S. 4ff., ferner U. Lehmann, *Deutsches und italienisches Wesen in der Vorgeschichte des klassischen Streichquartetts*, Diss. Berlin 1938, Würzburg 1939, S. 59.

[2] Y. Gérard, *Thematic, Bibliographical and Critical Catalogue of the Works of Luigi Boccherini*, London, New York u.a. 1969. Zu den Neuausgaben von Pina Carmirelli, Enrico Polo und Christian Speck s. u. das Verzeichnis der Abkürzungen zur Tabelle, vgl. ferner Chr. Speck, Art. *Boccherini*, in: *MGG²*, Personenteil Bd. 3, Kassel u. a. 2000, Sp. 147–166: 158f.

[3] Chr. Speck, *Boccherinis Streichquartette*, S. 201–204, wo zwar die Taktarten, aber nicht die Tonarten der Binnensätze genannt sind.

[4] L. Finscher, *Luigi Boccherini*, in: *Reclams Kammermusikführer*, hg. v. A. Werner-Jensen, Stuttgart ¹¹1993, S. 369–394, bes. S. 373–383; ders., *Joseph Haydn und das italienische Streichquartett*, in: Analecta Musicologica 4 (1967), S. 13–37.

schienen. Danach bildete der späte Druck von op. 58 den Schlußpunkt, während die beiden letzten Werke unveröffentlicht blieben. Daß die Folge der Pariser Ausgaben 1781–82 durch zwei Wiener Erstdrucke unterbrochen wird, dürfte ein Zeichen für das weite Ansehen des Komponisten sein, doch kam die Serie seiner Publikationen ins Stocken, nachdem sich Haydns reife Werke ab op. 33 durchzusetzen begannen. Zwar suchte Boccherini seinerseits das Format der Werke von drei auf vier Sätze auszuweiten, zugleich fiel aber die offenbar reduzierte Nachfrage nach kleineren Werken, für die in Madrid noch Bedarf bestanden haben mag, mit den veränderten Ansprüchen zusammen, die von der Wiener Tradition ausgingen. Wer daraus freilich folgern wollte, ein so früh gesunkener Stern müsse historisch erst recht als folgenlos gelten, würde sich selbst um einen Schatz voller betörender Melodien, harmonischer Farben und impulsiver Rhythmen betrügen. Auch läßt sich aus Boccherinis Lebensweg nicht ohne weiteres darauf schließen, ihm sei der Zugang zu den kompositorischen Tendenzen der Zeit verwehrt geblieben. Geboren 1743 in Lucca, spielte der ausgebildete Cellist schon früh Quartett mit so namhaften Kollegen wie Pietro Nardini, Giuseppe Cambini und Filippo Manfredi, und nachdem ihn frühe Reisen nach Rom und Wien führten, war er seit 1796 am Hof in Madrid tätig. Hier auch entstand seine Kammermusik, die Pariser Drucke machten ihn aber so bekannt, daß er seit 1786 als preußischer Hofkomponist besoldet wurde. Seine Musik wurde offenbar von einem Cellisten wie Friedrich Wilhelm II. geschätzt, dem auch Haydn und Mozart ihre ›preußischen‹ Quartette widmeten. Als Boccherini aber 1805 in Madrid verstarb, war er verarmt und einsam geworden, nachdem er den Gipfel seines Ruhms überlebt hatte. Die selbständige Führung der einzelnen Stimmen, die schon in op. 2 und vermehrt dann in späteren Werken hervortritt, läßt wohl an die Fähigkeiten des Komponisten als Spieler denken, sie kommt aber keineswegs dem Cellopart allein zugute, sondern trägt auch – nur auf andere Weise als bei Haydn und Mozart – ihrerseits dazu bei, daß wechselnd auch andere Stimmen hervortreten können. Daß damit aber im Unterschied zu Haydn und Mozart die Stimmen nicht gleichberechtigt am Material teil haben, ist wiederum in der Eigenart von Boccherinis Quartettsatz begründet. Von seiner Vielfalt ist nur schwer ein Bild zu vermitteln, solange die Werke nicht weiter zugänglich sind. Am ehesten läßt sich wohl über die Satztypen, ihre Abfolge und Anordnung reden, zumal einige Merkmale unverkennbar sind.

Menuette erscheinen als Finali in zwei- und zunächst auch dreisätzigen Werken, bei vier- und zunehmend auch dreisätziger Anlage bilden sie aber einen Binnensatz, um dann in op. 58 und 64 zurückzutreten (ausgenommen op. 58:2). Schlußsätze mit der Bezeichnung ›Rondeau‹ sind nicht ebenso häufig, finden sich immerhin aber in 13 Werken und dabei meist nur einmal in einer Serie. Eine Ausnahme bleibt die ›Fuga

Gérard	Boccherini-Werkverzeichnis	Erstdrucke	Neuausgaben
159–164	op. 2:1–6, 1761 (g 3) c – B – D – Es – E – C	Paris 1767 (op. 1)	Ed. Speck Nr. 1 Ed. Polo
165–170	op. 8:1–6, 1769 (g 3) D – c – Es – g – F – A	Paris 1769 (op. 6)	Ed. Polo GA Zanibon
171–176	op. 9:1–6, 1770 (g 3; 2 x 4) c – d – F – Es – D – E	Paris 1772 (op. 10)	Nr. 1, 4 Ed. Polo
177–182	op. 15:1–6, 1772 (p 2) D – F – E – F – Es – c	Paris 1773 (op. 11)	
183–188	op. 22:1–6, 1775 (p 2) C – D – Es – B – a – C	Paris 1776 (op. 26)	
189–194	op. 24:1–6, 1776–78 (g 3) D – A – Es – C – c – g	Paris 1778 (op. 27)	Nr. 1, 4 Ed. Polo
195–200	op. 26:1–6, 1778 (p 2) B – g – Es – A – F – f	Wien 1781 (op. 32)	
201–206	op. 32:1–6, 1780 (g 3; 2 x 4) Es – e – D – C – g – A	Wien 1782 (op. 33)	Nr. 6 Ed. Polo
207–212	op. 33:1–6, 1781 (p 2; 1 x 3) E – C – G – B – e – Es	(Ms. Paris)	Ed. Carmirelli[1]
213	op. 39 A-Dur, 1787 (g 4)	Paris 1798 (op. 39:8)	
214–215	op. 41:1–2, 1788 (g 4) c – C	Paris 1798 (op. 39:6, 5)	
216–217	op. 42:1–2, 1789 (p 2) A – C	(Ms. Paris)	
218–219	op. 43:1–2, 1790 (p 2) A – A	(Ms. Paris)	
220–225	op. 44:1–6, 1792 (p 2; 1 x 3) B – e – F – G – D – Es	(Ms. Paris)	
226–231	op. 48:1–6, 1794 (p 2) F – A – h – Es – G – C	(Ms. Paris)	
232–235	op. 52:1–4, 1795 (g 4) C – D – G – f	Paris 1798–99 (op. 39:7, 4, 1, 9)	
236–241	op. 53:1–6, 1796 (p 2) Es – D – C – A – C – Es	Paris 1798 (op. 40)	
242–247	op. 58:1–6, 1799 (g 3; 1 x 4) C – Es – B – h – D – Es	Paris ca. 1803	Ed. Carmirelli[2]
248–249	op. 64:1–2, 1804 (1 x 3; 1 x 1) F – D	(Ms. Washington)	GA Zanibon

In der Tabelle verwendete Abkürzungen:

g, p: opera grande bzw. piccola mit Satzzahl; 2 x 4 = 2 Werke mit 4 Sätzen
Ed. Speck: Celle 1987, Moeck
Ed. Polo: Mailand 1915 und 1928, Ricordi (Reprint 1953–79)
Ed. Carmirelli[1]: Rom 1956, del Turco (Classici Italiani della Musica 1)
Ed. Carmirelli[2]: Mailand 1961, Ricordi
GA Zanibon: Edizione critica delle opere, a cura di A. Pais, Padua 1977

con spirito‹ am Ende von op. 2:2, Züge des strengen Satzes fehlen aber gerade in frühen Finali keineswegs (op. 2:1 und 5, op. 8:2, 4 und 6), wogegen sie später seltener werden (so in op. 58:2). Ein Sonderfall bleibt auch op. 58:5 mit einem wiederholten Andante sostenuto, das auf der Dominante endet und beiden raschen Sätzen vorangeht, so daß sich die Anlage als vier- oder zweisätzig betrachten läßt. Nicht wenige Sätze tragen auch ungewohnte Bezeichnungen wie etwa den Zusatz ›amoroso‹ zu den Menuetten aus op. 22:5 und op. 44:2, aber auch zum langsamen Binnensatz aus op. 8:6 oder zum Kopf- bzw. Schlußsatz aus op. 53:6 und op. 24:2. Grenzen markieren die Angaben ›flebile‹ im langsamen Satz aus op. 41:1 sowie ›bizarro‹ im Kopfsatz aus op. 32:4 oder das ›Larghetto malincolico‹ aus op. 58:2. Langsame Sätze stehen aber in fast einem Drittel der Werke am Anfang, was dann zur Folge hat, daß ein langsamer Binnensatz ausfällt. Doch verteilen sich solche Fälle so gleichmäßig, daß sie nicht als Ausnahmen, sondern als reguläre Alternativen zum raschen Kopfsatz gelten müssen. Dagegen finden sich sehr schnelle Schlußsätze, wie sie in Haydns Frühwerk dominieren, bei Boccherini ab op. 9, und gerade im viersätzigen Werk tragen sie dann zur Erweiterung der Satzcharaktere bei. Auch die Folge der Tonarten entspricht in den Serien wie in den einzelnen Werken den gängigen Gepflogenheiten, sie greift kaum über drei Vorzeichen aus, ausgenommen E-Dur und f-Moll, und scheint nicht so kalkuliert zu sein wie bei Haydn. Hier wie in der Satzfolge ist die Musik auf einen bunten Wechsel bedacht, und so findet sich in einer Reihe meist nur ein Werk in Moll, ohne daß Verdoppelungen einer Tonart ausgeschlossen wären. Selten bleiben auch langsame Einleitungen vor raschen Ecksätzen wie etwa im Finale aus op. 32:1 oder in den Kopfsätzen aus op. 9:2 und 3 sowie op. 44:3.

Daß eine solche Disposition, auch wenn sie nicht planlos ist, auf einen möglichst wechselvollen Verlauf ausgeht, besagt freilich über die Eigenart der Musik so wenig wie der Versuch, die Herkunft einer Satzfolge nach dem Muster schnell – langsam – schnell ohne die Position des Menuetts und die eröffnende Stellung eines langsamen Satzes zu klären. Dabei kann man wohl auch Belege aus anders besetzten Gattungen heranziehen und sich auf die unterschiedliche Terminologie von Kopisten berufen, die etwa die Quartette op. 2 wechselnd als ›Sonata‹, ›Concertino‹ oder ›Sinfonia‹ bezeichneten.[1] Auch wenn die Termini solange flexibel blieben, wie sie nicht an eine Besetzung gebunden waren, ist es historiographisch unvermeidbar, von satztechnischen Kriterien auszugehen, die für das Streichquartett konstitutiv wurden. Weit schwerer ist es jedoch, einen Begriff vom Charme der Musik zu vermitteln, der sich am ehesten klingend mitteilt. Dafür muß man zunächst auch vom fast unumgänglichen Vergleich mit Haydn absehen, weil er das Verständnis für Alternativen erschwert, die noch vor der weiteren Normierung der Gattung verfügbar waren. So beschränkt sich der Formverlauf meist auf

1 Vgl. dazu Chr. Speck, *Boccherinis Streichquartette*, S. 11ff., S. 15f. und S. 17–27.

jenen zweiteiligen Typus, dem die Abkunft vom Suitensatz noch an die Stirn geschrieben steht, er verbindet sich zudem fast durchweg mit regelhafter Periodik, und auch die harmonische Disposition folgt gängigen Standards, wenn sich Sätze in Dur bzw. Moll zur Dominante oder Parallele und im zweiten Teil wieder zurück zur Tonika wenden. So stereotyp das zunächst wirken mag, so unabsehbar ist aber die Kette der Gestalten, die wie aus einem Füllhorn zu strömen scheinen. Nichts ist dieser Musik wohl fremder als Ökonomie oder Konzentration, und gänzlich unangemessen ist der Gedanke, was aus solchem Material in Haydns Werkstatt geworden wäre, in der die Ausarbeitung selbst karger Substanz über die Bedeutung eines Werkes entscheidet. Die Schwierigkeiten beginnen schon mit der Bestimmung dessen, was in Boccherinis Musik als Haupt- oder Seitensatz im landläufigen Sinn gelten soll. Wenn über die Definition eines Themas erst seine Funktion in der Verarbeitung entscheidet, dann entfällt dies Kriterium in einer Musik, die nur selten Ansätze zu motivischer Arbeit oder zur Auswertung von thematischem Material kennt. Das könnte rudimentär anmuten, stünde dagegen nicht der betörende Zauber, mit dem eine Gesellschaft auf höchstem Niveau unterhalten wurde. Indem er von Boccherini so vollendet erreicht wurde, wie es kaum Haydn oder selbst Mozart vermochten, gewinnt seine Musik auch ein künstlerisches Niveau, das aber kaum durch abstrakte Kategorien zu erfassen ist. So kann es naheliegen, statt von Themen neutral von Gliedern oder Feldern eines Satzes zu sprechen, die eher durch Tonarten und Charakteristika als durch thematische und formale Funktionen bestimmt sind. Solche vorläufigen Feststellungen erinnern zunächst an frühere Werke Mozarts, deren italienische Prägung niemand leugnet. Unterschiede liegen gleichwohl in der Anordnung der Taktgruppen, die gerade im Frühwerk Mozarts keineswegs streng symmetrisch angelegt sind und unterschiedliche Impulse bereithalten, um damit auch unauffällige Verbindungen zu bewirken. Dagegen scheut die Reihung der Taktgruppen in Boccherinis Musik weder Wiederholungen noch Sequenzen, ihr begegnet jedoch die schlagende Prägnanz von Einfällen in ihrer oft überraschenden Folge.

Die dreisätzigen Quartette op. 2, die gemäß den Hinweisen auf ›Soli‹ auch mehrfach besetzbar sind, entstanden 1761 nach Haydns ersten ›Divertimenti‹, von denen Boccherini kaum wissen konnte. Erstaunlich ist daher nicht nur die Vielfalt dieser Reihe, sondern die Sicherheit, mit der sie maßgebliche Typen und Verfahren präsentiert. Während das von Speck untersuchte zweite Werk als ein Prototyp gelten kann, weckt das erste in c-Moll Interesse, weil es »gleichsam von Satz zu Satz ›moderner‹ wird« und damit Herkunft und Ziel dieser Musik zugleich verdeutlicht.[1] Das eröffnende Allegro comodo beginnt mit einem Viertakter, in dem die Stimmen desto selbständiger wirken, als die Viola, um einen halben Takt verschoben, die ersten Töne der Oberstimme zu imitieren scheint.

---

1 Ebenda, S. 28–41 und weiter im Vergleich mit Haydns Kopfsatz aus op. 9 Nr. 1, S. 41–48.

L. Boccherini, op. 2 Nr. 1, erster Satz, T. 1–11 (hg. von Christian Speck, Edition Moeck, Celle 1987).

Doch erweist sie sich rasch ebenso wie die zweite Violine als Füllstimme, maßgeblich ist der Satz der Außenstimmen, der nach Art einer älteren Sonata mit Generalbaß die Melodiestimme durch gleichmäßige Achtel in Baßlage abstützt. Das Kopfmotiv mit prägnant vermindertem Septsprung findet im zweiten Takt eine Fortspinnung, die synkopisch variiert wiederholt wird und nach doppeldominantischem Baßschritt mit Halbschluß so abbricht, daß die letzte Zählzeit in T. 4 leer bleibt. Hier aber setzt nach transponierter Wiederholung der Gruppe mit Auftakt (zu T. 9) die nächste Kontrastgruppe ein, in der die füllende Funktion der Mittelstimmen figurativ verbrämt wird. Über die erneut versetzte Wiederholung dieser Gruppe wird in weiträumiger Quintschrittsequenz die Durparallele erreicht; trotz dieser tonalen Position kann nun aber die dritte Satzgruppe, die ihrerseits volltaktig einen Zweitakter sequenziert, in der bunten Reihung nicht als ›Seitensatz‹ gelten. Erst wenn die folgende Gruppe paarig geordnete Stimmen in Triolenfiguren auslaufen läßt, wird die symmetrische Gruppierung leicht modifiziert. So zeichnen sich im ersten Teil wenigstens vier Gruppen ab, von denen aber keine eigentlich thematisch ist, und erst recht macht die zweite Satzhälfte die Abkunft vom Suitensatz evident, wenn sie zwar mit der eröffnenden Gruppe auf der Parallele beginnt, dann aber modulierend fortfährt, ohne jedoch auf der Tonika eine ›Reprise‹ mit nochmaligem ›Hauptthema‹ zu bestätigen. Daraus ergibt sich ein durchgängiger Verlauf, der nach kurzer Modulationsphase den Fortgang der ersten Satzhälfte auf der Tonika nachzeichnet. Wechselvoll lösen sich also symmetrische Gruppen ab, die Wiederholung, Transposition und Sequenzierung kennen, trotz mancher Varianten aber stabil bleiben und keine Verarbeitung erfahren. Zunehmend ›modern‹ verschiebt sich auch die anfängliche Paarung der Außenstimmen zu wechselnden Konstellationen, durchweg sind aber nur paarige Stimmen beteiligt, während die übrigen ausfüllen, so daß kaum von gleichberechtigter Stimmführung zu reden ist, auch wenn alle Stimmen umschichtig hervortreten können. Trotz auf- oder volltaktiger Artikulation bleiben die Taktgruppen in sich homogen, intern werden sie nur durch füllende Figuren oder Akkorde modifiziert (wie in T. 12 oder T. 18), doch kennt der Satz nicht jenes experimentelle Spiel, mit dem Haydns Frühwerk metrische Möglichkeiten auslotet, um den Zeitverlauf von Grund auf neu zu konstituieren.

Auch bei kantabler Melodik verfährt das Largo in Es-Dur nicht anders, indem die Begleitung gleichmäßig den 3/4-Takt mit repetierten und dann skalenweisen Achteln ausfüllt. Die Führung fällt zunächst programmatisch dem Cello in hoher Lage zu, dessen melodischer Bogen über acht Takte ohne scharfe Zäsur ausgesponnen wird. Nach

L. Boccherini, op. 2 Nr. 1, zweiter Satz, T. 1–5 (hg. von Christian Speck, Edition Moeck, Celle 1987).

dominantischer Wiederholung durch die Oberstimme setzt sich eine Kette von zwei- und viertaktigen Gliedern durch, deren melodische Ansätze in Stimmpaaren wiederholt oder sequenziert werden. Auch wenn eine solche Gruppe in ihrem dritten Takt einmal abzubrechen scheint, wird sie durch Wiederholung des Kadenzgliedes auf vier Takte gedehnt (T. 31), bis erst der Schluß der ersten Hälfte eine geringfügige Modifikation zeigt. Suitenhaft mutet zumal die zweite Hälfte an, die modulierend die eröffnende Melodik durch neue Gestalten ersetzt und dann bei Erreichen der Tonika zur transponierten Wiederholung der ersten Hälfte umlenkt, ohne doch ein ›Thema‹ zu restituieren. Wie im Kopfsatz lösen sich die Gruppen ab, sie führen hier neues Material ein und werden in einer Struktur verkettet, die paarig die Stimmen hervortreten läßt. – Das abschließende Allegro mag zunächst an den ›bizarro‹ überschriebenen Kopfsatz aus op. 32:4 erinnern[1], denn es beginnt heftig im Unisono mit gezackter Dreiklangsbrechung, die rhythmisch durch Pausen statt Punktierung verschärft wird. Indem dies Kopfmotiv sequenziert und im Umkreisen der Grundstufen liquidiert wird, reicht es bis in den zehnten Takt hinein. Nach einer Pause wechselt schlagartig die Szene: So wie in der Begleitung stimmt die erste Violine einen Viertakter an, dessen symmetrische Melodik gleich wiederholt wird. Wo aber im Cello das ›Thema‹ wiederkehrt, lassen die synkopisch gedehnten Oberstimmen einen kontrapunktischen Satz erwarten, der jedoch wie zuvor mit einer Pause abbricht. Abermals anders setzt dann ein

1 L. Finscher, *Luigi Boccherini*, in: *Reclams Kammermusikführer*, S. 373.

L. Boccherini, op. 2, Nr. 1, dritter Satz (Finale), T. 1–4 (hg. von Christian Speck, Edition Moeck, Celle 1987).

T. 9–13.

Fugato an, dessen Themenkopf durch die Stimmen zieht, es wird aber von graziösen Wendungen der Außenstimmen abgelöst, und wenn nun ein drittes Mal in tiefer Lage das anfängliche ›Thema‹ auftritt, begnügen sich die Gegenstimmen mit getrillerten Tonwiederholungen, um alle bizarren und kontrapunktischen Züge zu widerrufen. Auf gleiche Weise kontrastieren die weiteren Satzglieder, bis die letzte Gruppe die punktierte Rhythmik des Beginns zur akkordisch gefüllten Kadenzierung ausgleicht. Der bunte Wechsel der Gruppen verschärft sich also, wenn der gezackte Beginn auf kontrapunktische oder graziöse Gegenstimmen trifft, dazwischen sich aber ganz andere Glieder einschalten. Ähnlich wechselvoll gerät auch die Modulationsphase im zweiten Teil, dessen Kern zwar auf den Satzbeginn zu kontrapunktischer Begleitung zurückgreift, doch weist das Finale – anders als die übrigen Sätze – bei Erreichen der Tonika nun immerhin einen thematischen Rekurs wie in einer Reprise auf.

Ähnlich werden die Muster des Suitensatzes in den übrigen Werken aus op. 2 modifiziert, sofern die Modulationsphasen der zweiten Teile, die kaum durchführende Ansätze kennen, auf ein erstes ›Thema‹ zurückgreifen können, ohne die Regel für eine förmliche Reprise zu bilden. Doch ist der Verlauf flexibel genug, um auf engem Raum unterschiedliche Gestalten zu koppeln, die zur Individualität der Werke beitragen. Obwohl die Fuge in Nr. 2 ein Sonderfall bleibt, können auch andere Finali kontrapunktische Züge zeigen, sie opfern aber nicht das Prinzip des Gruppenwechsels.[1] Während in der Mitte stets langsame Sätze stehen, bleibt das Menuett am Schluß von Nr. 6 eine Ausnahme, bis ein Tanzsatz in op. 8 zwei- und in op. 9 gar viermal den Beschluß macht. Wenn das Kaleidoskop der Satzgruppen auch Traditionen umgreift, wie sie in kontrapunktischen Zügen oder im Außenstimmensatz hervortreten, können die Werke einen gewichtigeren und wohl reiferen Eindruck machen, als ihn Haydns frühe Divertimenti erwecken. Ebenso überlegen mutet zunächst eine Stimmführung an, die allen Stimmen einen eigenen Anteil beläßt. Doch erweist sich bald, daß die Stimmen wechselnd – quasi konzertant – hervortreten, auch wenn sie paarig gekoppelt werden können. Sie stehen also für gleiche Funktionen bereit, ohne gleichzeitig am Prozeß zu partizipieren. Darin auch liegt der Unterschied zu Haydns Satzart, die so viel spielerischer daherkommt, mit kleinsten Partikeln aber systematisch die wechselnden Konstellationen im Zeitverlauf erprobt, womit sich keimhaft ihre spätere motivische Konzentration anbahnt. Umgekehrt blieb Boccherini der Reihung von Taktgruppen treu, deren Wechsel die Individualität der Sätze sichert, während die Frage nach ihrer motivischen Funktion ins Leere laufen müßte. Denn das Verfahren ändert sich auch nicht grundsätzlich, wenn die Satzgruppen seit op. 8 reicher ausgebildet und feiner abgestimmt werden.

Wie sich die Dimensionen in op. 8 ausweiten, läßt sich bereits am eröffnenden Quartett in D-Dur erkennen, in dessen Kopfsatz die erste Gruppe bis zum Halbschluß in T. 14 reicht. Beibehalten bleibt bis dahin eine Struktur, die bei stützendem Baß und füllender Begleitung eine gleichmäßige Sechzehntelbewegung der Oberstimmen sequenziert oder skalenweise ausspinnt, bis am Ende eine Wechselfigur die Grundstufen umkreist. Dieselbe Anordnung der Stimmen setzt sich auch fort, wenn in der nächsten Gruppe – noch von der Tonika aus – begleitende Figuren der zweiten Violine zufallen, worüber die Oberstimme kantablere Ansätze zeigt. Auch wo die dominantische Ebene erreicht wird, ver-

---

1 Chr. Speck, *Boccherinis Streichquartette*, S. 12ff.

schiebt sich die Zuordnung der Stimmen erst in der letzten Gruppe des ersten Teils, wonach die Schlußtakte die Kadenzfigur der eröffnenden Satzgruppe aufgreifen. Ausgedehnter als zuvor ist auch der zweite Teil, der vom dominantisch versetzten ersten Satzglied ausgeht und dann eine Modulationsgruppe einschaltet, die freilich kaum motivisch profiliert ist. Und unter Auslassung der ersten Satzgruppe erreicht eine transponierte Reprise von der Subdominante aus mit Quintschritt die Tonika derart, wie sich zuvor der erste Teil zur Dominante richtete. Reicher modifiziert wird auch im Adagio d-Moll die Begleitung, die immerhin rhythmisch auf die ornamentale Linie der Oberstimme reagiert. Anders als bei Haydn ergibt sich aber kein Prozeß, der die Stimmen an der wachsenden Ornamentierung beteiligt. Das abschließende Rondeau erinnert zunächst an den Umriß eines zweiteiligen Menuetts mit Trio, denn tanzartig ist nicht nur die federnde Rhythmik, sondern auch die Gliederung des ersten Teils, der freilich ohne dominantische Wendung auf der Tonika kadenziert. Im Unterschied zu Haydn kennt auch ein solcher Satz keine metrische Irritation, denn ein regulärer Achttakter wiederholt sich mit der einen Variante, daß seine rhythmisch kontrastierende zweite Hälfte durch Triolenfiguren ersetzt wird. Desto mehr nimmt die melodische Erfindung gefangen, wenn das Kopfmotiv der oktavierten Violinen über Trommelbaß so sequenziert wird, daß seine dominantische Wendung auf den tonikalen Bordun trifft, wonach der zweite Viertakter tänzerisch die Grundstufen umspielt. Bei ähnlicher Struktur ändert sich im B-Teil die Melodik zu gebundenen Achteln mit triolischem Auslauf, bis die eröffnenden acht Takte als Refrain wiederkehren. Daß dann ein neuer Teil auf der Subdominante beginnt, erinnert wohl an ein Trio im Tanzsatz, zumal sich weniger die Rhythmik als die Staffelung der Stimmen abhebt. Doch bleibt dieser Teil ohne Wiederholung, er wendet sich dafür zur Variante g-Moll, womit er das eigentliche Couplet in B-Dur vorbereitet, das nun beide Violinen ›cantabile‹ koppelt. Doch greift die Fortführung nicht nur auf die vermittelnde Gruppe zurück, sondern umschließt auch die Wiederholung des menuettartigen Refrains, wonach der gesamte Block wiederholt und dann durch kurze Coda beschlossen wird. Der Satz verquickt also nicht nur Menuett und Rondeau[1], sondern pointiert erneut das Prinzip der kontrastierenden Gruppenfolge.

Den affektvollen c-Moll-Ton aus op. 2 modifiziert auch das zweite Quartett in op. 8, es beginnt aber mit einem Moderato, ohne dabei Bauart und Verhältnis der Gruppen zu ändern. Daß dieser Kopfsatz ein Allegro vertritt, zeigt das folgende Largo cantabile, in dem die Außenstimmen mehrfach simultan hervortreten, wogegen das abschließende Allegro con spirito trotz Allabreve-Vorzeichnung keine kontrapunktischen Züge aufweist. Ein langsamer Kopfsatz, wie er auch später immer wieder begegnet, tritt zuerst in op. 8:3 und 5 auf, besonders prononciert

1 Chr. Speck, *Boccherinis Streichquartette*, S. 15.

jedoch im Largo Es-Dur aus Nr. 3, das die strukturelle Affinität der Sätze auch unabhängig von Tempo und Position erneut belegt. Denn im zweiteiligen Gehäuse bleibt die Oberstimme auch dann führend, wenn ihr die Gegenstimmen austerzend folgen oder bei Haltetönen paarig ausfüllen. Dem langsamen Tempo gemäß verkürzen sich die Satzgruppen auf vier und zwei Takte, wie denn der Satz nur 34 Takte mißt. Intern verschiebt sich auch die Rhythmik nur graduell, und wenn der zweite Teil transponiert auf den Satzbeginn rekurriert, so entspricht dem nach der Modulationsstrecke ein analoger Rückgriff auf der Tonika. Daß er nun um einen halben Takt versetzt werden kann, bedeutet aber keine metrische Verschiebung, sondern ergibt sich aus der Gleichrangigkeit von Halbtakten im langsamen Tempo. Der Austausch der Folgesätze in Polos Edition verdeckt die Tatsache, daß das Menuett als Finale gedacht ist, sein Charakter ist demgemäß entschieden und fast rustikal, wenn gekoppelte Stimmen in stampfender Tonrepetition sprungweise den Oktavraum durchmessen, um sich dann in fallender Sequenz voneinander zu lösen, während sich im nächsten Achttakter die Stimmen mit wiegenden Achteln abwechseln. Das Trio in c-Moll ist metrisch ebenso regulär, verschärft aber die rhythmischen Kontraste zwischen den Taktgruppen. Einem Rondo ähnelt das Allegro con brio, das eigentlich den Mittelsatz darstellt. Denn das leichtfüßige Thema, dessen Sequenzierung scheinbar imitierend ausgeterzt wird, findet nicht nur eine Erweiterung, in die mehrfach der Themenkopf eingeschaltet wird, sondern es nähert sich auch einem dreigliedrigen Refrain, wenn dann der Themenkopf erneut auf der Dominante eintritt. Erst später setzt sich beim Wechsel zur Mollsubdominante eine andere rhythmische Gangart mit gebundenen Achteln durch, in der sich die Umrisse eines Couplets abzeichnen, wonach die Schlußphase des ersten Teils zum flinken Duktus des Beginns zurückkehrt. Solche Binnenkontraste geben dem Satz eine eigene Note, die an ein Rondo erinnern kann, wenn das Eingangsthema dann in der Dominante wie auch in der Tonika wiederkehrt. Die Verkettung konträrer Gruppen ist es also, die bei Pointierung des Prinzips eine strukturelle, wiewohl nicht formale Annäherung an ein Rondo erlaubt.

Bei der zeitlichen Nähe der folgenden Serie op. 9, die in Nr. 1 und Nr. 6 die ersten viersätzigen Quartette bietet, lassen sich kaum prinzipielle Differenzen erwarten, selbst wenn die generell verbindlichen Verfahren durchaus flexibel gehandhabt werden können. So verfügt das erste Werk in c-Moll in seinem Kopfsatz über eine eröffnende Gruppe, die nun eher thematischen Rang erhält. Denn dem Block der Unterstimmen, die in gebundenen Vierteln gekoppelt sind, folgt einen Takt später die ausgreifende Figurenkette der Oberstimme, rhythmische Varianten dieses Modells prägen die Unterstimmen auch in der nächsten Phase, die damit zur Überleitung in der Dur-Parallele wird, von der sich eine dritte Phase wie ein Seitensatz abhebt. Mit diesem Material kann auch die Modulationsphase im zweiten Teil thematisch eher profiliert werden, ohne daß von thematischer Arbeit zu sprechen wäre. Nach zweiteiligem Largo und eben-so knappem Minuetto bildet das Finale erstmals ein Presto im 2/4-Takt, das zwar mit Synkopen, Trillern oder abschnappenden Wendungen dem Tonfall entsprechender Schlußsätze von Haydn ähnelt, dabei aber weder metrische Komplikationen noch motivische Konzentration kennt. Der Abstand zwischen den Wegen beider Komponisten wird gerade dann sichtbar, wenn sich einmal Typus und Ton eines Satzes auffällig zu nähern scheinen. Wie ausgeprägt die Prinzipien bei allen Varianten sind, zeigt sich aber auch an den nächsten Serien, die erstmals als »opera piccola« bezeichnete Werke umfassen. Denn die jeweils zwei Sätze folgen auch bei wechselnder Anordnung entsprechenden Modellen, ohne doch in Format und Struktur den dreisätzigen Werken nachzustehen. Das lehrt bereits ein Blick in die Ausgabe der entsprechenden Serie op. 33, die 1781 entstand und erst durch Pina Carmirelli publiziert worden ist. Als ›klein‹ können die Werke nur aufgrund ihrer Satzzahl, kaum aber nach Bauart und Gewicht rechnen, denn auch bei lockerer Gruppierung ist ihr melodischer und rhythmischer Reichtum gewiß nicht geringer als in Werken mit größerer Satzzahl.

Zuvor noch entstanden seit 1776 die Quartette op. 24; sie bilden die letzte Reihe vor den in Wien erschienenen Werken, liegen aber bereits nach Haydns op. 20 und zugleich vor dem kritischen Punkt, den dann seine Quartette op. 33 bedeuteten. Das vierte Quartett C-Dur wurde in Polos Edition (gezählt op. 27:3) irreführend durch einen vierten Satz erweitert, der den vorangehenden zweisätzigen Werken entstammt (op. 26, recte op. 22:6). Daß sich das flotte Finale gleichwohl recht passabel macht, liegt natürlich am typisierten Bau der Sätze. Allerdings kommt der erste Teil mit seiner auffälligen Kürze fast einem Rondorefrain nahe, doch kehrt er so erst am Ende des weit längeren zweiten Teils wieder; zugleich bewirken die schwirrenden Figuren der Violinen ein Perpetuum mobile, denn sie erfassen auch knappe Episoden, die sich daher nicht als Couplets abheben. Auch der gemächliche Kopfsatz hat solche konzertanten Züge, die schon die Themenpräsentation durch die hochliegende Cellostimme ankündigt. Gleichartig punktierte Wendungen, die dem Satz fast eine gravitätische Note geben, zeigen die Stimmen wechselweise in allen Satzphasen, und ungewöhnlich genau ist auch die Begleitung mit getupften Achteln im Wechsel mit gebundenen oder triolierten Sechzehnteln ausgearbeitet. Ebenso fein getönt ist das Larghetto a-Moll, das im 6/8-Takt geradezu barkarolenhaft verschwebt. Dagegen ersetzt das Menuett – das eigentliche Finale – das sonst herrschende Maß der schreitenden Viertel durch zügige Achtel, die in Kopf- wie Kadenzgliedern figurativ bereichert werden und noch das Trio in der Mollvariante bestimmen. – Ein besonders nobles Beispiel der Kunst Boccherinis ist das A-Dur-Quartett Nr. 2 (bei Polo op. 27:4), in dem das erste Allegro spiritoso mit 130 Takten den Kopfsätzen Haydns nicht nachsteht. Dem entspricht noch die kantable Linie des volltaktigen Themas, die im vierten Takt mit Oktavfall abbricht; sie wird vom auftaktigen Nachsatz ergänzt, der bis zu T. 12 verlängert wird. Obwohl sich mit synkopischer Begleitung dann eine neue Ebene andeutet, läßt sich nicht von einer motivischen Überleitung sprechen, und thematische Funktion hat auch kaum eine weitere Gruppe in dominantischer Position (T. 31). Denn die Modulationsphase im zweiten Satzteil wird wieder mit Material bestritten, das zuvor in der Überleitung nur sekundäre Funktion hatte. Seinen Umfang verdankt der Satz eingeschobenen Gruppen in ›durchbrochener‹ Manier (T. 70), die gleichwohl nicht motivisch reguliert sind, während der Reprise eine Coda folgt, die nun einmal auf den Nachsatz des ersten Themas zurückgeht. Das Larghetto A-Dur zeichnet sich durch die Imitation seines Kopfmotivs mit doppeltem Quintfall aus, sie wird in der Reprise des zweiten Teils sogar erweitert, wogegen die weiteren Satzphasen keinen streng thematischen Rückhalt benötigen. Und das Minuetto ›amoroso‹ bestrickt geradezu in der aristokratischen Feinheit, mit der Bordunklänge und graziöse Figuren verwoben werden.

Eine so reife Kunst macht es verständlich, daß Boccherinis Quartette auch in Wien Interesse fanden. Als hier aber 1781–82 die ›Quartettini‹ op. 26 und die ›Quartetti‹ op. 32 (als op. 32 und 33) herauskamen, erschienen gerade 1782 Haydns epochale Quartette op. 33, und daß unmittelbar darauf Mozart mit seiner eigenen Werkreihe reagierte, signalisiert nun bereits einen neuen Anspruch der Gattung, der sich dann wie ein Schatten über Boccherinis Werk legen sollte.[1] Der Kairos der Wiener Klassik hatte es zur bitteren Kehrseite, auch eine so geistreich unterhaltende Artifizialität verdrängen zu müssen. Wieviel davon Boccherini in Madrid zur Kenntnis kam, mag dahingestellt bleiben, aber nicht nur die Werke in op. 32, sondern auch noch die späten Quartette op. 58 formen grundsätzlich gleiche Muster wie zuvor aus, und selbst wo eine wachsende Differenzierung unverkennbar ist, bleiben der Musik doch die Mühen thematischer Arbeit erspart. Ihr Zauber liegt gerade im Schein der Leichtigkeit, mit der die wechselnden Gebilde so unnachahmlich verkettet werden. Exemplarisch ist etwa das A-Dur-Quartett op. 32:6 (in Polos Edition op. 33:6), das wie das voranstehende Werk viersätzig ist. Das Thema im Kopfsatz ist fast aus einem Nichts an Substanz gewonnen, indem die Oberstimme im 6/8-Takt fünffach die Grundstufen umspielt, woran sich dreifache Trillerformeln anschließen, während erst die Wiederholung der Gruppe energisch kadenziert. Fortgeführt wird dann nur die tänzerische Bewegung, doch reiht die Oberstimme unbeschwert weitere Figuren, und wo dann auf der Dominante ein neuer Viertakter erscheint, ist mit seiner Wiederholung schon das Ende des ersten Teils erreicht. Gewiß benutzt die Modulationsphase

---

1 Eine Übersicht der Entstehungs- und Publikationsdaten im Vergleich mit den Werken Haydns und Mozarts bei Chr. Speck, *Boccherinis Streichquartette*, S. 205. Daß in op. 39 ein Einzelwerk außerhalb einer Serie gezählt wurde, ist nicht überzubewerten und in keiner gesonderten Faktur begründet.

dann ähnliche Figuren, man mutete ihren 18 Takten aber zuviel zu, wollte man sie in das Prokrustesbett einer Durchführung zwängen. Denn eine nennenswerte Umformung findet das Thema erst in der Reprise, in der es gleich zur Mollvariante wechselt. Das knappe, nachdenkliche Andantino, dessen Rahmenform ohne die übliche Zweiteilung auskommt, fällt durch das chromatisch gefüllte Tetrachord auf, das nicht nur anfangs dreistimmig imitiert, sondern noch dreimal – mitunter transponiert – eingeschaltet wird. Dazwischen stehen graziöse Episoden, deren ornamentale Gestik ein Gegengewicht abgibt, bis der Schluß die chromatischen Stimmzüge über Orgelpunkt zu besonderem Nachdruck bringt und sich mit Halbschluß zum Menuett öffnet. Gerade ein solcher Tanzsatz läßt es nun nicht nur als historische Ungerechtigkeit erscheinen, wenn Boccherinis Name vorab mit dem A-Dur Menuett verknüpft blieb, das freilich dem Streichquintett op. 13:5 entstammt. Die beliebte Verbindung einer kreisenden Melodik mit Borduneffekt breitet sich hier jedoch über den ganzen A-Teil und dann die Wiederkehr am Satzende aus, wovon sich die elegant figurierten Zwischenglieder desto mehr abheben. Apart ist auch das a-Moll-Trio, dessen rollende Figuren im Unisono und dann in Stimmpaaren erklingen, wogegen umgekehrt die Zwischenglieder hier Liegestimmen aufweisen. Das muntere Finale ist wieder ein Allegro im 2/4-Takt; obwohl aber die zweiteilige Anlage keiner Rondoform folgt, hat die konzise Motivik ebenso rondohafte Züge wie der scharfe Kontrast der Satzgruppen.

Reich an solchen Nuancen sind auch die weiteren Werke in op. 32, die immer wieder zu fesseln vermögen. Wie fest jedoch die Prinzipien sind, denen diese Musik verpflichtet ist, verdeutlichen auch noch die Quartette op. 58, die als letzte Reihe mit sechs Werken 1799 entstanden, aber erst um 1803 erschienen, als nicht nur das Œuvre von Mozart und Haydn abgeschlossen war, sondern sich auch schon Beethovens Quartette op. 18 verbreiteten. In der von Pina Carmirelli edierten Serie fallen nicht allein verschärfte Kontraste mit jähen dynamischen Akzenten auf, auch die Formen werden zum einen nochmals erweitert und zum anderen reicher variiert, ohne die Verbindlichkeit der Verfahren zu beeinträchtigen. So rückt das C-Dur-Quartett Nr. 1 an der Stelle eines dominantischen Seitensatzes unerwartet von G- nach Es-Dur, ebenso beginnt auch der zweite Teil, der nun nicht mehr wiederholt, aber durch Coda erweitert wird und dennoch nicht durchführende Züge zeigt. Viersätzig ist nur das zweite Werk in Es-Dur, das auch mit anderen Besonderheiten aufwartet. So steht am Anfang ein Allegretto lento im 2/4-Takt, das die dreistimmige Themengruppe in ihrer Wiederholung durch das Cello als vierte Stimme erweitert, deren gleichmäßige Rhythmik fast an die Baßfunktion früher Werke denken läßt. Nach Halbschluß tritt ohne Modulation eine dominantische Gruppe ein, sie wird ihrerseits ornamentierend angereichert, und in der letzten Phase des ersten Teils dominieren derart kleingliedrige Gestalten dann vollends. Eine entsprechende Variante des Eingangsthemas, die gar zu wiederholen ist, erscheint gerade dort, wo der zweite Teil zu beginnen hätte; er setzt dann seinerseits in der Mediante an und verlangt nun nicht mehr gesonderte Wiederholung. Die Addition der Gruppen, die von früh an begegnete, kann also auch zu solchen formalen Varianten genutzt werden, die einer thematischen Konzentration freilich eher entgegenstehen. Eine Ausnahme zeigt indes das Menuett, in dem eine punktierte Formel, die zwei Viertel ausfüllt, ihre Position auf wechselnde Zählzeit verschiebt; gleichwohl bleibt die Metrik, wie Speck zeigte, auch in solchen Fällen regelmäßig, wenn sich diese Gestalt mehrfach wiederholt und so wie hier am Satzende in der Ablösung zweier Stimmen überlagert.[1] Das Larghetto hat trotz des Zusatzes ›malinconico‹ nichts mit Beethovens Malinconia aus op. 18 Nr. 6 gemein; es steht zwar in c-Moll, bleibt aber in knappem Format bei dem gewohnten Wechsel fein abgestimmter Glieder. Mehr Eigenart hat dagegen das Finale, das fast wie ein Fugato beginnt. In breiten Halben setzt ein Themenkopf mit Quintsprung samt Obersekunde an, um gleich zu schwirrender Figuration zu wechseln. Daß aber bei oktavierten Stimmpaaren nur noch ein Ansatz folgt, nimmt den Schein eines strengen Satzes ebenso zurück wie dann eine rhythmische Variante, die gleich im nächsten, nun dreifachen Themeneinsatz die erste Halbe durch markante Tonrepetition ersetzt. Genau diese rhythmische Formel zieht sich nämlich zusammen mit den hurtigen Figuren durch die weiteren Satzgruppen; wo sich jedoch das Fugato zurückmeldet, scheint es sich zwar zu verdichten, desto übermütiger wird sein Anspruch dann aber erneut durchkreuzt. Anders als bei Haydn und auch Mozart wird also nicht ein historisches Modell systematisch umgeformt, sondern das amüsante Spiel nimmt den kontrapunktischen Satz nie ernster als nötig.

Auch in op. 58 wird Boccherini nicht müde, einer so festen wie flexiblen Bauweise mit der Fülle der Einfälle immer neue Farben zu geben. Daß Boccherinis Werk keinerlei Entwicklung kenne, läßt sich wohl nur sagen, solange seine Differenzierung übersehen oder Haydn als Maßstab genommen wird. Doch bleibt es bei einer geistvollen Unterhaltung, deren Überraschungen den Hörer wohl fesseln können, ohne ihn zu wiederholter Aufmerksamkeit aufzufordern. An glückhafter Helligkeit, leichter Grazie und verführerischer Eleganz ist diese Musik wohl schwerlich zu übertreffen, und als erlesene Konversation in festlich gestimmter Gesellschaft ist sie einerseits so vollkommen, wie sie in ihrer Zerbrechlichkeit auf der anderen Seite kaum die mehrfache Wiederholung im bürgerlichen Konzertleben ertragen kann. Schon gegen Ende des Jahrhunderts drängte sich Zeitgenossen wie Carl Ludwig Junker, Charles Burney oder Ernst Ludwig Gerber der Vergleich mit Haydn auf, und so werden die Kommentare denn auch skeptischer, ohne Boccherini seine

---

[1] Vgl. dazu Chr. Speck, *Boccherinis Streichquartette*, S. 177–183, wo auch die Vermutung einer Reaktion auf die ›Scherzi‹ in Haydns op. 33 widerlegt wird; zu Boccherinis Verfahren im Menuett ebenda, S. 148–166.

L. Boccherini, op. 58, Nr. 2, Finale, T. 1–6 (Edition Enrico Polo, Ricordi).

T. 13–18.

Stellung ganz streitig zu machen. Eine unmittelbare Verbindung mit Haydn ging zwar über die Bekundung der wechselseitigen Achtung kaum hinaus[1], daß Boccherini es aber zum Berliner Hofkomponisten brachte (was Mozart nicht gelang), spricht gewiß nicht für einen schlechten Geschmack des Preußenkönigs. Die gewohnten Kriterien der Analyse taugen indes nicht recht für eine Musik, auf der schon solche Begriffe übermächtig lasten. Denn sie lassen sich gleichsam nur negativ einsetzen, um dann zu konstatieren, daß motivische Arbeit, irreguläre Metrik oder kontrapunktischer Satz nicht oder doch kaum zu verbuchen sind.[2] All das entspricht ganz einer Kunst, die auf eine aristokratische Gesellschaft und das Einvernehmen mit ihren Erwartungen setzt, nicht jedoch auf den begrifflichen Diskurs einer öffentlichen Kritik im bürgerlichen Musikleben.

So läßt sich nun zusammenfassend der Rang einer Musik ermessen, die gleichwohl in ihrer Zeit keineswegs isoliert blieb. Boccherini ist der größte Repräsentant all der Zeitgenossen, die ebenfalls Quartette zur Unterhaltung statt für das historische Gedächtnis schrieben. Sie werden zwar zumeist durch Boccherinis Meisterschaft überragt, nicht grundsätzlich anders komponierten jedoch auch Zeitgenossen in Frankreich und Italien; in Madrid standen neben ihm etwa Gaetano Brunetti mit 44 Quartetten und später noch der früh verstorbene Juan Crisóstomo Arriaga, dessen drei meisterliche Quartette 1824 entstanden[3], und selbst die unübersehbare Schar der Quartettautoren in Wien, in Böhmen oder Süddeutschland verfuhr im halben Jahrhundert zwischen 1770 und 1820 nicht ganz anders, auch wenn kaum einer über den Einfallsreich-

1 Ebenda, S. 185f.; eine Sammlung von Rezeptionszeugnissen ebenda, S. 183–192.

2 Ebenda, S. 63–75 (»Keine motivische Arbeit«) sowie anschließend S. 75ff. zu den wenigen Belegen für »motivische Arbeit«.

3 Kl. Fischer, *Die Streichquartette Gaetano Brunettis (1744–1798) in der Bibliothèque Nationale in Paris im Zusammenhang mit dem Streichquartett des 18. Jahrhunderts*, in: Bericht über den Internationalen Musikwissenschaftlichen Kongreß Bayreuth 1981, hg. v. Chr.-H. Mahling und S. Wiesmann, Kassel u. a. 1984, S. 350–359; ders., *Einflüsse Haydns in Streichquartetten Boccherinis*, in: Bericht über den Internationalen Musikwissenschaftlichen Kongreß Berlin 1974, hg. v. H. Kühn und P. Nitsche, Kassel u. a. 1980, S. 328–332.

tum eines Boccherini verfügte. Selbst wo dann die Viersätzigkeit zur Norm wurde und auch motivische Arbeit zur Anwendung kam, blieben doch durchführende Teile vielfach modulierende Phasen mit schwacher thematischer Legitimation. Das historische Gewicht Boccherinis steht schon deshalb außer Zweifel, weil er auf oberstem Niveau all solche Richtungen repräsentierte, die eine heute kaum vorstellbare Präsenz besaßen. Doch ist die Kenntnis solcher Musik nicht nur wichtig, um vor ihrem Hintergrund die Leistung Haydns wie Beethovens näher zu konturieren. In welchem Maß Boccherini am Prozeß nicht nur der Entstehung, sondern auch der Konsolidierung der Gattung teil hatte, könnten nur weitere Quellenstudien klären, die über die Arbeiten von Finscher und Speck hinausgriffen. Andererseits ist der Anteil an der Entstehung einer Gattung nur die eine Seite dessen, was rückblickend als historische Bedeutung bestimmt werden kann. Denn gerade zu Lebzeiten Boccherinis entfaltete sich jene Kehrseite, die dann die bleibende Bedeutung der Gattung erst begründet hat. Von jener Kanonisierung, die Haydns und Mozarts Quartette seit 1800 derart erfuhren, daß die Verdrängung anderer Musik die Folge war, dürfte Boccherini keine Vorstellung gehabt haben, weil ihm in Madrid die entsprechenden Diskurse kaum zugänglich waren. Auf »dauerhafte Musik« – mit Brahms zu reden – erhob Boccherinis Kompositionsart nicht schon Ansprüche, wenn sie dem erlesenen Geschmack von gebildeten Zeitgenossen entgegenkam. So gewinnbringend es ist, derart feinsinnige Kunst kennenzulernen, so begrenzt bliebe doch der Versuch, ihr einen Platz in einem Repertoire zu sichern, für das sie nicht geschaffen sein dürfte.

Daß Boccherini zwischen divergierende Erwartungen geriet, bezeichnet auch für den Historiker einen Zwiespalt, ohne den Reichtum seiner Funde zu verringern. Es stimmt wohl nachdenklich, daß eine in sich so stimmige Kunst dem historischen Wandel ausgesetzt sein mußte, an dem der Autor selbst nicht Anteil hatte, der aber grundlegend für die weitere Geltung der Gattung wurde und damit auf Boccherini zurückschlagen mußte. So war es auch solcher Musik nicht beschieden, als entspannte Alternative zur Anstrengung jener Musik in Betracht zu kommen, die seit Beethoven auf den Weg der steten Innovation getrieben wurde. Daß das Œuvre Boccherinis gleichwohl beglückende Erfahrungen bereit hält, gehört ebenso zum Reichtum der Geschichte wie die Einsicht in die Unumkehrbarkeit ihrer Prozesse.

4. Perspektiven der Lehre: Theoretische Normen und Kriterien der Gattung

»Das Quatuor, anjetzt das Lieblingsstück kleiner musikalischer Gesellschaften, wird von den neuern Tonsetzern sehr fleißig bearbeitet.« Die Formulierung von Heinrich Christoph Koch scheint 1793 eine gängige Praxis zu beschreiben, und doch eröffnet sie eine erste nähere Definition der Gattung, in der neben Haydn auch Mozart und dazu freilich noch Ignaz Pleyel und Franz Anton Hoffmeister genannt werden.[1] Erst drei Jahre zuvor war Kants *Kritik der Urteilskraft* erschienen, welche die philosophische Ästhetik begründete und doch die Musik nicht nur wegen ihres Mangels an »Urbanität«, sondern aufgrund ihrer »Empfindungen« von nur »transitorischem Eindrucke« in das Souterrain der bloß angenehmen Künste verwies. Immerhin war Kant – was leicht übersehen wird – auch liberal genug, um die Alternative einer ›mathematischen Form‹ in der Musik zu erwägen; sofern Harmonie und Melodie nach Schwingungsverhältnissen »mathematisch unter gewisse Regeln gebracht werden« können, wäre auch Musik dazu befähigt, »die ästhetische Idee eines zusammenhängenden Ganzen, einer unnennbaren Gedankenfülle, einem gewissen Thema gemäß [...] auszudrücken«, um damit »gänzlich als schöne« Kunst anerkannt zu werden.[2] Auch wenn diese Möglichkeit dann verworfen wurde, waren damit Bedingungen für den Kunstrang der Musik benannt, die von ihrem Zeitcharakter abhängig waren. Und erst in dem Maß, wie diese Problematik zu klären war, ließ sich mit dem Vorrang instrumentaler Musik auch die herausgehobene Position des Streichquartetts begründen. Unter diesen Voraussetzungen konnte dann auch eine Bestimmung der Gattung, die sich zuvor auf satztechnische Kriterien gestützt hatte, unter dem Eindruck Beethovens ästhetische Kategorien aufnehmen, um sich zu einer Gattungstheorie zu erweitern, die ihren Namen verdiente.

Läßt man sich nicht gleich vom Œuvre Haydns und Mozarts leiten, so war freilich Kant kaum nur im Unrecht mit seiner Überzeugung vom unterhaltenden Charakter instrumentaler Musik. Als Unterhaltung im besten Sinne des Wortes darf wohl ein weiter Bereich der zeitgenössischen Produktion von Streichquartetten gelten, die denn auch – wie schon um 1800 sichtbar wurde – rasch aus dem Repertoire verschwinden sollten. Als maßgebliche »Wurzeln« einer »Theorie des Streichquartetts« nannte indes Ludwig Finscher zum einen die Vorstellung von der besonderen »Würde« des vierstimmigen Satzes und zum anderen den Topos vom »Gespräch« der Partner, der seine Ausbreitung nicht zuletzt einer späteren Äußerung Goethes verdankte.[3] Beeindruckend ist in der Tat die Reihe der Belege, die in der historischen Musiktheorie die ausgezeichnete Funktion der Vierstimmigkeit dokumentieren. Sie reichen noch über Zarlino zurück, der mit den »quattro parti« 1558 »tutta la perfettione dell' harmonia« verband.[4] Und man könnte ergänzen, daß

[1] H. Chr. Koch, *Versuch einer Anleitung zur Composition*, Bd. 3, Leipzig 1793, S. 325ff.

[2] I. Kant, *Kritik der Urteilskraft*, Libau 1790 (= Ausgabe A), S. 217f. und S. 210f. (§ 53 und § 51).

[3] L. Finscher, *Die Entstehung*, S. 279–301, hier bes. S. 280ff. und S. 285ff., wo auch zahlreiche Texte zitiert werden, die weniger theoretische Ansprüche als verbreitete Meinungen bekunden, während sich die folgenden Belege auf Auszüge aus Entwürfen der Theorie konzentrieren, die im Vergleich der Gattungen aufschlußreich sind.

[4] G. Zarlino, *Le istitutioni harmoniche*, Venedig 1558, S. 281f.; zur Vierstimmigkeit als ›Regelfall‹ vgl. Fr. Rempp, *Elementar- und Satzlehre von Tinctoris bis Zarlino*, in: *Italienische Musiktheorie im 16. und 17. Jahrhundert*, Darmstadt 1989, S. 160.

hundert Jahre später für Athanasius Kircher, der eine außerordentliche Erweiterung der Gattungen und Schreibarten im Blick hatte, die »Tetraphonia« noch immer »principem inter polyphonia locum« behauptete, während wieder ein Jahrhundert danach Charles Avison »the four principal parts« als Kern auch des vielstimmigen Satzes ansah.[1] In der kompositorischen Praxis bildete freilich seit den Serien der nach Stimmenzahl angelegten Madrigalbücher des 16. Jahrhunderts der fünfstimmige Satz eine gültige Alternative. Und er blieb auch im 17. Jahrhundert in vokaler wie instrumentaler Besetzung eine Norm, die noch in Bachs Frühwerk nachwirkte.[2] Allerdings wurden gerade die vierstimmigen Choräle Bachs, deren postume Edition mehrfach aufgelegt wurde, auch zu Modellen in der Lehre, wie Bach selbst sie nach Aussage seines Sohnes verwendet haben dürfte.[3] Soweit sich aber die Vierstimmigkeit nicht mit einer konkreten Besetzung paarte, war sie eine abstrakte Norm, ohne für das Streichquartett mehr als eine theoretische Vorgabe zu bedeuten. Ihre Konkretisierung erfuhr sie bei Koch jedoch erst retrospektiv zu einer Zeit, als die Gründung der Gattung schon um mehr als eine Generation zurücklag.

Kaum sehr viel früher verband sich mit dem Quartett die Vorstellung vom ›Gespräch‹, die an den geläufigen Topos der ›conversation‹ anknüpfen konnte. Sie begegnet zwar einmal schon 1773 bei Johann Friedrich Reichardt, der »bei dem Quartett« die »Idee eines Gesprächs unter vier Personen« hatte. In der Tat war damit ein dreisätziges »Quartetto a due Violine, Viola e Violoncello« gemeint, doch findet sich die Formulierung in der Vorrede zu Reichardts erster Publikation, die in Riga – fern vom Zentrum der Quartettpflege – mit dem Titel *Vermischte Musikalien* erschien und auch ein Streichquartett enthielt.[4] Dagegen verband dann Koch die Rede vom ›Gespräch‹ nicht mit dem Quatuor, sondern mit einer Erörterung der Sonate, die sich ihrerseits wiederum auf Johann Georg Sulzers *Allgemeine Theorie der Schönen Künste* berief. Dort nämlich hieß es, der »Tonsetzer« könne in der Sonate »ein Monolog« oder »ein empfindsames Gespräch« ausdrücken.[5] Und daran knüpfte offenbar auch Christian Friedrich Daniel Schubart an, als er die Sonate eine »musikalische Conversation« und zudem mit polemischem Unterton eine »Nachäffung des Menschengesprächs mit todten Instrumenten« nannte.[6] So darf man vermuten, daß Reichardt das Stichwort an Goethe weitergab, der 1829 die Karriere des Gesprächstopos besiegelte, sofern ihm »Exhibitionen« von Quartetten in »der Instrumentalmusik das Verständlichste« waren: »man hört vier vernünftige Leute sich untereinander unterhalten, glaubt ihren Diskursen etwas abzugewinnen und die Eigenthümlichkeiten der Instrumente kennenzulernen«.[7] Wie man sieht, entspricht die Formel des ›Gesprächs‹ auch den Schwierigkeiten, die das Verständnis instrumentaler Musik noch immer bereitete. Ausgehend von geselliger Konversation, bezog sich die Metapher zwar zunehmend

---

1 A. Kircher, *Musurgia universalis sive ars magna consoni et dissoni*, Rom 1650, S. 315; Ch. Avison, *An Essay on musical Expression*, London 1753, S. 128 und S. 131.

2 Vgl. den Instrumentalpart in BWV 4, 18 oder 131 (mit geteilten Violen); mit fünf Vokalstimmen rechnet die Motette BWV 227, aber auch die h-Moll-Messe BWV 232, und die fünfstimmige Streicherbesetzung (mit zwei Violen) hielt Bach auch 1730 für erforderlich, vgl. *Bach-Dokumente*, Bd. 1, hg. v. W. Neumann und H.-J. Schulze, Kassel u. a. 1963, S. 60f.

3 *Bach-Dokumente*, Bd. 3, hg. v. H.-J. Schulze, Kassel u. a. 1972, S. 289.

4 H. M. Schletterer, *Joh. Friedrich Reichardt*, Augsburg 1865, S. 202 und S. 205. Wie Reichardt berichtete (ebenda, S. 60f.), lernte er früh schon »Cassatio's« von Haydn kennen, womit die frühen Quartettdivertimenti gemeint sein dürften. Zufällig hatten österreichische Kriegsgefangene die Werke mitgebracht.

5 J. G. Sulzer, *Allgemeine Theorie der Schönen Künste*, Bd. 3, Leipzig ²1793, S. 425.

6 Chr. Fr. D. Schubart, *Ideen zu einer Ästhetik der Tonkunst*, Neudruck Hildesheim 1969, S. 360.

7 Briefwechsel zwischen Goethe und Zelter 1799–1883, hg. v. M. Hecker, Bd. 3, S. 247 (Brief vom 9. 11. 1829). Vgl. auch die kritischen Bemerkungen von H.-J. Bracht, *Überlegungen zum Quartett-»Gespräch«*, in: Archiv für Musikwissenschaft 51 (1994), S. 169–189, bes. S. 170f. und S. 184ff.

auf den Diskurs der Stimmen, so gängig sie aber war, so sehr bildete sie eine Umschreibung für Liebhaber, ohne den Kunstrang zu treffen, der dem Quartett zumal seit Beethoven zuwuchs. In den Diskussionen indes, die um die Kammermusik in weiterem Sinn kreisten, zeichneten sich schrittweise die Prämissen ab, die dann auch die Formulierung einer Theorie des Streichquartetts nach satztechnischen und ästhetischen Kriterien erlaubten.

So entschieden sich das Quartett nach Haydns frühen Ansätzen seit 1770 vom Kontext anderer Kammermusik ablöste, so verzögert reagierte darauf die Theorie, solange Sonate, Trio und gemischt besetztes Quartett vorrangige Modelle waren. Spürbar wird darin der singuläre Impuls, der in der Entstehung des Streichquartetts wirksam war und individuelle Lösungen zuließ, bis sich an Haydns Mustern ein normativer Kanon formierte. In der verzweigten Frühgeschichte der Sinfonie, die Stefan Kunze untersucht hat[1], sind zwar auch Vorgaben des Streichquartetts angelegt, je klarer aber die Theorie zwischen Sinfonie und Kammermusik unterschied, desto zweifelhafter wird auch, wieweit die Sinfonia a quattro mit einer Vorgeschichte des Streichquartetts zu identifizieren ist. Wo primär das Kriterium der Vierstimmigkeit betont wird, gerät man leicht in Schwierigkeiten der Abgrenzung, wie sie exemplarisch die Arbeit Ursula Lehmanns zeigte, die ihre Beispiele für die Entstehung des Quartetts vorab aus vierstimmigen Sonaten, Concerti und Sinfonien bezog.[2] Ein solcher Versuch führt in unwegsames Gelände, wenn er sich nicht von strukturellen Kriterien leiten läßt, die für das Quartett mit Haydns frühen Divertimenti maßgeblich wurden. Entgegen dem ersten Anschein reflektiert die Theorie mit ihrer späten Reaktion recht genau den Sachverhalt, daß sich im Streichquartett eine durchaus neue Gattung konstituierte, die erst nachträglich definiert werden konnte, weil sie sich zunächst den bisherigen Kategorien entzog. An einigen Belegen aus Texten, die nach Verbreitung und Wirkung als repräsentativ gelten dürfen, läßt sich in Stichproben verfolgen, wie sich in der Erörterung der Kammermusik die Sicht auf das neue Genus des Quartetts öffnete.

Während Kirchers Stillehre in den Schreibarten, die als Stylus symphoniacus bzw. choraicus auch Instrumentalmusik umgriffen, keine Abtrennung der Kammermusik vorsah, begrenzte sich 1732 noch Johann Gottfried Walthers Definition der »Cammer-Music« auf den sozialen Aspekt der Bestimmung für »grosser Herren Zimmern«, und auch das Stichwort »Trio« bezeichnete zuerst »eine Composition von drey Singstimmen, mit ihrem besondern Spiel-Baß« und dann erst eine solche »von zwey Instrumenten sammt darzugehörigen Spiel-Basse«.[3] Als Johann Mattheson 1739 das Verhältnis zwischen Stil- und Gattungslehre, das ihn schon 1713 in seiner ersten Schrift beschäftigt hatte, abschließend zu systematisieren suchte, waren ihm neben Kirchen-,

---

1 St. Kunze, *Die Sinfonie*, S. 93 und bes. S. 143ff.

2 U. Lehmann, *Deutsches und italienisches Wesen in der Vorgeschichte des klassischen Streichquartetts*, Würzburg-Aumühle 1939, S. 40ff. und S. 47ff.

3 J. G. Walther, *Musicalisches Lexicon Oder Musicalische Bibliothec*, Leipzig 1732 (Reprint Kassel und Basel 1953 [Documenta musicologica I/3]), S. 130 und S. 615.

Kammer- und Theaterstil natürlich auch die zeitgenössischen Gattungen vertraut. Obwohl er aber dem »Kammer-Styl« ein eigenes Kapitel reservierte, rangierte in ihm der »Instrumental-Styl« nur als eine Rubrik neben dem »canonischen Styl« und dem der »Tanz-Kunst«, ohne doch Vokalmusik im ›melismatischen‹ Stil auszuschließen.[1] Wohl erfordert der Kammerstil »weit mehr Fleiß und Ausarbeitung, als sonst«, weil »reine Mittel-Partien« ständig »mit den Ober-Stimmen [...] um den Vorzug streiten«. Die Gattungslehre selbst jedoch läßt nach den vokalen Genera erst die instrumentalen folgen, und räumt sie dann noch den einzelnen Tänzen ihren Platz ein, so kennt sie danach nur generell die »Sonata«, der sogleich Concerto grosso, Sinfonia und Ouvertüre folgen.[2] Selbst wenn sich der dritte Hauptteil der »vollstimmigen Setz-Kunst« widmet, bildet zwar der Triosatz »das grösseste Meister-Stück der Harmonie«, dem dann aber zusammengefaßt die »vier- und fünfstimmigen Sachen« in vokaler wie instrumentaler Version gegenüberstehen.[3] So trägt es entschieden zur Klärung bei, wenn wenig später Johann Adolph Scheibe den Kammerstil näher eingrenzt, auch wenn der Vorrang vokaler Genera noch unübersehbar bleibt. Der »Kammer-Styl« umfaßt nicht nur »alle Arten der Instrumentalmusik«, sondern auch »sehr viel wichtige Gattungen der Vokalmusik«, und er bedingt »so viel Kunst, als Annehmlichkeit«, daß »ein fleißiger und nachdenkender Componist« hier seine Aufgabe findet. Während aber die Schreibart »bald mittelmäßig, bald auch nur niedrig seyn« könne, seien »drey- und vierstimmige Sonaten« zu unterscheiden, wobei »die ersten insgemein Trios, die letzteren aber Quadros genennet werden«.[4] Dem viersätzigen Trio (in der Folge langsam – schnell – langsam – schnell) entspricht zwar »in den meisten Stücken« der »so genannten Quadros« auch »so wohl die Einrichtung als die Ausarbeitung«, es fordert aber »viel gründliche Arbeit«, wenn »drey Oberstimmen« zum Generalbaß »ihre eigene Melodie erhalten« sollen, ohne bloß »ausfüllende Mittelstimmen« zuzulassen.

Den nächsten Schritt vollzog 1753 Johann Joachim Quantz, indem er dem »Quatuor« nun einen gesonderten Paragraphen zubilligte, der freilich nicht schon nach Besetzungen mit Streichern, Bläsern oder ihrer Mischung unterschied. Gegenüber dem Trio, das keine »so mühsame Arbeit«, dafür aber auch »brillante« Passagen kennt, muten die Kriterien für das Quatuor fast wie ein Vorgriff auf Regeln an, die später für das Streichquartett bestimmend wurden.[5] Eine Differenz bleibt gewiß noch die »recht baßmäßige Grundstimme«, zum »Probierstein eines echten Contrapunctisten« wird das Quatuor aber nicht nur, weil zu ihm »ein reiner vierstimmiger Satz«, »ein harmonisch guter Gesang« und dazu auch »kurze Imitationen« gehören. Auch die angemessene »Vermischung der concertirenden Instrumente« weist auf den späteren Begriff des ›Quatuor concertant‹ hin, der zunächst die eigene, nicht mehr dem Generalbaß verpflichtete Rolle des Violoncello als Prämisse

---

[1] J. Mattheson, *Der vollkommene Capellmeister*, Hamburg 1739 (Reprint Kassel 1954 [Documenta musicologica I/5]), S. 90ff.; ders., *Das Neu-Eröffnete Orchestre*, Hamburg 1713, S. 138–199, hier zur Sonata bes. S. 175.

[2] J. Mattheson, *Der vollkommene Capellmeister*, S. 91 und weiter S. 233f.

[3] Ebenda, S. 344 und S. 357.

[4] J. A. Scheibe, *Critischer Musikus*, Leipzig ²1745 (Reprint Hildesheim und Wiesbaden 1970), S. 378f. sowie S. 675; zum Triosatz und zu den »Quadros« vgl. weiterhin S. 676f. und S. 679f.

[5] J. J. Quantz, *Versuch einer Anweisung die Flöte traversiere zu spielen*, Berlin 1752 (Reprint Kassel und München 1983 [Documenta musicologica I/2]), S. 302f.

für die Gleichberechtigung der Stimmen meinte, bevor er auf die konzertant hervortretenden Einzelstimmen bezogen wurde.[1] Neben »Gedanken die man miteinander umkehren kann« haben auch nach Quantz die »Mittelstimmen zum wenigsten einen leidlichen [...] Gesang« zu zeigen, damit nicht zu merken ist, »ob diese oder jene Stimme den Vorzug habe«. Wie die Anweisung, eine pausierende Stimme solle »nicht als eine Mittelstimme, sondern als eine Hauptstimme [...] wieder eintreten«, wirkte später auch noch der Gedanke nach, eine Fuge bilde zwar nicht die Regel, müsse aber dann, wenn sie »vorkömmt«, »meisterhaft, doch aber dabey schmackhaft ausgeführt seyn«. Kaum noch einmal werden in dem Jahrzehnt, in dem Haydns Arbeit am Quartettsatz begann, die Regeln der Gattung so dezidiert bestimmt – freilich im Blick auf das »Quatuor für unterschiedene Instrumente, meistentheils Flöte, Hoboe, und Violine« mit Werken von Telemann als Mustern.[2] Daß eine solche »Sonate mit drey concertirenden Instrumenten« aber noch als Sonderfall galt, zeigt der Hinweis, sie sei noch nicht »sehr gemein geworden« und deshalb auch »nicht allen gar so bekannt«. Das Gewicht jedoch, das für Quantz die kontrapunktisch verstandene Stimmführung hat, deutet auf den Abstand zwischen einer traditionsbewußten norddeutschen Theorie und den kompositorischen Wandlungen hin, die sich vorab in Mannheim und im süddeutschen Umfeld Haydns vollzogen. Sie waren zwar zunächst von keiner ebenso wirksamen Lehrtradition begleitet, doch wurden zugleich durch Joseph Riepel von Regensburg aus sehr andere Kriterien entfaltet, um den Änderungen der kompositorischen Praxis Rechnung zu tragen. Deutlich wird aber auch, wieso die frühen Quartette Haydns auf wenig Verständnis im Norden stießen, während Haydn selbst sich durch die »Herrn Berliner« irritiert zeigte.[3] Doch war es zugleich auch Quantz, der für das Verhältnis des Hörers zum Werk auf die Aufgabe eines angemessenen Urteils verwies, womit er so entschieden wie niemand zuvor ein Problem artikulierte, von dem dann Kants Grundlegung der Ästhetik ihren Ausgang nehmen sollte.[4]

Nach der Scheidung des Quatuors vom Trio, die Quantz vorgenommen hatte, kehrten seine Formulierungen auch in die Artikel ein, die Johann Abraham Peter Schulz zu dem weithin wirksamen Kompendium von Johann Georg Sulzer beitrug. Noch gilt das Quatuor wie bei Quantz als »Benennung der Instrumentalstüke von drey concertirenden Stimmen, und einem Basse«, der jedoch seinerseits »wenigstens bisweilen, auch concertirt«.[5] Darin klingt noch die ambivalente Funktion der Baßstimme an, die immerhin schon partiell obligat werden kann. Weil aber »drey oder vier Hauptmelodien« dann »ihren guten Gesang« haben müssen, »ohne daß eine die andere verdunkele«, erheischt das Quatuor als »eine der allerschwersten Arten« den »im Contrapunkt vollkommen geübten Meister«. Denn »die Stimmen müssen verschieden seyn, und doch nur ein Ganzes ausmachen«, keine darf »über die andere herr-

1 Ebenda, S. 302; zur Terminologie im Quatuor vgl. auch L. Finscher, *Die Entstehung*, S. 64ff. und S. 84ff. sowie im Hinblick auf Haydn auch S. 157ff.

2 J. J. Quantz, *Versuch einer Anweisung*, S. 302.

3 *Joseph Haydn. Gesammelte Briefe und Aufzeichnungen*, hg. v. D. Bartha, Kassel u. a. 1965, S. 77 (6. 7. 1776).

4 Quantz, *Versuch einer Anweisung*, XVIII. Hauptstück »Wie ein Musikus und eine Musik zu beurtheilen sey«, S. 275f. und bes. S. 277ff.

5 J. G. Sulzer, *Allgemeine Theorie der Schönen Künste*, zum Trio S. 599f. und zum »Quartet; Quatuor« S. 753f.

schen«, und doch können sie nicht »zugleich in einerley Sätzen fortgehen«, sondern sollten sich »in Vortragung der Hauptgedanken mit einander abwechseln«. Und so sind »Nachahmungen [...] dabey unentbehrlich«, pausiere jedoch eine Stimme, so müsse sie – wieder gemäß Quantz – »nicht als eine begleitende Stimme, sondern als eine vor sich bestehende Melodie wieder eintreten«. Sofern die Definition noch vom Generalbaß ausgeht, schließt sie weiterhin eine Beziehung auf das süddeutsche Quadro oder Divertimento für Streicher aus, das zu dieser Zeit bereits ausgebildet war. Eine angefügte Anmerkung zählt jedoch neben Telemann schon eine bunte Reihe der Komponisten von Streichquartetten auf, unter denen sich neben Boccherini, Hoffmeister, Vanhal, Gossec oder Kozeluch – um nur bekanntere zu nennen – auch »S. Haydn« und sogar »W. A. Mozart« befinden.

Auf Sulzers Werk fußte aber wiederum Koch, wie die Zitate ausweisen, die den Artikel Sonate eröffnen.[1] Denn zu den »Abarten« der Sonate rechnen noch immer auch »Duet, Trio und Quatuor« – mit dem Unterschied freilich, daß dem »Quatuor« ein gesonderter Abschnitt zufällt. Daß nun aber das Streichquartett im engeren Sinn gemeint ist, geht aus den Hinweisen auf die Werke Haydns, Pleyels, Hoffmeisters und Mozarts hervor. Zugleich wird – wie bei Sulzer – noch an das dreisätzige Quartett gedacht, zu dem »Adagio und beyde Allegro« gehören. Sollte es aber »wirklich aus vier obligaten Stimmen bestehen«, so müßte es streng genommen »nach Art der Fuge behandelt werden«; da aber »die modernen Quartetten in der galanten Schreibart gesezt werden, so muß man sich an vier solchen Hauptstimmen begnügen, die wechselnd herrschend sind«. Wie schon bei Quantz besteht die kompositorische Aufgabe im Ausgleich der Stimmen, im Verhältnis zwischen Fuge und galantem Satz jedoch, das seit Scheibe erörtert wurde, tritt eine lange wirkende Polarität hervor. Obligate Stimmführung müßte bei strikter Handhabung zur vormals dominierenden Fuge zurückführen, wenn aber das moderne Quartett vom galanten Satz ausgeht, so hat es einen Kompromiß zu suchen, wie er Mozart am besten gelang. Scharfsinnig wird damit ein Problem benannt, an dessen Lösung Haydn bereits in op. 20 gearbeitet hatte. Wie sehr aber Kochs Hinweis auf den galanten Stil zutrifft, der das Streichquartett bestimme, zeigen nicht nur Haydns frühe Werke, sondern mehr noch die der Zeitgenossen, die oft genug auf galante Konversation bedacht waren. Doch klingt auch bei Koch noch die wechselnde Funktion der Baßstimme nach, wenn es etwa heißt, daß »bald diese, bald jene« Stimme den im »galanten Stiele gewöhnlichen Baß macht«. Ist demnach »das Quatuor eine der allerschwersten Arten der Tonstücke«, woran sich nur der »erfahrne Tonsetzer wagen darf«, dann wird damit wieder eine der Bestimmungen von Quantz auf die neue Gattung überführt. Neu jedoch ist bei Koch die Reihe paradigmatischer Autoren: »Unter den neuern Tonsetzern haben Haydn, Pleyl und

---

1 H. Chr. Koch, *Versuch einer Anleitung zur Composition*, Bd. 3, zur Sonate S. 315–319, zum Quatuor S. 325ff.

Hofmeister am mehresten« diese »Gattung der Sonaten bereichert«. Und bemerkenswert ist vorab der Hinweis, daß »der sel. Mozart« sechs Werke »unter einer Zuschrift an Haydn« veröffentlicht habe, die »am mehresten dem Begriffe eines eigentlichen Quatuor entsprechen«, da sie »wegen ihrer eigenthümlichen Vermischung des gebundenen und freyen Stils« und »wegen der Behandlung der Harmonie einzig in ihrer Art sind«.

Wie spät freilich die erste maßgebliche Definition des Streichquartetts erfolgte, wird nicht zuletzt daran sichtbar, daß sie sich auch schon mit dem Beginn einer Werkauslese verband, in der sich die spätere Kanonisierung eines engeren Repertoires vorbereitete. Daß aber das Quartett bei Koch – und noch weiter – als ein Sonderfall der Sonate gilt, macht zugleich auch begreiflich, daß weitere formale Kriterien unter Verweis auf den Terminus Sonate entbehrlich blieben, solange nicht der Quartettsatz zum Paradigma der Lehre avancierte, zu dem ihn konsequent erst Johann Christian Lobe erheben sollte.[1] Bei der Beschreibung der ›Anlage‹, ›Ausführung‹ und ›Ausarbeitung‹ jedoch, in der sich die Ansätze einer Formbestimmung vorbereiteten, hatte seit Scheibe die Sinfonie den Vorzug, und lange noch bewahrten Relationen von Tonarten ihre Priorität vor der Benennung thematischer Positionen, die erst seit Heinrich Birnbach und Adolf Bernhard Marx vorrangig wurden.[2] An das Hauptwerk Kochs indes schloß knapp zehn Jahre später auch sein Lexikon an, das 1802 das Quatuor als »seit geraumer Zeit so beliebte […] Gattung der Sonate« mit »vier concertirenden Hauptstimmen« charakterisierte.[3] Entsprechen weitere Angaben denen des früheren Werkes, so bleiben nun aber als musterhafte Autoren nur noch Haydn und Mozart mit seinen »vierstimmigen Sonaten«, die »am mehresten dem Begriffe eines Tonstücks von vier obligaten Hauptstimmen« entsprechen.[4] Allerdings besteht nicht der geringste Anlaß, der Theorie ihre Verspätung vorzuwerfen, denn wie jede Wissenschaft erst vorliegende Probleme beurteilt, so konnten auch die Theoretiker das Streichquartett erst definieren, als es aus unscheinbaren Anfängen seine gültige Prägung durch Haydn erfahren hatte. Umgekehrt zeigt sich aber auch, daß mit dem vierstimmigen Satz und dem Gesprächstopos weniger begründende Kategorien als eher die Vorgaben und Symptome eines Prozesses bezeichnet sind, in dessen Verlauf die Gattung aus dem weiteren Kontext der Kammermusik erwuchs. Bedenklich wäre es daher, die Aussagen einer zwangsläufig nachträglichen Theorie als bindende Normen zu verstehen, wenn es vorrangig darum zu gehen hat, jene innovativen Impulse zu erfassen, die gerade die Geschichte des Streichquartetts bestimmt haben. An ihnen also und weniger an Kriterien der Theorie muß sich ein Versuch orientieren, die Entwicklung der Gattung nachzuzeichnen.

Auf Kochs Formulierungen griffen lange noch – wie sich wieder an nur wenigen Stichproben zeigen läßt – auch weitere Lexika gerade dann zurück, wenn sie über die Kenner hinaus einen weiteren Leserkreis er-

1 J. Chr. Lobe, *Lehrbuch der musikalischen Komposition*, 2 Bände, Leipzig 1850–1867, zitiert nach der Ausgabe Leipzig ^{5}1884, hg. v. H. Kretzschmar, hier bes. Bd. 1, S. 267ff.
2 H. Birnbach, *Über die verschiedene Form größerer Instrumentalwerke aller Art und deren Bearbeitung*, in: Berliner Allgemeine musikalische Zeitung 4 (1827), passim; A. B. Marx, *Die Lehre von der musikalischen Komposition*, 4 Bände, Leipzig 1837–1847.
3 H. Chr. Koch, *Musikalisches Lexikon*, Leipzig 1802 (Reprint Hildesheim 1964), Sp. 1209f.
4 Ebenda, Sp. 1210.

reichen wollten. Das dänische *Kortfattet Musikalsk Lexikon*, das 1801 als erweiterte Übersetzung einer Vorlage von Georg Friedrich Wolf erschien, benennt als ›Quartet‹ zuerst ein Gesangsstück für vier konzertierende Stimmen, verweist dann aber auf den Artikel ›Quatuor‹, der Kriterien Kochs mit der Angabe von Quantz verbindet, daß eine pausierende Stimme in selbständiger Funktion wieder eintreten solle.[1] Noch 1826 leitet das *Musikalsk Haand-Lexikon* von C. F. Lassen, das sich als Auszug aus Kochs *Encyclopaedie* zu erkennen gibt, vom vokalen Quartett zum Terminus ›Quatuor‹ hin, unter dem dann Kochs Bestimmungen mit Haydn und Mozart als Mustern wiederkehren.[2] Und Johann Ernst Häuser verband 1828 »das Tonstück für vier meistens concertirende Instrumente« nicht nur mit dem »rüstigen Veteran« Haydn, der einst »eine neue Bahn bezeichnet habe«; ihm folgten vielmehr »der große Mozart, der originelle Beethoven, die Romberge, Spohr etc.«[3] Nicht grundsätzlich anders verfuhr 1839 auch Ignaz Jeitteles, für den das Quartett »jetzt meistens aus vier Sätzen« bestand; zu unterscheiden sei aber zwischen »Soloquartetten, in welchen nur eine Stimme vorherrscht«, und »concertirenden Quartetten, in welchen sich die Stimmen [...] kunstreich verflechten«.[4] Der Zusatz jedoch, als »großes Kunstwerk« müsse das Quartett in seinen »Gedanken« auch »an Gehalt höher stehen« als die Sonate, ohne in »das Gebiet der Symphonie hinüber zu streifen«, bringt eine neue Note ins Spiel. Indem nun der Anspruch der Gattungen vergleichend abgewogen wird, wächst auch die Bedeutung ästhetischer Kategorien, in denen bereits die Wirkungen Beethovens spürbar werden.

Als Gustav Schilling 1841 für das von ihm redigierte *Universal-Lexikon der Tonkunst* den Artikel ›Quartett‹ lieferte, griff er zwar noch auf die Quantzsche Formel vom »Probierstein für jeden Tonsetzer« zurück.[5] Das Quartett »im engeren Sinne« erscheint als »sonatenförmige, aus 3 bis 4 Abtheilungen zusammengesetzte Composition«, daß aber »Solo-Quartette« und »concertante Quartette« zu trennen sind, macht nochmals deutlich, daß die Kennmarke ›concertant‹ – im Gegensatz zum ›Quatuor brillant‹ – auf den Austausch zwischen obligaten Stimmen zu beziehen ist. Als Schöpfer gilt im Rückblick natürlich Haydn, nach ihm sind nun jedoch »Mozart, Beethoven, die Romberge, Spohr, Ries, Onslow, Feska« zu nennen. Drei Jahre zuvor war schon Schillings *Versuch einer Philosophie des Schönen in der Musik* erschienen, der die Metapher des Gesprächs zur »beseelten Unterhaltung fühlender Menschen über die geheimsten Anliegen des Herzens« aufladen wollte und nicht davor scheute, die Stimmen in Analogie zu den menschlichen Lebensaltern zu sehen.[6] Dem »hergebrachten Schlendrian« seien zwar neuerdings Mendelssohn und Spohr »mit Verstand, Glück und Genie« entgegengetreten, statt aber die »nähere Construction und Anordnung« zu erläutern, wird auf die Formel ausgewichen, die Werke seien »gänzlich bedingt

---

[1] T. Møller, *Kortfattet Musikalsk Lexikon, sammendraget af Kapelmester Georg Friederich Wolf*, Kopenhagen 1801, S. 201 und S. 202f.; die Vorlage war G. Fr. Wolfs *Kurzgefaßtes musicalisches Lexikon*, Halle 1787, ³1806.

[2] H. C. F. Lassen, *Musikalsk Haand-Lexicon. Et fulstaedigt Udtog af Kammermusikus H. C. Kochs musikalske Encyclopaedie*, Kopenhagen 1826, S. 315 und S. 318f.

[3] J. E. Häuser, *Musikalisches Lexikon*, Meißen 1828, Bd. 1, S. 38f.

[4] I. Jeitteles, *Aesthetisches Lexikon*, Wien 1839, S. 221f.

[5] G. Schilling (Red.), *Encyklopädie der gesammten musikalischen Wissenschaften, oder Universal=Lexicon der Tonkunst*, Bd. 5, Stuttgart 1841, S. 590ff.

[6] G. Schilling, *Versuch einer Philosophie des Schönen in der Musik*, Mainz 1838, S. 560f.

durch den inneren Charakter« und »die reichste Mannigfaltigkeit«. Je mehr sich also der Werkbestand im Fortgang vergrößert, desto schärfer wird einerseits die Auslese und andererseits das Profil des Einzelwerkes, dessen Beurteilung von ästhetischen Kriterien abhängt, die fortan die Diskussion bestimmen.

Noch einmal wurden Kochs Bestimmungen wirksam, als Arrey von Dommer 1865 sein *Musikalisches Lexikon* auf der »Grundlage von H. Chr. Koch's Lexicon« publizierte. Anders als bei Koch stellt das Quartett nun aber »die edelste Formgattung [...] der Instrumentalmusik überhaupt« dar, und wenn es »nach seiner geistigen Seite« gegen die »sinnliche Farbenpracht« des Orchesters ausgespielt wird, so erfährt es eine emphatische Erhöhung, die Koch noch fremd genug war.[1] Lange zuvor schloß aber kein Geringerer als Carl Maria von Weber an Koch an, als er 1818 von den »Vorbildern« Haydn und Mozart aus die Werke von Friedrich Ernst Fesca zu würdigen suchte.[2] Im Quartett, »diesem musikalischen Consommé«, sei »das Aussprechen jeder musikalischen Idee auf ihre wesentlich notwendigsten Bestandteile, die vier Stimmen, beschränkt«. Daß ein ausgemachter Opernmeister zur Feststellung gelangt, »das rein Vierstimmige ist das Nackende in der Tonkunst«, mag zunächst überraschen, doch äußert sich darin auch nicht nur der Respekt vor der »Größe und Höhe, auf welche diese Musikart durch Mozart und Haydn gestellt« wurde. Denn die Rede vom »Nackenden in der Tonkunst«, die offenbar eine Wendung Wilhelm Heinses umkehrt[3], bezieht sich nicht so sehr auf die Vierstimmigkeit per se als vielmehr auf den »inneren Gehalt«, dessen der Quartettsatz gegenüber der Sinfonie bedarf. So leitet auch Webers Rezension in eine weitere Phase der Diskussion über, auf die später zurückzukommen ist.

Es mag als einseitige Auswahl erscheinen, wenn bislang primär Zeugnisse aus dem deutschen Sprachbereich herangezogen wurden. Nahe genug liegt es freilich, eine erste Reihe von Dokumenten aus dem Raum herauszugreifen, in dem die neue Gattung des Quartetts zunächst beheimatet war (auch wenn die Distanz zwischen norddeutscher Theorie und süddeutscher Produktion nicht zu übersehen war). Daß sich aber auch in anderen Bereichen offenbar kaum eine vergleichbar dichte und kontinuierliche Diskussion verfolgen läßt, ist zunächst einigermaßen erstaunlich. Denn an jenen Zweigen einer ›Vorgeschichte‹ des Quartetts, auf die früher aufmerksam gemacht wurde, waren nicht nur Komponisten aus Frankreich und Italien in reichem Maße beteiligt, und gerade in Frankreich erlebte die Kultur der Kammermusik eine Blüte, die erst mit der Revolution einen Einbruch erfuhr, von dem sie sich kaum je ganz erholen sollte. Doch zeigen auch die Publikationen – nicht selten Raubdrucke – der Werke von Haydn, Pleyel, Vanhal, Kozeluch usw., welch waches Interesse am Quartett in Verlagsorten wie Paris, London und Amsterdam bestand (was allerdings nicht heißt, vom kommerziellen

---

[1] A. von Dommer, *Musikalisches Lexikon*, Heidelberg 1865, S. 804f.

[2] C. M. von Weber, *Die Tondichtweise des Herrn Konzertmeisters Fesca in Karlsruhe*, in: Allgemeine musikalische Zeitung 20 (1818), Sp. 585ff., zitiert nach ders., *Sämtliche Schriften*, hg. v. G. Kaiser, Berlin und Leipzig 1908, S. 332–339: 337.

[3] W. Heinse, *Hildegard von Hohenthal*, in: *Sämmtliche Schriften*, hg. v. H. Laube, Bd. 3–4, Leipzig 1838 (Reprint Eschborn 1998): Bd. 3, S. 303, wo die Sprache das »Kleid der Musik« genannt wird (Heinses Roman erschien zuerst in zwei Bänden 1795–1796).

Eifer der Verleger sei umstandslos auf den Bedarf von Spielern und Hörern zu schließen). Wenn aber auch deutsche Autoren nur zögernd und nicht ohne Mühe auf das neue Genus reagierten, dann sollte es wohl weniger verwundern, daß ein entsprechendes Echo andernorts erst mit zeitlicher Verschiebung zu registrieren ist.

In Frankreich war es zunächst die Autorität Jean Jacques Rousseaus, die der Akzeptanz eines vierstimmigen Satzes entgegenstand. In seinem *Dictionnaire de Musique* hatte Rousseau 1768 für das Quatuor befunden: »les Parties soient presque toujours alternatives«; denn das Ohr könne nicht mehr als zwei Stimmen unterscheiden (»les deux autres ne sont qu'un pur remplissage«).[1] Folgerichtig wird dem Trio der klare Vorzug gegeben, das als primär vokaler Satz erscheint und demnach weit mehr Raum erhält. Darin wird aber auch jene Reserve spürbar, die weithin instrumentaler Musik entgegengebracht wird, wie es etwa die Artikel Sonate und Symphonie zeigen.[2] Wie wirksam Rousseaus Position blieb, geht noch vierzig Jahre später aus dem *Cours complet* von Jérôme-Joseph de Momigny hervor, der Rousseaus These eingehend zu widerlegen suchte, um nun bündig zu folgern: »La composition parfaite est celle du Quatuor«, denn das geschulte Ohr werde befriedigt, »lorsque les quatre Parties en sont bien conçues«.[3] Die Anerkennung der »beaux et savans quatuors d'Haydn« verband sich aber zugleich mit dem Hinweis auf »les ouvrages de Pleyel, pleins de naturel et de grâce« und damit auch »légers et agréables«.

Die Auseinandersetzung mit Rousseau war Momigny wichtig genug, um sie 1818 in den Beiträgen zur *Encyclopédie Methodique* erneut aufzugreifen.[4] Das Quatuor, dessen Begriff sich mit Boccherini, Haydn und Mozart verbindet, bedarf nun rückblickend eines historisch differenzierenden Urteils, um den Autoren und ihren Zeitumständen gerecht zu werden.[5] Das Pariser Quartett, »plein d'amabilité & de grâce«, vertreten zunächst die Werke von Jean Baptiste Davaux, »amateur à qui l'art a des obligations réelles«. Ihnen folgen die Quartette von Anton Kammel und Giuseppe Cambini und besonders von Pleyel, dessen Werke zwar fern einer »musique plate & mesquine« seien, ohne jedoch »la profondeur d'Haydn & de Mozart« zu erreichen. Im Vergleich mit Haydns op. 33 erweise sich Pleyel, auch wenn er später »dans un style plus travaillé« komponiert habe, als ein Schüler, »qui avoit bien moins sucé la science de son maître, que cherché à imiter son amabilité & ses effets, & quelquefois sa hardiesse«. Klar wird davon aber das von Krommer, Kreutzer und Fränzl gepflegte Quatuor voll »qualités brillantes« abgegrenzt, »qu'ils ont été composés sur le violon, & conçus par des virtuoses sur cet instrument«. In einer komprimierten Fassung seiner Lehre reservierte Momigny indes die Charakterisierung der Stimmen »comme deux amis qui conversant« nicht dem Quartett allein. Er entfaltete sie vielmehr am Duo, um sie dann auf andere Gattungen zu übertragen: »Il en est de même du Trio, du quatuor et du quintetto«.[6]

---

1 J. J. Rousseau, *Dictionnaire de Musique*, Paris 1768, S. 394, zum Trio aber ebenda, S. 523.
2 Ebenda, S. 450ff. und S. 458f.
3 J.-J. de Momigny, *Cours complet d'Harmonie et de Composition*, Paris 1806, Tome I, S. 297f. und S. 299; ferner ebenda, »Discours préliminaire«, S. 18ff. sowie Tome II, »Dictionnaire«, Art. *Quatuor*, S. 693f., wo ähnlich Haydns und Mozarts Quartette von denen Pleyels unterschieden und weiter neben Boccherini auch Davaux, Cambini und Kreutzer genannt werden.
4 Ders., Art. *Quatuor*, in: *Encyclopédie Methodique Musique*, hg. v. N. E. Framery, P. L. Ginguené und J.-J. de Momigny, Bd. 2, Paris 1818 (Reprint New York 1971), S. 299.
5 Ebenda, S. 298f.
6 J.-J. de Momigny, *La seule vraie Théorie de la Musique*, Paris 1821, S. 175. Dieser Definition werden Momignys eigene Quartette allerdings nur begrenzt gerecht, wie etwa das zwar viersätzige, aber doch recht einfache G-Dur-Werk op. 1 Nr. 2 zeigt, hg. v. A. Palm, Kassel u. a. 1969.

Jene Differenzierung freilich, um die es Momigny zu tun war, verblaßt einigermaßen, wenn Castil-Blaze im *Dictionnaire de Musique Moderne* zuerst das Quatuor in gemischter Besetzung mit Bläsern behandelt, um dann erst ausdrücklich das Streichquartett zu nennen: »Le mot de quatuor seul désigne l'association de ces quatre instruments, ou une composition qui leur est destinée«.[1] Ohne noch eine eigene Pariser Tradition zu erwähnen, kann es abschließend heißen: »Ce quatuor est d'une belle facture. Les quatuors de Haydn, de Mozart, sont admirables«. Die Kanonisierung der Wiener Klassik ist damit ratifiziert, auch wenn Beethoven noch immer nicht genannt wird. Was aber Momigny für Frankreich bewirkte, bereitete sich auch in England vor, als August Frederic Kollmann 1799 feststellte, die Kompositionslehre setze mit dem vierstimmigen Satz als Inbegriff einer »complete harmony« ein.[2] Aufschlußreicher als theoretische Erörterungen ist jedoch der Erfolg, den zu gleicher Zeit Quartette Haydns bei ihren öffentlichen Aufführungen in London erreichten. Gemäß den Bedingungen des englischen Musiklebens kündigte sich damit schon früh ein Prozeß an, in dessen Verlauf das Quartett von der Hausmusik in den Konzertsaal wechselte. Doch selbst in Italien, wo traditionell die Oper alles Interesse auf sich zog, hatte Francesco Galeazzi Musik von Haydn im Blick, als er 1796 den Verlauf der »grandi pezzi di musica« beschrieb. Indem er neben vokalen auch instrumentale Gattungen und unter ihnen ausdrücklich die »Quartetti« erwähnte, nähern sich seine Definitionen in bemerkenswertem Maß den Kriterien Kochs an.[3] Am Orchestersatz Haydns nahm aber auch Giuseppe Carpani das Verfahren wahr, »di dividere il pensier musicale, ossia la melodia fra i diversi parti della orchestra, cosicchè ogn'una d'esse avesse la sua quota, e ne fossero tutte parti integrali«. Die Formulierung könnte auch für Haydns Quartette gelten, die Carpani freilich nur wortreich mit der Gesprächsmetapher umschrieb.[4] Eine solche Orientierung am Instrumentalsatz blieb in Italien eine Ausnahme, sie ist gleichwohl symptomatisch für die europäische Geltung einer Kunst, die vorzüglich durch das Streichquartett repräsentiert wurde.

Koch knüpfte sichtlich an Quantz an, als er das Streichquartett beschrieb. In dieser vermittelnden Funktion konnte er aber nicht nur die Gattung erfassen, sondern er gewann damit – zumal in der verkürzten Version des Lexikons – eine anhaltende Wirkung, bis die Musik Beethovens zusätzliche ästhetische Kriterien forderte. Im Unterschied zu lexikalischen Angaben sind jedoch Kochs eingehende Bestimmungen nicht ohne den Kontext einer Kompositionslehre verständlich, die ein systematisches Konzept ausmacht. Die Angaben zum Quartett finden sich nämlich am Ende des dritten Bandes, der als »Vierter Abschnitt« (in der 4. Abteilung) »Von der Verbindung der melodischen Theile, oder von dem Baue der Perioden« handelt.[5] Im ersten Band des ganzen Werkes gehen zwei Abteilungen voran, die von der »Tonordnung« zur »Ver-

---

1 Fr. Castil-Blaze, *Dictionnaire de Musique Moderne*, Bruxelles ³1828, S. 201f.

2 Aug. Fr. Chr. Kollmann, *An Essay on Musical Harmony, according to the Nature of that Science and the Principles of the greatest Musical Authors*, London 1796, S. 13 und S. 87.

3 Fr. Galeazzi, *Elementi teorico-pratici di musica*, Bd. 2, Rom 1796, S. 253–263; vgl. B. Churgin, *Francesco Galeazzi's Description (1796) of Sonata Form*, in: Journal of the American Musicological Society 21 (1968), S. 181–199; Fr. Wedell, *Annäherung an Verdi*, Kassel u. a. 1995, S. 22–26 sowie im Anhang S. 307–312.

4 G. Carpani, *Le Haydine ovvero Lettere su la vita e le opere del celebre maestro Giuseppe Haydn*, Milano 1812, S. 48 und S. 96f.; vgl. Fr. Wedell, *Annäherung an Verdi*, S. 22; ebenda, S. 57ff. und S. 83ff. zu weiteren Theoretikern, die sich primär auf Vokalmusik bezogen.

5 H. Chr. Koch, *Versuch einer Anleitung zur Composition*, Bd. 3, S. 231ff. Vgl. dazu C. Dahlhaus, *Der rhetorische Formbegriff H. Chr. Kochs und die Theorie der Sonatenform*, in: Archiv für Musikwissenschaft 35 (1978), S. 155–177; ders., *Die Musiktheorie im 18. und 19. Jahrhundert. Zweiter Teil: Deutschland*, hg. v. R. E. Müller, Darmstadt 1989, S. 175ff. und S. 206ff.

bindung der Töne« als »Grammatik« hinführen. Zwei Abteilungen im zweiten Band erörtern »Absicht und Beschaffenheit« der »Tonstücke« sowie die »mechanischen Regeln der Melodie«, und die ersten drei Abschnitte dieser letzten Abteilung, die sich der »Modulation« in »Tonführung« und »Tonausweichung«, der »Natur des Tactes mit seinen Arten« und der »Beschaffenheit der melodischen Theile« widmen, werden endlich durch jenen vierten Abschnitt mit Angaben zu Gattungen vervollständigt. Er wiederum gliedert sich in vier Kapitel mit gesonderten »Absätzen«, die »Metrum oder Tactgewicht«, »Einrichtung der kleineren Tonstücke« und »melodische Verlängerungsmittel« darlegen. Und erst das vierte Kapitel, das sich den »größeren Tonstücken« zuwendet, enthält im ersten Absatz mit der »Einrichtung der gebräuchlichsten Tonstücke« eine Gattungslehre, die dann durch Hinweise auf die ersten »Hauptperioden« und die »übrigen Perioden« der »Tonstücke« ergänzt wird.

Die Bemerkungen zu Gattungen, die oft isoliert zitiert werden, dienen also primär der Exemplifikation einer Lehre, aus der sie nicht schadlos herauszulösen sind. In ihrer peniblen Gliederung ist sie gleichwohl alles eher als eine scholastische Konstruktion, denn sie geht so praktisch wie einsichtsvoll von Tönen und ihrer Zusammensetzung aus, um sie sodann – gleichsam auf der Zeitachse – zu Takten und ihrer Gruppierung anzuordnen und in der Erweiterung zu Perioden fortzuschreiten, bis die Gattungen das Ziel darstellen. Das frühe Modell einer solchen Sicht war Matthesons berühmte Analyse eines Menuetts, die das Verhältnis von Takten und Taktgruppen zu Einschnitten und Klauseln in der Analogie zu Interpunktionszeichen bestimmen wollte.[1] Wo aber Koch sich sprachlicher Kriterien bedient, ist weder eine Orientierung an vokaler Musik noch eine Diskussion ästhetischer Belange gemeint. Eher handelt es sich um Analogien zur Syntax der Sprache, wenn Harmonie und Melodie als grammatische bzw. poetische Kategorien gefaßt werden, während die Zäsuren dann den Zeichen der Interpunktion entsprächen. Doch wurde Kochs methodisches Modell in den letzten Jahrzehnten vielfach in einen ausgedehnten Diskurs einbezogen, der vorab in der amerikanischen Forschung geführt wurde und primär um Kriterien der Rhetorik und ihre Tradition kreiste.[2] »Wordless Rhetoric«: so lautete das suggestive Schlüsselwort für Mark Evan Bonds, um in einer materialreichen Arbeit den Versuch zur Lösung überkommener Aporien der Formtheorie zu unternehmen.[3] Allerdings könnte es prekär sein, sich dabei von Johann Nicolaus Forkel leiten zu lassen, der auf rhetorische Kategorien nicht im Rahmen einer Kompositionslehre rekurrierte; denn in seiner Musikgeschichte hatte die Rhetorik ihren Ort in einer Einleitung, die sich als »Versuch einer Metaphysik der Tonkunst« verstand.[4] Auch war es Forkel nicht vergönnt, sein Werk bis in die Zeit fortzuführen, deren Musik Koch im Blick hatte. Doch unterschied sich Forkels Sicht der Rhetorik auch von der früheren Theorie, der rhetorische Ter-

---

1 J. Mattheson, *Der vollkommene Capellmeister*, S. 224f.
2 Vgl. etwa L. Ratner, *Eighteenth-Century Theories of Musical Period Structure*, in: The Musical Quarterly 42 (1956), S. 439–454; ders., *Classic Music: Expression, Form, and Style*, New York 1980; Ch. Rosen, *The Classical Style: Haydn, Mozart, Beethoven*, London 1971; E. Sisman, *Small and Expanded Forms: Koch's Model and Haydn's Music*, in: The Musical Quarterly 68 (1982), S. 444–475; N. K. Baker / Th. Christensen (Hg.), *Aesthetics and the Art of Musical Composition in the German Enlightenment. Selected Writings of Johann Georg Sulzer and Heinrich Christoph Koch*, Cambridge 1995; vgl. ferner auch die Arbeiten von N. Schwindt-Gross, H. Forschner und J. Neubacher, die in Anmerkung 1, S. 24, des Kapitels »Arbeit am Modell – Haydns Weg von op. 9 zu op. 33« genannt werden.
3 M. E. Bonds, *Wordless Rhetoric. Musical Form and the Metaphor of the Oration*, Cambridge/Mass. und London 1991, bes. S. 13ff. und S. 30ff., zur Rhetorik S. 54ff. und S. 80ff.
4 J. N. Forkel, *Allgemeine Geschichte der Musik*, Bd. 1, Leipzig 1788, Vorrede S. XV; zu Forkel im Verhältnis zur Rhetorik vgl. M. E. Bonds, *Wordless Rhetoric*, S. 121ff.

mini – wie Dahlhaus zeigte[1] – vorab dazu dienten, Ausnahmen im Regelvorrat des Kontrapunkts mit Namen der Figurenlehre zu kennzeichnen. Wieweit sich Forkel davon entfernte, macht exemplarisch die Kommentierung des Begriffs ›Fuge‹ sichtbar. Denn statt einer satztechnischen Definition gilt die Fuge als »der vollkommenste Ausdruck der mannichfaltig modifizierten Empfindungen aller Glieder eines Volkes«.[2]

Forkels systematischer Entwurf, der in Anlehnung an Mattheson mit drei »Perioden der Kunst« rechnet[3], benötigt für die Musik als »Sprache der Kunst« nähere »Kunstregeln«, die sich als »Grammatik« auf Töne und Akkorde und als »Rhetorik« auf die »Verbindung mehrerer einzelner Sätze« richten. Während die »Grammatik« physikalische und mathematische Klanglehre sowie die Notation behandelt, obliegen der »Rhetorik« nächst der »Periodologie« auch die Schreibarten und Gattungen. Dazu kommt in der »ästhetischen Anordnung« dann aber auch die »Lehre von den Figuren«, die endlich durch Vortragslehre und Kritik ergänzt wird. Daß die Rhetorik von Perioden ausgeht, um dann zu Stilen und Genera überzugehen, erinnert zwar an das Verfahren Kochs. Wie fern aber Forkel Musik – zumal instrumentale – seiner Zeit lag, zeigt sich nicht nur am Vorrang der Vokalmusik in Verbindung mit einer apologetischen Apotheose des Kontrapunkts. Deutlicher wird die Distanz erst recht, wenn es um die »Einheit des Gedankens« im »richtigen und guten Periodenbau« geht. Denn Forkels Vorstellung richtet sich gegen die Paarung von Taktgruppen als »Sätzen«, die »weder logisch noch rhythmisch auseinander entspringen, folglich auch kein Ganzes ausmachen können«.[4] Damit wird aber die Bildung interner Kontraste übersehen, die für Haydns Themenbau oft genug konstitutiv war. Zwar können die »Sätze« einer »Periode« aus ein bis vier Takten bestehen, wenn sich aber eine Periode nicht »aus drey Zweyern, und am Ende einem Einer zusammensetzen« soll, so wird erneut eine Möglichkeit des klassischen Themenbaus verkannt.[5] Werden die Schreibarten knapp nach ihren »Orten« bezeichnet, so dient ihrer näheren Bestimmung noch immer die Affektenlehre. Und ebenso retrospektiv ist die Anordnung der Gattungen, die vom Choral ausgeht und sich dann den vokalen Genera zuwendet, während die »Instrumentalgattungen« dann nur »Copien« bilden.[6] Der Perspektive des Historikers ist auch die Lehre von der »Anordnung musikalischer Gedanken« verpflichtet, die nun einmal auch kurz auf »kleinere Tonstücke, als Sonaten etc.« zu sprechen kommt, sofern sie »sogleich mit dem Hauptsatze angefangen« werden.[7] So versteht sich auch, daß sich die Funktion der Figurenlehre entsprechend verschiebt, selbst wenn sich Forkel noch der herkömmlichen Termini im Rahmen der ›dispositio‹ bedient.[8]

Aus Forkels Sicht erklärt es sich einerseits, daß er sich später ausgerechnet Bach zuwenden konnte; desto auffälliger ist aber andererseits, daß nun gerade dann, wenn für Bach die Rhetorik eher am Platze sein

---

1 C. Dahlhaus, *Die Figurae superficiales in den Traktaten Christoph Bernhards*, in: *Bericht über den Internationalen Musikwissenschaftlichen Kongreß Bamberg*, hg. v. W. Brennecke, W. Kahl und R. Steglich, Kassel und Basel 1953, S. 135–138; ders., *Zur Geschichtlichkeit der musikalischen Figurenlehre*, in: *Festschrift Martin Ruhnke zum 65. Geburtstag*, hg. v. d. Mitarbeitern des Instituts für Musikwissenschaft der Universität Erlangen–Nürnberg, Neuhausen-Stuttgart 1986, S. 83–93.
2 Forkel, *Allgemeine Geschichte der Musik*, S. 48.
3 Ebenda, S. 2–11 und 12ff.; J. Mattheson, *Der vollkommene Capellmeister*, S. 23.
4 Forkel, *Allgemeine Geschichte der Musik*, S. 48.
5 Ebenda, S. 41f. und S. 43f.
6 Ebenda, S. 43f., S. 45ff. und S. 49.
7 Ebenda, S. 51.
8 Ebenda, S. 53–59 und S. 66; vgl. auch ders., *Ueber die Theorie der Musik [...]. Eine Einladungsschrift zu musikalischen Vorlesungen*, Göttingen 1777, S. 36f. Ein Beispiel für die Übertragung der Kategorien Forkels bietet J. Irving, *Mozart: The ›Haydn‹ Quartets*, Cambridge 1998, S. 61ff.

könnte, unüberhörbar auch weitere ästhetische Kriterien anklingen, denen die Monographie nicht zuletzt ihre nachhaltige Wirkung danken dürfte.[1] Wenn auch ein retrospektiver Gelehrter nicht mehr die Kategorien des Taktes und der Periode umgehen konnte, so war doch einer ›Periodologie‹, die durch Normen verengt zu werden drohte, schon weit früher der grundlegende Entwurf von Joseph Riepel vorausgegangen. Er erschien in neun Teilen zwischen 1752 und 1776, also in einem so langen Zeitraum, daß kaum ein so geschlossenes System wie dann bei Koch zu erwarten ist. Entscheidend ist aber der durchaus neue Blick, der schon 1752 die erste Schrift *De Rhythmopoeia: Von der Tactordnung* auszeichnet.[2] Statt vorab Begriffe zu definieren, beginnt der Dialog zwischen Meister und Schüler – gleichsam in der Werkstatt – mit der Melodienlehre am Beispiel des Menuetts. Für die »Tactordnung« werden zwar »4, 8, 16, und wohl auch 32 Täcte« bevorzugt, »welche unserer Natur dergestalt eingepflantzet, daß es uns schwer scheinet, eine andere Ordnung (mit Vergnügen) anzuhören«.[3] Von der Erweiterung der »Zweyer« auf »Dreyer« her öffnet sich aber die Sicht über die Verschränkung von Drei- und Fünftakten bis hin zu komplizierteren Bildungen, ohne rhetorische Termini zu benötigen.[4] Und wenn zusätzlich melodische Formeln ins Spiel kommen, so können auch Fragen der Überbrückung und Gruppierung der Taktgruppen erfaßt werden, aus deren Verbindung sich dann »zusammengesetzte« Formen ergeben.[5]

Ein gattungsgeschichtlicher Versuch ist nicht der Ort zur näheren Erläuterung all solcher Kriterien mit ihren fesselnden Details. Doch ist es auch nicht notwendig, die Beispiele Riepels und Kochs im einzelnen zu verfolgen, wenn es primär um eine angemessene Perspektivierung zu gehen hat. Immerhin wird einsichtig, daß auch Kriterien wie die Vierstimmigkeit oder der Gesprächstopos in einen übergreifenden Kontext gehören. Soweit die Bestimmungen der Lehre nicht mehr tradierten Vorgaben folgen, fügen sie sich in den Rahmen eines neuen Denkens, das mit dem Vorrang des Taktes, der Taktgruppen und ihrer Verkettung auf einem veränderten Verständnis der musikalischen Zeit basiert. Nicht zufällig waren es praktische Musiker wie Riepel und Koch, die in Regensburg und Rudolstadt als Hofmusiker wirkten und ihre Erfahrungen mit einer neuen Instrumentalmusik auch theoretisch zu fassen suchten. Riepels erste Schrift fiel just in das Jahrzehnt, in dem auch Haydns frühe Experimente ansetzten, während Koch sein Werk abschloß, als nach Mozarts Tod sich schon die Kanonisierung eines klassischen Repertoires ankündigte. Der durchaus handwerkliche Diskurs der Theorie, der von der Ordnung der Zeit im Verhältnis von Taktgruppen zur Melodie und zur Harmonik der Zeit ausging, betrifft aber genau jene Frage, an der Kants Skepsis gegen den Kunstrang der Musik ansetzte. Und der Einwand ihres nur »transitorischen« Charakters ließ sich erst in dem Maß entkräften, wie sich auf der Basis der Theorie eine Übereinkunft über

---

1 J. N. Forkel, *Ueber Johann Sebastian Bachs Leben, Kunst und Kunstwerke*, Leipzig 1802 (Faksimile-Druck Frankfurt a. M. 1950), bes. S. 65–69.
2 J. Riepel, *Anfangsgründe zur musicalischen Setzkunst: Nicht zwar nach altmathematischer Einbildungsart der Zirkel-Harmonisten, sondern durchgehends mit sichtbaren Exempeln abgefasset. De Rhythmopoeia oder von der Tactordnung*, Frankfurt und Leipzig 1752.
3 Ebenda, S. 23.
4 Ebenda, S. 10f.
5 Ebenda, S. 33–38; schon eingangs heißt es: »Da aber ein Menuet, der Ausführung nach, nichts anders ist als ein Concert, eine Arie, oder Simpfonie, [...] also wollen wir immer ganz klein und verächtlich damit anfangen«, vgl. ebenda, S. 1; Riepel fügte nicht nur Bezeichnungen typischer Melodieformeln hinzu (»Singer«, »Laufer«, »Rauscher«, »Springer«), sondern entwarf auch für den modulierenden Mittelteil harmonische Sequenzmuster (»Monte«, »Fonte«, »Ponte«), vgl. J. London, *Riepel and Absatz: Poetic and Prosaic Aspects of Phrase Structure in 18th-Century Theory*, in: Journal of Musicology 8 (1990), S. 505–519; N. Reed Knouse, *Joseph Riepel and the Emerging Theory of Form in the Eighteenth Century*, in: Current Musicology 41 (1986), S. 46–62.

die Formbildung der Musik erreichen ließ. Sie war die Voraussetzung dafür, daß Kants Bedenken dann in Schellings Kunstphilosophie ihre Umkehrung fanden, indem Musik nun als »Einbildung des Unendlichen ins Endliche« bestimmt wurde.[1]

So fruchtlos es wäre, Quartette Haydns nur als Belege für Normen der Formen- oder Harmonielehre zu nutzen, so wenig sollten sie allein als Exempla für Anweisungen Kochs oder Riepels dienen. Geht es aber um Prämissen für das Verständnis der Werke, dann können die Perspektiven einer zeitgenössischen Theorie, die auch eine Gattung wie das Quatuor in den Blick nahm, ein methodisches Korrektiv gegen die Versuchung sein, spätere Kriterien einer primär thematischen Formdefinition vorschnell auf frühere Werke zu projizieren. Die Maxime freilich, die historische Theorie nicht zu ignorieren, sollte nicht zur dogmatischen Bindung an ihre Leitschnur führen. Denn gleiches Gewicht hat auch das in die Zukunft gerichtete Potential von Werken, die ihren Rang erst vor dem veränderten Horizont späterer Zeit entfalten konnten. Daher macht auch die zeitgenössische Theorie die Aufgabe nicht einfacher, vergleichend die historische und ästhetische Bedeutung all der Werke abzuwägen, die gemeinsam den Gegenstand einer Gattungsgeschichte ausmachen.

Exemplarisch zeigt sich etwa an der Beschreibung des ersten Satzes einer Symphonie (die analog auch für Sonate und Quatuor gilt), daß für Koch – wie schon für Scheibe – die thematische Prägung einer Form noch nicht als vorrangig galt. Maßgeblich war vielmehr der »Bau« von »Perioden« im Verhältnis zu »Tonarten, in welche man dabey modulirt«.[2] Zwei Teile gliedern sich demnach in drei »Hauptperioden«, die den Ort der später Exposition, Durchführung und Reprise genannten Teile einnehmen (wobei Durchführung und Reprise noch in einem Teil zusammengefaßt werden). Der erste Teil enthält in »einem einzigen Hauptperioden« die »melodischen Hauptsätze in ihrer ursprünglichen Folge«, er kennt zwar einen »förmlichen Absatz« und »Modulation« und nach »einem andern melodischen Haupttheile« dann auch die »Modulation nach der Tonart der Quinte« (bzw. »nach der Terz« für Sätze in Molltonart), ohne jedoch Haupt- und Seitensatz im thematischen Rang zu unterscheiden. Für den »zweyten Theyl« (am Platz der späteren Durchführung) besteht eine Variante immer noch im Beginn »mit dem Thema« oder »einem andern melodischen Haupttheile« auf der Quinte, um dann nach »Modulation« und »Erweiterung« zum »Haupton« und damit zur »lezten Periode« zurückzukommen. In »modernen Sinfonien« jedoch zeichnet sich eine »zweyte Bauart« dadurch aus, daß man »einen in dem ersten Theile enthaltenen Satz, oft auch nur ein Glied desselben« entweder »in der Oberstimme« oder »wechselsweis in andern Stimmen dergestalt fortsezt, zergliedert, oder transponirt«, daß erst nach »Ausweichungen« in »entferntere Tonarten« das Ziel auf dem »Quintabsatze«

1 Fr. W. J. Schelling, *Philosophie der Kunst*, Nachdruck der Ausgabe von 1839, Darmstadt 1966, S. 132–149, bes. S. 132 und S. 145.

2 H. Chr. Koch, *Versuch einer Anleitung zur Composition*, S. 304f.; zu den folgenden Zitaten s. ebenda, S. 305–311, zum »Andante oder Adagio« sowie für »das lezte Allegro« vgl. weiter ebenda, S. 311ff. und S. 314.

erreicht wird. Danach können »melodische Theile des ersten Perioden« und ein modulierender »Anhang« zur Grundtonart zurückleiten, bis »der lezte Periode« dann »zusammengedrängt« die »vorzüglichsten Sätze« rekapituliert.

Wie man sieht, nähert sich die zweite Alternative zwar Verfahren der Verarbeitung, sie werden aber eher nach tonartlichen als thematischen Aspekten bestimmt. Kochs Modell ist in sich so geschlossen, daß sich die Termini nicht leicht durch andere ersetzen lassen, und es kann den Blick für metrische Verhältnisse schärfen, die von Georgiades als »Diskontinuität« und von Kunze als »kadenzmetrischer Satz« umschrieben wurden.[1] Doch läßt sich von Koch aus kaum jenes Maß an thematischer Konzentration und harmonischer Differenzierung erfassen, das Haydns Quartette im Grunde seit op. 9 und erst recht dann seit op. 33 charakterisierte. Die Kriterien Kochs mögen wohl für Werke von Zeitgenossen genügen, die nicht dem Niveau von Haydn gleichkamen. Doch dürfte es schwierig sein, solche Rangunterschiede mit den Kriterien Kochs zu bestimmen, die auf generelle Aussagen statt auf individuelle Lösungen bedacht waren. Allein die Werke von Autoren, die sich als Schüler Haydns bezeichneten oder ihm Quartette widmeten, zeigen bereits den durch ihn gesetzten Anspruch an. Und vom Rang Haydns wie auch schon Mozarts ließ Koch selbst sich leiten, als er gerade ihre Quartette zu Mustern der Gattung erhob. Wenn sein Urteil damit schon weitere Kriterien als die seiner Lehre voraussetzt, so bereitet sich damit zugleich eine veränderte Perspektive vor. Sie wurde zur Grundlage dafür, daß Heinrich Birnbach dann 1827 Formen nach primär thematischen Kategorien definieren konnte, bis Adolf Bernhard Marx eine systematische Formtheorie formulierte, die für lange Zeit gültig bleiben sollte.[2] So verbanden sich in einem Wandel, der nach 1800 einsetzte, die Kriterien der Thematisierung und Differenzierung mit den ästhetischen Ansprüchen des Originellen und Individuellen. Gemeinsam wurden sie zur Basis eines Selektionsprozesses, dessen Beginn bereits bei Koch sichtbar wird. Er war die Kehrseite der Kanonisierung eines Repertoires von bleibenden Werken, die als ›klassisch‹ gelten durften, sofern sie Exempla der ›auctores classici‹ waren. Den Preis dieser Auslese hatten all die Zeitgenossen zu zahlen, deren Quartette verdrängt wurden, so daß sich ihre Verbreitung auf eine recht kurze Phase beschränkte, ohne eine weitere historische Geltung zu erlangen.

Ein angemessenes Urteil hat demnach mit sachlichen und methodischen Schwierigkeiten zu rechnen, die ineinander verschränkt sind. Sachlich ist zunächst die historische Tatsache zur Kenntnis zu nehmen, daß nicht wenige Werke aus einem Bestand von kaum vorstellbarem Umfang immerhin zeitweise weithin verbreitet waren. Doch ist es ebenso ein geschichtliches Faktum, daß all diese Werke auch bald aus dem historisch wirksamen Vorrat herausgefallen sind. Methodisch kann

---

1 Thr. Georgiades, *Zur Musiksprache der Wiener Klassiker*, in: Mozart-Jahrbuch 1951, Salzburg 1953, S. 51–59; St. Kunze, *Mozarts Opern*, Stuttgart 1984.
2 Zu Birnbach und Marx siehe Anmerkung 2, S. 76.

gleichermaßen eine Lehre, wie sie durch Koch vertreten wurde, die Sicht um manche Aspekte erweitern, die später relativiert worden sind. Wenn jedoch über den unterschiedlichen Rang von Werken zu entscheiden ist, dann müssen auch ästhetische und satztechnische Kategorien einbezogen werden, die zur Grundlage einer späteren Werkauslese wurden. Einen Maßstab kann indessen jener Kunstrang abgeben, der bereits an Quartetten von Haydn und – auf sehr andere Weise – auch von Boccherini zum Vorschein kam. Er darf auch für die schier unübersehbare Produktion all der Zeitgenossen gelten, deren Quartette bald zurücktraten, um nur mehr die Folie für die klassischen Meisterwerke darzustellen.

5. Aus Haydns Umfeld: Seitenwege und Zeitgenossen

»Alcuni, come il Krommer, il Pleyel, il Förster, il Girowetz e l'Haensel, per tacer d'altri, bramosi d'indovinarne il segreto, si posero saggiamente a mettere in partiture le detto composizioni.« Giuseppe Carpanis Bemerkung zeigt zunächst, daß sich der Zugang zu Partituren nicht von selbst verstand, solange Quartette nur in Stimmen gedruckt wurden. Man nahm vielmehr die Mühe der Abschrift auf sich, um Haydns ›segreto‹ zu entschlüsseln: seine »Maniera di distribuire fra le parti la melodia«.[1] Zugleich wird 1812 im Rückblick – nach der ›Blüte‹ des Wiener Streichquartetts[2] – eine Gruppe von Musikern benannt, die sich in Carpanis Sicht an Haydn orientierten, indem sie sein Verfahren der thematischen Beteiligung der Stimmen am Quartettsatz zu begreifen suchten. Unübersehbar ist die retrospektive Note, sofern die Quartettproduktion dieser Komponisten – Krommer und Hänsel ausgenommen – um 1810 bereits abgeschlossen war. Gleichzeitig lagen aber schon Beethovens Beiträge bis hin zum f-Moll-Quartett op. 95 vor (das 1810 entstand, aber erst 1816 erschien). Und es waren diese Werke, die zunehmend einen Maßstab setzten, der die Quartette anderer, zuvor bekannter Autoren dann rasch verdrängen sollte.

Es ist zwar ebenso ungerecht wie unvermeidlich, daß eine Geschichte des Streichquartetts von den Werken Haydns und auch Boccherinis auszugehen hat. Doch ist die Entwicklung der Gattung – mehr wohl noch als die der Symphonie – einem historischen und ästhetischen Zwiespalt ausgesetzt, der sich nicht einseitig auflösen läßt. Für ältere Musik bis hin zu Bachs Zeit läßt sich auch wenig bekannten Musikern eine durchaus unverächtliche Stellung zubilligen, solange nicht ästhetische Kriterien, wie sie noch unangemessen wären, in Anschlag zu bringen sind. Genau umgekehrt verhielt es sich für die technisch höchst versierten Komponisten des 19. Jahrhunderts, deren Werke im Vergleich mit denen der ›großen Meister‹ oft genug als ›Kapellmeistermusik‹ abgetan werden. Dazwischen aber steht die überreiche Produktion des späteren

1 G. Carpani, *Le Haydine* (wie Anmerkung 4, S. 80), S. 98.
2 L. Finscher, Art. *Streichquartett*, in: *MGG²*, Sachteil Bd. 8, Sp. 1935.

18. Jahrhunderts in einem seltsamen Zwielicht. Der Fülle der Quellen ist hinreichend zu entnehmen, welche Geltung zeitweise viele Autoren hatten, die sich kurz höchster Beliebtheit erfreuten, um dann ebenso rasch vergessen zu werden. Ihr Schicksal war es, nicht nur abstrakt an einem Kunstbegriff gemessen zu werden, der kaum schon abzusehen war, als ihre Produktion einsetzte. Vielmehr erhielt die Meßlatte ihre Kontur, seit sie sich mit dem Œuvre von Haydn, Mozart und zuletzt Beethoven verband. Was aber wirkungsgeschichtlich verblaßte, hatte für die Zeitgenossen noch unmittelbare Präsenz. So wenig sich jedoch ihre Sicht einfach restituieren läßt, so wenig läßt sich von einem Maßstab absehen, der nicht allein historisch zu definieren ist. Und das historiographische Unrecht wird immerhin teilweise gemildert, wenn man sich der Tatsache erinnert, daß erst die Werke der Komponisten, die später zu Klassikern wurden, der Gattung jenen Rang verliehen, der auch ihre Geschichtsschreibung rechtfertigt. Von diesem Maß läßt sich daher auch für eine frühere Phase der Gattung nicht ganz absehen.

Ist demnach der Selektionsprozeß nicht rückgängig zu machen, so muß das doch nicht bedeuten, daß man sich mit dem Kanon der Meisterwerke zu begnügen hätte. Um nur die Voraussetzungen seiner Entstehung zu begreifen, wäre die systematische Erschließung exemplarischer Werke durch eine Editionsreihe nötig, wie sie für die Symphonie bereits vorliegt. Denn nach einer verzweigten Vorgeschichte und intensiven Blütezeit lag bis 1810 ein unvorstellbarer Bestand von Streichquartetten vor, die nur für kurze Zeit aktuell waren, um rasch durch andere abgelöst zu werden. So jung im Grunde die Gattung war, als sie seit 1770 durch Haydn und Boccherini geprägt wurde, so bald wurde sie dann von Mozart und schließlich auch Beethoven bestimmt. Entstanden war sie aber noch in einer Ära, in der funktionale Musik gänzlich unverdächtig war, und es war nicht das Versagen vieler Musiker, daß ihr Schaffen in dem Maß zurücktrat, wie sich die Kunst Haydns durchsetzte, die das Quartett zum Genus für Kenner machte, das es seither geblieben ist. Solchen Normen halten aber Werke schwer stand, deren Bestimmung als Hausmusik in der Geselligkeit adliger und dann bürgerlicher Kreise unverächtlich war. Wenn sie heute einen Historiker interessieren, so kann er doch kaum an Liebhaber und selbst Kenner den Appell richten, Toleranz für ein verschollenes Repertoire von Werken aufzubringen, die keinen Vergleich mit denen des Kanons dulden.

Für eine Geschichte des Streichquartetts vor und neben Haydn gibt es kaum mehr als Ansätze, so verdienstlich auch Finschers enzyklopädische Übersicht ist, die allein für die Phase bis 1810 weit mehr als 100 Autorennamen ausfindig machte.[1] Ein Handbuch freilich, das auf die Zusammenfassung des Forschungsstandes angewiesen ist, kann nicht die ausstehenden Quellenstudien nachholen, die eigentlich die Prämissen einer Gattungsgeschichte wären. Doch sieht man sich vorerst – und ein

---

1 Ebenda, Sp. 1928ff. und 1935ff.

Wandel ist kaum in Sicht – auf eine beklagenswert kleine Zahl von Neuausgaben angewiesen, die oft auch nur im Anhang ungedruckter Dissertationen zu finden sind, während die Quellen in der Regel aus Stimmensätzen bestehen, die so wie zu Carpanis Zeit erst zu Partituren umzuschreiben wären. Anders als ein lexikalischer Abriß, der auf gesonderte Artikel zu den genannten Komponisten verweisen darf, kann sich ein Handbuch nicht mit einem Gerüst von Namen und Daten begnügen, sondern muß mit wenigen Exempla einen Begriff von ausgewählten Werken vermitteln. Wenn aber nicht einmal sicher ist, wie repräsentativ die verfügbaren Belege wirklich sind, dann wird der Versuch einer Darstellung zum Wagnis ohne Sicherung. Und da sich aus den eingesehenen Quellen auch nicht Beispiele in größerer Zahl mitteilen lassen, muß sich eine Skizze auf das schmale Material begrenzen, das einem interessierten Leser am ehesten zugänglich sein dürfte.

Angesichts der Fülle des Stoffes läge eine Gruppierung nach chronologischen, regionalen und lokalen Kriterien nahe, die sich allerdings mit wechselnden Aspekten wie Zahl, Folge und Form der Sätze oder Funktionen der Stimmen und Ansprüchen an Spieler kreuzen können. Allein für das Wiener Repertoire, das im Verhältnis zu Haydn besondere Aufmerksamkeit beanspruchen darf, wählte Finscher eine Gliederung nach Altersschichten und zugleich auch »Stil- und Anspruchs-Ebenen«, die gleichwohl »nicht identisch mit Qualitäts-Niveaus« seien. Dagegen bevorzugte Roger Hickman, dem neben Editionen auch kenntnisreiche Aufsätze zu danken sind, eine Unterscheidung nach den Typen des Quatuor concertant, des Quatuor brillant und des »Viennese Classical quartet«, und eine zusätzliche Erweiterung bewirkte noch »the emergence of the Theatrical style«.[1] Obwohl sich Hickman auf die Wiener Produktion des Jahrzehntes vor 1800 konzentrierte, um frühere wie spätere Belege nur am Rande einzubeziehen, überschneiden sich solche Typen im Œuvre der Komponisten und mitunter sogar in einzelnen Werken oder Sätzen. Bevor aber auf dieses Repertoire zurückzukommen ist, bleibt die Frage nach dem Anteil früherer Generationen aufzugreifen.

Mannheim, Franz Xaver Richter und Christian Cannabich

Der prägenden Kraft, mit der die Gattung durch Haydn und Boccherini so unabhängig wie unterschiedlich gegründet wurde, wird keineswegs verringert, wenn dennoch darauf hinzuweisen ist, daß schon vor 1770 auch andere Komponisten Quartette schrieben, deren Niveau nicht unbeträchtlich ist, selbst wenn ihnen keine vergleichbare Wirkung beizumessen ist. Als der wohl älteste Autor ist vorab Franz Xaver Richter (1709–1789) zu nennen, der 1747 wie viele böhmische Musiker nach Mannheim kam. Bevor er 1769 als Domkapellmeister nach Straßburg

1 Ebenda, Sp. 1936; R. Hickman, *The flowering of the Viennese string quartet in the late eighteenth century*, in: The Music Review 50 (1989), S. 157–180. Da eine typologische Anordnung sachliche Überschneidungen nicht umgehen kann, orientieren sich die weiteren Bemerkungen an einer chronologischen Folge, die gleichwohl flexibel gehandhabt wird.

ging, erschienen in London 1768 seine *Six Quartettes for two Violins, a Tenor and Violoncello* (bei Longman & Co.), die 1772 als Œuvre 5 erneut in Paris gedruckt wurden (La Chevardière). Sie mögen in Mannheim wohl »folgenlos« geblieben sein, wie Finscher meinte[1], denn wie hier sonst Kammermusik mit Bläsern bevorzugt wurde, so war auch in Quartetten die Oberstimme nicht selten für Flöte, Oboe oder Violine bestimmt. So folgten Richters Werken erst später – und auf ungleich bescheidenerem Niveau – die sechs Quartette op. 5 (Mannheim 1780) von Christian Cannabich (1731–1798), der zuvor als op. 1 auch zweisätzige Flötenquartette publizierte. Dagegen erschienen die sechs Quartette op. 3 von Ignaz Fränzl (1736–1811) nur in Paris, während die zahlreichen Beiträge von Carl und Anton Stamitz schon zu einer jüngeren Generation und dann nicht mehr nach Mannheim gehören.[2] Da aber die Quartette Richters in London wie Paris herauskamen, wo der Autor nach Ausweis weiterer Drucke nicht unbekannt war, dürften sie in einem weiteren Kontext nicht nur marginales Interesse verdienen. Zusammen mit einem Werk Cannabichs wurde sie von Hugo Riemann bereits 1914 publiziert, um damit wie für die Symphonie auch für das Streichquartett die Priorität der ›Mannheimer Schule‹ zu belegen.[3] Je mehr diese These aber auf Einwände stieß, desto weniger wurden Richters Werke in die Gattungsgeschichte einbezogen. Zwar zeigen die Stimmen (jedenfalls im Pariser Nachdruck) oft noch die Angabe ›Solo‹, die auf chorische Besetzung bezogen werden könnte; wie aber der Titel der beiden Ausgaben die Besetzungsangabe mit dem Gattungsbegriff verbindet, für den sich Haydn erst später entschied, so bietet die Cellostimme auch keine Bezifferung mehr.

In einer Tonartenfolge, die auch später nicht ungewöhnlich war (C – B – A – Es – G – D), umfassen Richters Quartette jeweils drei Sätze, die stets zweiteilig angelegt sind. Am Beginn steht in der Regel ein mehr oder minder schneller Satz, der eher der Herkunft vom Suitenmodell als schon dem späteren Begriff des Sonatensatzes verpflichtet ist. Der langsame Binnensatz wendet sich meistens zur Subdominante, steht aber in Nr. 2 in der Mollparallele, während er in Nr. 4 in der Tonika bleibt. Die sehr raschen Schlußsätze lassen jedoch im paarigen Wechsel der Typen ein Ordnungsprinzip erkennen, indem sie je zweimal als Fugato (Nr. 1–2), als Tempo di Minuetto mit Trio (Nr. 3–4) und als Vivace im 3/8-Takt angelegt sind. In diesem Rahmen zeigen aber zwei Werke wie Nr. 2 in B-Dur und Nr. 4 in Es-Dur, wie unterschiedlich die Satzfolgen ausfallen können, die daher auch kaum typenbildend wirken konnten. Denn während Nr. 2 mit einem Poco Allegretto beginnt, dem ein Poco Andante vor dem abschließenden Fugato (Presto) folgt, wird Nr. 4 durch ein Larghetto eröffnet, dem sich erst ein ausgedehntes Allegro spiritoso mitsamt dem Menuett als Ausklang anschließt. Offenbar war Richter ein Einzelgänger, der als Lehrer und mit seiner Kirchenmusik Respekt

---

[1] L. Finscher, Art. *Streichquartett*, in: *MGG²*, Sp. 1939.

[2] H. Riemann, Verzeichnis der Druckausgaben und Thematischer Katalog der Mannheimer Kammermusik des XVIII. Jahrhunderts, in: *DTB*, Bd. 28, Leipzig 1915, S. XXff. und LIff. (auf diesen Katalog beziehen sich auch die folgenden Hinweise).

[3] *Mannheimer Kammermusik des 18. Jahrhunderts, 1. Teil. Quartette und Quintette (ohne Klavier)*, hg. v. H. Riemann, Leipzig 1914 (*DTB*, Bd. 27), S. 1–60; ebenda, S. 93–99, auch Cannabichs e-Moll-Quartett op. 5:2 und S. 131–148 die Quartette E-Dur und D-Dur von Anton Stamitz.

genoß, wiewohl er keineswegs den Moden des Tages folgte. Trotz der zweiteiligen Form der Sätze kann ihre interne Struktur durchaus wechseln, wiewohl sie nur eingeschränkt den galanten Ton der Zeit ausprägt. So zeigt etwa der langsame Kopfsatz aus Nr. 4 zunächst über 20 Takte hin eine gleichmäßige Schichtung der Stimmen mit melodisch sparsamen, oft durch Pausen getrennten Ansätzen der Oberstimme, während stete Triolen der zweiten Violine mit den längeren Notenwerten der Unterstimmen das begleitende Fundament bilden. Sobald aber die

Fr. X. Richter, op. 5 Nr. 4, erster Satz, T. 1–4 (*DTB*).

T. 35–40.

konzertante Rolle dem Cellopart zufällt, begnügen sich nun die Oberstimmen mit eher füllender Funktion, bis erst die Schlußtakte des ersten Teils alle Stimmen am Austausch partizipieren lassen. Ähnlich ist der zweite Satzteil angelegt, und eine entsprechende Anordnung der Stimmen zeigt ebenso der rasche Mittelsatz. Planvoll wechselt gleichwohl mit den Taktgruppen die Disposition der Stimmen, und auch wenn sie keineswegs das lebendige Wechselspiel Haydns erreicht, steht sie doch der Kontinuität eines vom Generalbaß getragenen Satzbaus ebenso fern. Regelhafter bleibt freilich als Schlußsatz das knappe Menuett, dessen periodische Ordnung auch im Trio keine Überraschungen zuläßt. Desto wechselvoller fällt aber im Kopf- wie im Mittelsatz aus Nr. 2 die Gruppierung der Stimmen aus, die sich hier partiell mit internen Kontrasten der Rhythmik verbinden kann. So wenig es angemessen wäre, von Werken dieser Zeit eine Durchführung zu erwarten, so unverkennbar sind doch die Zeichen eines ›gearbeiteten‹ Satzes, in dem die wechselnde Verkettung der Satzgruppen den Vorrang vor einer motivischen Verarbeitung bewahrt. Überraschend gerät vor allem der fugierte Schlußsatz (Fugato. Presto), der wiederum zwei wiederholte Teile aufweist. Anfangs zwar macht sein Thema als Allabreve eine strengere Miene, zumal es zu Beginn des zweiten Teils noch mit einem skalaren Kontrapunkt verbunden wird. Beidemal löst sich aber der Schein des strengen Satzes nach einem Prinzip auf, das schon in der sequenzierenden Fortspinnung des

Themenkopfes angelegt ist. Denn markante Sextsprünge in Halben wechseln mit ihrer Zerlegung zu repetierten Vierteln, und gerade in solche hüpfenden Tonrepetitionen mündet dann der Satzverlauf ein, in dem ein synkopisch verschobenes Zwischenglied im Contrapunto alla zoppa eine vermittelnde Funktion übernimmt. Entsprechend verfährt der Schlußsatz in Nr. 1, der als Allabreve die Bezeichnung ›Rincontro‹ mit dem Zusatz ›Presto‹ trägt. Deutlicher noch setzt hier die Thematik mit synkopisch verhakten Stimmpaaren von vornherein auf die Auflösung des kontrapunktischen Satzes, der dann zu raschen Skalenfiguren und mitunter zu akkordischen Bündeln mit Doppelgriffen wechselt.

Ohne nur gefällige Melodik hervorzukehren, fesselt Richter in seinen Quartetten durch die Verbindung von rhythmischem Wechselspiel und satztechnischer Differenzierung. Ausgreifende Kantilenen waren seine Sache so wenig wie jene Überraschungen, die Haydn schon seit op. 9 zu Gebote standen. Gewiß bedurfte Haydn keiner Anregungen durch Werke, die ihm womöglich nicht einmal bekannt waren, doch bleibt es bemerkenswert, daß nicht lange vor den fugierten Finali seines op. 20 auch zwei Schlußsätze Richters das geistvolle Spiel einer Verquickung von strengem und galantem Satz betreiben. Eine bezeichnende Differenz bleibt gleichwohl das Verhältnis jener Kontraste, die bei Richter eher zwischen Taktgruppen als innerhalb eines Taktes oder einer Periode begegnen. Daran bleibt letztlich noch spürbar, daß Richters Musik aus einer älteren Tradition hervorging, deren Voraussetzung der kontinuierliche Puls im Verband des Generalbaßsatzes gewesen war.

Gegenüber der farbigen Palette des Orchesters hatte offenbar für andere Mannheimer der monochrome Quartettsatz geringeren Reiz, da ihm nur mit einer differenzierten Stimmführung beizukommen war, wie sie Richter immerhin beherrschte. Vergleichsweise leichter wiegen dagegen die späteren Quartette Cannabichs, wiewohl sich der satztechnische Standard kaum grundlegend verändert hat. Im nur zweisätzigen e-Moll-Werk (op. 5 Nr. 2) fällt das eröffnende Andante moderato durch eine fast permanente Stimmpaarung auf, die wechselnd Außen- und Mittelstimmen oder auch erste Violine mit Viola und zweite mit Violoncello koppelt. Enger verzahnt noch werden meist zweitaktige Gruppen, die sich ohne ausgeprägte Kontraste reihen, und trotz kleingliedriger Rhythmik wirkt im 2/4-Takt latent ein steter Impuls in Achteln nach. Von einer ersten Satzgruppe setzt sich im A-Teil zwar eine zweite auf der Durparallele ab (T. 28), sie folgt aber in der Reprise (nun in der Tonika) gleich nach dem ersten Achttakter, da das Zwischenglied (T. 9–27) hier durch nur drei Takte ersetzt wird (T. 73–75). Und ein solches Mosaik knapper Taktgruppen bestimmt auch den Mittelteil (T. 41–65), der eher Verfahren der Reihung als der Verarbeitung ausbildet. Das gilt ähnlich für das folgende zweiteilige Allegro, in dem einem ersten Komplex zwei Gruppen auf der Durparallele folgen (T. 23 und T. 41). Obwohl der zweite Satzteil mit der anfänglichen Motivgruppe in G-Dur ansetzt, reiht er dann wieder modulierende Gruppen ohne motivische Bindung, um rasch eine recht genaue Reprise zu erreichen. Auch wenn Cannabich eher als Richter einen galanten Ton trifft, der in der engmaschigen Rhythmik ein wenig ›zopfig‹ wirken mag, bleiben solche Werke hinter dem Stand zurück, den das Wiener Quartett – von Haydn nicht zu reden – bereits erreicht hatte. Daß die Annäherung an den aktuellen Stand mit einer Satztechnik erkauft werden muß, in der die Zeichen der Simplifizierung nicht zu übersehen sind, ist freilich nicht nur für Cannabich bezeichnend. Zurück liegt bereits der Anspruch von Richter, und fast muß man es daher bedauern, daß Richter sich während seiner zwanzigjährigen Tätigkeit in Straßburg nicht noch einmal der Gattung zuwandte. Desto gewichtiger bleibt aber seine frühe Werkserie, die noch in die Zeit vor Haydns Eingreifen fällt, auch wenn sie in Mannheim nicht unmittelbar fortgewirkt hat.

Wiener Anfänge: Von Franz Asplmayr bis Jan Baptist Vanhal

Zur Gruppe der Komponisten, die in Wien vor Haydns op. 9 – und partiell von ihm unabhängig – Quartette schrieben, gehören mit Franz Xaver Dussek (1731–1799), Josef Mysliveček (1737–1781), Jan Baptist Vanhal (1739–1813) und Wenzel Pichl (1741–1805) vorab böhmische Musiker. Neben ihnen wären aber ebenso Franz Asplmayr (1728–1786), Florian Leopold Gassmann (1729–1774), Carlo d'Ordonez (1734–1786), Leopold Hofmann (1738–1793) und – mit einigem Abstand – Aloisio Luigi Tomasini (1741–1808) zu nennen. In dieser keineswegs homogenen Gruppe steht Asplmayr nicht nur dem Alter nach voran, sondern interessiert auch durch sechs Quartette op. 2, die 1769 bei Huberty in Paris erschienen und seit kurzem in einer Neuausgabe greifbar sind.[1] Denn der aus Linz stammende Autor, der seit 1761 als Geiger und Ballettkomponist in Wien wirkte, diente zuvor ab 1759 dem Grafen Morzin in Lukavec, dessen Hofmusik zu gleicher Zeit Haydn leitete. Asplmayrs Quartette op. 2 (G – D – F – E – C – Es) umfassen bereits regelmäßig vier Sätze mit Menuett und Trio an zweiter Stelle, sie vertreten damit recht früh schon eine Satzfolge, wie sie Haydn seit den 1769 entstandenen Quartetten op. 9 ausprägte. Doch dürften Asplmayrs Werke nicht nur früher anzusetzen sein, sie werden auch durch eine als op. 6 bezeichnete Serie gleicher Anordnung ergänzt, die allerdings durch kein gedrucktes Exemplar, sondern nur durch Handschriften belegt ist. Und weitere handschriftliche Quellen überliefern neben viersätzigen Quartetten auch solche mit abweichenden Satzfolgen.

Daß die Werke des op. 2 im Pariser Druck als ›Quatuors Concertantes‹ bezeichnet sind, entspricht der frühen Etablierung dieser Benen-

---

[1] *Franz Asplmayr: Six Quatuors Concertantes Opus 2*, hg. v. D. Monk, Madison 1999 (Recent Researches in the Music of the Classical Era 56). Die Einleitung des Herausgebers (S. VII–X) enthält in der Kommentierung der Werke Irrtümer, die im weiteren stillschweigend richtiggestellt werden. – Die Namen böhmischer Musiker werden hier und weiterhin in den Formen zitiert, die in den zeitgenössischen Quellen geläufig sind. Zu Fr. X. Dussek vgl. E. Gross, *Background and Problems for an Historical and Critical Edition of the String Quartets of Fr. X. Dušek*, in: Miscellanea Musicologica 6 (1972), S. 4–37.

nung in Paris, und wenn sie in Hubertys Katalog wie andere Quartette noch in der Rubrik der ›Symphonies‹ aufgeführt werden, so schließt das ihre solistische Besetzung keineswegs aus. Doch wird weithin an kettenweisen Achtelrepetitionen in Baßlage die Herkunft von der Quartettsinfonie spürbar, und ist daran oft genug auch die Viola beteiligt, so gemahnt die Struktur noch immer an einen Generalbaßsatz, dessen rhythmische Kontinuität das Wechselspiel der Oberstimmen trägt. Mit Ausnahme eines Schlußrondos (in Nr. 2) zeigen die Sätze durchweg binäre Formen, die noch dem Modell des Suitensatzes verpflichtet sind. So müßig die Frage wäre, ob ›schon‹ Seitenthemen zu finden seien, so sachfremd wäre es auch, nach Ansätzen einer Durchführung oder Reprise zu suchen. Zwar kann die Fortspinnung auf dominantischer Position einen melodischen Neuansatz erlauben, der aber nicht thematische Funktion hat, und wie die Modulationsphase des zweiten Teils auf den Satzbeginn zurückgreifen kann, ohne ihn verarbeiten zu müssen; so kann die Rückkehr zur Tonika mit dem ersten Gedanken zusammenfallen, ohne damit eine reguläre Reprise zu eröffnen. Nicht angemessen wären also Formkriterien des Sonatensatzes, die von der Theorie erst später – und dann schon im Blick auf Haydns Arbeit – definiert werden konnten. Und so zeichnen sich Asplmayrs Quartette weniger durch ihre Thematik und Satztechnik aus als durch die frische Erfindung und unbefangene Reihung der Satzglieder.

Besonders knapp und schlicht bleiben – gerade gegenüber Haydn – die Menuette, die sich in der Regel mit acht Takten in jedem Teil begnügen. Viermal tragen sie die Angabe ›mezza voce‹ (in Nr. 2–3 und 5–6), und wenn sie ein wenig länger geraten, können sie auch metrisch etwas weniger reguliert sein wie in Nr. 6 (mit 8 + 14 Takten bei ungleicher Gruppierung im B-Teil). Tendenziell etwas länger und auch differenzierter sind die Triosätze bei gelegentlicher Überschneidung der Stimmeinsätze (so in Nr. 4 und Nr. 6, hier mit 12 + 12 Takten). Mit der Zweiteiligkeit der langsamen Sätze, die zumeist in der Mollvariante bzw. -parallele und nur zweimal (Nr. 3 und 6) in der Dominante stehen, verbindet sich eine Dominanz der Oberstimme, die den anderen Partnern selten mehr als begleitende Funktion vergönnt. Partiell schließen sich beide Violinen zusammen (in Nr. 3), mitunter kommt es zum rhythmischen Austausch der Stimmen (wie an den Teilenden in Nr. 1 und auch in Nr. 6), und weitere Modifizierung erfährt der Stimmverband am ehesten während der kurzen Modulationsgruppe im B-Teil. Noch einfacher sind die meist sehr raschen Finali, die den 2/4-Takt bevorzugen und kaum mehr als 70 Takte umfassen. Nur in Nr. 5 begegnet bei gleichem Format 6/8-Takt, eine Ausnahme bildet – wie erwähnt – das hübsche Rondo in Nr. 2, dessen dreifacher Refrain zwei Couplets in der Mollparallele bzw. -variante einfaßt, und daß das letzte Finale 139 Takte benötigt, verdankt es seiner Modulationsphase, die harmonische Sequenzmuster in Terzfällen ausbildet.

Größer ist die Spannweite der Kopfsätze, wie sich im Vergleich mit dem Grundtyp in Nr. 1 zeigen läßt. So wechselvoll die rhythmische Gruppierung im eröffnenden Zweitakter anmutet, der sogleich wiederholt wird, so stereotyp bleibt die Begleitung in füllender Achtelbewegung, und einer ornamentalen Fortspinnung folgt auf der Dominante ab T. 9 ein melodischer Neuansatz, der aber im Kern nur einen halben Takt umfaßt und nach Wiederholung gleichermaßen neutrale Fortspinnung erfährt. Ein transponiertes Zitat des Satzbeginns eröffnet den zwei-

Fr. Asplmayr, op. 2 Nr. 1, erster Satz, T. 1–8 (A-R Editions, Madison/Wisconsin).

ten Teil, doch wird es schon im zweiten Takt und ebenso während der weiteren Modulationsphase variabel fortgesponnen, während die Rückkehr zur Tonika (T. 34) mit dem transponierten Kontrastglied (gemäß T. 9) zusammenfällt, ohne auf den Satzbeginn zurückzugreifen. Etwas anders verhält sich zum abschnappenden ersten Viertakter in Nr. 2 der Neuansatz der folgenden Taktgruppe, die im Wechsel zur Mollvariante auf sechs Takte geweitet wird, und wie sich schon anfangs voll- und auftaktige Impulse ablösen, so verfährt auch die Modulationsphase etwas variabler, ohne daß von thematischer Arbeit zu reden wäre. Ähnlich wechseln in Nr. 3 anfangs die Taktgruppen einander ab, bis sie dann auf Strecken voll lärmender Tonrepetitionen stoßen. Aparter ist dagegen im E-Dur-Satz Nr. 4 das skalare Thema in punktierten Vierteln, die auf- wie abwärts geführt und zu Beginn des B-Teils auch zum Kanon erweitert werden, bis sie nur noch als rhythmisches Modell fungieren. Als ›singendes Allegro‹ beginnt der C-Dur-Satz Nr. 5, seine figurative Fortspinnung führt jedoch in dominantischer Position zu chromatischen Segmenten in Doppelgriffen, und die ausgedehnte Modulationspartie basiert auf Quintschrittsequenzen, die bis in die Rückleitung hineinreichen. Die knappe Motivik in Nr. 6 dagegen füllt transponiert zunächst auch den B-Teil, wird dann aber von neutralen Triolenfiguren abgelöst.

So unleugbar Asplmayrs Werke Haydns op. 9 vorangingen, so unüberbrückbar bleibt auch die strukturelle Distanz zu Haydns erster maßgeblicher Werkreihe. Es zeigt sich erneut, wie wenig ein Streit über zeitliche Prioritäten oder typologische Normen für die Geschichte der Gattung besagt, der ihr Maßstab durch Haydn gesetzt wurde. Ihm mag zwar Asplmayr manche Möglichkeiten interner Kontrastbildung abgesehen haben, doch erfaßte er weder die metrische Differenzierung noch die thematische Konzentration auch nur der Divertimenti op. 2. Ohne die Gattungsgeschichte zu verändern, erweitern Asplmayrs schätzbare Beiträge die Kenn-tnis eines Umfelds, in dem Haydns Leistung nur desto klarer hervortritt.

In der Vielfalt der Wiener Tradition hat auch Gassmann, der gegen Ende seines Lebens 1772 Hofkapellmeister wurde, einen eigenen Platz zu beanspruchen. Denn sein Œuvre enthält in bezeichnender Weise neben Quartetten auch gesonderte Quartettfugen, die allerdings zu Lebzeiten des Autors ungedruckt blieben. George R. Hills *Thematic Catalogue* zählt nicht weniger als 37 Werke, die wechselnd als Quatuors, Quattros oder Divertimenti bezeichnet sind und durch 26 Fugen ergänzt werden.[1] Im Druck erschienen *Six Quatuors* op. 1 (Amsterdam um 1767, Hummel), deren Titel den konzertanten Cellopart benennt, während sechs weitere Werke (Paris um 1769, Venier) nach Kirkendale für die Oberstimme Oboe oder Violine vorsehen.[2] Postum erst wurden sechs Quartette ›chacun avec deux fugues‹ veröffentlicht (Wien 1804), die wohl durch ihre Fugen retrospektives Interesse fanden. Da die weiteren Werke aber nur in Handschriften kursierten, dürfte sich Gassmanns Bekanntheit primär auf die beiden früheren Drucke stützen, zumal die darin enthaltenen Werke gewiß schon früher anzusetzen sind. Auch sie enthalten neben langsamen und schnellen Sätzen, die den Typen der Zeit folgen, wechselnd auch fugierte Sätze, wogegen erst die postume Sammlung eine verbindliche Abfolge von langsamem Satz, Fuge, Menuett und nochmals Fuge zeigt. Für die Werke des früheren Drucks läßt sich – wie Hickman dem Vergleich mit handschriftlichen Kopien entnahm – eine nach Tutti- und Solopartien gestaffelte Ausführung annehmen, latent bleibt auch noch der Generalbaßsatz wirksam, und eine so konservative Haltung machen selbst die raschen Sätze kenntlich, wie ein Beispiel aus op. 1 Nr. 2 d-Moll (Hill 432) zeigen kann.[3] Im Allegro molto bilden die Stimmen wechselweise Phasen repetierter Sechzehn-

---

[1] G. R. Hill, *A Thematic Catalogue of the Instrumental Music of Florian Leopold Gassmann*, Hackensack NJ 1976; vgl. W. Kirkendale, *Fuge und Fugato in der Kammermusik des Rokoko und der Klassik*, Tutzing 1966, S. 32–35; drei Quartett-Divertimenti (H. 435, 461 und 467) bietet die Edition *Fl. L. Gassmann: Selected Divertimenti à tre and à quattro*, hg. v. E. R. Meyer, Madison 1983. Die dreisätzigen Stücke paaren einen knappen langsamen Kopfsatz mit einem zweiteiligen Allegro, während der Schlußsatz nur einmal als Menuett bezeichnet, sonst aber analog angelegt ist. Obwohl die Stimmen an der wechselvollen Rhythmik gleichermaßen partizipieren, liefern weder die Formen noch die engmaschigen Satzstrukturen maßgebliche Beiträge zur Ausbildung des eigentlichen Streichquartetts.

[2] Vgl. W. Kirkendale, *Fuge und Fugato*, S. 34; übrigens enthält das e-Moll-Quartett Nr. 3 (aus dem postumen Druck von 1804), das nach Kirkendales Konkordanz (ebenda, S. 33) schon in früheren Handschriften erhalten ist, nach dem eröffnenden Adagio und der Fuge ein Menuett mit zweistimmigem Kanon der Außenstimmen, der sich im Trio gar zum vierstimmigen Einklangskanon steigert – freilich bei einfachster Melodik innerhalb eines stetigen Wechsels von Tonika und Dominante.

[3] R. Hickman, *The Nascent Viennese String Quartet*, in: The Musical Quarterly 57 (1981), S. 193–212: 196f.

tel als konstante Achsen aus, ihnen entsprichen die stetige Achtelbewegung im Baßfundament, und darüber lösen sich sequenzreiche Gruppen mit terzparallelen Synkopen, knappen Skalenausschnitten oder ähnliche Formeln ab. Zwischen diese eher orchestralen Tuttipartien treten solistische Episoden, die dann aber einen Triosatz ohne Baß darstellen. So altertümlich die Satztechnik damit wirkt, so genau entspricht ihr der schulmäßige Kontrapunkt, den die von Kirkendale herangezogenen Fugen repräsentieren.[1]

Ähnliche Verhältnisse weist auch das Œuvre von Carlo d'Ordonez auf (der übrigens ausnahmsweise – und ungeachtet seines Namens – gebürtiger Wiener war). Aus insgesamt 36 unter seinem Namen überlieferten Quartetten sind nach A. P. Brown 9 fragwürdige oder unechte Werke auszuscheiden, doch ist es auch symptomatisch, daß sich 24 der 27 authentischen Quartette in der sog. Kaisersammlung finden, die durch die Vorliebe Josephs II. für Fugen charakterisiert ist.[2] Recht spät erst erschienen sechs Quartette op. 1 (Lyon 1777), der Druck einer weiteren Serie op. 2 kam offenbar nicht zustande, doch stimmen auch die Handschriften in der Anordnung der Werke weithin überein. Browns hypothetische Chronologie ging von einer Gruppierung nach drei ›Stilen‹ aus, da aber kein Quartett in die Rubrik des »divertimento style« fällt, verbleiben nur die Sparten eines »mixed« und eines »elevated style«. Zu der ›gehobenen‹ Spezies rechnen dann immerhin 19 Werke, in denen nach langsamer Eröffnung ein fugierter Satz an zweiter oder – bei weiteren Zwischensätzen – an letzter Stelle erscheint, während fugierte Anteile auch anderen Sätzen nicht fremd sind. Ob eine beiläufige Notiz, die 1766 Quartette von Ordonez erwähnt, als Kriterium ausreicht, um die Mehrzahl der Werke in die Zeit bis 1766 zu verlegen, kann unentschieden bleiben.[3] Von dieser Gruppe, zu der auch die Werke aus op. 1 und 2 zu zählen wären, heben sich die übrigen Quartette im »mixed style« ab, von denen drei erst um 1775 anzusetzen sind. Außerhalb Wiens mag die Dominanz fugierter Sätze einer Verbreitung durch weitere Drucke nicht eben förderlich gewesen sein, ähnlich wie bei Gassmann enthalten aber frühere Werke in eher orchestralem Gewand auch noch Trioepisoden, und oft genug verdoppelt die Viola nur den Baß, wie denn selbst fugierte Sätze weithin lediglich drei obligate Stimmen beschäftigen. Soweit das eher für op. 2 zutrifft, mag diese Reihe noch vor den Werken in op. 1 entstanden sein, die durch Browns Edition zugänglich wurden und seine zusammenfassenden Beobachtungen bestätigen.[4]

Während die Quartette im »mixed style« die Folge schnell – langsam – Menuett – Fuge bevorzugen, die sich – bis auf die Schlußfuge – eher dem späteren Standard nähert, zeigt die große Mehrheit der anderen Werke eine viersätzige Anlage, die ähnlich wie bei Gassmann mit langsamem Kopfsatz vor der Fuge, gefolgt von langsamem Satz samt Menu-

[1] W. Kirkendale, *Fuge und Fugato*, S. 35f., S. 78ff. und S. 105.

[2] Ebenda, S. 15 und S. 79f., dort auch zur Publikation der Fugen von Gassmann und Monn; A. P. Brown, *Carlo d'Ordonez (1734–1786). A Thematic Catalogue*, Detroit 1979 (Detroit Studies in Music Bibliography 39); ders., *The Chamber Music with Strings of Carlo d'Ordonez: A Bibliographical and Stylistic Study*, in: Acta musicologica 46 (1974), S. 222–272; ders., *Structure and Style in the String Quartets of Carlo d'Ordonez (1734–1786)*, in: Report of the Eleventh Congress Copenhagen 1972, hg. v. H. Glahn u. a., Kopenhagen 1974, Bd. 1, S. 314–324.

[3] A. P. Brown, *The Chamber Music with Strings of Carlo d'Ordonez*, S. 235f.

[4] *Carlo d'Ordonez: String Quartets, Opus 1*, hg. v. A. P. Brown, Madison 1980 (Recent Researches in the Music of the Classical Era 10). Beispiele aus dem späten D-Dur-Quartett bei Brown, *Structure and Style in the String Quartets of Carlo d'Ordonez*, S. 320 und S. 322f.

ett, noch immer auf die vormalige Kirchensonate zurückdeutet. Allerdings gilt das nur begrenzt für die Quartette op. 1 (A – F – c – Es – B – G), die durchweg die Satzfolge langsam – schnell – Menuett – Fuge aufweisen. Weniger fugiert als imitatorisch beginnen die zweiten Sätze in Nr. 1–2, an gleicher Stelle begegnet in Nr. 3–4 ein ›Capriccio‹ bzw. ›Scherzando‹, und wie hier fehlen konrapunktische Ansätze auch in den Pendants aus Nr. 3–4 nicht ganz. Für die Fugentechnik von Ordonez ist die Sammlung damit nicht sehr repräsentativ, doch verfügt immerhin das A-Dur-Quartett Nr. 1 im Finale über ein ›Fugato‹ mit langmensuriertem Thema, und das G-Dur-Finale in Nr. 6 verbindet den chroma-

Carlo d'Ordonez, op. 1 Nr. 6, Finale, T. 1–9 (A-R Editions, Madison/Wisconsin).

tisch gefüllten Quartfall als Soggetto mit einem Gegenthema voll pochender Tonrepetitionen, die sich im Satzverlauf zunehmend durchzusetzen wissen. Kontrapunktisch angelegt ist auch der Beginn des c-Moll-Quartetts Nr. 3, dessen Thema mit Quintfall, Sextsprung und fallender verminderter Septim (g – c – as – h) Brown nicht ganz grundlos an den zweiten Satz aus Mozarts Quartett KV 168 erinnerte, auch wenn topologische Analogien kein Anlaß zur Rede von Reminiszenzen sind.[1] Wenn hier wie sonst ein langsamer Satz an erster Stelle in der Grundtonart steht, bleibt kein Raum für Tonartenwechsel, doch kommt es gerade in diesem c-Moll-Werk zu einem Wechsel des Tongeschlechts, sofern das Menuett (und nicht das Trio) als Maggiore in C-Dur steht, während nach dem c-Moll-Trio eine kurze Rückleitung eintritt. Die sonst recht schlichten Menuette weisen immerhin mitunter unregelmäßige Taktgruppierung auf wie etwa im G-Dur-Werk Nr. 6. Im übrigen zeigen

1 A. P. Brown, *The Chamber Music with Strings of Carlo d'Ordonez*, S. 260f.

langsame wie schnelle Sätze oft, aber nicht durchweg binäre Anlage, in der freilich die Reihung der Satzgruppen vor Ansätzen der Verarbeitung rangiert. Nicht sehr profiliert sind die langsamen Einleitungen, soweit sie von einer kantilenenhaften Stimme geprägt sind. In Nr. 1 freilich wechselt ein imitativer Ansatz zu Akkordfolgen mit dynamischer Kontrastierung, und in Nr. 5 begegnet eine engräumig verhakte Rhythmik. Desto auffälliger ist in den raschen Sätzen die Ausbildung rhythmisch geschlossener Phasen mit gleichmäßigen Mustern in den füllenden Stimmen, und da auch die Modulationsphasen im zweiten Formteil kaum Züge motivischer Arbeit zeigen, läßt sich nicht ohne Zögern von Sonatensätzen sprechen. Bemerkenswert ist jedoch im c-Moll-Werk Nr. 3 der Versuch, das Allegro an zweiter Stelle mit dem Menuett samt Trio und dem Finale durch eine thematische Prägung zu verbinden, in der die Quinte jeweils durch ihre Nebennoten umrahmt wird (g mit a/as und fis).

Der Entstehungszeit der meisten Werke von Ordonez entspricht auch eine konservative Note, die einen Hauptstrang der frühen Wiener Produktion kennzeichnet. Dagegen nehmen sich Haydns Experimente in op. 1–2 fast wie ein Sonderweg aus; indem sie aber die Voraussetzungen der späteren Quartette erproben, verweisen sie umgekehrt eher Beiträge von Musikern wie Gassmann und Ordonez in eine historische Nebenrolle. Eine Differenz bedeutet bei ihnen vorab der hohe Anteil fugierter Formen, die in der Regel einen Gegenpol zu den galanten Sätzen darstellen, ohne auf jene Synthese bedacht zu sein, um die es dann Haydn zu tun war. Dieses Interesse an der Fuge charakterisiert jedoch eine Wiener Sondertradition, die von Kirkendale gründlich untersucht wurde.¹ Zu ihr trugen auch weitere Musiker wie Wenzel Birck, Johann Spech, Christoph Sonnleithner u. a. bei, doch blieb dieses Repertoire von der Gattungsgeschichte des Streichquartetts weitgehend abgesondert. Denn erst nach 1800 erschienen verspätete Drucke solcher ›Fugenquartette‹, so von Sonnleithner (1802), Gassmann (1803–04) und Georg Matthias Monn (1803–05), und Haydn selbst steuerte 1804 als Reverenz an seinen Eisenstädter Amtsvorgänger eine Edition entsprechender Sätze von Gregor Joseph Werner bei. Als einziger Autor erlebte Johann Georg Albrechtsberger (1739–1809) noch dieses retrospektive Interesse an einer kontrapunktischen Kunst, die er als Theoretiker wie als Komponist seit langem wie kein anderer repräsentiert hatte. Neben einer Fülle von Fugen für 2 bis 8 Streichinstrumente, deren Zahl Kirkendale auf »über 160« schätzte, schrieb Albrechtsberger auch eine Reihe von Streichquartetten.² Die Titel der Drucke wie der Handschriften geben über die Gattungskriterien noch weniger als sonst Auskunft, denn wie Fugen mit langsamen Einleitungen auch als ›Quatuors‹ oder ›Sonaten‹ bezeichnet wurden, so figurieren mehrsätzige Quartette noch nach 1790 als ›Sonaten‹. Wenn all diese Werke nur teilweise gedruckt wurden, so ist erst recht nur eine begrenzte Auswahl in Neuausgaben

1 Vgl. dazu W. Kirkendale, *Fuge und Fugato*, S. 25–45 und S. 59–69.
2 Ebenda, S. 37, Anmerkung 9, ferner S. 37–44.

erreichbar, die immerhin doch einen Einblick in recht unterschiedliche Satzarten gewähren.

Die *Six quatuors en fugues* op. 1 (Berlin 1781) stellen den Fugen in der zweiteiligen Anlage eine langsame Einleitung voran, die im A-Dur-Werk Nr. 2 als ›Largo‹ und im C-Dur-Pendant Nr. 5 als ›Andantino‹ bezeichnet ist.[1] Profilierter als diese melodisch recht neutralen Eröffnungen sind die Fugen selbst, deren Themen von vornherein mit festen Kontrasubjekten gekoppelt werden. Obwohl das keineswegs ungewöhnliche Verfahren nicht einer Doppelfuge entspricht, deren Themen separat eingeführt und dann erst kombiniert werden, bestimmen die Kontrapunkte weithin den rhythmischen Charakter der Sätze. Die A-Dur-Fuge verbindet im 2/4-Takt ihr skalar fallendes Thema, das in gleichmäßigen Vierteln nur einen chromatischen Schritt aufweist, mit einem lebhaften Gegenthema, das durch Punktierung, rasche Sprung- und Schrittbewegung mitsamt Trillern die strenge Fugierung zu modifizieren hat. Dagegen setzt die C-Dur-Fuge im ¢-Takt auf zunehmende Verdichtung, indem nach der Exposition die zweite Durchführung zwar unvollständig bleibt, die nächste aber mit Umkehrung (T. 71) und die letzte mit Engführung in Ober- und Unterstimmen aufwartet (T. 81–92), bis die Coda vor den abschließenden Akkordschlägen die Stimmen zum Unisono zusammenführt. Konzentrierter noch vertritt diesen Typus die As-Dur-Fuge aus den *Sei Sonate* op. 10 (1791–92).[2] Im vorangehenden Adagio partizipieren die Oberstimmen am ornamentalen Figurenwerk, wozu phasenweise repetierte Achtel das Baßfundament abgeben. Die Allabreve-Fuge dagegen paart das Thema, dessen Kopf in Ganzen und Halben nur einer Kadenzformel gleicht und dann skalar fortgesponnen wird, nun gleich mit zwei markanten Gegensätzen, die mit Viertel- und Achtelbewegung die Rhythmik profilieren. Durchläuft dieses Modell in

J. G. Albrechtsberger, Sei Sonate op. 10 Nr. 6, zweiter Satz, T. 1–8 (*DTÖ*).

dreifachem Kontrapunkt die Stimmen in der Exposition ebenso vollständig wie regelmäßig, so bleibt dem Verlauf des 165 Takte umfassenden Satzes nur die Wahl zwischen transponierter Wiederholung oder sukzessiver Auflösung des Themenverbands. So erscheint der Komplex in der nächsten Durchführung noch in drei Einsätzen, nach einem ersten Zwischenspiel treten jedoch verkürzte Einsatzabstände an die Stelle einer Engführung, bis dann nach der Satzmitte die Themen nur noch sporadisch begegnen. So dicht thematisiert der Satz auch wirkt, so un-

---

[1] Vgl. die Neuausgabe in: Sammlung Organum III/70–71, hg. v. L. Hoffmann-Erbrecht, Köln 1969.

[2] *Johann Georg Albrechtsberger: Instrumentalwerke*, hg. v. O. Kapp, Wien 1909 (*DTÖ*, Bd. 33), S. 54–59.

übersehbar werden die Themenpartikel zu konventionellen Formeln verschlissen. Wohl rund zehn Jahre zuvor entstand die Fuge Nr. 6 aus den *Sonate* op. 2 (1782), der ein Adagio d-Moll vorangeht.[1] Im 3/2-Takt macht diese Einleitung einen betont altertümlichen Eindruck, zumal sie Vorhaltdissonanzen in Halben akzentuiert. Sie gewinnt damit ein kontrapunktisches Gepräge, das sich erst spät auflöst (ab T. 38), desto mehr kontrastiert dazu aber die graziöse D-Dur-Fuge im 3/8-Takt, die diesmal ohne Gegenthema auskommt. Statt dessen bezieht sie ihren spielerischen Charakter aus dem Thema selbst, das durch Pausen in Zweitakter gegliedert wird und mit Kadenzglied samt Triller acht Takte mißt. Nach regelrechter Exposition zeigt die nächste Durchführung nur mehr drei Einsätze, die in modulierender Fortspinnung das Kadenzglied einbüßen, eine letzte Durchführung paart Ober- und dann Unterstimmen zur Engführung (ab T. 62 und T. 69), danach aber kennt der Satzverlauf nur noch einzelne Themeneinsätze, um dafür ein Mosaik aus thematischen Splittern auszubilden. Fast wäre von souveränem Spiel mit dem Material zu reden, wenn nicht die Partikel in sequenzierenden Tonrepetitionen ihre Konturen verlören. Doch kehrt ein ähnlicher Prozeß noch in der c-Moll-Fuge Nr. 4 aus den *Quartetti* op. 24 (1803) wieder, deren langsame Einleitung ein zweitaktiges Seufzermotiv sequenzierend erweitert.[2] Das Fugenthema jedoch, das nach Oktavsprung rasch abfällt, verkettet sich mit seinem Gegenthema zu komplementärer Achtelbewegung, die sich in dem Maße steigert, wie sich die Einsatzfolge verdichtet. Kommt es gar zu Sechzehntelketten, die aus einem Themengelenk erwachsen (ab T. 27), so löst sich der Schein der Fuge um so entschiedener in das Spiel mit motivischen Fragmenten auf.

Das vertraute Bild von Albrechtsberger als gestrengem Kontrapunktiker ließe sich wohl differenzieren, wenn man sich statt an den Normen der Fuge am rhythmischen Prozeß einer motivischen Entfaltung orientierte, der auch in späteren Werken wirksam bleibt. Wenn von einem Musiker seiner Generation traditionsverbundene Werke zu erwarten sind, so überrascht desto mehr der gelöste Tonfall, den die mehrsätzigen Quartette zu finden wissen. Schon ein recht frühes Divertimento A-Dur, dessen fünf Sätze noch zwei Menuette umfassen, verfügt über ein bemerkenswert galantes Idiom.[3] Zwar wird man gerade in den Tanzsätzen vergeblich auf metrische Irritationen warten, im anmutigen Kopfsatz jedoch, der im 6/8-Takt dem Muster eines Siciliano entspricht, markiert der akkordische Satz ebenso den Gegenpol zu den gelehrten Fugen wie im abschließenden Presto, das dieselbe zweiteilige Form nun im 2/4-Takt zeigt. Und das Adagio cantabile breitet zu begleitenden Tonrepetitionen eine einfache Kantilene der Oberstimme aus. Aufschlußreicher noch sind die viersätzigen *Quartetti* op. 7 Nr. 1–3, die 1781–82 in Preßburg erschienen und 1787 durch drei weitere Werke ergänzt wurden.[4] Zumal

1 Neuausgabe in: Diletto musicale Nr. 337, hg. v. F. Brodszky, Budapest und Wien 1969. Die von Robert E. Freeman als op. 2 bezeichneten Werke (vgl. *MGG²*, Personenteil, Bd. 1, Sp. 394) entsprechen nicht den von W. Kirkendale (*Fuge und Fugato*, S. 38) als op. 2 gezählten Quartetten.

2 Neuausgabe, hg. v. B. Päuler, Zürich 1975.

3 Neuausgabe, hg. v. F. Brodszky, Budapest und Wien 1968.

4 *Albrechtsberger: Instrumentalwerke* (*DTÖ*, Bd. 33), S. 60–93; vgl. R. Harpster, *The String Quartets of J. G. Albrechtsberger*, Diss. University of Southern California 1975.

J. G. Albrechtsberger, op. 7
Nr. 1, erster Satz, T. 1–15
(*DTÖ*).

das D-Dur-Quartett Nr. 1 interessiert durch einen Kopfsatz, der ohne Wiederholung der Formteile auskommt. Demgemäß entsprechen die Satzglieder eher den umfänglichen ›Perioden‹ in der Lehre Kochs als den Teilen eines Sonatensatzes, und statt unterschiedlicher Themen kennt der erste Formteil nur wechselnde Felder im modulierenden Weg zur Dominante. Er kehrt zwar in einer gekürzten Reprise wieder, die nun auf der Tonika verharrt, der Mittelteil jedoch ist in der Reihung figurativer Taktgruppen alles andere als eine gearbeitete Durchführung. Auf solche Musik trifft Kochs Sicht weit eher zu als auf die Musik Haydns, die zu gleicher Zeit auf eine Thematisierung zielte, die Kochs Denken noch fremd war. Ähnlich ist auch das Andante G-Dur angelegt, dessen regelhafte Taktgruppen sich nur bei sequenzierenden oder imitierenden Ansätzen ein wenig verschieben, und vom gefälligen Menuett hebt sich das Trio als Minore nur durch punktierte Rhythmik ab. Das abschließende Andante grazioso läßt zunächst wohl an ein Rondo denken, wenn nach dem zweiteiligen Thema ein Kontrastglied in d-Moll wie ein Couplet ansetzt. Erst im weiteren wird klar, daß primär eine Variationsfolge vorliegt, die im wechselnden Verhältnis zum Themenkern auch rondohafte Züge annimmt, bis sich vor der Coda die melodische Figurierung mit der Umsetzung in den 3/8-Takt verbindet. Schlichter sind die beiden anderen Quartette, die gleichermaßen binäre Kopfsätze und ähnlich einfache Menuette bieten. Während das nur dreisätzige A-Dur-Werk im Finale ganz wie ein Menuett gebaut ist, endet das dritte Quartett F-Dur in einem Rondo mit drei Refrains und zwei Couplets. An zweiter Stelle erscheint hier ein Adagio cantabile B-Dur, dessen beide Teile denselben Prozeß der wachsenden Ornamentierung in der Oberstimme betreiben, wogegen der Begleitsatz in komplementären Achteln hochgradige Kontinuität verbürgt. Auch das G-Dur-Quartett op. 20 Nr. 1 (1801) verändert das Bild nicht mehr, denn der Kopfsatz, der mit durchgängig triolischer Bewegung das Allabreve zum 12/8-Takt umprägt, hat mit gerade 45 Takten ein noch bescheideneres Format, und das Menuett bleibt ebenso konventionell wie der kleine Schlußsatz im 2/4-Takt. An zweiter Stelle steht jedoch eine Allabreve-Fuge, die sich in diesem Umfeld desto seltsamer ausnimmt, als sich ihr chromatisch fallendes Soggetto keineswegs so wie in den erwähnten Beispielen in motivische Partikel aufzulösen vermag.

So weit solche Werke von Haydn oder gar Mozart entfernt sind, so sehr nähern sie sich doch dem generellen Stand der Wiener Produktion. Gewiß erreichen sie noch nicht die Dimensionen der Quartette jüngerer Autoren, die sich partiell schon mit Haydns ›segreto‹ befassen mochten, doch fallen sie kaum hinter die Beiträge von gleichaltrigen Musikern wie Gassmann oder Ordonez zurück. Je später Albrechtsbergers Quartette liegen, desto größer wird freilich ihr Abstand zur Zeit. Die Geschichte der Gattung haben sie zwar nicht erweitert, der Theoretiker blieb aber eine unangefochtene Autorität, und auch wenn Beethoven als der berühmteste unter seinen vielen Schülern von keinem Lehrer abhängig war, so war doch Albrechtsberger als Kontrapunktiker noch lange eine Instanz, vor der sich ein kunstgerechter Satz auszuweisen hatte.

Die Wiener Quartettproduktion erlebte nach 1770 einen spürbaren Aufschwung, und es fällt schwer, den Gedanken abzuweisen, daß dabei auch Haydns Werke bis op. 20 (1772) im Spiele waren. Denn erst danach schrieben nicht wenige Musiker, die kaum sehr viel jünger als Haydn waren, einen Hauptteil ihrer eigenen Quartette. Während von Leopold Hofmann wohl nur ein Werk handschriftlich erhalten ist, hinterließ Luigi Tomasini immerhin rund 20 Quartette, von denen aber nur drei 1807 als op. 8 im Druck erschienen. Erst 1779 wurden auch die sechs Quartette op. 2 von Wenzel Pichl gedruckt, denen 1788 drei weitere folgten.[1] Wie man sieht, verstand sich die Drucklegung nicht von selbst, so daß man sich für ungedruckte Werke auf handschriftliche Quellen angewiesen sah. Trotz des schwunghaften Handels mit Kopien dürfte solche Musik am internationalen Austausch nicht in dem Maß beteiligt gewesen sein, wie es für Haydn und die bekannteren Spezialisten der Gattung gilt. Und so kann die Reihe der gedruckten Werke, die trotz wechselnder Zählung in den vielen Nachdrucken am ehesten eine chronologische Orientierung erlauben, wohl als Gradmesser für die Verbreitung und Geltung der Autoren dienen. Eine Ausnahme bildete aber auch der Böhme Josef Mysliveček, der sich nach seiner Ausbildung in Prag bald nach Italien wandte, wo er mit Opern und Oratorien äußerst erfolgreich war. Aufführungen solcher Werke zogen ihn zwar nach München, ohne aber engere Verbindungen zum Wiener Kreis zur Folge zu haben. Mit je sechs Quartetten op. 1–2 (1780–82) beteiligte er sich recht spät am Repertoire, die im Neudruck vorliegenden Streichquintette jedoch zeigen einen klangdichten Satz, in dem die solistischen oder

---

[1] Vgl. die Ausgabe des e-Moll-Quartetts op. 2 Nr. 4 von Pichl, hg. v. W. Höckner, Locarno 1963.

paarweisen Stimmen zu rhythmisch konstanter Begleitung die Führung haben. Was hier dem fünfstimmigen Satzverband entspricht, gilt weithin aber auch für die Quartette, die metrischen Kontrasten oder gar motivischer Arbeit wenig Raum lassen.[1] Wie kaum ein anderer Wiener Autor konnte dagegen Johann Baptist Vanhal ein Œuvre von rund 50 Quartetten publizieren, die zwischen 1769 und 1786/87 in Paris, Berlin und schließlich auch in Wien erschienen. Sie werden zudem durch handschriftliche Quellen ergänzt, die neben Konkordanzen auch Werke zweifelhafter Authentizität bieten. In seiner Edition machte D. W. Jones 1980 sechs Quartette zugänglich, die zumeist den gedruckten Serien entstammen: c-Moll op. 1 Nr. 4 (Paris 1769, Huberty); F-Dur aus op. 6 (ebenda 1773); C-Dur op. 13 Nr. 3 (ebenda 1773); G-Dur, aus einer Prager Handschrift (um 1780); A-Dur op. 33 Nr. 2 (Wien 1785, Artaria); Es-Dur, wohl aus op. 28 (Wien 1786/87, Hoffmeister).[2] Von Prag aus kam Vanhal 1760 nach Wien, und da er dort – von einer Italienreise abgesehen – weiterhin tätig blieb, gewann er persönliche Beziehungen zu Dittersdorf, Haydn und später auch Mozart. Er war nicht nur einer der fruchtbarsten Autoren, sondern seine Quartette genossen über Wien hinaus auch weitere Verbreitung als die von anderen Musikern seiner Generation. Obwohl sie aber einen Zeitraum von fast 20 Jahren umspannen, beweisen sie im ganzen doch eine erstaunliche Kontinuität der Verfahren.

Dreisätzig ist nicht nur das relativ frühe F-Dur-Quartett, sondern auch noch das späte Es-Dur-Werk, beidemal entfällt das Menuett, das in den Quartetten c-Moll und C-Dur einmal an dritter und einmal an zweiter Stelle erscheint, in den G-Dur- und A-Dur-Werken jedoch durch Sätze mit der Bezeichnung ›Aria‹ bzw. ›Arietta‹ vertreten wird. Am schlichtesten sind die fast durchweg zweiteiligen Schlußsätze, die dem gängigen Muster mit wiederholtem ersten Teil (A) samt Modulationspartie mit modifizierter Reprise (B – A') folgen. Bis auf das knappe F-Dur-Finale erreichen sie einen Umfang von 190 bis zu 236 Takten, doch relativiert er sich durch das meist sehr rasche Tempo im 2/4- bzw. 3/8-Takt. Eine Ausnahme bildet das A-Dur-Finale als Kettenrondo, das es bei fünf Refrains auf 271 Takte (6/8) bringt. Dem Refrain indes liegt ebenso wie den Couplets dasselbe Schema mit zwei wiederholten Teilen (a – b – a') zugrunde wie der Form der übrigen Sätze. Die flotte Melodik dieser Schlußsätze tendiert zwar anders als in den Kopfsätzen zum Einschub neuer Taktgruppen, für die gleichwohl die Bezeichnung ›Seitensatz‹ eine Übertreibung wäre. Ohne Ansprüche auf Verarbeitung zu machen, dominiert die Reihung der Satzgruppen, und wo sich die Gegenstimmen nicht blockhaft der Melodiestimme anschließen, begnügen sie sich mit begleitender Funktion zumal bei Figurationen der Oberstimme, die hier allerdings nicht so wie in langsamen Sätzen hervortritt. Auch die Menuette sind regelhaft angelegt, Abweichungen von

---

[1] *Josef Mysliveček: Quintetti per archi*, hg. v. J. Racek und Vr. Belský, Prag 1957 bzw. 1988 (Musica Antiqua Bohemica 31 bzw. 83).

[2] *Johann Baptist Vanhal: Six Quartets. An edition and commentary*, hg. v. D. W. Jones, Cardiff 1980.

der Norm zeigt nur der Tanzsatz C-Dur, dessen erster Teil 13 Takte mißt, während das Pendant im Trio aus 7 + 5 Takten besteht. Die ›Aria I – II‹ aus dem G-Dur-Quartett entspricht ebenso wie die ›Arietta I – II‹ im A-Dur-Werk dem Schema des Tanzsatzes im 3/4-Takt, nur daß der zweite Teilsatz am Ort eines Trios einmal in der Variante und das andere Mal in der Subdominante erscheint. Im letzten Fall zeigt überdies die Oberstimme ein Maß an Figuration, das den robusten Tanzsätzen sonst fremd ist. Desto mehr beherrscht die figurative Oberstimme die langsamen Sätze, die derselben binären Anlage verpflichtet sind wie die Finali. In der Regel stehen sie in der Dominante, nur im c-Moll-Werk wird die Durparallele und im C-Dur-Quartett ausnahmsweise die Mollvariante gewählt. So gut wie immer gehen diese Sätze von einem aus der Reihung zweitaktiger Gruppen gebildeten Kern aus, er stellt jedoch weniger ein Thema als den Ausgangspunkt einer figurativen Entfaltung dar, die fast stets der Oberstimme über füllender Begleitung überlassen wird. In op. 1 Nr. 4 lösen sich die Unterstimmen immerhin in komplementären Achteln ab, statt wie sonst oft nur gleichmütige Tonrepetitionen zu bieten. Von 54 Takten wächst das Format der Sätze immerhin zu 116 im letzten Werk, und in op. 33 Nr. 2 schiebt sich in die Modulation zur Dominante H-Dur einmal eine unerwartete Ausweichung nach h-Moll zu begleitenden Tremoli ein. Motivische Verarbeitung wird man aber so wenig erwarten dürfen wie eine Intensivierung melodischer oder harmonischer Eigenarten.

So wäre ein verstohlener Seitenblick auf Haydn allenfalls noch in den Kopfsätzen zu vermuten, die denn auch wirklich am ehesten Indizien einer begrenzten Erweiterung des satztechnischen Repertoires vorweisen. Nicht nur wächst der Umfang von 136 und 114 Takten in den ersten Quartetten zu 163 bis 213 Takten in den folgenden an, sondern auch die Relationen der Stimmen verschieben sich nicht unbeträchtlich. Der c-Moll-Kopfsatz aus dem ersten Druck 1769 trägt zwar – wie Jones betonte – keine Anzeichen einer wie immer gearteten »Sturm und Drang-Periode«[1], geschickt werden aber die thematischen Zweitakter durch Überlappung ihrer auftaktigen Impulse zwischen den Stimmen oder Stimmpaaren überbrückt (wie es hier übrigens auch im Finale zu beobachten ist). Ein ähnliches Verfahren nutzt der F-Dur-Satz aus op. 6 (1769), dessen thematischer Kern auch Dreitakter verschränkt, doch wechselt er dann zu pochenden Achteln der Begleitstimmen, die kaum an der Melodik partizipieren, was fortan eine stehende Gewohnheit wird. Dagegen zeigt der erste Satz des C-Dur-Quartetts aus op. 13 (1773) einen Ansatz von ›Diskontinuität‹, wenn der kantable Themenkopf im zweiten Takt nur einmal sequenziert wird, dann aber gleich zu raschem Lauf wechselt, der seinerseits energisch durch punktierte Werte mit Akkordschlägen (T. 4) abgefangen wird. Der Mittelteil beginnt mit dem Thema auf der Dominante, und in seiner Modulation erscheint nochmals

1 *Johann Baptist Vanhal: Six Quartets*, S. 14.

J. B. Vanhal, op. 6 Nr. 1, erster Satz, T. 1–11 (Edition D. W. Jones, Cardiff 1980).

ein Themenzitat in a-Moll; von durchführender Arbeit ist indes hier so wenig zu reden wie noch im G-Dur-Satz (um 1780), der seine triolischen Figurationsphasen aus der Steigerung der zum Thema gehörigen Sechzehntelgruppen bezieht. Erst im A-Dur-Satz aus op. 33 (1785) begegnet am Ort der Dominante ein dem Kopfmotiv rhythmisch analoger Gedanke, während ein- Themenzitat vor dem Ende eine Coda andeutet. Eine letzte Stufe erreicht der Es-Dur-Satz (1786/87), sofern erstmals ein reguläres Seitenthema (zunächst in der zweiten und dann der ersten Violine) erscheint und der Schluß der Exposition ›durchbrochenen‹ Wechsel der Innen- und Außenstimmen erprobt. Trotz seiner 55 Takte bildet der Mittelteil jedoch so wenig wie sonst eine thematische Durchführung, während die Reprise wieder durch eine kleine Coda erweitert wird.

In Haydns Kreis: Michael Haydn, Tomasini und Dittersdorf

Auf Haydn reagierte also Vanhal – wenn überhaupt – höchstens mit der wachsenden Ausdehnung der Formen, die dann auch Zusatzthemen oder Codapartien aufnehmen können. Die thematische Arbeit Haydns hinterläßt aber so wenig Spuren wie seine Kunst der metrischen Differenzierung, und so begrenzt wie der harmonische Radius bleibt auch der satztechnische Vorrat Vanhals. Gleichwohl ist so weit verbreitete Musik historisch nicht belanglos, denn sie vertritt nachdrücklich den Primat einer Hauptstimme zu relativ gleichmäßigen Formeln der Begleitung. An dieser Technik jedoch, die dann im Pariser Quatuor brillant triumphierte, hielten in der Wiener Tradition noch nach 1800 Musiker wie Peter Hänsel oder E. A. Förster fest, deren Werke dem jungen Schubert wohl früher vertraut wurden als die konträre Kunst Beethovens. Und so konnten auch scheinbare Seitenwege, wie sie die Tradition neben Haydn ausbildete, weit später zu einer Voraussetzung für eine ganz neue Art des Komponierens werden. Wenige Musiker gleichen Alters wie Vanhal standen jedoch Haydn so nahe wie sein Bruder Michael, der seit 1772 Konzertmeister und vor allem Organist in Salzburg war, und der Geiger Luigi Tomasini, der schon mit 16 Jahren nach Esterháza kam und dort als Konzertmeister ständig mit Haydn zusammenwirkte. Daß familiäre Bande nicht engere Verbindungen garantieren als kollegiale Kontakte, zeigen die Quartette beider Musiker. Die Quellenlage ist zwar nicht restlos geklärt, als gesichert dürfen aber die in Neuausgaben verfügbaren Werke gelten, die bis auf Tomasinis drei Quartette op. 8 (Wien 1807) nur handschriftlich erhalten sind. Die sechs Quartette Michael Haydns, die ihr Herausgeber »vor 1770« ansetzte, verteilen sich laut Rainer G. Pauly auf den Zeitraum zwischen 1777 und 1796 (und werden zudem durch weitere Einzelwerke der Jahre bis 1802 ergänzt).[1] Sie sind in der Regel nur dreisätzig, wäre aber das F-Dur-Quartett (Perger 119), das ausnahmsweise vier Sätze enthält, um 1783 entstanden, so fiele es gerade in die Zeit nach dem op. 33 des älteren Bruders. Daß der Sonderfall jedoch keine Zäsur bedeutet, macht die Rückkehr späterer Werke zur dreisätzigen Norm sichtbar. Die drei frühesten Werke teilen im Kopfsatz noch das Schema eines zweiteiligen Suitensatzes, dessen zweiter Teil nach der Modulationsphase keine förmliche Reprise des Satzbeginns kennt. Im Zeitmaß eines Andante vertreten sie allerdings auch einen langsamen Satz, wie er derart nur im viersätzigen F-Dur-Werk vorkommt, hier aber noch über stützendem Baß die Oberstimmen meist homorhythmisch zusammenfaßt. Erst in diesem wie in den beiden folgenden Werken (Perger 120 und 122) besitzen die Kopfsätze kurze Reprisen, doch nur das F-Dur-Quartett verfügt über ein kleines Seitenthema, und durchweg fehlen gearbeitete Mittelteile. Ebenso kurz wie schlicht sind auch die nie fehlenden Menuette, die gelegentlich eine

---

1 *Michael Haydn: Instrumentalwerke I*, hg. v. L. H. Perger, Wien 1907 (*DTÖ*, Bd. 29), Thematisches Verzeichnis S. XXVIIIf.; ebenda, S. 103ff., das A-Dur-Quartett (Perger 121); Ausgaben der Quartette Perger 124, 118, 122, 120, 119 und 116 in: Diletto musicale 331–336, hg. v. H. Zehetmair, Wien und München 1974; zur Datierung vgl. Reinhard G. Pauly und Charles H. Sherman, Art. *Haydn, Michael*, in: *New Grove Dictionary*, Bd. 8, S. 412.

kurze Rückleitung nach dem Trio bieten. Eine Ausnahme ist hier das g-Moll-Werk (Perger 120, um 1783), dessen Kopfsatz (Andante un poco Allegro) etwas rascheres Tempo wählt, während nach einem Andante grazioso G-Dur ein Menuett mit Variationen als Schlußsatz fungiert. Viermal wird der Tanzsatz durch Figuration je einer Stimme variiert, strenger aber als die Melodik bleibt das harmonische Gerüst gewahrt. Bis auf das Rondofinale im B-Dur-Quartett (Perger 134) geben sich die sonst zweiteiligen Schlußsätze als bündiger Kehraus, wobei wieder nur im viersätzigen F-Dur-Quartett ein größerer Umfang erreicht wird. Erstaunlich ist aber doch, wie wenig sich die Satzart im ganzen ändert, so daß nur zu folgern bleibt, daß Michael Haydn alles eher versuchte als seinem großen Bruder nachzueifern.

Ein anderes Verständnis für die Kunst Haydns lassen dagegen schon die frühen Quartette von Tomasini erkennen. Während Erich Schenk nur Quellen aus dem Besitz der Wiener Gesellschaft für Musikfreunde nannte, erwähnte Günter Thomas auch eine größere Anzahl von Werken im Národni Muzeum Prag und im Conservatorio Genua.[1] Die in Wien befindliche Serie von sechs Werken (A – Es – D – E – C – G, Kocark 2–8), die Schenk zufolge 1770 anzusetzen wäre, begnügt sich noch mit je drei Sätzen, die sich zwar kaum formal, wohl aber im Umfang und Detail von Michael Haydns Beiträgen deutlich unterscheiden. Während die Binnensätze in der Regel die Dominante und dazu eine ›Liedform‹ bevorzugen, verwenden die Schlußsätze neben drei Rondo- auch zwei Variationenformen, und einmal entspräche demnach das Finale jenem ›Sonatensatz‹ ohne Durchführung, den auch die Kopfsätze zeigen. Die Quartette in A- und D-Dur (Korcark 3 und 5), die in der Neuausgabe vorliegen, lassen jedoch auch weitere Eigenarten erkennen. Dem Typ einer Chasse im 6/8-Takt entspricht der A-Dur-Kopfsatz, der sein Thema in den gekoppelten Violinen und dann in den Mittelstimmen präsentiert, wozu die Oberstimme die Takte verkettende Einwürfe zufügt, wie sie auch weiterhin begegnen (so T. 28ff.). Im etwas anspruchsvolleren D-Dur-Quartett wird dagegen gleich im Thema des ersten Satzes die abschnappende Wendung der Oberstimme abgespalten und imitatorisch von den übrigen Stimmen übernommen (T. 2), denselben Effekt nutzt auch der modulierende Mittelteil zu einem Themeneinsatz in B-Dur (T. 51f.), und in der Reprise wechselt das Thema von der obersten in die unterste Stimme (T. 66ff.). Wenn im Andante dieses Werkes die erste Violine durchweg die Führung hat, so wird im Adagio des A-Dur-Quartetts die Begleitung immerhin auf die Stimmen verteilt. Bescheidener ist hier der abschließende Variationensatz, der seine Figurationen meist wieder der Oberstimme und erst am Schluß auch dem Violoncello überläßt. Im D-Dur-Finale fehlt es dagegen nicht an kleinen Überraschungen wie der neapolitanischen Wendung (T. 5ff.), dem unerwarteten C-Dur-Ausgriff (T. 53ff.) oder den chromatischen Zügen

---

[1] *Luigi Tomasini: Ausgewählte Instrumentalwerke*, hg. v. E. Schenk, Graz und Wien 1972 (*DTÖ*, Bd. 124), S. 3–63; Fr. Korcark, *Luigi Tomasini (1741–1808), Konzertmeister der fürstlich Esterházyschen Kapelle in Eisenstadt unter Joseph Haydn*, mschr. Diss. Wien 1952; G. Thomas, Art. *Tomasini, Luigi*, in: *New Grove Dictionary*, Bd. 19, S. 36.

(T. 85–95). Sie nuancieren den kompakten Klang im 2/4-Takt und mögen so wie der ganze Typus Haydn abgelauscht sein.

Erst recht setzen die späteren Quartette Tomasinis, die nach Schenks Vermutung um 1790 entstanden sein könnten, die Kenntnis von reifen Werken Haydns seit op. 33 voraus. Das d-Moll-Quartett (Korcark 10) behält die Grundtonart in allen Sätzen bei und wechselt erst am Schluß des Finales zur Durvariante. Das Thema im eröffnenden Allegro spirituoso differen-ziert seine gleichmäßigen Viertel geschickt durch Pausen, die durch die nachschlagende Oberstimme überbrückt werden, thematisch gestützt wird auch die Überleitung, die erst spät in freiem Figurenwerk ausläuft (T. 39ff.); thematische Züge bleiben aber bis zur Schlußgruppe hin wirksam, die das Thema in der Durparallele zitiert. Indem der Mittelteil diese Thematisierung fortführt, gewinnt er auch Züge einer Durchführung, und ähnlich verhält es sich mit dem Kopfsatz des B-Dur-Quartetts (Korcark 11), dessen Hauptthema unerwartet abbricht (T. 4), um jedoch mit seinem Kopf sowohl die Überleitungen wie auch die Durchführung zu prägen. Beidemal entspricht dem gewachsenen Umfang eine Tendenz zur monothematischen Konzentration, und beide Werke werden nun durch Menuette an dritter Stelle zur Viersätzigkeit erweitert. Gerade diese Tanzsätze deuten auf Haydn zurück, wenn etwa im d-Moll-Quartett ein durchgängiger Linienzug mit wechselnder Akzentuierung die Stimmen verbindet (T. 1–14) oder das B-Dur-Pendant mit synkopischen Terzfällen anfangs das Taktmaß verschleiert (T. 1–4 und wieder T. 13–16, 31–34). Das knappe Adagio B-Dur begnügt sich hier freilich mit einem thematisch freien Mittelteil, der Variationensatz im d-Moll-Werk jedoch, dessen Thema durch seine rhythmische Binnengliederung auffällt, läßt zweimal auch die Viola zum Zuge kommen. Als ›Rondo‹ ist diesmal der Schlußsatz bezeichnet, sein Refrain kehrt aber nur einmal verkürzt wieder, bis er am Ende zum Maggiore verwandelt wird. An Haydn gemahnt eher das dreiteilige Presto g-Moll, das sein Kopfmotiv mit Ketten von je zwei gebundenen Sechzehnteln immer wieder plötzlich unterbricht. So sehr beide Werke also dem Stimmenwechsel huldigen, der zum Quatuor concertant gehört, so fern stehen sie doch dem Quatuor brillant, denn sie fordern wohl den geübten Primarius, kaum aber einen ausgesprochenen Virtuosen.[1]

Im vielgestaltigen Œuvre, das Carl Ditters von Dittersdorf (1739–1799) hervorbrachte, sind seine sechs Quartette eher Nebenwerke. Obwohl in Wien geboren und aufgewachsen, wirkte der Komponist als Kapellmeister der Bischöfe von Großwardein und Breslau weitab, doch hatte er mit Oratorien und Singspielen dann auch in Wien große Erfolge. Freilich blieben seine Quartette (D – B – G – F – Es – A), die 1788 in Wien erschienen, durch spätere Taschenpartituren bekannter als die dominierende Produktion der Zeitgenossen.[2] Sie enthalten noch immer nur drei Sätze, meist mit einem mittleren Menuett, an dessen Stelle auch

1 Vgl. E. Schenk, Einleitung zu *DTÖ* 124 (wie S. 107, Anmerkung 1), S. Xf.

2 Taschenpartituren erschienen in den Editionen Philharmonia und Eulenburg (letztere hg. v. W. Altmann); vgl. weiter G. Rigler, *Die Kammermusik Dittersdorfs*, in: Studien zur Musikwissenschaft 14 (1927), S. 179–212: 189ff.; E. Badura-Skoda, *Dittersdorf über Haydns und Mozarts Quartette*, in: Collectanea Mozartiana, hg. zum 75jährigen Bestehen der Mozartgemeinde Wien, Tutzing 1988, S. 41–50; H. Unverricht, *Carl Ditters von Dittersdorf als Quartettkomponist. Ein Konkurrent Haydns, Mozarts und Pleyels?*, in: Haydn-Studien VII, Heft 3/4, München 1998, S. 315–327; vgl. auch die aufschlußreiche Autobiographie: *Carl Ditters von Dittersdorf, Lebensbeschreibung. Seinem Sohne in die Feder diktiert*, hg. v. N. Miller, München 1967; S.-Ch. Yeon, *Carl Ditters von Dittersdorf. Die Kammermusik für Streichinstrumente. Quellenkundliche und stilistische Untersuchungen mit einem thematischen Verzeichnis*, Hildesheim u. a. 1999 (Studien und Materialien zur Musikwissenschaft 19), S. 72–80 und S. 306f.

ein langsamer Satz treten kann, der dann aber so einfach ausfällt wie in Nr. 2. Die Eingangssätze folgen dem Herkommen, denn überleitende Partien haben meist an hübschen Spielfiguren ihr Genüge, in dominantischer Position kann dann ein neuer Gedanke eintreten, ohne einen eigentlichen Seitensatz darzustellen, und die Durchführungen kennen höchstens transponierte Themenzitate. Doch kommt es nicht selten zu Überraschungen wie der chromatischen Sequenz in der Durchführung des D-Dur-Satzes (Nr. 1), wo ein Themenzitat von Des-Dur aus am Ende das Kopfmotiv in Fis-Dur erreicht, um dann mit Halbtonschritten rasch zur Tonika und damit zur Reprise umzulenken (T. 69–102). Ehrgeiziger noch ist der Satz in Es-Dur (Nr. 5), der von der Dominante plötzlich zur Mediante Ges-Dur (in der Reprise C-Dur) wechselt, ohne damit allerdings thematisches Material zu verbinden (T. 47 und T. 136). So wenig empfindsame Kantilenen die Sache dieses Autors sind, so sehr sind dagegen die Tanz- und die Schlußsätze seine Domäne. Mit einem Witz, wie man ihn eher von Haydn kennt, charmieren besonders die Menuette. So läßt der Tanzsatz G-Dur (Nr. 3) seine Figurenketten über Haltetönen schnurren (ab T. 9), während im Minore ähnliches Laufwerk mitten in getupfte Akkordfolgen einbricht (T. 45ff.). Im A-Dur-Menuett (Nr. 6) nimmt das ›Alternativo‹ die akkordische Schlußformel mit Kadenz nach D-Dur auf, doch schlägt es nach drei Takten vom 3/4- zum 2/4-Takt um. Und der D-Dur-Satz (Nr. 1) spielt mit der Norm der Viertakter, die durch Zwischenglieder erweitert werden. Rondozüge nehmen auch zweiteilige Finali an, wenn sie neben Binnenkontrasten auch Themenzitate bieten und dem Verlauf noch eine entsprechende Coda anhängen. Im Es-Dur-Finale (Nr. 5) unterbrechen Pausen das geschäftige Thema, das sich im zweiten Teil akkordisch staut, und die Coda schraubt ihre Figuren erst chromatisch und dann in Dreiklängen in höchste Höhe. Formal höchstens simpel sind reguläre Rondi wie in Nr. 3 G-Dur, wo nach drei Refrains und zwei Couplets die Coda noch einem weiteren Couplet samt Schlußrefrain gleichkommt. Und das Finale A-Dur (Nr. 6) schiebt als erstes Couplet burleske C-Dur-Formeln über Bordunklängen ein, aus ihnen aber entspinnt sich ein richtiges kleines Fugato, und das zweite Couplet besteht aus nichts als achttaktigen Kadenzgruppen, die mit gleichmäßigen Halben wie Beispiele aus dem Lehrbuch aussehen. Ein solcher Witz bei geringem Aufwand war wohl Haydn abgelauscht, freilich Werken aus weit früherer Zeit, ohne mit seinen reifen Quartetten konkurrieren zu wollen.

Wiener Konjunkturen: Kozeluch und die anderen

Wie Tomasini und Michael Haydn gehörte auch Dittersdorf – trotz seiner persönlichen Kontakte – nicht zum Kreis jener Wiener Komponisten, die um die Jahrhundertmitte geboren wurden und die lokale Tradition fortsetzten. Sie führten die Wiener Produktion zu einem zumindest quantitativen Höhepunkt in den Jahren nach 1780 und teilweise sogar über die Jahrhundertwende hinaus. Soweit sie nicht gebürtige Wiener waren, stammten sie doch fast ausnahmslos aus den habsburgischen Kronlanden und faßten früh und dauerhaft in der Hauptstadt Fuß. Zu nennen wäre hier mehr als ein Dutzend von Autoren, die mitunter weit mehr als 50 Werke schrieben. Eine Übersicht, die freilich nicht in jedem Fall schon gesicherte Zahlen bieten kann, mag eine Vorstellung vom Umfang dieses Repertoires vermitteln. Da es vorerst nicht möglich ist, eine Zuordnung zu Typen wie dem Quatuor concertant oder dem Quatuor brillant vorzunehmen (die sich im Einzelfall auch überschneiden können), empfiehlt sich eine neutrale Folge nach dem Alter der Komponisten. Angegeben werden primär gedruckte Werke; soweit sich die (oft wechselnden) Opuszahlen nicht einzeln nennen lassen, muß für besonders umfängliche Œuvres eine Zusammenfassung genügen.[1]

1 Die Angaben zu den Werken folgen denen in *MGG* bzw. *New Grove Dictionary*, soweit nicht im weiteren auf spezielle Literatur verwiesen wird. Vgl. auch H. Walter, *Zum Wiener Streichquartett der Jahre 1780 bis 1800*, in: Haydn-Studien VII, Heft 3/4, München 1998, S. 289–314 (mit einem Verzeichnis der Wiener Streichquartettdrucke S. 309–314).

Leopold Kozeluch (1747–1818)	6 Quartette op. 32–33, 1790–91
Emanuel Aloys Förster (1748–1823)	3 Drucke mit je 6 Werken op. 7, 16, 21, 1794–1803; 30 handschriftliche Werke (1802, 1805)
Johann Georg Mederitsch gen. Gallus (1752–1835)	4 Serien zu je 6 Werken, op. 1–4 und 6 bis 1792 (op. 2 ungedruckt, op. 5–6 ›Ricercate‹); 2 Serien zu je 3 Werken (1802), zusammen 30 Quartette
Anton Täuber (Teyber) (1756–1822)	29 Werke (6 Friedrich Wilhelm II. gewidmet), überwiegend offenbar nicht gedruckt
Franz Anton Hoffmeister (1754–1812)	ca. 50 Werke in 14 Reihen zu je 3 Quartetten (dazu 7 Werke für Violine, 2 Violen, Violoncello)
Paul Wranitzky (1756–1808)	ca. 50 Werke in Serien zu je 6 oder 3 Quartetten (1788–1803), 4 Werke handschriftlich erhalten
Joseph Ignaz Pleyel (1757–1831)	64 Werke, 12 Serien zu je 6 oder 3 Quartetten (1782–92), 5 Werke (1803–10), 2 Handschriften (eine als Variante)
Franz Krommer (1758–1831)	53 Werke in 24 Serien zu je 3 Quartetten (1793–1821, darunter ein Einzelwerk op. 23, 1802)
Anton Wranitzky (1761–1820)	ca. 30 Werke in 2 Serien zu je 6 (op. 1–2, 1790–91), 5 Serien zu je 3 Quartetten (1792–1800), 3 Handschriften
Adalbert Gyrowetz (1763–1850)	45 Werke in 12 Serien zu je 6 oder 3 Quartetten (1786–1804)
Josef Leopold v. Eybler (1765–1846)	je 3 Werke op. 1, 1794 und op. 10, 1809
Franz Alexander Pössinger (1767–1827)	3 Werke op. 8, 1804; Trois quatuor faciles, 1816–17; Opernarrangements für Streichquartett
Peter Hänsel (1770–1831)	55 Werke in 15 Serien zu je 3 Quartetten, 10 Einzelwerke (1798–1825)
Joseph Woelfl (1773–1812)	12 Werke, 1 Serie zu 6, 2 Serien zu je 3 Quartetten (1798–1805)

Fast ist es eine Regel, daß die Publikationen mit einem als opus 1 bezeichneten Druck mit Streichquartetten beginnen. Ein Höhepunkt der Produktion liegt besonders zwischen 1790 und 1800, und wenn die Flut danach abschwillt, so dürfte das nicht nur an der dominierenden Bedeutung liegen, die zunehmend Beethovens Werken ab op. 18 zukam, sondern ebenso auch – und vielleicht noch mehr – an einem Wechsel des Zeitgeschmacks. Denn da sich ein Hauptteil dieses Bestandes sichtlich eher an ein Publikum der quartettspielenden Liebhaber richtet, war er auch den wechselnden Moden ausgesetzt.[1] So neigt sich denn die Mehrheit der Werke dem Quatuor concertant zu, ohne gleich die professionelle Virtuosität des typischen Quatuor brillant zu fordern, doch werden gerade bei späteren Opera Symptome einer Vereinfachung sichtbar (um nicht von Verflachung zu reden). Unverkennbar ist aber auch die Tendenz, sich nach Serien mit je sechs Werken vermehrt mit der Zusammenfassung von nur drei Quartetten zu begnügen (so schon bei Hoffmeister und Krommer und weiter auch bei Gyrowetz und Hänsel), und nicht selten werden dann Quartette auch als Einzelwerke gedruckt (wie es wieder bei Hänsel zu registrieren ist). Es ist also derselbe Vorgang, der sich in Beethovens Entscheidung spiegelt, nach den sechs Quartetten op. 18 in op. 59 nur drei Werke zusammenzufassen und seither lauter einzelne Hauptwerke vorzulegen. Ob bei seinen Zeitgenossen Probleme des Absatzes oder der Kalkulation mitspielten oder ob für sie die Komposition immer anspruchsvollerer Werke den Ausschlag geben konnte, bliebe erst noch näher zu untersuchen. Je zahlreicher aber die Werke dieser Komponisten sind und je später ihre Entstehungszeit liegt, desto weniger hat auch die Forschung an ihnen bisher Interesse gezeigt. Offenbar läßt sich die Einsicht nicht verdrängen, daß es sich dann um Musik handelt, bei der ein Vergleich nicht nur mit Haydn, sondern auch schon mit Mozart und später gar Beethoven unumgänglich wird. Je mehr mit ihren Meisterwerken der reife Stand der Hochklassik ausformuliert ist, desto weniger können ihm die Werke solcher ›Kleinmeister‹ standhalten.

Quantitativ und wohl auch qualitativ stellen die Quartette von Kozeluch in dieser langen Werkreihe einen Sonderfall dar. Denn ihr Autor war nicht nur der älteste Musiker dieser Gruppe, sondern vorab als Pianist und Lehrer bekannt und demnach kein Spezialist des Streichquartetts. Seine sechs Quartette erschienen als op. 32 und 33 mit je drei Werken 1790–91 in dem von ihm gegründeten Wiener Verlag (Magazin de Musique) und wurden auch andernorts nachgedruckt, doch gehören sie nach der Folge ihrer Tonarten in fallender Terzfolge (B – G – Es, C – A – F) zugleich auch zusammen. Die Problematik ihrer angemessenen Beurteilung erörterte Hickman im Kommentar zu seiner Neuausgabe, indem er darauf bestand, die Werke seien nicht an Haydn zu messen, um dessen Quartette dann doch vergleichend heranzuzie-

[1] Dazu vgl. R. Hickman, *The flowering of the Viennese string quartet in the late eighteenth century*, S. 158ff.

hen.[1] Offenkundig suchte Kozeluch hinreichend attraktive Musik zu bieten, die für Liebhaber spielbar und für Kenner unverächtlich sein sollte. Bis auf das zweisätzige A-Dur-Werk umfassen die Quartette unter Verzicht auf Menuette immer noch nur drei Sätze. Einem umfänglichen Kopfsatz, der mit Ausnahme des 6/8-Taktes im letzten Werk geraden Takt zeigt, folgt der meist sehr langsame Mittelsatz und zum Schluß viermal ein rasches Finale, das dem Kopfsatz an Länge kaum nachsteht. Während in op. 33 Nr. 1 ein Andante con variazioni den Abschluß bildet, wird das Rondofinale in op. 33 Nr. 2 zweimal durch ein Andante erweitert. Doch erst die kompositorischen Maßnahmen, die Hickman bereits erläuterte, machen den intendierten Ausgleich zwischen Kennern und Liebhabern einsichtig.

Die ersten Sätze zeigen nun – wie dann auch bei anderen Autoren – einen Verlauf, für den die Terminologie des Sonatensatzes weit eher paßt als zuvor. Zwar wird man weder die rhythmische Diskontinuität noch die motivische Dichte Haydns erwarten, in ihren Grenzen sind Kozeluchs Sätze aber sichtlich um eine Thematisierung bemüht, die anderen Musikern lange fremd war und doch erst eigentlich die Rede von Themen rechtfertigt. Der erste Kopfsatz besitzt sogar ein kleines Seitenthema in dominantischer Position, in der sonst meist Varianten des Hauptthemas erscheinen. Die Durchführung benutzt in op. 33 Nr. 1 zunächst Material der Überleitung, spaltet dann aber auch das dreitönige Kopfmotiv des Hauptthemas ab, um mit seiner Imitation ein modifiziertes Themenzitat einzuleiten (T. 92–99). Wenn sich monothematische Beschränkung nicht durch die motivische Arbeit Haydns kompensieren läßt, dann wird zusätzlich figurative Füllung erforderlich, um der sonst drohenden Monotonie zu begegnen. So zitiert die Durchführung in op. 32 Nr. 2 den Hauptsatz nicht nur, sondern bildet ihn auch zur fallenden Mollskala um (T. 91–100), doch besteht kaum Anlaß dazu, die rhythmische Kontrastierung der füllenden Figuration als theatralischen Effekt zu verstehen. Besonders dicht ist der ebenfalls monothematische Es-Dur-Satz in op. 32 Nr. 3, dessen kantables und doch energisches Thema sich in dreifacher Abfolge einer Halben mit zwei Vierteln gleich zur Dominante öffnet (T. 4); setzt im zweiten Viertakter zunächst die Oberstimme aus, so überbrückt ihr verspäteter Einsatz die Taktgruppen mit triolischen Achteln, die somit als thematisches Element definiert werden. Eine entsprechende Themenversion vertritt auch den Seitensatz (ab T. 47); vom Themenkomplex zehrt aber nicht nur die Schlußgruppe, sondern auch die Durchführung, und wo sie nicht auf die Melodik des Themas rekurriert, da wird sein rhythmisches Modell oder die zugehörige Triolenfiguration eingesetzt, wogegen die Coda (T. 217–224) eine Themenvariante der Durchführung mit vorangestellten Auftakten aufgreift (T. 110–120). Geschickt verklammert das Thema des C-Dur-Kopfsatzes in op. 33 Nr. 1 gebundene Viertel in

[1] *Leopold Kozeluch: Six String Quartets, opus 32 and opus 33*, hg. v. R. Hickman, Madison 1994 (Recent Researches in the Music of the Classical Era 42), Preface S. IXf.

den Stimmpaaren, die um einen Takt verschoben einsetzen, und zur rhythmisch analogen Fortspinnung treten erst punktierte und dann Sechzehntelfiguren, die mit dieser wohl Haydn abgesehenen Technik wieder thematisch legitimiert werden. Die freie Überleitung erreicht über die Tonikavariante rasch Es-Dur, um einen rhythmisch prägnanteren Kontrastgedanken auszubilden (T. 22), bevor auf der Dominante erneut das Hauptthema folgt. Erst nach seiner Fortspinnung tritt das spielerische Seitenthema ein (T. 51), wonach die Durchführung thematische Varianten verknüpft, während die recht getreue Reprise wieder durch eine Coda ergänzt wird. Einfacher ist der A-Dur-Satz in op. 22 Nr. 2, dessen Thema zwar wieder fließende Viertel offeriert, die sich dann mit Triolenketten verbinden, auf diese Alternativen bleibt aber der weitere Ablauf angewiesen, selbst wenn am Ende eine kleine Coda nicht fehlt. Auch dem letzten Kopfsatz F-Dur in op. 33 Nr. 3 eignet – nun im 6/8-Takt – eine rhythmische Kontinuität, die der Preis einer monothematischen Anlage ist. Sie wird noch in der Durchführung wirksam, die sich wieder ganz auf das Thema und die ihm zugehörige Figuration stützt, doch ähnlich wie in op. 32 Nr. 1 den Themenkopf abspaltet (ab T. 129 und T. 147). Als Ausgleich fungiert so wie in op. 32 Nr. 3 eine weiter als sonst ausgreifenden Harmonik, die allerdings weniger auf unerwarteten Modulationen als auf planvollen Quintschrittsequenzen mit eingefügten Trugschlüssen oder Wechseln des Tongeschlechts basiert, in der Reprise aber auch nicht eine lange Sequenz der terzparallelen Stimmpaare verschmäht (T. 177–192).

L. Kozeluch, op. 33 Nr. 3, erster Satz, T. 1–11 (A-R Editions, Madison/Wisconsin).

Nicht ebenso anspruchsvoll sind die langsamen Sätze, die zwei- oder dreiteilig angelegt sind und keine Durchführungen kennen, weshalb sie auch kaum als Sonatensätze zu bezeichnen sind. Völlig kontrastlos verläuft das dreiteilige Andante Es-Dur in op. 32 Nr. 1, das zwar im durchweg geforderten Spiel ›con sordino‹ eine aparte Note erhält, in beiden Satzgruppen aber – um nicht von Themen zu sprechen – nur wiegende Achtel im 6/8-Takt kennt. Zweigliedrig ist der A-Teil im Adagio C-Dur aus op. 32 Nr. 2, und wenn sich der B-Teil nach Es-Dur wendet, hat er doch keine verarbeitenden Züge. Etwas konturierter als das Gegenstück in op. 32 Nr. 3 sind die langsamen Sätze in op. 33 Nr. 1 und 3, und zumal das Poco Largo c-Moll im C-Dur-Quartett Nr. 3 beginnt ein wenig pathetisch mit unisonem Sextsprung, den eine seufzerhafte Wendung mit Halbschluß ergänzt. Die Fortsetzung überträgt der Primgeige allein und dann auch im Wechsel mit dem Cellopart gezackte rasche Figuren, die sich in Verbindung mit verminderten Septakkorden nun in der Tat etwas theatralisch ausnehmen, wozu die Kantilene des B-Teils ein wirksames Gegengewicht bildet.

Obgleich die Finali ihren leichten Tonfall nur in Nuancen verändern, binden sie sich keineswegs an formale Schemata. Sehr locker gebaut sind die Rondi in op. 32 Nr. 2–3, in denen auch die mittleren Couplets mit eigenem Material aufwarten, und wenn sich in op. 32 Nr. 2 die äußeren Couplets wie Seitensätze in Exposition und Reprise entsprechen, so schließt an das letzte Couplet hier gleich eine kleine Coda an. Einem Sonatenrondo nähert sich eher das Finale in op. 32 Nr. 1, sofern nach dem zweiten Refrain das mittlere Couplet nicht nur moduliert, sondern auf Refrainmotivik basiert. Dem ersten Finale der ganzen Reihe entspricht das letzte, in dem nun ausnahmsweise ein reguläres Sonatenrondo vorliegt. Denn dieses Allegro scherzando F-Dur nimmt im Mittelteil auch Motivik einer überleitenden Phase auf, die quasi als Schlußgruppe zwischen erstem Couplet und zweitem Refrain vermittelt (T. 106). Überhaupt zeichnen sich die Schlußsätze durch die weiträumige Anlage ihrer Refrains aus, die zwischen den rahmenden Gliedern recht lange Binnenteile und vor Eintritt der Couplets auch überleitende Partien zeigen, um damit einer schematischen Reihung zu entgehen. Daraus erklärt sich teilweise auch die Länge dieser Sätze, doch sind die Finali der zweiten Trias zudem etwas individueller als die der ersten. In op. 33 Nr. 1 findet sich der einzige Variationensatz, dem zwar bei einem recht schlichten Thema fünf figurative Veränderungen genügen, wonach sich aber die Coda zum veritablen Rondo auswächst. Und wenn im Finale aus op. 33 Nr. 2 zwei Hauptteilen ein Andante vorangeht, das sich zum Allegro A-Dur wie ein Minore verhält, dann erweist sich der Satz im ganzen doch wieder als ein Rondo, das seine vier Refrains auf beide Hälften verteilt. Geglückt ist hier die Vermittlung der Rondoglieder durch motivische Analogien, die sich freilich auf die austauschbare Simplizität der Elemente gründen.

Die Quartette Kozeluchs sind also keine Pflichtstücke eines Routiniers, sondern sehr achtbare Exempla des Ausgleichs zwischen unterschiedlichen Interessen. Beachtung verdienen zumal die Kopfsätze, selbst wenn die Folgesätze nicht ganz so gewichtig ausfallen. Trotz gelegentlicher Ausnahmen ist die Periodik insgesamt recht regelhaft, und auch wo die Kopfmotive der Themen mit figurativen Kontrasten zusammentreten, bleibt Haydns Kunst der motivischen Konzentration im diskontinuierlichen Satz noch folgenlos. Nach bemerkenswert raschen Modulationen bilden sich doch stabile Phasen in der Zieltonart aus; wichtiger ist aber eine thematische Bindung, die freilich eher auf kombinatorischen Themenzitaten als auf motivischer Arbeit beruht. So fern die Musik von Haydns Komplikationen ist, so wenig gleicht sie der Dutzendware mancher Zeitgenossen.

In Wien wirkte seit etwa 1780 Emanuel Aloys Förster, der nicht weniger als 48 Streichquartette geschrieben hat. Drei Serien mit je sechs Werken wurden gedruckt: op. 7, Offenbach 1794, André (A – F – D – B – G – Es), op. 16, Wien 1801, Artaria (D – B – Es – C – f – A) und op. 21, ebenda 1803, Bureau d'Arts et d'Industrie (C – d – A – Es – B – e), handschriftlich blieben aber 30 weitere Quartette in zwei Gruppen zu 12 bzw. 18 Werken erhalten, für die Karl Weigl die Daten 1801 und 1805 angab.[1] Fast ausnahmslos umfassen die Quartette nun gleich vier Sätze, nur stehen die Menuette bis op. 16 an dritter und danach an zweiter Stelle. Obwohl Försters Beiträge erst recht spät einsetzen, lassen die beiden Proben, die Weigl aus op. 16 wählte, kaum Spuren Haydns oder gar Mozarts erkennen. Die Kopfsätze der Werke in C-Dur und f-Moll (op. 16 Nr. 4–5) benötigen weit über 200 Takte, verfügen nun über Seitenthemen und bieten in den Durchführungen auch Themenzitate, deren Transposition im f-Moll-Satz bis nach es-Moll führt. Nur hier versucht die Rückleitung zur Reprise im Ansatz motivische Arbeit durch Abspaltung einer Achtelgruppe, die dem Kopf des Hauptthemas entstammt (T. 119–124). Wie wenig Förster an obligater Stimmführung gelegen ist, erweist aber die Dominanz der jeweils führenden Stimme, die oft gleichförmig begleitet wird, während thematische Phasen recht bald von freier Figuration abgelöst werden. So regelhaft wie hier bleibt die Periodisierung auch in den weiteren Sätzen und selbst in den Menuetten, in denen nur das Trio des f-Moll-Werkes eine kurze Imitation kennt. Statt zum Cantabile tendieren die zweiteiligen langsamen Sätze zur Reihung ihrer Taktgruppen in kleingliedriger Rhythmik. Und gegenüber dem knappen C-Dur-Finale, das einem Rondo mit drei Refrains gleicht, erreicht das Gegenstück in f-Moll mit 433 Takten zwar ansehnliche Länge, obwohl sein zweiter Teil aber mit thematischen Figuren operiert, bleibt eine förmliche Reprise aus.

So wenig wie das Werk von Johann Mederitsch gen. Gallus ist das von Anton Täuber durch Neuausgaben erschlossen. Während Täubers

---

1 *Emanuel Aloys Förster: Zwei Quartette, drei Quintette*, hg. v. K. Weigl, Wien 1928 (*DTÖ*, Bd. 67); Thematisches Verzeichnis, ebenda, S. VIIff.; vgl. ferner auch K. Weigl, *E. A. Förster*, in: Sammelbände der Internationalen Musikgesellschaft VI (1904/05), S. 274–314; die handschriftlich überlieferten Quartette, die in der Österreichischen Nationalbibliothek Wien einzusehen sind, lassen zwar eine erweiterte Harmonik und auch differenziertere Rhythmik erkennen, ohne damit jedoch höhere Konsequenz der thematischen Arbeit zu verbinden.

Quartette auch nur teilweise in zeitgenössischen Drucken verbreitet waren, hat Harmut Krones immerhin einige Proben aus den Opera 1 und 6 von Mederitsch mitgeteilt, die um 1780 und 1802 zu datieren sind.¹ Der Kopfsatz des E-Dur-Quartetts op. 1 Nr. 6 zeichnet sich demnach durch »eine von Quartrahmen und Seufzer abgesteckte Kernzelle« aus, die ebenso wie ein »chromatisch geschärfter obligater Kontrapunkt« zum Zusammenhalt des Satzes beiträgt. Freilich wirkt dieser Quartrahmen nur als abstrakte Vorgabe für Formulierungen, die doch konkret recht verschieden ausfallen, wenn anfangs ein Halteton mit Quartfall verbunden, dann eine steigende Quarte in Gegenrichtung ergänzt oder auch ein Quartraum skalar durchmessen wird. Deutlicher ist der Zusammenhang in einem Fugato, das die Satzmitte bestimmt, denn ihm liegt eine chromatische Variante des eröffnenden Gedankens zugrunde, die zudem wechselnd sequenziert wird. Eine Vorliebe für kontrapunktische Verfahren ist für Mederitsch auch sonst bezeichnend, wie die Benennung der sechs Quartette op. 5 (1792) als ›Ricercate‹ erkennen läßt. Und als ›Quatuors ou Fantaisies‹ sind drei Werke op. 6 (1802) bezeichnet, die Haydn zugeeignet wurden. Den Kopfsatz des d-Moll-Quartetts Nr. 2 verbindet mit dem früheren Beispiel neben der Monothematik auch das Fehlen von Teilwiederholungen. Die repetierten Viertel, die im Themenkopf einem Quintfall voranstehen, greift auch der Mittelteil auf, indem er aber keine förmliche Reprise kennt, nähert sich der Verlauf wieder der vormaligen Zweiteilung. Wie es scheint, könnte eine Edition ausgewählter Werke von Mederitsch Aufschlüsse über einen Autor vermitteln, der selbständiger als andere Zeitgenossen vorgegangen sein dürfte.

Die geschäftige Aktivität, die Franz Anton Hoffmeister als Verleger entfaltete, hat seine reiche kompositorische Produktion verdeckt. Nicht einmal eine verläßliche Übersicht scheint bislang vorzuliegen, und so schwanken die Zahlen nicht unerheblich, die Alexander Weinmann für Hoffmeisters Quartette 1951 und 1980 genannt hat. Wurde der Bestand zunächst auf »38 Hefte, meist zu je 3 Quartetten« geschätzt, so wurden daraus später 57 Werke in 14 Serien (unter Einschluß von sieben Quartetten für Violine, zwei Violen und Violoncello).² Lange stand Hoffmeister im Ruf, ein Autor von eher unterhaltsamer als sonderlich anspruchsvoller Musik gewesen zu sein, und nicht wenige der eingesehenen Drucke lassen eine solche Bewertung zunächst auch plausibel erscheinen. Doch könnte sich der Eindruck graduell durch eine gezielte Auswahl von Werken verändern, die auch etwas individuellere Züge zu erkennen geben. Auf das Es-Dur-Quartett op. 7 Nr. 1, das 1782 erschien und die traditionelle Dreisätzigkeit »zu einer komplexen zweisätzigen Struktur« umformt, machte wiederum Krones aufmerksam. Denn während der erste Satz durch ein Adagio eröffnet wird, das dann auch vor dem zweiten Teil erscheint, stellt der zweite Satz ein ›Menuettino in Rondo‹ dar, doch ist die eigenartige Formverbindung auch durch hochgradige Ver-

1 H. Krones, *Beobachtungen zur Sonatenhauptsatzform im Streichquartettschaffen einiger Zeitgenossen Joseph Haydns*, in: Haydn-Studien VII, Heft 3/4, München 1998, S. 328–343: 337f., Notenbeispiele 10–11. Ein dreisätziges F-Dur-Quartett von Mederitsch erschien ohne Opusangabe in einer Edition in Stimmen, hg. v. W. Höckner, Wilhelmshaven 1963.
2 A. Weinmann, Art. *Hoffmeister*, in: *MGG*, Bd. 6, Kassel u. a. 1957, Sp. 550; ders., Art. *Hoffmeister*, in: *New Grove Dictionary*, Bd. 8, S. 530.

einfachung der Satzstruktur erkauft. Und wie hier der Kopfsatz seine Schichten durch thematische Affinität verknüpft, so zeigt auch das spätere B-Dur-Quartett op. 38 »hohe motivische Verwandtschaft« im ersten Satz.[1] Solche Beobachtungen am thematischen Material besagen zwar noch nichts über die interne Struktur dieser Werke, doch deuten sie wohl auf einen Musiker hin, dem sich ein eigenes Profil nicht ungeprüft absprechen läßt. Am Vergleich zwischen Hoffmeisters Quartetten op. 9 (1783) und op. 14 (1791) hat Finscher die Pole im Œuvre eines Komponisten charakterisiert, der mit editorischem Geschick auch die eigene Musik »optimal auswertete«.[2] Die zwei- bis dreisätzigen Werke in op. 9, die so wie die von Rosetti als Mittelsatz meist eine ›Romance‹ anbieten, bescheiden sich mit einem recht schlichten ›Rondeau‹ als Finale, die eröffnenden Kopfsätze zeigen kaum Abweichungen von der Norm ›quadratischer‹ Periodik, und wenn oft die figurative Oberstimme dominiert, treten zugleich die Ansätze zu einiger Verarbeitung zurück. Das schließt nicht aus, daß im Wechsel der Satzgruppen auch anmutige Melodik, markante Rhythmik oder eine unerwartete Modulation Raum finden kann, seltener sind aber die Werke, die auf weitere Fähigkeiten Hoffmeisters schließen lassen. Als Beispiel nannte Finscher das d-Moll-Quartett aus op. 14, dessen Kopfsatz zwar in der Reprise nach D-Dur lenkt, das aber mit seinen vier Sätzen insgesamt als »überraschend anspruchsvolles, dichtes und bedeutendes Werk« erscheint. Das läßt sich ähnlich für das g-Moll-Quartett Nr. 3 aus op. 15 (1794) sagen[3], das zwar ohne Menuett auskommt, in seinen drei Sätzen aber doch beträchtliche Dimensionen erreicht. Das Thema des ersten Satzes zeigt anfangs eine getrillerte Formel im Unisono, die erst einen Terz- und dann den Oktavraum durchmißt (T. 1 und T. 3). Beidemal findet sie ihre kontrastierende Ergänzung in einem kleinen Seufzermotiv, das zwei Stimmen in Oktavierung einfügen (T. 2 und T. 4), und bevor diese Taktgruppe wiederholt wird, tritt ein kantabler Gedanke ein, bis sich das gespannte Verhältnis der Satzglieder in rollenden Unisonofiguren entlädt. Wie mit so reichem Material verfahren werden könnte, deutet zwar zunächst der weitere Verlauf an, und auf dominantischer Ebene folgen (ab T. 36) weitere Varianten von Trillerfiguren und energischer Dreiklangsbrechung. Doch fehlt dann auch freie Figuration nicht, die wenigstens nicht gar so mechanisch ausfällt, und wenn die Durchführung mit modifiziertem Themenzitat beginnt, so läßt sie danach zumindest die rhythmischen Umrisse der komplementären Themengruppen durchscheinen. Das Adagio non troppo D-Dur setzt im 6/8-Takt mit einem zweiteiligen Thema so an, als sei eine Variationenreihe zu erwarten, doch kehrt dieser Kernsatz in Ornamentierung mitsamt einer Coda erst am Ende wieder (T. 1–22, 84–111). Der Mittelteil ist indes kein bloßer Kontrast in d-Moll, sondern kommt auch auf die melodische Linie des Anfangs und nebenbei auf die Unisonofiguren des ersten Satzes zurück. Dieser

---

[1] H. Krones, *Beobachtungen zur Sonatenhauptsatzform*, S. 340f., Notenbeispiel 14; für den Einblick in seine Spartierung dieses Werkes danke ich Otto Biba (Wien) herzlich.

[2] L. Finscher, *Die Entstehung*, S. 271f. – Die von Dianne Jones besorgte Ausgabe der drei Quartette op. 14 (d – F – B), angekündigt als Artaria Editions Nr. 170–172 (Wellington, New Zealand), war bis zum Abschluß dieses Textes noch nicht zugänglich.

[3] Ebenda, S. 272f.; Salome Reiser (Kiel) überließ ihre Spartierung von op. 15 Nr. 3, wofür ihr herzlicher Dank gebührt.

F. A. Hoffmeister, op. 15 Nr. 3, erster Satz, T. 1–16.

aparten Mischung der Dreiteiligkeit mit variativen Zügen hält das Finale als munteres Rondo nicht ganz stand, denn wie der Refrain bilden die drei Couplets zweigliedrige Blöcke mit Teilwiederholungen. Immerhin laufen sie in überleitenden Phasen aus, in denen sich bereits das Figurenwerk des folgenden Refrains ankündigt, um der Tendenz zur Reihung der Formteile entgegenzuwirken.

Wie das Œuvre Hoffmeisters kann auch der Werkbestand der Brüder Wranicky die Kenntnisse erweitern, wenn eine Edition repräsentative Beispiele zu sichten vermag. Während solche von Anton Wranicky noch ausstehen, liegen vier Quartette von seinem älteren Bruder Paul in einer Partiturausgabe vor. Doch hat sich von ihm im Bestand der Gesellschaft der Musikfreunde in Wien das Autograph der 1791 in Paris als op. 10 gedruckten Werke erhalten, das mit der Angabe »Op. IV« und dem Datum »22. Novemb. 787« versehen ist.[1] Da die Quelle offenbar das Kompositionsmanuskript des Autors bildet, verdient sie einiges Interesse, denn sie gibt mit nicht wenigen Zusätzen, Umstellungen und ähnlichen Korrekturen zu erkennen, daß solche Werke auch für einen Musiker wie Wranicky eine ernsthafte Aufgabe bedeuteten. Aus der Reihe der sechs Quartette (G – B – D – A – C – Es) wählte die Edition – vielleicht nicht ganz glücklich – das letzte Werk und ergänzte es durch die Quartette Nr. 4–5 in Es- und G-Dur aus op. 23 (mit Widmung an Friedrich Wilhelm II. erschienen in Offenbach 1793 bei André) sowie durch ein offenbar früheres Werk in A-Dur, als dessen Quelle eine undatierte Abschrift diente. Sie stammt aus Raudnitz, wo Anton Wranicky seit 1794 als Kapellmeister der Familie Lobkowitz wirkte, doch dürfte das dreisätzige Werk schon länger zuvor entstanden sein, da es formal wie satztechnisch weit geringere Ansprüche stellt als die übrigen

1 Signatur: *Musikautographe Paul Wranitzky 3*; für einen Film der Quelle habe ich Otto Biba sehr zu danken. Vgl. ferner die Edition *Pavel Vranický: Quartetti per Archi*, Vol. I (Nr. I–IV), hg. v. St. Ondrácek, Prag 1986 (Musica Antiqua Bohemica 82); ein weiterer Band war bis zum Abschluß dieses Textes nicht zugänglich. Drei hörenswerte Quartette von Antonín Wranicky liegen seit 1997 in einer Einspielung mit dem Martinů Quartet vor.

Quartette. Nach zweifachem Vortrag seines Themas, dem noch kein Seitensatz folgt, bestreitet der erste Satz die Fortspinnung mit freier Figuration, die auch den Mittelteil bestimmt, ein kleines Andantino begnügt sich mit vier schlichten Variationen, und das Rondofinale verfügt zwar im zweiten Couplet über ein längeres Minore, nach dem aber der erste Refrain einfach zu wiederholen ist. Nach einem so rudimentären Werk ist die Steigerung in anderen Quartetten desto deutlicher. Das Autograph zu op. 10 (»Op. IV«) läßt erkennen, daß die Entscheidung für die viersätzige Anlage, die sich in Nr. 3–5 durchsetzt, nicht von vornherein feststand.

P. Wranitzky, Autograph, op. 10 (IV), Nr. 2, erster Satz, S. 16 (Gesellschaft der Musikfreunde in Wien).

Im G-Dur-Quartett Nr. 1 (S. 3–16) bricht die Niederschrift schon auf der zweiten Seite nach wenigen Takten ab (S. 4), es folgen nur einige Skizzen, während dem erneuten Beginn (S. 5) mit zahlreichen Streichungen sich erst ab S. 6 die weitere Fortführung anschließt. Das eröffnende Moderato wird vom ›Adagio con sordini‹ C-Dur abgelöst (S. 10–12), danach findet sich die Notiz »NB Hier kömmt ein Menuett herein«, doch folgt dann gleich das ›Finale/Allo assai‹. Unmittelbar anschließend ist das B-Dur-Werk Nr. 2 notiert (S. 16–26), beginnend mit einem ›non troppo Allegro‹. Davor jedoch steht der Vermerk: »Zum Anfang dieses Quartets kömt ein Adagio welches hier am Ende dieses / Allegro geschrieben stehet«. Und so fügt sich an das Allegro (S. 16–20) der gemeinte Eröffnungssatz mit dem Hinweis »Adagio, welches am Anfang die No. 2 ist, und / sodann in das Allegro / einfällt, wo vor diesem Adagio stehet«. Sind demnach beide Sätze als Paar gedacht, so werden sie von einem ›Allegretto scherzando quasi Allegro‹ (S. 21–23) und einem

›Menuetto galante‹ samt Trio g-Moll ergänzt (S. 24–26), am Schluß aber begegnet zusätzlich die Bemerkung »Dieses Allegro ist auf einem Extrablatt« (S. 26). Wie man sieht, ergab sich die Satzfolge wohl erst während der kompositorischen Arbeit, wogegen die folgenden Werke zwar ebenfalls manche Korrekturen, aber nicht mehr entsprechende Spuren einer veränderten Disposition zeigen. Nicht zufällig bieten die Kopfsätze die meisten Streichungen und Verbesserungen bis hin zu nachgefügten Partien mit Vide-Vermerken. Denn auffällig ist das Ausmaß, in dem sie sich um motivische Binnenbezüge bemühen. Das Hauptthema im G-Dur-Satz bilden rasche Sechzehntel der ausgeterzten Violinen in Zweitaktern, die von den Unterstimmen analog überbrückt werden, doch begegnet ihnen als wirksame Stauung nicht nur ein akkordisch gebündeltes Gegenthema, sondern der Mittelteil gewinnt durch thematische Rückgriffe merklich an durchführender Qualität. Mehr noch gilt das für den ersten Satz des B-Dur-Quartetts, der zwar nach dem einleitenden Adagio recht gedrängt ausfällt, aber thematisch noch dichter gefügt ist. Der Themenkopf, der dann auch auf dominantischer Position eintritt, beschränkt sich zwar über rhythmisch gefächerter Begleitung auf ein kantables Zweitaktmotiv, das den Dreiklang in markanter Rhythmik entfaltet. Sein Profil erhält er nach punktierter Halber durch Terzausschlag in zwei Achteln mit fallender Ergänzung durch gebundene Halbe samt Viertel, doch verteilen sich die Ansätze durch eingeschobene Pausen über längere Strecken, und nicht nur die Exposition greift dieses Incipit wieder auf, sondern besonders die Durchführung – und von einer solchen ist in der Tat zu reden – entfaltet dieses Kernmotiv imitatorisch und spaltet zudem mehrfach seine Taktgruppen auf. Auch der Kopfsatz im D-Dur-Quartett Nr. 3 weist durch seine Verdichtung aus, daß Wranicky motivische Arbeit nicht fremd war, wie sich hier auch wieder die Korrekturen häufen. Nicht ganz so dicht mutet der analoge A-Dur-Satz in Nr. 4 an, und besonders einfach gerät dann der im C-Dur-Werk Nr. 5.

Immerhin verfügt auch der Kopfsatz des Es-Dur-Quartetts Nr. 6, das in der Neuausgabe vorliegt, über ein recht homogenes Hauptthema, dessen Kopf den fallenden Dreiklang im Legato durchmißt und durch dominantisch gerichtete Kadenzgeste vervollständigt. Um eine Stufe aufwärts sequenziert, wiederholt der nächste Viertakter die harmonische Relation in einer melodischen Variante, die punktierte Kadenzwendung nehmen die nächsten Takte auf, und so entsteht eine achttaktige Gruppe aus variativ verketteten Gliedern, die sich dann ornamentiert wiederholt. Gerade ihre Figurierung vermittelt jedoch zur anschließenden Überleitung, deren Taktgruppen daher nicht beliebig austauschbar wirken. Zweifach wird sodann ein regulärer Seitensatz eingeführt (T. 48), mit dessen Wiederholung sich wiederum figurative Varianten verbinden (T. 56). Vom punktierten Rhythmus der kleinen Schlußgruppe geht auch die Durchführung aus (T. 68–108), die ihrerseits aber das Hauptthema auf der Subdominante einführt (T. 76), und selbst wenn sie nicht auf die unumgänglichen Spielfiguren verzichtet, rekurriert sie doch mehrfach auf den Themenkopf und seine Fortspinnung (ab T. 89 und 93). Hier wird also erkennbar, daß Haydn für einen Wiener Musiker denn doch zum Ansporn werden könnte, und so löst sich auch das Adagio von der Schablone, indem es mit einem choralhaften Rahmensatz ein Andante mit zwei Variationen einfaßt. So schlicht der Kernsatz aus Halben und Vierteln auch scheinen mag, so unverkennbar bezieht er sich auf jenen hymnischen Tonfall Haydns, der anderen Zeitgenossen sonst fernlag, und nimmt man zu den Variationen des Mittelteils die figurative Variante des Schlusses hinzu, dann ließe sich in der Summe aller Satzteile geradezu von einer Doppelvariation sprechen. Schlichter bleibt gewiß das Material im Rondofinale, das nach drei Refrains einen letzten in den als ›Coda‹ bezeichneten Abschluß verlagert. Wie sich aber das letzte Refrainglied fortspinnend zum folgenden Couplet öffnet, so nähern sich umgekehrt die Couplets am Ende den flinken Refrainfiguren, um die starre Reihung zu unterlaufen.

Weit einfacher sind die beiden Quartette aus op. 23, die dazu durch ihren Cellopart auf den königlichen Widmungsträger gebührend Rücksicht nehmen. In den Kopfsätzen beginnt gleich nach der Themenpräsentation ein neuer Ansatz, der im Es-Dur-Quartett fast den Ton eines Gassenhauers trifft. Hier erscheint in der Dominante eine Variante des Themenkopfes, und wie in beiden Sätzen freie Figuration dominiert, so bleiben die Durchführungen noch ziemlich rudimentär. Höchst einfach wie die Menuette sind auch die langsamen Sätze, wenngleich der in Nr. 2 gleichzeitig ein Menuett umschließt. Denn in das kurze Adagio A-Dur, das am Ende wie in op. 10 Nr. 6 ornamentiert wiederkehrt, wird ein knappes Menuett eingeschoben, so daß der Satzkomplex beide Binnensätze zugleich vertritt. Satztechnisch noch einfacher ist das Adagio C-Dur in Nr. 4, das dem Violoncello den Themenvortrag überläßt und es auch sonst oft im Dialog mit der Primgeige beschäftigt. Ähnlich tritt der Solopart im Finalrondo aus Nr. 4 hervor, das bei schlichter Thematik mit dem Gegenstück aus Nr. 2 die Formanlage teilt, ohne die in op. 10 zu beobachtende Vermittlungsstrategie fortzuführen.

So zeigt die in der Edition getroffene Auswahl die Bemühungen, aber auch die Grenzen eines Musikers, der Haydn zwar zu rezipieren wußte, ohne sich von den Bedingungen einer marktgerechten Produktion dauerhaft loszusagen. Eine kritische Ausgabe der Quartette op. 10 jedoch, die neben dem Druck auch das Autograph heranzuziehen hätte, könnte die Kenntnis des Umfeldes von Haydn und Mozart um schätzbare Beiträge bereichern.

Ignaz Pleyel: »élève de Mr. Haydn«

Ignaz Pleyel gehört zu den Komponisten, die so wie vormals Telemann allein durch die schiere Menge ihrer Produktion staunen lassen. Geboren 1757 in Niederösterreich, lernte er seit 1769 bei Vanhal in Wien und seit 1772 bei Haydn in Eisenstadt, von wo ihn sein Gönner Graf Ladislaus Erdödy als Leiter seines Privatorchesters nach Preßburg berief. Nachdem Pleyel als Adjunkt und seit 1789 als Nachfolger Fr. X. Richters in Straßburg gewirkt hatte, wechselte er 1792 für eine Saison nach London, und auch wenn er sich den Folgen der Revolution zunächst nicht entziehen konnte, ließ er sich 1795 in Paris nieder, wo er 1797 seinen Verlag gründete, in dem 1801–02 die erste Gesamtausgabe der Quartette Haydns erschien. Seit er ab 1807 noch eine Klavierfabrik betrieb, trat die kompositorische Tätigkeit in den Jahren bis zu seinem Tod 1831 zurück. Doch schrieb der rührige Mann, der fast alle Gattungen der zeitgenössischen Instrumentalmusik bediente, nicht weniger als 70 Streichquartette, die zumeist zwischen 1782 und 1792 publiziert wurden und in der Regel mehrfache Nachdrucke mit wechselnden Opuszahlen erlebten. Für die ersten Serien mit je sechs Quartetten hat sich zwar die Zählung als op. 1–5 eingeführt, doch zeigen die Opuszahlen der weiteren Werke desto größere Differenzen. Obwohl seit 1977 das thematische Werkverzeichnis von Rita Benton vorliegt, das eingehend über die Quellenlage informiert, ist es nicht zu einer Auswahledition gekommen, wie sie der zeitweisen Bedeutung von Pleyels Werken wohl angemessen wäre.[1] So können einige Hinweise, die der Werkzählung Bentons folgen, vorerst nur die Werkreihen knapp kennzeichnen, um sich dann auf die wenigen erreichbaren Beispiele zu beschränken.

Als Mozart 1784 seinen Vater auf neue Quartette Pleyels aufmerksam machte, die »sehr gut geschrieben und sehr angenehm« seien, fügte er zugleich hinzu, es sei »glücklich für die Musik, wenn Pleyel seiner Zeit im Stande ist, uns Haydn zu remplaciren«.[2] Früh schon kündigte sich damit eine Sicht an, in der Pleyel als der Wegbereiter Haydns galt, wie es dann auch Momigny wahrnahm. Mit der Widmung an Haydn erschienen nicht nur die Quartette op. 2, sondern als »élève de Mr. Haydn« firmierte Pleyel mehrfach seit seinem op. 1 auf den Titelblättern der Quartettdrucke, und so konnte Hans Georg Nägeli 1826 resümieren, Pleyel habe zwar »den Quartett-Satz seinem Meister abgelernt«, ihm aber nicht »den Quartett-Styl nachgebildet«.[3] Indem er jedoch »mit seinem niederern Styl zu dem höhern Haydn'schen erst Bahn machte«, sei er durch »leichtere Kost« auch »der beliebteste, der gespielteste und genossenste« Komponist seiner Zeit gewesen. Gleichwohl läßt sich Pleyels Quartettwerk kaum durchgängig als bloße Vereinfachung Haydnscher Modelle rubrizieren, auch wenn manche Drucke den Werken die werbewirksame Bezeichnung »très faciles« beilegten.[4] Pleyel hatte seine

---

1 R. Benton, *Ignace Pleyel. A Thematic Catalogue of his Compositions*, New York 1977; zu den Streichquartetten ebenda, S. 99–161. (Eine Sammlung mit 48 Quartetten Pleyels in frühen Stimmdrucken befindet sich im Musikwissenschaftlichen Institut Kiel.) Für die Einsicht in eigene Spartierungen danke ich Matthias Härtenstein (Freiburg); eine weitere Übersicht mit Übertragungen von Sätzen aus 13 Quartetten bietet J. Kim, *Ignaz Pleyel and His Early String Quartets in Vienna*, Diss. Chapel Hill NC 1996. – Die Edition der Quartette op. 2, hg. v. D. Jones, war bis zum Abschluß des Manuskripts noch nicht erreichbar.

2 *Mozart. Briefe und Aufzeichnungen. Gesamtausgabe*, Bd. III: 1780–1786, Kassel u. a. 1987, S. 311 (Nr. 786, 14. 4. 1784).

3 *Hans Georg Nägeli: Vorlesungen über Musik mit Berücksichtigung der Dilettanten*, Stuttgart und Tübingen 1826, S. 183f.

4 So noch 1807 die Ausgabe der Quartette Benton 358–364 im Wiener Verlag Cappi (vgl. Benton, *Ignace Pleyel*, S. 143f.). Zuvor schon hatte Artaria die erste Trias dieser Reihe 1792 mit dem Hinweis angekündigt, die Werke seien »mit so vielem Geschmack als Schönheit ausgeführt«, um dann die zweite Trias mit dem Zusatz »très faciles« zu versehen; vgl. dagegen L. Finscher, Art. *Streichquartett*, in: *MGG²*, Sachteil, Bd. 8, Sp. 1937.

Ausbildung bei Haydn begonnen, als dessen op. 20 entstand, und als dann op. 33 folgte, war Pleyel schon andernorts tätig. Seine Quartette schrieb er also neben den Meisterwerken Haydns und auch Mozarts, und die letzten Drucke Pleyels erschienen gar erst 1803 und 1810, als schon Beethovens op. 18 vorlag. Doch gehörten Pleyels Quartette damit in den Kontext all der zeitgenössischen Werke, mit denen sie ebenso das Los teilten, infolge der Kanonbildung des 19. Jahrhunderts verdrängt zu werden.

Einen zusammengehörigen Komplex bilden zunächst die 24 Quartette, die 1782–86 in Pleyels ersten vier Werkserien veröffentlicht wurden. Bis auf op. 2:3 und op. 3:3 (Benton 309 und 315 in g- bzw. e-Moll) werden Durtonarten bevorzugt, in der Regel genügen noch drei Sätze, während nur op. 1:2 und op. 2:4 (Benton 302 und 310) einen weiteren Satz bieten. Erst op. 3 (1785) enthält durchweg viersätzige Werke, doch überwiegt danach wieder die Dreisätzigkeit, während zweimal in op. 4 auch nur zwei Sätze begegnen (op. 4:1 und 4:3, Benton 319 und 321). Zu Beginn stehen in der Regel recht rasche oder gemäßigte und dann auch kantable Sätze, deren Anlage eher der Definition Kochs entspricht als der späteren Norm des Sonatensatzes. Ausnahmen sind langsame Kopfsätze wie in op. 2:3 (Benton 309) und weiter mit dem Zusatz ›arioso‹ in op. 3:2 und op. 4:4 (Benton 314 und 322), worauf dann ein schneller Satz folgt. Wenn in op. 1 nur das viersätzige Es-Dur-Quartett Nr. 2 (Benton 302) ein Menuett an zweiter Stelle aufweist, so finden sich in op. 2 neben einem Menuett als drittem Satz (in Nr. 4, Benton 310) auch zwei Menuette als Finalsätze (in Nr. 1 und 3, Benton 307 und 309). Daß dagegen die viersätzigen Quartette op. 3 stets an vorletzter Stelle auch Menuette enthalten, scheint für einen Zusammenhang zwischen der Satzzahl und der Position des Tanzsatzes zu sprechen. So sind denn Menuette bei vorzugsweiser Dreisätzigkeit nicht die Regel, doch gibt es umgekehrt Ausnahmen in op. 4, wo in den dreisätzigen Werken Nr. 4 und 6 (Benton 322 und 324) Menuette als Mittel- bzw. Schlußsätze erscheinen. Eigentlich wäre zu vermuten, daß ein auf Vereinfachung bedachter Autor besonders das Menuett gepflegt haben müsse, das jedoch auch noch in späteren Werken keineswegs den Regelfall bildet. Wenn aber Tanzsätze vorkommen, dann fällt in ihrer Taktgruppierung eine Symmetrie auf, die kaum je Abweichungen erlaubt, denen eine konstitutive Funktion wie bei Haydn zukäme.

Rechnet man die Menuettfinali und die beiden nur zweisätzigen Werke ab, so bleiben 19 Schlußsätze, von denen 13 und damit gut zwei Drittel als Rondi bezeichnet sind. Einen entsprechend lockeren Bau zeigen aber auch die übrigen Finali, die in sehr raschem Tempo – meist ›Presto‹ – den 2/4-Takt präferieren und damit wie mit ihrer zweiteiligen Form auf Haydns frühe Divertimenti oder spätestens noch auf die Schlußsätze in op. 9 zurückdeuten. Den Anschluß an frühere Modelle Haydns suchen oft auch die langsamen Sätze, ohne freilich gleiche Kantabilität mit ebenso subtiler Balance der Stimmen verbinden zu können. Gelegentlich begegnen dabei einfache Variationen wie in op. 1:3 (Benton 303), und in den zweisätzigen Werken op. 4:1 und 4:3 (Benton 319 und 321) erscheinen solche Variationen auch als Schlußsätze. Auffälligerweise zeigen aber nicht weniger als fünf langsame Sätze in op. 2 und 3 die Anweisung ›con sordini‹, und wenn sie sich ähnlich in weiteren Werken fortsetzt, so droht ein besonderer Klangreiz zur Routine zu werden.

Der erste Variationensatz im A-Dur-Quartett op. 1:3 (Benton 303) verwendet ein zweiteiliges Thema, das ohne Modulation auskommt und in seiner Melodik von der zweiten Violine ausgeterzt wird. Entsprechend schlicht ist die Variationstechnik mit ornamentaler Umspielung des in die Mittelstimmen wandernden Themas oder seiner figurativen Auszierung in der Oberstimme, während der Satzverband einmal in rasche Repetitionsfiguren zerlegt oder zu einem simplen Minore umgewendet wird. Interessanter sind in op. 1 die langsamen Binnensätze der Quartette Nr. 4–5 (Benton 304–305), die so wie die erwähnten Kopfsätze späterer Serien den Zusatz ›arioso‹ tragen. Zwei analoge Zweitakter der Oberstimmen bilden im dreiteiligen ›Adagio arioso‹ Es-Dur aus Nr. 4 einen Vordersatz in akkordischem Verband, dem eine analoge Taktgruppe unter Führung der Unterstimmen als Nachsatz entspricht. Doch setzt schon dazu unruhige Figuration der Violinen an, von der dann zunehmend ein zweiter Ansatz auf der Dominante bestimmt wird (T. 18–45), und solche Figuren beherrschen erst recht den B-Teil (T. 46–69), ohne wie bei Haydn primär der Abwandlung im A'-Teil vorbehalten zu bleiben. Geringer noch ist der Aufwand im ebenfalls dreiteiligen B-Dur-Pendant aus Nr. 5, sofern bei schlichter Achtelbegleitung die Dominanz der Oberstimme nur im Mittelteil zurückgenommen wird. An einer solchen Norm ändert sich auch dann wenig, wenn eine formal apartere Lösung versucht wird wie im h-Moll-Adagio ›con sordini‹ aus dem viersätzigen Quartett op. 3:6 (Benton 318). Das ebenso kantable wie symmetrisch gebaute Thema bleibt zu begleitenden Achteln anfangs der Oberstimme überlassen, nachdem aber auf der Durparallele die Mittelstimmen zu Sechzehnteln umschalten (T. 24–35), bricht plötzlich im Unisono eine rasche Skalenfigur ein, die nun ein ›Recitativo‹ eröffnet (T. 36–55). Doch relativiert sich der Kontrast dann im steten Wechsel rezitativischer Wendungen mit analogen Skalenfiguren, und wo das ›Cantabile‹ zurückzukehren scheint, setzt sogleich erneut ein ›Presto‹ an, das sich als veränderte Fortführung des Rezitativs erweist. So heterogen die Abfolge anmutet, so gleichmäßig wird sie durch die Führung der Oberstimme zusammengehalten.

Von ähnlicher Bescheidung zeugen die Menuette in ihrem durchweg periodischen Bau, dem die irregulären Züge Haydns so fremd sind wie die Tendenz zur Arbeit auch im Tanzsatz. Was schon für das Es-Dur-Menuett in op. 2:4 gilt (Benton 308), bestätigt sich noch im C-Dur-Satz aus op. 3:5 (Benton 316). Daß Pleyel das Menuett keineswegs bevorzugte, ließe sich also auch als eine Zurückhaltung verstehen, die durch die Einsicht in Haydns Kunst motiviert sein mochte. Nicht ganz anders steht es aber mit den Finali, so sicher sie es oft auf ihren Effekt als Kehraus anlegen. Im C-Dur-Satz op. 2:2 etwa (Benton 308) setzt sich das Thema über Bordunbaß und wiegender Achtelbegleitung aus kaum zweitaktigen Impulsen der ersten Violine zusammen, die zwar das 6/8-Gefälle markieren, aber erst schrittweise eine thematische Linie ergeben. Die Überleitung kennt nach Zusammenschluß zum Unisono auch einmal komplementär versetzte Stimmzüge, läßt dann aber ungehemmt die Oberstimme mit flinken Figuren herrschen, und an der Dominanz je einer Stimme zum Gleichmaß der Begleitung ändert auch der Mittelteil nichts, der weniger noch als in Kopfsätzen durchführende Qualität besitzt. Gleiche Relationen bei gleichem Bau zeigt auch das Finale im viersätzigen Es-Dur-Quartett op. 2:4 (Benton 310), und obwohl hier wie im vorigen Beispiel wieder ein Seitensatz auf der Dominante erscheint, wird damit keine Annäherung an einen Sonatensatz erreicht. Vielmehr wird deutlich, daß Pleyel die thematische Ökonomie Haydns fernlag, weil er nicht über gleiche Möglichkeiten der Ausarbeitung verfügte. Und so war er desto mehr auf den Wechsel von Einfällen angewiesen, an denen es ihm nicht fehlte. Hübsch, gefällig oder kantabel, mitunter munter und sogar anmutig sind solche Gebilde oft genug, wieweit sie aber zur Arbeit taugen, läßt sich schon deshalb kaum ermessen, weil es in diesen Frühwerken so gut wie keine Ansätze zu thematischer Verarbeitung gibt.

Höhere Ambitionen zeigen natürlich die recht groß dimensionierten Kopfsätze, die aber ebenso auch die Grenzen markieren, die Pleyel gesetzt waren. Im Allegro moderato des C-Dur-Quartetts op. 2:2 (Benton 308) wird die fallende Dreiklangsbrechung des Kopfmotivs durch ›lombardische‹ Achtel gekennzeichnet, die dann durch Tuttischläge abgefangen werden. Eine genaue Sequenz auf der zweiten Stufe bildet den nächsten Zweitakter, rasch aber lockert sich der Satz zum Wechsel zwischen solistischer Figuration und akkordischer Ballung der Stimmen auf, und statt eines Seitenthemas lösen sich auf der Dominante wieder nur karge melodische Ansätze mit weiteren Figuren ab. Zwar hatte Pleyel gelernt, daß die Satzmitte durch thematische Rückbezüge auszuzeichnen sei, doch genügten ihm transponierte Zitate der Dreiklangsbrechungen, deren markante Rhythmik abwechselnd in den Außenstimmen eintritt, um bald wieder wenig konturierten Figuren Platz zu machen. Auch das Hauptthema im Allegro des Es-Dur-Werkes op. 2:4 (Benton 310) reiht sequenzierend analoge Zweitakter, um dann aber nach nur drei Zwischentakten einmal verfrüht den Themenkopf zu wiederholen. Nun allerdings wechseln sich in den Stimmgruppen die punktierten Werte des Kopfmotivs und die abgetrennten Achtel seiner Fortspinnung ab, und die rhythmische Prägnanz der beiden eintaktigen

I. Pleyel, op. 2 Nr. 2, erster Satz, T. 1–12 (Spartierung M. Härtenstein).

Glieder vermag immerhin die Überleitung zu tragen. Wo aber auf der Dominante ein kleines Seitenthema eintritt, da geht es desto rascher wieder in Figurationsketten auf, und wenn einmal Achtel wie in der Fortspinnung anklingen, bleiben sie zu allgemein, um nun noch Rückbezüge zu sichern. Ähnlich wie auch sonst sucht die Satzmitte auf das Hauptthema zurückzugehen, und zumal sein punktiertes Kopfmotiv durchzieht hier einmal längere Strecken (T. 63–69, 80–99), doch bleibt es bei zitathaften Wendungen, die keine weitere Verarbeitung bedingen. Worin das ›segreto‹ – mit Carpani zu sprechen – von Haydn bestand, wußte also auch Pleyel kaum zu erraten, dem die thematische Verdichtung des Lehrers ebenso verschlossen blieb wie das subtile Spiel mit den Normen des kadenzmetrischen Satzes.

Einen Sonderfall bildet die Reihe der dreisätzigen Quartette op. 5 (Benton 325–330), deren erster Druck 1786 bei André in Offenbach erschien. In gleicher Abfolge aber schlossen sich dann weitere Ausgaben anderer Verlage an, in denen je ein Satz gegen eine andere Version ausgetauscht wurde (Benton 325 A – 330 A). Während in Nr. 1–2 das mittlere Menuett gegen einen langsamen Satz ausgewechselt wurde, fiel in den vier weiteren Werken der rasche Schlußsatz zugunsten eines Menuetts aus. Wurde also im einen Fall das Menuett eliminiert, so zog es im anderen umgekehrt ein, um dann aber als Schlußsatz zu fungieren. Ähnlich ambivalente Konsequenzen ergeben sich für die beiden fugierten Sätze, die gerade diese Werkserie auszeichnen. Zugunsten eines schlichten Menuetts wurde in Nr. 6 die spielerische Finalfuge F-Dur geopfert, wogegen die gewichtigere c-Moll-Fuge im C-Dur-Quartett Nr. 4 ihren Platz als Mittelsatz behielt. Daß aber in den zugefügten Menuetten das Trio stets ein Minore ist, verrät eine Schematik, die für Pleyel sonst nicht gerade typisch ist und vielleicht auch auf das Betreiben eines Verlegers oder auf Rücksichten des Absatzes deutet.

Einiges Interesse erwecken die beiden Fugen ›con due soggetti‹, die offenkundig auf die Finalfugen in Haydns op. 20 zurückweisen. Daß Pleyel sich an solchen Modellen noch lange nach op. 33 orientierte, mag man als Indiz der Distanz vom einstigen Lehrer verstehen, der zugleich aber auch noch eine verpflichtende Instanz bedeutete. Als Allabreve in c-Moll rekurriert die Fuge in Nr. 4 mit markantem Oktavansprung und ausgleichender Gegenbewegung auf jenen ›Pathotyp‹, den Haydns f-Moll-Fuge aus op. 20 vertritt. Dazu paßt noch das Gegenthema mit Tonrepetitionen samt Achtelfortspinnung, bei allem Bemühen um mehrfache Durchführung und obligate Stimmführung läßt sich aber die paarweise Koppelung der Stimmen kaum umgehen, und so ist denn weder eine planvolle Verdichtung des Satzes noch der Widerpart seiner Auflösung zu erkennen. Zwar stößt die letzte Engführung auf rasche Figuration, doch treffen die Pole recht unvermittelt zusammen, ohne einen stringenten Prozeß auszulösen. Dagegen kombiniert die F-Dur-Fuge aus Nr. 6

I. Pleyel, op. 5 Nr. 4, zweiter Satz, T. 1–12.

im 6/8-Takt ein erstes Thema aus Tonrepetitionen und Quintfallsequenzen mit rhythmisch kapriziösen Sechzehnteln im zweiten Thema. So intrikat sich die Paarung anfangs gibt, so rasch stellt sich doch eine Regulierung ein, wenn früh schon die Stimmen zusammengeführt werden, und so kann sich auch kein so souveränes Spiel mit dem fugierten Satz wie etwa in Haydns A-Dur-Fuge aus op. 20 ergeben.

Zumeist wieder nur dreisätzig sind auch die 12 Quartette (Benton 331–342), die Pleyel 1786 Friedrich Wilhelm II. dedizierte und in vier ›livraisons‹ herausbrachte. Sie folgen wie die diesem König gewidmeten Werke anderer Autoren dem Typus des Quatuor concertant und stellen demgemäß die Außenstimmen deutlich genug hervor. Doch kommen zweimal noch zweisätzige Werke vor, die freilich vom jeweils anschließenden Quartett mit dann vier Sätzen kompensiert werden (Benton 338–339 und 341–342). Mehr als die Hälfte der Finali entspricht dem Rondoschema, zweimal treten dafür knappe Variationen ein (Benton 336 und – als ›Tempo di minuetto‹ – Benton 336), und die langsamen Sätze tragen wieder bevorzugt die Angabe ›con sordini‹. Menuette bleiben zwar Ausnahmen, fungieren dann aber nicht nur als Binnensätze (wie in Benton 336), sondern sowohl im viersätzigen g-Moll-Quartett (Benton 339) wie im zweisätzigen c-Moll-Werk (Benton 341) als Finali. Sie stehen dann freilich in der jeweiligen Durvariante, während nur das Trio als Minore zur Molltonart der Kopfsätze zurückkehrt. Dagegen endet das d-Moll-Quartett (Benton 333) mit einem Rondeau, das über vier Refrains verfügt, aber nur sein zweites Couplet als Maggiore anlegt, um mit dem vierten Refrain dann doch in Moll zu enden. Interessanter als sonst ist hier auch das eröffnende Allegro agitato, dessen Thema aus knappen auftaktigen Gesten entsteht, die durch Pausen gleicher Länge getrennt werden, bevor sich eine durchgängige Linie entspinnen kann. Nicht nur im ersten Themenkomplex, sondern noch im weiteren Verlauf bleibt aber das pochende Gleichmaß einer Begleitung bewahrt, die Terzwechsel in steten Achteln prolongiert und dann erst zu repetierten Sechzehnteln übergeht. Der Viola wird diesmal der kleine Seitensatz anvertraut, am Ort der Durchführung jedoch finden sich wieder nur Themenzitate, mit denen sich erneut die rhythmische Monotonie des Materials zurückmeldet. Der »ganz neue, besonders schöne Geschmack«, den der Verleger dieser Werke hervorhob, war also kaum mehr als eine wirksame Formel der Werbung.[1]

Wieweit sich in Pleyels weiteren Quartetten nach 1788 noch grundsätzliche Änderungen abzeichnen, ist vorläufig kaum zu sagen. Ein Beispiel wie das B-Dur-Werk aus den 1791 erschienenen *Six Quatuors* (Benton 353–358) läßt jedenfalls keinen anderen Weg erkennen. Gefällige Melodien, die manchmal sogar eine eingehendere Verwertung verdienen könnten, trifft man auch hier im Kopfsatz (Benton 354), und verständlich wird es, daß sie den Werken zeitweilig ihre außerordentliche Beliebtheit eintrugen. Doch fallen sie nun schon in die Zeit nach Mozarts Tod, und wenn Klingenbeck zufolge ein Stück wie das in f-Moll (Benton 358, 1791) zumindest im einleitenden Adagio espressivo und im folgenden Allegro risoluto charaktervoller als andere ausfällt, so verblaßt es doch neben den Meisterwerken, die fortan die Auslese bestimmten.[2] Das mag erst recht für das noch spätere f-Moll-Werk gelten, das erst 1803 herauskam (Benton 367), und an dem nur handschriftlich erhaltenen g-Moll-Quartett (Benton 370) wäre wohl Momignys Meinung zu prüfen, daß Pleyel späte Werke von einigem Anspruch nicht mehr publiziert habe.[3] Denn einem Musiker, der über so reiche Erfahrungen verfügte, dürfte auch bewußt geworden sein, wie sehr sich seit seinen Anfängen die Ansprüche der Gattung verändert hatten. Nachdem er sich noch 1782 eher an Haydns Frühwerk als an op. 33 orientiert hatte, zog er sich nun zurück, indem er keine weiteren Quartette mehr edierte. Eine tragische Note haftet gleichwohl dieser Laufbahn wie erst recht der von noch jüngeren Kollegen an, die ähnlich wie Pleyel ihre Produktion gleichsam im Stande ästhetischer Unschuld begannen, um sich am Ende einer so gänzlich veränderten Realität im Streichquartett gegenüber zu sehen.

Die Tradition des Wiener oder – weiter gefaßt – des österreichischen Streichquartetts war freilich um 1800 keineswegs schon erloschen, sondern wurde von Musikern wie Krommer, Eybler, Gyrowetz oder Hänsel weiter getragen, die um oder nach 1760 geboren waren. Kaum sehr viel älter als Beethoven, begannen sie ihre Quartettpublikationen erst um 1790, und sie führten ein Repertoire fort, das erst nach 1820 zu versiegen begann. Je weiter solche Werke aber in das 19. Jahrhundert hineinragen, wie es erst recht für die Beiträge von Anton Reicha oder Jan Ladislaus Dussek gilt, desto mehr ist in ihrer Nachbarschaft schon an die frühen Quartette von Louis Spohr oder dann auch von Schubert zu

---

[1] R. Benton, *Ignace Pleyel*, S. 123; zur Verbreitung gerade dieser Werke vgl. ebenda, S. 123–136.

[2] J. Klingenbeck, *Ignaz Pleyel. Sein Streichquartett im Rahmen der Wiener Klassik*, in: Studien zur Musikwissenschaft 25 (1962): Festschrift für Erich Schenk, S. 276–297: 294ff.

[3] J.-J. de Momigny, Art. *Quatuor*, in: *Encyclopédie Méthodique* (wie Anmerkung 4, S. 79), S. 98f.

denken. Auf sie läßt sich in einem späteren Kontext zurückkommen, in dem der klassische Kanon eine immer schwerere Bürde für weitere Zeitgenossen wurde. Neben der Wiener Lokaltradition sind indessen nun auch andere Orte zu nennen, in denen Quartette nicht nur musiziert, sondern auch komponiert wurden. Einen ersten Überblick über diese Produktion, die bislang noch weit weniger als die Wiener erforscht worden ist, vermittelte 1989 die Arbeit von Fiona Little, die sich primär auf die Musikpflege am Hofe von Oettingen-Wallerstein richtete, dabei aber neben den hier tätigen Komponisten auch die Werke anderer Autoren in der Sammlung der Hofkapelle einbezog.[1] Augenscheinlich zeichnet sich dabei eine regionale Gruppierung ab, sofern die von den habsburgischen Landen ausgehenden Impulse zunächst im süd- und südwestdeutschen Bereich aufgenommen wurden, bevor dann auch mittel- und norddeutsche Autoren beteiligt waren.

Wie sich in Kloster Amorbach Roman Hoffstetter betätigte, von dessen Quartetten gelegentlich des einst Haydn zugeschriebenen ›opus 3‹ die Rede war, so wirkte in Wien und zeitweise auch in Krems der Piaristenpater Silverius Müller (1745–1808), der 1785 sechs Quartette (op. 1) mit Widmung an Dittersdorf und nochmals 1803 drei Werke (op. 3) veröffentlichen konnte.[2] Bei einfachster Satztechnik zeigt das dreisätzige d-Moll-Quartett op. 1 Nr. 3 den Autor mit den geläufigen Satztypen vertraut, ohne doch in der abschnittsweisen Reihung, die besonders den Kopfsatz wie auch das Rondofinale bestimmt, schon auf Haydns Kunst der Thematisierung zu reagieren. Als Pater im Kloster Eberbach lebte anfangs noch Joseph Schmitt (1734–1791), der dann allerdings 1771 einen eigenen Musikverlag in Amsterdam gründete. Dort auch erschienen um 1770 seine *Six Quatuors* op. 5, die gattungsgeschichtlich geringere Bedeutung hatten als andere von ihm verlegte Werke wie die des gebürtigen Böhmen Anton Kammel (1730 – um 1787), der schon seit 1764 in London lebte. Seine noch dreisätzigen Quartette (op. 4, 7 und 8), die zwischen 1770 und 1775 gedruckt wurden, fallen ebenso kurz wie einfach aus, und wie in seinem Œuvre sonst Werke in anderer Besetzung überwiegen, so enthält nach Little auch die Sammlung op. 8 noch zwei Werke, die mit Flöte oder Oboe rechnen und nur zwei Sätze umfassen.[3] Kammermusik mit Bläsern und dabei auch Quartette mit Flöte bzw. Oboe bevorzugte ebenso der aus Rudolstadt stammende Friedrich Hartmann Graf (1727–1795), der 1772 Musikdirektor in Augsburg wurde und nur *Six Grand Quartets* veröffentlichte (London 1780). Daß die weitere Produktion nach 1770 einsetzte, aber erst nach 1780 einen größeren Umfang erreichte, war offenbar nicht unabhängig von dem Prestige, das die Gattung seit Haydns Musterwerken gewann, deren Qualität gleichwohl noch keinen verbindlichen Maßstab bildete. Wie Kammel in London wurde in Bückeburg der ebenfalls aus Böhmen kommende Franz Christoph Neubauer (1760–1795) wirksam, von dem

1 F. Little, *The String Quartet at the Oettingen-Wallerstein Court. Ignaz van Beecke and His Contemporaries*, 2 Bände, New York und London 1989. Neben den Repertoirestudien (S. 93–175) bietet Bd. I einen kenntnisreichen Abriß der Gattungsgeschichte während des Zeitraums von 1770 bis 1800 (S. 1–45).

2 O. Biba, *P. Silverius Müller. Ein niederösterreichischer Komponist aus dem Piaristenorden*, in: *200 Jahre Piaristen in Krems*, hg. v. Fr. Schober, Krems (1976), S. 34–44; Otto Biba verdanke ich auch den Einblick in op. 1 Nr. 3, Themen daraus teilt H. Krones mit (*Beobachtungen zur Sonatenhauptsatzform*, S. 335). Zu Roman Hoffstetter siehe im Abschnitt »Arbeit am Modell – Haydns Weg von op. 9 zu op. 33« Anmerkung 1, S. 30.

3 F. Little, *The String Quartet at the Oettingen-Wallerstein Court*, S. 154f.; zu Schmitt vgl. vor allem A. Dunning, *Joseph Schmitt. Leben und Kompositionen des Ebersbacher Zisterziensers und Amsterdamer Musikverlegers (1734–1791)*, Amsterdam 1962.

bei André in Offenbach insgesamt zehn Quartette erschienen (op. 3, 6 und 7). Und was Graf in der Reichsstadt Augsburg bedeutete, bewirkte in Frankfurt am Main Ferdinand Fränzl (1767–1833), der wiederum bei André 1791 seine sechs Quartette op. 1 publizierte. Ein kleiner Kreis von Musikern nahm sich der Gattung in Mainz an, so der Domkapitular Hugo Franz Alexander von Kerpen (1749–1802) mit sechs Quatuors concertants (Mainz o. J.), der aus Franken gekommene Konzertmeister Georg Anton Kreusser (1743–1810, sechs Quatuors concertants op. 12, ca. 1775) und sein Schüler Heinrich Anton Hoffmann (1770–1842, drei Quartette op. 3), der seit 1799 in Frankfurt tätig war.[1] Und dazu kommen endlich sechs Quartette op. 1 von Franz Ignaz Kaa (1748–1818), der seit 1777 als Mitglied der Dommusik in Köln nachweisbar ist.

Hofmusik in Wallerstein: von Beecke und Rosetti

Wie einst Österreicher den jungen Reichardt mit Quartetten von Haydn bekannt machten, so trugen österreichische und böhmische Musiker auch weiter zur Ausbreitung der Gattungstraditionen bei. So war es der aus Feldsberg in Niederösterreich stammende Johannes Matthias Sperger (1750–1812), der nach Wiener Jahren 1789 nach Ludwigslust kam, wo er zwar primär Sinfonien, daneben aber auch drei Quartette schrieb, die 1792 in Berlin herauskamen. Ähnlich wäre für Mitteldeutschland der Böhme Johann Paul Wessely (1735–1792) zu nennen, der zunächst in Kassel und dann ab 1800 im anhaltinischen Residenzstädtchen Ballenstedt am Harz angestellt war. Im Unterschied zu den meisten anderen Autoren, die nur ein oder zwei Werkserien edierten, konnte Wessely zwischen 1788 und 1798 immerhin 16 Quartette veröffentlichen, die anfangs in Wien und später bei André in Offenbach erschienen. Thüringer wie Graf war dagegen Ernst Wilhelm Wolf (1735–1792)[2], der seit 1761 (und damit noch zu Goethes Zeit) in Weimar Konzert- und dann Kapellmeister war. Obwohl Vokalmusik in seinem Werk vorwiegt, legte er zweimal je drei Quartette vor (op. 2 bei Hummel in Berlin und op. 3 bei Bosler in Speyer). Was freilich der Zusatz ›Quatuors caractéristiques‹ für die letzte Sammlung besagt, wäre noch zu prüfen. Daß aber in Berlin ein adliger Kammerherr wie Otto Carl Erdmann von Kospoth (1753–1817) zwei Sammlungen mit jeweils sechs Quartetten komponierte, die vor 1790 als op. 8 und 10 in Offenbach und Speyer gedruckt wurden, verweist erneut auf das gewachsene Ansehen einer Gattung, für die nun adlige Liebhaber nicht mehr nur als Auftraggeber oder Widmungsträger fungierten.

So bleibt die Hofmusik von Oettingen-Wallerstein unter den Zentren der Quartettpflege, die sich außerhalb Wiens herausbildeten, einstweilen das einzige, dessen Repertoire schon eingehend untersucht wur-

---

[1] E. Michels, *Heinrich Anton Hoffmann. Leben und Werk*, Diss. Mainz 1972; E. Peters, *Georg Anton Kreusser. Ein Mainzer Instrumentalkomponist der Klassik*, München und Salzburg 1975; R. Würtz, *Ignaz Fränzl. Ein Beitrag zur Musikgeschichte der Stadt Mannheim*, Mainz 1970; R. D. Sjoersma, *The Instrumental Works of Franz Christoph Neubauer (1760–95)*, Diss. Ohio State University 1970. Vgl. zu Fr. H. Graf auch F. Little, *The String Quartet at the Oettingen-Wallerstein Court*, S. 166ff.

[2] F. Little, ebenda, S. 170–174; J. Brockt, *Ernst Wilhelm Wolf. Leben und Werke*, Diss. Breslau 1927.

de. Auch eine knappe Charakteristik der Formen und Themen, wie sie Fiona Little einer Fülle von Werken dieses Bestandes zuteil werden ließ, kann indessen kaum schon über Struktur und Rang solcher Musik entscheiden. Welche Vorsicht dabei geboten ist, erweist sich besonders an den 12 Quartetten Ignaz von Beeckes, die von Little nach handschriftlichen Quellen mitgeteilt wurden.[1] Denn so ergibt sich der Sonderfall, daß vollständig wie kaum sonst ein Bestand von Werken vorliegt, die vom Autor nicht publiziert wurden und bei ihrer begrenzten Verbreitung kaum sehr repräsentativ sein dürften. Andererseits bieten aber gerade diese Quartette auch ungewöhnliche und mitunter recht individuelle Lösungen, die daher einiges Interesse wecken können. Geboren 1733 in Wimpfen am Neckar, war von Beecke zunächst Offizier, doch trat er nicht nur als Pianist hervor, sondern übernahm in Wallerstein, wo er 1803 starb, die Hofmusikintendanz, knüpfte auf Reisen nach Wien und Paris Kontakte und trug mit eigenen Werken zum Repertoire der Kapelle bei. Unter den Musikern der Zeit war er also eine Ausnahme, er hatte sich aber – wohl als Autodidakt – ein satztechnisches Können angeeignet, das auch seinen Quartetten zugute kam. Während sich acht Werke aus dem Bestand der Kapelle heute in Augsburg befinden, liegen weitere Kopien u. a. in der Berliner Staatsbibliothek vor. Little zufolge entstanden die Quellen zwischen 1770 und 1790, unter Angabe der Zählung von Friedrich Munter (M) ordnete die Edition jedoch die Werke nach Tonarten an.[2] Viersätzigkeit ist fast schon die Regel, zweimal finden sich aber noch drei und einmal auch nur zwei Sätze, doch entspricht die Satzfolge keineswegs der mutmaßlichen Chronologie. Denn über vier Sätze verfügt bereits das um 1770 anzusetzende G-Dur-Quartett (M 11), wogegen das Es-Dur-Werk (M 5), das erst 1790 zu datieren ist, nur zwei Sätze umfaßt. Im Verhältnis zur Chronologie lassen sich aber auch weitere Beobachtungen an der Form- und Themenbildung nicht leicht generalisieren. Desto bemerkenswerter ist das individuelle Profil, das diese Kompositionen immer wieder bekunden. Man mag es auf die Unabhängigkeit eines Autors zurückführen, der nicht so wie andere auf den Markt und seine Bedürfnisse angewiesen war und konsequent auf den Druck seiner Werke verzichtete. Daß von Beecke aber Haydn verehrte, den er ebenso wie dann auch Mozart kennenlernte, lassen seine Quartette klarer als die anderer (und selbst Wiener) Zeitgenossen erkennen. Denn wohl nur in der Auseinandersetzung mit Haydn konnte von Beecke die Einsicht in einen so freien Umgang mit den Normen einer periodischen Struktur gewinnen. Und seine eigenen Konsequenzen zog er weniger in der dichten Thematisierung als vielmehr in der überaus wechselvollen Rhythmik, mit der er das System des kadenzmetrischen Satzes auszunutzen suchte.

Die Quartette von Beeckes wurden durch die Studien von Little so eingehend erschlossen, daß diesen Beobachtungen nur wenige Hinweise anzufügen sind. Vier Kopfsätzen gehen langsame Einleitungen voran,

[1] F. Little, ebenda, Bd. II, S. 3–195, und dazu die Untersuchungen in Bd. I, S. 261–353. Auf die Edition durch Little beziehen sich die folgenden Bemerkungen.

[2] Fr. Munter, *Ignaz von Beecke (1733–1803) und seine Instrumentalkompositionen*, Diss. München 1921; ders., *Ignaz von Beecke und seine Instrumentalkompositionen*, in: Zeitschrift für Musikwissenschaft 4 (1922), S. 586–603.

die bei beträchtlichem Umfang auch weitgehende Selbständigkeit erreichen (M 1 C-Dur, M 2 C-Dur, M 5 Es-Dur und M 11 G-Dur). Sofern sich rasche Folgesätze anschließen, folgen sie so wie die übrigen Kopfsätze der gewohnten zweiteiligen Form, sie bieten aber ein bemerkenswert vielseitiges Material und suchen dazu den modulierenden Teilen zunehmend thematische Prägung zu geben. Eine Ausnahme ist im Es-Dur-Quartett (M 6, um 1774) die einleitende ›Arietta con variazioni‹, und wenn sich hier nach Menuett und Trio eine ›Siciliana‹ in c-Moll anschließt, so bildet auch das Presto-Finale weniger einen Sonatensatz aus als eine Reihungsform, die schon im ersten Thema zwischen auf- und volltaktigen Gruppen wechselt. Wie die neun viersätzigen Werke durchweg Menuette enthalten, deren Trioteile zur Subdominante oder zur Tonikavariante lenken, so verbindet sich auch mit den zwei- oder dreiteiligen langsamen Sätzen ein entsprechender Tonartwechsel, wie er nur im zweisätzigen Es-Dur-Quartett (M 5) ausbleibt. Und obwohl lediglich ein Schlußsatz Rondo genannt ist (›en rondeau et fanfare‹ in M 2), tendieren die Finali – soweit nicht schlicht zweiteilig – zu einer unschematischen Gliederung, die dem Rondo weniger der Form als dem Prinzip nach verpflichtet ist.

Generelle Feststellungen geben allerdings noch keine Vorstellung von der kontrastreichen Binnenstruktur der Werke. Nicht zufällig überraschen schon manche Satz- und Tempobezeichnungen wie ›Arioso sotto voce‹, ›Larghetto a mezza voce‹ und ›Adagio con tenero‹ (in M 11, 15 und 3) oder ›Tempo di Ciaccona‹, ›Siciliana‹ und ›Gavotte‹ (in M 1, 6 und 13), wie denn ein Menuett auch den Zusatz ›scherzando‹ trägt (M 9, um 1780). Denn solche Angaben verweisen auf eine Struktur, in der sich Tempo und Charakter nicht von selbst verstehen. Ihren Grund hat sie nicht nur in der oft irregulären Periodik der Themen und Passagen, sondern mehr noch in unerwarteten Gegensätzen, die sich im rhythmischen Gefüge ausprägen, wie wenige Beispiele andeuten mögen.

Im Unisono setzt die langsame Einleitung im C-Dur-Werk M 1 an, der punktierte Impuls jedoch, der sich dann über die Stimmen verteilt, bricht in T. 4 ab, und wird er dann imitatorisch aufgenommen, so verschieben sich die Einsätze, bis das Modell nach skalarer Kadenzfigur in T. 11 ausläuft. Über gleichmäßig füllenden Sechzehnteln der zweiten Violine formuliert dann im Allegro maestoso die Oberstimme ein Thema, das nach drei rhythmisch analogen Takten die Gangart wechselt, nur um gleich wieder abzubrechen. Wo später ein einfaches Gegenthema eintritt (T. 62), hat wieder die Begleitung eher konterkarierende als bloß füllende Funktion, und so kurz noch die Satzmitte ist (T. 92–102), so genau setzt sich – nun in Es-Dur – die Spaltung der Gruppen in knappe Zweitakter fort. Mit zwei Fünftaktern beginnt auch in M 2 die langsame Einleitung, wonach sich das Allegrettothema in 5 + 11 Takte gliedert, in denen zudem die Position der markanten Akkordschläge zwi-

I. von Beecke, Quartett C-Dur (M 1), erster Satz, T. 1–7 und 33–38.

schen betonter und unbetonter Zählzeit wechselt. Daß auch die Menuette voll solcher Überraschungen stecken, liegt nahe genug, weniger selbstverständlich ist es aber, wenn hier auch das Adagio nach zweitaktigem Beginn samt einem analogen Einzeltakt wieder das Bewegungsmaß ändert. Und das Rondofinale zeigt zwar im Refrain zwei volltaktige Viertakter, an die aber schon ab T. 8 eine auftaktige Fortspinnung anschließt. In zunächst zwei- und dann dreitaktiger Gliederung formiert sich im zweisätzigen Es-Dur-Werk (M 5) die Linie der Viola, gestützt wird sie aber von gleichmäßigen Achteln fast nach Art eines Generalbasses. Um so wechselvoller geraten die kapriziösen Einwürfe der Oberstimmen, und die nun eher thematisch gestützte Durchführung pointiert im Austausch der Stimmen solche Konstellationen gleich eingangs (T. 77–79, 80–82 usf.). Der zweite Satz (Grazioso) exemplifiziert dagegen einen rondohaften Bau, indem sein dreiteiliges Thema zwar erst am Ende wiederholt und durch eine Coda erweitert wird, während sich dazwischen jedoch kontrastierende Figurationen, imitatorische Ansätze und gelegentlich verdeckte motivische Rekurse ablösen. Frappant ist auch das eröffnende Allegro moderato im G-Dur-Quartett M 9 (um 1780), dessen erste Taktgruppe mit ›phrygischer‹ Kadenz nach E-Dur bis in T. 5

hinüberragt, wo zugleich die erste Violine mit einer ganz neuen Wendung einsetzt. Daß die ganze Gruppe wiederholt wird, deutet auf ein Prinzip hin, das durch die scheinbar regelhafte Taktgruppierung überlagert wird. Denn ähnlich überrascht dann die Überleitung mit einer Variante der eröffnenden Gruppe statt mit einem neuen Thema. So vielfach ihre repetierten Akkorde den Mittelteil durchziehen, der damit durchführende Züge gewinnt, so unvermutete Effekte kann ihnen die Metrik abgewinnen, die sich denn auch bald zur Fermate staut (T. 114–121).

Von Beeckes Quartette muten mitunter fast manieristisch an, wenn sie ein im Grunde recht schlichtes Material mit konventioneller Sequenzierung oder mechanischer Figuration verbinden. Indem jedoch die Stimmen ihre rhythmisch definierte Funktion erhalten, wird auch der gattungsgemäße Anspruch ihrer obligaten Führung durchaus eigensinnig erfüllt. Daß die Werke aber ziemlich isoliert blieben, zeigen die Beiträge anderer Musiker dieses Kreises.

In Wallerstein wirkte seit 1774 Joseph Fiala (1754–1816), bevor er sich 1777 über München nach Salzburg wandte und dann 1792 Kapellmeister in Donaueschingen wurde. Der ausgebildete Oboist schrieb vorzugsweise Bläsermusik, nicht sonderlich belangvoll sind dagegen sechs Streichquartette op. 1 (Frankfurt um 1777), denen später noch zweimal drei Werke mit nur drei Sätzen folgten (op. 3–4, Wien 1785).[1] Der Kopfsatz im Es-Dur-Quartett op. 1 Nr. 1 füllt die gängige Form zwar schon mit einem deutlichen Seitenthema, doch bietet die Durchführung kaum thematische Ansätze, und noch weiter gekürzt wird dann die Reprise. Ähnlich rudimentär ist auch der langsame Mittelsatz mit einer seltsam kurzatmigen Melodik, wonach das Rondofinale so simpel wie schematisch ausfällt. Weitere Werke enthalten zwar mehrfach auch Menuette, die dann ein bescheidenes Format mit regulärer Taktgruppierung einhalten. Gewichtiger sind schon die Quartette von Anton Rosetti (Rösler, 1756–1792) aus Leitmeritz, der über Prag und Olmütz 1773 nach Wallerstein kam. Hier entstanden je drei Quartette op. 2 (Paris 1782) und op. 4 (Offenbach 1783) und zudem noch sechs Werke op. 6 (Wien 1787), ehe der Autor 1789 Kapellmeister im mecklenburgischen Ludwigslust wurde.[2]

Bei aller Vorliebe, die man in Wallerstein für die Gattung hegte, fallen die Differenzen zwischen den Quartetten Rosettis und von Beeckes desto mehr auf. Denn in den drei Werken op. 2 gibt sich Rosetti bei einprägsamer Melodik zunächst geradezu betont einfach. Jeweils an dritter Stelle der viersätzigen Quartette Nr. 1 und 3 (A- bzw. Es-Dur) findet sich ein ›Menuetto fresco‹ mit subdominantischem Trio, den Schluß bildet beidemal ein hurtiges Rondo, das bei drei Refrains ein ›Minore‹ als zweites Couplet enthält, und schlicht zweiteilig wie die langsamen Sätze sind auch die knappen Kopfsätze, die zwar kleine Seitenthemen andeuten, aber kaum schon thematische Durchführungen kennen. Die

---

[1] Vgl. dazu F. Little, *The String Quartet at the Oettingen-Wallerstein Court*, Bd. I, S. 224–243, sowie die Edition in Bd. II, S. 231–242; ebenda, S. 244–250, auch ein Quartett von Paul Wineberger, dazu Bd. I, S. 244–258.

[2] Rosettis Quartette op. 2 edierte F. Little, *The String Quartet at the Oettingen-Wallerstein Court*, Bd. II, S. 196–230, vgl. dazu die Studien in Bd. I, S. 176–223. Zu den sechs Quartetten op. 6 vgl. *Anton Rosetti: Ausgewählte Werke. Zweiter Teil*, hg. v. O. Kaul, Augsburg 1925 (*DTB*, Bd. 33), S. 43–104, sowie die Einleitung, ebenda, S. XII–XV.

genaue Regulierung der Periodik bestätigt sich auch im dreisätzigen C-Dur-Werk Nr. 2, das Tanzsatz und Finale zum ›Tempo di Minuetto en Rondeau‹ zusammenfaßt, und gegenüber dem kurzen Largo a-Moll als Mittelsatz zeigt der Eingangssatz immerhin eine kleine Variante, wenn die Reprise des Hauptthemas in Es-Dur ansetzt und sich dann erst zur Tonika wendet. Sichtlich gewachsen sind die Ansprüche in den sechs Quartetten op. 6 (A – Es – B – c – D – F), in denen wieder vier Finali (in Nr. 1, 3, 5 und 6) als ›Rondeau‹ bezeichnet sind. Das muß nicht damit zu tun haben, daß Rosetti 1781 in Paris weilte (wo 1782 sein op. 2 erschien). Auf einige Kenntnis des Pariser Repertoires könnte aber neben der wechselnden Satzfolge die durchsichtige Faktur der Werke in op. 6 deuten, die sich allerdings in Ansätzen zu thematischer Ausarbeitung auch mit wenigstens mittelbaren Eindrücken von Haydns Kunst verbindet. Viersätzig mit Menuetten an zweiter Stelle sind Nr. 1–2, als ›Romance‹ sind indes beidemal die langsamen Sätze benannt, die mit 21 bzw. 27 Takten gleichermaßen kurz sind. Anders als das zweiteilige Allegretto A-Dur in Nr. 1 ist jedoch das Adagio Es-Dur in Nr. 2 nach dem raschen Schlußsatz, der ungewöhnlich kurz ist und zudem in c-Moll steht, noch einmal zu wiederholen, womit beide Sätze wiederum gebündelt werden. Menuette als Mittelsätze enthalten indessen die dreisätzigen Werke Nr. 4 und 6, und wie im C-Dur-Satz aus Nr. 4 eine latent geradtaktige Gruppe absticht (T. 13–15), so zeichnet sich das ›Menuetto fresco‹ in Nr. 6 durch etwas bündigere Thematisierung aus. Zwischen Refrains und Couplets vermitteln die Rondofinali mit motivischen Gelenken, die den Refrainthemen entnommen sind. Und langsame Sätze können wie in Nr. 3 und 5 auch kontrapunktische Stimmzüge aufweisen, wobei die Wiederkehr des Themas einmal zudem synkopische Verschiebung erfährt (Nr. 3). Doch liegt das Gewicht vorab auf den Kopfsätzen, die bei gewachsenem Umfang und größerer Themenvielfalt nun auch die Binnenstruktur so differenzieren, daß sich von durchführender Arbeit reden läßt. Bei noch recht formelhaftem Material gilt das bereits für den A-Dur-Satz in Nr. 1, wogegen die Pendants in Es- und B-Dur aus Nr. 2–3 ihr transponiertes Hauptthema nur zu Beginn des zweiten Teils zitieren, ohne es in einer förmlichen Reprise nochmals zu bemühen. Immer noch scheint also der zweiteilige Suitensatz durch, der nach der Modulationsphase des zweiten Teils keiner Reprise bedarf. Über einen langsamen, durchaus gearbeiteten Kopfsatz verfügt dagegen das c-Moll-Quartett Nr. 4, denn als Variante seines im Unisono ansetzenden Themenkopfes erweist sich ein kantabler Seitensatz in Es-Dur (T. 24), der dann sogar imitatorische Verschränkung der Stimmpaare erfährt (T. 37), und wenn er auch nach Wechsel zur Durvariante wiederkehrt, so kommen erst die Schlußtakte auf den Satzbeginn in c-Moll zurück. Dafür ist hier das Finale ein ausgeprägter Sonatensatz mit Durchführung und gekürzter Reprise. Besonders die beiden

A. Rosetti, op. 6 Nr. 4, erster Satz, T. 1–15 (*DTB*).

letzten Kopfsätze in D- und F-Dur zeigen aber eine Thematisierung, die phasenweise zu motivischer Arbeit tendiert. Denn aus dem thematischen Material werden Formeln wie die auftaktigen Achtel des Nachsatzes in Nr. 5 oder die steigenden Dreiklänge im Kopfmotiv aus Nr. 6 abgespalten, die partiell sowohl die Überleitungen wie auch die Durchführungen durchziehen.

Wenngleich sich diese Werke Rosettis neben denen von Beeckes sehen lassen können, bleiben die Unterschiede zwischen zwei Musikern derselben Hofkapelle beträchtlich genug. Zugleich wird aber auch sichtbar, daß Haydns Quartette selbst in Süddeutschland erst allmählich zu verbindlichen Modellen wurden. Desto bemerkenswerter ist es daher, daß der Maßstab der Gattung, der sich dann zunehmend mit Haydns Namen verband, fast gleichzeitig auch in Ost- und Nordeuropa wirksam wurde. Daß ein Italiener wie Giacinto Ferrari, von dem sechs schon viersätzige Quartette belegt sind, in Polen als Kapellmeister des Grafen Potocki tätig war, entspricht noch den kulturellen Verbindungen, die zwischen dem östlichen Mitteleuropa und dem Süden zumal in der Kunstgeschichte bedeutsam waren. Frappant ist es aber, daß sich selbst im fernen Finnland ein Liebhaber wie Erik Tulindberg (1761–1814) nicht mit der Anlage einer Musikaliensammlung begnügte, die unter zahlreichen zeitgenössischen Werken auch Kammermusik von Haydn und Boccherini enthält. Er war als Beamter in Uleåborg (Oulu) und Åbo (Turku) tätig, komponierte aber auch sechs Streichquartette (B – d – C – G – c – F), deren zweite Violinstimme freilich nicht erhalten ist (und daher der editorischen Ergänzung bedarf).[1] Die Muster dieser nach 1776 (und vor 1784) geschriebenen Werke sind wohl in Haydns frühen Quartetten und dann eher in op. 9 als in späteren Serien zu suchen. Damit sind zwar Grenzen des Formats umrissen, unübersehbar ist in diesem Rahmen gleichwohl die Bemühung um graduell wechselnde the-

---

1 Documenta Musicae Fennicae I–VI, Helsinki 1964ff.; vgl. L. Finscher, Art. *Streichquartett*, in: *MGG²*, Sachteil Bd. 8, Sp. 1939 (die Ergänzung übernahmen Toivo Haapanen und John Rosas).

matische Bindung, die allerdings weniger in zielstrebiger Verarbeitung als in der Reduktion des Figurenwerkes zur Geltung kommt. Der Autor wurde immerhin 1797 Mitglied der Kgl. Schwedischen Musikakademie, dürfte aber auch zuvor schon Kontakt zu Musikern der Hauptstadt Stockholm gefunden haben. Bedeutsamer als seine Beiträge sind denn auch die Quartette von zwei Komponisten, die beide – wiewohl in sehr unterschiedlicher Position – in Stockholm wirksam waren.

Reaktionen im Norden: Kraus und Wikmanson

Der aus Miltenberg stammende Joseph Martin Kraus (1756–1792) kam nach Göttinger Studienjahren 1778 nach Stockholm, wo er schon 1780 in die Akademie aufgenommen und ein Jahr später zum 2. Kapellmeister am Hof Gustavs III. ernannt wurde. Auf einer Studienreise in königlichem Auftrag begegnete er in den folgenden Jahren Gluck, Albrechtsberger und Haydn, bevor er dann in Stockholm 1788 zum Hofkapellmeister aufstieg. Hier auch unterwies er nach 1780 den um drei Jahre älteren Johan Wikmanson (1753–1800), der nach erstem Unterricht bei Henrik Philip Johnsen 1771 Organist wurde und seit 1781 an St. Nicolai (Storkyrkan) amtierte. Seinen Lebensunterhalt bestritt er freilich als Beamter der Nummernlotterie, und so figurierte er als ›Musikliebhaber‹, wiewohl er seit 1788 Mitglied der Akademie war, an deren Lehranstalt er in seinen drei letzten Lebensjahren unterrichtete. Zwar lernte er auch bei dem umtriebigen Abbé Georg Joseph Vogler (1749–1814), der seit 1786 in Stockholm weilte (und im übrigen vier Streichquartette hinterließ).[1] Belangvoller war gewiß die Verbindung mit Kraus, von dem insgesamt zehn Quartette erhalten sind. Sechs von ihnen wurden 1784 als op. 1 bei Hummel in Berlin publiziert (A – B – g – D – C – G, = VB 174, 180, 175, 176, 178, 177), einem Brief zufolge lagen aber schon im Oktober 1777 »6. Quatro« aus der Göttinger Zeit vor, während vier weitere Werke nur in Handschriften erhalten sind (c-Moll VB 179, E-Dur VB 181, f-Moll/F-Dur VB 182 und C-Dur VB 183).[2] Mit einer Ausnahme (VB 182) handelt es sich dabei um Autographe, die auch für zwei der gedruckten Werke vorliegen (VB 178 und 180). Da die Quellen nicht näher zu datieren sind, bleibt noch offen, wieweit die sechs brieflich erwähnten Quartette mit denen des Drucks identisch sind und welche Werke schon in Göttingen oder erst in Stockholm entstanden. Nach van Boer wären die handschriftlich überlieferten Quartette in die Stockholmer Jahre zu verweisen, wogegen die übrigen schon in die Göttinger Zeit fielen, doch wären dann auch die beiden Werke, die ausnahmsweise nur zwei Sätze umfassen, nach der Mehrzahl der gedruckten Werke anzusetzen (VB 181 und 183). Als sicher kann daher vorerst nur gelten, daß bis 1784 die sechs Werke vorlagen, die durch ihre

1 Handschriftlich erhalten in der Bayerischen Staatsbibliothek München; vgl. K. E. von Schafhäutl, *Abt Georg Joseph Vogler. Sein Leben, Charakter und musikalisches System*, Augsburg 1888, S. 280 (Nr. 294); H. Riemann, Verzeichnis der Druckausgaben und Thematischer Katalog, S. LIXff. – K. Fr. Schreiber, *Biographie über den Odenwälder Komponisten Joseph Martin Kraus*, Buchen 1928; ders., Verzeichnis der musikalischen Werke von J. M. Kraus, in: Archiv für Musikwissenschaft 7 (1925), S. 477–494. – C.-G. Stellan Mörner, *Johan Wikmanson und die Brüder Silverstolpe. Einige Stockholmer Persönlichkeiten im Musikleben des Gustavianischen Zeitalters*, Stockholm 1952, zu den Streichquartetten ebenda, S. 163–192.

2 I. Leux-Henschen, *Joseph Martin Kraus in seinen Briefen*, Stockholm 1978, S. 202f. (28. 10. 1777); ebenda, S. 263, findet sich der Bericht über die Begegnung mit Haydn in Esterháza (18. 10. 1783). – B. H. van Boer Jr., *Die Werke von Joseph Martin Kraus. Systematisch-thematisches Werkverzeichnis*, Stockholm 1988 (Publikationen der Kgl. Schwedischen Musikakademie 56), S. 329–344. Eine Auswahl der Quartette (unter Einschluß von op. 1) edierte A. Hoffmann, Wolfenbüttel 1960–61.

Drucklegung ausgezeichnet wurden, weshalb sich auf sie auch die weiteren Bemerkungen richten. Mit der Kenntnis dieser Werke ist auch für Wikmanson zu rechnen, der dem Nachruf seines Freundes Gustav Abraham Silverstolpe zufolge um die Mitte der 1780er Jahre die Komposition von Quartetten begann. Von sechs geplanten Werken hätte Wikmanson demnach fünf bis zu seinem Tod vollendet, aus denen Silverstolpe drei (d – e – B) auswählte, um sie mit einer Widmung an Haydn 1801 bei der Kgl. Privilegierade Not-Tryckeriet von Olof Åhlström zu veröffentlichen. Während dieser Druck 1803 auch von Breitkopf & Härtel in Leipzig übernommen wurde, sind die Autographe verloren, doch hat sich in einer 1821 datierten Kopie ein weiteres Werk in A-Dur gefunden, das deutlich früher als die gedruckten entstanden sein dürfte. Sollte es noch in die Jahre vor 1790 zurückweisen, so dürften die drei gedruckten Quartette erst später entstanden sein.[1]

Auch ohne genaue Daten bleiben die chronologischen Relationen klar genug, denn so deutlich die Quartette von Kraus eine frühere Stufe vertreten, so einsichtig wird in denen Wikmansons die intensive Auseinandersetzung mit Haydn. Daß all diese Werke in Neuausgaben greifbar sind und daher mehr als andere beachtet wurden, liegt jedoch nicht nur an ihrer relativen Bedeutung für die regionale Musikgeschichte. Ungewöhnlich ist eher eine Konstellation an der Peripherie, die graduell wechselnd die vom Zentrum ausgehenden Impulse erkennen läßt. Denn wie die Quartette von Kraus ihren unbekümmerten Elan mit beträchtlichem Erfindungsreichtum verbinden, so erreichen die Wikmansons die wohl strengste Konzentration, die im engen Anschluß an Haydn zu leisten war.

Legt man an die Werke von Kraus den Maßstab einer späteren Formenlehre an, wie es Wilhelm Pfannkuch in einer konzisen Studie unternahm, so kann der höchst variable Umgang mit den Normen kaum zum Vorschein kommen.[2] Bis auf das G-Dur-Werk Nr. 6 sind die Quartette op. 1 dreisätzig angelegt, und so entfallen in der Regel auch die Tanzsätze. Eine Ausnahme ist das Tempo di Minuetto als Schlußsatz in Nr. 3, während das Gegenstück in Nr. 1 nur in der Neuausgabe, nicht aber im Werkverzeichnis als Scherzo bezeichnet ist. Pfannkuch zufolge wäre gemäß der Abfolge im Druck ein Weg von lockerer Reihung zu dichter thematisierten Verläufen ablesbar, doch erweist sich das Bild einer stimmigen Entwicklung bereits als trügerisch, wenn man das erste mit dem letzten Werk vergleicht. Denn dem relativ einfachen A-Dur-Quartett Nr. 1 steht zwar im G-Dur-Werk Nr. 6 das einzige gegenüber, das als viersätzig gelten darf, auch wenn das ausgedehnte Largo g-Moll an dritter Stelle in das rasche Finale überleitet. Doch entspricht nur der Kopfsatz in Nr. 1 recht genau den Normen eines Sonatensatzes mit zwei auch in der Durchführung benutzten Themen, wogegen der in der Tat weit komplexere Satz aus Nr. 6 seine Pendants in Nr. 4 und 5 findet. Im ganzen sind die Werke so wechselvoll, daß sie sich der schematischen Zu-

---

[1] B. Hammar / H. Epstein, *Om Johan Wikmansons återfunna stråkkvartett i A-dur*, in: Svensk tidskrift för musikforskning 60:2 (1978), S. 51–56; *J. Wikmanson: Streichquartett A-dur*, hg. v. B Hammar, Stockholm 1981 (Monumenta Musicae Svecicae 10); *J. Wikmanson: Streichquartette (Op. 1:1–3)*, hg. v. B. Hammar und E. Lomnäs (Monumenta Musicae Svecicae 6), Stockholm 1970.

[2] W. Pfannkuch, *Sonatenform und Sonatenzyklus in den Streichquartetten von Joseph Martin Kraus*, in: Bericht über den Internationalen Musikwissenschaftlichen Kongreß Kassel 1962, hg. v. G. Reichert und M. Just, Kassel u. a. 1963, S. 190–192; H. Epstein, *Ueber Kraus' Instrumentalmusik*, in: *Joseph Martin Kraus. Ein Meister im gustavianischen Kulturleben. Bericht von einem Kraus-Symposion 1978*, Stockholm 1978 (Publikationen der Kgl. Schwedischen Musikakademie 28), S. 52–63; ders., *Om Wikmansons stråkkvartetter*, in: Svensk tidskrift för musikforskning 53 (1971), S. 5–19 (Zusammenfassung S. 20f.).

sammenfassung entziehen, und die Folge melodisch prägnanter, rhythmisch konträrer oder nur figurativer Gruppen erleichtert nicht einmal die zweifelsfreie Scheidung von Themen, wenn sie weder durch eine gearbeitete Durchführung noch durch eine reguläre Reprise bestätigt werden. Mitunter entstehen ähnliche Schwierigkeiten, wie sie später anläßlich der frühen Quartette Mozarts zu erörtern sind, zugleich sind aber auch thematische Rekurse nicht zu übersehen, die dennoch das Studium Haydnscher Muster keineswegs derart voraussetzen, wie es dann bei Wikmanson der Fall ist.

Wechselvoll wie der interne Satzverlauf ist in op. 1 bereits die Satzfolge der einzelnen Werke. Daß an mittlerer Stelle ein langsamer Satz steht, schließt nicht aus, daß das g-Moll-Werk Nr. 3 durch ein fugiertes Andante comodo eröffnet wird, dem gleichwohl eine langsame Romanze folgt. Und im G-Dur-Quartett Nr. 6 übernimmt diese Position ein Andante maestoso mit dem Zusatz ›Scozzese‹, das sich als recht schlichtes Bordunthema mit drei Variationen samt Coda ausweist. Doch auch das Larghetto in Nr. 4 bietet ein weit subtiler entworfenes Thema mit vier Variationen, die wechselnd hier die Gegenstimmen auf die jeweils führende Hauptstimme zu beziehen trachten. Gegenüber den erwähnten Finali aus Nr. 1 und 3 folgen die Schlußsätze in Nr. 2, 5 und 6 einem verkürzten Rondoschema mit nur drei knappen Refrains, zwischen denen die Binnenteile weit größeren Umfang beanspruchen. Doch findet sich andererseits im D-Dur-Finale aus Nr. 4 auch ein Sonatensatz mit synkopisch charakterisierter Einleitung, die im Satzverlauf größeres Gewicht erhält als das vermeintliche Hauptthema (ab T. 17), das zwar transponiert in der Durchführung zitiert wird, ohne jedoch in der Reprise nochmals bestätigt zu werden.

Am deutlichsten zeigen die Kopfsätze das weite Spektrum der Möglichkeiten. Ist ein fast regulärer Sonatensatz wie in Nr. 1 die Ausnahme, so bildet das Fugato g-Moll in Nr. 3 den Gegenpol. Vom Unisono aus entfalten die ersten vier Takte den Stimmenverband, mit dem Fugatothema verbindet sich dann gleich ein fester Kontrapunkt in rascher Gegenbewegung, doch wird diese Paarung schon im letzten Einsatz (T. 13) aufgehoben, und mit der Abspaltung thematischer Varianten erfährt auch der Themenkopf ornamentale Umspielung (ab T. 22), bis ein knappes Adagio eingeschoben wird (T. 44–48), um danach erneut die kontrapunktische Arbeit zu intensivieren. Vielleicht sind hier die Finalfugen aus Haydns op. 20 vorauszusetzen, doch ändert sich nicht nur die Stellung des fugierten Satzes, sondern statt seiner schrittweisen Auflösung durch motivische Arbeit tritt ein wechselndes Maß der Verdichtung hervor, ohne jedoch die kontrapunktische Faktur prinzipiell aufzugeben. Ähnlich variieren die übrigen Kopfsätze das geläufige Schema, statt sich den geläufigen Normen eines Sonatensatzes zu fügen. Der C-Dur-Satz (van Boer 183) zeigt nach dem Hauptsatz, dessen kantabler Vordersatz

J. M. Kraus, Quartett C-Dur (van Boer 183), erster Satz, T. 1–8 (Edition Möseler).

sich mit zwei variierten Zweitakten vom blockhaft geschlossenen Nachsatz abhebt, im Kadenzglied eine kleine trillerhafte Figur, die dann die Überleitung durchzieht (T. 14–27). Wo auf der Dominante ein Seitensatz anhebt (T. 31), da teilt er mit dem Hauptsatz nur den Auftakt, kaum aber die melodische Gestalt, wogegen erst eine synkopisch verschobene Gruppe (T. 41) einen klaren Kontrast einbringt. Die übrigen Satzglieder werden mit triolischer Figuration bestritten, und der Mittelteil zitiert nach eröffnender Modulation das Eingangsthema in der Tonika (und später auch mehrfach sein Kadenzglied), begnügt sich aber sonst mit ähnlicher Figuration wie die Exposition. Und so geht die Reprise vom Thema in der Subdominante aus, verzichtet dann jedoch auf die weiteren Themen. Ähnlich offeriert auch der B-Dur-Satz in Nr. 2 wieder zwei Themen, die indes den Mittelteil nur partiell bestimmen, wonach die diesmal in der Tonika beginnende Reprise das ›zweite Thema‹ erneut übergeht. Freier noch verfahren die Kopfsätze in D- und G-Dur (Nr. 4 und 6), die keine Wiederholung der Satzteile vorsehen. Zwar sind die Teilgrenzen durch Kadenzgruppen markiert, im Ausfall der üblichen Wiederholungen wird aber nicht nur auf die beträchtliche Länge reagiert, die beide Sätze mit 177 bzw. 306 Takten ohnehin aufweisen. Offenbar bedarf auch die Vielfalt des Materials keiner bestätigenden Wiederholung oder regulären Reprise, wogegen die Folge der Satzgruppen im Mittelteil desto lockerer wirkt.

Solche Beobachtungen ließen sich an den von Kraus nicht veröffentlichten Quartetten ergänzen, auch wenn sie satztechnisch etwas einfacher bleiben. Eine summarische Skizze wäre aber unvollständig, wenn nicht zum Schluß auf weitere Qualitäten dieser Musik verwiesen würde. Zu ihnen gehören manche Details wie im Tempo di Minuetto g-Moll als Finale aus Nr. 3, wo die sechs eröffnenden Takte am Ende im genauen Krebs aller Stimmen wiederkehren. Doch liegt der Reiz der Werke nicht nur im oft unvorhersehbaren Wechsel der Satzgruppen, die nicht einmal auf scharfe Kontraste angewiesen sind. Obwohl die Harmonik keineswegs ungewöhnlich oder gar kühn zu nennen ist, bleibt sie doch stufenreich genug, um kräftige Akzente zu setzen. Neben einer lebendigen Rhythmik, die durchaus nicht immer in regelhafter Periodik aufgeht, besticht jedoch der Charme einer Melodik, die selbst mit einzelnen Beispielen kaum recht zu erfassen wäre. Und wenn sich einer führenden Stimme die übrigen nicht bloß unterordnen, so werden die Partner häufig diskursiv aufeinander bezogen. Doch kommt ihr Austausch selbst dann nicht zu kurz, wenn nach Art des Quatuor concertant in Nr. 2 die Viola eine Führungsrolle übernimmt oder wenn in Nr. 4 die Außen- und in Nr. 6 zudem die Mittelstimmen paarig hervortreten. So unpassend es wäre, vom ›schwedischen Mozart‹ zu reden, so unverkennbar ist doch der eigene Ton, der gerade die gedruckten Quartette von Kraus auszeichnet, vielleicht aber auch erst im Abstand zu Haydn möglich wurde.

Weitaus klarer liegen die Verhältnisse bei Wikmanson, dessen Quartette nun schon durchweg vier Sätze aufweisen. Der Kopfsatz im nur handschriftlich überlieferten A-Dur-Werk lenkt am Ende freilich mit wenigen Akkorden nach Fis-Dur, um ein ›Recitativo‹ mit eingeschaltetem ›Adagio‹ anzuhängen, ohne doch eine thematische Einbindung zu versuchen. Zwar kann es sich um die Zutat eines Bearbeiters handeln, anders als in den gedruckten Werken fehlt aber dem Kopfsatz nicht nur ein Seitenthema, sondern auch der Mittelteil entbehrt jeder durchführenden Arbeit, und wie das kurze Finale folgt hier das Andante noch dem kleinen Rondoschema mit nur drei Refrains. Eine Ausnahme bietet nur das Menuett mit zwei auftaktigen Achteln der Oberstimme, die eine Quinte tiefer in Baßlage aufgenommen und zugleich um eine Viertel derart versetzt werden, daß sich mit der Imitation auch die Taktakzente überlagern. Gerade dieser Satz begegnet aber in Wikmansons Klavierwerk *Fragmenter för min lilla flicka* als Alternativo des zweiten Satzes (Scherzando).[1] Diese *Fragmente für mein kleines Mädchen* kann Wikmanson seiner 1782 geborenen Tochter kaum vor 1790 zugedacht ha-ben, der Quartettsatz pointiert jedoch die Vorgabe des Modells, indem das zugefügte Trio nun als zweistimmiger Einklangskanon zwischen Oberstimme und unisonen Unterstimmen erscheint und zudem partiell auch die zweite Violine einbezieht. Ein Kanon im Tanzsatz ist nicht so singulär, daß man ein Vorbild nur im real zweistimmigen Kanon des Menuetts aus Haydns ›Quinten-Quartett‹ op. 76:2 suchen müßte. In der Wiener Tradition des kontrapunktischen Satzes begegnen mitunter vergleichbare Kanons[2], doch unabhängig davon, was Wikmanson davon kannte, wird das Verfahren

1 Vgl. dazu Stellan Mörner, *Johan Wikmanson und die Brüder Silverstolpe*, S. 205, sowie H. Epstein in Hammar / Epstein, *Om Johan Wikmansons återfunna stråkkvartett i A-dur*, S. 54.

2 So schon bei Florian Gassmann, *Six Quatuors*, postumer Druck Wien 1804, Nr. 3 e-Moll mit zweistimmigem Kanon im Menuett und vierstimmigem Kanon im Trio (bei freilich einfachster Dreiklangsmelodik); ferner Mozarts Quartett B-Dur KV 172 (1773) mit zweistimmigem Oktavkanon im Menuett; schließlich Mozarts Streichquintett g-Moll KV 406 = 516 b (1788) nach der Serenade KV 388 = 184ᵃ (1782) mit Menuetto in Canone samt Trio in Canone al rovescio.

von ihm so genutzt, daß der Kanon keineswegs angestrengt erscheint. So mag der Satz für die Authentizität des Quartetts auch dann sprechen, wenn die übrigen Sätze kaum gleiches Niveau erreichen.

Desto erstaunlicher ist der qualitative Sprung, von dem die drei gedruckten Quartette zeugen, wiewohl sie nur wenige Jahre später entstanden sein dürften. Die hypothetische Frage nach ihrer chronologischen Folge relativiert sich durch das individuelle Profil der Werke erst recht. Das B-Dur-Quartett Nr. 3 endet zwar noch mit einem Rondo, dessen zweites Couplet übrigens eine Melodie zitiert, die zweimal auch der mit Wikmanson befreundete ›Musikerpoet‹ Carl Michael Bellman verwendet hat.[1] Dagegen bilden die Finali in Nr. 1 und 2 reguläre Sonatensätze mit kleinen Seitenthemen, und wenn in Nr. 2 Durchführung und Reprise verkettet werden, indem nach transponierten Hauptsatzzitaten die Reprise gleich mit dem Seitensatz beginnt, so läuft die Coda auf die Zerlegung des Hauptsatzes hinaus, die Haydn im Es-Dur-Finale aus op. 33 (Hob III:38) vorgebildet hatte. Kunstgerecht sind durchweg die Menuette, denen auch metrische Irritationen nicht fremd sind, und wie der e-Moll-Satz aus Nr. 2 in der Coda Material aus Menuett und Trio kombiniert, so weist das d-Moll-Pendant aus Nr. 1 auf das expressive Hauptthema des Kopfsatzes zurück, um dann durch ein desto helleres D-Dur-Trio ergänzt zu werden. Die Romanze B-Dur in Nr. 3 knüpft sichtlich an den gleichnamigen Satz von Kraus an (op. 1:3), findet aber mit einer Themenvariante in g-Moll im Mittelteil einen ernsthafteren Ton. Bedeutender ist das Adagio d-Moll aus Nr. 1, das geschickt zwischen thematischen Stimmzügen und triolischer Begleitung vermittelt. Gewichtig ist aber zumal der Variationensatz C-Dur in Nr. 2, der Epstein zufolge das Muster aus Haydns ›Kaiser-Quartett‹ (Hob III:77) zur Voraussetzung hätte.[2] Zwar wurden die ›Erdödy-Quartette‹ op. 76 erst 1799 publiziert, G. A. Silverstolpes Bruder Fredrik Samuel berichtete aber schon 1797, daß Haydn ihm am Klavier aus diesen Werken vorgespielt habe. Sollte Wikmanson davon mehr als ein Nachhall erreicht haben, so könnte sein Quartett erst unmittelbar vor seinem Tode komponiert worden sein. Von Haydns berühmtem Thema jedoch, dessen viertaktige Doppelzeilen ihr Ziel in der Schlußzeile finden, unterscheidet sich Wikmansons Modell schon durch den variativen Anschluß seiner Zweitakter an die erste Zeile, zu der auch der Schluß zurückkehrt. Zudem wird der weite Intervallsprung, mit dem alle Zeilen in der Oberstimme beginnen, um einen halben Takt versetzt in Baßlage frei imitiert. Differenzierter noch als im Gegenstück von Kraus (op. 1:4) wird dieses Thema in den vier Variationen wechselnd von einer Stimme derart paraphrasiert, daß an ihrer Rhythmik auch die Gegenstimmen partizipieren, bis sich die letzte Variation zur freien Coda erweitert.

Größtes Interesse verdienen jedoch die Kopfsätze, denn einem höchst individuellen Entwurf in Nr. 3 stehen in den beiden übrigen ungewöhn-

---

1 C. M. Bellman, *Fredmans Epistlar*, Stockholm 1790, Nr. 78; ders., *Fredmans Sånger*, ebenda 1791, Nr. 17.
2 H. Epstein, *Om Wikmansons stråkkvartetter*, S. 8ff.; skeptisch dazu C.-G. Stellan Mörner, ebenda, S. 141f.

lich konzentrierte Sonatensätze gegenüber. Obwohl der B-Dur-Satz in Nr. 3 mit nur 156 6/8-Takten leichter zu wiegen scheint, ist er doch formal insofern kompliziert, als er sich wie ein Rondo mit vier Refrains ausnimmt und zugleich von variativen Rückbezügen durchzogen ist. Denn zwischen das zweite Themenglied und seine Wiederholung schaltet sich bereits eine gearbeitete Fortspinnung ein, und nach den beiden nächsten Refrains sind latente Beziehungen auch den folgenden Couplets nicht fremd, während der letzte Refrain zur Coda ausgebaut wird. Stringenter sind die beiden Kopfsätze in Nr. 1 und 2 angelegt, die durchaus den Kriterien des Sonatensatzes entsprechen. Ohne auf einzelne Vorbilder zu deuten, setzen sie eine Auseinandersetzung mit Haydn voraus, wie sie intensiver kaum zu denken ist. Im etwas einfacheren e-Moll-Satz wird das Hauptthema nach Sextsprung von der fallenden Kette sequenzierter Synkopen bestimmt, davon zehrt auch die Überleitung, wogegen Seitensatz und Epilog sich betont schlicht geben. Von gerade diesen beiden Gedanken jedoch geht die Durchführung aus, bevor sie den Hauptsatz in g-Moll zitiert. Je weiter sie sich aber seiner figurativen Fortspinnung überläßt, desto mehr droht ihr eine Monotonie, vor der sie die harmonisch delikate Rückleitung zur Reprise eben noch bewahrt. Am meisten überzeugt jedoch der erste Satz des d-Moll-Quartetts Nr. 1, der dem fallenden Dreiklang im Kopf seines Hauptthemas durch eingeschaltete Leittöne ein Profil gibt, von dem sich die anschließenden Tonrepetitionen desto nachdrücklicher abheben. Indem dieses Kopfmotiv die Stimmen durchläuft, wird die Überleitung thematisch gegründet, und als Seitensatz dient gar ein Fugato mit Quintfall als Incipit, dessen Fortspinnung sich erneut auf den Hauptsatz bezieht. Scheinbar simpel wirkt dagegen wieder der Epilog, der jedoch die Tonrepetitionen aus dem Hauptsatz auch rhythmisch nachzeichnet. Ausgerechnet ihn wiederholt

J. Wikmanson, op. 1 Nr. 1, erster Satz, T. 1–12 (Mon. Mus. Svecicae 10, 1970).

aber die Durchführung eingangs in Großterzrelationen (F – Des – A), und wenn sie danach beide Themen verarbeitet, so verdichtet sich der Seitensatz zur Engführung, wie denn auch Reprise und Coda die dichte Thematisierung nicht aufheben.

Begreiflich ist es, daß ein solches Werk »den vollen Beifall« Haydns fand, der sich hier einmal verstanden fühlen durfte, wiewohl er den Absatz nicht so wie erhofft zu fördern vermochte.[1] Wikmansons ernsthafte Arbeit ließ allerdings wenig Spielraum für jene konzertante Figuration, die in Haydns Musik Widerpart oder Bedingung der thematischen Bändigung war. Seltsam bleibt es gleichwohl, daß just ein Stockholmer Organist, der nie im Ausland war und selbst daheim wenig Beachtung fand, Haydns Kunst näher kam als die Wiener Zeitgenossen – Mozart ausgenommen. Wenn diese Werke wie die von Kraus durch die – wie immer vermittelte – Beziehung zu Haydn eine mehr als periphere Position erhalten, dann ist es desto erstaunlicher, daß andererseits in Städten, die für die Verbreitung des Repertoires bedeutsam waren, doch keine vergleichbare Eigenproduktion entstand. So wichtig Amsterdam und London als Verlagsorte waren, so sporadisch blieben Beiträge von dort tätigen Musikern. Von Anton Kammels Londoner Drucken (1770 und 1775) war bereits früher die Rede, noch vor ihm veröffentlichte dort aber auch Carl Friedrich Abel (1723–1787) schon 1769 seine *Six Quartettos* op. 8. Trotz ihres ›galanten‹ Tons gehen die dreisätzigen Werke jedoch noch vom Generalbaßsatz aus, wie die ›Trommelbässe‹ im Wechsel mit Kadenzschritten zeigen. Etwas anspruchsvoller sind die um 1782 erschienenen *Six Quartettos* op. 3 von William Shield (1748–1829), die zwar bei gleicher Satzfolge auch noch die Außenstimmen bevorzugen, mitunter aber wie im c-Moll-Werk Nr. 6 ein wenig individuellere Töne finden. Doch noch 1784 konnte ein Liebhaber wie John Marsh (1752–1828) ein Quartett publizieren, das sich offen als »Composed in Imitation of the Stile of Haydn's Opera Prima« zu erkennen gab. Fünfsätzig mit zwei Menuetten ahmt es zwar die Divertimenti aus Haydns op. 1 nach, ohne aber auf ihre metrischen Finessen auch nur ansatzweise zu reagieren. Dasselbe gilt für die Variationen über *Adeste Fideles*, die Samuel Webbe (1770–1843) »after the Manner of Haydn's Celebrated Hymn to the Emperor« schrieb. Und ungedruckt blieb das einzige Quartett von Samuel Wesley (1766–1837), das bereits vier Sätze umfaßt, in den Ecksätzen aber schon deutlich die Kenntnis des Quatuor brillant nach Art von Cambini oder Spohr voraussetzt.[2]

Wenn die kursorische Bestandsaufnahme der Quartettproduktion aus Haydns weiterem Umfeld hier vorerst abgebrochen wird, bevor die – partiell gleichzeitige – Beteiligung französischer, italienischer und auch spanischer Musiker zur Sprache kommt, dann ist das zugegebenermaßen auch den Zwängen einer gerafften Gliederung zuzuschreiben. Denn andernfalls müßte von einer weiteren Reihe wenig bekannter Autoren

---

[1] C.-G. Stellan Mörner, *Johan Wikmanson und die Brüder Silverstolpe*, S. 262 und S. 387; vgl. ferner *Haydn. Gesammelte Briefe*, S. 395 (6. 2. 1802).

[2] Vgl. die kundige Einführung von P. Holman zur Einspielung *The String Quartet in Eighteenth-Century England*, London 1995.

die Rede sein, bevor zum Vorschein käme, welchen Werken die Gattung ihren ästhetischen und historischen Rang zu danken hat. Nicht grundlos waren jedoch zunächst die Quartette von Wiener (oder auf Wien bezogenen) Komponisten auf ihr Verhältnis zu Haydns Œuvre hin zu befragen, und wenn sich dabei erwies, wie wenig Haydn auf Vorgaben anderer angewiesen war, so wurde im weiteren auch sichtbar, wie zögernd und spät sich der durch ihn gesetzte Anspruch durchzusetzen vermochte. Dagegen war das Pariser Quartett im 18. Jahrhundert zunächst offenbar ein eigener Bezirk, so sehr auch die Stadt der europäische Hauptort für die Publikationen der Kammermusik war. Solange die Pariser Salonkultur, in der auch nicht wenige deutsche Musiker eine Position fanden, ihre Eigenständigkeit bewahrte, bedurfte sie augenscheinlich keiner Impulse von auswärts. In Wien jedoch vollzog sich seit 1782 jener Dialog zwischen Haydn und Mozart, dessen Erträge das Niveau der Gattung und damit ihre geschichtliche Bedeutung erst recht bestimmten, seit sich dann Beethoven um 1800 einschaltete (nicht ohne erneut eine Zäsur zu setzen).

Eine streng chronikale Geschichte des Quartetts ließe sich nur dann schreiben, wenn die Differenzen des Niveaus und Ranges verkannt blieben. Als unvergleichlich erwies sich aber die Leistung der ›klassischen Trias‹ in dem Maße, wie sie andere – und auch andersartige – Traditionsstränge zu überblenden vermochte. Eine unumgängliche Konsequenz ist es daher, daß sich die Gattungsgeschichte nun erst recht nur auf gleichsam verschobenen Ebenen darstellen läßt, die sich zeitlich und auch qualitativ überschneiden. Doch erreichte das Pariser Quatuor concertant weitere Wirkung erst in der Phase, in der es sich zum Quatuor brillant wandelte, das als Medium reisender Virtuosen zum Gegenpol des ›Komponistenquartetts‹ wurde. Sind aber solche Differenzen noch im Œuvre eines Musikers von Rang zu spüren, der Louis Spohr zweifellos war, dann reichen die Folgen einer genuin Pariser Tradition bis in das erste Drittel des 19. Jahrhunderts hinein. Und so mag es sich rechtfertigen, wenn zunächst die Hauptwerke Haydns und Mozarts – von denen die frühen Quartette Beethovens nicht abzutrennen sind – näher erörtert werden, ehe danach auf die Pariser Produktion zurückzukommen ist, wiewohl ihre Anfänge weiter zurückreichen. Solche Überschneidungen sind unvermeidbar, wenn zwischen kaum erschlossenen Traditionen und dem ungleichen Maß großer Meister zu vermitteln ist.

Teil II: Norm und Individuation – Das klassische Streichquartett

1. Haydns reife Quartette von op. 42 bis op. 103

Für die Begründung der Gattung wurden Haydns frühe Quartette bis op. 33 maßgeblich, die denn auch vorab das Interesse der Forschung auf sich gezogen haben. Gleichwohl wurde das Repertoire im weiteren von all den reifen Werken bestimmt, die sich seit 1785 anschlossen. In ihnen wurde das kompositorische Niveau, das Haydn selbst definiert hatte, zwar immer neu differenziert, und in jeder weiteren Sammlung begegnen Versuche, die selbst gesetzten Grenzen zu individualisieren und experimentell zu erweitern. Durchweg verbindlich bleibt jedoch die Paarung von äußerster Konzentration des Satzprozesses mit einer selbstverständlichen Meisterschaft, die nicht immer eine expressive Charakteristik hervorkehrt. Diese scheinbar leichte, mitunter fast spielerische Diktion trug allerdings auch dazu bei, daß manche von diesen Werken in der weiteren Rezeption zurückzutreten hatten. Je mehr einzelne Hauptwerke bevorzugt wurden, desto eher konnten andere der Hausmusik des »stillvergnügten Streichquartetts« überlassen bleiben. Dies war kein Makel zur Zeit der Entstehung der Werke, solange kein Widerspruch zwischen der Musik für Kenner und Liebhaber bestand. Anders verhielt es sich jedoch, seit sich Hausmusik von professioneller Kunst zu trennen begann. Um Mißverständnissen zu begegnen, müßte also jedes dieser Meisterwerke eine Analyse für sich beanspruchen, dennoch lassen sich hier nur einzelne Sätze exemplarisch für die Zyklen hervorheben.

Das g-Moll-Quartett ›op. 42‹ (Hob III:43) ist ein früher – wenn nicht erster – Beleg für die Publikation eines Einzelwerkes außerhalb einer Serie, doch hat es kaum eine entsprechende Geltung erlangt. Gewiß sollte man es nicht überschätzen, daß dies dem Autograph zufolge 1785 entstandene Werk schon im folgenden Jahr erschien, denn der Titel des Drucks von Hoffmeister bezeichnet es als »I. Quartett«, was den Gedanken an eine geplante Fortsetzung nahelegt. Bereits 1784 hatte Haydn mit dem Verlag Artaria einen Vertrag über sechs neue Quartette geschlossen, doch ist es offen, ob damit die erst 1787 folgenden Quartette op. 50 gemeint waren, denen dieses Einzelwerk jedenfalls voranging.[1] Bemerkenswert ist nicht nur, daß es in einer Molltonart steht, wie es sonst in der Regel nur einmal in einer Serie vorkommt. Es macht dazu auch den Eindruck einer gedrängten Demonstration von Prinzipien, die für Haydns Kunst maßgeblich sind. Damit hebt es sich von experimentellen Zügen in op. 33 ab, ohne doch »einen Fremdkörper« zu bilden, wie Karl Geiringer meinte.[2] Der eröffnende Sonatensatz dehnt das maß-

---

1 *Joseph Haydn. Gesammelte Briefe und Aufzeichnungen*, hg. v. D. Bartha, Kassel u. a. 1965 (abgekürzt: *Haydn. Gesammelte Briefe*), S. 136 (Nr. 62, 5. 4. 1784). Der Hinweis auf »jene quartetten so ich dermahlen in der arbeith habe«, ist nicht leicht auf ›op. 42‹ zu beziehen, da Haydn hinzufügte: »sind ganz klein und nur mit 3 Stück, sie gehören nach spanien«.

2 K. Geiringer, *Joseph Haydn. Der schöpferische Werdegang eines Meisters der Klassik*, München ²1986, S. 284, wo die »überaus knappe, fast dürftige Anlage« des Werkes hervorgehoben wird. Vgl. auch H. C. Robbins Landon, *Haydn at Esterháza 1766–1790*, London 1978, S. 624f.; L. Finscher, *Joseph Haydn und seine Zeit*, Laaber 2000 (abgekürzt: L. Finscher, *Haydn*), S. 411f.; G. Feder, *Haydns Streichquartette. Ein musikalischer Werkführer*, München 1998 (abgekürzt: G. Feder, *Haydns Streichquartette*), S. 63.

volle Tempo zum ›Andante‹ und trägt zudem die durchtriebene Angabe ›Innocentemente‹, dem kurzen und zudem recht regelhaften Menuett folgt ein knappes Adagio mit nur 57 Takten, und das zweiteilige Finale im raschen 2/4-Takt hebt bald den Anschein eines Fugatos auf. So erinnert das Quartett äußerlich eher an frühere Werke, doch erst bei nä-herem Zusehen erweist es seine vermittelnde Position. – Die Außensätze beziehen sich aufeinander durch hörbare Affinität ihrer Themen, die zwar auf Tönen des Tonikaklanges basieren, dabei aber den Quartfall und die Terz exponieren. Am Material des Kopfsatzes, das von der ersten Violine präsentiert wird, partizipieren wachsend auch die Gegenstimmen, eine Thementransposition begegnet wieder statt eines Seitensatzes, dazwischen überbrückt eine scheinbar freie Satzgruppe der Oberstimmen, die aber noch in die gedrängte Durchführung aufgenommen wird, und die Konzentration der Satzteile verflüchtigt sich an ihrem Ende im kapriziösen Wechselspiel zwischen getupften Akkorden der Stimmpaare. Mit raschen Akkordschlägen beginnen auch die beiden ersten Zweitakter im Menuett, sie werden durch eine kantable Achtelkette ergänzt, die im nächsten Viertakter das Kopfmotiv gar verdrängt, und aus der Überlappung beider Momente entsteht auch der gearbeitete Mittelteil. Spielerisch beginnt das Trio, und aus dem Wechsel der Einsätze ergibt sich nach dem Doppelstrich die Andeutung einer Imitationskette, die sich sogleich aber auflöst. Ähnlich unspektakulär wirkt das Adagio cantabile, dessen Thema – fast konventionell – durch zweimal zwei fallende Achtel geprägt ist. Keine Phase des Satzes kommt jedoch ohne diese Motivgruppe und ihre Varianten aus, und hinter der motivischen Konzentration tritt jegliche Figuration zurück. Das abschließende Presto entspricht dem frühen Formtypus mit zwei wiederholten Teilen, doch stößt nicht nur gleich anfangs ein Vier- auf einen Dreitakter, eher scheint sich im markanten Themenkopf ein Fugato anzukündigen, das sogleich von homorhythmischen Achteln abgefangen wird. Als sei der Start mißglückt, hebt erneut das Fugato an, nun aufgenommen von den Gegenstimmen, bis es erneut abbricht. Und in der nächsten Phase stößt eine Legatovariante des Themenkopfes – zudem sequenziert – auf eine figurative Floskel, die dann ihrerseits die Stimmen durchzieht. Der souveräne Witz, mit dem nicht nur konträre Motive, sondern divergierende Prinzipien gebündelt werden, reflektiert die früheren Erfahrungen, um zugleich die Konzentration späterer Sätze anzukündigen.

Zeitlich folgt auf ›op. 42‹ jene Reihe von langsamen Quartettsätzen, die kurz als die ›Sieben Worte‹ bezeichnet werden. Die *Musica instrumentale sopra le sette parole del nostra Redentore in croce* – so der Titel der Erstausgabe – verdient in der außerordentlichen Dichte ihrer Faktur gewiß mehr als kursorische Erwähnung. Das Werk hat sich zwar in der Fassung für Quartett besonders verbreitet, sie jedoch stellt nicht die ursprüngliche Gestalt der Komposition dar (Hob III:50–56). Die ursprüngliche Orchesterfassung (Hob XX/1) entstand wohl im Winter 1786–87 auf Bestellung für die Kathedrale von Cádiz und war zur Meditation in der Liturgie der Karwoche bestimmt, wie Haydn später im Vorwort der oratorischen Version mitteilte.[1] Die orchestrale Fassung wurde Anfang 1787 Artaria für den Druck überlassen, doch bearbeitete Haydn sie unmittelbar anschließend für Quartett, so daß diese Version von Artaria für August angekündigt werden konnte. Daß Haydn an der Verbreitung in kammermusikalischer Reduktion lag, läßt wohl auch darauf schließen, daß für ihn die Musik nicht nur innerhalb der Liturgie verwendbar war. An den Londoner Verleger William Forster schrieb er am 8. 4. 1787: »Jedweder Text ist bloß durch die Instrumental Music dergestalten ausgedruckt, daß es den unerfahrensten den tiefsten Eindruck in Seiner Seel Erwecket«.[2] Auch wenn also beide Versionen dieses Hauptwerkes authentisch sind, stellen die Sätze doch nicht originäre Kompositionen für Streichquartett dar und erlauben darum hier nur knappe Hinweise.

Die Erstfassung für Orchester sah neben Streichern noch je zwei Flöten, Oboen und Fagotte sowie im Schlußsatz vier Hörner samt zwei Trompeten und Pauken vor. So bedeutete die Bearbeitung für Quartett einerseits eine extreme Reduktion, deren Restriktionen erst recht im Vergleich mit der späteren vokalen Erweiterung hervortreten. Andererseits verbindet sich damit aber auch eine radikale Konzentration der kompositorischen Substanz, und so verschärft sich noch weiter das Problem, das Haydns Vorwort zur Vokalfassung rückblickend mit der Aufgabe umschrieb, der Würde der Textvorlage in langsamen Instrumentalsätzen von begrenztem Umfang zu entsprechen, »ohne den Zuhörer zu ermüden«.[3] Die Lösung lag in einer weiteren Differenzierung all der Ansätze, die zuvor in den langsamen Sätzen der Sinfonien und Quartette erprobt worden waren. Das stete Wechselspiel der motivischen und zumal rhythmischen Impulse innerhalb des kadenzmetrischen Satzes wird im orchestralen Klang wohl eher plastisch sinnfällig, wenn die sich ablösenden Klanggruppen in den Dienst des strukturellen Gefüges treten können. Indessen wird diese Struktur gerade in der Reduktion auf vier Streicher gleichsam abstrakt bloßgelegt, um Spielern wie Hörern äußerste Konzentration abzufordern. Als umrahmende Sätze fungieren die Introduzione (Maestoso ed Adagio) und das abschließende Terremoto, das den einzigen raschen Satz darstellt (Presto e con tutta la forza). Die langsamen Sätze jedoch folgen – mit Ausnahme des einteiligen ersten – durchweg der von Haydn bevorzugten zweiteiligen Anlage, die zwischen Suiten- und Sonatensatz vermittelt, indem ein erster Teil zu wiederholen ist, während der zweite – quasi durchführend – modulatorische und motivische Arbeit paart, um dann in einer Reprise zu münden.

---

1 C. F. Pohl, *Joseph Haydn*, Bd. II, Leipzig 1882, S. 214ff.; H. Unverricht (Hg.), *Die Sieben letzten Worte. Orchesterfassung*, München und Duisburg 1959 (*Joseph Haydn. Werke*, im folgenden abgekürzt: *HGA*, IV), S. VII; A. Sandberger, *Zur Entstehungsgeschichte von Haydns ›Sieben Worte des Erlösers am Kreuze‹*, in: ders., *Ausgewählte Aufsätze zur Musikgeschichte*, München 1921, S. 266–281.
2 *Haydn. Gesammelte Briefe*, S. 162.
3 H. Unverricht (Anmerkung 1), S. VII.

Introduzione	I	II	III	IV	V	VI	VII	Terremoto
Maestoso ed Adagio	Luk. 23:34	Luk. 23:43	Joh. 19:26	Mt. 27:46	Joh. 19:28	Joh. 19:30	Luk. 23:46	Presto e con tutta la forza
	Pater dimitte illis	Amen dico tibi	Mulier ecce	Eli, Eli	Sitio	Consummatum est	Pater in manus	
d	B	c/C	E	f	A	g/G	Es	c
c	Largo 2/4	Grave 4/4	Grave 4/4	Largo 3/4	Adagio 4/4	Lento 3/4	Largo 3/4	3/4

In der Satzfolge wird die Disposition der Tonarten nicht unmittelbar sinnfällig, und Theodor Göllner, der dem Werk 1986 eine eindringliche Studie widmete, konstatierte in Verbindung mit der separaten Zählung der Quartette, »daß Haydn selbst die Geschlossenheit des Werkes nicht für wesentlich hielt«.[1] Doch beobachtete er auch »ein regelmäßiges satzweises Wechseln zwischen Dur und Moll, wobei die Durtonart jeweils im Terzabstand zu der vorangehenden Molltonart steht«.[2] Insgesamt jedoch messen die Tonarten die ganze Skala aus, in der c-Moll doppelt erscheint, während eine Stufe im Halbtonabstand (E–Es) doppelt vertreten ist (III und VII). Den Rahmen bilden je drei Sätze in nahe verwandten Tonarten (d–B–c bzw. g–Es–c), im Zentrum aber stehen die Kreuztonarten (A- und E-Dur) dem Tiefpunkt (f-Moll) gegenüber (III–V). Der interne Moll-Dur-Wechsel in zwei Sätzen (II und VI) mag nicht nur in ihrer analogen Stellung, sondern auch in der Verheißung motiviert sein, die im Zuspruch an den Schächer und im Ruf »Es ist vollbracht« beschlossen ist. Den zyklischen Plan aber markierte auch Haydns Bitte an den Verleger: »der Inhalt deren Sonaten in Notten ausgedruckt [...] muß auch in denen quartetten beygedruckt werden«.[3] Doch wurden die lateinischen Textworte in der Fassung der Vulgata den Sätzen in der Edition beigegeben, und Göllner konnte zudem zeigen, wie sehr die zentrale Motivik der Deklamation dieser Worte angemessen ist. Freilich gilt das nur für die motivischen Initien und nicht für ihre Fortspinnung und Entfaltung im Gefüge der Stimmen (wie denn auch der Choreinbau in der oratorischen Fassung auf die Anpassung einer deutschen Textversion angewiesen war).

Je mehr man sich in die interne Konzentration der Musik vertieft, desto reicher erschließt sich ihre ebenso individuelle wie variable Verdichtung, die vorab durch das subtile Wechselspiel der rhythmischen und motivischen Impulse erreicht wird. Man würde sie allerdings vergröbern, wollte man ihre kontemplative Balance unter Berufung auf Traditionen der Rhetorik schlichtweg mit den Textworten und ihrer Deklamation gleichsetzen (was erst die Problemstellung der späteren Vokalfassung ausmacht). Denn die Expressivität zielt hier auf eine Sublimierung, zu der die Musik befähigt wird, um damit auf die Dignität von Worten zu antworten, die nicht als menschliche Sprache zu begreifen sind. Das »musikgeschichtliche Novum« liegt nach Göllner gerade in der

1 Th. Göllner, ›Die Sieben Worte am Kreuz‹ bei Schütz und Haydn, München 1986 (Bayerische Akademie der Wissenschaften, phil.-hist. Klasse, Abhandlungen N. F. 93), S. 39, Anmerkung 65.

2 Ebenda, S. 39.

3 Haydn. Gesammelte Briefe, S. 158 (14. 2. 1787 an Artaria), ähnlich auch S. 171 (23. 6. 1787 an Artaria).

»Verwandlung eines Textes [...] in eine reine Instrumentalkomposition«, und die Voraussetzung des Verfahrens ist es, daß selbständige »Instrumentalmusik eine Stufe erreicht hat«, auf der sie »von der Aufgabe des bloßen Sprachvortrags befreit, eigenständig musikalischen Gesetzen folgt«.¹

Durch ihre Prämissen wie durch ihre Substanz werden die Werke also zu Ausnahmen, die zugleich auch Grenzen in der Frühgeschichte des Quartetts markieren. Zunächst stehen sie in Haydns Œuvre nach der langen Kette früherer Werke an der Nahtstelle vor der überwältigenden Fülle der reifen Quartette. Die kammermusikalische Version fällt mithin in eine entscheidende Phase der Arbeit Haydns an der durch ihn selbst begründeten Gattung, der damit eine weitere Dimension eröffnet und auch zugemutet wird. Trotz der Priorität der orchestralen Fassung zehrt sodann der Reichtum der strukturellen Entfaltung von Erfahrungen, wie Haydn sie nicht nur in der Symphonie, sondern auch im Quartett gewonnen hatte. Das läßt sich vor allem an der flexiblen Relation der Stimmen zur motivischen Substanz ablesen: Wie eine Oberstimme nirgends allein melodische Führung beansprucht, so sind die übrigen Stimmen auch nicht nur begleitende Partner. Daß Instrumentalmusik mit Vorgaben von Texten oder Bildern verbunden wird, wäre gegenüber den Traditionen der Barockzeit kaum bemerkenswert. Desto mehr besagt es aber, daß nun selbst das Streichquartett als neue Gattung von Möglichkeiten nicht ausgenommen wird, die sich nur scheinbar im Anschluß an historisch zurückweisende Konventionen auffassen lassen. Die Gattung vielmehr, die ursprünglich nur als geistvolle Unterhaltung verstanden wurde, öffnet sich hier dem Ausdruck von Ideen, die über sie hinausdeuten, ohne doch einem Programm im engeren Sinn verhaftet zu sein. Indem die Musik zur Sprache eigenen Rechts wird, ist in ihr der Text aufgehoben, und es hieße ihre Emanzipation zu widerrufen, wollte man sie wiederum sprachlich dechiffrieren. Zugleich wird damit eine Grenze gezogen, die dem Streichquartett auch weiterhin gesetzt blieb, wo es selbst zur Ideenmusik geworden ist.

Die sechs ›Preußischen Quartette‹ op. 50 (Nr. 36–41 bzw. Hob III: 44–49) erschienen Ende 1787 mit Widmung an König Friedrich Wilhelm II., sie entstanden seit Anfang dieses Jahres wohl weithin in der vom Druck gebotenen Reihenfolge (auch wenn Nr. 5 erst zuletzt fertig wurde). Über die Dedikation und die Drucklegung unterrichtet ungewöhnlich eingehend die Korrespondenz mit Artaria.² Einem Rahmen von Werken in B- und D-Dur (Nr. 1 und 6) stehen in der Mitte die Tonarten Es-Dur und fis-Moll gegenüber (Nr. 3–4), dazwischen vermitteln C- und F-Dur (Nr. 2 und 5). Daß die Menuette fortan – mit Ausnahmen in op. 64 – an dritter Stelle stehen, bedeutet keine nur äußerliche Differenz gegenüber früheren Serien und der wechselnden Satzfolge in op. 33. Die Anordnung markiert nun einerseits die Kontrastierung zwischen dem eröffnenden Allegro und dem langsamen Satz sowie zwischen

---

1 Th. Göllner, ›Die Sieben Worte am Kreuz‹, S. 41.
2 *Haydn. Gesammelte Briefe*, S. 136–139, 169, 171ff. und 177ff.; die Korrespondenz kreuzt sich mehrfach mit der zu den ›Sieben Worten‹. Die lange verschollenen Autographe tauchten teilweise (Nr. 3–6) 1982 in Australien auf, bevor sie wieder in Privatbesitz übergingen, vgl. G. Feder, *Haydns Streichquartette*, S. 67.

Menuett und Finale, sie wird aber andererseits durch die Differenzierung der Sätze und ihrer Beziehungen ergänzt. Besonders wechselvoll fallen die Kopfsätze aus, denn sie bevorzugen zwar kantable Thematik im geraden Takt bei maßvollem Tempo (Nr. 1, 5 und 6), steigern sich aber auch zu rascher Bewegung in ungeradem Takt (Nr. 2–4). Sie sind zwar in der Regel – bis auf Nr. 2 – monothematisch angelegt, lassen jedoch nicht nur figurative Phasen zu, sondern reflektieren zugleich die Konsequenzen ihrer Konzentration. Denn am Ort des Seitensatzes kann sich eine transponierte Themenvariante tonartlich abheben, während die Reprise an gleicher Stelle zur Wahrung der Tonika tendiert. Aus dieser Voraussetzung werden für die Umformung der Reprisen weitere Folgen gezogen wie besonders im fis-Moll-Satz Nr. 4, in dem die Themenvariante der Exposition in A-Dur erscheint und in der Reprise die Transposition des weiteren Verlaufs nach Fis-Dur veranlaßt. Die Finali folgen zwar dem Modell des raschen Sonatensatzes im 2/4- oder 6/8-Takt, das jedoch formal erweitert und durch figurative Phasen ergänzt wird. Zudem geht der Schlußsatz in Nr. 4 von einem Fugato aus, das ebenso wie der Sonatensatz am Ende von Nr. 5 im 6/8-Takt steht (hier einmal Allegro moderato). Den langsamen Sätzen in Nr. 2, 5 und 6, die den zweiteiligen Rahmen mit wechselnder Gewichtung modifizieren, treten in Nr. 1, 3 und 4 Variationensätze zur Seite. Während das Adagio aus Nr. 6 in d-Moll als Tonikavariante steht, wendet sich das Menuett im fis-Moll-Quartett Nr. 4 zur Durvariante der Tonika.

Haydn konnte wohl mit dem Umstand rechnen, daß der preußische König ein versierter Cellist war, so daß es nahelag, den Cellopart besonders dankbar zu gestalten. Die Aufgabe aber, eine hervortretende Stimme in das thematische Netz zu integrieren, wurde von Haydn derart potenziert, daß an der Figuration auch die anderen Stimmen partizipieren. Zur Ausweitung der strukturellen Möglichkeiten gehört auch nicht primär die Monothematik, die Barrett-Ayres noch 1974 hervorhob[1], denn sie war schon früher maßgeblich und wurde in op. 50 kaum durchweg verbindlich, wie etwa der Kopfsatz in Nr. 2 mit dem Seitenthema ab T. 43 zeigt. Besonderheiten bedeuten also weder Solopassagen noch Monothematik für sich, sondern die Vermittlung zwischen so konträren Vorgaben.

Das C-Dur-Quartett Nr. 2 wird durch ein Vivace im 3/4-Takt eröffnet, dessen thematische Linie in der Oberstimme nur aus dem Aufstieg vom Grundton zur Obersexte samt Rückkehr zum Grundton besteht, während sich die Begleitung der Mittelstimmen mit nachschlagenden Akkorden über harmonische Stütze in Baßlage begnügt. Die scheinbar einfache Melodielinie wird jedoch durch synkopische Überbindung der ersten Töne pointiert, zudem treten Nebennoten in den Aufstieg derart ein, daß die Haupttöne wechselnde Länge und Position erhalten, bis erst im Abstieg alle Stimmen zu dicht akkordischem Satz zusammentreten (T. 1–9). Ein Terzfall im Unisono, von Pausen umrahmt, ergänzt den

[1] R. Barrett-Ayres, *Joseph Haydn and the String Quartet*, London 1974, S. 202ff.; W. Dean Sutcliffe, *Haydn: String Quartets, Op. 50*, Cambridge 1992, zur Entstehung besonders S. 28ff. und S. 37ff.; G. Feder, *Haydns Streichquartette*, S. 66–75; L. Finscher, *Haydn*, S. 412f.

J. Haydn, op. 50 Nr. 2 (Hob.
III: 45), erster Satz, T. 1–16
(Edition Eulenburg).

thematischen Kern, von dem sich konträr die Fortführung in raschen Skalenfiguren abhebt, um zügig zur Dominante und dann wieder zurück zur Tonika zu führen (T. 11–20). Nochmals beginnt auf gleiche Weise das Thema selbst, diesmal aber verharrt die modulierende Kontrastgruppe auf der Dominante, auf der sich dann – als Ausnahmefall – ein veritabler und fast konventioneller Seitensatz anschließt (T. 43–51). Seine verlängerte Kadenz läuft wiederum in Pausen aus (T. 52–54), erst dann kehrt der Satz zum Bewegungsmaß des Hauptthemas zurück, um nun auch harmonisch weiter auszugreifen (besonders T. 64–83). Doch erst die Schlußgruppe nimmt das Thema selbst wieder auf, das nun in der zweiten Violine liegt (ab T. 85), bis sich im Epilog kadenzierende Dreiklangsfiguren durch die Stimmen ziehen. Das höchst ambivalente Thema löst also anfangs kaum sonderlich konzentrierte Arbeit aus, statt dessen finden eher kontrastierende Phasen Eingang, die erst allmählich thematische Kontur gewinnen. Desto konzentrierter ist dann die Durchführung, die aus der Linie des Themas einen kontrapunktischen Satz gewinnt, der als Fugato anmutet. Doch sind die Einsätze zunächst in auffällig weitem Abstand gestaffelt (Viola T. 107 und Cello T. 113 auf g und c, Violine II T. 120 und I T. 126 auf f' und g"). Das zuerst in der Oberstimme eingeführte Thema durchwandert die Stimmen wie ein cantus firmus, es wird von den Gegenstimmen mit Elementen der ursprünglichen Begleitung kontrapunktiert, und zum letzten Einsatz treten die Dreiklangsfiguren aus dem Epilog hinzu. Intensive thematische Arbeit bestimmt auch den weiteren Verlauf (T. 130–150), und die Schlußphase wird dann mit transponierten Versionen der Kontrastphase und des Seitensatzes der Exposition bestritten (ab T. 151 und T. 159). Die Reprise begrenzt sich zunächst auf einmalige Präsentation des Themas und der Kontrastgruppe, wo aber die Wiederholung zu erwarten wäre, setzt nun ein Quintkanon der Unterstimmen mit dem Hauptthema ein, der von den Oberstimmen in Umkehrung beantwortet und dann durch die Unterstimmen komplettiert wird (ab T. 196 bzw. T. 203), wonach der weitere Verlauf prinzipiell dem der Exposition entspricht. Exemplarisch ist dabei nicht nur die Neufassung der Reprise, vielmehr erschließt sich der Satz im Rückblick als ein zwingender Prozeß. Er geht von der scheinbar lockeren Exposition aus, die fast frei wirkende Satzphasen zuläßt, danach erst recht erweisen sich Durchführung und Reprise als die Schritte einer wachsenden Verdichtung.

Unscheinbarer noch nimmt sich das Material des Kopfsatzes B-Dur aus Nr. 1 aus, sofern es fast nur aus ornamentaler Auszierung einer Kadenz besteht. Es basiert zudem auf einem Orgelpunkt, der durch mehr als fünf Takte hin in gleichmäßigen Vierteln erklingt. Dennoch erweist sich gerade diese Folge repetierter Viertel als ein thematisches Zentrum, das selbst dann noch bewahrt wird, wenn es von Triolenfiguren der Gegenstimmen überlagert wird. Auch der thematische Kern im Es-Dur-Satz Nr. 3 entsteht eigentlich nur aus der Sequenzierung einer Doppelschlagfigur, die in ihrer harmonischen Einfassung und in Kombination mit Kontrastmotiven jedoch immer andere Facetten erreicht. Wieder anders ist das Thema in Nr. 4 angelegt, denn dem energischen Beginn im Unisono, der wie ein Vorspann wirkt, folgt die Fortspinnung erst in der Oberstimme allein, bis sich die Stimmen kurz zur Kadenz mit Halbschluß treffen. Beide Gebilde aber sind durch analoge Auftakte mit drei Achteln verkettet, und gerade die Beziehung der beiden Themenglieder ermöglicht einen ebenso wechselvollen wie konzentrierten Satzverlauf. In Nr. 5 kehren sich die Relationen der Ecksätze nahezu um: Dem Siciliano im Finale tritt der Kopfsatz in zügigem 2/4-Maß gegenüber, doch erreicht er seine weiträumige Dimension – im Unterschied zum gängigen Finaltyp – durch Binnenkontraste, die schrittweise wiederum thematisch legitimiert werden. Erst das letzte Werk der Serie nimmt im Kopfsatz jenes kantable Allegro auf, dessen weiträumige Thematik es erlaubt, aus motivischen Elementen weitere Varianten zu bilden und damit die Satzphasen zu bestreiten.

Auf das Cantabile mit dominierender Oberstimme greift – wie in Nr. 5 und 6 – auch der langsame F-Dur-Satz in Nr. 2 zurück. Das der zweiten Violine übertragene Thema wird von der ersten in zunehmender Ornamentierung wiederholt, seine Stauung auf Halteton wird von den zuvor nur begleitenden Unterstimmen als klangdichte Taktgruppe ausgefüllt (ab T. 22), wonach der erste Teil im figurativen Wechselspiel der Außenstimmen ausläuft (T. 29–35). Der zweite Teil wird sodann durch einmaligen Themenvortrag gestrafft, womit sich zugleich der Kontrast zu den figurativen Satzphasen verschärft. Ein Muster der Variationskunst bildet das Adagio non lento Es-Dur in Nr. 1. Das Thema wechselt in der ersten Variation zur zweiten Violine über, aus seinen unscheinbaren Doppelschlägen heraus erwächst nun aber die Figuration der Oberstimme, sie gewinnt in der zweiten Variation in es-Moll eine stetig wachsende Ornamentierung, während diese Aufgabe in der dritten Variation dem Cellopart zufällt, bis in der Coda alle Stimmen gleichermaßen an derart figurativen Formeln teil haben. Von vergleichbaren Prämissen gehen denn auch die weiteren langsamen Sätze aus. – Die Menuette erreichen in der Regel weiteren Umfang als früher, metrische Überraschungen treten kaum gleichermaßen hervor und sind dann eher den Trioteilen vorbehalten, während das gewachsene Format vor allem durch immer andere Varianten eines thematischen Kerns erreicht wird. In Nr. 2 etwa ist es der auftaktige Oktavsprung des Beginns, der schon im nächsten Viertakter auf Nonen- und dann auf Dezimabstand gedehnt, im weiteren aber auch wieder verengt wird. Und der metrischen Regularität entspricht eine harmonische Stabilisierung, die gleichwohl durch Zwischendominanten oder Trugschlüsse jede Schematik umgeht. Eine unerwartete Überraschung hält das Trio bereit, in dessen B-Teil die Wiederkehr des Themas nach jeweils zwei Takten förmlich abschnappt, bis der Satz dann fortläuft, als sei da nichts gewesen. Dagegen zehrt das Menuett in Nr. 5 vom Gegensatz zweier Viertakter, deren erster fast ganz der Oberstimme überlassen ist, während der zweite den Weg zur Dominante durch Sequenz einer auftaktigen Doppelschlagfigur erreicht. Erstaunlich ist nicht nur die Vielfalt, die solchem Material abgewonnen wird, vielmehr zieht dieselbe Auftaktfigur dann auch in das Trio ein.

Das Finale dieses Werkes verbindet den 6/8-Takt mit einer punktierten Rhythmik, die an ein rasches Siciliano gemahnt; durch die Paarung seiner schwebenden Diktion mit federnden Figurenketten erreicht es zugleich eine Ausweitung der Formanlage, die so zum Analogon des eröffnenden Sonatensatzes wird. Während der Schlußsatz des fis-Moll-Quartetts Nr. 4 die fugierten Experimente aus op. 20 aufgreift, um den Schein des seriösen Fugatos in ein kapriziöses Spiel zu treiben, setzt sich im abschließenden Vivace assai aus Nr. 2 wiederum der zügige Satz im 2/4-Takt durch. Eigentlich besteht das Material nur aus zwei auftaktigen Sechzehnteln samt mehrfacher Tonrepetition im Anschluß, worüber sich knappe Motivfragmente der Oberstimme einmischen. Doch können beide Elemente entweder separat eingesetzt oder auch durch figurative Phasen erweitert werden, in die sich dann begleitend die Initialformel des Themas einfügt. Sie ist auf jeder Stufe einsetzbar, und so nutzt die Durchführung die Gelegenheit, das rhythmisch definierte Material im Wechsel intervallischer Konstellationen und harmonischer Stufen flexibel zu kombinieren. Damit bildet der Satz ein zwingendes Beispiel für die Kunst, figurative Exkurse der Stimmen – nicht zuletzt des Cellos – in das motivische Gewebe zu integrieren, das immer wieder zum Themenkern zurückkehrt, wo es nicht latent schon immer von ihm bestimmt war.

So geben sich die ›Preußischen Quartette‹ insgesamt als artifizielles Kompendium des reifen Haydn, indem sie auf ostentative Experimente sogar verzichten, alle Resultate früherer Arbeit aber gleichermaßen fruchtbar machen. Denn mit ihnen wird in einem Rahmen, der nur äußerlich durch Satztypen abgesteckt ist, eine fast unabsehbare Vielfalt kombinatorischer Möglichkeiten gefunden, die trotz figurativer Episoden ihre strenge Formung erfahren. Die Folge der Sätze und ihre Anlage, die immerhin Haydn selbst ausgeprägt hatte, wirkt nun einerseits einigermaßen stabil, andererseits entfaltet jedes Einzelwerk desto größere Individualität, die nicht mehr von generellen Kriterien im Wechsel kontrapunktischer, figurativer oder variativer Teilstrukturen abhängig ist. Daher lassen sich fortan Haydns Quartette kaum noch als Serien erfassen, deren Bestandteile gleichsam stellvertretend für einander stehen könnten. Schwerlich sind nun auch noch Typen zu postulieren, von denen man Varianten abheben könnte. Selbst wenn die Datierung kaum noch Schwierigkeiten macht, ist der Versuch nicht sehr aussichtsreich, an der chronologischen Werkfolge die Schritte einer zielstrebigen Entwicklung abzulesen. Der Vorrat der Möglichkeiten ist vielmehr ebenso stabil wie variabel, und das Einzelwerk läßt es nicht zu, als Zeugnis typologischer oder chronologischer Ordnung aufgefaßt zu werden. Der Rang der Kompositionen nötigt also eigentlich dazu, jede für sich zu erfassen, und doch können aus diesem reichen Bestand nur einzelne Leistungen herausgegriffen werden.

Als ›erste Tost-Quartette‹ gelten gemeinhin die sechs Werke, die wohl bis September 1788 komponiert und später jeweils zu dritt als op. 54–55 zusammengefaßt wurden (Nr. 42–47, Hob III:57–62). Der Geiger Johann Tost, der 1783–88 in der Esterhazyschen Kapelle wirkte, vermittelte diese Quartette 1789 an den Verlag Sieber in Paris.[1] Gewidmet wurden ihm tatsächlich dann die sechs Quartette aus dem Jahre 1790, die wirklichen ›Tost-Quartette‹, die 1791 erschienen und als op. 64 bezeichnet werden (Nr. 48–53). Wie die vorangehenden sind auch diese Quartette nicht in Haydns Entwurfkatalog genannt, während aber aus op. 54–55 nur autographe Bruchstücke erhalten blieben, liegen für fünf Werke aus op. 64 die Autographe vor, die auch Angaben über ihre Nummern und Tonarten aufweisen.[2] Diesen Hinweisen folgt die neue Numerierung gemäß der Gesamtausgabe, und ihr entspricht auch weithin die Reihenfolge der Taschenpartituren in der Eulenburg-Ausgabe (ausgenommen die Vertauschung von Nr. 6 und 5), während Hoboken der Zählung im Elßner-Verzeichnis von 1805 folgte (Hob III:63–68).

In ihrer heutigen Anordnung zeigen die Quartette aus op. 54 und 55 eine Tonartenfolge nach Quintschritten, die über ihre Teilung in je drei Werke hinausreicht (G – C, E – A, f – B). In den Frühdrucken differiert freilich die Reihenfolge, auch die authentische Numerierung für op. 64 macht keine so strikte Disposition kenntlich (C – h – B – G – Es – D),

---

1 G. Feder, *Haydns Streichquartette*, S. 76f. und weiter S. 77–84; L. Finscher, *Haydn*, S. 414ff.; der Ausgabe Siebers folgten schon bis 1790 weitere Nachdrucke in Wien und in London (bei Longman & Broderip mit dem Vermerk »performed at the Professional Concert«, was auf Aufführungen im öffentlichen Konzert schließen läßt); siehe auch S. Gerlach, *Johann Tost, Geiger und Großhandlungsgremialist*, in: Haydn-Studien, Bd. VII, München 1998, S. 344–365.

2 Vgl. *HGA* XII/5, hg. v. G. Feder und I. Saslav, München 1891, S. VII, Kritischer Bericht, S. 10ff.; ferner vgl. G. Feder, *Haydns Streichquartette*, S. 85–91; L. Finscher, *Haydn*, S. 416ff.

doch werden solche Kriterien neben der Eigenart der Einzelwerke fast zweitrangig. Nachdem in op. 50 die Aufgabe bewältigt wurde, auch figurative Einzelstimmen im Satz zu integrieren, stehen im Ergebnis nun alle Stimmen gleichermaßen zur Verfügung, um ihre Funktionen im Austausch wahrzunehmen, als verstünde sich dies Wechselspiel fast von selbst. Als Hauptwerk der Trias op. 54 tritt das C-Dur-Quartett Nr. 2 hervor, dessen Kopfsatz seine dichte Thematisierung aus scheinbar belanglosen Bausteinen bezieht. Über liegendem Grundakkord intoniert die Oberstimme die Dreiklangstöne in fallender Sequenz, die dann von bloßer Umspielung der Grundfunktionen beantwortet wird. Der vollstimmigen Dreitaktgruppe zu Beginn entspricht indes ein Zweitakter beider Violinen in tiefer Lage, mit Ergänzung durch Generalpause (die in der Reprise durch Echo gefüllt wird). Zwischen abtaktigem Einsatz und auftaktiger Fortführung vermittelt die Oberstimme, denn die Dreiklangstöne in gleichwertigen Vierteln werden auftaktig im Wechsel von Legato und Staccato artikuliert, und im anschließenden Zweitakter werden die auftaktigen Viertel von der zweiten Violine aufgenommen. Dem durch Pausen auf sechs Takte ergänzten Vordersatz, der auf der Dominante abbricht, korrespondiert der analoge Nachsatz in der Abfolge von Dominante und Tonika. Unmittelbar nach dem zwölftaktigen Komplex – also nach dem zweiten Pausentakt – setzt das Thema unerwartet in As-Dur ein, um sich dann – wie es scheint – in figurativer Ausspinnung zu verlieren. Schon hier jedoch erweist sich die artikulierende Prägnanz der thematischen Bausteine, denn den Achtelfiguren der Oberstimme liegt die auftaktige Viertelkette der Zweitaktgruppe zu Grunde, in auftaktigen Vierteln artikuliert sich weiter nach Rückkehr zur Tonika die Modulationsstrecke zur Dominante (T. 26ff.), und nach nochmaligem Themeneinsatz in a-Moll (T. 30) wird nicht nur die figurative Überleitung von auftaktigen Akkordschlägen abgefangen (T. 43ff.). Auch der Seitensatz, der als regulär wiederholter Achttakter neu eintritt (ab T. 56 und 64), mündet schon in seinem zweiten Takt in entsprechend auftaktiger Diktion, auf die dann ebenso die Schlußgruppe zurückgreift (ab T. 81). All diese Elemente, die gleichermaßen auf den Themenkomplex zurückweisen, prägen danach die kraftvolle Durchführung, wogegen die ausgedehnte Coda fast ganz der auftaktigen Diktion vertrauen kann, ohne den Themenkopf nochmals bemühen zu müssen (T. 205–233). – Fast wie ein Choral mit gleichmäßigen Vierteln setzt das Adagio in c-Moll ein, das über acht Takte hin die Stimmen in eng akkordischem Satz bündelt. Wird dieser Achttakter dann von den Unterstimmen wiederholt, so hat die Oberstimme darüber keine bloß figurative Bedeutung, sondern erfährt in unregelmäßigem Wechsel kleiner, auch triolierter Werte – mitunter jäh abbrechend – eine geradezu emphatische Ausdruckskraft. Eine analoge Achttaktgruppe führt zwar von Es-Dur zum Ausgangspunkt zurück, ebenso wie in der abschließenden Satzgruppe setzt sich aber gesteigert das Verhältnis zwischen akkordischen Unterstimmen und expressiver Oberstimme fort, bis der Satz nach phrygischer Kadenz auf der Dominante ›morendo‹ verklingt. Sein Korrelat findet er im Menuett, das zugleich die charakteristische Rhythmik des Kopfsatzes mit der Folge von auf- und volltaktiger Viertel samt Achtel aufnimmt, während die aufsteigende Sequenzfolge dann auch vom Trio in c-Moll umgeformt wird. Als fast befremdliche Ausnahme mutet dagegen das Finale an, denn den Hauptteil bildet ein ›Adagio‹ (T. 1–56), auf das auch der Schluß zurückgreift (T. 123–140), während dazwischen ein äußerst knappes ›Presto‹ steht (T. 57–122). Im Adagio zunächst wird gleichsam nachgeholt, was zuvor im regulären langsamen Satz ausblieb: Die höchst ornamentale Figuration der Oberstimme wird von überaus gleichmäßiger Begleitung der Unterstimmen getragen. Unübersehbar sind gleichwohl die Rückverweise, denn die gleiche Satzstruktur bewahrt nicht nur ein Einschub, dessen Wendung nach c-Moll sinnfällig genug ist (T. 40–56), vorangestellt sind auch acht wiederholte Takte, an deren paariger Organisation die Stimmen rhythmisch gleichberechtigt teilhaben. Das Presto sodann zeigt – jenseits aller Kontraste – nicht nur analogen Aufbau mit einem wiederholten Achttakter, der anschließend modulierend fortgeführt und ausgearbeitet wird. Hört man näher hin, so wird man wohl auch einer latenten Affinität in der auftaktigen Akzentuierung von Rahmentönen gewahr, die zum rätselhaften Zusammenschluß der Satzteile hinzugehört.

Ähnlich wie im zweiten Quartett basiert auch im E-Dur-Werk Nr. 3 der Kopfsatz auf einem Themenkern, der bei gleichmäßiger Viertelbewegung seinen fünftaktigen Umfang durch die Überlagerung der Stimmgruppen erhält. Und wie dort ist das Material dennoch prägnant genug, um noch weite Ketten von Triolenfiguren motivisch zu unterfangen. Dagegen enthält das Hauptthema zu Beginn des G-Dur-Quartetts Nr. 1 in sich bereits den Wechsel gehaltener Rahmentöne und füllender Figuren, getragen aber gleichermaßen von pochenden Achtelrepetitionen der Unterstimmen, die auch dann motivisch wirksam bleiben, wenn beide Bestandteile des Themas in den Satzphasen prolongiert werden. Beide Sätze weisen übrigens in der harmonischen Position des Seitensatzes kontrahierte Varianten aus Hauptsatzmaterial auf, während in den Reprisen Figurationsfeldern mit geringerer thematischer Stützung weiterer Raum überlassen wird. In Nr. 1 wird die Stelle des langsamen Satzes durch ein Allegretto im 6/8-Takt vertreten, das sich bei gleichmäßigster Bewegung harmonisch überaus stabil gibt und auch melodisch erst schrittweise entfaltet. Erst die modulatorischen Anschlußphasen beider Satzteile führen desto entschiedener in harmonisch ferne Bezirke (Des- und Ges-Dur T. 44 und T. 98). Das Largo cantabile aus Nr. 3 potenziert seine dreiteilige Anlage, denn wie die analogen Rahmenteile ist ebenfalls das mittlere Minore in sich dreigliedrig nach Art eines

Suitensatzes en miniature angelegt, über alle Zäsuren hinweg reicht aber der variative Vorgang einer zunehmenden Ornamentierung. – Nicht nur die Menuette, sondern auch die Schlußsätze aus Nr. 1 und 3 muten zunächst recht schlicht an, um erst bei näherem Zusehen ihr Raffinement zu zeigen. Die Finali zumal treiben ein gleiches Spiel, obwohl sie von unterschiedlichen Formen ausgehen. Das G-Dur-Rondo aus Nr. 1 läßt dem dreiteiligen Refrain ein Minore folgen, die Rückkehr des Themas bekräftigt zunächst die Vorgabe eines Rondos, doch folgen keine weiteren Couplets, vielmehr sind alle weiteren Überraschungen aus dem Refrain selbst gewonnen, dessen schnurrender Fluß immer wieder unerwartet unterbrochen wird, so daß sich erneut der widersprüchliche Befund eines monothematischen Rondos ergibt. Streng monothematisch ist das E-Dur-Presto aus Nr. 3, das huschende Material wird aber ähnlich abgebremst, so daß die Differenz zwischen Rondo und Sonate sekundär bleibt.

Das A-Dur-Quartett Nr. 1 in op. 55 beginnt mit einem Kopfsatz, der weniger streng gefügt ist, als es die gedehnten Dreiklangstöne des Anfangs verheißen mögen. Der Themenkomplex ist aus Partikeln gebildet, die nur locker verkettet sind, und unbekümmert um motivische Legitimation breiten sich im weiteren figurative Passagen aus. Ähnlich zwanglos hebt auch das Finalrondo mit einem Refrain an, dem kein eigentlich kontrastierendes Couplet folgt. Erst die Rückkehr zu diesem graziösen Thema liefert die Pointe, denn zu seiner fünftaktigen Kerngruppe tritt ein Gegenthema in breiten Werten, dessen gedehnte Dreiklangstöne an das Initium des Kopfsatzes erinnern. So unversehens sich das Rondo zum seriösen Fugato wandelt, so schelmisch lugt es aus dieser Maske dann wieder hervor. Ein verwegenes Perpetuum mobile bietet auch das B-Dur-Finale in Nr. 3, das in fliegender Leichtigkeit die Zäsuren im Sonatensatz überspielt. Dem zweiteiligen Adagio cantabile in Nr. 1 steht der langsame Satz in Nr. 3 gegenüber, der ein Thema mit zwei Variationen zu dreigliedriger Staffelung verbindet. Und der punktierten Rhythmik des Menuetts aus Nr. 3 korrespondiert im Pendant aus Nr. 1 die Balance zwischen tänzerischen Impulsen und Tonrepetitionen. Der Kopfsatz in Nr. 3 stützt sich im 3/4-Takt ganz auf eine Thematik, deren Viertakter bei gleichem Bewegungsmaß durch Wechsel von Unisono und vollstimmigem Klang abgehoben werden.

Dagegen fällt das f-Moll-Quartett Nr. 2 schon durch seinen Kopfsatz auf, der ausnahmsweise eine komplizierte Doppelvariation darstellt, während erst an zweiter Stelle der reguläre Sonatensatz nachgeholt wird. Das erste Thema in f-Moll (A) wechselt mit dem zweiten in F-Dur ab (B), beide werden umschichtig je zweimal variiert, und die Coda bleibt in der Durvariante. Beide Themen sind in zwei wiederholten Teilen strikt periodisch geformt, den zur Durparallele bzw. Dominante führenden ersten acht Takten folgt nach Doppelstrich ein modulierender zwei-

J. Haydn, op. 55 Nr. 2 (Hob. III: 61), erster Satz, T. 1–8 (Edition Eulenburg).

T. 27–30.

ter Abschnitt, bis der dritte auf den ersten zurückgreift und in der Tonika kadenziert (a–b–a'). Eine Ausnahme bildet die Schlußkadenz im Minore, die durch neapolitanische Wendung um zwei Takte erweitert wird. Nicht nur im Bau entsprechen sich die Themen, sie teilen auch ein charakteristisches Incipit derart, daß sie als wechselweise Varianten erscheinen. Zugleich unterscheiden sie sich in der Rhythmik wie in der Struktur. Punktierte Viertel samt Achtel evozieren im Mollteil einen fast marschartigen Charakter, der melodische Ausgriff der Viertakter stößt auf Tonrepetitionen in ihren Kadenzgliedern, und der auch dynamisch markierte Gruppenwechsel kulminiert an der Nahtstelle im zweiten Teil, wenn die punktierte Dreiklangsbrechung im Unisono abfällt (T. 15f.). Im Maggiore klingt dagegen die punktierte Rhythmik nur anfangs noch an, interne Kontraste werden durch homogene Melodiebögen ersetzt, und an die Stelle eines fast homorhythmischen Satzes tritt die führende Oberstimme über gleichmäßiger Begleitung. Im Verlauf der doppelten Variierung wird der rhythmisch komplexe A-Teil primär in der Oberstimme verändert, während erst im zweiten Durchgang auch der Cellopart in fortlaufende Sechzehntelbewegung umgebildet wird. Dagegen bleibt im B-Teil die begleitende Funktion der Mittelstimmen auch bei wachsender Ornamentierung der Melodik gewahrt, erst in der zweiten Variation übernimmt das Cello phasenweise die melodische Führung, bis dann ebenso die Mittelstimmen in den variativen Prozeß hineingezogen werden. Im Ergebnis also kreuzen sich die unterschiedlichen Strukturprinzipien: Der eher kompakte Satz des Minore führt zu rhythmischer Individualisierung der Stimmen, während ihre hierarchische

Anordnung im Maggiore zu wechselseitiger Partizipation tendiert. Der Variationensatz als Eröffnung des Zyklus bedeutet also keinen Rückfall, und das Risiko einer additiven Reihung wird durch die wechselweise Entwicklung der Elemente aufgehoben. Am Ende kehrt der Satz nicht zur Molltonika zurück, seinem Ausgang in der Durvariante folgt jedoch als Antwort der zweite Satz in f-Moll. Sein fast bizarres Thema umgreift markant Grundton und Oberquint und fällt dann in durch Pausen getrennten Seufzerfiguren ab, die durch Doppelschläge markiert werden, bis sich eine punktiert abfallende Kette im unisonen Satz staut. Die überaus komplexe Thematik vermag durchweg den Satz zu tragen, indem ihre Durversion den Ort des Seitensatzes einnimmt, während selbst Splitter wie die Punktierung oder die Doppelschlagfigur herausgegriffen und kettenweise gedrängt werden können. Die Durchführung bricht rasch mit Generalpausen ab, um dann neu im fernen A-Dur anzusetzen. Aus dem Themeneinsatz, der in laufenden Achteln kontrapunktiert wird, füllt sich der Satz derart auf, daß mit Einsatz der weiteren Stimmen der Eindruck eines weiträumigen Fugatos entsteht (T. 87–133), das im Orgelpunkt auf der Dominante mündet. Die Reprise jedoch setzt in F-Dur ein und verharrt bis zum Ende in der Durvariante, sie bildet also – anders gesagt – eine verkürzte Variante der Exposition, der sie nur vom Ort des Seitensatzes an folgt. Am Wechsel der Tongeschlechter hat auch das Menuett teil, das in F-Dur zunächst einen zweistimmigen Sechstakter als Ostinato vierfach durch die Stimmen wandern läßt, um dann seine beiden Bestandteile motivisch zu verarbeiten, wogegen das Trio nach f-Moll umschlägt. Das rasche Finale zeigt zwar den Grundriß eines Sonatensatzes, die rhythmisch durch Überbindung charakterisierte Thematik bestimmt aber den gesamten Verlauf, die ihr inhärenten Leittöne potenzieren sich bei Engführung und Umkehrung des Themas zu chromatischen Strecken, und der Bewegungsfluß im 6/8-Takt wird nachdrücklich gestaut, wenn unerwartet hemiolische Bildungen eingefügt werden (T. 29 und T. 33, T. 60ff. und T. 87ff.).

Kaum ein anderes Werk aus dieser Gruppe sammelt derart strukturelle und expressive Divergenzen wie das f-Moll-Quartett, um sie dann in vergleichbarer Souveränität zu bewältigen. Es wird darin auch nicht von den ›Tost-Quartetten‹ op. 64 übertroffen, zu denen freilich ein solches Meisterwerk wie das ›Lerchen-Quartett‹ zählt. Generelle Regeln sind nun desto schwerer auszumachen, je größer der Vorrat der Lösungen wird, über die Haydn verfügt. Daß die Menuette in C- und G-Dur (Nr. 1 und 4) wieder an zweiter Stelle stehen, ist zunächst nur eine Äußerlichkeit, doch heißt das zugleich, daß einerseits keine verbindliche Regel vorliegt, andererseits auch der Folge der Binnensätze als Kriterium kaum die Rolle zukommt, die ihr oft beigemessen wurde. Dabei entspricht der Tanzsatz übrigens einmal einem Moderato (Nr. 1), das andere Mal jedoch einem Allegro con brio (Nr. 4). Erstaunlicherweise können aber gerade in diesem berühmten Zyklus die Kopfsätze auffällig frei ausfallen. In der Relation nehmen derart figurative Passagen in Sätzen mit nur rund 100 Takten sogar zu (Nr. 2 und 4), unübersehbar ist aber auch ihr Anteil an längeren Sätzen wie in Nr. 1, 3 und 6. Sie begegnen dabei nicht allein in Brückenpartien der Expositionen, sondern ziehen ebenso in die Durchführungsteile selbst ein. Dagegen werden die Reprisen von dem Ort an, an dem tonal ein Seitensatz möglich wäre, erweitert und geradezu umgeformt, so daß sie dann thematisch dichter geraten können als selbst die Durchführungen (so in Nr. 1 mit dem kleinen Fugato ab T. 152 oder in Nr. 4 mit dem Themenrückgriff ab T. 85). Während in solchen Fällen die Grenzen zwischen veränderter Reprise und zusätzlicher Coda verfließen, ist es eine weitere Kehrseite des Verfahrens, wenn sich an der modulatorischen Schaltstelle der Exposition sogar ein Seitensatz etablieren kann wie in Nr. 3 (T. 33ff.) oder auch in Nr. 6 (T. 32ff.). Haydns gelassene Meisterschaft kann auch scheinbare Einschübe hinnehmen, ohne den Zusammenhang preiszugeben, denn ihrer bedarf wohl das dichte Netzwerk, um sich als konstruktive Instanz geltend zu machen. Wenn also noch die reifen Werke derartigen Phasen ihr Residuum lassen, so konnte daran einerseits seit Beethoven die Tendenz anschließen, die überleitenden Phasen konsequent thematisch zu verdichten. Andererseits konnte sich auf solche Sätze Haydns – und nicht nur auf das Quatuor brillant – auch ein Komponist wie Spohr berufen, wenn er der solistischen Oberstimme in konzertanten wie gearbeiteten Quartetten weiteren Raum überließ. Die ›Tost-Quartette‹ legen aber auch wohl die Frage nahe, ob sie nicht manche Eindrücke reflektieren, wie sie Haydn aus Mozarts Quartetten gewinnen konnte, die ihrerseits dem Verfahren von Haydn so viel verdanken. Den Quartetten Mozarts freilich, die Haydn gewidmet wurden, folgten zeitlich zunächst die ›Preußischen Quartette‹, deren Eigenart jedoch – wie erwähnt – zunächst durch die Funktion einer Einzelstimme veranlaßt war. Doch greifen die ›Tost-Quartette‹ kaum jene Vielfalt des Materials auf, die für Mozart charakteristisch blieb, selbst wenn sie in der Auseinandersetzung mit Haydn gebändigt wurde. Für Haydns eigene Werke läßt sich gleichwohl kaum vom Wechsel konträrer Themengestalten sprechen, vielmehr bleiben auch im Verhältnis thematischer und figurativer Passagen immer noch durchgehende rhythmische Impulse wirksam.

Auch die Tanzsätze in op. 64 operieren nicht so offenkundig wie zuvor mit metrischen Irritationen, wiewohl eine eher reguläre Periodik das Spiel mit den Normen keineswegs ausschließt, wie etwa die fünftaktigen Gruppen im Menuett aus Nr. 2 zeigen. Selbst wo reguläre Viertakter den Ausgangspunkt bilden, erfahren sie rasch wie in Nr. 3 eine Ausweitung, die dann auch eine Abgrenzung von Satzgliedern verwehrt. Im Trio dagegen kann entweder ein tonaler Kontrast begegnen wie etwa im Maggiore des Menuetts h-Moll aus Nr. 2, öfter noch prägt sich aber ein

Trio durch sein bezauberndes Klangspiel ein, so etwa das Violinsolo über Pizzicato in Nr. 4 oder die extrem hohe Violinlage in Nr. 5. Eher ein Mißverständnis verriete jedoch die Suche nach Einflüssen der Volksmusik auf die Tanzsätze, denn sie setzt bereits – historisch wenig angemessen – die spätere Trennung zwischen Volks- und Kunstmusik voraus. Doch waren die Bereiche zu Haydns Zeit kaum durch prinzipielle Differenzen des Materials getrennt, und so konnten in ein Komponieren, das von fundamentalen Elementen der tonalen und metrischen Ordnung ausging, zwanglos auch solche Momente eingehen, die heute eher volkstümlich wirken. Daß also Volks- und Kunstmusik kaum schon derart geschieden waren wie später, veranlaßte erst nachträglich den trügerischen Schein des Einfachen, mit dem jedoch höchst artifiziell verfahren wird.

Die langsamen Sätze in op. 64 gehen zunächst von der dreiteiligen Anlage aus, wie sie prägnant im bestrickenden Adagio cantabile des ›Lerchen-Quartetts‹ vorliegt: Während der dritte Teil die Melodik des ersten expressiv variiert, werden die rhythmischen Impulse im mittleren Minore ausgearbeitet. Den Gegenpol bildet das Allegretto scherzando in Nr. 1, das in zwei Variationen den Bau des Themas bewahrt. Dazwischen vermitteln die dreiteiligen Sätze, in denen kurze Gruppen von vier, acht oder ausnahmsweise (in Nr. 4) auch neun Takten variierend wiederholt werden. Exemplarisch dafür ist der – freilich vierteilige – H-Dur-Satz in Nr. 2, der an zwei Viertakter mit variierter Wiederholung zwei weitere anschließt; beide Taktgruppen kehren dann unter Verzicht auf interne Wiederholung dreimal in zunehmender Variierung wieder, und doch bewirken die gleichmäßigen Teilkadenzen kaum hemmende Zäsuren. Die konventionelle Dreiteiligkeit fällt jedoch mit dem variativen Verfahren zusammen, sofern allen Teilen gleiches Material zu Grunde liegt, auch wenn dabei der Mittelteil als Minore abgehoben wird (so in Nr. 3, 4 und 5). – Die Finali sind fast durchweg – bis auf Nr. 5 und 6 – reguläre Sonatensätze im 2/4-Takt bei raschem Tempo, erst vor dem Hintergrund der raschen Bewegung ergeben sich die witzigen Überraschungen, denen kapriziös verklingende Schlüsse entsprechen (Nr. 1–4). Bezwingend ist zumal das Finale in Nr. 1, dessen Thema fast nur aus Tonrepetitionen im Staccato besteht, in der Durchführung aber durch eine dichte Einsatzkette in Sekundrelationen aufwärts potenziert wird. Auch wenn einmal ein Seitenthema begegnet wie in Nr. 3, sind diese huschenden Gebilde doch fast fester angelegt als die Kopfsätze. Ausnahmen sind das dreiteilige Finale im ›Lerchen-Quartett‹ sowie das ausgeprägte Sonatenrondo im Es-Dur-Quartett Nr. 3. Einen Sonderfall bildet dieses Werk auch mit seinem Kopfsatz, dessen Exposition bereits einen ungewöhnlich konzentrierten Verlauf nimmt, während die Durchführung kontrapunktische Entfaltung und motivische Aufsplitterung des Materials vorführt. Das zweite Trio des Menuetts wurde übrigens nach dem Autograph erstmals 1978 durch die neue Gesamtausgabe zugänglich.

Wenn Haydn die ›Tost-Quartette‹ vor seiner ersten Englandreise schrieb, so komponierte er die nächste Folge 1793 vielleicht schon im Hinblick auf den zweiten Aufenthalt in England. Die Gruppe dankt ihren Namen der Widmung an den Grafen Anton von Appony, dem sie Haydn – gegen Honorar, versteht sich – für ein Jahr zur Nutzung überließ, bevor die Werke jeweils zu dritt 1795 und 1796 in London und Wien erschienen. Ihre Bezeichnung als op. 71 und 74 folgt der Ausgabe von Pleyel, entgegen der alten Zählung (Hob III:69–74) rechnen sie heute als Nr. 54–59. Die Autographe bieten – anders als für die ›Tost-Quartette‹ – zwar keine Hinweise auf die geplante Reihenfolge, doch sind ihre Korrekturen und Varianten für Haydns intensive Arbeit aufschlußreich.[1] Schon 1791 trat die Ankündigung der ›Tost-Quartette‹ in der Wiener Zeitung Beschwerden über die »ausserordentliche Schwere« von Haydns Quartetten mit dem Hinweis entgegen, der Komponist habe »Kunst, Tendeley und Geschmack mit der leichtesten Ausführung« verbunden, so daß »sowohl der Künstler, als der blosse Liebhaber vollkommen befriediget« werde.[2] Die Wendung umwirbt also den ›Liebhaber‹, sie bekundet aber zugleich den zunehmenden Anspruch der Werke, die den professionellen ›Künstler‹ fordern. Solche Hinweise fehlen zwar für die ›Appony-Quartette‹, doch erklangen sie wie die vorangehenden auch in London im öffentlichen Konzert, und in einer Kritik hieß es 1794: »The new quartet abounded with beauties«.[3] Daß die Kompositionen mit dem Kenner wie mit der Öffentlichkeit rechnen, könnte es wohl auch motivieren, daß der wachsenden Ausdehnung abermals eine gesteigerte Komplexität entspricht. Zwar paßte sich Haydn so wenig wie in den Londoner Symphonien anderen Bedürfnissen an als den eigenen, unübersehbar ist gleichwohl, daß im Ausgleich zwischen geschärfter Charakteristik und sublimer Differenzierung eine weitere Stufe erreicht wird. Den Kopfsätzen zunächst sind – derart wohl erstmals – wechselnd abgestufte Einleitungen gemeinsam, ihre Thematik verbindet kantable Kopfmotive mit figurativen Fortspinnungen, und der Rückgriff auf beide Schichten verbürgt eine Thematisierung, die von der Exposition über die Durchführungsarbeit bis hin zur variativen Reprise samt Coda reicht. Ähnlich finden die Finali zwischen den Prinzipien von Rondo und Sonatensatz eigene kombinatorische Möglichkeiten, während die Binnensätze den etablierten Formen weitere Nuancen artifizieller Verfeinerung abgewinnen.

In der Regel bleiben die Kopfsätze bei maßvollem Tempo in geradem Takt, dem Vivace im 2/4-Takt aus op. 71 Nr. 3 steht jedoch als Ausnahme der 3/4-Takt in op. 74 Nr. 3 gegenüber. Dem D-Dur-Quartett op. 71 Nr. 2 geht ein viertaktiges ›Adagio‹ voran, das außerhalb der wiederholten Exposition bleibt. Ähnlich verhält es sich mit den eröffnenden Akkordschlägen, die drei weiteren Kopfsätzen vorangehen, als solle der Hörer – wie vor einer Symphonie – zur Aufmerksamkeit gerufen wer-

---

1 *HGA* XII/5, Kritischer Bericht, S. 49ff., zu Haydns Korrekturen ebenda, S. 68–74; L. Finscher, *Haydn*, S. 418ff.; wenn freilich ebenda, S. 418, vier Finali als ›Sonatensatzrondos‹ bezeichnet werden, so wäre eher von Rondoformen mit sonatenhaft gearbeiteten Teilen zu reden, die noch nicht dem späteren Sonatenrondo mit zweitem Refrain vor der Durchführung entsprechen.

2 Zu dieser Bemerkung über die ›Tost-Quartette‹ op. 64 vgl. *HGA* XII/5, Kritischer Bericht, S. 14; G. Feder, *Haydn's Corrections in the Autographs of the Quartets Opus 64 and Opus 71/74*, in: *The String Quartets of Haydn, Mozart, and Beethoven. Studies on the Autograph Manuscripts. A Conference at Isham Memorial Library 1979*, hg. v. Chr. Wolff, Cambridge/Mass. 1980 (Isham Library Papers III), S. 99–110.

3 Vgl. *HGA* XII/5, S. VIII.

den (op. 71 Nr. 1 und 3, op. 74 Nr. 1). Zwar rechnen die acht Eröffnungstakte in op. 74 Nr. 2 schon zum Allegro spirituoso, sie enden aber dominantisch mit Fermate und werden auch nicht mit der Exposition wiederholt. Im g-Moll-Quartett op. 74 Nr. 3 schließlich werden die ersten acht Takte im Unisono und durch Pausen abgehoben, sie gehören jedoch schon selbst zur Exposition; wie hier bleiben aber auch sonst die Eröffnungen nicht exterritorial, sondern deuten bereits thematische Konturen an. Im Adagio des D-Dur-Satzes ist es der Oktavfall mit aufsteigender Dreitongruppe, der in den ersten beiden Takten auf Tonika und Dominante erklingt. Er wird dann im Vordersatz des Allegrothemas von allen Stimmen imitatorisch aufgenommen und mit der Dreitongruppe in Umkehrung fortgeführt. Darauf greift erneut – wie ein Nachsatz – der zweite Viertakter zurück, er öffnet sich modulierend zur Fortspinnung, in deren Figuren wiederum die Umrisse der Dreitongruppe durchscheinen. Wenn solche Figuren zudem durch markante Oktavsprünge gestützt werden, so ist eine Thematisierung gewährleistet, die alle Möglichkeiten zwischen Isolierung und Kombination der Motive durchspielt (etwa T. 14ff., T. 21ff. oder T. 24–33). Wo ein neuer Ansatz ein Seitenthema verheißt (ab T. 39), nähert sich die Exposition schon ihrem Ende. Gerade diese Neubildung geht aber in die knappe Durchführung ein, die statt des Themas nur seine Elemente nutzt (T. 53–70). Wird die Reprise zunächst gestrafft, so erscheint nun – gleichsam an richtiger Stelle – das Seitenthema gleich zweifach (T. 93–96 und T. 104–111), bis die Coda beide Themen nebeneinanderstellt (T. 115–123). – In op. 71 Nr. 1 zeichnet das Hauptthema die Spitzentöne der eröffnenden Akkordschläge nach, seine kantable Linie setzt in Zweitaktern an, deren dritter über repetierten Baßtönen in rascher Figuration ausläuft. Im nächsten Ansatz wird das Thema in kantablen Phrasen verlängert und erst dann von analoger Figuration abgelöst (T. 21–38); eine weitere Variante begegnet sodann in dominantischer Position, und die Durchführung rekrutiert sich aus beiden Bauelementen, während die Coda den Vorrang des kantablen Kopfmotivs markiert. Ein einziger Akkordschlag geht dem Allegro in op. 71 Nr. 3 voran, im Kopfmotiv mit seiner Fortspinnung paaren sich wieder rhythmische Kontraste, die auch Exposition und Durchführung prägen, und einer recht genauen Reprise folgt die Coda, die außerhalb der noch immer vorgesehenen Wiederholung von Durchführung samt Reprise steht. Von der Dominante zur Tonika schreiten zwei Akkorde im C-Dur-Satz op. 74 Nr. 1, im auftaktigen Kernthema verschränkt sich erneut die kantable Linie mit figurativer Gestik (T. 7), die im modulierenden Nachsatz erweitert wird (T. 14–16). Die das Thema begleitende Tonrepetition in Achteln wird von der Überleitung quasi melodisiert (ab T. 28), und die Paarung beider Momente begegnet auch auf dominantischer Stelle (ab T. 42). In der Durchführung werden Kopfmotiv, Fortspinnung und

Achtelkette abgespalten und kombiniert, und die Reprise wird durch ein Fugato mit dem Themenkopf erweitert (ab T. 106). Die rasche Einleitung in op. 74 Nr. 2 dagegen nimmt das Thema selbst und nicht nur seine Umrisse voraus, seine definitive Version ruht dann auf latentem Orgelpunkt, der sich vollends auf der dominantischen Position durchsetzt (ab T. 39), während die rhythmischen Impulse des Hauptsatzes auch den weiteren Verlauf bestimmen. – Dem ›Reiter-Quartett‹ g-Moll op. 74 Nr. 3 ist sein Beiname gewiß weniger angemessen als die damit gemeinte Auszeichnung. Der Beginn im Unisono erinnert an den F-Dur-Satz und hat ebenso eröffnende wie thematische Funktion: Ein aufsteigender Dreiklang bildet sich aus Oktavsprüngen, bei denen jeweils der obere Ton wiederholt und durch Vorschläge markiert wird, bis sich die dominantische Öffnung in akkordischem Satz ausweitet und schließlich im Oktavfall abbricht. Analog durchziehen repetierte Viertelnoten den gestaffelten Hauptsatz, und sie verbinden sich dann mit Triolenfiguren, die sich kettenweise ausbreiten. Klarer als sonst hebt sich ein Seitensatz auf der Durparallele ab (T. 55), der sich mit repetierten Vierteln zwar wieder als Variante des Hauptthemas ausweist, aber auch mit federnder Punktierung auf betonter Taktzeit bei symmetrischer Periodik ein eigenes Gepräge erhält. Die Durchführung bezieht ihre Konzentration aus kombinatorischer Entfaltung, sie gibt sogar dem Seitensatz Raum (T. 107–114), und seine Eigenständigkeit bewährt erst recht die Reprise, die nach gekürztem Hauptsatz vom Seitensatz an in der Variante G-Dur bleibt.

Die drei Finalsätze, die Züge des Rondos tragen, begnügen sich mit jeweils drei Refrains. Die Schlußsätze in op. 71 Nr. 2 und 3 stehen beide im 6/8-Takt und beginnen mit ausgeprägten Refrains aus zwei wiederholten Teilen. In Nr. 2 jedoch folgt dann ein Minore, das als konträres Couplet anmutet, thematisch aber auf dem Refrain basiert, der sich danach anschließt. Wird vom dritten Refrain an das Tempo beschleunigt, so gewinnt der gesamte Verlauf zugleich Züge einer Variationsreihe. Auch im Finale aus Nr. 3 nutzen die Couplets wiederum Refrainmaterial, der mittlere Refrain bricht aber nach vier Takten ab (T. 69–72), während sich der letzte zur Coda öffnet, die mit knappem Fugato über Orgelpunkt ansetzt. Ähnlich angelegt ist das Finale in op. 74 Nr. 2, in dem die nur scheinbar kontrastierenden Couplets einmal strenger und dann freier mit Motiven des Refrains bestritten werden. – Sind solche Sätze gerade in ihren Zwischengliedern durch intensive Arbeit ausgezeichnet, so begrenzt sich der Sonatensatz in op. 71 Nr. 1 auf eine recht knappe Durchführung, um desto mehr auf die sprühende Thematik in fliegendem Staccato zu setzen. Klarer deutet sich im Vivace aus op. 74 Nr. 1 ein Seitenthema an, das sich als Legatovariante des Hauptthemas enthüllt, und der Durchführung mit Fugato entspricht eine Reprise, deren Kürzungen durch Einschübe kompensiert werden. Den Höhepunkt bildet wieder der Schluß des ›Reiter-Quartetts‹, der wohl auch als ein eröffnender Satz denkbar wäre. Wie im Kopfsatz hebt sich im Finale ein Seitenthema ab, das durch analoge Auftakte an das Hauptthema erinnert, seinen eigenen Charakter verschärft nach harmonisch gedrängter Durchführung die Reprise, die so wie im Kopfsatz vom Seitenthema an in der Durvariante verharrt.

Als Andante oder Andantino – einmal dazu ›grazioso‹ – sind drei langsame Sätze bezeichnet, wogegen in op. 71 Nr. 1–2 und 74 Nr. 3, also zu Beginn und Beschluß der Serie, ausgesprochen langsames Tempo (Adagio bzw. Largo assai) begegnet. In op. 71 Nr. 3 und op. 74 Nr. 2 finden sich verblüffend ähnliche Variationssätze in B-Dur und zudem im 2/4-Takt, den zweiteiligen Themen folgen einmal vier und dann drei Variationen, von denen jeweils eine als Minore in b-Moll steht. Gegenüber der konventionellen Zweiteilung des 3/8-Satzes in op. 74 Nr. 1 ist das Adagio in op. 71 Nr. 1 dreiteilig, das modulierende Zentrum wird von einem thematischen Kernsatz voll harmonischer Valeurs umrahmt, der zweiteilig wie ein Variationsthema angelegt ist und auch in der Wiederholung fast ohne Ornamentierung bleibt. Zum latenten Sonatensatz wird das Andante cantabile in op. 71 Nr. 2, sofern dem kantablen Thema ein abgeleiteter Seitensatz ab T. 12 folgt, während die Satzmitte harmonisch weiter als sonst ausgreift. Höchst sublim wird die konventionelle Anlage im Largo assai aus op. 74 Nr. 3 überformt. Im g-Moll-Kontext steht dieser Satz im fernen E-Dur, und nur hier fällt langsames Tempo mit 4/4-Takt zusammen. Ein wahres Mirakel ist es, wie sich getrennte, anfangs auch von internen Pausen durchsetzte Zweitakter zu einer zwingenden kantablen Einheit steigern. Den Höhepunkt erreicht

J. Haydn, op. 74 Nr. 3 (Hob. III: 74), zweiter Satz, T. 1–14 (*HGA*, G. Henle Verlag).

in jähem Einbruch der verminderte Septakkord mit tiefalterierter Quinte (T. 8), denn so konventionell er sonst auftreten mag, so unvermutete Wirkung hat er an dieser Stelle. Nach dominantischer erster Hälfte setzt der zweite Teil des Themas mit Zwischendominante zur Parallele cis-Moll an, die fahle Eintrübung im Pianissimo wird danach durch eine quasi neapolitanische Wendung vor der Doppeldominante bewirkt (T. 12, Sextakkorde G- und Fis-Dur). Die Satzmitte geht mediantisch von C-Dur aus, über repetierten Achteln formieren sich thematische Varianten, die über eine Quintschrittsequenz mit Zwischendominanten zum Kern zurückführen (T. 27–37). Mitten in die expressive Ornamentierung des Schlußteils greift jedoch der Einbruch ein (T. 49 analog T. 12), indem der kantable Satz in tremolohaft repetierte Zweiunddreißigstel umschlägt. Noch der Auflösung seiner Kantabilität liegt aber in gespannter Dialektik der konzentrierte Kernsatz zu Grunde.

Zwar ließe sich die Subtilität der Menuette, die stets an dritter Stelle stehen, nur an ihren Details beschreiben, maßgeblich ist aber durchweg die Erweiterung der zweiten Teile durch thematische Arbeit, wonach der Anfang kaum je unverändert aufgegriffen wird. Die übergreifende Disposition wird damit wichtiger als das Spiel mit Normen der Metrik. Desto auffälliger ist es, daß alle drei Trios in op. 74 durch tonale Kontraste abgehoben sind. In Nr. 3 entspricht der Wechsel zwischen G-Dur und g-Moll dem Befund der Außensätze, überraschender noch ist der Mediantwechsel in Nr. 1 und 2, wo den Menuetten in C- und F-Dur die Trioteile in A- bzw. Des-Dur begegnen, während danach eine Rückleitung beidemal die Wiederkehr des Menuetts vorbereitet.

Die sechs ›Erdödy-Quartette‹ bilden als ›op. 76‹ die letzte geschlossene Serie, der dann noch die beiden Lobkowitz-Quartette sowie die zwei Sätze des unvollendeten letzten Quartetts folgten. Gemeinsam stellen diese Werke zugleich das letzte geschlossene Corpus zyklischer Instrumentalwerke im Œuvre Haydns dar: Am Ende konzentrierte sich der Komponist also auf die Gattung, die für den Beginn seines Schaffens so bedeutsam gewesen war. Die Entstehung der sechs Werke, die von Artaria in Dreiergruppen als op. 75 und 76 für Juli und Dezember 1799 angekündigt wurden, ist kaum im einzelnen zu verfolgen, da nur Teile der Autographe erhalten sind.[1] Der schwedische Geschäftsträger Frederik Samuel Silverstolpe berichtete jedoch am 14. 6. 1797, Haydn habe ihm neue Quartette vorgespielt, die der Graf Erdödy bestellt habe und die erst nach einigen Jahren gedruckt werden sollten. Haydns Briefwechsel mit Artaria erwähnt aber auch noch im Juli 1799, er werde demnächst »das 5te quartett in D major und dan das lezte in Es« übersenden, die beiden letzten Werke dürften also erst später abgeschlossen worden sein.[2] Ihrer Bezeichnung bei Hoboken (III:75–80) entsprechen in neuer Zählung Nr. 60–65. Äußerste Vielfalt und auch Gegensätzlichkeit der Faktur verbindet sich in ihnen mit gesteigerter Variabilität und Kombinatorik des Satzverlaufs. Den Sonatensätzen in den ersten Quartetten (Nr. 1–4) stehen zu Beginn der beiden letzten ebenso knappe wie komplexe Variationensätze gegenüber (Nr. 5–6). Bis auf das Andante in Nr. 2 sind die langsamen Sätze durchweg als Adagio bzw. Largo bezeichnet, damit paaren sich in Nr. 3 die berühmten Variationen, deren The-

---

1 *Haydn. Gesammelte Briefe*, S. 332f. (Nr. 231, 15. 8. 1799); G. Feder, *Haydns Streichquartette*, S. 97 und weiter S. 98–106; L. Finscher, *Haydn*, S. 420ff.

2 *Haydn. Gesammelte Briefe*, S. 334, Anmerkung 3; C.-G. Stellan Mörner, *Johan Wikmanson und die Brüder Silverstolpe. Einige Stockholmer Persönlichkeiten im Musikleben des Gustavianischen Zeitalters*, Stockholm 1952, S. 318; ferner *Haydn. Gesammelte Briefe*, S. 325 (Nr. 224, 12. 7. 1799) und S. 328 (Nr. 227, 20. 7. 1799).

ma das Werk den Namen ›Kaiser-Quartett‹ dankt; weiter überformt ist die Variationsanlage in Nr. 2, und höchste Individualität erreichen die Sätze in Fis- und H-Dur in Nr. 5 und 6. Zweimal sind die Tanzsätze als ›Presto‹ ausgewiesen (Nr. 1 und 6), und sie nähern sich nach Umfang und Charakter einem Satztyp, wie er später für die Scherzi Beethovens bezeichnend wurde. Auch die Finalsätze greifen kaum auf tradierte Typen zurück, und wo sie Sonatensätze darstellen, bilden sie doch weit mehr als einen bloßen Ausklang. Höchst eigenwillige Kreuzungen mit Zügen von Rondo und Variation begegnen in Nr. 2 und 4, während die drei ersten Werke in der Moll-Variante beginnen, um sich in der Reprise oder Coda nach Dur zu wenden.

Wie wenig diese späten Werke Spuren der Ermüdung oder Routine zeigen, machen auf fast bestürzende Weise die Kopfsätze deutlich. Denn nochmals greift Haydn auf die Prämissen des Komponierens zurück, um die Möglichkeiten seiner Kunst kritisch zu prüfen. Den Kopfsätzen in C-Dur und d-Moll (Nr. 3 und 2) liegt die Quinte einmal als harmonische Kadenz und das andere Mal als melodisches Modell zu Grunde. Das Thema des C-Dur-Satzes setzt sich aus eintaktigen Gliedern zusammen, die engschrittig auf der Tonika bzw. Dominante kadenzieren; sie werden im zweiten Viertakter durch skalar steigende Motivik in scharfer Punktierung ergänzt, auch in der kombinatorischen Entfaltung dieser Momente bleiben die eintaktigen Kadenzglieder fühlbar, und von ihnen wird noch in der Durchführung der Exkurs ›alla zingarese‹ in E-Dur getragen (T. 65–78), dem sich dann gleich die Reprise in C-Dur anschließt. – Zu Recht trägt dagegen das ›Quintenquartett‹ Nr. 2 seinen Namen, das ein singuläres Beispiel extremer Verdichtung bietet, wie sie für Haydn so charakteristisch ist, auch wenn sie nur eine Seite seiner Kunst ausmacht. Der doppelte Quintfall in halben Noten prägt alle the-

J. Haydn, op. 76 Nr. 2 (Hob. III: 76), erster Satz, T. 1–4 (Edition Eulenburg).

T. 14–17.

matisch und harmonisch hervorgehobenen Stationen, er steht einerseits zu Beginn auch figurativer Phasen und gibt andererseits die Basis für Figurationen ab wie etwa schon in der Überleitung ab T. 13. Während er in der einen Dimension von Halben auf Viertel diminuiert werden kann (so in der Durchführung ab T. 68), paart sich in der anderen die Folge halber Noten mit wechselnden Intervallen (wie schon die Halbtonfolge der Exposition T. 28f. zeigt). Indem Rhythmik und Intervallik des Themenkopfes getrennt verfügbar werden, gewinnt der Satz eine derartige Dichte, daß man schließlich die Motivik allenthalben zu hören meint. – Andere Maßnahmen erproben die Sätze in G- und B-Dur (Nr. 1 und 3), die beide als ›Allegro con spirito‹ bezeichnet sind. Geht die Thematik im G-Dur-Satz von der Ablösung unbegleiteter Einzelstimmen aus, als sei ein fugiertes Thema zu erwarten, so basiert sie im B-Dur-Satz auf einer Stimme allein zu gehaltenen Akkorden auf Orgelpunkt der Gegenstimmen. Nach drei eröffnenden Akkorden wechseln sich Cello und Viola im D-Dur-Satz unbegleitet in Taktgruppen ab, die sich in ihrer melodischen Analogie durch die Kadenzbildung wie Vorder- und Nachsatz zueinander verhalten. Ihre Wiederholung in den Violinen wird von den Unterstimmen jeweils zu zweistimmigem Satz aufgefüllt, die Erwartung einer kontrapunktischen Fortführung wird jedoch enttäuscht, wenn sich sogleich die Fortspinnung im Tuttisatz anschließt. Nur am Ende der Durchführung begegnet einmal ein knappes Fugato (T. 125–130), das Wechselspiel zwischen Reduktion und Auffüllung des Satzes aber, das zugleich von den rhythmischen Impulsen des Themas zehrt, läuft in Exposition wie Reprise auf die Kontrastierung von akkordischer Stauung und spielerischer Schlußgruppe hinaus (ab T. 63 bzw. T. 187). Während das Thema im B-Dur-Satz zu liegenden Akkorden von der ersten Violine aufsteigend entfaltet wird, ist es umgekehrt auf dominantischer Position dem Cello in absteigender Richtung übergeben. Wenn von solchen Prämissen aus der Satz schrittweise in Gang zu bringen ist, so bleibt die tragende Konstruktion über Orgelpunkt doch auch noch in überleitenden und figurativen Phasen spürbar. Die Ausnahme bildet nur eine knappe Gruppe im Unisono, in der aber alle Stimmen aneinander und zudem an das Incipit des Themas gebunden sind (T. 44–49). – Die Variationen zu Beginn der Quartette D- und Es-Dur Nr. 5–6 sind beide ›Allegretto‹ benannt. Im D-Dur-Satz folgt dem Thema ein Minore, das die Substanz erweiternd verarbeitet, während der verkürzte Rückgriff auf das Thema im Fugato mündet, dessen Coda zum Thema zurückführt. In dieser Entwicklung gewinnt der Verlauf also durchaus auch sonatenhafte Züge. Das Es-Dur-Thema ist dagegen durch stete Pausen und Kadenzen bestimmt, die im Verlauf der Variationen immer weiter überbrückt werden, um in einem veritablen Fugato mit obligatem Kontrapunkt und Engführungen zu enden. Über Ausfüllung durch eine Gegenstimme im zweistimmigen Satz, punktierten Satz aller Stimmen und Füllung der Pausen durch knappe Imitationen kulminiert die Variationsfolge also im fugierten Satz als Gegenpol ihres extrem zäsurierten Themas.

Wie die ersten bieten auch die langsamen Sätze jeweils doppelte Lösungen von insgesamt drei unterschiedlichen Aufgaben. Als Sonderfall der Variationstechnik erscheint das Adagio sostenuto im ›Kaiser-Quartett‹, denn der Rückgriff auf die Melodie des *Gott erhalte* bringt es mit sich, daß statt einer dreigliedrigen Form mit Rekurs auf den Anfang eine klare Barform mit wiederholten Stollen und Abgesang vorliegt, wobei die Schlußzeile nicht den Anfang aufgreift. Eine weitere Konsequenz ist es, daß ausnahmsweise dieses Thema wie ein cantus firmus bewahrt bleibt, der von den Gegenstimmen wechselnd kommentiert wird. Die dichte Vierstimmigkeit des Themas wird erst wieder in der vierten und letzten Variation erreicht, während sie in der ersten auf zwei Stimmen reduziert und dann schrittweise aufgefüllt wird. Der Cellolage des Themas in Variation 2 ist auch die zweite Violine zugeordnet, die hier als Füllstimme fungierende Viola übernimmt die Führung in der Variation 3, in der die Violinen kontrapunktieren, wogegen erst am Phasenende das Cello hinzutritt. Der homogene Beginn der Schlußvariation, die den harmonischen Stufenreichtum noch erweitert, steigert sich im Abgesang, sofern über Orgelpunkt die Melodie der Oberstimme nun oktaviert wird. – Dagegen wahrt das ›Andante‹ im ›Quintenquartett‹ noch jenen tänzelnden Charakter im 6/8-Takt, der sich in diesem Werk zwischen den Extremen der anderen Sätze wie eine Erinnerung an frühere Möglichkeiten ausnimmt. Einerseits treten die Umrisse einer dreiteiligen Form mit mittlerem Minore hervor, das vom Thema in D-Dur und seiner ornamentierten Variante samt Coda umrahmt wird. Andererseits ist das Thema zweiteilig mit Rückgriff auf den Anfang angelegt, und der Schlußteil wirkt so eindeutig als Variation, daß fast von einem Variationensatz zu reden ist. Das mittlere Minore freilich, das dann dem Thema als erste Variation folgen würde, bietet nicht seine Variante, sondern eine knappe Verarbeitung seiner Elemente. Die herkömmliche Dreiteiligkeit wird also durch variative Züge wie in anderen Sätzen differenziert. – Die langsamen Sätze der Quartette Nr. 1 und 4 bieten im Kern einen fast hymnischen Satz in akkordischer Faktur, in der zweiteiligen Anlage stößt jedoch der thematische Kernsatz auf seinen figurativen Widerpart. Das ›Adagio sostenuto‹ in Nr. 1 beginnt in beiden Teilen mit diesem Themenkern (T. 1–8 und oktaviert T. 9–16 analog T. 49–56), in seinem modifizierten Zitat münden auch beide Teile ein (T. 33–39 in G-Dur, T. 72–79 in C-Dur). Zwischen diesen Polen stehen ausgedehnte Phasen mit figurativer Oberstimme, die nur punktuell mit der Begleitung kommuniziert (T. 16–32 analog T. 56–67 sowie T. 40–48). Die latente Spannung, die so unterschiedliche Satzglieder nicht zerfallen läßt, ist in einer Struktur begründet, in der die Unterstimmen eigentlich – nicht anders als im Thema selbst – einen akkordischen Satz in Tonrepetitionen zerlegen; über ihm schwingen die figurativen Gesten der Oberstimme aus, die sich am Phasenende in nachschlagende Einzeltöne auflösen. Verdichtung und Auflösung sind also die Kehrseiten eines gemeinsamen Kernes, von dem die konträren Phasen gleichermaßen zehren. Eine ähnliche Balance zwischen akkordischen und figurativen Phasen zeigt auch das gedrängte Adagio Es-Dur in Nr. 4; wo freilich der erste Teil an seinem Ende das Incipit auf der Dominante aufgreift, wird es über Orgelpunkt gleich imitiert, um in ornamentierter Kadenzierung zur Tonika zurückzulenken (T. 30–34). Wenn dann aber eine Reprise zu erwarten wäre, setzt das Thema unerwartet in es-Moll an (T. 35ff.), und das Ende des zweiten Abschnitts erfährt weitere Verdichtung in enger Imitation (T. 52–55). Das variative Verfahren führt also dazu, daß das Thema nicht einmal so wie zu Beginn wiederkehrt.

Extreme bilden zumal die langsamen Sätze in Nr. 5 und 6, die schon mit den Tonarten Fis- und H-Dur Ausnahmen sind. Das ›Largo cantabile e mesto‹ in Nr. 5 zeigt zwar noch die vertraute Dreiteiligkeit, doch fehlt nun jeder Kontrastteil, und da auch ein Ansatz zur Ornamentierung ausbleibt, ergibt sich ein überaus homogener Verlauf, in dem sich die drei Teile weithin entsprechen (T. 1–32, 33–62, 63–97). Alle Teile beginnen mit dem getragenen Kernsatz, die Fortspinnung der Oberstimmen bildet knappe Taktgruppen mit punktierter Rhythmik aus, die aber durch Legato in den Satzcharakter eingebunden bleiben; wechselnd sind auch die Gegenstimmen beteiligt, bis wieder der Ausgangspunkt erreicht wird. Bei so gleichbleibender Ruhelage könnte der Satz zumal dort, wo die Oberstimme die Führung hat, fast als Vorausnahme eines romantischen Liedtyps anmuten, stünde dagegen nicht die genaue metrische Ordnung. Denn all die punktierten Gesten der Fortspinnung sind schon im Themenkern angelegt, den sie gleichsam sprechend gliedern. So individuell auch andere Sätze sind, so singulär bleibt doch die ›Fantasia‹ H-Dur im Rahmen des Es-Dur-Quartetts Nr. 6. Das achttaktige Kernthema, das wieder choralhaft akkordisch ansetzt, geht von der Tonika H-Dur aus, auch wenn es anfangs ohne Vorzeichen notiert ist. Als nächste Station steht es auf der Subdominante E-Dur mit deren Variante e-Moll, und wird dann über deren Parallele G-Dur ihre Variante in g-Moll angebahnt, so setzt die Thematik nun in B-Dur ein, um dann rasch einen Halbton aufwärts nach H-Dur zu lenken (T. 31–39). Dabei scheint als quasi neapolitanische Obersekunde von b-Moll aus der Ton ces einzutreten, und auf diesem enharmonisch zu H vertauschten Ton verharrt der Satz (bei übrigens recht unorthodoxer Notierung). Über ein weiteres Themenzitat in As-Dur (ab T. 49) lenkt der Verlauf erneut zur Tonika H-Dur zurück, und als letzte Phase mündet er in ein intensives Fugato ein, dessen Engführung einmal auch zur Augmentation des Themas führt (T. 83). Die modulierenden Gelenkstellen bleiben prinzipiell einstimmig (T. 16–19, 27–30, 56–59), während erst der Ausklang die melodische Intensität in figurativer Ausspinnung verebben läßt. Wie sehr sich Haydn der Singularität dieses Satzes bewußt war, deutet wohl schon die Bezeichnung ›Fantasia‹ an.

J. Haydn, op. 76 Nr. 6 (Hob. III: 80), zweiter Satz: Fantasia. Adagio, T. 28–41 (Edition Eulenburg).

Daß die Menuette voll subtiler Details stecken, kann bei der Reife dieser Werke kaum erstaunen. Das D-Dur-Menuett in Nr. 5 etwa greift motivisch auf das vorangehende Largo zurück, wogegen seine helle Klangdichte im kargen d-Moll-Trio verschattet wird. Umgekehrt verfährt das d-Moll-Menuett im ›Quintenquartett‹ Nr. 2, das Unter- und Oberstimmen im Unisono als zweistimmigen Kanon paart, dessen Stimmzüge am Phasenende markant abbrechen. Von getupften Akkordrepetitionen wechselt das Trio unerwartet zur Variante D-Dur, um die graziöse Oberstimme in höchste Lage zu führen. Es sind aber besonders die Tanzsätze in Nr. 1 und 6, die durch die Angabe ›Presto‹ auffallen. Das G-Dur-Menuett in Nr. 1 erneuert das Spiel mit Auf- und Abtaktigkeit, zumal in eingeschalteten Taktgruppen (T. 18–19, 33–40), und weil sich stete Tonrepetitionen mit wechselnder Gewichtung verbinden, tritt im raschen Tempo die Erinnerung an ein Tanzmenuett zurück. Erst recht werden im Presto Es-Dur in Nr. 6 analoge Scharniergruppen im B-Teil differenziert (T. 30–40). Das ein Trio vertretende ›Alternativo‹ basiert – unter Verzicht auf metrische Komplikation – auf dem simplen Modell einer Es-Dur-Skala, die als Viertakter wechselnd ab- und aufwärts die Stimmen durchzieht. In sechs Gruppen erfolgen jeweils vier Einsätze, insgesamt erklingt das Modell also 24 Mal, und gerade der Widerspruch seiner Simplizität zum gravitätischen Kontrapunkt evoziert den Charakter eines Scherzos.

Wie die Kopfsätze lassen auch die Finali drei Grundrisse in jeweils doppelter Bearbeitung erkennen. Der Überlagerung von Rondo und

Variation in Nr. 2 und 4 stehen Sonatensätze in Nr. 1 und 3 und singuläre Lösungen in Nr. 5 und 6 gegenüber. Das ›Vivace assai‹ in Nr. 2 scheint mit einem Refrain anzusetzen, dessen beide Teile normgemäß wiederholt werden, die Fortspinnung aber, die eher Züge der Verarbeitung als eines Couplets hat, enttäuscht die Erwartung eines Rondos. Denn der vermeintliche Refrain kehrt erst ab T. 148 erneut wieder, um sofort in eine Coda mit Refrain in D-Dur umzulenken. Dagegen ist der Refrain in Nr. 4 zugleich auf das intrikate Spiel mit dem Kopfmotiv hin konstruiert, das in Imitation und Umkehrung auftritt. Seinem zweigliedrigen Bau folgt ein Minore in b-Moll, nach dem zweiten Refrain jedoch führt der Satz statt eines weiteren Couplets in stufenweiser Beschleunigung zum Ausklang im Presto. Wie das Finale in Nr. 2 beginnen auch die abschließenden Sonatensätze in Nr. 1 und 3 in Moll, also jeweils in der Variante der regulären Tonika, die erst in der Reprise oder Coda erreicht wird. Das ›Allegro ma non troppo‹ g-Moll in Nr. 1 wird durch auftaktige Triolen des Hauptthemas geprägt, die im weiteren zu figurativen Flächen verlängert werden (ab. T. 54 und T. 161). Dem Weg zur Durparallele B-Dur während der Exposition tritt aber in der Reprise der Umschlag zur Variante G-Dur entgegen, der durch eine unerwartete Legatovariante des Themas markiert wird (ab T. 139). Das Presto c-Moll am Schluß des ›Kaiser-Quartetts‹ verblüfft nach intensiver Arbeit durch freie Figurationsflächen im zweiten Teil der Exposition; sie werden aber schon in der Durchführung und erst recht in der Reprise durch Gegenstimmen aufgefüllt, deren Akkordschläge immer klarer auf die Linie des Hauptthemas zurückdeuten, bis die Figuration in der Coda vom Thema selbst beherrscht wird, das sich zum Schluß durchzusetzen weiß. – Einen Sonderfall bildet das Presto in Nr. 5, das mit doppelten Akkordschlägen fast wie mit einer Schlußkadenz beginnt. Nur einmal noch und dann fast zu spät begegnet ab T. 193 dieser markante Anfang, im übrigen aber basiert das Gespinst der Stimmen auf einem Nichts aus flüchtigen Formeln. Über auf- und abtaktig repetierten Akkorden im Staccato reihen sich kettenweise skalare Formeln, um dann wieder reduziert zu werden. Zweimal wird der huschende Verlauf von Generalpausen gestaut, doch läßt das schwirrende Spiel kaum regelrechte Formteile unterscheiden. Das ›Allegro spirituoso‹ in Nr. 6 endlich gibt sich zwar nach außen als normaler Sonatensatz, doch fehlt fast ganz die sonst typische Figuration. Das Material basiert nur auf je fünf skalaren Achteln, von denen drei auf- und zwei abtaktige samt Pause die Grundform bilden. Die simple Formel wird aber durch Überlagerung der Einsätze derart verschoben, daß die Taktakzente verschwimmen, und vollends in der Reprise schichten sich die Einsätze dann übereinander (T. 126–131). Nochmals zeigt sich also, mit welch unscheinbarem Material Haydn sein ebenso witziges wie geistreiches Spiel zu betreiben weiß.

Die beiden Quartette op. 77 pflegen nach dem Fürsten Lobkowitz als Widmungsträger der Erstausgabe benannt zu werden, die 1802 bei

Artaria erschien, doch entstanden die Werke nach autographem Vermerk schon 1799.[1] Der erste Satz im G-Dur-Quartett Nr. 1 geht vom Wechsel zwischen punktiertem Auftakt und repetierten Vierteln aus, vom Kopfmotiv wird nach Triolenfiguren auch die Überleitung bestimmt, bis ab T. 39 kantable Melodik in gebundenen Vierteln ansetzt; sie aber erweist sich dann als Seitensatz, wenn die Durchführung beide Themengruppen gleichermaßen verarbeitet. Im Adagio in Es-Dur stößt der weit geschwungene Beginn nach zwei Takten gleich auf von Pausen durchsetzte Viertel, erst aus dem Wechselspiel beider entspinnt sich der Satzverlauf, das Zentrum markiert eine Durchführung, die ihrerseits in Akkordgruppen verklingt. Das Menuett ist wieder ein Presto, in dem die Taktmitte akzentuiert wird, während erst der zweite Teil zu eher regulärem Metrum zurückfindet. Statt binärer Anlage lösen sich im Trio zwei unterschiedliche Satzphasen ab, bis bereits die Coda motivisch zur Rückkehr des Menuetts vermittelt. Das witzige Finale nimmt durch die Rhythmik gefangen, deren Elemente kettenweise ausgesponnen werden können; doch erfahren sie in der Durchführung auch Abspaltung, um sich dann in Reprise und Coda höchst intrikat zu überlagern.

Das zweite Quartett in F-Dur nimmt im ersten Satz letztmals den kantablen Thementyp auf, doch scheint der weiträumige Hauptsatz ab T. 14 bereits auf eher konventionelle Figuren zu stoßen, die dann die Stimmen durchziehen. Das punktierte Kopfmotiv selbst erweist sich aber als Umspielung einer gebundenen Folge von Halbe und zwei Vierteln, mit der die Überleitung nachträglich durch die Mittelstimmen ab T. 31 motivisch legitimiert wird. Dieser Variante entspricht auch die Satzgruppe auf der Dominante, die dann statt eines Seitenthemas erscheint, und so kann die Thematik in beiden Gestalten die Durchführung tragen, in deren zweiter Hälfte sie in auftaktigen Achtelgruppen ausläuft, während die Coda die Kette punktierter Kernformeln aus der Schlußgruppe von Exposition und Reprise erweitert. – Das Menuett an zweiter Stelle stellt – wiederum als Presto – das quasi hemiolische Wechselspiel eines Stimmpaares gegen die Taktakzente und dann auch Synkopen der Gegenstimmen, um in der Satzmitte die auftaktigen Gesten im Wechsel der Stimmgruppen abzuspalten. Nach einem Trio, das durch metrische Regulierung kontrastiert, bereitet die Coda bereits die Struktur des erneut ansetzenden Tanzsatzes vor. Als Variationensatz gibt sich das Andante in D-Dur, wenn beide Teile des Themas wiederholt werden. Doch folgt eher freie Verarbeitung der Motivik, bis ab T. 42 das Thema in erster Variante eintritt, und ähnlich gearbeitete Phasen wechseln sich dann auch mit zwei weiteren Variationen ab, so daß in der ganzen Anlage der Variationensatz mit motivischer Ausarbeitung verschmolzen wird. Ähnlich paart das Finale den leichten Ton rondohafter Thematik mit dem konzisen Bau eines Sonatensatzes, der treibende Impuls der auftaktigen Kernformel läßt jedoch keinen Seitensatz zu, die

---

[1] H. C. Robbins Landon, *Haydn. The Years of ›The Creation‹ 1796–1800*, London 1977, S. 501ff.; E. Olleson, *Georg August Griesinger's Correspondance with Breitkopf & Härtel*, in: Haydn-Jahrbuch 3 (1965), S. 5–53, hier S. 25 Griesingers Brief vom 24. 7. 1801; vgl. auch Otto Biba (Hg.), »*Eben komme ich von Haydn*«. *Georg August Griesingers Korrespondenz mit Joseph Haydns Verleger Breitkopf & Härtel*, Zürich 1987; G. Feder, *Haydns Streichquartette*, S. 107; L. Finscher, *Haydn*, S. 423ff.

Durchführung treibt das übermütige Spiel gleich anfangs zur Überlappung des Kopfmotivs in Viertelabstand, und über die Reprise hin wirken die auftaktigen Impulse bis zu ihrer Pointierung in der Coda.

Von einem letzten Quartett Haydns sind endlich nur zwei Sätze in B-Dur und d-Moll erhalten, die sich mit der Bezeichnung Andante grazioso bzw. Menuetto ma non troppo – Presto als Binnensätze ausweisen, ohne weitere Rückschlüsse über vorgesehene Rahmensätze zu erlauben. Die beiden als op. 103 bezeichneten Sätze, die 1803 anzusetzen sind, erschienen offenbar mit Haydns Zustimmung 1806, doch sollte man ihnen nicht das Gewicht eines »dernier Quatuor« beimessen, wie es die Frühdrucke taten.[1] Der langsame Variationensatz in B-Dur ist gewiß so genau wie vordem konstruiert, doch schon die erste Variation setzt überraschend auf der Mediante Ges-Dur an, um in Des-Dur zu kadenzieren, während die zweite Variation bei enharmonischer Verwechslung von cis-Moll ausgeht, um nach D-Dur zu führen, wonach wiederum mediantisch der Schluß nach B-Dur zurückführt.[2] Frei wie die tonale Disposition ist auch die Variationstechnik selbst; wenn nämlich der Schlußteil – bis auf die Coda – ganz dem Beginn entspricht, so verhalten sich beide Binnenteile variativ zueinander, ohne doch ebenso klar das Thema selbst zu variieren, das eher in rhythmischen als melodischen Linien mitspielt. Das Menuett schließlich verbindet die aufschnellende Doppelschlagfigur des Kopfmotivs mit chromatisch sinkenden Kontrastgruppen, die sich erst recht gegen Ende des Satzes durchzusetzen wissen. Desto gelöster wirkt dann das Trio als helles Maggiore, doch wird der melodische Bogen im jeweils vierten Takt durch Viertel samt Pausen abgelöst, während den sechstaktigen Phrasen im B-Teil nach einem regulären Achttakter ein weiterer mit hemiolischer Stauung entgegentritt. Es bleibt also die stete Differenzierung der Metrik wie der ganzen Satztechnik, durch die sich Haydns Quartette bis zum Schluß auch ohne angestrengte Arbeit von der kaum überschaubaren Fülle der zeitgenössischen Produktion unterscheiden.

Die beharrliche Arbeit, mit der Haydn das Streichquartett begründete, setzte zugleich der Gattung für ihre weitere Geschichte die Maßstäbe. Die Frucht war zum einen eine Werkreihe, die allein ihrem Umfang nach kaum einen Vergleich duldet. Damit verbindet sich jedoch ein kompositorisches Niveau, das auch dann gewahrt bleibt, wenn Nuancen im einzelnen nicht ausgeschlossen sind. Ein musikhistorisches Gegenstück bildet – wiewohl unter ganz anderen Voraussetzungen – wohl nur das überwältigend reiche Kantatenwerk von Bach, dessen ästhetisches Potential seine liturgischen Funktionen zu übergreifen vermochte. Ähnlich wurden auch in der Serie von Haydns Quartetten die gesellschaftlichen Funktionen solcher Musik durch den ästhetischen Rang der einzelnen Werke aufgehoben. Wo zunächst kaum anders als in Werken der Zeitgenossen dem Bedarf der Liebhaber entsprochen wurde, da

[1] H. C. Robbins Landon, *Haydn. The Late Years 1801–1809*, London 1977, S. 275ff.; E. Olleson, *Griesinger's Correspondance*, S. 46 (25. 1. 1804), S. 49 (21. 8. 1805) und S. 51 (2. 4. 1806).

[2] L. Sómfai, *A Bold Enharmonic Modulatory Model in Joseph Haydn's String Quartets*, in: *Studies in Eighteenth-Century Music. A Tribute to Karl Geiringer*, hg. v. H. C. Robbins Landon und R. E. Chapman, Oxford und New York 1970, S. 370–381.

wandte sich zunehmend die interne Struktur primär an den Kenner. Gleichzeitig gewannen die Werke aber durch die unablässige Differenzierung des Komponisten eine ästhetische Dignität, die auch die Bindungen an Erwartungen und Bedürfnisse ihrer Zeit hinter sich ließ. Allein der Bestand der reifen Werke seit op. 20 umschließt schon quantitativ einen Fundus, der fast der Summe der weiteren Streichquartette gleichkommt, die bis zur Zäsur der Moderne in den Kanon der Gattung aufgenommen wurden. Freilich wurden dabei die früheren Versuche, die für Haydns eigenen Ansatz so bedeutsam waren, in der Rezeption von den späten Hauptwerken überschattet, so daß ihnen kaum nur in der Hausmusik ein Platz blieb. Gar zu einfach nehmen sie sich wohl bei flüchtiger Betrachtung aus, um gleich das intrikate Spiel durchschaubar zu machen, mit dem sie die musikalische Zeit ausmessen. Daß sich aber so viele der späteren Werke im Repertoire halten konnten, obwohl daneben die Hauptwerke von Mozart und zuletzt noch Beethovens Quartette op. 18 entstanden, ist nicht nur ein Ausweis geschichtlicher Bedeutung. Während die Eckdaten von op. 1 bis zu op. 103 etwa ein halbes Jahrhundert abstecken, umspannt der zeitliche Rahmen, innerhalb dessen die maßgeblichen Werke entstanden, immer noch mehr als drei Jahrzehnte. Dazwischen vollzog sich ein kompositorischer Prozeß, der zwar mannigfaltige Stufen kennt, ohne doch seine leitenden Prinzipien preiszugeben. Auch in der unerschöpflichen Vielfalt der Lösungen gilt ein grundsätzlich gleicher Standard nicht erst seit op. 33, er wird vielmehr von vornherein schon mit den Gruppen der Quartette seit op. 9 formuliert. Von jenen frühen Werken, die mit dem Ton des Divertimentos im intimen Rahmen häuslicher Unterhaltung bleiben, führt dieser Weg zum Anspruch der späteren Quartette, die auch schon mit öffentlicher Darbietung rechnen. Das Spiel mit wechselnden Partikeln, die in unvorhersehbarer Konstellation die innere Zeit der Musik konstituieren, erfüllte sich dabei immer weiter mit charakteristischem Ausdruck, der gleichwohl nichts als einen intern musikalischen Sinn meint. Daß diese Musik keine programmatische Bedeutung außerhalb ihrer selbst kennt, gehört nicht zuletzt zu den Maßstäben einer Gattung, die wie kaum eine andere zum Inbegriff autonomer Musik als reiner Kunst werden konnte. Denn ihre Gehalte blieben in sich beschlossen, um sich jeder Beanspruchung durch externe Vorgaben zu entziehen. So sehr die Kunst Haydns ästhetische Ideen zu erschließen vermag, so wenig sind diese außerhalb ihrer selbst zu suchen. Gerade damit aber wurde der weiteren Geschichte der Gattung ihr Rahmen vorgegeben. Selbst wo die technischen Verfahren Haydns höchstens nur noch indirekt wirksam blieben, bewahrte der innere Anspruch seiner Kunst auch fernerhin seine verbindliche Geltung.

2. Integration der Kontraste: Mozarts Quartettkunst

Auf eigenartige Weise scheint die Position zu changieren, die Mozarts Streichquartette im heutigen Musikleben einnehmen. Aus ursprünglich dreißig Werken, die früher zum Bestand der Quartette Mozarts gerechnet wurden, sind die vier sog. ›Mailänder Quartette‹ auszuscheiden, die wechselnd um 1772–73 oder 1778 angesetzt wurden; in Wirklichkeit schrieb sie aber Joseph Schuster 1780, wie Ludwig Finscher 1966 zeigen konnte.[1] Von den verbleibenden Werken für vier Streichinstrumente hat man weiter nach heutiger Auffassung die drei ›Quartett-Divertimenti‹ KV 136–138 (125^{a-c}) abzurechnen, die in Mailand und Salzburg während des Winters 1771–72 komponiert wurden. Sie begnügen sich zwar wie die rund ein Jahr später folgenden ›italienischen Quartette‹ KV 155–160 mit drei Sätzen, und schon der autographe Terminus ›Divertimento‹ deutet wohl eine Abgrenzung an. Auch unabhängig von der Frage ihrer mehrfachen oder solistischen Besetzung verraten sie aber in ihrer lockeren Struktur die Abkunft vom süddeutschen Divertimento, ohne bereits die Spuren einer gattungsgemäßen Arbeit zu zeigen.[2] Obwohl die 23 eigentlichen Streichquartette noch immer einen stattlichen Vorrat abgeben, sind im Bewußtsein nicht nur der Liebhaber, sondern auch der Kenner heute nur die zehn reifen Werke präsent geblieben, die zwischen 1782 und 1790 den Kanon der Gattung entscheidend erweitert haben. Daß nur diese zehn Werke von Mozart selbst veröffentlicht wurden, kann kaum ein maßgeblicher Grund ihrer Bevorzugung sein. Zwar erschienen die früheren Werke erst nach Mozarts Tod, soweit sie aber nicht schon in Ausgaben der Jahre 1792 und 1803 vorlagen, wurden sie spätestens mit der alten Gesamtausgabe seit 1881–82 zugänglich. Immerhin haben sich zahllose andere Werke durchgesetzt, die keineswegs von Mozart selbst publiziert wurden. Aber auch die Entstehungszeit der früheren Quartette kann kaum ihre Vernachlässigung motivieren, denn abgesehen vom ersten, dem sog. ›Lodi-Quartett‹ vom März 1770, entstammen die weiteren den Jahren 1772–73, einer Zeit also, in der Mozart alles eher als ein Anfänger war. Den beiden Reihen der je sechs ›italienischen‹ und ›Wiener Quartette‹ ging nicht nur eine Oper wie *Mitridate* (1770) voraus, in zeitlicher Nähe liegen auch Werke wie *Ascanio in Alba* (1771) oder *Lucio Silla* (1772–73). So gewinnt es den Anschein, als müsse es wohl an der Musik selbst liegen, wenn diese Werke selbst in der Forschung so lange wenig Beachtung fanden, bis ihnen Wolf-Dieter Seiffert endlich eine luzide Untersuchung widmete.[3]

Im reichen Instrumentalwerk von Mozart – ungerechnet also die Opern und die Kirchenmusik – fällt den Quartetten wohl keine ganz so dominierende Stellung zu wie im Œuvre Haydns oder auch Beethovens. Zwar bleibt ihre Zahl stattlich genug, und gerade die sechs Haydn gewidmeten Werke werden nicht grundlos als exemplarische Marksteine

[1] L. Finscher, *Mozarts ›Mailänder Streichquartette‹*, in: Die Musikforschung 19 (1966), S. 270–283; zuvor dazu vor allem Th. de Wyzewa / G. de Saint-Foix, *W. A. Mozart*, Bd. I, Paris ³1936, S. 440f. und Bd. V, ebenda ²1946, S. 311f.

[2] K. H. Füssl, Vorwort zu: *Neue Mozart-Ausgabe*, Serie IV, Werkgruppe 12, Bd. 6 (fortan abgekürzt: *NMA* IV/12/6), Kassel u. a. 1964, S. VIIff.

[3] W.-D. Seiffert, *Mozarts frühe Streichquartette*, München 1992 (Studien zur Musik 11); O. Jahn, *W. A. Mozart*, Leipzig ³1889, bearb. und ergänzt von H. Deiters, Bd. I, S. 349ff.; daß Jahn an den frühen Quartetten »auffallend achtlos« vorüberging, kritisierte Hermann Abert, *W. A. Mozart*, Bd. I, Leipzig ⁷1955, S. 290, Anmerkung 1, ohne den Werken doch selbst sehr viel mehr Raum zu gönnen, vgl. ebenda, S. 288–293 und S. 327ff.; A. Einstein, *Mozart. Sein Charakter, sein Werk*, Stockholm 1947, S. 240–247.

auf dem Weg zum Spätwerk gesehen. Zwischen ihnen und den früheren Werken liegt aber nicht nur ein fast zehnjähriger Abstand, wie er für die Hinwendung zu einer Gattung in Mozarts Werk eine Ausnahme bleibt. Damit verbinden sich zudem schroffere Differenzen der kompositorischen Faktur, als sie für andere instrumentale Gattungen gelten dürfte. (Anders verhält es sich mit den Violinkonzerten von 1775, sofern diese Gattung von Mozart später nicht wieder aufgegriffen wurde.) Wer sich an der thematischen Konzentration, kontrapunktischen Verdichtung und differenzierten Harmonik der späteren Werke orientiert, muß wohl leicht enttäuscht bleiben, wenn er die vorangehenden Quartette flüchtig mustert. Denn ihnen fehlen weithin noch die Qualitäten, die später dann Mozarts souveränen Kunstverstand ausweisen: die Balance der Stimmen und Klanggruppen, der Wechsel und Ausgleich der Satzphasen, die rhythmische Profilierung und intrikate Metrik und nicht zuletzt die scharfe Charakteristik der melodischen Phrasen. Wenn sich das Frühwerk nach Ausweis der Quellenlage nicht so verbreiten konnte, wie man es selbst für die Produktion so fruchtbarer Zeitgenossen wie Gyrowetz, Krommer oder Pleyel geltend machen kann, so stellt sich damit die Frage, worin ein gattungsgeschichtliches Interesse an diesen Werken begründet sei, die auch für Mozarts kompositorischen Weg weniger Aufschlüsse versprechen als andere Werke aus gleicher Entstehungszeit. Will man jedoch ermessen, worin der entscheidende Gewinn der Quartette seit 1782 liegt, dann ist im Vergleich dennoch kein anderer Werkbereich so informativ wie der von Mozarts frühen Quartetten.

Die Schwierigkeiten im Verständnis dieser Musik, die sich zunächst so einfach ausnimmt, setzen bereits mit der Frage ein, mit welchen geschichtlichen Modellen hier zu rechnen ist. Der mehrfach vorgebrachte Hinweis auf Sammartini besagt nicht gar so viel, weil der zeitliche Abstand etwa ebenso groß ist wie die Differenz der Strukturen.[1] Leicht einsichtig wird das bereits, wenn man gegenüber der rhythmischen Kontinuität, die Sammartinis Musik noch auf weite Strecken trägt, die engräumig kontrastierenden Taktgruppen in Mozarts frühen Werken erfaßt. Daß es aber offensichtlich nicht schon das Werk Haydns war, das für den jungen Mozart maßgeblich wurde, zeigt sich wiederum deutlich, sobald man sich der intrikaten Metrik und motivischen Ökonomie erinnert, die Haydns Quartette von Anfang an ausbilden. Ein solcher Vergleich eröffnet aber eine Möglichkeit, näher die Impulse zu begreifen, die für Mozart dann 1782 durch die Begegnung mit Haydns Quartetten ausgelöst wurden. Die Folgen lassen sich kaum fassen, wenn nur nach konkreten Übereinstimmungen in Themenbildung, Formverlauf oder Verarbeitungstechnik gesucht wird. Denn dann erweist sich auch, daß die individuellen Unterschiede schwerer wiegen als vermeintliche Gemeinsamkeiten. Ohnehin kann die Suche nach greifbaren Analogien leicht dazu verführen, statt der prinzipiellen Strukturen eher punktuelle Ähnlichkeiten zu konstatieren.

---

1 Vgl. dazu W.-D. Seiffert, *Mozarts frühe Streichquartette*, S. 224–228, ebenda, S. 228ff. und S. 232ff., entsprechend auch zu Vergleichen mit Boccherini und Michael Haydn; B. Churgin, *Did Sammartini Influence Mozart's Earliest String Quartets?*, in: Mozart-Jahrbuch 1991, Kassel 1992 (Bericht über den Internationalen Mozart-Kongreß Salzburg 1991), S. 529–539.

Soll aber verständlich werden, welch eingreifende Konsequenzen die Auseinandersetzung mit Haydn hatte, dann führt gerade der Vergleich mit Mozarts frühen Quartetten an die Prämissen heran, die auch die spätere Zäsur in seinem Komponieren kenntlich machen können. Das läßt sich allerdings nicht gleichmäßig für alle Werke und Sätze leisten, auf die daher nur tabellarisch hinzuweisen ist. Unumgänglich ist es vielmehr, charakteristische Beispiele herauszugreifen, die das eigene Verfahren in Mozarts ersten Quartetten einsichtig machen können.

Das erste Streichquartett in G-Dur, das Mozart in Lodi bei Mailand am 15. 3. 1770 schrieb, blieb ihm und seinem Vater den Belegen zufolge genauer in Erinnerung als der späteren Rezeption.[1] Auffällig ist nicht nur die Viersätzigkeit, die dann erst wieder die ›Wiener Quartette‹ aufnehmen, vielmehr stehen alle Sätze in der Tonika, und den Kopfsatz bildet ein Adagio, dem erst an zweiter Stelle ein Allegro folgt. Allerdings wurde die ursprünglich dreisätzige Anlage, die sowohl den Quartett-Divertimenti wie den ›italienischen Quartetten‹ entspricht, erst 1773 in offenkundiger Orientierung an den gleichzeitigen ›Wiener Quartetten‹ um das Finale ergänzt. Obwohl der Umfang aller Sätze zwischen 52 (Menuett samt Trio) und 84 Takten (im zweiten Satz) extrem knapp bleibt, liegt doch mehr vor als ein Kuriosum bloßer Miniaturen. Zumal die beiden ersten Sätze können den sehr eigenen Ansatz Mozarts aufdecken.

Im eröffnenden Adagio zunächst lösen sich zwar meist reguläre Viertakter ab, die nur gelegentlich erweitert oder verkürzt werden (so T. 9–13ff.). Zu Beginn des A-Teils aber, der alles eher als eine Themenexposition ist, kontrastieren bei pochenden Achteln der Unterstimmen ein kantabler und dann gleich ein eher figurativer Viertakter in den Oberstimmen. Ohne Modulation setzt die nächste Gruppe auf der Dominante an, in ihr prägen sich latent auftaktige Impulse aus, die auch im weiteren nachwirken, wenn analoge Figuren zwischen den Stimmen wechseln. An den Nahtstellen werden zudem aber Sechzehnteltriolen eingeführt, die

1 L. Finscher, *Mozarts erstes Streichquartett: Lodi, 15. März 1770*, in: Analecta Musicologica 18 (1978), S. 246–270; vgl. dazu A. Einstein, *Mozart*, S. 238ff. und W.-D. Seiffert, *Mozarts frühe Streichquartette*, S. 4f.; ferner *Mozart. Briefe und Aufzeichnungen. Gesamtausgabe*, hg. v. W. A. Bauer und O. E. Deutsch, Bd. I–IV, Kassel u. a. 1962–63, Bd. V–VII, Kommentar und Register v. J. H. Eibl, ebenda 1971–75 (im folgenden abgekürzt: *Mozart. Briefe*), hier Bd. II, S. 326 (Paris 2. 4. 1778) sowie Bd. VI, S. 237 und S. 325.

W. A. Mozart, KV 80 (73f), erster Satz, T. 1–8 (*NMA*, Bärenreiter).

in der vorletzten Taktgruppe gar auf doppelte Werte beschleunigt werden. Mit der rhythmischen Diktion wechseln in den Taktgruppen auch die melodischen Wendungen, ohne sich thematisch hervorzuheben. So wiederholt die ›Reprise‹ – nun durchweg auf der Tonika – getreu die Satzgruppen, gerade ihre Eröffnung zeigt aber melodische Varianten der Oberstimmen (T. 40–47), womit sich ihr Anspruch als ›Hauptsatz‹ erst recht reduziert. Demgemäß steht auch dazwischen zu Beginn des B-Teils eine elftaktige Modulationsgruppe (T. 29–39), deren Kern eine Quintschrittsequenz darstellt, doch wird allenfalls auf vorherige rhythmische Formeln zurückgegriffen, ohne melodische Bildungen nachträglich thematisch zu definieren. Ganz ähnlich ist auch das Allegro an zweiter Stelle angelegt, doch begegnen Kontraste bereits zwischen den ersten beiden Zweitaktern, die durch gemeinsame Wiederholung gleich bestätigt werden. Einer aufsteigenden Achtelkette der Oberstimmen folgt nach Pausen der Dreiklangsabstieg im Unisono, eine erneut wiederholte Zweitaktgruppe, in der die Oberstimme ein eintaktiges Motiv sequenziert, wird wieder in unisoner Achtelkette beantwortet, die mit Akkordschlägen auf drei Takte gedehnt wird. Umstandslos hebt auf der Dominante eine neue Phrase an (ab T. 16), deren Imitationsanlage sich freilich auf die Ausfaltung eines Dreiklangs begrenzt, und auf gleiche Weise lösen sich auch weiter engräumige oder skalenmäßige Figuren mit Kadenzgliedern in den Oberstimmen ab. Noch weniger thematisch fällt im B-Teil die Modulationsgruppe aus, die in steter Achtelbewegung keine durchführenden Ansprüche stellt und dann durch getreue Wiederholung des A-Teils auf der Tonika ergänzt wird. – So schematisch der formale Verlauf wirkt, so unvorhersehbar wechselt die rhythmische und melodische Konkretisierung der Taktgruppen. Konstitutiv scheinen primär die Kontraste zu sein, ihre Vielfalt löst aber auch die Frage aus, wie so ungleiche Glieder zu einem Verlauf zusammenkommen. Umgekehrt wird das rhythmische Gleichmaß im Menuett nur zu Beginn des B-Teils einmal zwischen Violinen und Viola im Wechselspiel differenziert, das aber kaum motivisch ableitbar ist. Die gleichmäßige Taktgruppenfolge wird dadurch so wenig beeinträchtigt wie dann in dem kleinen Trio in C-Dur. Einem Konzept wie dem der ersten Sätze könnte wohl – so möchte man vermuten – die Anlage eines Rondos besonders entgegen kommen. Das knappe Finale wiederholt aber nur zweimal seinen Refrain, in dem ein regulärer Achttakter überraschend ausgefüllt wird. Einer Sequenzfolge in der ersten Hälfte treten in der zweiten Achtel der Oberstimme gegenüber, die plötzlich abbrechen und von der Kadenz ergänzt werden. Genau hier setzt auch die Erweiterung des letzten Refrains zur Coda an. Die beiden Couplets dagegen kontrastieren weniger rhythmisch als harmonisch, sofern dem Modulationsgang im ersten ein Minore im zweiten korrespondiert. Zwar deutet sich hier ein kontrapunktischer Wechsel der Stimmpaare an, ohne daß aber von planvoller motivischer Arbeit zu reden wäre.

So kehren sich im ganzen die Relationen gegenüber Haydn seltsam um. Wo der Verlauf äußerlich einem ›Sonatensatz‹ entspricht, lösen sich konträre Gruppen ab, die kaum thematisches Profil oder gar motivische Arbeit erlauben. Wo aber ein Tanzsatz oder ein Rondo Raum für Kontraste böten, verbindet sich mit regulärer Taktgruppierung ein größeres Maß an Kohärenz. Daher fragt es sich, wie derartige Widersprüche zum Ausgleich gebracht werden können. Die Frage läßt sich kaum schon am ›Lodi-Quartett‹ klären, das noch nicht solche verdeckten Scharniere kennt, wie sie weitere Werke dann ausbilden. Sichtbar jedoch wird schon hier, wie sehr sich die Kette steter Kontraste von der Musik Sammartinis und noch Boccherinis abhebt, worin sie sich zugleich aber auch von der Kunst Haydns unterscheidet. Der junge Mozart geht gewiß nicht von der Vorstellung eines thematischen Satzes aus, dessen Begriff erst später zur Geltung kam. Maßgeblich ist wie bei Haydn zunächst die musikalische Konstituierung der Zeit im Wechsel der Taktgruppen. Wo aber Haydn metrisch variable Konstellationen erprobt, die dann rhythmische oder melodische Affinitäten zeigen können, setzt Mozarts Frühwerk eher reguläre Perioden voraus, die aber höchst wechselvolle Ausfüllung finden. Auch andere Instrumentalwerke Mozarts aus diesen Jahren gleichen ähnlich einem Füllhorn der Einfälle, die nicht stets sonderlich individuell sein müssen, sondern durchaus Formeln der Zeit aufnehmen können. Die eigene Qualität der Musik liegt also in der rätselhaften Fähigkeit, ein scheinbares Kaleidoskop gleichwohl zum straffen Verlauf zu bündeln. Eine spezifisch kammermusikalische Faktur des Quartetts erweist sich aber dann, wenn die Stimmen gleichermaßen dazu bereit sind, am Wechselspiel der Phrasen selbst zu partizipieren, selbst wo es sich nicht um kontrapunktische Arbeit handelt. Damit deutet sich auch die Differenz zu Orchesterwerken an, die Seiffert mit Recht zum Anlaß nahm, um die Quartett-Divertimenti KV 136–138 in die Nähe der fast gleichzeitigen Sinfonien KV 111–114 zu verweisen.[1] Nicht gering ist nämlich schon die autographe Bezeichnung ›Divertimento‹ zu veranschlagen, während bereits das erste Quartett wie die folgenden ausdrücklich ›Quartetto‹ benannt ist. Trotz gleich knapper, nur dreisätziger Anlage zeichnen sich zudem die drei Divertimenti – ungeachtet ihrer lockeren Faktur – durch das klangliche Verhältnis der Stimmen aus, die weniger eigenständig als vielmehr häufig parallel geführt sind. Gerade davon hebt sich aber die Faktur der ›italienischen Quartette‹ ab, obgleich sie gewiß nicht konsequent polyphon oder gar motivisch gearbeitet sind.

Die erste Reihe von sechs Quartetten schrieb Mozart offenbar wie auch die folgenden Serien nicht auf einen unmittelbaren Auftrag hin, wiewohl sich der Vater dann um den Absatz der Werke bemühte.[2] Wenn der Anschein nicht täuscht, entstanden also Mozarts Quartette primär als eigene Vorhaben, und so wären wohl ähnlich persönliche Motive im Spiel gewesen, wie sie die Komponisten bedeutender Quartette gelegent-

1 Vgl. Anmerkung 2, S. 178, sowie W.-D. Seiffert, *Mozarts frühe Streichquartette*, S. 206–221.

2 *Mozart. Briefe*, Bd. I, S. 457, wonach Leopold Mozart am 28. 10. 1772 seiner Frau aus Bozen berichtete: »Der Wolfg. befindet sich auch wohl; er schreibt eben für die lange Weile ein quatro«. Schon zuvor bot der Vater am 7. 2. 1772 Breitkopf »quartetten, das ist mit 2 Violinen, einer Viola und Violoncello« »zum Druck« an, vgl. ebenda, Bd. I, S. 456; zu weiteren Briefen an Breitkopf Bd. I, S. 527 (6. 10. 1775) und Bd. II, S. 493 (4. 10. 1778). Wohl eher auf die ›Wiener‹ als schon auf die ›italienischen Quartette‹ bezog sich die Kontroverse, die 1785 der Wiener Verleger Christoph Torricella auslöste, als er in Konkurrenz zu Artarias Veröffentlichung der Haydn gewidmeten Quartette ebenfalls sechs Quartette Mozarts ankündigte, wobei allerdings offen blieb, ob es sich um handschriftliche Kopien oder einen geplanten Stich handelte; vgl. O. E. Deutsch, *Mozart. Die Dokumente seines Lebens*, Kassel u. a. 1961 (*NMA* X/34), S. 220ff., sowie L. Finscher, Vorwort zu *NMA* VIII/20/1:2, Kassel u. a. 1962, S. XI.

lich bestimmten. Bis auf die Tonartenfolge in absteigenden Quinten gehorchen die sechs Quartette noch keinem zyklischen Plan, gemeinsam ist ihnen aber nicht nur – gemessen am ersten Versuch – die Weitung der Dimensionen in mehrfacher Hinsicht. Gültig bleibt zudem das Prinzip der Kontrastierung von Satzgruppen, die aber mit erweitertem Umfang auch höhere interne Konstanz erreichen, um damit zu wechselseitigen Beziehungen befähigt zu werden, selbst wenn nicht schon von motivischen Verbindungen zu reden ist. Solche Tendenzen werden in den Werken in unterschiedlichen Graden wirksam, wie nur an wenigen Beispielen darzulegen ist.

KV 155–160 (134ª–159ª), 6 ›italienische Quartette‹,
Bozen – Mailand Ende 1772–73
155 D Allegro – Andante A – Molto Allegro
156 G Presto – Adagio e – Tempo di Minuetto
157 C Allegro – Andante c – Presto
158 F Allegro – Andante un poco Allegretto a – Tempo di Minuetto Allegretto
159 B Andante – Allegro g – Rondo Allegro grazioso
160 Es Allegro – Un poco Adagio As – Presto

Gleich im Kopfsatz des ersten Quartetts in D-Dur wird zwar der eröffnende Zweitakter mit Akkordschlägen, Triller- und Skalenfigur unmittelbar wiederholt, ihm schließt sich ein ebenfalls wiederholter Zweitakter unter Führung der Oberstimme an, die analog dann auch die zur Dominante modulierende Fortspinnung bestreitet. All diese Gruppen

W. A. Mozart, KV 155 (134ª), erster Satz, T. 1–8 (*NMA*).

werden aber über fast 25 Takte hin von gleichmäßiger Achtelbewegung in Cello und Viola getragen, und allein die Relation der Stimmgruppen sichert dem Satzverband seinen Zusammenhang, auch wo die rhythmisch differenzierte Melodiebildung der Violinen wechselt. Bei Übergang der Achtel in die Mittelstimmen hebt sich ab T. 28 eine weitere Phase ab, deren kantabler Melodiebogen von der Oberstimme wiederholt wird. Sie bildet gleichwohl kaum einen Seitensatz, denn in unmittelbarem Anschluß werden die rhythmischen Kontraste in der Oberstimme pointiert, bis schließlich auch die Unterstimmen ihr Akkompagnement aufgeben. Obwohl die Exposition nicht durch Repetitionsanweisung abgegrenzt ist, markieren die Akkordschläge in T. 53 ihren Abschluß. Der Mittelteil bildet demnach keineswegs eine Durchführung aus, basiert aber erneut auf kontinuierlicher Achtelbewegung, die erst unmittelbar vor der Reprise aussetzt. Deutlicher wird das Konzept im G-Dur-Quartett Nr. 2, dessen Kopfsatz schon durch die Impulse des 6/8-Taktes verkettet wird. Einem viertaktigen Vordersatz entspricht – derart erstmals in den Quartetten – ein analoger Nachsatz, dessen Anhang die Gruppe auf 10 Takte erweitert (a). Davon heben sich weiträumige Skalenfiguren ab, die ihrerseits in repetierten Achteln münden (b). Unvermittelt setzt auf der Dominante ein neuer Gedanke an (c), der seinerseits aber unter melodischer Variierung wiederholt wird (T. 19, 26, 34). Als seine Fortführung ist ab T. 35 das nächste Satzglied begreifbar (d), das zugleich aber auf den Satzbeginn zurückweist (a), und noch seiner figurativen Fortführung (b) entsprechen wenigstens rhythmisch nun ab T. 43 die auf beide Violinen verteilten Figuren (e). Der Teilschluß endlich kadenziert in Achtelbewegung (f), ohne noch eigene Motivik auszuprägen. Zwar verläuft die Reprise ähnlich getreu wie früher, aber der Mittelteil weist kaum motivische Rückgriffe auf, doch zeichnen sich in ihm drei Phasen ab, die rhythmisch nicht nur intern geschlossen sind. Zwischen ihnen vermittelt vielmehr eine charakteristische Formel, die im Wechsel von je zwei Sechzehnteln und Achteln prägnant phrasiert ist (Violine II T. 77–87, Oberstimme T. 88–97, Violoncello T. 98–106). Auch ohne motivische Arbeit wird die Intention greifbar, von der inneren Kontinuität der Satzglieder aus wechselnde Beziehungen zu stiften. Ähnlich bleibt im C-Dur-Satz aus Nr. 3 der kantable Beginn wirksam, auch wenn sein punktiertes Kopfmotiv wechselnd fortgesponnen, verkürzt und dann sogar abgelöst wird. Denn es klingt noch im Mittelteil an, der rhythmisch weithin an konträre Einschübe der Exposition anschließt, um ihre figurativen Gesten nun durch kantable Gegenstimmen zu ergänzen. Ähnlich erreicht der Kopfsatz im F-Dur-Werk Nr. 4 seine höchst transparente Faktur durch luftige Pausen, die wenigstens mittelbar den ganzen Verlauf bestimmen, auch wo die melodischen Phrasen ihre rhythmische Gestalt ändern. Im B-Dur-Quartett Nr. 5 tritt nochmals – wie zuvor im ›Lodi-Quartett‹ – ein langsamer Satz an die erste

Stelle, der rasche Binnensatz trägt aber zugleich im straffen 3/4-Takt manche Züge des hier sonst fehlenden Menuetts. Formal zwar folgt er der zweiteiligen Norm rascher Kopfsätze, der in Vierteln schreitende Duktus der ersten Zweitaktgruppe prägt aber weite Satzphasen, auch wenn er quasi imitierend potenziert und durch Pausen modifiziert wird und die Gegenstimmen konträre Rhythmik einbringen. Das letzte Werk in Es-Dur bietet ein Füllhorn unterschiedlicher Gruppen, die auch ohne motivische Verbindungen strukturell verkettet sind. Gerade die interne Vielfalt, die strukturell die Gruppen bestimmt, ermöglicht also einen Austausch von Teilmomenten, ohne melodische Gestalten in motivischer Qualität zu beanspruchen.

Entgegen der herkömmlichen Meinung, die durch die Autorität von Abert und auch Einstein bestimmt wurde, bleiben die Differenzen zu Haydns Werken – etwa aus op. 9 oder 17 – durchweg zu grundlegend, als daß bei Mozart von Einflüssen oder gar Erschütterungen zu reden wäre.[1] Vielmehr wird der eigene Ansatz weiter ausgeführt, wie es gleichermaßen die Folgesätze bestätigen. Von den langsamen Sätzen beansprucht der des G-Dur-Quartetts Nr. 2 besonderes Interesse, da das Autograph für ihn auch eine verworfene Erstfassung bietet. Ihre zweiteilige Anlage wird nämlich – bis auf die vier letzten Takte – durch strikt gleiche Funktion aller Stimmen gekennzeichnet: Die füllenden Mittelstimmen in Sechzehnteln stützt der Baß in Vierteln und mitunter Achteln, ihm entspricht rhythmisch die Oberstimme, der allein die melodische Führung vorbehalten ist. Fast macht es den Eindruck, Mozart habe in der Absicht, eine radikale Alternative zu erproben, einmal ein Maximum an Kontinuität gesucht, wie es in den frühen Quartetten singulär bleibt. So sehr der Satz aus der Werkreihe hervortritt, so sehr kann er an etwas ältere Musik erinnern, die noch spätbarocker Kontinuität verhaftet bleibt. Doch erweitert die revidierte Zweitfassung, die ebenfalls in e-Moll zwei wiederholte Teile aufweist, nicht nur das knappe Format von 24 Takten um rund die Hälfte auf 37 Takte. Sie schließt zunächst in der harmonischen Disposition und auch im Ansatz melodischer Phrasen an die erste Version an, nimmt aber gerade deren rhythmische Kontinuität entscheidend zurück. Im ersten Viertakter führt zwar noch die Oberstimme, doch wird die Melodik rhythmisch weit mehr differenziert, und in den Anschlußgruppen, die sich erneut absetzen, werden zunächst Mittel- und dann Unterstimmen fast gleichrangig beteiligt. So kehrt auch die Satzmitte (T. 15–23) zu einer Diskontinuität zurück, die zur Basis weiterer Kontraste und Korrespondenzen wird. In seiner Vielgliedrigkeit nimmt sich der filigrane Satz als Rücknahme eines Experimentes aus, das Mozart in gänzlich andere Richtung führte und das sich gleichwohl als Irrweg erwies. Denn dem Formprinzip des steten Wechsels von Taktgruppen in zwei repetierten Großteilen folgen wiederum die anderen langsamen Sätze der Reihe, die zugleich wie die

[1] W.-D. Seiffert, *Mozarts frühe Streichquartette*, S. 242–262; zu den Kopfsätzen aus KV 156 und 160 vgl. die exemplarischen Analysen ebenda, S. 29–43; ferner vgl. H. Abert, *W. A. Mozart*, Bd. I, S. 289f. sowie A. Einstein, *Mozart*, S. 241ff.

Kopfsätze die Möglichkeiten wechselnder Bezugnahme ausloten. Während sich das im Andante aus Nr. 1 auf die wenig profilierte Rhythmik der Begleitung beschränkt, bilden im Pendant aus Nr. 3 die Begleitstimmen gebundene Sechzehntel mit Pausen zu Taktbeginn aus, die abschnittsweise durch die Stimmen ziehen; sie setzen nur kurz an der Naht beider Teile aus, dringen aber mehrfach auch in die Oberstimme ein, so daß daran alle Phasen und Schichten des Satzes teilhaben. Etwas anders verhält es sich in Nr. 4, wenn erstmals die Stimmen imitativ einsetzen, so daß Zusammenhänge nicht der Begleitung überlassen bleiben. Das Kopfmotiv wandert gleichmäßig in Achteln durch die Stimmen, und sein rhythmischer Modus bleibt auch weiter spürbar, um dann erst allmählich zurückzutreten. Daß diesem Modell der langsame Satz in Nr. 5 entspricht, obwohl er an erster Stelle steht, liegt bei den Entsprechungen zwischen Kopf- und Binnensätzen ohnehin nahe. Immerhin wird der erste Achttakter, der sich mit Dreistimmigkeit begnügt, dann gleich im vierstimmigen Satz übernommen und variativ ausgesponnen; desto klarer heben sich davon rhythmisch profilierte Felder ab, die freilich nicht thematische Funktion erreichen. Der As-Dur-Satz aus Nr. 6 führt eine weitere Variante vor, indem nun der zweite Teil deutlicher als sonst an den Satzbeginn anknüpft, während er andererseits durch eine Coda erweitert wird, die aus dem dritten Takt des Themas – wie hier zu sagen ist – die seufzerhafte Figur übernimmt.

Daß die Finali zunächst regelmäßig zwischen Rondo und Tanzsatz wechseln, könnte auf einen zyklischen Plan deuten, wenn das Prinzip nicht im letzten Werk durchbrochen würde. Denn dieses Presto im zügigen 2/4-Takt entspricht der Zweiteiligkeit rascher Kopf- und langsamer Binnensätze, auch wenn die Substanz wohl leichter noch als sonst wiegt. Das marschhafte Incipit trifft auf formelhafte Achtel- und dann Triolengruppen, die den weiteren Verlauf bestreiten, bis die Reprise das kennzeichnende Incipit verdoppelt und dann auch als Coda zitiert. Ungleich gewichtiger sind die Tanzsätze im zweiten und vierten Quartett, die aber nicht als Menuette, sondern mit ›Tempo di Minuetto‹ bezeichnet sind, wie es solchen Schlußsätzen italienischer Provenienz gemäß ist. Von sonstigen Menuetten unterscheiden sie sich durch erheblich größeren Umfang, doch auch die Alternativsätze sind – trotz formaler Analogie – nicht als ›Trio‹ gekennzeichnet. Daß die Wiederkehr des Tanzes mit dem autographen Zusatz ›senza Ritornello‹ gekoppelt ist, meint zwar den Fortfall der Teilwiederholungen, nähert sich wohl aber auch dem Prinzip wiederholter Ritornelle oder Refrains in den Rondoformen. Zeichnet sich das G-Dur-Menuett in Nr. 2 durch Verschleifung der Taktgruppen aus, um das Kopfmotiv im B-Teil auch knapp kontrapunktisch zu nutzen, so bietet der Satz in Nr. 4 weitere Affinitäten in Überkreuzung von Taktgruppen. Beidemal bildet das Trio ein Minore, während es im einen Fall aber durch stete Achtel der Stimmpaare getragen wird, greift es im anderen auf eine rhythmische Formel (eine auftaktige und zwei gebundene Viertel) aus der Mitte des Menuetts zurück. – Dagegen erreichen die Rondi bei aller Knappheit immerhin vier und in Nr. 5 sogar fünf Refrains, doch kontrastieren die Couplets weniger, auch wenn je eines ein Minore bildet und andere sich durch figurative Oberstimme abheben. Im B-Dur-Finale aus Nr. 5 greift indes das variative Prinzip auf den Refrain selbst über, dessen achttaktiger Kern anfangs schlichtweg wiederholt wird, während diese Wiederholung vom dritten Refrain an figurative Auflösung findet, bis sie im letzten Refrain mit der Coda verschmilzt. Umgekehrt nähert sich das letzte Couplet witzigerweise dem Refrain selbst, so daß sich die Satzebenen verwirrend kreuzen. Bezaubernd ist aber zumal das erste Rondo in D-Dur, so einfach seine Form auch ist. Seinen Charme dankt es einem huschenden Kopfmotiv, das rasch durch Liegetöne mit Doppelgriffen gebremst wird. Und die Brechung dieses Kopfmotivs im letzten Refrain, der zugleich als Coda dient, ist bei reduzierter Stimmenzahl und Takteinschub wohl am ehesten ein Zug, der an das metrische Spiel im Ausklang Haydnscher Finali erinnern mag.

Daß nur periphere Momente auf Haydn deuten, ist ein Indiz für die Eigenständigkeit des jungen Mozart. Wenn kaum ein halbes Jahr später die sechs sog. ›Wiener Quartette‹ folgten, so könnte man einen Anstoß durch Haydns op. 20 vermuten, das inzwischen erschienen war.[1] Doch bleibt der sachliche Abstand groß genug, um die Folgerung zu erlauben, daß allenfalls Haydns Werkanspruch für Mozart maßgeblich wurde, um nun erst recht die eigenen Möglichkeiten zu erkunden. Denn in der Tat ist bei dem geringen Zeitabstand der Progressus erstaunlich, der gegenüber den vorangehenden Quartetten zu konstatieren bleibt. Alle Werke folgen nun dem viersätzigen Modell, weisen also zwischen den raschen Ecksätzen in wechselnder Reihenfolge sowohl ein Menuett wie auch einen langsamen Satz auf, und zweimal begegnet als Finale sogar ein fugierter Satz (in Nr. 1 und 6). Die unübersehbare Weitung der formalen Proportionen gründet aber wiederum auf dem Wechsel von Satzgruppen, die untereinander ebenso Kontraste wie verdeckte Verbindungen aufweisen. W.-D. Seiffert hat zuerst plausibel gemacht, auf wie subtile Weise die Satzglieder auch ohne motivische Substanz verkettet werden.[2] Freilich sollte man solche Nachweise nicht übermäßig belasten, da sie sich sonst ins Nebulose aufzulösen drohen. Doch sind diese subkutanen Scharniere eine Möglichkeit zur Lösung der Frage, wie gegenüber der überbordenden Fülle wechselnder Gedanken der erstaunliche Zusammenhang der Satzverläufe zu erklären ist.

---

1 L. Finscher, *Mozart's Indebtedness to Haydn. Some Remarks on KV 168–173*, in: *Haydn Studies. Proceedings of the International Haydn Conference*, Washington D.C. 1975, hg. v. J. P. Larsen, H. Serwer und J. Webster, New York 1981, S. 407–410; ders., Vorwort und Kritischer Bericht zu *NMA* VIII/20/1:3, Kassel u. a. 1964; ferner H. Abert, *W. A. Mozart*, Bd. I, S. 327ff., A. Einstein, *Mozart*, S. 241ff., und A. P. Brown, *Haydn and Mozart's 1773 Stay in Vienna: Weeding a Musicological Garden*, in: The Journal of Musicology 10 (1962), S. 192–230.

2 Zu den Kopfsätzen aus KV 169 und 173 vgl. W.-D. Seiffert, *Mozarts frühe Streichquartette*, S. 43–55.

KV 168–173, 6 ›Wiener Quartette‹, Wien August–September 1773		
168	F	Allegro 4/4 – Andante f 3/4 – Menuetto 3/4 – Allegro 2/4 (Fuge)
169	A	Molto Allegro 3/4 – Andante D 2/4 – Menuetto 3/4 – Rondeaux Allegro 2/4
170	C	Andante (Thema + 4 Variationen) 2/4 – Menuetto 3/4 – Un poco Adagio G ¢ – Rondeaux Allegro 2/4
171	Es	Adagio – Allegro assai – Adagio ¢–3/4–¢ – Menuetto 3/4 – Andante c 4/4 – Allegro assai 3/8
172	B	(Allegro spirituoso) 3/4 – Adagio Es 4/4 – Menuetto 3/4 – Allegro assai 2/4
173	d	Allegro ma molto moderato ¢ – Andante grazioso D 2/4 – Menuetto 3/4 – Allegro 4/4 (Fuge)

Den erweiterten Dimensionen der ›Wiener Quartette‹ entspricht die gewachsene Zahl der Charaktere und Formen ihrer Sätze, wie bereits den differenzierten Tempobezeichnungen zu entnehmen ist. Erstmals steht am Ende ein Werk in einer Molltonart, das dazu besonders gewichtig gerät. Weiter begegnen nun zweimal, und zwar in den umrahmenden Werken Nr. 1 und 6, fugierte Finali, während Nr. 3 erstmals durch einen Variationensatz mit der Tempoangabe ›Andante‹ eröffnet wird. Einen Sonderfall bildet auch der Kopfsatz in Nr. 4, sofern zwischen langsamen Rahmenteilen ein rascher Satz steht, der zudem nicht dem üblichen Formschema folgt. Sind demnach die beiden äußeren und die beiden mittleren Werke durch Besonderheiten ihrer Ecksätze ausgezeichnet, so ergeben sich zugleich Konsequenzen für die Binnensätze. Wo nämlich langsames Tempo am Beginn gefordert wird, tauschen die Binnensätze ihren Platz, indem das Menuett an zweiter und ein langsamer Satz erst an dritter Stelle folgt. Unter den Schlußsätzen befinden sich neben den beiden Fugen nur noch zwei Rondi (in Nr. 2–3), daneben stehen zwei Sonatensätze (in Nr. 4–5), so daß drei Formtypen je doppelt in symmetrischer Disposition vertreten sind. Wenn solche Besonderheiten zusammentreffen, verbleibt dann nur noch ein Sonatensatz wie in Nr. 1, 5 und 6. Ferner gehorchen die langsamen Sätze nicht durchweg der Norm mit zwei wiederholten Teilen und figurierter Oberstimme zu gleichmäßiger Begleitung. Dem kanonischen f-Moll-Satz in Nr. 1, dessen beide Teile zwar wiederholt werden, aber keine rhythmische Kontrastierung der Stimmen zulassen, tritt in Nr. 6 ein maßvoll schneller Satz in D-Dur entgegen, der wiederum als Rondo eine Ausnahme bildet. Gerade die beiden Eckwerke mit abschließenden Fugen weisen also auch ungewöhnliche langsame Sätze auf, die jeweils in der Variante der Tonika dieser Werke stehen, und nur die Menuette scheinen von diesen Maßnahmen der Disposition nicht berührt zu werden. Die Folge der Tonarten mutet zwar nicht ganz so strikt an wie im Fall der Quintenreihe der ›italienischen Quartette‹, doch sind zunächst je zwei

Werke paarweise im Terzabstand zueinander angeordnet. Ferner würde eine aufsteigende Folge von Terzen sogar für die ganze Reihe gelten, wenn nicht zwischen Nr. 4 in Es- und Nr. 5 in B-Dur ein Schritt übersprungen wäre. Das wurde aber offenbar in Kauf genommen, um wiederum zwischen den umrahmenden Werken in F-Dur und d-Moll das Verhältnis paralleler Tonarten zu erreichen.

Die vier Kopfsätze in Nr. 1–2 und 5–6, die dem üblichen Formmodell folgen, dürfen nun eher Sonatensätze genannt werden, denn sie greifen ihr thematisches Material auch in den Mittelteilen auf, die sich damit dem Begriff einer Durchführung nähern. Gemeinsam sind den Themen asymmetrische Taktgruppen, wie sie zuvor seltener zu finden waren. Der F-Dur-Satz in Nr. 1 kombiniert in 3 + 2 Takten zuerst seinen kantablen Beginn mit melodischem Aufschwung in T. 3 und sodann – von Pausen umgrenzt – mit chromatischem Schritt die rhythmisch gedehnte Modulation zur Subdominantparallele. Während die Fortführung mit diesem modulierenden Scharnier ansetzt, zu dem konträre Figuren der Gegenstimmen treten, erweist sich dann gerade der Aufschwung aus T. 3 als motivisch zentral, denn von ihm geht zunächst – nach Wiederholung des ersten Dreitakters – die knappe Überleitung zur Dominante aus (T. 13–18). Statt eines Seitensatzes folgt zwar nur eine engräumige Kette punktierter Achtel, und gleiche Kadenzmodelle liegen auch den übrigen Taktgruppen zugrunde. Desto beachtlicher ist es aber, daß die Durchführung mindestens im ersten Teil genau das Aufschwungmotiv aus T. 3 nutzt, um dann erst freie Figuration einzulassen. – Aus 3 + 4 Takten setzt sich wiederum das A-Dur-Thema in Nr. 2 zusammen, dessen viertaktiges Kontrastglied gleich wiederholt wird. Die kantable Gruppe zwar, die dann auf der Dominante ansetzt, bildet wieder kein eigentliches Seitenthema, doch deutet die folgende Phase, die ab T. 19 durch Imitation der Außenstimmen markiert wird, mit Sechzehntelfiguren auf das Kontrastglied des Hauptthemas zurück, und ihre fallende Linie scheint auch noch in den rhythmisch konträren Anschlußgruppen durch. Aus dem Epilog jedoch entsteht die kleine Durchführung, die auch in Umkehrung ihr Motiv imitatorisch auswertet. – Der B-Dur-Satz in Nr. 5 gleicht am ehesten noch früheren Pendants, dem auch metrisch regulären Thema sind nur Akkordschläge vorgeschaltet, und statt einer Durchführung begegnet wieder bloß eine Rückmodulation ohne thematische Bindung. Der sicher gewichtigste Satz eröffnet das abschließende d-Moll-Quartett Nr. 6, dessen fallendes Initium im Quintrahmen wie eine expressive Variante des A-Dur-Themas aus Nr. 2 wirkt. Die Paarung von 4 + 5 Takten im Hauptsatz (a) resultiert aus der Dehnung im zweiten Glied, die Anschlußgruppe (b) ab T. 10 erweist sich aber als gestraffte Umkehrung des Incipits, dessen Töne nun ohne Vorschläge markiert werden. Zugleich ergibt sich damit eine Raffung auf 3 + 4 Takte, und der Verlauf wird zwar von repetierten Achteln in Baßlage

W. A. Mozart, KV 173, erster Satz, T. 1–13 (*NMA*).

getragen, doch bestimmt gerade dies eher periphere Moment den Satz dann über weitere 16 Takte hin (T. 16–33). Denn im Unisono zielen fünf repetierte Achtel auf eine Trillerfigur mit Quintfall zurück, und dieses Modell (c) trägt in der Oberstimme den Modulationsgang bis nach H-Dur. Dem entspricht in T. 33 ein Themeneinsatz (a) in e-Moll, seine Sequenz greift über D-Dur nach g-Moll aus, und auf das Repetitionsmotiv (c) rekurriert erneut der Epilog. Mit ihm aber wird im Wechsel mit dem Hauptsatz auch die Durchführung bestritten, die so konzentriert ist wie keine andere bisher. Ebenso ungewöhnlich ist auch die Coda (T. 119–139), in deren Beginn sich taktweise die beiden konträren Zentralmotive ablösen. Im Rückblick aber zeigt sich, daß der gesamte Satz-ablauf von diesen beiden Themen und ihren Varianten bestritten wird, ohne weiteres Material zu benötigen, wie es auch später bei Mozart durchaus die Ausnahme bleibt.

Der eröffnende Variationensatz in Nr. 3 ist eher seiner Stellung als seiner Faktur nach bemerkenswert. Daß der zweite Thementeil nun 9 statt 8 Takte mißt, verdankt sich einem eingeschobenen Pausentakt. Die vier Variationen folgen zwar dem Usus konventioneller Umspielung, doch wird der im Thema vorgegebene Wechsel von Taktgruppen in der ersten und letzten Variation überspielt. Belangvoller ist die Verbindung des raschen Satzes mit dem umrahmendem Adagio im Es-Dur-Quartett Nr. 4. Zwischen langsamer Einleitung im geraden und Allegro im ungeraden Takt vermittelt zunächst ein Achttakter, in dem die Stimmen das Incipit mit seinem Quartsprung regelmäßig imitieren; da sich der Satz aber auf punktierte Halbe begrenzt, scheint noch das langsame Tempo anzudauern, bis man mit rhythmischem Umschlag im neunten

Takt des neuen Tempos gewahr wird. Die beiden Teile im Allegro sind zwar nicht zu wiederholen, ihre harmonische Disposition folgt aber auch bei geringer motivischer Kohärenz dem Modell sonstiger Kopfsätze. Eine Brücke zwischen langsamer Einleitung und raschem Binnensatz bildet schon das modifizierte Quartincipit, das im Adagio vorgegeben ist. Vermindert oder erweitert prägt es dessen erste Takte, um das Ziel seiner Kadenzgruppen zu bilden, denen dann die Eröffnung im Allegro entspricht.

Den ausgearbeiteten Kopfsätzen, die damit besonderes Gewicht erhalten, können nur die fugierten Finali im ersten und letzten Werk der Reihe Paroli bieten, wogegen die anderen Schlußsätze leichter wiegen. In Nr. 4 vertritt das Finale den sonst für Kopfsätze gebräuchlichen Form-typ, die Thematik im 3/8-Takt erinnert aber eher an ein flinkes Rondo, ohne Ansprüche auf motivische oder gar kontrapunktische Arbeit zu machen. Der entsprechende Satz in Nr. 5 dagegen zeigt sogar eher als der Kopfsatz dieses Werkes motivische Konzentration, indem sich die Durchführung ganz auf die eröffnende Themengruppe stützt. Beiden Sätzen ist aber mit den Rondi in Nr. 2 und 3 eine Themenbildung gemeinsam, die ohne solche metrischen Komplikationen wie in den Kopfsätzen auskommt. Auch die beiden rondomäßigen Schlußsätze mit vier und dann fünf Refrains gleichen noch ihren Vorgängern in den ›italienischen Quartetten‹. Der extrem knappe Refrain in Nr. 3 jedoch, dessen Pointe im doppelten Wechsel zwischen rhythmisierter Tonikarepetition und aufschnellender Figuration liegt, tritt gegenüber der schrittweisen Erweiterung der Couplets zurück, deren mittleres gar bis zur Variante der Subdominante ausgreift. Nach der Satzmitte kehren sich die Relationen aber um, wenn das letzte Couplet an die Figuren des Refrains anknüpft, dessen letzter Auftritt andererseits zur Coda erweitert wird.

Die beiden Schlußfugen, die sich in ihrer Position, in den parallelen Tonarten und in konträren Bewegungsmaßen gegenübertreten, erinnern äußerlich am meisten an Haydns ›Sonnenquartette‹ op. 20, deren drei fugierte Finali sich freilich – bei systematischer Steigerung der Themenzahl – auch auf die Auflösung des konventionellen Schemas richten. Ganz anders beschränken sich die beiden Sätze Mozarts – übrigens die ersten Fugen in seinem Instrumentalwerk – auch in der Kontrapunktierung durchweg auf die im Thema gegebene Substanz. In der F-Dur-Fuge folgen auch die Gegenstimmen immer wieder auffällig genau den Sechzehntelketten des Themas, so daß der Satz nicht nur eine rhythmische Einheit gewinnt, die im Kontext dieser Quartette überraschen muß. Er läßt auch kaum eigenständige Stimmführung oder kontrapunktische Dissonanzbehandlung zu, wie sie in einer Fuge zu erwarten wären. Der Verlauf erhält eine motorische Kontinuität, die an Spielfiguren der Barockzeit gemahnt, ohne doch konzertante Züge in Zwischenspielen zuzulassen. Desto markanter heben sich die Themeneinsätze auch bei wachsenden Engführungen im Start mit akzentuierter halber Note ab. Mindestens so traditionell ist das chromatische Thema der d-Moll-Fuge in Nr. 6 gewählt, auch wenn das rhythmische Gleichmaß seiner Viertel auf gemischte Bewegung in der Fortspinnung trifft. Es bestimmt aber rhythmisch wie intervallisch den Ablauf in dem Maß, in dem sich der Abstand der Einsätze durch Engführung verringert. Dem Ideal strenger Polyphonie folgt erneut weder die Stimmführung noch die Dissonanzbehandlung, und noch größer wird damit die Distanz zum souveränen Spiel in Haydns Sätzen. So wäre dem Urteil von W.-D. Seiffert[1] zuzustimmen, der beide Fugen geradezu als »gescheitert« ansah, da sie weder »originell noch satztechnisch elegant« seien, sofern sie dem »alten Stil« zwar »spürbar entwachsen« wären, ohne doch »Neues anzudeuten oder gar auszuprägen«. Zu ergänzen bleibt jedoch, daß gerade die eigensinnige Kontinuität der Rhythmik in der F-Dur-Fuge auch den Charakter eines scherzosen Spiels annimmt. Und die d-Moll-Fuge entbehrt nicht einmal des pathetischen Ernstes, der am meisten in ihrer Schlußphase hervortritt (T. 53–97). Denn die Einsätze verdichten sich

1 W.-D. Seiffert, *Mozarts frühe Streichquartette*, S. 145–154, besonders S. 154; ebenda, S. 147, findet sich eine Übersicht über »Mozarts Fugen und Kanons bis 1779«.

W. A. Mozart, KV 173, vierter Satz, T. 1–6 (*NMA*).

derart, daß kaum Raum mehr für die Fortspinnung bleibt, zugleich staut sich der Satz auf dominantischem Quintsextakkord mit Fermaten, wonach die Engführung auch die umgekehrte Themengestalt aufnimmt. Nach der letzten Engführung in halbtaktigem Abstand schlägt der Schluß jedoch bemerkenswert um: Im Piano setzt die Legatovariante des Themas an, die den Satz über Orgelpunkt zu seinem freien Ausklang bringt. Hier immerhin wird eine Umkehrung der Konvention intendiert, das Ergebnis mag noch nicht so geistvoll wirken wie bei Haydn und später bei Mozart selbst, doch schließt es eindringlich die Reihe der Experimente in den ›Wiener Quartetten‹ ab.

Von experimentellen Zügen ist dagegen wenig – jedenfalls auf den ersten Blick – in den Menuetten zu finden, auch wenn sie zweimal an zweiter Stelle stehen. Sie fallen in der Regel gedrängt aus, zeigen meist regelhafte Periodik und kaum thematisch gearbeitete Phasen. Der charmante F-Dur-Satz in Nr. 1 beginnt seine Abschnitte in der Oberstimme auftaktig, wonach die Unterstimmen betont abtaktig einsetzen, der Anfang des Menuetts in A-Dur aus Nr. 2 verkettet eigenartig seine zweitaktigen Gruppen, und die Triolen des Epilogs setzen sich auch nach

[Anmerkung 1 zu S. 194:] Diese Neubewertung ist vor allem der Arbeit von W.-D. Seiffert *Mozarts frühe Streichquartette*, München 1992, zu danken. Auf die ›Wiener Quartette‹ könnte ein Urteil Dittersdorfs zutreffen, das allerdings um 1786 anzusetzen und damit wohl schon auf die Haydn gewidmeten Quartette zu beziehen ist; der Kennzeichnung Mozarts als »eins der größten Originalgenies« mit einem »erstaunlichen Reichtum von Gedanken« folgt der Zusatz: »Ich wünschte, er wäre nicht so verschwenderisch damit. Er läßt den Zuhörer nicht zu Atem kommen; denn, kaum will man einem schönen Gedanken nachsinnen, so steht schon wieder ein anderer herrlicher da, der den vorigen verdrängt, und das geht immer in einem so fort, daß man am Ende keine dieser Schönheiten im Gedächtnis aufbewahren kann«. Vgl. *Karl Ditters von Dittersdorf: Lebensbeschreibung. Seinem Sohne in die Feder diktiert*, hg. v. N. Miller, München 1967, S. 227.

dem Doppelstrich fort. Im d-Moll-Menuett aus Nr. 6 findet das Initium, das auf den Beginn des Kopfsatzes anspielt, im Rückgriff des B-Teils andere Fortführung und zugleich Erweiterung. Dagegen ist das Menuett aus Nr. 5 als Einklangskanon zwischen erster Violine und Viola angelegt; einzelne Phrasen werden auch von der zweiten Violine aufgenommen, doch sind die Abstände und Pausen so gewählt, daß sich die Stimmen nur kurzfristig überlagern. Auch im Trio des Menuetts aus Nr. 4 bilden dieselben Gerüststimmen einen ähnlich bescheidenen Kanon, dessen Abschnitte freilich nach je zweimal zwei Takten frei auslaufen. Klanglich recht karg bleiben auch die anderen Trios, die tonartlich wechselnd kontrastieren; je zwei Sätzen auf der Subdominante (Nr. 1 und 4) und Tonikaparallele (Nr. 5–6) steht jeweils einer auf der Dominante bzw. Dominantparallele gegenüber (Nr. 2–3). Während die Menuette (außer in Nr. 1) im ersten Teil zur Dominante führen, entsprechen dem nur zwei Trios (in Nr. 1–2), einmal führt der Weg zur Subdominantparallele (in Nr. 3), doch wird sonst eine Modulation umgangen. Obwohl also im harmonischen Rahmen die Konvention bewahrt wird, deuten immerhin zwei kanonische Sätze weitere Alternativen an.

Auch die langsamen Sätze zeigen bis auf das letzte Quartett die gewohnte binäre Form, die melodische Führung der Oberstimme prägt besonders den Es-Dur-Satz in Nr. 5, im Pendant aus Nr. 3 läuft die Melodiestimme an den Teilschlüssen frei figurativ aus, eine weitere Modifikation zeigt das Andante D-Dur in Nr. 2, dessen Stimmen in den Kadenzgruppen zusammentreten, während sich am Teilende die Relationen zu paarweisem Dialog der Unter- und Oberstimmen verschieben. Eine strukturelle Variante erprobt das Andante c-Moll in Nr. 4, denn seine Abschnitte werden durch zweistimmige Gruppen eröffnet, und auch die Auffüllung zum vollstimmigen Satz vermeidet die gängige Hierarchie der Stimmen. Die erstaunlichste Ausnahme ist das Andante f-Moll in Nr. 1, das im Rahmen des üblichen Formschemas vom strengen Einklangskanon ausgeht, der zuerst alle vier Stimmen und dann bis zur Anbahnung der Kadenz in T. 10 noch immer die Außenstimmen umfaßt. Auch die Fortführung basiert auf knappem Unterquartkanon der drei Oberstimmen, und noch die freien Satzgruppen danach verlassen nicht das rhythmische Gleichmaß gebundener und auch synkopierter Viertel, das erst die eröffnenden Takte im B-Teil aufgeben. Im Rekurs auf den Beginn erfährt der Kanon zwar teilweise Stimmtausch, sein technisches Prinzip reguliert aber sogar die freien Satzphasen derart, daß sich der rhythmische Verlauf wie in keinem anderen langsamen Satz zusammenschließt. Dem expressiven Kopfsatz im d-Moll-Quartett Nr. 6 schließlich antwortet unmittelbar das Andante grazioso in D-Dur, das ausnahmsweise die Rondoform mit fünf Refrains übernimmt. Der achttaktige Refrain wird nur anfangs wiederholt, etwas länger werden dann die Couplets, und der letzte Refrain wird als Coda erweitert. Der Satz unterscheidet sich also wenig von abschließenden Rondi, doch bleibt er gerade als Binnensatz ein Sonderfall.

Wenn nicht nur Liebhaber bei Mozart ungewohnte Erfahrungen machen können, dann wohl in den frühen und zumal den ›Wiener Quartetten‹.[1] Um solche Eindrücke bringt sich, wer die Musik nur an Haydn mißt, um dann Anklänge oder Defizite zu konstatieren. Gewiß ist es denkbar, daß der siebzehnjährige Mozart auch neue Werke Haydns kannte, selbst wenn offen ist, wie rasch er sie sich erschloß. Die zyklische Anlage, die fugierten Finali, die kontrapunktische Arbeit und die Paarung metrisch intrikater Themen mit ihrer Verarbeitung in den Kopfsätzen – all das ist ohne Haydn nicht leicht vorstellbar. Der Reiz der Werke Mozarts liegt aber gerade in ihrer eigentümlichen Balance. Denn den neuen Verhältnissen in den Sätzen und innerhalb der Werke steht einerseits die veränderte Relation der Werke innerhalb der ganzen Serie gegenüber. Desto mehr tritt andererseits auch im Vergleich mit Haydn die hochgradige Selbständigkeit des jungen Mozart hervor, wenn allen gearbeiteten Zügen noch immer jene Fülle der Gestalten gegenübersteht, die Mozarts Musik zu eigen sind. In der Gattungsgeschichte und auch in der Repertoirebildung erhielten die Werke keine besondere Bedeutung, und man kann fragen, ob irgend ein anderer Komponist von ihnen nur Notiz nehmen konnte. Sie loten aber nicht nur die Möglichkeiten der Gattung aus, sie erweitern sie auch schon kurz nach den maßgeblichen Werken Haydns. Bereits der junge Mozart läßt damit die Musik der weiteren Zeitgenossen hinter sich, und obwohl der Zeitabstand zu seinen reifen Quartetten erstaunlich bleibt, halten die frühen Werke doch die Prämissen für die spätere Auseinandersetzung mit Haydn bereit. Gerade damit haben sie am Werden des klassischen Streichquartetts teil, auch wenn sie nicht selbst zu klassischen Mustern wurden.

Der weite Abstand, der zwischen der Reihe früher Quartette und den reifen Quartetten Mozarts besteht, fällt desto mehr ins Gewicht, wenn man den achtjährigen Zeitraum hinzunimmt, den die Entstehung der späten Werke insgesamt beanspruchte. Lange genug lag also für die Forschung die Analogie zur fast ebenso langen Pause nahe, die zwischen Haydns Opera 20 und 33, also zwischen 1772 und 1781 bestand. Und wie die ›Wiener Quartette‹ Mozarts im Verhältnis zu Haydns op. 20 gesehen wurden, so ließen sich nun die Haydn gewidmeten Quartette als Reaktion auf dessen op. 33 auffassen. Die Konstellation kam fast verführerisch einem historiographischen Denkmuster entgegen, das Werke aus Einflüssen ihrer Vorbilder zu deduzieren suchte.[2] Dem schien auch die berühmte Widmung zu entsprechen, die der Stich von Mozarts Werken schon im Titelblatt zeigte: »Composti e Dedicati / al Signor / GIUSEPPE HAYDN / [...] / Dal Suo Amico / W. A. MOZART«. Und

1 Siehe Anmerkung S. 193.
2 A.-E. Cherbuliez, *Bemerkungen zu den ›Haydn‹-Streichquartetten Mozarts und Haydns ›Russischen‹ Quartetten*, in: Mozart-Jahrbuch 1959, Salzburg 1960, S. 28–45; H. Keller, *The Chamber Music*, in: H. C. Robbins Landon / D. Mitchell (Hg.), *The Mozart Companion*, London 1956, S. 90–137. Vgl. ferner Th. F. Dunhill, *Mozart's String Quartets*, Westport 1927; A. Hyatt King, *Mozart's Chamber Music*, London 1968; E. Kroher, *Die Polyphonie in den Streichquartetten Wolfgang Amadeus Mozarts und Joseph Haydns*, in: Wissenschaftliche Zeitschrift der Karl-Marx-Universität Leipzig. Gesellschafts- und Sprachwissenschaftliche Reihe 5 (1955–56), S. 369–402; N. Schwindt-Gross, *Drama und Diskurs. Zur Beziehung zwischen Satztechnik und motivischem Prozeß am Beispiel der durchbrochenen Arbeit in den Streichquartetten Haydns und Mozarts*, Laaber 1989; J. LaRue, *The Haydn-Dedication Quartets. Allusion or Influence?*, in: Mozart-Jahrbuch 1991, Kassel 1992, S. 518–521; neuerdings zusammenfassend: J. Irving, *Mozart: The ›Haydn‹ Quartets*, Cambridge 1998 (Cambridge Music Handbooks), und M. Flothuis, *Mozarts Streichquartette. Ein musikalischer Werkführer*, München 1998.

das Vorwort formulierte noch näher: »Al mio caro amico Haydn«. In diese Richtung könnte es auch deuten, daß Mozart gerade hier so ausführlich wie kaum sonst in einer Äußerung, die nicht ausschließlich privaten Charakter hatte, von seiner Arbeit sprach: »Essi sono è vero il frutto di una lunga, e laboriosa fatica«. Zwar ließe sich dagegen auch einwenden, hinter den Worten, die besondere Achtung vor Haydn bezeugen, stünden auch zeittypische Formeln der Höflichkeit, und der Hinweis auf die Arbeit des Komponisten hat eine lange Tradition solcher Vorworte hinter sich, wie Mark Evan Bonds geltend machte.[1] Solche Einschränkungen sind wohl nötig, um die Widmung nicht einseitig auszulegen. Doch ist daran zu erinnern, daß dieses Vorwort ohne Gegenstück in anderen Äußerungen Mozarts und in der Gattungsgeschichte des Streichquartetts bleibt. Sodann koinzidiert es auffällig mit der Reihe von Skizzen und Entwürfen zu Streichquartetten, die Ludwig Finscher in der Neuen Mozart-Ausgabe zugänglich machte.[2] Nach seinen Hinweisen und den Studien von Alan Tyson widmete sich Christoph Wolff 1980 diesen Quellen[3], sie wurden dann neuerdings zusammen mit den Korrekturen und Skizzen innerhalb der Autographe, die übrigens seit 1985 im Faksimile vorliegen, in der umfassenden Darstellung von Ulrich Konrad als Zeugnisse von Mozarts höchst komplexer Arbeitsweise untersucht.[4] All diese Belege fallen gerade in die Jahre, in denen sich Mozart während der Arbeit an den Haydn gewidmeten und dann an den ›Preußischen Quartetten‹ mit der Gattung so wie nie zuvor befaßte. Schließlich aber ist zu erwägen, daß die Entstehung der sechs ›Haydn-Quartette‹ den ungewöhnlich langen Zeitraum von Ende 1782 bis zum Beginn des Jahres 1785 in Anspruch nahm. Dabei ist eine erste Trias aus der Phase vom Dezember 1782 bis zum Juli des nächsten Jahres von einer zweiten zu unterscheiden, die seit November 1784 bis Januar 1785 entstand. Die Ausarbeitung dieser Werke dauerte also wohl zu lange, um als momentaner Reflex auf Haydns op. 33 verstanden zu werden. Andernfalls müßte man voraussetzen, Mozart sei für lange Zeit auf Haydn gleichsam fixiert geblieben, womit nicht nur die Selbständigkeit seines Komponierens, sondern auch der Spielraum seiner kreativen Phantasie verkannt würde.

Die tonartliche Folge der sechs Werke läßt zunächst Zweifel daran zu, wieweit ein fester Plan zugrunde gelegen habe. Wie die Übersicht S. 196 zeigt, folgte die Publikation der Quartette in der Regel der Reihenfolge ihrer Entstehung und weniger einer vorher fixierten Disposition, nur wurden gegenüber dem Autograph die mittleren Werke im Stich so umgestellt, daß der Zeitfolge nach vierte und das dritte nun als Nr. 3–4 die Plätze tauschten. Auch unabhängig davon folgen zwei Werkpaaren in Quint- oder Quartrelation die letzten beiden im Terzabstand der Tonarten, so daß nicht gleich eindeutig wie in den früheren Werkserien eine fortschreitende Reihe der Tonarten zu konstatieren

---

1 M. Evan Bonds, *The Sincerest Form of Flattery? Mozart's ›Haydn‹ Quartets and the Question of Influence*, in: Studi Musicali 22 (1993), S. 365–409; zum Wortlaut der Widmung vgl. *Mozart. Briefe*, Bd. III, S. 404, sowie das Faksimile in *NMA* VIII/20/1:3, S. XVII. Eine deutsche Fassung bot L. Finscher, *Haydn, Mozart und der Begriff der Wiener Klassik*, in: *Die Musik des 18. Jahrhunderts*, hg. v. C. Dahlhaus, Laaber 1985, S. 232–239: 237.

2 *NMA* VIII/20/1:2, Kassel u. a. 1962, S. IX und S. 181; *NMA* VIII/20/1:3, Kassel u. a. 1961, S. IX–XII und S. 131–150. Allerdings überschneiden sich diese Entwürfe und Fragmente zeitlich schon teilweise mit der Arbeit an den späteren Quartetten KV 499, 575, 589 und 590.

3 Siehe Anmerkung S. 198.

4 U. Konrad, *Mozarts Schaffensweise. Studien zu den Werkautographen, Skizzen und Entwürfen*, Göttingen 1992 (Abhandlungen der Akademie der Wissenschaften in Göttingen, phil.-hist. Klasse III Nr. 301), bes. S. 362ff. und S. 389ff. (zu KV 458 und 387); ders. (Hg.), *NMA* X/30:3: *Skizzen*, Kassel u. a. 1998.

KV 387, 421 (417ᵇ), 428 (421ᵇ), 458, 464, 465,
Sechs Haydn gewidmete Quartette, Wien 1782–85, EA Artaria 1785 (»op. X«)

Nr. 1	387 G	(31. 12. 1782)		Allegro vivace assai 170 4/4 – Menuetto Allegro 147 3/4 Andante cantabile C 106 3/4 – Molto Allegro (fugiert) 298 ¢
Nr. 2	421 d (417ᵇ)	(Juni 1783)		Allegro 117 4/4 – Andante F 86 6/8 – Menuetto Allegretto 63 3/4 – Allegretto ma non troppo 142 6/8 (Thema + 4 Variationen)
Nr. 4	428 Es (421ᵇ)	(Juni–Juli 1783)		Allegro non troppo 164 ¢ – Andante con moto As 96 6/8 – Menuetto Allegro 104 3/4 – Allegro vivace 342 2/4
Nr. 3	458 B	(9. 11. 1784)		Allegro vivace assai 178 6/8 – Menuetto Moderato 61 3/4 – Adagio Es 53 4/4 – Allegro assai 335 2/4
Nr. 5	464 A	(10. 1. 1785)		Allegro 270 3/4 – Menuetto 104 3/4 – Andante (cantabile) D 186 2/4 (Thema + 6 Variationen) – Allegro (fugiert) 262 ¢
Nr. 6	465 C	(14. 1. 1785)		Adagio / Allegro 246 3/4 / 4/4 – Andante cantabile F 114 3/4 – Menuetto Allegro 103 3/4 – Allegro 419 2/4

ist.[1] Andererseits aber bilden die beiden Werke in G- und C-Dur einen Rahmen im Quintverhältnis, ihm entspricht in Nr. 2 und 5 die Relation zwischen d-Moll und A-Dur und in Nr. 3 und 4 zwischen B- und Es-Dur. Das Verhältnis zwischen fallenden und steigenden Quinten verändert sich zwar zwischen der Entstehungsfolge und der Anordnung im Druck, deutlich bleibt gleichwohl die vom Rahmen aus zu den Binnenwerken reichende Quintrelation von Werkpaaren. Auch wenn über einen längeren Zeitraum hin eine entsprechende Ordnung intendiert gewesen sein sollte, bleibt es wohl fraglich, wie sinnfällig eine solche Disposition gegenüber anderen Schemata wirken konnte. Andererseits wird durch eine so verdeckte Ordnung desto mehr die Individualität des einzelnen Werkes betont. Sieht man von den folgenden Werkserien Haydns ab, so stellen diese Quartette Mozarts vor Beethovens op. 18 die letzte geschlossene Sechserreihe eines namhaften Autors dar. In ihr wird zugleich die Eigenständigkeit des Einzelwerkes postuliert, der Mozarts Werke auch weiterhin verpflichtet waren. Ähnlich wie zuvor wechselt die Stellung der Binnensätze, wenn das Menuett ebenso oft an zweiter wie an dritter Stelle begegnet. Maßgeblich dafür ist die Abwägung zwischen dem jeweiligen Tempo der Kopfsätze im Verhältnis zu den langsamen und auch den abschließenden Sätzen, und Christoph Wolff suchte auch zu zeigen, daß Mozart manche schon begonnene Sätze nicht deshalb aufgab, weil von einem ›falschen Start‹ zu sprechen wäre, sondern daß eher

1 L. Finscher, Vorwort zu *NMA* VIII/20/1:2, S. XI; zu den Belegen für die Entstehungsfolge vgl. ebenda, S. VIIff., zu Mozarts Eintragungen im *Verzeichnüss aller meiner Werke* vgl. *Mozart. Briefe*, Bd. III, S. 338 (KV 458, 9. 11. 1784), S. 360 (KV 464, 10. 1. 1785) und S. 363 (KV 465, 14. 1. 1785). Schon am 26. 4. 1783 hatte Mozart »6 quartetten« J. Sieber in Paris zum Druck angeboten, erst am 22. 1. 1785 berichtete aber der Vater vom Vertrag mit Artaria, vgl. *Mozart. Briefe*, Bd. III, S. 266 und 268, und wenig später erwähnte er ausdrücklich »die 3 neuen« Quartette, die »zwar ein bischen leichter, aber vortrefflich componirt« seien, vgl. ebenda, S. 373 (16. 2. 1785).

1 Chr. Wolff, *Creative Exuberance vs. Critical Choice*, S. 198ff.

2 J. M. Bruce, *Notes from an Analysis of Mozart's Quartet in G Major, KV 387*, in: The Music Review 10 (1949), S. 97–110; K. Grebe, *Das ›Urmotiv‹ bei Mozart. Strukturprinzipien im G-Dur-Quartett KV 387*, in: Acta Mozartiana 6 (1959), S. 9–14; L. Finscher, *Aspects of Mozart's Compositional Process in the Quartet Autographs: I. The Early Quartets. II. The Genesis of K. 387*, in: Chr. Wolff (Hg.), The String Quartet, S. 121–153, bes. S. 129–133; R. Schlötterer, *Ein Beispiel zu Mozarts ›Compositionswissenschaft‹ im Streichquartett G-Dur KV 387*, in: Mozart-Jahrbuch 1991, Kassel 1992, S. 650–654; vgl. ferner auch U. Konrad, *Mozarts Schaffensweise*, S. 389–393. Eine exemplarische Analyse bot M. Danckwardt, *Mozarts »gantz neu besondere Art« zu schreiben: der Kopfsatz aus dem Streichquartett KV 458 (1784)*, in: Mozart-Jahrbuch 1984, Salzburg 1986, S. 24–31; ferner A. Palm, *Mozarts Streichquartett d-Moll (KV 421) in der Interpretation Momignys*, in: Mozart-Jahrbuch 1962–63, Salzburg 1964, S. 256–279; H. Danuser, *Vers- oder Prosaprinzip? Mozarts Streichquartett in d-Moll (KV 421) in der Deutung J.-J. de Momignys und A. Schönbergs*, in: Musiktheorie 7 (1992), S. 245–263.

Erwägungen im Hinblick auf die Relation der Sätze im Zyklus maßgeblich waren.[1] So läßt sich feststellen, daß raschen Kopfsätzen ein maßvoll schnelles Menuett folgt, während ihnen kein gleich schneller Finalsatz gegenübersteht. Und ebenso wird auf Variabilität in der Wahl der Taktart zwischen den Ecksätzen Wert gelegt, wie auch die langsamen Sätze sich durch Charakter und Taktmaß vom Kontext entsprechend abheben. All das trägt zur hochgradigen Individualisierung der Werke und ihrer Sätze weiter bei. Vor allem aber läßt sich gegenüber Haydns Quartetten beobachten, daß sich die Komplexität von Mozarts Musik auch dann erhöht, wenn sie nicht im gleichen Maß auf thematische Konzentration ausgeht. So unübersehbar diese Intention sein mag, die kaum ohne das Studium von Haydns Werken denkbar ist, so deutlich bleibt doch zugleich, in welchem Maß die Mozart eigene Fülle der Gedanken im Spiele bleibt. Und genau die Balance zwischen der Vielfalt der Möglichkeiten einerseits und ihrer subtilen Bändigung andererseits ist ein Gradmesser für die Artifizialität dieser Werke.

Den kunstvollen Ausgleich zwischen scheinbar konträren Prinzipien zeigt musterhaft gleich der Kopfsatz des zuerst entstandenen G-Dur-Quartetts Nr. 1.[2] Der Vordersatz des Hauptthemas besteht aus zwei Zweitaktern (a und b), deren Analogie ihre Kadenzen verbürgen, auch wenn sie zuerst zur Subdominantparallele und dann zur Tonika führen. Beide enden jedoch mit überbundenen Vorhalten auf den letzten Zählzeiten ihres zweiten Taktes (c), um dann durch Achtelpausen abgesetzt zu werden. Diese Kadenzformel (c) verbindet die Taktgruppen, auch wo sie sich melodisch unterscheiden. Der auftaktigen ersten Wendung (a), deren melodischer Aufschwung sich mit analoger Viertelbewegung der Unterstimmen paart, antwortet in der abtaktigen zweiten die rasche Skala der Oberstimme (b), die umgekehrt den Tonraum abwärts ausmißt; in beiden entspricht sich das Gerüst der Unterstimmen, das den Kadenzverlauf umschreibt. Auf analoge Kadenzglieder zielen auch in

W. A. Mozart, KV 387, erster Satz, T. 1–11 (*NMA*).

den ersten drei Takten des Nachsatzes die Stimmen, die in gleichsam durchbrochenem Satz mit der begradigten Formel der zweiten Taktgruppe einsetzen (b). Ihre Kadenz wird nochmals umspielend wiederholt (T. 9–10), wonach beide Violinen mit Imitation des Kopfmotivs (a) die modulierende Überleitung eröffnen. Die Fortspinnung mündet wieder in die charakteristischen Kadenzglieder (c in T. 14–15), und wo sie durch imitierte Skalenzüge verzögert wird, erscheint sie erneut dann, wenn die Dominante erreicht ist (T. 20–21). Während dieses Kadenzglied mit Färbung zur Mollvariante in ornamentaler Umspielung wiederholt wird, werden gerade an der Nahtstelle zum Seitensatz (T. 24) die bisher gebundenen Sechzehntel auf zweiter Zählzeit einmal durch Staccato ersetzt, wonach der Satz mit Pause auf der Dominante verhält. In den drei Unterstimmen schließt der Seitensatz an, dessen Sechstakter vollstimmig wiederholt und ausgesponnen wird, durch maßvolle Viertel, verlangsamte Harmonik und interne Sequenzbildung hebt er sich vom komplexen Hauptsatz ab, doch setzt er ebenso auftaktig an, und die Tonrepetitionen seines Kopfmotivs (d) werden durch Sechzehntel im Staccato modifiziert, die an den Ausklang des Hauptsatzes anknüpfen. Das Kadenzglied jedoch, das durch chromatisch steigende Viertel eingeleitet wird, mündet wieder in der bekannten Schlußformel (c in T. 29–30), es wird in vollstimmiger Wiederholung ornamental variiert und erweitert, bis sich in übergebundenen Vierteln mit dynamischen Binnenkontrasten die Taktakzente erstmals verschieben (T. 37–38). An die engräumige Umspielung, mit der die Modifikation des Kopfmotivs (d) aufgegriffen wird, schließt die Fortspinnung ab T. 39 an, erst wo sie sich in Skalen der Unter- und Oberstimmen verliert, schlägt die taktmetrische Ordnung um. Knappe Akkordschläge werden synkopisch gestaut, bis eine Kadenz auf erster Taktzeit erreicht und im Echo wiederholt wird (e in T. 51–52). Zwar verschiebt sich der Ort der Kadenz noch mehrfach, der auftaktige Impuls jedoch fällt gänzlich aus, wenn die punktierte Rhythmik der beiden Schlußtakte alle Stimmen abtaktig zusammenführt (T. 55–56).

So klar sich also Haupt- und Seitensatz und sogar eine Schlußgruppe abheben, so deutlich werden sie durch die verdeckten Fäden der metrischen Disposition und der rhythmischen Formeln verkettet. Die weitere Ausarbeitung der Durchführung beansprucht fast gleiche Länge wie die Exposition, was allein schon den grundlegenden Abstand von den frühen Quartetten signalisiert. Klar ist der Anschluß der ersten fünf Takte an den Hauptsatzkopf (a), der dann eine Stufe aufwärts sequenziert von der zweiten Violine übernommen wird. Ein dritter Ansatz der Viola ab T. 68 verspricht bei energischer Wendung zur Subdominante dichtere Imitation, der Spitzenton des Kopfmotivs wird jedoch ausgehalten und dann in Sechzehnteln fortgesponnen, und aus dieser Variante – ohne das Quartincipit – entsteht hier wirklich ein Imitationsmotiv. Es verbindet

[Anmerkung 3 zu S. 195:] A. Tyson, *The Origins of Mozart's ›Hunt‹ Quartet, K 458*, in: *Music and Bibliography. Essays in Honour of Alec Hyatt King*, hg. v. O. Neighbour, London 1980, S. 132–148; Chr. Wolff (Hg.), *The String Quartets of Haydn, Mozart, and Beethoven. Studies of the Autograph Manuscripts. A Conference at Isham Memorial Library 1979*, Cambridge/Mass. 1980, darin ders., *Creative Exuberance vs. Critical Choice. Thoughts on Mozart's Quartet Fragments*, S. 191–210; M. Flothuis, *A Close Reading of the Autographs of Mozart's Ten Late Quartets*, ebenda, S. 154–173; A. Tyson, *Mozart's ›Haydn‹ Quartets: The Contribution of Paper Studies*, ebenda, S. 179–190; ders., *Mozart: Studies of the Autograph Scores*, Cambridge/Mass. 1987; ders. (Hg.), *The Six ›Haydn‹ String Quartets. Facsimile of the Autograph Manuscripts*, London 1985.

nun aber den synkopisch gedehnten Ausgangston mit skalarer Ausspinnung, die sich auf Glied (b) des Hauptsatzes bezieht (T. 70–80), mit der Themenvariante und ihrer figurativen Ausspinnung treten also die Gegenpole zusammen, die durch Kopfmotiv und Figuration abgesteckt waren. An die Schlußgruppe jedoch – und nicht an den Seitensatz – schließt nach Kadenz auf der Tonikaparallele die zweite Phase der Durchführung an (T. 86–107), in der wieder so unerwartet wie selbstverständlich einzelne Teilmomente in neuen Zusammenhang gebracht werden. Die ornamentierte Kadenz etwa (e), die zuerst eine Verschiebung der Schwerpunkte indizierte, eröffnet die transponierte Wiederkehr der letzten Expositionstakte, ihr folgt nun aber eine Variante des Hauptsatzes, genauer: seines zweiten Gliedes (b), so daß sich in vertauschter Folge Beginn und Ende der Exposition mitten in der Durchführung treffen. Nach dominantisch kadenzierendem Zwischenglied wird erneut auf die Schlußgruppe zurückgegriffen, die kleine Trillerformel ihres Epilogs aber wird im Wechsel zwischen den Stimmpaaren abgespalten, bis sie in dominantischer Steigerung zur Reprise hin ausläuft. Weitere Varianten zeigt die Reprise in der Überleitung zum Seitensatz wie auch in der Figuration vor der Schlußgruppe, deren Gewicht nun eine Coda hinfällig macht.

Einsichtig werden daran die Verfahren, die eine Vielfalt von Gestalten zusammenhalten, auch wo kaum motivische Züge greifbar sind. Zwischen den Themengruppen, ebenso in überleitenden und verarbeitenden Satzphasen ist motivische Arbeit im Sinne Haydns nur ein Mittel neben anderen, mindestens so wirksam sind jedoch die Scharniere in der rhythmischen, metrischen und harmonischen Disposition. Die Widmung dieser Werke an Haydn war oft ein Grund, um nach ähnlicher thematischer Verdichtung zu suchen. Doch wird wohl nur ein Drittel oder gar Viertel des Satzverlaufs von motivischer Arbeit bestritten, und auch Seitenthemen können – so klar sie sich abheben – für die Durchführung Episoden ohne Folgen bleiben. Nicht also ist wie bei Haydn die Verpflichtung auf thematische Arbeit primär, die Kohärenz des Verlaufs wird vielmehr auf andere Weise durch verdeckte Zellen im Satzgefüge erreicht. Wo Mozart arbeitet, benutzt er zwar auch motivisches Material, doch geht die Arbeit weniger vom Thema insgesamt oder seinem Kopfmotiv aus, um dann das Material mit gleichsam logischer Stringenz in seine Partikel aufzulösen. Eher umgekehrt werden aus thematischen Komplexen Partikel herausgegriffen, die je für sich Takt- und Satzgruppen konstituieren, auch wo ihr motivischer Zusammenhang zu schwinden scheint. Analytisch lassen sich solche Beziehungen weit schwerer fassen als in der Praxis, in der kompetente Spieler den lebendig pulsierenden Wechsel der Satzgruppen wie von selbst nachvollziehen. Denn das Leitbild jener Kohärenz, die von Haydn thematisch definiert wurde, verwirklicht sich auf ganz andere Weise in den Verfahren, die Mozart zur Verfügung standen.

Sieht man von zwei Entwürfen in e- und g-Moll ab (KV 587ᵃ / Anh 74 und 417ᵈ / Anh 84), die im Zeitraum zwischen 1786 und 1790 nach 24 bzw. 54 Takten abgebrochen wurden, so bildet das d-Moll-Quartett KV 421 zusammen mit seinem Seitenstück KV 173 das einzige in einer Molltonart. Im eröffnenden Viertakter des ersten Satzes sammeln sich die drängenden Gesten der Oberstimme über der gleichmäßigen Baßlinie in Halben, zu der die Achtel der Mittelstimmen durch Pausen auf betonter Zählzeit latent auftaktige Impulse ergeben. Im weiteren können solche Auftaktfolgen herausgegriffen und melodisch anders gefaßt werden (wie ab T. 8), während das durch Oktavfall charakterisierte Initium gleich in T. 2 zur Dezime gespreizt und im Kadenzglied rhythmisch nuanciert wird. Aus dem Wechsel der metrischen Position, der melodischen Füllung und der rhythmischen Pointierung solcher Elemente entsteht auch ohne motivische Arbeit eine überaus dichte Fortführung, bis die sequenzierten Taktgruppen des Seitensatzes auf der Tonikaparallele ab T. 25 über ähnlichem Baßgerüst die Mittelstimmen zu Sechzehntelketten beschleunigen. Die umspielende Wiederholung des Seitensatzes führt erstmals in der Oberstimme triolierte Sechzehntel ein, und mit ihnen als begleitender Tonrepetition formiert sich dann auch die Schlußgruppe. Die Durchführung ist zwar greifbarer als zuvor thematisch konzipiert, sofern ihre Abschnitte mit Varianten des Kopfmotivs einsetzen. Die Begleitung jedoch schreitet von repetierten Achteln bis zu triolischen Sechzehnteln voran, so daß sich in der Schlußphase die Modelle von Hauptsatz und Schlußgruppe überlagern, die nach der Reprise dann auch die siebentaktige Coda kombiniert. – Im ersten Satz des Es-Dur-Quartetts Nr. 4 unterscheiden sich Vorder- und Nachsatz des Hauptthemas trotz metrisch analoger Kadenzglieder schärfer als sonst, wenn im Unisono Oktavsprung und verminderter Quintfall zuerst in breiten Werten ein Incipit markieren, während der auf sieben Takte erweiterte Nachsatz seine Viertelbewegung durch klopfende Achtelrepetitionen der zweiten im Wechsel mit Doppelschlagmotiv der ersten Violine differenziert. Knüpft die Überleitung an den ausharmonisierten Vordersatz an, so wird das Modell des Nachsatzes in der Modulationsphase rhythmisch und metrisch modifiziert, so daß sich der Verlauf schrittweise beschleunigt. Das Doppelschlagmotiv kehrt im Seitensatz wieder, bis sich die Stimmen in punktierter Rhythmik sammeln, die auch zur Schlußgruppe vermittelt, während der fünftaktige Epilog in weiträumigen Skalen ausläuft. Vom Hauptsatz in dichter Konfrontation mit der Doppelschlagmotivik des Seitensatzes geht die Durchführung aus, die das Material um weite Dreiklangsbrechungen in Triolen bereichert; wieder also verbürgen rhythmische und metrische Scharniere jenseits motivischer Arbeit den Zusammenhalt.

Der Kopfsatz im B-Dur-Quartett Nr. 3, dem sog. Jagdquartett, an dessen Tonfall sich noch Brahms in op. 67 erinnerte, läßt im treibenden

6/8-Takt dem Seitensatz keine kontrastierende Funktion. Seine spielerische Motivik ab T. 43 wird gleich mehrfach variiert, und sie findet auch Eingang in die Durchführung, deren Beginn freilich nicht den Hauptsatz selbst bemüht. Ihn vertritt eine neue Legatovariante, die sich noch mehr vom spielerischen Seitensatz abhebt, während die rhythmische Überlagerung bis zum Eintritt der Reprise gesteigert wird (T. 114–134). Desto eindringlicher verschränkt die ausführliche Coda den Kopf des Hauptthemas mit der Legatovariante und den spielerischen Figuren aus dem Seitensatz. – Die größte Dichte bei höchster rhythmischer Kontinuität erreicht der Kopfsatz im A-Dur-Quartett Nr. 5, dessen erste Viertakter sich nun als Sequenz entsprechen. Der auftaktige Impuls, den die Oberstimme in fließenden Achteln aufnimmt, stößt im dritten Takt auf eine Akkordkette in Vierteln, die auf der Dominante abbricht; nach dieser Zäsur setzt die Sequenzgruppe an, und nach erneuter Pause wird der auftaktige Kopf im Unisono melodisch umgebildet und zu sequenzierten Zweitaktern gestrafft, bis sein letzter Ansatz kadenzierend ausklingt. Deutlicher als zuvor setzt die Überleitung mit thematischer Imitation an, um ihre Achtelketten erst am Ende zu stauen. Dagegen konfrontiert der Seitensatz den Akkordwechsel seines Beginns mit triolischen Figuren in zweitaktigem Wechsel, wovon die Überleitung ausgeht, die ihr Modell noch dann durchscheinen läßt, wenn die Triolen durch Achtel ersetzt werden, bis die Schlußgruppe erneut den Themenkopf aufnimmt. Der ungewöhnlichen Dichte der Exposition entspricht auch die Durchführung, die dem Hauptsatz eine motivische Variante im Staccato abgewinnt, während ihre zweite Phase von der zweitaktigen Motivvariante ausgeht. Eine so strikte Thematisierung erlaubt freilich nach der Reprise dann statt einer Coda nur noch vier abschließende Takte.

Im Vertrauen auf solche Kohärenz riskiert endlich die langsame Einleitung zum C-Dur-Quartett Nr. 6 ihre Dissonanzen, die dem Werk seinen Beinamen gaben. Der unvermutete Beginn im aufgefächerten As-Dur-Klang, dessen Terz in Baßlage die eigentliche Tonika C vertritt, fungiert als ›Neapolitaner‹ vor der Dominante G, der scharf dissonierende Eintritt der Oberstimme (a über as) bahnt jedoch gleichzeitig den Weg zur Doppeldominante D. Wo aber die Dominante G erreicht ist, wird nicht nur ihre Terz, sondern auch ihre Quinte erniedrigt (T. 4–5 b und des). So steht am Ende der ersten Taktgruppe die b-Moll-Terz, deren Grundton nun seinerseits Terz eines Ges-Dur-Klangs wird, um analog zur regulären Subdominante F-Dur und ihrer Variante f-Moll zu führen. Die aufsteigende Achtelfolge aber, die den harmonischen Gang beider Sequenzgruppen verband, durchzieht nicht nur weiter die Einleitung bis zu ihrem Schlußpunkt. Sie gewinnt auch konzise Gestalt in den Zweitaktern, deren Sequenzen das Hauptthema im Allegro formieren, und sie wirkt bis in die überleitende Fortspinnung hinein, um dann erst in Sechzehnteln auszulaufen. Der Seitensatz hebt sich als neue Ebene zwar mit Achteltriolen ab, die Schlußgruppe greift aber erneut den Kopf des Hauptthemas auf, mit dem auch die Durchführung ansetzt. Die auftaktige Achtelkette, die als Scharnier die ersten Taktgruppen der Einleitung verband, bildet sie zur weiträumigen Variante im Staccato um, mit deren Imitation die Außenstimmen ihre zweite Phase bestreiten, bis die Rückleitung zur Reprise wiederum den Themenkopf einführt. Und die komprimierte Coda treibt die kontrapunktische Arbeit mit dem Hauptthema bis zum Einklangskanon zwischen erster Violine und Viola, ihr ganztaktiger Abstand wird aber gleich auf halbe Takte verkürzt, und höchst intrikat drängen sich dann im Abstand einer Viertel motivische Fragmente aus drei Achteln, die so wie die Auftakte der letzten Taktgruppen auf das Scharnier der Einleitung zurückblicken.

So wird an der Folge der Kopfsätze eindringlich klar, wie Mozart zwar seinen Ansatz wahrte und ihn doch zunehmend mit motivischer Arbeit ausfüllte. Diese Verdichtung erlaubt es zugleich, daß bei wachsender Komplexität zwischen motivische Gruppen auch Phasen einrücken, die mit der Thematik nur mittelbar durch metrische oder rhythmische Implikationen zusammenhängen. Gerade sie bewirken aber den lebendigen Wechsel der Satzgruppen, der Mozarts Komponieren kennzeichnet. Wird dabei die Etablierung eines weiteren Themas zur Regel, das als Seitensatz bezeichnet werden darf, so reagiert auf Haydns thematische Konzentration eine Satzanlage, welche die Fülle der Gestalten auf zwei Ebenen beschränkt. Formelhaft gesagt: Der bithematische Sonatensatz kann unter den Voraussetzungen Mozarts zugleich als Konsequenz aus Haydns Monothematik verstanden werden.

Demgemäß ist nun ebenso den Finalsätzen die Erinnerung an die Abkunft vom lockeren Rondo derart gründlich ausgetrieben, daß sie zu gleichrangigen Gegenstücken der Kopfsätze selbst dann werden, wenn ihr Tonfall zunächst ein Rondo erwarten lassen mag.[1] Den abschließenden Sonatensätzen in Nr. 4 und 6, deren spielerische Thematik wohl ein Rondo verheißen könnte, treten die Finali in Nr. 1 und 5 entgegen, die umgekehrt fugiert beginnen und doch dem Sonatenmodell folgen, das damit für den Hauptteil dieser Sätze zum Gehäuse höchst unterschiedlicher Lösungen wird. Einen Sonderfall bildet nicht nur das gewichtige Variationenfinale in Nr. 2, sondern ebenso auch der eigenwillige Schlußsatz des Es-Dur-Quartetts Nr. 4. Mit seinem thematischen Charakter könnte er sich wie die Pendants in Nr. 3 und 6 wohl fast zum Sonatensatz mausern, zumal er mit ihnen das rasche Tempo im 2/4-Takt teilt. Doch ist das Thema wie ein regulärer Refrain mit zwei wiederholten Teilen gebildet, dem entspricht noch wie ein konträres Couplet die Fortführung, statt eines Refrains schiebt sich dann aber ein regulärer Seitensatz ein, und wo endlich das Hauptthema wiederkehrt, eröffnet es bereits als Reprise die zweite Satzhälfte. Was also wie ein Rondo begann, wird zu einem Sonatensatz, der gleichwohl ohne Durchführung

---

[1] L. Finscher, *Mozart und die Idee eines musikalischen Universalstils*, in: *Die Musik des 18. Jahrhunderts*, hg. v. C. Dahlhaus, Laaber 1985 (Neues Handbuch der Musikwissenschaft 5), S. 267–278, hier S. 275ff. zum Final- und Kopfsatz aus KV 387.

auskommt. Das wird freilich im Spiel mit den Erwartungen durch vielfache Fäden ausgeglichen, deren rhythmische Bausteine die metrische Disposition der Satzphasen aufeinander beziehen. Bei ähnlicher Thematik erhält das B-Dur-Finale in Nr. 3 seinen Reiz durch hüpfende Achtelketten, die auch Seitensatz und Schlußgruppe prägen, wogegen die Durchführung den Hauptsatz in unerwartet dichter Imitation und sogar Augmentation durchaus ernsthaft ausarbeitet. Daß das Gegenstück im C-Dur-Quartett Nr. 6 zunächst leichter wirkt, mag mit der Balance zum Anspruch des Kopfsatzes motiviert werden. Doch gibt der Satz den anderen nichts nach, denn sowohl der federnde Themenkopf wie die wechselnd phrasierte Fortführung in fallenden und dann steigenden Achteln stellen Elemente bereit, die als latente Scharniere den Satz durchziehen. Auf sie greift nach konträrem Ansatz nicht nur der Seitensatz zurück, um sie dann kontrapunktisch zu verarbeiten, auch die Schlußgruppe und erst recht die Durchführung wie noch die Coda zehren in konziser Arbeit von diesem Material, das immer wieder zu gelösten Phrasen voll übermütiger Figuration erweitert wird. Wahrhaft singulär bleibt dagegen in Mozarts Quartetten der Variationensatz am Schluß des d-Moll-Quartetts Nr. 2. Die zweiteilige Themenanlage gehorcht zwar ebenso der Norm wie die ornamentale Umspielung der ersten Variation, überaus kunstvoll sind aber schon im Thema selbst die Taktgruppen verschränkt. Denn die punktierte Rhythmik im 6/8-Takt, die an ein Siciliano zurückdenken läßt, wechselt in den Zweitaktern zwischen den Stimmengruppen und verklingt im je zweiten Glied der Oberstimme zu getupften Tonrepetitionen. Auf gleiche Weise ist die modulierende Phase im zweiten Teil angelegt, während die Schlußtakte harmonisch wie melodisch ausgreifen, ohne das rhythmische Muster ganz aufzugeben. Schon mit der zweiten Variation beginnt die charakteristische Transformation, deren rhythmische und melodische Differenzierung vom harmonischen Modell getragen bleibt, und nach der Auflösung in der dritten Variation schlägt das Maggiore der vierten zu strömendem Melos um, das in sich die punktierte Rhythmik aufnimmt. Erst die Coda restituiert wieder das Thema, doch werden in ihr dann höchst eindringlich die kadenzierenden Tonrepetitionen isoliert, so daß der Satz in der Komprimierung seiner Substanz ausläuft.

Die beiden fugierten Finali in Nr. 1 und 5 haben seit jeher besonderes Interesse ausgelöst, da sie im Zusammenhang der Auseinandersetzung Mozarts mit Bachschen Fugen gesehen werden konnten. Maßgeblich war für Mozart nach Friedrich Blume »der Fugenmeister Bach, den er staunend begreift«, und Ludwig Finscher sah im »Epochenjahr« 1782 gar das »Geburtsjahr des klassischen Stils, und die Geburtshelfer sind Bach und Händel«.[1] Am 10. April 1782 berichtete Mozart seinem Vater, er gehe sonntags »zum Baron von Suiten – und da wird nichts gespielt als Händl und Bach«. Zehn Tage später trug er nach, er habe

---

1 Fr. Blume, *Johann Sebastian Bach im Wandel der Geschichte*, Kassel 1947, S. 13; L. Finscher, *Bach – Mozart*, in: *Sommerakademie Johann Sebastian Bach. Almanach*, Stuttgart 1982, S. V/18–29: 22.

Constanze zuliebe die dreistimmige Klavierfuge C-Dur (KV 283ᵃ / 394) geschrieben.¹ In diese Zeit fielen neben einer Reihe von Fugenfragmenten auch die Übertragungen Bachscher Fugen für Streichtrio mitsamt langsamen Einleitungen, deren Authentizität heute jedoch als höchst fragwürdig gilt. Ein Ziel wurde dann 1783 die c-Moll-Fuge für zwei Klaviere (KV 426), die Mozart 1788 auch für Streicher überarbeitete (KV 546), wobei nun als Einleitung das bedeutende Adagio vorangestellt wurde. Zwischen diese Eckdaten fallen also die fugierten Finali G-Dur vom Ende 1782 und A-Dur vom Januar 1785, nahe genug lag es demnach, sie als Frucht der Bachrezeption Mozart zu begreifen. Doch fragt sich nicht nur, wieweit Klavierfugen als Modelle für Quartettsätze taugen, selbst wenn sie für Streicher bearbeitet wurden. So unbestritten die souveräne Beherrschung des fugierten Satzes eine Voraussetzung für beide Finali ist, so unübersehbar ist doch die Integration der fugierten Phasen in subtil gearbeitete Sonatensätze.

Diese integrative Arbeit bestimmt bereits das G-Dur-Finale aus Nr. 1, das als Allabreve das Kopfmotiv in Ganzen so intoniert, als künde es einen Satz im Stile antico an. Entschlossen greift schon der vierte Ton

1 *Mozart. Briefe*, Bd. III, S. 201f.; zur Quartettbearbeitung der Fuge KV 426 mit der Einleitung KV 546 vgl. ebenda, Bd. IV, S. 68 (26. 6. 1788); Fr. Krummacher, *Bach- und Händel-Traditionen*, in: *Die Musik des 18. Jahrhunderts*, hg. v. C. Dahlhaus, Laaber 1985 (Neues Handbuch der Musikwissenschaft 5), S. 383–393; P. Barcaba, *Mozarts Fugenschaffen, dargestellt am Beispiel der Quartett-Fuge KV 546*, in: Mozart-Jahrbuch 1991, Salzburg 1992, S. 678–685.

W. A. Mozart, KV 387, Finale, T. 1–11 (*NMA*).

zur Dominante aus, was bei realer Beantwortung zu einer Quintenkette aufwärts führen würde, wie sie tatsächlich dann die Durchführung aufweist. Zur tonalen Beantwortung jedoch, in der die eröffnende Terz zur Sekunde gestaucht wird, gesellt sich ein Kontrapunkt ›alla zoppa‹, dessen Synkopen zudem durch Pausen getrennt werden. So zielt die Exposition im Zutritt der Stimmen auf die Verdichtung des rhythmischen Gefüges, wo sie aber erreicht ist, folgt der Umschlag zu rascher Figuration samt Akkordschlägen. Dazu kontrastiert ab T. 31 synkopierter Kontrapunkt im einen Stimmpaar zu Figuration im anderen, bis beide über pochend repetierter Dominantachse auslaufen. Der ›hinkende‹ Effekt ›alla zoppa‹ färbt erneut das synkopische Seitenthema, das wiederum als Fugato die Stimmen vom Violoncello bis zur ersten Violine staffelt; ihm schließt sich indes schon in der Exposition die simultane Kombination beider Themen an, als befände man sich mitten in einer Doppelfuge. Just diese dichteste Phase stößt in T. 91 auf den Widerpart der Schlußgruppe, deren kantable Melodik sich über klopfenden Repetitionen aufschwingt. Motivisch scheinbar neutral beginnt die weiträumige Durchführung zu Liegetönen mit chromatischen Stimmzügen, steigend in großen Sekunden (H – Cis – Dis/Es – F) führt sie bei enharmonischem Wechsel (T. 133 as über cis) bis nach b-Moll, und fern von der Tonika meldet sich wiederum das Hauptthema. Nun aber durchläuft es wie ein cantus firmus die Stimmen, seine reale Beantwortung löst eine Quintenkette aus (ab T. 143 b – f – c – g), jenseits kontrapunktischer Ambition nimmt aber die Begleitung die Diktion der Schlußgruppe auf, so daß die Gegenkräfte des Satzes zur Synthese kommen. Dieses Spiel treibt die Reprise weiter, die mit der überleitenden Figuration – dazu auf der Subdominante – statt mit dem Hauptsatz einsetzt. Verschieben sich die Gewichte weiter noch vom kontrapunktischen zum freien Satz, so greift dagegen die Coda zum Kanon aller vier Stimmen in engem Abstand, nicht ohne freilich die Einsatzstufen und Intervalle zu wechseln (T. 282–288). Indem der Satz alles eher als eine Fuge darstellt, zeichnet er sich umgekehrt als Sonatensatz aus, der sich die Techniken kontrapunktischer Arbeit restlos aneignet. – Ähnlich fugiert beginnt zwar das A-Dur-Finale in Nr. 5, konsequent gewinnt es jedoch seine motivischen Varianten aus dem Hauptthema, so daß es sich ohne eigentlichen Seitensatz weiter als sonst dem monothematischen Konzept Haydns nähert. Interne Kontraste werden wenn nicht vom chromatisch fallenden Kopfmotiv, so von der punktiert rhythmisierten Fortspinnung vermittelt, eine Ausnahme ist nur die Schlußgruppe, die aber wiederum eine punktierte Variante einführt. Wie schon der Epilog greift ebenso die Durchführung das chromatische Kopfmotiv auf, erst ihre zweite Phase löst sich davon in einer akkordisch gedehnten Gruppe, und wo sie ein Modell der Verarbeitung wird, klingt erneut die dem Hauptthema inhärente Chromatik an (T. 129–136). Diese dichte Arbeit setzt noch die Coda fort, die Kopf- und Fortspinnung des Themas mit seiner figurativen Kontrastierung verschränkt.

In ihrer wahrhaft klassischen Balance entziehen sich diese beiden Finalsätze also jedem Vergleich mit Mustern von Bach, doch war es zugleich die Konzentration seiner Fugen, die zu einer Prämisse der individuellen Konzeptionen Mozarts wurde. Von den fugierten Schlußsätzen jedoch, die Haydns ›Sonnenquartette‹ auszeichnen, distanzieren sich diese beiden Finali ebenso durch ihre Integration von Fuge und Sonate. Gemeinsam ist den so unterschiedlichen Lösungen beider Komponisten allein ihr souveränes Verfahren, das alle konventionellen Fugen von Albrechtsberger oder Gassmann weit hinter sich läßt. Ihr Beitrag zur ›Geburt des klassischen Stils‹ basiert freilich auf der kontinuierlichen Tradierung kontrapunktischer Verfahren, wie sie zumal der Kirchenmusik immer vertraut blieben. Damit also künden sich kaum schon die retrospektiven Züge der späteren Bachrezeption an, die aus romantischem Rückblick eine weit tiefere historische Zäsur zu überwinden trachtete.

Die Menuette zeigen zwar kaum vordergründig die Spuren jenes intrikaten Spiels, das sich an Haydns Sätzen studieren ließ. Doch reagieren sie auf solche Nobilitierung des Tanzes nicht nur mit der außerordentlichen Weitung der Dimensionen, sondern mit einer thematischen Verdichtung, die in modulierenden Phasen geradezu das Gewicht thematischer Arbeit annehmen kann.[1] Wohl bleiben metrische Komplikationen nicht aus, sie treten aber im maßvollen Tempo, das als ›Moderato‹ benannt werden kann, nicht derart hervor wie in den reifen Menuetten Haydns, die nicht selten als ›Presto‹ bezeichnet sind. Dem schwingenden Puls des Taktmaßes begegnet zugleich eine Stilisierung, die im abgewogenen Verhältnis der Taktgruppen kaum noch Reste eines usuellen Tanzes kennt. Im d-Moll-Satz aus Nr. 2 stößt der punktierte Auftakt auf fließende Bewegung, die sequenzierte Dreiklangsräume umkreist, während sich die Taktgruppen im B-Teil auf die auftaktige Formel konzentrieren, die dann auch abgespalten wird. Ähnlich verhalten sich die Taktgruppen im Es-Dur-Menuett aus Nr. 4 zueinander, doch kommt der modulierende B-Teil in getupften Akkordketten ohne motivische Bindung aus, bis er sich in gebundenen Achteln zur Rückleitung öffnet. Umgekehrt entspricht dem volltaktigen Beginn des B-Dur-Satzes in Nr. 3 später die Ausbildung interner Auftakte, während der B-Teil vom Kopfmotiv aus die Auftakte weiter potenziert. Wieder anders formuliert das A-Dur-Menuett aus Nr. 5 sein Material in zwei sequenzierten Zweitaktern, die sich in mehrfachem Kontrast zugleich als Vorder- und Nachsatz ausnehmen. Dem markanten Initium im Unisono, dessen steigender Dreiklang aufwärts sequenziert wird, tritt die fallende Linie der Oberstimme in absteigender Sequenz entgegen, beide aber erfahren imitatorische Verarbeitung, während sich ihre Folge im B-Teil umkehrt. Muster einer aristokratischen Stilisierung, die sich genauer Ausarbeitung verdankt, sind zumal die Tanzsätze der umrahmenden Quartette Nr. 1 und 6. Geradezu kapriziös gibt sich das Menuett G-Dur in Nr. 1, wenn die beiden Eröffnungstakte fast tastend mit je zwei gebundenen Dreiklangstönen der Oberstimme einsetzen, die akkordisch ergänzt werden. Doch schließt sich ein chromatisches Segment in gebundenen Vierteln an, dessen Töne ungeachtet ihrer metrischen Position wechselnd durch Piano und Forte markiert werden, so daß sich die Taktakzente vollends verwirren. Erst ab T. 10 schafft die Kadenz metrische Klarheit, sogleich aber findet die chromatische Folge kontrapunktische Verarbeitung, danach erst klären sich die Proportionen, wofür die fast als Seitensatz fungierende Gruppe auf der Dominante sorgt (ab T. 21). Doch nimmt die den A-Teil abschließende Satzgruppe das chromatische Segment in sich auf, das zu Achteln beschleunigt und mit regulären Vierteln kombiniert wird, womit sich beide Ebenen kreuzen (T. 29–45). Die Verarbeitung im B-Teil kehrt die Dreiklangsbrechung der ersten Takte melodisch um, die nun quasi imitatorisch aufgefächert wird, bis die Rückleitung um

[1] W. Steinbeck, *Mozarts ›Scherzi‹. Zur Beziehung zwischen Haydns Streichquartetten op. 33 und Mozarts Haydn-Quartetten*, in: Archiv für Musikwissenschaft 41 (1984), S. 208–231; W. K. Kreyszig, *Das Menuett Wolfgang Amadeus Mozarts unter dem Einfluß von Franz Joseph Haydns »gantz neue (!) besondere art«. Zur Phrasenstruktur in den Menuetten der ›Haydn-Quartette‹*, in: Mozart-Jahrbuch 1991, Salzburg 1992, S. 655–663.

Dominante und Tonikavariante pendelt. Das klassische Menuett par excellence ist jedoch der Satz im C-Dur-Quartett Nr. 6, der für seine scherzosen Züge kaum metrische Komplikationen bemüht. Der auftaktigen Achtelkette, die über mehr als einen Takt hin verlängert ist, treten repetierte Akkorde gegenüber, nach knapper Pause umspielt eine Wechselfigur in Achteln die Dominante, ihre Echowiederholung löst sich im Scharnier des achten Taktes zu chromatisch fallenden Achteln, die alle Stimmen durchziehen, bis sie auf der Doppeldominante in tiefer Lage verharren, aus der rasche Skalen herausführen. Als genüge das Wechselspiel der Taktgruppen noch nicht, beschließt ein kadenzierender Zweitakter in engräumiger Melodik den Satzteil. Zur wahrhaften Durchführung wird aber die Modulationsphase im B-Teil, wenn seine Taktgruppen das auftaktige Incipit zu einer Gestalt umformen, die zugleich das chromatische Scharnier umgreift. Es erweist sich nun als motivischer Kern, der im Wechsel der Stimmgruppen verarbeitet wird.

Genau abgewogen ist auch die Kontrastwirkung, die den Triosätzen in der ganzen Werkserie zukommt, wie sich schon den tonalen Relationen entnehmen läßt. In den Rahmenwerken Nr. 1 und 6 bildet das Trio ein Minore, in Nr. 2 hellt es sich zur Durparallele und zur Dominante auf, und in Nr. 3 und 4 werden Mollparallele und Tonika gewählt. Variabel verhält sich zum Menuett jeweils auch das Trio, wenn etwa den besonders gearbeiteten Tanzsätzen in Nr. 1 und 6 ein Trio entspricht, das strukturell weniger aufwendig gerät, während melodische und dynamische Akzente zugleich das expressive Minore charakterisieren. Umgekehrt folgen den weniger angestrengten Menuetten in Nr. 3 und 4, von denen das erste auch nicht intern zur Dominante führt, weitere Ausgriffe im Trio. Das c-Moll-Trio in Nr. 4 endet in beiden Teilen in B-Dur, wogegen das B-Dur-Trio in Nr. 3 im zweiten Teil weiter moduliert. Dagegen dankt das Maggiore in Nr. 2 seinen unwiderstehlichen Charme einer Oberstimme, die weite Dreiklangsräume – fast einem Juchzer gleich – in umgekehrter Punktierung melodisiert, ohne kaum noch an die einstige ›lombardische‹ Manier zu erinnern. Entspannter als das konzentrierte Menuett in Nr. 5 fällt hier das Trio in E-Dur aus, dessen erster Teil eigentlich nur aus einem Viertakter mit seiner Variante besteht, die beide wiederholt werden, wogegen sich der Mittelteil mit freien Triolen bescheidet.

Im Verhältnis der Menuette zu ihren Alternativen gewinnen also wie in den internen Relationen der Satzgruppen die primär rhythmischen Impulse eine motivische Bedeutung, die jenseits eines anmutigen Spiels den Anspruch auf Gleichrangigkeit der Tanzsätze bekräftigt. Nicht ohne Scheu läßt sich nun erst eine Annäherung an die Geheimnisse der langsamen Sätze dieser Quartette versuchen. Wenig hilfreich wäre es, ihnen den Adel des Melos, die strömende Kantabilität oder abgründige Tiefe zu attestieren. Denn so sachfremd jede pauschale Charakteristik bleibt, so mißverständlich wäre eine vorschnelle Metaphorik, die das Verständnis der Strukturen eher verstellt. Weder dem Tempo noch der Form nach künden sich besondere Extreme an, fast durchweg bleiben die Sätze im Zeitmaß des Andante, das mitunter den Zusatz ›cantabile‹ (in Nr. 1 und 6) oder ›con moto‹ (in Nr. 4) trägt, und nur einmal findet sich ein Adagio (in Nr. 3). Zwei Sätzen im 3/4-Takt (in Nr. 1 und 6) treten zwei im 6/8-Takt zur Seite (in Nr. 2 und 4), während die übrigen bei 2/4- und 4/4-Takt bleiben (in Nr. 5 und 3). Auch die Formgrundrisse geben nicht Aufschluß über das, was sich in ihrem Rahmen ereignet. Der modifizierten Zweiteiligkeit in Nr. 1 und 4, die in Nr. 3 durch Wiederholung beider Teile markiert und in Nr. 6 durch eine gewichtige Coda erweitert wird, stehen die dreiteilige Anlage in Nr. 2 und ein Thema mit sechs Variationen und Coda in Nr. 5 gegenüber. Innerhalb solcher Vorgaben vollzieht sich aber das Wunder einer internen Entwicklung, die vor dem Versuch ihrer Klärung zögern läßt. Was sich nämlich dem Hörer so selbstverständlich mitteilt, wird durch eine überaus genaue Disposition gesteuert, die hier nur ansatzweise aufzudecken ist.

Ein leitendes Prinzip, das auf unterschiedliche Weise in allen Sätzen wirksam ist, läßt sich exemplarisch am Andante cantabile C-Dur aus dem G-Dur-Quartett Nr. 1 einsichtig machen.[1] Über synkopisch verschobenen Vierteln der Mittelstimme intoniert die erste Violine auf betonter Zählzeit die Töne des aufsteigenden Dreiklangs, auf sie zielen Auftakte hin, die durch Doppelschläge Gewicht erhalten, während in Baßlage verdeckt der Grundton durch Achtel artikuliert wird. Wo die

[1] Ein weiteres Paradigma ist das Gegenstück aus dem ›Dissonanzen-Quartett‹, vgl. Fr. Krummacher, *Kantabilität als Konstruktion. Zum langsamen Satz aus Mozarts Streichquartett KV 465*, in: *Analysen. Beiträge zu einer Problemgeschichte des Komponierens. Festschrift für Hans Heinrich Eggebrecht*, hg. v. W. Breig, R. Brinkmann und E. Budde, Stuttgart 1984 (Beihefte zum Archiv für Musikwissenschaft 23), S. 217–233.

W. A. Mozart, KV 387, dritter Satz, T. 1–11 (*NMA*).

melodischen Ansätze – getrennt durch Pausen – die Oberquinte erreichen, fällt ihre Linie gegenläufig ab, und ihre Achtelkette mündet im Scharnier T. 5, indem nun auch die Mittelstimmen ihre drei auftaktigen

Achtel übernehmen und im folgenden Takt weiterführen. Gerade diese Auftaktformel aus drei repetierten Achteln, in der die Auftakte des Beginns und die Begleitung in Baßlage zusammenkommen, greift in T. 7 das Cello allein auf, sein verminderter Quintsprung zum Leitton der Dominante eröffnet die Modulationsbewegung, die Auftaktformel erhält aber motivische Qualität, wenn sie quasi imitatorisch von den anderen Stimmen bestätigt wird. Gleichzeitig setzt jedoch in T. 10 ein Prozeß zunehmender Ornamentierung an, der über Sechzehntel und ihre Triolierung bis hin zu Zweiunddreißigsteln reicht. Hintergründig bleiben die Auftakte in den anderen Stimmen wirksam, und sie treten erneut hervor, wenn auf der Dominante als Kadenzziel die Terz tiefalteriert wird (T. 22–24). In g-Moll verharrt auch der nächste Viertakter, die Triolenketten aber, die den Auftaktformeln folgen, ballen sich am Ende im konträren Unisono (T. 26–30). Im Rückblick zeigt sich also, daß der Satz nicht mit einem melodischen Modell begann, das als Thema sein Gegenstand wäre. Von seinem Beginn gehen vielmehr die rhythmischen Impulse aus, die seine variative Entfaltung bis zur Änderung der metrischen Disposition führen. Demgemäß ist auch der neue Ansatz auf der Dominante ab T. 31 nicht als Seitensatz zu verstehen, sondern als neue Stufe in diesem Prozeß. Er wird zwar wie der Satzbeginn von Synkopen und Achteln begleitet, der erste Auftakt wird aber zu zwei Achteln verkürzt, erst zum Folgetakt erscheint nochmals seine ursprüngliche Gestalt, dann aber greift bereits die Ornamentierung ein, die auch die Wiederholung der Taktgruppe erfaßt. An ihrem Ende paart sich die harmonische Trübung nach c-Moll mit akkordischem Achtelverband, danach löst sich die Struktur in knappen Gesten auf, die nun auftaktig akzentuiert sind, so daß die metrische Ordnung im Ziel umschlägt (T. 41–47). Rätselhaft nehmen sich dann die vier Takte aus, die als c-Moll-Kadenz zur Reprise zurückleiten sollen. Ohne motivische Reste konzentrieren sie sich auf eine Akkordfolge in Achteln, deren Glieder durch Pausen getrennt sind. Was sie mit dem Satzprozeß verbindet, sind allein die auf eine Sechzehntel komprimierten Auftakte, die damit als fundierende Partikel fungieren. Die Reprise sodann folgt bei Teiltransposition dem Modell des ersten Teils, die wichtigste Differenz bildet ein Einschub, der am anfänglichen Scharnier aus T. 5–6 ansetzt (T. 58–70). Die auftaktige Geste wird nicht nur isoliert, ihre Sequenzierung führt auch ab T. 62 bis nach Des-Dur, um dann über eine fallende Baßlinie (des – ces – b – as) mit übermäßigem Quintsextakkord zur Dominante G-Dur zu lenken. Während die Mittelstimmen die vom Baß vorgegebene Harmonik ausfüllen, behalten allein die Achtel der Oberstimmen noch rhythmische Qualität. In ihnen aber reihen sich nun beständig die Auftakte, die damit erst recht ihre Funktion bewähren. In dem Einschub also – am tonal fernsten Ort – kehrt der Satz nichts als die ihn tragende Geste hervor, so unscheinbar sie anfangs anmutete.

Vergleichbar und wohl noch komplexer ist der F-Dur-Satz in Nr. 6, dessen Thema zwar eine relativ geschlossene Gestalt hat, die bei ihrer Wiederholung variiert werden kann. Selbständiger sind jedoch auch die weiteren Satzgruppen (ab T. 13 und T. 26), die ähnlich wie in Nr. 1 durch auftaktige Impulse mit dem thematischen Komplex verkettet sind. Der weiträumigen Disposition dieser Phasen entspricht nach variierter Reprise ein umfänglicher Schlußteil, der sich je nach Sichtweise als dritter Teil oder als Coda auffassen läßt (T. 85–114). Er greift zwar anfangs auf die dritte Gruppe beider Hauptteile zurück, endet aber ab T. 102 in einem Ausklang, den zunächst wenig mit dem Satz verbindet. Denn diese Phase allein wird von repetierten Sechzehnteln derart getragen, daß ausgerechnet das Satzende an jene Struktur gemahnt, von der einmal langsame Sätze Haydns wie Mozarts ihren Ausgang nahmen. Darüber entfalten sich melodische Linien zu einer Kantabilität, wie sie so der Satz kaum kannte. Ihre Töne weisen indes latent auf den Satzbeginn zurück, und im Wechsel der Gegenstimmen klingt das Bewegungsmodell der zweiten Satzgruppe an. So treten im Schluß des Satzes die Relikte seiner Gruppen zusammen, sie bilden aber keine thematische Synthese, sondern verknüpfen strukturelle Prinzipien des Verlaufs. – So bezwingend anfangs die Melodik solcher Sätze wirkt, so wenig kann sie unberührt wiederkehren. Sie löst vielmehr den Prozeß einer Differenzierung aus, die nicht nur die ungeschmälerte Restitution verwehrt, sondern umgekehrt zur Auflösung tendiert. Etwas offener geben sich die Verhältnisse im dreiteiligen F-Dur-Satz aus Nr. 2 zu erkennen, der die beiden Glieder des A-Teils wiederholt, als solle ein Variationensatz beginnen. Sie kehren jedoch – erweitert um eine Coda – mit geringen Varianten wieder. Desto mehr hebt sich der B-Teil ab, der zu Beginn und Ende die auftaktigen Sechzehntel zeigt, die alle Taktgruppen der Rahmenteile prägen. Im Zentrum steht indes eine stabile Gruppe auf der Mediante As-Dur, die vom Kontext nichts zu wissen scheint. Sie allein spinnt jedoch die Sechzehntel der knappen Auftakte zu kontinuierlichen Ketten aus, wieder also transformiert eine scheinbar isolierte Phase elementare Zellen des Satzgefüges.

Formal nimmt sich in Nr. 4 der As-Dur-Satz mit zwei wiederholten Teilen recht konventio-nell aus, ihr weithin analoger Verlauf verfügt aber über desto reichere Nuancen. Die Achtelgruppen im Cello, die anfangs das 6/8-Metrum exponieren, drängen sich mit der harmonischen Progression auch intervallisch derart, daß zusammen mit den synkopischen Oberstimmen die Taktakzente verschweben. Der Vorgang erweitert sich durch freie Imitation, und scheint die Anschlußgruppe dann klar eintaktige Gruppen zu trennen, so nimmt ihre variierte Wiederholung wieder die Synkopen auf. Ähnlich verschieben sich auch in einer neuen Gruppe auf der Dominante die internen Akzente, und zumal das Modulationsfeld zu Beginn der zweiten Hälfte zieht harmonisch die Konsequenzen aus dem eröffnenden Satzkomplex.

Knapper bleibt mit 53 Takten das Adagio Es-Dur in Nr. 3, eine ungewöhnliche Differenzierung gibt dem Satz aber größten Nachdruck. Ähnlich wie in Nr. 1 und auch Nr. 6 summiert sich die Eröffnung aus knappen Phrasen mit Pausentrennung, und der erste Takt wird gar als Kadenz abgesetzt. Die fünftönige Achtelkette, die im zweiten Takt als Binnenauftakt fungiert, eröffnet schon die variative Arbeit, wie ihre Beschleunigung in T. 5 oder ihre metrische Korrektur in T. 6 anzeigt. Die Modulation zur Dominante basiert auf großräumiger Quintschrittsequenz, deren Ziel die harmonische Prolongierung verzögert, und auf analoger Sequenzierung beruht auch die dichte Kontrastgruppe ab T. 15, die bei Stimmtausch wiederholt wird, bis sich danach die melodischen Konturen aufzulösen scheinen. Das Fazit nach der teiltransponierten Reprise zieht ab T. 47 die Coda, die nicht vom ersten Takt ausgeht. Ihren Rahmen bilden in vertauschter Folge die ursprünglichen Takte 3–5, die in der Reprise ausfielen, zusammen mit dem anfänglich zweiten Takt, beide erhalten nun aber ihre metrisch korrekte Position auf betonter Zählzeit und legen damit ein Verfahren frei, das die Variabilität der Partikel zur Voraussetzung hat. – Mindestens ebenso ungewöhnlich ist endlich der Variationensatz in Nr. 5, der nur anfangs noch von herkömmlicher Ornamentierung ausgeht. Schon hier verbindet sich damit eine Kunst der Charakterisierung, die dann über ein Minore hinweg bis zur Coda reicht. Beziehungsreich ist schon das Thema, in dem nach sequenzierten Zweitaktern eine Achtelfolge in Sextakkorden auffällt, die erst zur Dominante und dann zur Doppeldominante weist, im zweiten Teil jedoch Dominante und Subdominante umkreist, womit die Kadenzziele von Dominante und Tonika angebahnt werden. In allen Variationen ist es primär dieses harmonische Gerüst, das im Wechsel der Charaktere den Zusammenhang verbürgt. Nur im Minore, dessen zweite Hälfte von 10 zu 14 Takten verlängert ist, wird die ursprüngliche Quintschrittsequenz durch Pendeln um Dominante und Tonika ersetzt, um die dann auch die Sextakkordfolge mit ›neapolitanischer‹ Wendung kreisen. Besonders eigenartig gewinnt die fünfte Variation den thematischen Taktgruppen einen kontrapunktischen Satz ab, der auch die harmonische Disposition ändert. Nach eröffnender Imitation wird die lineare Faktur erst sichtbar, wenn man die punktierten Sechzehntel vernachlässigt, die freilich nicht bloße Ornamentierung sind, sondern den punktierten Auftakt des Themenbeginns auswerten. Und die variative Arbeit ergreift selbst die Form, sofern beide Teile nicht wiederholt, sondern variantenreich ausgeschrieben sind. Leichtfüßig fast verbindet die letzte Variation wieder den harmonischen Grund mit pochenden Baßfiguren, sie aber prägen noch die Coda, in deren Mitte einmal das Thema selbst als komprimiertes Zitat an den Anfang erinnert.

Auf den unabsehbaren Reichtum dieser Sätze können solche Hinweise nur aufmerksam machen, wenn sie statt einer Umschreibung des

Ausdrucks die Frage stellen, welche Prinzipien die variable Handhabung der Satzelemente steuern. Erkennbar wird immerhin, daß sich Mozarts Kunst gerade in langsamen Sätzen nicht in der Präsentation schöner Melodik erschöpft, aber auch kaum Themen mit dem Ziel ihrer Verarbeitung exponiert. Dieser hellwache Kunstverstand wird nicht begreiflich, wenn man nicht die Verfahren verfolgt, die eine variative Entwicklung der exponierten Satzkomplexe erlauben. Daß ein kantabler Ansatz – so bezwingend er wirken kann – nicht sich selbst genug ist, sondern einen Prozeß eröffnet, der seine genaue Wiederkehr verwehrt, läßt sich nur solange bedauern, wie man sich dem schönen Schein sanfter Kantabilität überläßt. Den Zugang zu Mozarts Kunst eröffnet erst der Versuch, die latenten Elemente zu erkennen, von denen die Prozesse bis in ihre verästelten Nuancen reguliert werden.

Nachdem Mozart am 14. 1. 1785 das gerade abgeschlossene ›Dissonanzenquartett‹ als letztes der Reihe in sein Werkverzeichnis eingetragen hatte, hörte Haydn in kleinem Kreis schon am 15. Januar und dann am 12. Februar die ihm zugeeigneten Kompositionen. Die oft zitierten Worte, die Haydn daraufhin äußerte, hielt Leopold Mozart, der Anfang Februar nach Wien gekommen war, in einem Brief an die Tochter in Salzburg fest: »ich sage ihnen vor gott, als ein ehrlicher mann, ihr Sohn ist der größte Componist, den ich von Person und dem Nahmen nach kenne: er hat geschmack, und über das die größte Compositionswissenschaft«.[1] Dem geradezu freundschaftlichen Verständnis, das sich in Mozarts Widmung wie in der Reaktion Haydns bekundet, ist späterhin wohl nur noch jener Austausch zur Seite zu stellen, den Schumann in seinen Erinnerungen an Mendelssohn notierte. Doch drängt sich noch einmal die Frage auf, wie das Verhältnis dieser Quartette Mozarts zu den Werken von Haydn zu verstehen ist. Über den kompositorischen Dialog zwischen Werken, denen gewiß nicht nur die Gattung oder Besetzung gemeinsam ist, läßt sich allerdings kaum reden, solange man sich primär an vermeintlich greifbaren Bezügen orientiert. Denn bloße Ähnlichkeiten der Melodik oder auch Thematik – so verführerisch sie sein mögen – wollen wohl nicht gar so viel besagen, wenn man gleichzeitig den Fundus jener Möglichkeiten in Rechnung stellt, die in dieser Zeit zur Verfügung standen. Lehrreich kann dabei übrigens die Musik all der Zeitgenossen sein, die in den elementaren Bausteinen der Melodik oder Rhythmik kaum prinzipielle Divergenzen zeigt und dennoch zu diametral anderen Konsequenzen führt, ohne doch unmittelbare ›Einflüsse‹ in der einen oder anderen Richtung zu beweisen. Äußere und mitunter vage Analogien lassen sich zwar sammeln, wenn man Partikel aus ihrem Kontext löst, in dem sie jedoch erst ihre unauswechselbare Funktion finden. Die Differenzen im kompositorischen Ansatz Haydns wie Mozarts sind aber zu fundamental, als daß sich scheinbaren Entsprechungen mehr als eine nur punktuelle Bedeutung zugestehen ließe. Wo

1 *Mozart. Briefe*, Bd. III, S. 373 (16. 2. 1785).

Haydn mit den Taktgruppen zu operieren beginnt, um in ihrer thematischen Profilierung dann die Satzphasen mit zunehmender Konsequenz auszuarbeiten, da verharrt Mozart zunächst noch – wie es scheint – bei einer Gruppierung der Takte, die nur in einer ihrer Schichten und dann primär in den Ecksätzen als thematisch zu definieren sind. Gerade die langsamen Sätze legen aber auch andere und kaum minder wichtige Perspektiven frei, sofern die Taktgruppen primär mit dem Ziel konkretisiert werden, ihr rhythmisches Potential innerhalb der metrischen Disposition höchst variabel auszumessen. Daß dieses Verfahren über die Variierung und Transformierung solcher Impulse auch thematische Bezüge einschließen kann, begründet aber noch nicht den alleinigen Vorrang einer thematisch gesteuerten Konzeption. Gerade daran wird auch – anders als bei Haydn – der prinzipielle Abstand vom kompositorischen Denken Beethovens begreiflich, das sich wenig später auf die vorab thematische Entwicklung der Satzgruppen richtete. Weil aber solche Differenzen fundamental bleiben, konnte Mozart die Dedikation an Haydn wagen, ohne sich im geringsten dem Anschein der Assimilierung oder Anpassung auszusetzen. Was er an Haydn bewunderte, war zuerst gewiß der Ernst eines Werkanspruchs, durch den die Gattung konstituiert worden war. Diesem Anspruch aber trug Mozart nicht Rechnung, indem er auf Anleihen, Zitate oder deutliche Analogien bedacht war. Ganz im Gegenteil war er ihm genau dadurch verpflichtet, daß er ihn auf radikal andere Weise ins Werk zu setzen wußte. Und das Niveau dieser Auseinandersetzung nötigt auch zu der Einsicht, unter Verzicht auf vordergründige Verbindungen die unvergleichliche Individualität der wechselseitigen Reaktionen zu begreifen, die als Resultat des Diskurses den ästhetischen und historischen Rang dieser Werke begründet.

Wenn nun einzuräumen ist, daß die vier letzten Quartette Mozarts die ungemeine Verdichtung der Haydn gewidmeten Werke nicht auf gleiche Weise erreichen, dann muß jedoch – um Mißverständnisse auszuschließen – sogleich hinzugefügt werden, daß diese späten Quartette in wieder ganz anderer Art ihre sehr eigene Qualität ausprägen. Mit dem Unterschied der Werkgruppen kündigt sich zugleich eine hochgradige Individualisierung des Einzelwerkes an, die sich auch von der beharrlichen Arbeit unterscheidet, mit der Haydn sein eigenes Konzept immer neu zu formulieren vermochte. Ein derart individuelles Profil, das in der weiteren Gattungsgeschichte für alle Quartette von Rang verbindlich blieb, macht es wohl verständlich, daß es selbst dem späten Mozart kaum noch möglich war, noch einmal eine solche Serie von Werken abzuschließen, wie es Haydn fast bis zuletzt noch vermochte (und wie es selbst nach 1800 etwa bei Krommer und Hänsel üblich blieb). Nur wenig ist über den Anlaß des D-Dur-Quartetts KV 499 bekannt, das im Sommer 1786 – zwischen Klavierkonzerten und Kammermusikwerken mit Klavier – entstanden ist. Nachdem es am 19. 8. 1786 im Werkverzeichnis notiert wurde, erschien es noch in diesem Jahr bei Hoffmeister als einzelnes Werk, wie es ausnahmsweise zwei Jahre zuvor mit Haydns ›op. 42‹ der Fall gewesen war.[1] Anders steht es mit den sog. ›Preußischen Quartetten‹ KV 575, 589 und 590, die auf ähnliche Vorgaben wie die Gegenstücke Haydns vom Jahre 1787 verweisen. Ein Impuls für ihre Entstehung war offenbar die Reise, die Mozart im Frühling 1789 nach Berlin und Potsdam führte, denn bald danach wurde Anfang Juni – wohl unter Rückgriff auf frühere Entwürfe – in Wien das erste Werk begonnen und mit dem Zusatz »für Seine Mayestätt dem könig in Preussen« im Werkverzeichnis notiert. Auch ein Brief vom 12. Juli nennt die Absicht, sechs Quartette dem König zu dedizieren und mit sechs Klaviersonaten für dessen Tochter auf eigene Kosten bei Kozeluch zu veröffentlichen.[2] Mit der Absicht, das Violoncello gemäß den Fähigkeiten des Königs zu bedenken, verband sich die Hoffnung auf ein Gehalt oder doch ein angemessenes Honorar, und trotz seiner Notlage wollte Mozart im Mai 1790 die Werke »ruhig schreiben können«, nachdem er bis dahin gehindert war, »meine Quartetten zu endigen«. Doch wurden KV 589 und 590 im Mai und Juni des Jahres in das Werkverzeichnis aufgenommen, eine Aufführung wurde für den 22. Mai geplant, aber am 12. Juni sah sich Mozart »gezwungen, meine Quartetten (: diese mühsame Arbeit :) um ein Spottgeld herzugeben«, das ihm von Artaria angeboten worden war.[3] Die geplante Dedikation von sechs Werken war offenbar aufgegeben worden, der Druck aber verzögerte sich bis Ende 1791 – bis nach Mozarts Tod also.

---

1 *NMA* VIII/20/1:3, hg. v. L. Finscher, Kassel 1961, S. VII; vgl. auch *Mozart. Briefe*, Bd. III, S. 574.

2 *Mozart. Briefe*, Bd. IV, S. 91 sowie S. 93; vgl. auch F. Benestad, *Mozarts strykekvartett i D-dur, K. V. 575*, in: Norsk Musikkgranskning. Årbok 1959–61, Oslo 1961, S. 74–89.

3 Ebenda, S. 106, 109f. und 111. Zu den Quellen vgl. U. Konrad, *Mozarts Schaffensweise*, S. 363, 389 und 193 (zu KV 499, 575, 589 und 590), ferner L. Finscher, Vorwort zu *NMA* VIII/20/1:3, S. VII–IX.

Quartett D-Dur, Wien 1786, EA Hoffmeister 1788

499 D   (19. 8. 1786)   Allegretto 267 ¢ – Menuetto Allegretto 55 3/4 – Adagio G 105 3/4 – Allegro 387 2/4

3 ›Preußische Quartette‹, Wien 1789–90, EA Artaria – 31. 12. 1791 (›op. 18‹)
(nach Mozarts Verzeichnis »für Seine Mayestätt dem könig in Preussen«)

575 D   (Juni 1789)   Allegretto 193 ¢ – Andante A 73 3/4 – Menuetto Allegretto 114 3/4 – Allegretto 230 ¢

589 B   (Mai 1790)   Allegro 208 3/4 – Larghetto Es 89 ¢ – Menuetto Moderato 103 3/4 – Allegro assai 155 6/8

590 F   (Juni 1790)   Allegro moderato 196 4/4 – Andante C 122 6/8 – Menuetto Allegretto 75 3/4 – Allegro 309 2/4

Trotz der Sonderstellung des ersten Werkes und der Bündelung der folgenden verbinden diese vier Quartette auch Züge, die sie zugleich von früheren Verfahren abheben. Das sog. ›Hoffmeister-Quartett‹ zeigt zunächst zwar formal keine grundlegenden Unterschiede: Sonatensätze als Eröffnung und auch als Finale, dessen Thematik wieder eher ein Rondo verspricht, umrahmen das Menuett mit einem Minore als Trio und das dreiteilige Adagio. In der Satzstruktur aber und damit im kompositorischen Konzept geben sich eingreifende Änderungen zu erkennen, die besonders im Finale zutage treten. Die Triolenfigur zu Beginn, die

W. A. Mozart, KV 499, Finale, T. 1–8 (*NMA*).

fast als Auftakt wirkt, bricht schon in den beiden sequenzierenden Folgetakten ab, der vierte Takt aber bleibt leer, als sollte Haydn eine Reverenz erwiesen werden. Nach einem analogen Viertakter jedoch wird die Triolierung pausenlos fortgesponnen, bis sie in der Themenwiederholung mit sequenziertem Kontrapunkt zusammentrifft. Der eine Leertakt kehrt derart nur zu Beginn von Durchführung und Coda wieder und wird sonst im Stimmengefüge ausgefüllt, er hat also nicht solche Konsequenzen wie oft bei Haydn, verweist aber desto mehr auf die eigenartige rhythmische Kontinuität im ganzen Satzablauf. Denn trotz der Notierung im 2/4-Takt folgt der Satz über mehr als zwei Drittel hin infolge der Triolierung faktisch dem 6/8-Metrum. Die Viertelbewegung, die zuerst im Kontrapunkt zur Themenwiederholung begegnet, prägt nach Stauung mit Fermate allein den knappen Seitensatz, schon sein kapriziöser Anhang greift zu synkopischer Wechselbewegung, und bald setzt sich wieder die Triolierung des Hauptsatzes durch, die nur einmal noch vom knappen Rekurs aus dem Seitensatz unterbrochen wird. Die Durchführung stellt dann klar, daß der Satz auf den Konflikt beider Modi seiner Bewegung angelegt ist. Denn ihre ersten Takte konfrontieren unmittelbar beide Modelle, mit dem Anhang des geradtaktigen Seitensatzes paart sich aber für zweimal sechs Takte simultan die Triolenbewegung des Hauptthemas. Rasch setzt dann gleich die Reprise an, und die Coda bildet nur noch knapp den Kontrapunkt zum triolischen Hauptthema.

Die rhythmischen Modelle aller Themen tragen also geschlossene Phasen des Verlaufs, doch pointiert das Finale damit nur Verfahren des Kopfsatzes, dessen Eigenart nicht allein in der weitreichenden Beschränkung auf ein Thema liegt. Der unison vorgetragene Themenkopf, dessen Dreiklangsbrechung durch Pausen zäsuriert wird, erfährt über Orgelpunkt durch Sequenzierung der auftaktigen Tonrepetitionen des zweiten Glieds seine Erweiterung bis zur Kadenz in T. 12. Sogleich aber werden beide Glieder – Themenkopf und Auftaktkette – in Stimmpaaren kontrapunktisch verschränkt, und wo in T. 23 auf der Mollparallele ein neuer Ansatz beginnt, der dann kadenzierend zur Dominante führt, folgt wiederum die Rückkehr zum Hauptthema, das im Einklangskanon der Außenstimmen erscheint, ohne einem Seitensatz Raum zu gönnen. Einmal zwar setzt noch eine Legatovariante des ersten Einschubs an, die aber sofort dem Hauptthema den Vortritt läßt, das bis zur Schlußgruppe die Exposition bestimmt. Mit einer weithin monothematischen Anlage paart sich also eine rhythmische Kontinuität, die spätestens ab T. 29 den Satzverlauf prägt. Gebundene Achtel nämlich, die ständig in einer der Stimmen präsent bleiben, werden in der Schlußgruppe zu Tonrepetitionen reduziert. Erst im Schlußtakt der Exposition werden sie wie in einem Scharnier zu engräumigem Terz- und Sekundwechsel im Staccato formuliert, der nun gemeinsam mit dem Themenkopf und seiner Umkehrung die gesamte Durchführung durchzieht. Die stabile Kombination von Thema und Begleitung wirkt zwar seltsam starr, desto prägnanter tritt aber die hochgradige Kontinuität der Rhythmik hervor, die gleichermaßen die Coda bestimmt. Daß auch ein klangdichtes Menuett von seinem rhythmischen Impetus lebt, wäre allein kaum auffällig, wenn es nicht ebenso für das Trio in d-Moll gelten würde, das mit »kanonischen Nachahmungen« einem Rezensenten 1791 auffiel.[1] Doch weniger als durch kanonische Arbeit wird der Satz im Wechsel der Oberstimmen von Triolen beherrscht, die dann erst durch Imitation und schließlich im Einklangskanon aller Stimmen potenziert werden. Solchen Beobachtungen scheint sich nur der zehntaktige Themenkomplex im langsamen Satz mit seiner rhythmischen Subtilität zu entziehen, seine Kontinuität erhält er aber in der Parallelführung beider Violinen, zu der in der Themenwiederholung die Koppelung beider Unterstimmen tritt. Die modulierende Phase sodann bildet keine eigenständige Thematik aus, als sequenzierende Fortspinnung wird die stete Sechzehntelbewegung kaum nur durch ornamentale Gesten modifiziert, und vom Bewegungsmaß beider Modelle zehrt die Satzmitte auch dann, wenn sie durchführenden Charakter erhält.

Insgesamt setzt sich also auch in den Binnensätzen jene Tendenz durch, die in den Ecksätzen mit der Struktur ihrer Bewegung zu kennzeichnen ist. Und als ihre Konsequenz läßt sich dann umgekehrt eine weiterreichende Thematisierung als zuvor auffassen. Wenigstens innerhalb der Streichquartette kündigt sich damit eine Änderung des Konzeptes an, bei der die thematische Konzentration der Distanzierung vom Prinzip der Diskontinuität entspricht. Nicht grundlos sah schon Hermann Abert in der Durchführung des Kopfsatzes »eine echt romantische Entwicklung«[2], so voreilig aber jede Assoziation an Schubert wäre, so unverkennbar ist doch in diesem Werk die eigentümliche Konstituierung der musikalischen Zeit. Der Abstand vom gänzlich anderen Komponieren der Romantik ist gewiß weit größer als der von der Hochklassik

1 *NMA* VIII/20/1:3, S. VII.
2 H. Abert, *W. A. Mozart*, Bd. II, S. 317.

der Haydn gewidmeten Werke, und vom klassischen Reservoir wird neben der Melodiebildung zumal die harmonische Disposition gespeist. Dennoch bedeutet die hochgradige Kontinuität der Bewegung einen Schritt in neue Richtungen, je mehr sie aber später zum Kontinuum eines Liedes tendierte, desto mehr war ihr Melos dann auch auf stärkere harmonische Farben angewiesen.

Das Verfahren dieses Einzelwerkes setzen die ›Preußischen Quartette‹, deren Tonarten einen Dreiklang markieren (D – B – F), nicht geradlinig fort. Daß sie von Artaria als »konzertante Quartetten« angekündigt wurden, macht auf eine Seite aufmerksam, die wohl nur mittelbar auf die geplante Dedikation an den königlichen Cellisten zurückgeht.[1] Denn der Cellopart tritt nicht generell hervor, ihm fallen auch weniger virtuose als eher kantable Stimmzüge in hoher Lage zu wie in den Seitenthemen der Kopfsätze, in den Folgesätzen des ersten und noch im Larghetto des zweiten Quartetts. Schränkt sich seine Rolle also zunehmend ein, dann läßt sich daran wohl auch der Sinneswandel ablesen, der Mozart auf die Zueignung verzichten ließ. Wie in Haydns ›Preußischen Quartetten‹ dominiert also das Violoncello nicht über Gebühr, werden aber auch weitere Stimmen bedacht, so resultieren daraus längere Segmente je einer Stimme in geschlossenen Phasen, die sich mit dichterer Thematisierung als zuvor verbinden. Dem ausgreifenden Melos im ersten Quartett antwortet die kontrapunktisch knappe Diktion im zweiten, die sich im letzten zu konzentrierter Arbeit verdichtet. Bei hintergründiger Schlichtheit und formaler Straffung steht den großzügigen Kopfsätzen in den Finali das Spiel mit Zügen des Rondos gegenüber, und weitere Modifikationen zeigen in den Binnensätzen etwa das konzertante Trio des Menuetts in Nr. 2 oder das scherzose Allegretto in Nr. 3. Zwar ist es nicht ausgeschlossen, daß dabei die Kenntnis weiterer Werke Haydns mitspielt, statt enger Verzahnung der Taktgruppen in den ihm gewidmeten Quartetten wird jedoch die primär rhythmische Kontinuität des ›Hoffmeister-Quartetts‹ zu Ketten thematisch analoger Phrasen erweitert.

Der erste Satz im D-Dur-Quartett KV 575 präsentiert sein kantables Hauptthema zu regelhafter Achtelbegleitung, ohne Vorder- und Nachsatz abzuheben; ihren Widerpart findet die Kantilene in einer auftaktigen Variante ihres durch Triller markierten Kadenzglieds, deren Sequenzierung den sechstaktigen Kern bis in T. 9 hinein erweitert. Nach der Themenwiederholung durch die Viola dient die Achtelbewegung als Scharnier zwischen beiden Motiven nun im Wechsel mit dem Kontrastmotiv der Fortführung, ihre Übernahme im Cello eröffnet zugleich die Vermittlung zum Seitensatz, der seinerseits – wiederum im Cello – mit analogem Auftakt einsetzt. Seinem gehaltenen Ausgangston gesellen sich als erster Kontrast Achtel im Staccato zu, am Ende lösen sich wieder kantable Gesten mit dem Kontrastmotiv ab, bis die Gangart zu Achteltriolen fortschreitet. Sogleich aber setzt die Schlußgruppe an, die nichts

---

[1] *NMA* VIII/20/1:3, S. VIII; A. Hyatt King, *Mozart's Prussian Quartets in Relation to His Style*, in: Music and Letters 21 (1940), S. 328–346; A. Tyson, *New Light on Mozart's ›Prussian‹ Quartets*, in: The Musical Times 116 (1975), S. 126–130; I. Emerson, *Of Microcosms and Macrocosms. The String Quartet as Crucible for Mozart's Late Style*, in: Mozart-Jahrbuch 1991, Salzburg 1992, S. 664–669; M. Parker, *Friedrich Wilhelm II and the Classical String Quartet*, in: The Music Review 44 (1993), S. 161–182, wo auch Quartette von Samuel Dietrich Grosse und Otto C. E von Kospoth herangezogen werden.

als eine diminuierte Transposition des Hauptsatzes selbst bildet, in Analogie zum Seitensatz aber von skalaren Achteln im Staccato abgelöst wird. An das Muster dieses Epilogs schließt auch die Durchführung an, als Substitut des Hauptsatzes erscheint eine andere melodische Wendung, die ihrerseits im Kontrastglied des Themas ausläuft, bis die letzte Phase den diminuierten Themenkopf selbst aufnimmt. Wenn demnach wie die Exposition und die Durchführung auch die Reprise zur gleichen Themenvariante führt, so erübrigt sich eine gesonderte Coda, die ein weiteres Mal die Thematik beanspruchen müßte. Im ganzen aber lösen sich wechselweise die Phasen ab, die auf beide Elemente des Themas zurückgehen, ohne weitere Kontraste zu benötigen. – Zwar unterscheidet sich davon der Kopfsatz im B-Dur-Quartett KV 589 durch akzentuierenden 3/4-Takt, und seine kontrapunktische Arbeit kündigt schon im zweiten Takt die Imitation des Kopfmotivs an. Ähnlich aber konzentriert sich der Satz auf sein Material, wenn analoge Melodieglieder mit triolischen Achtelketten alternieren, um zum wenig kontrastierenden Seitensatz zu vermitteln, wie denn auch die Schlußgruppe das imitierte Kopfmotiv des Hauptthemas mit Triolenketten verknüpft. Analog setzt die Durchführung an, bei imitatorischer und kanonischer Arbeit läßt jedoch ihre thematische Prägung bis zur Reprise nicht nach, und wie in Nr. 1 entfällt auch eine eigene Coda. – Konziser noch treffen zu Beginn des F-Dur-Quartetts KV 590 gebundene Halbe im Unisono auf fallende Sechzehntel, die rasch in T. 3 abbrechen. Dreitaktig bleibt noch die Sequenzierung dieses Themenkopfes, und erst seine vollstimmige Wiederaufnahme erreicht eine Erweiterung. Wird das Thema aber in hoher Lage vom Violoncello auf der Dominante übernommen, so wird die letzte Gruppe der abbrechenden Figuration wie im Echo von der Oberstimme beantwortet, und in diesem Wechselspiel gewinnt die Überleitung ihre Kontinuität, bis das Seitenthema eintritt, dessen kantabler Kopf erneut durch ornamentale Kadenzwendung ergänzt wird. Während die Schlußgruppe wieder den Themenkopf zitiert, kommt ohne ihn die Durchführung aus, sie bezieht sich aber in der ersten Phase auf das Wechselspiel der Außenstimmen in der Überleitung und in der zweiten auf das figurative Schlußglied des Themenkerns. Gerade weil sie also das Kopfmotiv nicht bemüht, kann ihrem strukturellen Modell diesmal eine analoge Coda entsprechen. Ihre Balance erhalten die Satzglieder im Rekurs auf die beiden konträren Partikel, die im ersten Dreitakter verschweißt waren. Ungeachtet ihres individuellen Profils entsprechen sich demnach die drei Kopfsätze mit dem Wechselspiel ihrer thematisch gesättigten Satzphasen, die auch keine eigentlichen Kontrastgruppen zulassen.

Den Kopfsätzen begegnen die Finali in der gemeinsamen Prägung durch Momente des Rondos. Freilich zeichnet sich der Schlußsatz in Nr. 1 nicht allein durch einen kantablen Duktus aus, wie er in einem Rondo

Mozarts die Ausnahme bleibt, er entspricht vielmehr im melodischen Umriß so sehr dem Hauptthema des Kopfsatzes wie in keinem anderen Quartett. Nachdem der vom Cello eingeführte Refrain durch die Oberstimme erweitert wird, kündigen Triolen zwar ein konträres Couplet an, statt dessen tritt jedoch auf der Dominante der Refrainkopf selbst ein, der einem Rondo gemäße Kontrast wird also witzig genug durch thematische Analogie vertreten, und jeder lockeren Reihung entgegen erfaßt das Material den ganzen Stimmverband in imitativer Sequenz, die ein Umkehrungskanon aller Stimmen krönt (T. 46–49). Nach dem zweiten Refrain verfließen die Grenzen erst recht, da sich das folgende Couplet gleichsam zur Durchführung des Refrains erweitert, der dafür in der Reprise verkürzt wird. Erst die mit Kanonpaar beginnende Coda beendigt energisch dieses Vexierspiel, dessen ambivalentes Resultat als monothematisches Sonatenrondo zu bezeichnen wäre. Daß es gleichwohl keinen Augenblick monoton wirkt, ist aber nicht zuletzt im wechselnden Bewegungsmaß der Begleitmodelle begründet. – Wie der Kopfsatz ist auch das Schlußrondo in Nr. 2 rhythmisch pointiert und dazu kontrapunktisch angelegt; zwar folgen beide Teile des Refrains mit Wiederholungsanweisung der Norm, doch entspricht ihm das Couplet nicht nur rhythmisch, sondern sein neuer Ansatz läuft im Refrainkopf selbst aus (T. 49). Statt eines zweiten Refrains erscheint seine Transposition auf die Mediante, und erst wenn sich die Arbeit zu Kanonpaaren verdichtet, wird nachträglich bewußt, daß damit bereits der zweite Refrain abgegolten war. Erst die höchst subtile Faktur erlaubt die Pointe, daß sich das Rondo faktisch aufhebt, wenn sein Refrain ohne Binnenkontraste nur zweimal auf der Tonika erscheint. Trotz lakonischer Kürze wird dieser Satz damit zum Gegenstück der beiden anderen Finali. Denn nicht grundlegend anders verhält es sich mit dem Schlußsatz in Nr. 3, dessen thematische Sechzehntelkette im Grunde nur aus der Sequenzierung und Fortspinnung einer viertönigen Floskel besteht. Noch die Wiederholung seiner beiden Glieder kündigt anfangs einen Rondorefrain an, statt dessen ergibt sich jedoch ein Sonatensatz im 2/4-Takt, der in der Monothematik wie in der wirbelnden Bewegung an weit frühere Ansätze Haydns erinnert. Wie sehr er aber den für den späten Mozart maßgeblichen Prinzipien folgt, beweist neben dem Verzicht auf eigentliche Kontraste zumal die kontrapunktische Verdichtung, die am Ende von Exposition und Reprise zu einem intrikaten Kanon aller Stimmen greift. In ursprünglicher und umgekehrter Gestalt schichtet sich der Themenkopf in Stimmpaaren, die im Nonenabstand nach jeweils zwei Achteln eintreten (zuerst T. 109–116). Entsprechend den beiden anderen Finalsätzen paart sich mit geradezu motorischer Kontinuität die Intensität der Arbeit, und die Verschränkung von Rondo und Sonate stellt definitiv klar, daß formale Schemata nur äußere Vorgaben der verwickelten Prozesse sind.

Daß die Modifizierung der Struktur in den Binnensätzen nicht ganz so wirksam wird, hängt auch mit ihrem veränderten Gewicht im Zyklus zusammen, wie es besonders an den lang-samen Sätzen zu erkennen ist. Das Andante A-Dur in Nr. 1 entsteht aus einer knapp 20 Takte umfassenden Gruppe, die dann erweitert wiederholt wird, der modulierende Zwischenteil bildet jedoch weder Kontrast noch Verarbeitung, und eher als seine Substanz klingt seine Struktur in der knappen Coda an. So wechseln sich zwar Phasen ohne ausgeprägte Kontraste ab, doch werden auch wiederholte Taktgruppen nur recht wenig verändert. Gegenüber den gewichtigen Ecksätzen bedeutet es also eine tendenzielle Reduktion, wenn keiner der langsamen Sätze ein so komplexes Adagio wie zuvor darstellt. Auch das Larghetto As-Dur in Nr. 2, dessen Kantilene immerhin vom Cello angestimmt und dann in der Oberstimme erweitert wird, wiederholt ohne sonderliche Modifikationen seinen ersten Komplex, einem überaus knappen Verbindungsglied steht eine nur wenig längere Coda gegenüber, statt von entfaltender Arbeit ist also eher von melodischer Fortspinnung zu reden. Auffällig ist aber besonders das Allegretto C-Dur in Nr. 3, das zur schlichten Grundform mit zwei wiederholten Teilen zurückkehrt. Der Tempoangabe korrespondiert der Charakter eines Scherzando im 6/8-Takt, in dem sich alle Gruppen auf die karge Melodik der Kopfgruppe stützen. Ihr Wechselspiel von Tonrepetitionen im Staccato wird in Zweitaktern über Sequenzierung zur Kadenz ergänzt, die dann zur Dominante lenkt, bei aller Einfachheit erstaunt aber die Kette der Varianten, die von figurativen Gegenstimmen zur kanonischen Verschränkung reichen. Auch wenn sich beide Satzhälften damit fast einer Variationenreihe nähern, in der rhythmische und motivische Kohärenz zusammentreffen, bleibt ein reduzierter Anspruch doch unverkennbar. Dagegen sind die Menuette wohl nicht signifikant genug, als daß sich generelle Folgerungen ziehen ließen. Recht abgefeimt ist im F-Dur-Satz aus Nr. 3 die Folge der erst sieben- und dann fünftaktigen Gruppen, die am Ende freilich nicht restituiert werden. Ähnlich gedrängt ist auch das Menuett in Nr. 2, das die beiden Viertakter des ersten Teils im zweiten zwar ausspinnt, ohne jedoch den harmonischen Ambitus zu erweitern. Und die behäbigen Tonrepetitionen, mit denen der Satz im D-Dur-Quartett einsetzt, zerfallen in seiner Mitte derart in die Einzeltöne der verminderten Septakkorde, daß sich die rhythmischen Akzente scheinbar verschieben. Während das Trio hier seine symmetrischen Melodiephrasen fast durchweg dem Cello zuweist, wandert die begleitende Figuration im ausgedehnten Trio des zweiten Quartetts schließlich in die Oberstimme und gibt dem Satzende fast etüdenhafte Züge. Vielleicht erreicht das Gewicht der Tanzsätze seine Grenzen, sofern sich ihre einst zentrale Funktion einer metrischen oder motivischen Versuchsanordnung zu erschöpfen beginnt.

Soweit vom Spätwerk Mozarts zu reden ist, zählen dazu nicht erst die nachfolgenden Streichquintette, die dann auch als eine Erweiterung des

Quartetts zu gelten hätten. Bereits die ›Preußischen Quartette‹ sind Teile der letzten Werkgruppe, wie es besonders die planvolle Anlage ihrer Ecksätze ausweist. Von den Haydn gewidmeten Werken unterscheiden sie sich, indem sie Erfahrungen des isolierten ›Hoffmeister-Quartetts‹ aufnehmen, statt sich aber auf Kontinuität bei sekundärer Thematisierung zu richten, resultiert aus der Kette thematischer Glieder ein Kontinuum, in das auch die kontrapunktische Arbeit eingeht. So läßt sich nun rückblickend der Weg abmessen, den Mozarts Quartette nach dem ersten Versuch in drei Phasen durchschritten. Sehr anders als zuvor im Komponieren Haydns, das sich aus fast kargen Anfängen stetig erweiterte, ohne je seine Konzentration in Frage zu stellen, bedurfte die Gestaltfülle in Mozarts Musik einer restriktiven Bändigung, die zuerst an den ›Wiener Quartetten‹ ablesbar wird. Erst weit später konnte die Herausforderung durch Haydns Kunst ihre sublime Beantwortung in den ihm zugeeigneten Werken finden, in denen der Reichtum der Charaktere ihrer dichten Bündelung die Waage hält. Solche Souveränität war die Voraussetzung dafür, daß die letzten Quartette ohne äußere Expansion ihre expressive Stilisierung erreichten. Doch war es wohl diese Balance der Kontraste, die in der späteren Rezeption zu einer Verlagerung der Wertungen beitrug. Verdeckt wurde dabei, daß Haydns frühere Werke keineswegs bloß historisches Interesse verdienen, und selbst der Fundus seiner reifen Quartette wurde neben Mozarts Œuvre recht selektiv erfaßt. Denn ihr strenges Spiel mochte sich weniger anziehend ausnehmen, solange man an Mozarts Musik nur den trügerischen Schein melodiöser Anmut wahrnahm. Unverkennbar ist zudem, daß Beethoven dann in op. 18 zwar den beiden Älteren verpflichtet blieb, wenn er die thematischen Kontraste des einen mit der konzentrierten Arbeit des anderen zu verbinden wußte. Daß aber seine Werke das Material zu gleichsam sprechender Charakteristik bringen, forderte hier nicht nur zur verbalen Umschreibung ihrer Gehalte heraus. Bedenklich kann es vielmehr sein, wenn dann solche Werke Haydns wie Mozarts bevorzugt werden, die scheinbar gleiche Expressivität ausprägen. Doch sind einseitige Wertungen dem reichen Schatz nicht angemessen, den die lange Reihe der Quartette von Haydn wie Mozart bereithält. Wer sich geduldig auf sie einläßt, kann sich ihre Individualität erschließen, wenn er sie nicht an der Elle späterer ästhetischer Erwartungen bemißt.

Das individuelle Profil von Mozarts Quartetten führt nochmals auf die Frage zurück, wie sich die einzelnen Sätze im zyklischen Rahmen zueinander verhalten. Vielfach ist seit Hans Engel versucht worden, zyklische Zusammenhänge nicht nur in der Relation der Formen, Tempi oder Taktarten zu bestimmen, sondern sie genauer an thematischen Verbindungen zu erweisen.[1] Für ein Komponieren freilich, das nicht ausschließlich – wie sich zeigte – von gleichmäßiger Verarbeitung thematischer Gestalten geleitet wird, könnte die Frage nach thematisch defi-

---

1 H. Engel, *Haydn, Mozart und die Klassik*, in: Mozart-Jahrbuch 1959, Salzburg 1960, S. 46–79; ders., *Nochmals: thematische Satzverbindungen und Mozart*, in: Mozart-Jahrbuch 1962–63, Salzburg 1964, S. 14–23.

nierten Bezügen irreführend sein. Wenn die Beobachtung zutrifft, daß überleitende und selbst gearbeitete Satzphasen nicht allein von diastematischen Konturen der Themen, sondern ebenso von ihrem metrischen, rhythmischen und harmonischen Potential ausgehen, dann drängt sich wohl die Folgerung auf, daß eine Orientierung an intervallischen Gestalten einseitig sein dürfte. Desto vorsichtiger ist zu verfahren, wenn die Fragestellung vom internen Satzverlauf auf die Relationen im Zyklus erweitert wird. Orientiert man sich nur an abstrakten Intervallfolgen, dann kann etwa die chromatische Linie im Menuett des G-Dur-Quartetts KV 387 mit entsprechenden Tönen im Hauptthema des Kopfsatzes in Verbindung gebracht werden. Doch besagt die Konstellation nicht sehr viel, wenn man die ganz verschiedene Funktion solcher Zellen im Kontext der Sätze in Rechnung stellt: Was einmal substantiell ist, kann woanders akzidentell sein oder umgekehrt. Solche Bezüge müssen sich in einer Musik einstellen, die sich auf einen begrenzten Vorrat melodischer und harmonischer Vorgaben stützt, um daraus erst ein Maximum interner Vielfalt herauszutreiben. Je weiter man intervallische Substrate isoliert, desto eher gleichen sie Formeln, die auch in Werken der Zeitgenossen begegnen können. Wichtiger als handgreifliche Übereinstimmungen bleiben die konkreten Differenzen, die das individuelle Profil der Sätze und Werke verbürgen. Ihre Qualität liegt weniger an vermeintlichen Beziehungen, die kaum ihren internen Verlauf konstituieren. Weiter könnte es führen, die flexiblen Relationen der Sätze zu ermessen, deren Disposition oft fast unberechenbar und dennoch zwingend wirkt. Die Freiheit dieser Kunst, die nicht zuletzt ihre Klassizität ausmacht, wird leicht dann verfehlt, wenn sie dem Zwang ihr fremder Kategorien ausgesetzt wird. Ein Denken in thematischen Relationen, wie es im Blick auf Beethoven die spätere Theorie und auch die wissenschaftliche Terminologie bestimmte, lag nach Ausweis der theoretischen Entwürfe von Riepel und Koch für die Generation Mozarts nicht gleich nahe. Vorerst genügte es noch, dem Zusammenhang zu vertrauen, der den Sätzen traditionell vorgegeben war. So dürften für Mozarts Quartette – kaum anders als für die von Haydn – noch die Kriterien genügen, die einem Satz seinen Platz im Zyklus zuweisen. Das schließt nicht aus, daß bei Mozart eine Thematisierung wirksam wird, wie sie Haydns Kunst auszeichnet, ohne daß die Folge der Binnensätze nach Maßgabe des Charakters der Ecksätze vertauscht werden kann. Doch werden solche Beziehungen intern wie extern nicht dadurch zwingender, daß ihnen eine Beweislast thematischer Bezüge zugemutet wird, die dem Komponieren vor Beethoven so strikt nicht angemessen ist. Das könnte auch Folgen für die Frage haben, welche Bedeutung Rücksichten auf zyklische Relationen hatten, wenn Mozart selbst recht weit ausgeführte Entwürfe dann doch abbrach. Maßgeblicher als thematische Erwägungen dürfte die Balance der Charaktere sein, in der sich die Sätze nach Bewegung,

Satzart oder Taktmaß zueinander verhalten. Ihr Verhältnis duldet so wenig wie ihr inneres Gefüge eine mechanische Regulierung, denn so einfach die Partikel für sich sein mögen, die sich zu unabsehbarer Vielfalt zusammenfügen, so wechselvoll und mitunter kaum greifbar fallen auch die zyklischen Beziehungen aus.

Zum Inbegriff des Klassischen zählen nicht nur Singularität oder normative Geltung eines Werkes, sondern ein klassisches Kunstgeheimnis liegt im Vermögen, scheinbar einfachen Elementen ein Maximum an artifizieller Kombinatorik abzugewinnen. Doch bleibt dieses Konzept auf elementare Prämissen angewiesen, die ihrerseits ein Netz von Beziehungen ermöglichen. Wer das auf Regeln zu bringen sucht, verkennt schon ein Stück jener klassischen Balance, deren Regulierung keinem Kanon gehorcht. Beethoven blieb es vorbehalten, durch fortgetriebene Charakteristik der Sätze und ihrer Themen einen zyklischen Zusammenhang so bündig zu bestimmen, daß schließlich die Bündelung einzelner Werke zu einer ganzen Serie obsolet werden konnte. Schritt sein Spätwerk in weiterer Konsequenz zur Verklammerung der Sätze und Teile mittels rhythmischer und intervallischer Substrate voran, so blieb der Romantik das Experiment überlassen, substanzielle Bezüge als ein Netzwerk über alle Sätze auszubreiten. Und auf entsprechende Verfahren bei Brahms konnte sich noch Schönberg in der Absicht berufen, alle Sätze eines Zyklus durch eine Reihe zu verklammern. Doch sollte man auch nicht übersehen, daß derartige Zwänge Mozart noch sehr fern lagen. Seiner Musik wäre sonst nicht jene unabsehbare Freiheit gegeben, die sie recht eigentlich klassisch macht, indem sie das scheinbar Einfache zu höchster Artifizialität verschränkt.

3. Reformulierung der Gattung: Beethovens op. 18 und op. 59

Im Œuvre Beethovens nehmen sich die Streichquartette op. 18 als vergleichsweise frühe Werke aus, ihrer Schlüsselrolle in der Gattungsgeschichte entsprach aber keineswegs sogleich eine lebhafte öffentliche Resonanz. Die *Leipziger Allgemeine musikalische Zeitung* begnügte sich vielmehr mit einer Anzeige, in der er hieß: »sehr schwer auszuführen und keineswegs populär«.[1] In der Genese des klassischen Werkkanons bezeichnen indes diese Quartette umgekehrt eine abschließende Phase, aus der bereits die weiteren Werke ab op. 59 entschieden herausführen. Erinnert man sich daran, daß op. 18 rund zehn Jahre nach den letzten Quartetten Mozarts begonnen und neben den späten Werken Haydns vollendet wurde, dann wird die dichte Abfolge im kompositorischen Diskurs der klassischen Trias sichtbar. Allerdings wird Beethovens Auseinandersetzung mit den Verfahren von Haydn wie Mozart kaum an konkreten Modellen greifbar, wie es J. Yudkin und mit ihm H. Schnei-

---

1 Allgemeine musikalische Zeitung 3 (1801), Sp. 800 (26. 8. 1801). Zu Beethovens Quartetten insgesamt vgl. Th. Helm, *Beethoven's Streichquartette. Versuch einer technischen Analyse dieser Werke im Zusammenhange mit ihrem geistigen Gehalt*, Leipzig 1885; H. Riemann, *Beethoven's Streichquartette*, Berlin 1903 (Meisterführer Nr. 12); J. de Marliave, *Les Quatuors de Beethoven*, Paris 1925, englisch: *Beethoven's Quartets*, Oxford 1928 (Reprint New York 1961); J. Kerman, *The Beethoven Quartets*, New York und London 1967.

der für das A-Dur-Quartett Nr. 5 im Verhältnis zu Mozarts Werk in gleicher Tonart (KV 464) zu zeigen suchten.¹ Die Konsequenzen vielmehr, die Beethoven für sich zog, treten eher in den eigenen und durchaus neuen Prinzipien seiner Kompositionsweise hervor.

Die Annahme Hugo Riemanns², das c-Moll-Quartett Nr. 4 basiere auf frühen Entwürfen, gründete in dem Befund, daß Skizzen für dieses Werk im Unterschied zu den anderen fehlten. Zwar wurde die Vermutung vielfach – und noch 1967 von J. Kerman³ – übernommen, doch hat sich erwiesen, daß ein Skizzenbuch vom Herbst 1799 bis Frühjahr 1800 Eintragungen zu Nr. 4 enthielt, womit auch dieses Werk in die geschlossene Reihe der anderen gehört. Die Reihenfolge ihrer Entstehung unterschied sich freilich von der Anordnung im Druck: Beginnend mit Nr. 3 D-Dur, Nr. 1 F-Dur und Nr. 2 G-Dur (April 1798 bis Mai 1799), hebt sich eine erste Gruppe von der folgenden ab, die Nr. 5 A-Dur, Nr. 4 c-Moll und Nr. 6 B-Dur (Sommer 1799 bis Sommer 1800) umfaßte. Als Impuls dürfte ein Auftrag des Fürsten Lobkowitz gewirkt haben, ihm wurden je drei Werke im Herbst 1799 und im Herbst 1800 in Kopien überreicht, für die der Komponist ein ansehnliches Honorar quittieren konnte. Dem Fürsten wurde auch der Druck gewidmet, als die Werke Nr. 1–3 und 4–6 im Juni und Oktober 1801 bei T. Mollo & Co. in Wien erschienen. Er war freilich nach Beethovens Klage »voller Fehler und Errata«⁴, doch folgte erst 1808 eine Neuausgabe.

Die Publikation behielt zwar die Teilung in jeweils drei frühere und spätere Werke bei, innerhalb jeder Gruppe wurde aber die Anordnung wie folgt verändert:

Entstehung: 3 D – 1 F – 2 G   5 A – 4 c – 6 B
Publikation: 1 F – 2 G – 3 D   4 c – 5 A – 6 B

Die Tonarten umfassen also die Stufen von B bis A in Quintfolge aufwärts, wobei gerade C zur einzigen Molltonart gefärbt wird. Zwischen zwei benachbarten Werken besteht im Druck jeweils ein Sekundabstand, die Werke in Kreuztonarten sind in Quinten aufwärts angeordnet (G – D – A), während auf der anderen Seite c-Moll von Quinten auf- und abwärts (F und B) umrahmt wird. Schwieriger läßt sich abwägen, wie maßgeblich für die Anordnung ein »Prinzip des Kontrasts« im Wechsel »innovativer« und »leichterer« Quartette war⁵, denn der Schein eines wechselnden Gewichtes der Werke tritt zurück, sobald man sich nicht nur am thematischen Charakter der Kopfsätze, sondern an der durchgängigen Stringenz der internen Strukturen orientiert. Eröffnet wurde die Reihe gleichwohl durch ein exemplarisch konzises Werk, während ihr Abschluß dem zuletzt entstandenen Quartett verblieb.

1 J. Yudkin, *Beethoven's ›Mozart‹-Quartet*, in: Journal of the American Musicological Society 45 (1992), S. 30–74; H. Schneider, *6 Streichquartette F-Dur, G-Dur, D-Dur, c-Moll, A-Dur und B-Dur op. 18*, in: *Beethoven. Interpretationen seiner Werke*, hg. v. A. Riethmüller, C. Dahlhaus (†) und A. L. Ringer (fortan abgekürzt: *Beethoven-Interpretationen*), Bd. I, Laaber 1994, S. 133–150: 137f.

2 H. Riemann, *Beethoven's-Streichquartette*, S. 34.

3 J. Kerman, *The Beethoven Quartets*, S. 67ff.; zur Quellenlage vgl. zusammenfassend H. Schneider in: *Beethoven-Interpretationen*, S. 133ff.; G. Kinsky, *Das Werk Beethovens. Thematisch-bibliographisches Verzeichnis seiner sämtlichen vollendeten Kompositionen*, nach dem Tode des Verfassers abgeschlossen und hg. v. H. Halm, München 1955 (fortan abgekürzt: *Kinsky–Halm*), S. 40–45.

4 *Ludwig van Beethoven. Briefwechsel. Gesamtausgabe*, hg. v. S. Brandenburg, Bd. 1–7, München 1996–98 (fortan abgekürzt: *Beethoven. Briefwechsel*), hier Bd. 1, Nr. 84, S. 105 (an Hoffmeister & Kühnel, 8. 4. 1802); zur ursprünglichen Widmung an Carl Amenda vgl. ebenda, S. 48, Nr. 42 (25. 6. 1799).

5 H. Schneider in: *Beethoven-Interpretationen*, S. 137.

Streichquartette op. 18 – Satzfolge
Nr. 1 F-Dur: Allegro con brio, 313 3/4 – Adagio affetuoso ed appassionato, d, 110 9/8 – Scherzo. Allegro molto – Trio, F, 145 3/4 – Allegro, 381 2/4
Nr. 2 G-Dur: Allegro, 248 2/4 – Adagio cantabile, C, 86 3/4 – Scherzo. Allegro, G – Trio, C, 87 3/4 – Allegro molto quasi Presto, 413 2/4
Nr. 3 D-Dur: Allegro, 269 ¢ – Andante con moto, B, 151 2/4 – Allegro (mit Minore), D, 168 3/4 – Presto, 364 6/8
Nr. 4 c-Moll: Allegro ma non tanto, 219 c – Scherzo. Andante scherzoso quasi Allegretto, C, 261 3/8 – Menuetto. Allegretto, c – Trio, As, 98 3/4 – Allegro, 217 ¢
Nr. 5 A-Dur: Allegro, 225 6/8 – Menuetto – Trio, A, 105 3/4 – Andante cantabile (Thema, 5 Variationen), D, 139 2/4 – Allegro, 300 ¢
Nr. 6 B-Dur: Allegro con brio, 264 ¢ – Adagio ma non troppo, Es, 79 2/4 – Scherzo – Trio, B, 68 3/4 – La Malinconia. Adagio – Allegretto quasi Allegro, 44 2/4, 252 6/8

Den eröffnenden Sonatensätzen stehen analoge Formen in den Finali aus Nr. 2, 3 und 5 gegenüber, während das Sonatenrondo in Nr. 1 einem variierten Rondo in Nr. 4 und der singulären Kombinationsform in Nr. 6 entgegentritt. Dagegen verbindet sich die variable Form und Position der Binnensätze teilweise auch mit wechselnden Tonarten, wie es die Übersicht andeutet. An dritter Stelle erscheinen in der Regel die Tanzsätze, die in Nr. 1, 2 und 6 als Scherzo bezeichnet sind, an gleicher Stelle findet sich in Nr. 4 ein Menuett und in Nr. 3 ein Allegro ohne weitere Angabe, und einmal bildet in Nr. 5 ein Menuett auch den zweiten Satz. An zweiter Stelle begegnet in Nr. 4 ein Andante scherzoso, womit ein tänzerischer Charakter in diesem Werk beide Mittelsätze prägt. Weitere Varianten zeigen die anderen langsamen Sätze, die zumeist an zweiter Stelle plaziert sind. Orientiert sich das Adagio in Nr. 1 am Sonatenmodell, so tritt zur zweiteiligen Anlage in Nr. 3 ein Variationensatz in Nr. 5, wogegen die Dreiteiligkeit in Nr. 2 durch ein eingeschobenes Allegro und in Nr. 6 durch sukzessive Teilerweiterung modifiziert wird. Nur der langsame Satz in Nr. 1 steht in der Mollparallele, in Nr. 3 wird die Untermediante und Nr. 4 die Durparallele gewählt, bevorzugt wird dagegen in Nr. 2, 5 und 6 die Subdominante. Während in den Tanzsätzen aus Nr. 1, 5 und 6 die Grundtonart auch im Trio beibehalten wird, wenden sich die Trioteile in Nr. 2, 3 und 4 zur Subdominante, Mollparallele und Untermediante.

Im Werk der maßgeblichen Komponisten ist Beethovens op. 18 die letzte Sammlung, die noch einmal sechs Quartette zu einer Reihe versammelt. Die traditionelle Bündelung blieb zwar noch bis zu den je drei Quartetten op. 44 von Mendelssohn und op. 41 von Schumann in

Erinnerung, und selbst Brahms vereinte in op. 51 wie Reger in op. 54 nochmals wenigstens zwei Werke. Ein solch äußeres Indiz verweist bereits auf jenen Rang, der dem einzelnen Werk zuwuchs, doch sollte die Zusammenfassung von sechs Quartetten nicht darüber täuschen, daß der individuelle Werkanspruch schon in op. 18 angelegt ist. Ähnliche Serien schrieben zwar gleichzeitig und noch später Wiener Musiker wie Johann Georg Mederitsch, Franz Krommer, Franz Anton Hoffmeister, Adalbert Gyrowetz und zumal Emanuel Aloys Förster. Und Roger Hickman befand sogar, im Vergleich mit Werken der Zeitgenossen seien Beethovens Quartette op. 18 »not bold and innovative«, sondern »somewhat conservative and retrospective«.[1] Derart läßt sich freilich wohl nur urteilen, solange man sich der internen Stringenz dieser Musik verschließt. Denn der Expansion der Formen, die nur begrenzt an Taktzahlen ablesbar wird, entspricht eine Konzentration, die vor allem in der strikten Thematisierung des Verlaufs hervortritt. Die freie Verfügung über die musikalische Zeit, die Haydn gewonnen hatte, wurde von ihm zunächst in spielerischem Umgang mit dem Material erprobt und dann immer souveräner thematisch verdichtet. Sie veranlaßte denn auch Mozart dazu, die Fülle höchst unterschiedlicher Elemente derart zu komprimieren, daß überaus konträre Themengruppen – wie sich zeigte – im Satzprozeß konfrontiert werden konnten. Von solch polaren Konstellationen wie von der monothematischen Konzentration Haydns ging das Verfahren Beethovens gleichermaßen aus, das nun aber auf radikale Weise darauf abzielte, dem Material und damit einem ganzen Satz in seinem Ablauf gänzlich individuelle Expressivität aufzuprägen. Damit konnte sich jene musikalische Charakteristik entfalten, deren gleichsam sprechende Plastik die Interpreten dann unablässig zur verbalen Paraphrasierung musikalischer Gehalte herausgefordert hat. Sie werden freilich allein durch die kompositorische Faktur sprachloser Instrumentalmusik realisiert und sind weder durch die Summierung formaler Kriterien noch durch die Beschreibung ihres Ausdrucks zu fassen. Wie sich der weitere Weg einer ästhetischen Nobilitierung der Gattung vollzog, läßt sich zuerst an den Kopfsätzen und exemplarisch zumal am Eingangssatz des F-Dur-Quartetts Nr. 1 wahrnehmen.

Auf zwanzig Takte erweitert sich der Hauptsatz aus einem denkbar kargen Motiv heraus, das im Grunde nur aus einem Quartfall mit stilisiertem Doppelschlag besteht. Genauer gesagt: als punktierte Viertel wird der Grundton durch Ober- und Untersekunde mit angebundenen Sechzehnteln und zwei Achteln im Staccato ergänzt, doch bricht schon im zweiten Takt der Ansatz auf erster Zählzeit mit Pausen ab, so daß erfüllte und leere Zeit gleich anfangs aufeinander treffen. Schon die Wiederholung des Zweitakters verengt den Quartfall zur Terz, zum zweimaligen Kernmotiv im Unisono kontrastiert nun aber desto entschiedener der ergänzende Viertakter, wenn sich der Satz akkordisch füllt und die

[1] *Leopold Kozeluch: Six String Quartets, opus 32 and opus 33*, hg. v. R. Hickman, Madison 1994 (Recent Researches in the Music of the Classical Era 42), Preface S. IX.

L. v. Beethoven, op. 18 Nr. 1,
erster Satz, T. 1–18 (*NGA*,
G. Henle Verlag).

leeren Zählzeiten in fließendem Legato melodisch gefüllt werden, um den Kadenzraum auszuschreiten. Zwar verbinden sich schon im Vordersatz der ersten acht Takte motivische Kohärenz und variativer Kontrast, und der Nachsatz übernimmt noch die beiden ersten Zweitakter, erweitert jedoch die Kontrastgruppe erneut. Das Kernmotiv der Oberstimme wird dreifach aufwärts sequenziert und der Quartfall samt Pausen durch kantable Fortspinnung ersetzt, wobei die Unterstimmen mit Schärfung von Zwischendominanten zu verminderten Septakkorden erstmals auch den harmonischen Ambitus erweitern. Nicht weniger als achtmal begegnet also schon im Hauptsatz das Kernmotiv, das den Satz beherrschen wird und schon hier die Skala zwischen prägnanter Formel und kantabler Kontinuität ausmißt. Die Überleitung sodann (T. 21–55) verkettet zunächst die eintaktige Motivformel in taktweise sequenzierendem Wechsel der Violinen, ihr zweiter Ansatz ab T. 30 basiert auf dominantischem Orgelpunkt in Baßlage, in der das Motiv vierfach erscheint. Seine zweitaktigen Glieder werden nun aber durch ein Gegenmotiv der Oberstimme überbrückt, das quasi auftaktig ansetzt und mit drei auftaktigen Achteln zum nächsten Motiveinsatz im Cello vermittelt. Die viertaktige Quintschrittsequenz (d – A – G – C) kommt erstmals ohne das Kopfmotiv aus, im Ziel der Dominante jedoch schlägt der Satz zu ihrer Untermediante As-Dur um, auf der die Kernformel taktweise die Stimmen durchzieht, bis sie sich im verminderten Septakkord mit markanter Akkordkette in Vierteln staut (T. 41–48). Ihre Auflösung umspielt in skalaren Sechzehntelfiguren die Doppeldominante, vermittelnd aber wirken stets drei auftaktige Achtel, die auf das Gegenmotiv im zweiten Ansatz der Überleitung zurückweisen. – Der knappe Seitensatz (T. 55–71) nimmt sich dagegen mit Dreiklangsbrechung in Achteln samt Kadenzformel so unscheinbar aus, daß sich seine geringe Bedeutung zu bestätigen scheint, wenn er auch in Durchführung und Coda ausbleibt. Nicht zu übersehen ist aber seine formdynamische

Bedeutung als Gegenpol, denn viermal durchzieht er die Stimmen, und sein fragiler Charakter läßt desto entschiedener dann die Rückkehr zum Kernmotiv hervortreten (T. 72–84). Wie in der ersten Überleitung wird der sequenzierende Motivwechsel von raschen Skalen abgefangen, bis die Schlußgruppe die Achtelketten des Seitensatzes – nun im Unisono aufwärts treibend – neu formiert und in eintaktiger Pause abbricht (T. 85–88 und analog T. 89–96). Wiederholt sich der Vorgang variiert mit Oktavversetzung, dann legt der leere Pausentakt erst recht das dichte Gewebe seines Kontextes frei. Nach entschiedener, auf vier Takte verbreiteter Kadenz greift der Epilog (T. 101–114) zwar auf die Konstellation der Überleitung ab T. 30 zurück, die motivische Grundgestalt und ihr auftaktiges Gegenmotiv werden aber in der Wiederholung der Taktgruppen subtil zu engräumig umspielenden Sechzehnteln verändert (T. 105–108), und noch die stilisierten Trillerketten, die im Unisono zum Schluß der Exposition führen, deuten auf die ornamentierte Grundgestalt als Ausgangspunkt zurück.

Statt nur konträre Themen und Motive zu präsentieren, legt die Exposition vielmehr die Prinzipien des Satzes dar. In ihren wechselseitigen Relationen konturieren die motivischen Varianten den Zeitverlauf im eng verketteten und doch prägnant zäsurierten Prozeß, der den Ambitus von knappster Formel bis zu ausschwingendem Melos umfaßt. Das Kennwort der Konzentration allein genügt dafür kaum, wenn nicht zugleich auch die Vielfalt der expressiven Charaktere erfaßt wird. Die Durchführung knüpft zunächst an das Laufwerk des Epilogs an, dem erneut die Kernformel in den Unterstimmen entgegentritt (T. 115–123). Zweimal noch setzt es mit seiner Legatovariante unter Abspaltung des zweiten Taktes an (T. 123–128), was sich dann als Zentrum anschließt, wäre nur ungenau als dreimal ansetzendes Fugato umschrieben (T. 129–145). Eher handelt es sich um einen dreifachen Einklangkanon in taktweisem Abstand, in dem das Kopfmotiv durch Septsprung abwärts und in Gegenrichtung durch partiell chromatische Schritte in energischen Vierteln neu profiliert wird. Dem dritten Einsatz folgt schon nach einer Viertel ein weiterer, der den Verlauf als Engführung steigert. Wie der Vergleich mit der Erstfassung zeigt, die durch eine Kopie Carl Amendas überliefert wird, war ursprünglich ein weiterer Absatz in eintaktigem Abstand vorgesehen, die Verdichtung war also das Ergebnis der nachträglichen Revision des Werkes, die dann auch den harmonischen Verlauf der Durchführung erweiterte.[1] Die drei kanonischen Phasen basieren auf den drei verminderten Septakkorden über cis, fis und h und führen demgemäß nach d-, g- und c-Moll. Im Zentrum des Satzes paart sich also die kontrapunktische Komprimierung mit der harmonischen Extension, die erstmals in der Erweiterung des Hauptsatzes ab T. 14 erschien. Auch nach Aufgabe des Kanons wird die harmonische Kette nach f- und b-Moll fortgeführt, zugleich wird der Motivkern in der

---

1 Am 1. 7. 1801 schrieb Beethoven an Amenda: »dein quartett gieb ja nicht weiter, weil ich es sehr umgeändert habe, indem ich erst jetzt recht quartetten zu schreiben weiß«, vgl. *Beethoven. Briefwechsel*, Bd. 1, Nr. 67, S. 84–86: 86. Erste Fassung von op. 18 Nr. 1 in: Beethoven. Werke, hg. im Auftrag des Beethoven-Archivs Bonn, Abt. VI Streichquartette, Bd. 3, hg. v. P. Mies, München 1962, S. 124–150; zur Umarbeitung vgl. S. Brandenburg, *Beethovens Streichquartette op. 18*, in: *Beethoven und Böhmen*, hg. v. dems. und M. Gutiérrez-Denhoff, Bonn 1988, S. 259–310.

Ballung aller Stimmen auf eine Achtel und zwei Sechzehntel reduziert (T. 145–151). Umgekehrt löst sich diese Kulmination zu fast spielerischer Reihung der zentralen Motivformel auf, die in viertaktigen Gruppen beide Violinen wechselnd in b-Moll, Ges-Dur und f-Moll durchläuft (T. 151–167). Den figurativen Scharnieren der Exposition entspricht die Rückleitung (T. 167–188), gerade weil in ihr die motivische Bindung zurückkehrt, steigert sich desto drängender die Erwartung der Reprise. Formal entspricht die Reprise zwar der Exposition, sie wendet sich aber rasch nach Ges-Dur, während der Seitensatz desto klarer die Ruhelage der Tonika vertritt. Die Eröffnung der Coda bilden – scheinbar neu – zweifach markant aufsteigende Viertel im Unisono, die auf der Septime mit Fermate enden (T. 274–281). Sie schließen zugleich an die prägnanten Kadenzgruppen an, die in Exposition und Reprise Gelenkstellen auszeichneten (vgl. T. 47f. und 97ff., T. 208f. und 258ff.). Die gleichmäßige Skala im Septraum liegt auch der folgenden Taktgruppe zugrunde, in der die Oberstimme die reduzierte Kernformel im skalenweisen Abstieg reiht (T. 282–288): Die dramatische Kulmination der Durchführung findet ihr helles Gegenbild in der Coda.

So bietet der Satz seine Kernformel über 100 Mal und weit öfter noch, wenn man alle Varianten einrechnet. Seine Idee entwirft er in der Steuerung des Zeitstroms, der die überaus karge Substanz zu höchst wechselvoller Expressivität treibt. Doch weder die thematische Bindung noch die Fülle der Varianten genügen sich selbst, sie finden ihren Rückhalt in der scharfen Charakteristik der Satzphasen, die durch äußerste Reduktion auf der einen und melodische Prolongierung auf der anderen Seite realisiert wird. Sie bliebe freilich abstrakt im kadenzmetrischen Gerüst, träte nicht zur straffen Periodisierung der Reichtum harmonischer Farben und dynamischer Akzente, worin sich der thematisch regulierte Satz konkretisiert. Solchen Prinzipien sind auch die weiteren Sonatensätze in op. 18 verpflichtet, so unterschiedlich ihre thematischen Charaktere und strukturellen Verfahren auch sind. Das G-Dur-Werk Nr. 2 dankt primär der Thematik des Kopfsatzes den ambivalenten Beinamen ›Komplimentier-Quartett‹. Denn damit verband sich schon für Riemann deutliche Geringschätzung, da der Satz »zu sehr in viertaktige Bruchstücke zerfällt«, ohne klare »Kontrastwirkung« der Themen zu zeigen.[1] Solche Kritik übersieht jedoch die kompositorische Aufgabe und somit die eigene Idee des Satzes. Wer sich nur an der Thematik orientiert, ohne ihre Funktion zu erfassen, wird das Werk als weniger belangvoll abtun. Doch gerade mit den so knappen wie konträren Bausteinen stellt sich wieder die Frage nach Wegen ihrer Entfaltung und Verknüpfung. Der volltaktig graziösen Geste im ersten Zweitakter antwortet im zweiten eine punktierte Dreiklangsbrechung im Unisono, ihren Auftakt übernimmt die knapp viertaktige Kadenzgruppe, die so wie die ersten Gruppen durch Pausen abgeriegelt wird. Die variierte Themenwie-

---

[1] H. Riemann, *Beethoven's Streichquartette*, S. 20; J. Kerman, *The Beethoven Quartets*, S. 45–49, zu Verbindungen zwischen den Sätzen ebenda, S. 50ff.

derholung bietet zweifach eine freie Umkehrung der beiden ersten Taktgruppen, durch deren Kontraktion dann die Kadenzgruppe ersetzt wird. Daß die Überleitung ab T. 21 auf den Hauptsatz zurück- und den Seitensatz voranweist, ist aber entgegen Riemann kein Kunstfehler, sondern ein weiterer Schritt im Satzprozeß. Aufgenommen wird der Umriß der anfänglichen Kadenzgruppe mit dominantischer Öffnung, statt zu modulieren, kann der stabile Viertakter also nur versetzt werden, bis die Dominante erreicht wird. Rhythmisch entspricht ihm der Kopf des Seitensatzes aus T. 36, der nicht nur rasche Skalen als Binnenkontrast aufnimmt, sondern auch erstmals zu längeren Taktgruppen erweitert wird. Ihre größte Kontinuität erreicht die Exposition wider Erwarten gerade in der gearbeiteten Satzphase, die zur Schlußgruppe ab T. 61 führt. Und dem geistreichen Spiel mit figurativen Formeln des Materials tritt als witziger Epilog die bündelnde Kadenz aus dem Hauptsatz entgegen. Noch weiter führt die Durchführung das Verfahren, im ausgreifenden Modulationsplan knappe Motivketten zu geschlossenen Strecken auszuspinnen. Und im Übergang zur Reprise überlagern sich ab T. 142 das graziöse Kopfmotiv und die Tonrepetitionen der Überleitung derart, daß nun der Themenkomplex als geschlossener Block eintreten kann. Dagegen setzt die Coda umgekehrt bei der Kadenzgruppe des Hauptsatzes an, um im Rückgriff auf seine anfängliche Gliederung auszuklingen.

Der Kopfsatz des D-Dur-Quartetts Nr. 3, das bis 1798 zurückreicht, erscheint gerade in der Anordnung des Drucks als planmäßige Alternative zu den Gegenstücken der beiden ersten Werke. Denn der Hauptsatz ist nicht allein eine in sich geschlossene Phrase, die bis in T. 10 hineinreicht. Sein Initium bildet der dominantische Septsprung in ganzen Noten, die von den Gegenstimmen nachgezeichnet werden, und so entsteht über aufsteigendem Baßgang eine homogene Kadenzfolge, die auch durch Achtelfiguren der Oberstimme nur ornamental umspielt wird. Auf 16 Takte gar weitet sich die variierte Wiederholung aus, in der das Initium erstmals imitatorisch potenziert wird, während sich die Achtelketten der Oberstimmen als solistische Figuren ablösen und in der Ausspinnung durch die Gegenstimmen rhythmisch markanter begleitet werden (T. 11–27). Daß die Phrasen zwar volltaktig anheben und doch über die periodische Norm hinaus in die Folgegruppen reichen (T. 10 und T. 27), gewährleistet bereits ihre enge Verzahnung. Und das Initium mit seiner Fortspinnung prägt den Satz weiter, bis der Themenkomplex – noch immer in Tonikalage – in T. 36 zum Schluß kommt. Sehr anders freilich setzt mit triolischem Achtelauftakt die Überleitung ein, daß sie dennoch das Spektrum nur dehnt, ohne den Zusammenhang preiszugeben, ist in der harmonischen Stabilität ihrer Viertakter begründet, die erneut Tonika und dann erst Subdominante und Dominante umkreisen, wobei die lebhaft artikulierte Melodielinie nur sparsam akkordisch aufgefüllt wird. Indem aber die Triolen dann kettenweise verlängert werden, erreicht die Überleitung ihren Höhepunkt in T. 51, bevor sie wieder in längeren Werten zurückgenommen wird. Wenn die skalaren Achtel im Staccato dann zum Legato überführt werden, wäre die Affinität zum Hauptsatz erreicht, wenn nicht die chromatische Färbung der Doppeldominante (e zu eis = f) umgekehrt über G-Dur zum Seitensatz in C-Dur führte (T. 62ff. und T. 69ff.). Spätestens hier wird einsichtig, daß dem melodisch geschwungenen Hauptsatz rhythmisch konzise Gruppen entgegentreten, um damit den diskursiven Wechsel im Satzprozeß zu eröffnen. So beschränkt sich auch der Seitensatz auf einen prägnanten Achttakter in synkopisch profilierter Akkordraffung, und wenn sich in seiner kadenzierenden Erweiterung ab T. 76 markante Akkordprogressionen mit Skalenwerk treffen, so wird damit ab T. 90 die Schlußgruppe eröffnet, die nochmals die rhythmisch divergierenden Elemente bündelt. Gerade am Ende der Exposition, also vor ihrer Wiederholung und vor der Durchführung, greifen erstmals isolierte Akkordschläge ein, von denen sich dann der Hauptsatz desto entschiedener abhebt: Die Pole des Satzes treffen direkt aufeinander. In der Mollvariante eröffnet der Hauptsatz die Durchführung, die dann auf die Überleitung rekurriert, ihr Zentrum aber bildet die Kombination von Achteln und Triolen mit den Ganzen aus dem Initium des Hauptsatzes, zu deren kontrapunktischer Entfaltung sich die polaren Satzebenen verbinden (T. 134–156). Die dynamische wie harmonische Kulmination bedeutet der weitgefächerte Cis-Dur-Akkord am Ende, und indem sein Grundton zur Terz eines Klanges auf A umgedeutet wird, kann so überraschend wie selbstverständlich die Reprise im Pianissimo ansetzen. Bei allem Kontrast ist dieser Übergang zugleich ein Muster der zielstrebigen Vermittlung, womit die Strategien Beethovens in gleichem Maß hervortreten. Die Reprise führt einerseits die polyphone Potenzierung des Themenkopfes fort, sie wird andererseits in der Überleitung gestrafft, während der Seitensatz nach F-Dur abgesenkt wird. Und bevor die Coda den Kopf des Hauptsatzes zum dreistimmigen Kanon verdichtet (T. 255ff.), tritt als Echo früherer Kontraste das Zitat des Seitensatzes – zudem im fernen Es-Dur – noch einmal ein (T. 247ff.). So wenig die eigene Funktion der Coda die von Kerman erwogene Beziehung zum Schluß des Kopfsatzes in Mozarts D-Dur-Quartett KV 575 erlaubt, so sehr verfehlt auch die Kritik an den überleitenden Satzphasen den funktionalen Zusammenhang insgesamt.[1] Denn rückblickend erweist sich nun erst die konstruktive Macht, in der so überaus verschieden charakterisierte Satzphasen ihren kombinatorisch wechselnden Ausgleich finden.

Weiter noch reicht das Verfahren, aus prägnant thematisierten Phasen den Satzverlauf zu konstruieren, im ersten Satz des c-Moll-Quartetts Nr. 4, das die zweite Trias der Sammlung eröffnet. Von Riemann bis zu Kerman stieß dieser Satz auf Vorbehalte, die durch die Analogie seiner Themen und die Affinität zwischen Exposition und Durchführung

---

1 J. Kerman, *The Beethoven Quartets*, S. 16–20.

ausgelöst wurden.¹ Dem emphatisch gesteigerten Espressivo entspricht in der Tat ein höchst kompakter Satz, der subtilere Arbeit zunächst kaum zuzulassen scheint. Schon im Hauptsatz wird über gleichmäßigen Achtelrepetitionen in Baßlage nicht allein der erste Zweitakter im Oberstimmenverband gleich auf die Subdominante versetzt, sondern auch der Nachsatz führt die aufwärtstreibende Steigerung – nun auf der Dominante – in doppeltem Ansatz fort, so daß der Komplex bis zur Kadenz in T. 13 mehr als drei Oktaven durchmißt. Zwar wird er für vier Takte von Akkordschlägen harsch unterbrochen, erst seine Fortführung läuft aber unter Umspielung auf der Dominante in T. 25 aus. Zwischen Haupt- und Seitensatz stehen nur acht Takte, die auf subdominantischer Ebene eine knappe Überleitung präsentieren, und der Seitensatz selbst bildet in schrittweiser Sequenz aufwärts eine achttaktige Kantilene, die sogleich oktaviert wiederkehrt (T. 34–48). Sein melodisches Potential wird erneut erst im Auslauf zurückgenommen, und noch die Schlußgruppe akzentuiert ihre synkopische Rhythmik in akkordischer Formation (T. 53–66), von der sich nach zweitaktiger Solokadenz der pointierte Epilog absetzt (T. 70–77). Denn im Unisono werden getupfte Achtel von markanten Akkorden abgelöst, die zur Wiederholung der Exposition leiten. An der Nahtstelle zur Durchführung verstärkt sich der Kontrast, wenn diese Akkordschläge nicht – wie erwartet – zur Dominante, sondern mit chromatischem Schritt zur Doppeldominante lenken, wonach der Hauptsatz in g-Moll ansetzt. Aufgabe der Durchführung ist es demnach, die geschlossenen Themengruppen in diskursiver Verarbeitung aufzubrechen. Kenntlich wird das an der Isolierung der drei auftaktigen Achtel, die im Hauptsatz den motivisch zentralen Zweitakter verschränkten und nun die Verarbeitung tragen (T. 94–108). Wiederum trennen nur viertaktige Akkordschläge vom Eintritt des Seitensatzes, der hier erstmals eine zentrale Rolle in der Durchführung übernimmt (T. 101–123). Sein kantables Melos wird durch Achtel im Staccato und dann im Legato modifiziert, es verliert seine Dominanz vollends, wenn ab T. 124 der Aufschwung in Achteln, der den Themenkopf bezeichnete, abgespalten und weiter variiert werden kann. Denn aus ihm werden noch die Achtelketten abgeleitet, in denen die Durchführung auf der Dominante ausschwingt, um die Reprise vorzubereiten. Entgegengesetzt verfährt die Coda, sofern sie die emphatische Steigerung des Hauptsatzes vom neapolitanischen Des-Dur aus fortführt, bis sie effektvoll im geschlossenen Feld der letzten Takte das tonale Zentrum bekräftigt.

Auf sehr verschiedene Weise repräsentieren also die Kopfsätze der beiden mittleren Quartette aus op. 18 mit jeweils homogenen Themenblöcken alternative Möglichkeiten, die sich zugleich scharf von der sukzessiven Verkettung knapper Taktgruppen in den beiden ersten Werken unterscheiden. Und die Erprobung so verschiedener Prinzipien, an

1 H. Riemann, *Beethovens Streichquartette*, S. 34f.; J. Kerman, *The Beethoven Quartets*, S. 65f.; H. Schneider in: *Beethoven-Interpretationen*, S. 144.

denen sich die experimentelle Systematik Beethovens bewährt, setzt sich noch in den letzten Werken fort.

Wo das A-Dur-Quartett Nr. 5 auf Mozarts Werk in gleicher Tonart KV 464 bezogen wird, pflegt man neben Analogien im Menuett, im Variationensatz und im kontrapunktischen Finale auch die metrische Ambiguität zu nennen, die der Thematik der Kopfsätze gemeinsam sei. Herbert Schneider sprach von innerer »Abhängigkeit« Beethovens, wiewohl sein Satz »sehr verschieden von jenem Mozarts« sei.[1] Ähnlichkeiten sah er im Wechsel der Taktschwerpunkte und im abwärts schreitenden Modulationsgang der Überleitung, doch erweisen sie sich als peripher gegenüber der ganz unterschiedlichen Konzeption beider Werke. Denn jenseits wechselnder Taktakzente zeichnet sich Mozarts Thema – wie erwähnt – trotz interner Zäsuren durch kantable Kontinuität aus, wogegen das thematische Modell Beethovens von der Addition halbtaktiger Zellen ausgeht. Zwar scheinen die Außenstimmen zusammengenommen eine durchgehende Achtelfolge zu ergeben, die wiederholte Dreiklangsbrechung im Cello betont aber die erste Takthälfte, wogegen die Skalenausschnitte der ersten Violine die zweite Takthälfte füllen und zudem mit den Unterstimmen durch Sforzato akzentuiert werden. Erst der erweiterte Nachsatz ab T. 5 findet über Achtelbegleitung des Cellos in der Oberstimme zu einer durchgängigen Linie, deren Zweitakter sich auch metrisch entsprechen. Doch schon die Überleitung isoliert mit auftaktigen Sechzehnteln wieder einzelne Takte, die sich erst in der Kadenz zur Dominante zum Stimmenverband sammeln. Dem Seitensatz dagegen, der ab T. 25 in e-Moll ansetzt und erst am Ende die Durdominante erreicht, eignet in homophonem Satz eine metrische Regulierung, die erst in der Verarbeitung ab T. 40 durch Imitationen in taktweisem Abstand aufgehoben wird. Und die Relation zwischen Einzeltakten und Taktgruppen prägt auch die Schlußgruppe, die so wie dann der Epilog in graziöser Figuration ausläuft. Dazwischen aber setzt in T. 68 der Epilog in akkordisch gedrängtem Satz an, und genau an ihn knüpft auch die Durchführung an, um ihn gleich in drei- und zweitaktige Phrasen aufzutrennen. Am weitesten reicht die Zergliederung, wenn selbst die auftaktigen Sechzehntel der Überleitung ab T. 103 und T. 113 der Verarbeitung unterworfen werden und erst die folgenden Satzgruppen zu metrischer Regulierung tendieren. Selbst die Reprise pointiert dies Verfahren in dem Einschub zwischen dem Themenkopf, und noch die siebentaktige Coda demonstriert letztmals die Fragmentierung des Materials in Gruppen wechselnder Länge. – Wiederum anders sind im B-Dur-Satz aus Nr. 6 die Themen als ausgedehnte, homogene Phasen angelegt, die zugleich aber höchst verschieden gebaut sind. Im Hauptsatz bilden Mittel- bzw. Unterstimmen ein gleichmäßiges Fundament, das in Vierteln und Achteln Zählzeiten und Harmonien fixiert. Die aufsteigende Dreiklangsfigur der Oberstimme dagegen, deren Zwei-

---

[1] H. Schneider in: *Beethoven-Interpretationen*, S. 137 und S. 146; zum Kopfsatz vgl. auch C. Dahlhaus, *Ludwig van Beethoven und seine Zeit*, Laaber 1987, S. 94f.

takter mit intern auftaktigen Doppelschlagfiguren ansetzen, wird in Gegenrichtung vom Cello beantwortet. Wird nach verkürzter Wiederholung die Dominante gewonnen, so spaltet sich der auftaktige Doppelschlag gleich ab, und mit modifizierter Themenwiederholung zwischen beiden Violinen dehnt sich der Komplex bis zur Kadenz auf der Tonika T. 28 aus. Nun erst fängt ihn die Überleitung ab, die als knapper Kanon der Unterstimmen in Halben ansetzt, und unter Zutritt von Skalenfiguren wird die Dominante energisch befestigt. Marschartige Rhythmik prägt dagegen den homophonen Seitensatz, und anders als im Hauptthema erweitern seine stabilen Taktgruppen den Bereich der Tonarten über die Dominantvariante zu ihrer Parallele As-Dur. Indem sich seine Rhythmik zu punktierten Halben dehnt, die dann in repetierte Achtel aufgelöst werden, wird über rhythmisch analoge Achtelketten der Weg zur Schlußgruppe frei, die ihrerseits auf den Hauptsatz zurückgreift. Die Durchführung spaltet aus ihm gleich entschlossen den Doppelschlag ab, sie nähert sich seiner blockhaften Struktur erst schrittweise an und kombiniert dann im doppelten Kontrapunkt den Themenkern mit den Skalen der Überleitung. Die Rückleitung zur Reprise endlich, die über 32 Takte hin auf der Dominante ruht, erschien Kerman als »a little development of its own«[1], da sie aber auch thematisch kaum gestützt ist, bleibt sie in der Ausdehnung von Skalenfiguren im Legato ein seltsam abgesonderter Bezirk.

    So entwerfen die eröffnenden Sätze insgesamt ein ebenso wechselreiches wie planvolles Spektrum der Möglichkeiten, den internen Zeitprozeß unter immer anderen Prämissen so individuell zu formen, daß hinter der ausgeprägten Charakteristik die Erinnerungen an die Tradition zurücktreten, nach denen in der Forschungsliteratur nicht selten gesucht wurde. Ihre charakteristische Expressivität formuliert die Musik durch eine Dehnung des klanglichen, harmonischen und dynamischen Fundus, dem zugleich in den weiten Dimensionen der Teile ihre motivische Konzentration entspricht. Und mit diesen Maßnahmen vermag sie ihre gleichsam sprachfähige Eigenmacht zu steigern, wie es auch für die weiteren Sätze und erst recht die späteren Quartette kennzeichnend ist. Nicht grundsätzlich anders umgreifen auch die langsamen Sätze prinzipielle Alternativen, deren faszinierende Eigenart sich freilich erst dann erschließt, wenn man nicht nur neue Momente in Form oder Ausdruck hervorhebt, sondern die Strukturen im Verhältnis zum Stand der Gattung erfaßt.

    Kein langsamer Quartettsatz zuvor wird – über die Formanlage hinaus – derart emphatisch als Sonatensatz verständlich wie das ›Adagio affettuoso ed appassionato‹ in op. 18 Nr. 1. Daß sich Themen in den Rahmenteilen gegenüberstehen und in der Satzmitte Verarbeitung finden, ist gewiß kein Novum, und dem hoch expressiven Tonfall des späten Haydn stehen in Mozarts Quartetten so bedeutende langsame Sät-

1 J. Kerman, *The Beethoven Quartets*, S. 71–74, bes. S. 74.

1 Ebenda, S. 36–42, bes. S. 42; in einer Themenskizze (Skizzenbuch Grasnick 2) findet sich die Bemerkung: »Il prend le tombeau / desespoir / il se tue / les derniers soupirs«, vgl. dazu H. Schneider in: *Beethoven-Interpretationen*, S. 142. Zum weiteren Kontext vgl. A. Schering, *Beethoven in neuer Deutung*, Leipzig 1934 (wo die Quartette op. 74, 95, 127, 130 und 131 auf Vorlagen Shakespeares bezogen werden); ders., *Beethoven und die Dichtung*, Berlin 1936 (Neue deutsche Forschungen, Abteilung Musikwissenschaft, Bd. 3) (wo S. 405–419 das Quartett op. 18 Nr. 4 »nach Versen aus der ›Medea‹ des Euripides« interpretiert wird). Zu op. 18 Nr. 1 vgl. auch W. Osthoff, *Beethoven als geschichtliche Wirklichkeit*, in: Jahrbuch des Staatlichen Instituts für Musikforschung Preußischer Kulturbesitz 1970, Berlin 1971, S. 7–20, auch in: *Ludwig van Beethoven*, hg. v. L. Finscher, Darmstadt 1983 (Wege der Forschung 428), S. 278–295: 284.

ze wie die in KV 387, 458 oder 456 gegenüber. Doch werden in Beethovens Satz nicht nur die Themen strukturell zu expressiven Kontrasten ausgebildet, vielmehr erhalten die überleitenden Phasen eine genau disponierte Funktion der Vermittlung, und die Verarbeitung in Durchführung wie Coda erreicht eine expressive Steigerung, die der Thematik ganz unerwartete Möglichkeiten abgewinnt. Daß nach Amendas Bericht Beethoven hier die Grabesszene aus ›Romeo und Julia‹ vorgeschwebt habe, war bestimmend für die poetischen Deutungen des Satzes, wie denn auch Scherings Versuche der Entschlüsselung dichterischer Vorlagen in Beethovens Musik von solchen Zeugnissen ausgingen. Und so stellte noch Kerman fest, zwar sei zuvor kein so machtvoll tragischer Satz gelungen, um dennoch zu bedauern, daß Beethoven »his potential for tragedy at this time« überschätzt habe.[1] Löst man sich aber vom Maßstab späterer Sätze, so wird auch die konstruktive Macht erkennbar, in der die Expressivität des Satzes gründet.

Nach dem eröffnenden Takt, dessen Achtel in den Unterstimmen klangdicht das 9/8- Metrum ausmessen, bildet die Kantilene der Oberstimme nur scheinbar eine reguläre Periode (T. 2–9). Ihr Einsatz ruht über mehr als einen Takt auf der Tonikaquinte, und nach Aufstieg zur Dezime erreicht sie zwar im vierten Takt die Dominante (T. 5), die Schärfung zum verminderten Akkord führt aber schon im übernächsten Takt zur Tonika (T. 7), so daß der vorletzte Takt doppeldominantisch zum Halbschluß lenkt (T. 9), der aber nur die erste Zählzeit füllt. Derart beredt entfaltet sich der Bogen also, indem seine Gliederung der Norm nicht strikt gehorcht, und umgekehrt bildet die Anschlußgruppe, die mit verlängerten Auftakten ansetzt und die Dominante umkreist, eine beruhigte Zone von nahezu fünf Takten aus (T. 9–13). Hebt dann das Thema in hoher Cellolage erneut an, so wird es in seinem dritten Takt von einer Quintschrittfolge überlagert, die in subtiler Stimmführung durch Vorhalte verschleiert wird und bis nach B reicht, ehe sie chromatisch nach C-Dur lenkt (T. 14–20). Indem aus ihr die Vorhaltgesten

L. v. Beethoven, op. 18 Nr. 1, zweiter Satz, T. 1–11 (*NGA*).

abgelöst und gereiht werden, umkreist als ihr Widerpart die sechstaktige Überleitung die neue Dominante. Und der zweitaktige Seitensatz in F-Dur, dessen sequenzierende Melodik zwischen den Violinen wechselt, wird mit einer Ornamentierung variiert, deren Modell dann die weitere Exposition durchzieht (T. 26–37). Die Schlußgruppe greift nochmals auf die gereihten Vorhalte der Überleitung zurück, die nun ebenso in Sechzehntel überführt werden, bis erst der letzte Viertakter als kantabel akkordische Kadenz in F-Dur abschließt (T. 38–45). Die Relation zwischen expressiver Kantilene und ruhendem Kadenzanhang stellt sich ähnlich also nicht nur zwischen Modulationsgruppe und Überleitung, sondern auch innerhalb der Schlußgruppe her, desto mehr löst sich jedoch die Ausspinnung des Seitensatzes vom gespannten Ausdruck des Hauptthemas ab. An die Schlußgruppe knüpft – wie in den Kopfsätzen aus op. 18 Nr. 1 und 5 – zunächst die Durchführung an, nach zwei Takten tritt aber in den Mittelstimmen unisono der Kopf des Hauptthemas in g- und c-Moll ein, zugleich fällt die Oberstimme mit jäh aufschießender Geste ein, um die Taktakzente pathetisch zu markieren (T. 48–53). Ihr bleibt dann der Themenkopf in der Schlußphase überlassen, während die expressive Kontrastgeste pianissimo in Cellolage zurücktritt, bis der Satz nach emphatischer neapolitanischer Kadenz in taktweise durch Pausen getrennten Akkorden verebbt. Die Reprise überspringt zwar Modulations- und Überleitungsgruppen, um so nachdrücklicher tritt aber der Seitensatz in der Durvariante ein, die bis zur Schlußgruppe beibehalten wird. Erst die Coda lenkt zur Molltonika zurück, sie holt die in der Reprise übergangene Themenwiederholung in Cellolage nach und setzt sie sogar weiter fort, zugleich werden zum Tremolo der Mittelstimmen die heftigen Einwürfe der Durchführung geradezu dramatisch überboten. Noch im kadenzierenden Anhang klingen ihre Konturen an, die erst im Schlußtakt zur Ruhe kommen.

Solche Dimensionen des Ausdrucks und zugleich der Struktur erreichen die übrigen langsamen Sätze zwar nicht, ohne jedoch der kunstvoll individuellen Züge zu entbehren. Das ›Adagio cantabile‹ in Nr. 2 folgt prinzipiell mit ornamentierter Wiederholung des A-Teils dem binären Modell so vieler Pendants von Haydn und Mozart. Aus homogenem Beginn heraus werden die Satzgruppen in genauer Disposition rhythmisch differenziert, am Ende treten die Stimmen zusammen und kadenzieren doppelt mit vier auftaktigen Sechzehnteln vor dem Zielton. Genau diese Sechzehntelfolge aber bildet das motivische Muster für einen eingeschobenen Mittelteil, der nun als Allegro durchaus neu kontrastiert. In sich ist er nach dem Muster eines zweiteiligen Tanzsatzes mit zusätzlicher Coda angelegt, in höchster rhythmischer Kontinuität gleicht er aber nicht nur einem Perpetuum mobile, sondern seine außerordentliche motivische Dichte steigert sich zusätzlich durch kanonische Einsätze samt Motivumkehrung. Nicht so sehr im effektvoll überraschenden Eintritt dieses Mittelteils, sondern mehr noch in seinem spielerischen Kontrapunkt entspricht der Satz jenem Esprit, der dieses Werk insgesamt auszeichnet. Daß die Erstfassung eine konventionelle Anlage zeigte (A B A' B' Coda) und der Kontrastteil das Ergebnis der Revision war, ist ein Indiz für Beethovens Arbeit an der Relation der Sätze im Zyklus. – Anders wird die binäre Form im ›Andante con moto‹ B-Dur des dritten Quartetts erweitert, dessen erster Teil wieder planvoll von homogenem Beginn zu rhythmischer Differenzierung führt. Zur Verdichtung des Themas trägt es bei, daß die Kadenzformel, die den ersten Viertakter in der zweiten Violine dominantisch beendet, zur Themenwiederholung der Oberstimme sequenzierend fortgeführt wird, so daß das Thema selbst durch sein Derivat kontrapunktiert wird. Aus dem Dialog beider Stimmen resultiert ein komplementäres Band von Sechzehnteln, die schon in der Ausspinnung punktiert werden, und die modulierende Überleitung gliedert sich erst in knappe, nun auftaktige Gruppen. Den Gegenpol zum Hauptthema bildet die als Seitensatz aufzufassende Gruppe ab T. 21, ihre kleinzellige Struktur läßt sich entgegen Kerman[1] kaum auf das Hauptthema beziehen, das erst vor der Rückleitung in T. 41 eintritt. Nach dem gedrängten ersten Teil beginnt nun in T. 47 seine Wiederholung, und es überrascht zunächst nicht, daß die modulierende Überleitung verlängert wird (T. 60–71). Dann aber schaltet sich eine veritable Verarbeitung des Themenkopfes ein, der in Des-Dur mit seiner Umkehrung in den Außenstimmen kombiniert wird. Über 18 Takte hin wird diese dichte Satzstrecke, die einer in die Reprise integrierten Durchführung gleicht, durchweg vom Themenkopf samt seiner Umkehrung beherrscht, bis der Ort des Seitensatzes erreicht ist. In der Coda hingegen werden repetierend gefächerte Akkordgruppen eingeblendet, andererseits werden die Zitate des Themas zur Mollsubdominante gefärbt, und als Resultat seiner Liquidierung verbleibt am Ende eine engräumige Sekundfolge aus drei Tönen (T. 144f.).

Von anderen Prämissen geht der Variationssatz D-Dur in Nr. 5 aus, dessen Thema mit zweimal acht Takten so knapp ausfällt wie die Folge von fünf Variationen mit Coda. So drängt sich der Vergleich mit Mozarts A-Dur-Quartett KV 464 auf, das analog an dritter Stelle Variationen in gleicher Takt- und Tonart aufweist. Daß aber bereits das Thema rhythmisch komplexer organisiert ist, hat für Mozarts Verfahren weitreichende Folgen. Auseinandersetzung statt Nachahmung kündigt dagegen schon Beethovens Themenformulierung an, indem an den absteigenden Sextraum des ersten Zweitakters der folgende sogleich in Umkehrung anschließt, wonach seine Wiederholung in dominantischer Kadenz ausläuft. Da analog auch die zweite Hälfte kadenziert, lösen sich nur ihre ersten vier Takte in engräumiger Umspielung aus der kantablen Melodik in akkordischen Satzverband. Solche Homogenität kündigt entschieden schon die erste Variation auf, wenn die Imitation des Themen-

1 J. Kerman, *The Beethoven Quartets*, S. 21f.

kopfes in kettenweisen Sechzehnteln ausläuft, von denen sich nur kurz – gefärbt in Moll – die rhythmische Themenkontur abhebt. Von konventioneller Figurierung der Oberstimme in der zweiten Variation setzt sich die dritte ab, die den Themenkopf in Umkehrung zitiert, wozu stilisierte Trillerketten ein changierendes Klangband bilden. In akkordischer Komprimierung weiß dagegen die vierte Variation der thematischen Melodik unerwartete harmonische Farben abzugewinnen, umgekehrt treibt die letzte ihre dynamischen und rhythmischen Kontraste zu einem fast burlesken Klangbild, und am Ende der ausgedehnten Coda löst sich der zweitaktige Themenkopf noch einmal verlangsamt in der Oberstimme ab. – Zwischen den gewichtigen Ecksätzen des letzten Quartetts behaupten sich die Binnensätze nicht leicht, und zumal dem ›Adagio ma non troppo‹ liegt eine ähnlich einfache Form wie der Erstfassung des langsamen Satzes in Nr. 2 zugrunde. Unübersehbar kreuzen sich aber mit der Addition von Viertaktern auch variative Ansätze derart, daß fast von einem verkappten Variationensatz zu reden wäre. Denn zur Wiederholung der ersten Phrase tritt nicht nur anfangs eine variierte Oberstimme, sie kehrt nach einem Einschub neuerlich variiert wieder, und da diese Anlage in der modifizierten Wiederholung des A-Teils erhalten bleibt, erscheint der variierte Viertakter insgesamt sechsmal auf der Tonika. Ähnlich ist der Mittelteil durch variative Wiederholung analoger Taktgruppen gekennzeichnet, davon löst sich über Orgelpunkt nur die zehntaktige Rückleitung, und ebenso läuft die Coda in ornamentalen Gesten aus, wie sie das Thema und seine Varianten bestimmen.

So zeichnen sich die langsamen Sätze im ganzen durch die individuellen Differenzen aus, die sie in Formen, Strukturen und Charakteren ausprägen. Doch teilen sie einerseits ein hohes Maß an thematischer Konzentration, die andererseits durch die Vielfalt der variativen Verfahren ergänzt wird. Daß damit die musikalische Zeit derart charakteristisch erfüllt wird, kennzeichnet in op. 18 insgesamt den eigenen Ansatz, mit dem sich Beethoven entschlossen gegen die Tradition behauptete, von der seine Arbeit ausging. Noch klarer tritt dies individuelle Gepräge in den Tanzsätzen entgegen, selbst wo sie nicht als Scherzi bezeichnet sind. Desto eigenartiger ist die vermittelnde Funktion, die dem ›Andante scherzoso quasi Allegretto‹ in op. 18 Nr. 4 zufällt. Denn es vertritt nicht nur als zweiter Satz vor dem Menuett, sondern auch durch die erste Tempoangabe und die Sonatenform einen langsamen Satz, zugleich aber verrät die weitere Satzbezeichnung zusammen mit dem 3/8-Takt auch Züge eines Scherzos. Den Hauptsatz bildet ein Fugato, in dem der Abstand der Einsätze jeweils um einen Takt verkürzt wird, in umgekehrter Reihenfolge bei eintaktigem Abstand setzt die Modulationsgruppe an, im Seitensatz wird die zweistimmige Imitation durch einen dritten Einsatz ergänzt, und die Schlußgruppe läßt dann nur noch freie Imitation zu. So wird die kontrapunktische Strenge sukzessiv zurückgenommen, und auch in der Durchführung wird ein knappes Fugato von akkordischen Satzphasen abgelöst. Die Reprise jedoch verdichtet den fugierten Beginn durch Kombination mit zwei knappen Kontrapunkten, während umgekehrt die Coda das Material weiter fragmentiert. Der kontrapunktischen Arbeit begegnet indes eine motivische Einheit, welche die Themen durch repetierte Achtel und skalenweise oder engräumige Sechzehntelfiguren verkettet. Der doppelbödige Witz besteht also darin, daß sich die kontrapunktische Arbeit im Spiel analoger motivischer Partikel auflöst, die sich kaum unterscheidbar wie in einem Puzzle mischen. Noch die akkordischen Phasen in Durchführung und Coda, die nur repetierte Achtel reihen, sind auf den Themenkopf bezogen, so daß Reduktion und Konzentration zusammenfallen. Eigenartig gefärbt wird der scherzose Ton zudem durch die zurückhaltende Dynamik bei sparsamer harmonischer Akzentuierung. Als Scherzando repräsentiert der Satz damit Alternativen, die dann in op. 59 und im Spätwerk Beethovens, aber auch in der weiteren Gattungstradition zur Geltung kamen.

Den eigenwilligen Scherzi der ersten Serie in op. 18 folgen gerade in der zweiten die beiden Menuette, um den Fundus der Tanzsätze zu ergänzen. Dem c-Moll-Menuett in Nr. 4 ist wie dem A-Dur-Satz in Nr. 5 eine Kontinuität der Melodik zu eigen, mit der sich beide Sätze gleich deutlich von den Scherzi abheben. In Nr. 4 umschreiben die beiden ersten Viertakter einen kontinuierlichen Aufstieg, der in seinem Ziel synkopisch gestaut wird, gleiches Material liegt den achttaktigen Gruppen des modulierenden Mittelteils zugrunde, danach erst werden die synkopischen Wendungen verarbeitet, auf die auch der Satzschluß zurückgreift. Geschlossener noch wirkt das Trio mit Triolenketten der Oberstimmen, die erst an den Teilschlüssen zurücktreten. Das Menuett in Nr. 5 gleicht dagegen wieder nur äußerlich dem Tanzsatz in Mozarts KV 464, der seine rhythmische Energie aus markanten Zweitaktern bezieht, die dann zunehmend verkettet werden. Dagegen geht Beethovens Menuett von der zwölftaktigen Melodielinie der Oberstimme aus, die nur sparsam von einer Stimme begleitet wird, während erst zu ihrer Wiederholung in der Bratsche die übrigen Stimmen treten. Setzt dagegen der zweite Teil in freier Figuration an, die mit einem Pausentakt abbricht, so verdichtet sich der Rückgriff auf den Satzbeginn dann gegenläufig zu einem kleinen Fugato. Und im Trio verbinden sich die viertaktigen Phrasen zudem in stetigen Haltetönen. Die Mitte zwischen Menuett und Scherzo hält noch das nicht näher bezeichnete Allegro in Nr. 3 mit einem Viertaktmodell, dessen Legatophrase durch Synkopik und im zweiten Teil auch durch Sforzati auf unbetonter Zählzeit profiliert wird. Der Rekurs auf den Beginn verbindet sich mit imitatorischer Staffelung der Stimmen, das Trio wird durch ein Minore vertreten, dessen Viertakter durch Pausen auftaktig getrennt sind, und die Wiederholung des Maggiore wird mit teilweiser Oktavierung abgewandelt.

Die durchgängige Thematisierung, die bereits die eher traditionellen Tanzsätze auszeichnet, tritt erst recht in den drei Scherzi der Quartette Nr. 1, 2, und 6 hervor. Zwar zehren gerade die frühen Menuette Haydns – bis hin zu den Scherzi in op. 33 – vom subtilen Spiel mit metrischen Relationen, das nicht selten höchst intrikate Züge annimmt. Doch wird damit in der Regel nicht der ganze Satzverlauf bestritten, und die späteren Menuette setzen zumeist ihren tänzerischen Rhythmus als Folie der internen metrischen Verschiebungen voraus. Für die Menuette in Mozarts reifen Quartetten dagegen dürfte die Vielfalt der melodischen Gruppierungen, die überaus wechselvoll verarbeitet werden, eher charakteristisch sein als die Pointierung der metrischen Irregularität für sich. Die ganz neue Dimension, die Beethovens Scherzi in der Gattungsgeschichte zukommt, ist in der durchweg thematisch prägenden Funktion von Gestalten begründet, die durch ihre metrische und rhythmische Qualität gleichermaßen den ganzen Satz bestimmen. Nach der bisherigen Kenntnis des geschichtlichen Umfeldes ist kaum bündig die Frage zu beantworten, wie signifikant die Bezeichnung des Tanzsatzes als Scherzo unmittelbar zuvor war. Doch steht wohl außer Frage, daß die Prägung durch eine solche Thematik die Leistung Beethovens war, die seinen Scherzi – und nicht nur im Streichquartett – ihre geschichtliche Bedeutung verlieh.[1] Kaum noch einmal lassen sich aber die Differenzen zwischen Menuett und Scherzo so klar abmessen wie in dieser Werkserie, in der die beiden polaren Möglichkeiten planvoll zusammentreffen. Zwar teilen die Scherzi mit den Menuetten die formale Gliederung, wie aber die langsamen Sätze die Abkunft vom zweiteiligen Suitensatz mit dominierender Oberstimme vergessen lassen, so wird der herkömmliche Grundriß der Scherzi durch ihren thematischen Prozeß überlagert. Mit acht oder zehn Takten bleiben die wiederholten Eröffnungsteile bemerkenswert knapp, desto ausführlicher gerät dann in Nr. 1 und 6 die gearbeitete Modulationsphase, und entsprechend erweitert wird hier wie auch in Nr. 2 der reprisenhafte Rückgriff auf den Hauptsatz. Diese dichte Verarbeitung steht der in Sonatensätzen kaum nach, doch bezeichnet das Formmodell nicht nur äußerlich eine Differenz. Denn die Vorgabe des Tanzsatzes, der im Regelfall kein eigentliches Kontrastthema kennt, erhöht noch weiter die strukturelle Stringenz, deren Sog man sich schwer entziehen kann. Und ein Muster dafür bietet wiederum das erste Quartett F-Dur.

Das thematische Modell ergibt sich aus einer zweitaktigen Zelle, indem der übergebundene Grundton in T. 2 vom Leitton abgelöst und dann gleich selbst zum Leitton erhöht wird, der zur Sequenzierung führt. Dazu markiert das Cello die Viertel des Taktmaßes, nach zwei Sequenzgliedern bricht der Satz aber im dritten mit Pausen ab, und zweitaktige Kadenzglieder mit Trillern, die wieder durch Pausen abgesetzt sind, beschließen die Phase von 6 + 4 Takten. Sechstaktig ist auch

1 W. Steinbeck, »*Ein wahres Spiel mit musikalischen Formen*«. *Zum Scherzo Ludwig van Beethovens*, in: Archiv für Musikwissenschaft 38 (1981), S. 194–226, bes. S. 211f. zum Scherzo aus op. 18 Nr. 6; ebenda, S. 222f., zum entsprechenden Satz aus op. 74.

L. v. Beethoven, op. 18 Nr. 1, dritter Satz, T. 1–10 (*NGA*).

im zweiten Teil die eröffnende Gruppe, die zur Mediante rückt und den synkopischen Rhythmus zurücknimmt. In Des-Dur setzt mit T. 17 die motivische Arbeit an, die um einen Takt versetzte Cellostimme verkettet nun die Phrasen, an deren Ende der Satz erneut abbricht. Die Stelle der Kadenzglieder übernehmen isolierte Achtel mit Vorschlägen, was danach als lockerer Einschub getupfter Viertel erscheint, erweist sich aber als imitatorische Arbeit mit der Baßformel der ersten Takte. Nach der ›Reprise‹ werden vier Takte eingeschaltet, die ausgedehnteste Phase wird aber ausgerechnet vom Kadenzglied mit Trillern bestritten, das separat herausgelöst wird (T. 47–63). Desto überraschender läuft der letzte Rückgriff auf den Themenkopf in dichten Legatoketten aus, bis die Baßformel des Anfangs dann den Beschluß macht. So kennt der Satz zwar klar unterschiedene Gruppen, die gleichwohl durch motivische Partikel des thematischen Kerns definiert sind. Vier Takte mit Oktavfällen, deren Vorschläge auf das Scherzo verweisen, eröffnen in C-Dur das Trio, dessen Achtelketten aber gleich nach Des-Dur lenken. Ihnen entspricht dann auch die letzte Phase in G-Dur, dazwischen aber liegt ein Feld getupfter Oktavfälle, die an den Beginn des Trios und damit auch an das Scherzo selbst erinnern. – Ähnlich ist das Scherzo Nr. 6 angelegt, dessen motivischer Kern im 6/8-Takt stete Synkopen aufweist. Seine Varianten bestimmen auch die Modulationsphase, wogegen die ›Reprise‹ in dynamischer Steigerung einer hemiolischen Achtelkette ausläuft. Dagegen wird das Trio ganz von einer figurativen Miniaturformel beherrscht, die erst in der viertaktigen Rückleitung zum wiederholten Scherzo abbricht. Ein wenig anders verhält es sich im Scherzo aus Nr. 2, dessen graziöse Motivik eher tänzerisch anmutet, sie wird aber im zweiten Teil durch einen konträren Einschub auf der Mediante ersetzt, doch wird die Motivik im weiteren dann desto variabler verarbeitet. Anderes Gepräge hat auch das Trio, dessen Viertakter in Triolenketten auslaufen, bis eine achttaktige Rückleitung witzig zum Scherzo vermittelt. Der genaue Ausgleich zwischen heiterem Spiel und gearbeitetem Ernst in Haydns Menuetten erfährt in Beethovens Tanzsätzen spürbar andere Gewichtung. Gewiß kennen sie auch gelöste, elegante und wohl burleske Züge, die aber eher Nuancen in einem zielgerichteten Verlauf bilden.

Die Menuette und wohl noch das Scherzo aus Nr. 2 könnten zwar in ihrer thematischen Substanz, kaum aber noch in der weiteren Ausarbeitung in früheren Werken begegnen. Das Spiel mit den Normen kann bei Haydn wohl geistreicher geraten, soweit etwa Synkopen als Ausnahme statt als Regel gelten. Erhalten sie aber thematische Funktion, dann wird in ihrer steten Präsenz das Irreguläre zur Regel, die einer neuen Akzentuierung bedarf. Wenn sich mit hochgradiger Thematisierung in den Scherzi noch heftige Akzente der Dynamik und Harmonik verbinden, dann erhält die Musik ihre unverwechselbare Qualität, und gerade der Tanzsatz, der noch im Streichquartett ein Stück usueller Musik anklingen ließ, avanciert zum expressiven Charakterstück. Nicht länger genügt ihm eine Artifizialität, die sich weniger an der Bedeutung der Partikel als an ihrer flexiblen Kombination bewährt. Und so konnte Beethoven später auf die spezifizierende Angabe ›Scherzo‹ weithin verzichten, sofern für die Charakteristik der Musik die Angabe ihres Tempos genügte. Indem sich der einstige Tanz mit solchem Espressivo auflud, vermochte er sich erneut an der Seite der langsamen Sätze und zwischen dem Gewicht der Ecksätze zu behaupten.

Auch wenn die Finali im ganzen nicht gar so schwer wiegen wie die Kopfsätze, gehören sie doch nicht nur in die zyklische Planung der ganzen Serie. Auch wo sie leichter anmuten, lassen sie kaum mehr den Gedanken an die Zeit zu, in der ein Finale nicht mehr sein mußte als ein unbeschwerter Ausklang. Zu drei Sonatensätzen kommen dreifache Varianten des Rondos, doch bilden mit dem weiträumigen Sonatenrondo in Nr. 1 und dem singulären Satzpaar in Nr. 6 zwei anspruchsvolle Kombinationen den Rahmen. Soweit die kompositorischen Strategien denen der Kopfsätze gleichen, bedürfen sie keiner eingehenden Hervorhebung. Dem Charakter der Finali entspricht es aber, daß sie von noch knapperer Motivik ausgehen, die höchst wechselvolle Konstellationen zuläßt. Der abschließende Sonatensatz im frühesten Werk Nr. 3 beginnt im 6/8-Takt mit einem auftaktigen Viertakter, der in der Oberstimme mit umspielter Dreiklangssequenz abwärts und dann skalenweise aufwärts führt, auf dem Spitzenton jedoch abbricht. Er wird gleich ausgeterzt wiederholt, doch erst mit Zutritt der Unterstimmen verlängern sich die Phrasen bis zum Halbschluß der Periode in T. 16. Schon dieser Ansatz läßt ahnen, welch wechselvolle Gruppierungen bereits die Überleitung ausbildet, in der motivische Formeln fragmentiert und auch gereiht werden (wie T. 23 und 38ff. gegenüber T. 26ff.). Noch zu ihrem Ausklang mit gebundener Akkordkette gemahnen repetierte Achtel in Baßlage an das Taktmaß, das ständig wechselnd realisiert wird. Doppelt besetzt scheint die Position des Seitensatzes zu sein: zunächst ab T. 56 durch ein Quart-Terz-Pendel auf der Dominante, das durch die Stimmen wandert und auch in der Durchführung wiederkehrt, dann ab T. 81 durch schlenkernde Melodik auf der Untermediante, die aber zugleich die Schlußgruppe anzeigt. An ihrem Ende stellt sich der steten Reihung, zu der die auftaktigen Achtel des Hauptthemas aufwärts getrieben werden, die Fragmentierung derselben Formel entgegen, mit der auch die Durchführung beginnt, um nun umgekehrt ab T. 129 das Material im Fugato zu verdichten. Wo später das unscheinbare Seitenthema eintritt, wird sein motorischer Impuls an Haltetöne gebunden, mit denen auch die abschließende Reduktion der Durchführung endet. Die Reprise aber erweitert die Möglichkeiten der Gruppierung nochmals, indem in die Überleitung ab T. 240 ein kleiner Kanon einrückt. Und in der Coda wird nach einer Phase über dominantischem Orgelpunkt das Hauptthema in Terzparallelen mit einem Skalenzug in doppeltem Kontrapunkt kombiniert, bis der fragmentierte Themenkopf im Pianissimo das letzte Wort behält.

Durchaus ähnlich, wiewohl nicht ganz so raffiniert gibt sich der abschließende Sonatensatz in Nr. 2, dessen Hauptsatz aus rhythmisch analogen Viertaktern im Wechsel von Violoncello und Tutti besteht. Der markante Kopf mag einen seriösen Ton versprechen, bricht aber nach Achteln im Staccato mit Pause ab, und sein Initium prägt die thematischen Phasen, so sehr der Kontext wechseln mag. Mit synkopischer Tonrepetition zeichnet sich ab T. 56 der Seitensatz ab, die getupften Achtel seiner Begleitung erfahren dann Augmentation, wogegen die Schlußgruppe den Kopf des Hauptthemas mit Sechzehnteln paart. Aus einem Zitat des Hauptthemas auf der Mediante löst die Durchführung rasch sein Scharnier mit zwei Sechzehnteln heraus, und wo später das ganze Thema eintritt, wird ihm ein zweistimmiger Einklangskanon in halbtaktigem Abstand abverlangt, dessen Fortführung mit bloßen Achtelketten gar alle Stimmen erfaßt (T. 187–203). Dem strikt akkordischen Satz einer Scheinreprise, deren ›neapolitanische‹ Position in die reguläre Reprise führt, entspricht dann die Kette homorhythmischer Themenpartikel in der Coda, statt thematischer Perioden entscheiden also eher die motivischen Taktgruppen über den Modus ihrer Addition und Fragmentierung. – Noch mehr als die anderen Sätze des A-Dur-Quartetts Nr. 5 lädt das Finale zum Vergleich mit Mozarts Schlußsatz in KV 464 ein, denn neben Ton- und Taktart teilen die Sätze nicht nur die kontrapunktische Arbeit, sondern die Allabreve-Notierung tendiert auch zu rhythmischer Affinität. Wo man gar Mozarts Kunst als Indiz seiner Bachrezeption auffaßte, belastete der Vergleich desto mehr die vermeintliche Nachahmung Beethovens. J. Kerman verwies besonders auf eine akkordische Formation, die in beiden Sätzen mit ganzen und halben Noten als Verweis auf den fernen ›alten Stil‹ ins Auge fällt. Sie erscheint freilich bei Mozart erst in der Schlußphase der Durchführung, wogegen sie in Beethovens Plan den Seitensatz vertritt, und so verschieden wie ihr formaler Ort ist auch die melodische und harmonische Formulierung. Jenseits solcher Analogien wird daran eher die produktive Antwort Beethovens kenntlich, der nach der Aussage von Carl Czerny dieses Quartett Mozarts besonders schätzte.[1] Denn gegenüber den kan-

1 Carl Czerny: *Über den richtigen Vortrag der sämtlichen Beethoven'schen Klavierwerke*, hg. v. P. Badura-Skoda, Wien 1963 (Wiener Urtext-Ausgabe, hg. v. K. H. Füssl und H. C. Robbins Landon), S. 14. Vgl. dagegen J. Kerman, *The Beethoven Quartets*, S. 62 und S. 64, wo dieses Finale als »the least personal of the quartets« gilt.

tablen, chromatisch gefärbten Linienzügen Mozarts geht Beethoven von der Imitation einer auftaktigen Formel aus, deren Fortspinnung in T. 6 mit Fermate abbricht und erst im zweiten Ansatz verlängert werden kann. Das Material gleicht also dem anderer Finali in op. 18 und gemahnt eher an die konzise Thematik Haydnscher Schlußsätze. In seiner variablen Reihung läßt das dreitönige Auftaktmotiv wohl wieder an Mozart denken, in dessen Satz es aber dem Gelenk des vierten Thementaktes entstammt, während es für Beethoven das thematische Initium selbst bildet. Umgekehrt erhält dann die rhythmische Dehnung im Seitensatz ihre konträre Funktion, bis die Schlußgruppe zu Achtelfiguren zurückführt. Im kontrapunktischen Gefüge der Durchführung, die dem Themenkopf harmonische wie dynamische Umbildung zumutet, tritt einmal das Zitat des Seitensatzes entgegen, und erst die Coda gleicht die rhythmischen Konturen beider Themen zu engräumigen Linien im Legato um (T. 286ff.). Gerade in ihrem Verhältnis weisen also beide Sätze trotz ihrer qualitativen Differenzen durchaus unterschiedliche Konzeptionen aus.

Das Rondo par excellence ist das Finale in Nr. 4, das bei überaus regelhafter Periodisierung nicht nur die beiden Teile der Refrains, sondern auch noch die der ersten Couplets wiederholt. Werden in den weiteren Refrains die Wiederholungen mit Varianten ausgeschrieben, so folgt erst dem dritten Couplet, das anders als das mittlere dem ersten entspricht, eine knappe Verarbeitungsphase, wonach der vierte Refrain als Stretta zugleich die Coda eröffnet. Kein anderer Satz in op. 18 setzt bei so einfacher, fast simpler Struktur dermaßen auf die Substanz seines Themas, das nach huschenden Achteln immer wieder in markante Akkorde umschlägt. Der Verzicht auf subtilere Arbeit mochte die Vermutungen über eine frühe Entstehung des Werkes bestärken, nahe liegt aber der Gedanke, daß der Satz nicht nur das Spektrum der Werkserie erweitert, sondern auch als Widerpart zum Pathos des Kopfsatzes dient. – Desto eindrucksvoller gelingt im Finale aus Nr. 1 die Synthese von Rondo und Sonate, die so umfassend auch bei Haydn und Mozart kaum vorkommt und erst für Mendelssohn zur Norm wurde. Treten nämlich die Teile beider Formen komplett zusammen, dann führt das bei der Länge des Satzes dazu, daß der vierfache Refrain als Hauptsatz durch ausgedehnte Vermittlungsphasen flankiert und zudem in der Durchführung beansprucht werden muß. Für dieses Unterfangen mit fast 400 Takten nimmt sich die thematische Substanz eher noch karger aus als in den drei Sonatensätzen. Solistische Sechzehnteltriolen im ersten Takt wirken – obwohl volltaktig – faktisch als Auftakt zum zweiten, in dem ihnen vollstimmige Achtel folgen und gleich abbrechen. Im Wechsel der Grundstufen wiederholt sich das zweitaktige Modell, das dann unter taktweiser Verkürzung zur Dominante kadenziert und nochmals variiert wiederkehrt. Die Überleitung deutet mit gebundenen Sechzehnteln und getupften Achteln nur mittelbar auf den Refrain zurück, und obwohl das Couplet mit ornamentierter Dehnung beginnt, zeigt es gleich repetierte Achtel wie der Refrain, dessen Triolen dann die Rückleitung und nach dem zweiten Refrain die Durchführung bestreiten. Im doppelmotivischen Fugato verbindet sich ab T. 117 und T. 159 der Refrainkopf mit einem Kontrapunkt, der als Ableitung aus dem Couplet zu verstehen ist. Andererseits wird die intensive Arbeit zweimal von einem neu kontrastierenden Couplet abgelöst, wie es einem Rondo gemäß ist, doch nach der Reprise und dem letzten Refrain zehrt von seinem Material dann auch noch die Coda. Erstaunlich ist der Satz daher durch die Flexibilität, mit der er immer neue Konstellationen findet, der Arbeit Haydns aber verdankt er noch in der Distanz seine konzentrierte Souveränität.

Die überaus avancierte Harmonik, die im Finale aus Nr. 6 die langsame Einleitung desto schroffer vom folgenden Rondo abhebt, ist ebenso oft erörtert worden wie die rätselvolle Bezeichnung ›La malinconia‹.[1] Statt näherer Angaben muß daher ein Hinweis auf strukturelle Prinzipien ausreichen, soweit sie für das Verständnis unabdingbar sind. In dem Adagio mit der Anweisung ›colla più gran delicatezza‹ treten verwirrend konträre Gebilde zusammen, eine erste Orientierung erlaubt jedoch die Viertaktgruppe, die anfangs auf der Tonika B-Dur in den drei Ober- und gleich nochmals in den Unterstimmen erscheint, aber ab T. 17 einen Halbton höher auf dem H-Dur-Septakkord wiederkehrt. Aus anfänglichen Akkordrepetitionen findet dieses Initium mit doppelter Punktierung im Aufstieg vom Grundton zur Quint prägnantere Gestalt, nach offener Kadenz der zweiten Phrase führt aber die dritte Gruppe zur harmonischen Differenzierung im Septnonakkord auf G und am Ende zur jähen Rückung ins ferne h-Moll. Die ganztaktigen Akkorde indes, die vor der H-Dur-Gruppe eingeschaltet und durch Doppelschläge markiert sind, durchmessen im Wechsel ihrer Lage und Dynamik die drei möglichen verminderten Septakkorde als Inbegriff harmonischer Ambiguität. Der chromatisch fallenden Baßlinie zuvor (b – fis) entspricht nun umgekehrt der Aufstieg in großen Sekunden (e – a). Die instabile Gruppe auf H eröffnet ab T. 21 eine weitere Perspektive in dichter Imitation eines durch Tritonus geprägten Motivs, als werde an die entlegene Kunst des älteren Ri-cercars erinnert. Dabei führt das Imitationsfeld harmonisch in Quinten aufwärts (von e- über gis/as- bis nach c-Moll), die wieder eintretenden Akkordketten mit Doppelschlägen folgen nun im dichteren Abstand von Vierteln, und die verminderten Septakkorde führen dominantisch eine aufwärtsgerichtete Progression an, während der knappe Rückgriff auf das Imitationsmotiv den aufsteigenden Quintenzirkel nach d- und a-Moll vollendet. Seine Kadenz verschränkt mit quasi ›neapolitanischer‹ Wendung die Gegenpole b-Moll und H-Dur, und über chromatischem Baß in Halben klärt sich in nachschlagenden Akkorden der Oberstimmen die Harmonik bis hin zum dominantischen

---

1 C. Dahlhaus, *La Malinconia*, in: *Ludwig van Beethoven*, hg. v. L. Finscher, S. 200f.; A. Forchert, *Die Darstellung der Melancholie in Beethovens op. 18*, ebenda, S. 212–239. Zu diesem Satz vgl. ferner Th. Helm, *Beethoven's Streichquartette*, S. 36ff.; H. Riemann, *Beethoven's Streichquartette*, S. 47f.; J. de Marliave, *Beethoven's Quartets*, S. 43ff.; J. Kerman, *The Beethoven Quartets*, S. 76–82; H. Schneider in: *Beethoven-Interpretationen*, S. 148ff.

Halbschluß von b-Moll. Periodischen Phrasen in der ersten und Imitationen in der zweiten Hälfte begegnen also Akkordketten, deren Diffusion zunehmend zurückgenommen wird, so daß elementare Dimensionen des Komponierens zusammentreten. Unerwartet setzt danach das Allegretto quasi Allegro in B-Dur ein, das nun als Rondo mit fünf Refrains formale Stabilität mit rhythmischer Kontinuität verbindet. Sein Kopfmotiv erinnert zwar – quasi als Durvariante – an das imitierte Soggetto im Adagio, doch heben sich kaum kontrastierende Couplets ab, denn ihren Ort besetzen analoge Figuren wie im Refrain, die auch über Ansätze zu motivischer Arbeit hinwegtragen. Mit dieser steten Präsenz einer figurativen Oberstimme nähert sich der Satz fast einem Quatuor brillant und gemahnt wohl nicht zufällig an weniger belastete Möglichkeiten des Komponierens. Um so plötzlicher greift aber nach dem dritten Refrain wie ein Zitat das Adagio ein, dessen erste Takte gleich mit ihrer modulierenden Variante verknüpft werden. Wenn dann wieder – nun in a-Moll – der Refrain beginnt, aber nach vier Takten abbricht, klingt letztmals für zwei Takte in tiefer Lage das Adagio an, bis der vierte Refrain in G- und schließlich in B-Dur den Satz ins Lot bringt. Einmal noch erfährt er eine Dehnung im Adagio, das aber auf den verlangsamten Refrainkopf selbst zurückführt, wonach das Prestissimo des letzten Refrains die Coda vertritt.

Indem die Schichten des Satzes im schroffen Kontrast wie in der bedrohlichen Kreuzung aufeinander verweisen, umreißen sie zugleich polare, strukturell wie historisch unterschiedene Perspektiven des Komponierens. So stellt sich die Frage, ob die Satzbezeichnung nach der Auffassung von Carl Dahlhaus nur den langsamen Teil meint oder ob – wie Arno Forchert glaubte – beide Teile zusammen als Bild der Melancholie zu verstehen sind.[1] Eine Entscheidung setzt offenbar die Verständigung über die Gültigkeit der Temperamentenlehre in dieser Zeit voraus, doch könnte auch eine einseitige Festlegung den enigmatischen Charakter der Musik preisgeben. Denn in diesem Satz verschärft sich, was sich zunächst in der Quartettfassung der ›Sieben Worte‹ von Haydn und weiter in den hoch expressiven Sätzen Haydns wie Mozarts ankündigte. Nicht allein hat das Streichquartett die Unschuld eines unterhaltsamen Spiels gegen den ernsten Anspruch großer Kunst eingetauscht, es vermag nun sogar – wie es scheint – die Grenzen der Instrumentalmusik zu überschreiten, um sich sprachlich vermittelter Ideen zu bemächtigen. Damit wird eine Scheidelinie erreicht, die dann in der Romantik und erst recht in den großen Einzelwerken vor und nach 1900 immer wieder als kritische Grenze tangiert wird. Drückt aber solche Musik schlichtweg etwas außerhalb ihrer selbst aus, oder nimmt sie nicht eher nur transformierte Reflexe der äußeren Welt in sich selbst auf? Wenn es zutrifft, daß ihre erweiterten Möglichkeiten die Musik zur Sprache eigenen Rechts werden ließen, dann läßt sich wohl auch folgern, daß sie

---

[1] C. Dahlhaus, *La Malinconia*, S. 204–208 (gekürzt auch in ders., *Ludwig van Beethoven und seine Zeit*, S. 207–222); A. Forchert, *Die Darstellung der Melancholie*, S. 215ff. und S. 230ff.

auf Gehalte, die eine Überschrift andeutet, zu reagieren weiß, um sie in ihrem eigenen Medium aufzuheben. Immer noch bleibt sie sprachlose Musik, für die jedes Wort, das mehr als Hinweise meint, eine untaugliche Fixierung wäre. Nicht also sind Begriffe durch Paraphrasierung der Musik zu dechiffrieren, sondern umgekehrt haben sie in einer Musik Gestalt gefunden, die rückwärts nur dann zu übersetzen wäre, wenn ihre musikalische Realität geopfert würde. Es könnte also eher sein, daß die Melancholie, die am Ende von Beethovens Quartettserie hervortritt, auch die melancholische Distanz zu jenem heiter gelösten Spiel meint, von dem die Gattung einst ausging. Dem entspräche die Problematisierung der kompositorischen Parameter, die mit dem halb ironischen Rückblick auf einen brillanten Kehraus verkettet ist. Übermächtig wird fortan der Anspruch jener ästhetischen Ideen, die gleichwohl in Tönen statt in Worten konkret werden, und nicht umstandslos läßt sich ferner noch die glückliche Balance erreichen, in der einst Leichtigkeit und Artifizialität zusammenstimmten.

Die Serie der Quartette op. 18 legt endlich die Frage nahe, wieweit die Werke auch in ihrem zyklischen Verhältnis die Grenzen der früheren Traditionen überschreiten. So fehlte es nicht an Versuchen, motivische Beziehungen zu belegen, und die ornamentalen Gesten der Ecksätze aus Nr. 1 könnten dafür ebenso sprechen wie der Quartrahmen von Themen in Nr. 2. Freilich müßte man dann im zweiten Werk mit der Überleitungsgruppe im Kopfsatz und dem Incipit des Finales Gestalten in sehr wechselnder Funktion aufeinander beziehen. Eher als prägnant motivische Konturen dürften also strukturelle Relationen die zyklischen Verhältnisse bestimmen, wie es schon für Haydn und Mozart galt. So entspricht den Themenblöcken im Kopfsatz des c-Moll-Quartetts die strikte Periodisierung im abschließenden Rondo, und den Ecksätzen des A-Dur-Quartetts Nr. 5 ist das Filigran ihrer Motivik gemeinsam. Im D-Dur-Werk Nr. 3 teilen die Sätze freilich nur vage wechselnde Verhältnisse zwischen Stimm- und Bewegungszügen, und die Ausnahme bleibt wieder das letzte Werk mit seinem rätselvollen Schluß. Wie auch immer: Man sollte von Werken, die ihre Abkunft von der Tradition nicht leugnen, nicht jene zyklische Kohärenz erwarten, die erst später – und dann um den Preis anderer Komplikationen – zur Entfaltung kam. Noch immer genügen in der Folge der Sätze die tradierten Proportionen ihrer Formen und Charaktere. Wer darum aber op. 18 nur als Vorschein künftiger Leistungen auffaßt, muß dann wohl – wie in der kritischen Sicht von Kerman – die unverwechselbare Eigenart übersehen, in der diese Werke den Abschluß einer geschichtlichen Phase bilden und damit zugleich den Weg für die ganz anderen Lösungen in den Quartetten op. 59 freigeben.

Bald nach der Arbeit an op. 18 unternahm es Beethoven, seine Klaviersonate E-Dur op. 14 Nr. 1 für Streichquartett zu bearbeiten. Das

Werk war schon 1798–99 entstanden und gleich danach erschienen, und so fragt sich, was Beethoven zu diesem Arrangement veranlaßte. Kaum gaben merkantile Motive den Ausschlag, wie sie umgekehrt für die Praxis des Klavierarrangements von Streichquartetten maßgeblich waren. Doch kündigte Beethoven am 13. 7. 1802 dem Verlag Breitkopf & Härtel die Bearbeitung selbstbewußt an: »und ich weiß gewiß, das macht mir nicht so leicht ein andrer nach«. Erinnert man sich seiner Äußerung aus dem Sommer zuvor, er wisse »erst jetzt recht Quartetten zu schreiben«, dann wirkt die Transkription wie ein Probefall.[1] Daß die Sonate nach F-Dur transponiert wird, kommt zumal den tieferen Streichinstrumenten mit ihren C-Saiten entgegen. Zwar halten sich die beiden ersten Sätze weithin an die Vorlage, doch werden nicht nur Klavierfigurationen den Streichinstrumenten angepaßt, sondern die Außenstimmen mitunter auch um eine Oktave versetzt, und im Kopfsatz wird am Ende der Exposition und der Reprise eine kleine Wendung in der ersten Violine zugefügt. Weiter aber griff Beethoven im abschließenden Rondo ein, in dem die weiträumigen Triolenketten, die in der Satzmitte eine Durchführung vertreten, für den Quartettsatz neu formuliert wurden. Und so wird von vornherein die Triolenbegleitung des Refrains in der Quartettfassung rhythmisch konsequent modifiziert. Ein Unikum bleibt das Arrangement als dreisätziges Quartett ohne langsamen Satz, doch scheint der Versuch jene Grenzen der Gattungen zu tangieren, die nicht zuletzt durch Beethoven selbst bestimmt worden waren. Denn wenn eine solche Übertragung möglich war, dann könnten auch Unterschiede von Gattungen fraglich werden, die ohnehin auf analogen Formen basieren. Instruktiv ist daher der Vergleich gerade dort, wo die Bearbeitung weder den expansiven Klang noch den dichten Diskurs der gleichberechtigten Stimmen in den Quartetten op. 18 erreicht. So geschickt die Neufassung ist, so unübersehbar sind die Schwierigkeiten, die in den strukturellen Differenzen der Gattungen gründen. In der Erkundung solcher Grenzen läßt sich die Übertragung daher als ein Versuch auffassen, weniger die Möglichkeiten des Quartetts zu erweitern als umgekehrt den Klaviersatz auf die Stimmigkeit seiner Faktur hin zu prüfen.

Nur wenig später wurden seit 1804–05 die drei Quartette op. 59 begonnen, die dann 1806 vollendet wurden, also in demselben Jahr, in dem neben dem Violinkonzert und dem Klavierkonzert G-Dur auch die 32 Variationen c-Moll für Klavier entstanden. Die Quartette erschienen zwar erst Anfang 1808 im Wiener Bureau des Arts et d'industrie mit der Widmung an den Grafen Andreas Rasumowsky, sie wurden aber schon vorher in seinem Palais erprobt, bevor es wohl am 9. 4. 1807 zur ersten öffentlichen Aufführung kam. Anders als für op. 18 haben sich nicht nur die Autographe, sondern auch sehr umfangreiche Skizzen erhalten, die darauf hindeuten, daß die Werke zwar in der publizierten Reihenfolge, partiell aber auch nebeneinander komponiert wurden.[2] Ihrer komplizier-

---

1 L. Finscher, »*Das macht mir nicht so leicht ein anderer nach*«. *Beethovens Streichquartettbearbeitung der Klaviersonate opus 14,1*, in: *Divertimento für Hermann J. Abs. Beethoven-Studien*, hg. v. M. Staehelin, Bonn 1981, S. 11–23; vgl. dazu *Beethoven. Briefwechsel*, Bd. 1, S. 116, Nr. 97; *Kinsky–Halm*, S. 33; Beethoven. Werke VI/3, S. 151–161.

2 L. Hübsch, *Ludwig van Beethoven. Die Rasumowsky-Quartette op. 59*, München 1983 (Meisterwerke der Musik 40), bes. S. 10–16 und S. 105–111; W. Salmen, *3 Streichquartette F-Dur, e-Moll und C-Dur. ›Rasumowsky-Quartette‹ op. 59*, in: *Beethoven-Interpretationen*, Bd. I, S. 430–438; J. Kerman, *The Beethoven Quartets*, S. 89–114. Zu den Skizzen vgl. D. Johnson (Hg.), *The Beethoven Sketchbooks. History, Reconstruction, Inventory*, Oxford 1985, S. 524ff.

ten Entstehung entspricht – wieder im Unterschied zu op. 18 – eine gespaltene Rezeption, in der sich erstmals innerhalb der Gattungsgeschichte die gewachsenen Schwierigkeiten des Verständnisses niederschlagen. Zwar erwähnte die *Allgemeine musikalische Zeitung* 1807 »drey neue, sehr lange und schwierige Beethovensche« Quartette, denen »die Aufmerksamkeit aller Kenner« gelte, denn sie seien »tief gedacht und trefflich gearbeitet, aber nicht allgemein fasslich«, wiewohl Nr. 3 durch »Melodie und harmonische Kraft jeden gebildeten Musikfreund« gewinne.[1] Aber noch 1811 veranlaßte das Es-Dur-Quartett op. 74 den Rezensenten zum Rückblick auf die »Meisterwerke« op. 18 und ihre »Fülle der Kunstmittel«, wogegen mit »den wunderbarsten und fremdartigsten Einfällen« in op. 59 »das Unähnlichste phantastisch verbunden« und mit einer »tiefen und schweren Kunst behandelt« werde. Selbst 1821 galt Nr. 2 mit seinen »bizarren Tönen« als zwar bedeutendes, aber »unpopulaires« Werk.[2] Die Vorbehalte sind also unüberhörbar, doch machen sie zugleich die Eigenarten kenntlich, die als derart neu und befremdlich erschienen.

Daß die Mitglieder des Schuppanzigh-Quartetts, die als ›Hausmusiker‹ des Grafen Rasumowsky die privaten Aufführungen bestritten, dieselben Werke dann in die Öffentlichkeit trugen, ist ein unübersehbares Indiz für den tiefgreifenden sozialgeschichtlichen Wandel, der sich mit dem Übergang aus der privaten in die öffentliche Sphäre vollzog. Die Gattung also, die im Kreis der Kenner und Liebhaber beheimatet war, erwarb sich durch den Anspruch, den nach Haydn und Mozart schon Beethovens op. 18 repräsentierte, nun ein so breites Interesse, daß die Konsequenz ihr Weg in die Öffentlichkeit war. Im Konzert mußte sich das intime Quartett nicht nur neben Orchestermusik, sondern auch neben den Leistungen der Virtuosen behaupten. Tritt damit zur Intimität des Quartetts eine andere öffentliche Geltung hinzu, so ergibt sich jene eigentümliche Verschränkung von Esoterik und Expansion, die seither die Geschichte der Gattung begleitete, sich vernehmlich aber schon in op. 59 ankündigte. An den äußeren Dimensionen der Werke wird das ebenso sichtbar wie an der radikalen Veränderung der internen Strukturen. Am C-Dur-Quartett Nr. 3 hat Ludwig Finscher bündig gezeigt, wie die Vermittlung zwischen der »Klang- und Formexpansion« und dem komplizierten »Bezugssystem« einer »Kennerkunst« verwirklicht wird.[3] Indem eine Musik, die auf den kargen Streicherklang angewiesen ist, ein weites Publikum erreichen soll, das am intimen Diskurs teilhat, gerät sie in eine Dialektik, deren Lösung heikel genug war, um verständlich zu machen, daß fortan kaum noch solche Quartettserien wie zuvor möglich waren. Die unumkehrbare Entwicklung hatte zur Folge, daß nicht nur spezialisierte und professionelle Ensembles entstanden, sondern daß sich später auch die Reihen der Konzerte mit Kammermusik in geeigneten Sälen durchsetzten. Der Ausgleich zwischen so divergierenden Forderungen bildete zusammen mit der Bewältigung der

---

1 Allgemeine musikalische Zeitung 9 (1807), Sp. 400 (27. 2. 1807), vgl. auch St. Kunze (Hg.), *Ludwig van Beethoven. Die Werke im Spiegel seiner Zeit. Gesammelte Konzertberichte und Rezensionen bis 1830*, Laaber 1987, S. 72.

2 Allgemeine musikalische Zeitung 13 (1811), Sp. 349ff. (22. 5. 1811); Allgemeine musikalische Zeitung 23 (1821), Sp. 111f. (Februar 1821), vgl. auch St. Kunze (Hg.), *Ludwig van Beethoven. Die Werke im Spiegel seiner Zeit*, S. 72.

3 L. Finscher, *Beethovens Streichquartett opus 59, 3. Versuch einer Interpretation*, in: *Zur musikalischen Analyse*, hg. v. G. Schuhmacher, Darmstadt 1974 (Wege der Forschung 257), S. 122–160: 160; dazu vgl. auch P. Gülke, *Zur musikalischen Konzeption der Rasumowsky-Quartette von Beethoven*, in: *Sozialistische Musikkultur. Traditionen, Probleme, Perspektiven*, hg. v. J. Elsner u. a., Berlin 1977, S. 397–430, auch in: P. Gülke, *»... immer das Ganze vor Augen«. Studien zu Beethoven*, Kassel, Stuttgart und Weimar 2000, S. 213–245.

Gattungstraditionen für Streichquartette von Rang fortan die eigentliche ästhetische Herausforderung.

Unvermeidbar ist der Exkurs, den die eigentümliche Stellung von op. 59 veranlaßte, aber auch darum, weil die Werke wenigstens mittelbar in die ausgebreitete Diskussion einbezogen wurden, die durch die Zeugnisse über einen »neuen Weg« Beethovens ausgelöst wurde. In einem Brief an Breitkopf & Härtel bot Beethoven am 18. 10. 1802 »zwei Werke Variationen« an, die »auf eine wircklich ganz neue Manier bearbeitet« seien, da jedes Thema »auf eine selbst vom andern Verschiedene Art behandelt« werde. Höre er »sonst nur von andern sagen, wenn ich neue Ideen habe«, so müsse er diesmal »selbst versichern, daß die Manier in beyden Werken ganz neu von mir ist«. Gemeint waren damit die Klaviervariationen op. 34 und 35, und besonders an op. 35 hat Stefan Kunze die Anwendung des »neuartigen Prinzips des Komponierens« präzisiert.[1] Demnach wird die individuelle »Werkeinheit« in der »Zerlegung« struktureller Momente und ihrer konstruktiven »Zusammenfügung« hergestellt, so daß gemäß dem Prinzip der »Durchführung« auch eine »Variationenreihe zum großen, geschlossenen Variationensatz« gelangt, dessen Disposition durch seine Finalität gekennzeichnet ist. Doch wird das authentische Zeugnis über die »neue Manier« durch einen Bericht von Carl Czerny ergänzt, wonach Beethoven um 1803 – oder wohl eher 1802 – zu Wenzel Krompholz geäußert habe, er sei »nur wenig zufrieden mit meinen bisherigen Arbeiten. Von heute an will ich einen neuen Weg einschlagen«. Diese Worte verband Czerny mit den 1803 erschienenen Klaviersonaten op. 31, und Carl Dahlhaus nahm sie zum Anlaß, in die Erörterung des »neuen Wegs« neben der d-Moll-Sonate op. 31 Nr. 2 und den Eroica-Variationen op. 35 auch die Eroica op. 55 und weiter das Quartett op. 59 Nr. 3 einzuführen.[2] In ihren Grundzügen erweist sich die »neue Manier« demzufolge als »allgemeines, über Gattungsgrenzen hinweggreifendes Konzept«, dessen Merkmale »die rudimentären Satzanfänge, der radikale Prozeßcharakter der musikalischen Form, die Aufhebung des traditionellen Themabegriffs und die funktionale Ambiguität der Formteile« wären. Allerdings manifestieren sich so abstrakte Kategorien nach Dahlhaus den Gattungen gemäß durchaus unterschiedlich, und zumal im Quartettsatz durchdringen sich esoterische und exoterische Momente: Während rhapsodische, konzertante oder gar fast triviale Züge der Thematik auf die Wendung zur Öffentlichkeit reagieren, wird die artifizielle Konfiguration als Aufspaltung des herkömmlichen Themas in der Doppeldeutigkeit der Formteile nur für den Kenner verständlich. Zwar mag nicht immer feststehen, was etwa als rhapsodisch oder trivial gelten soll, auch liegen die Quartette op. 59 nach den anderen erwähnten Werken, von deren Konsequenzen sie gleichwohl betroffen sein dürften. Doch fragt sich dabei, wieweit solche Merkmale eines »neuen Wegs« geeignet sind, in op. 59

---

1 St. Kunze, *Die »wirklich ganz neue Manier« in Beethovens Eroica-Variationen op. 35*, in: Archiv für Musikwissenschaft 29 (1972), S. 124–140.

2 C. Dahlhaus, *Beethovens »Neuer Weg«*, in: Jahrbuch des Staatlichen Instituts für Musikforschung Preußischer Kulturbesitz 1974, Berlin 1975, S. 46–62; *Carl Czerny: Erinnerungen aus meinem Leben*, hg. und mit Anmerkungen versehen v. W. Kolneder, Strasbourg und Baden-Baden 1975 (Sammlung musikwissenschaftlicher Abhandlungen 46), S. 43; *Beethoven. Briefwechsel*, Bd. 1, S. 126, Nr. 108.

insgesamt die Verfahren zu kennzeichnen, mit denen an die Öffentlichkeit appelliert und zugleich die Artifizialität der Gattung bewahrt wird. Denn die Werke sind schon in den Charakteren ihrer Sätze, erst recht aber in ihren zyklischen Zusammenhängen und strategischen Konzepten derart unterschiedlich, daß sich ihre Individualität kaum noch wie in früheren Werkserien durch den Vergleich von Sätzen analoger Position erfassen läßt.

Streichquartette op. 59 – Satzfolge

Nr. 1 F-Dur Allegro, 400 **c** – Allegretto vivace e sempre scherzando, B, 476 3/8 – Adagio molto e mesto, f, 132 2/4 – Allegro (Thème russe), 327 2/4

Nr. 2 e-Moll Allegro, 255 6/8 – Molto Adagio, E, 157 **c** – Allegretto, e – Maggiore, E (Thème russe), 135 3/4 – Finale. Presto, 409 ¢

Nr. 3 C-Dur Introduzione, Andante con moto – Allegro vivace, 265 3/4 – Andante con moto quasi Allegretto, a, 204 6/8 – Menuetto. Grazioso, C / Trio, F, 94 3/4 – Allegro molto, 429 ¢

Dem Widmungsträger erweisen die ›Rasumowsky-Quartette‹ bekanntlich ihre Reverenz im Rückgriff auf russische Liedweisen, die Beethoven offenbar der zuerst 1790 und erweitert 1806 erschienenen *Sammlung russischer Volkslieder* von Ivan Pratsch entnommen hat. Wie Walter Salmen zeigte, war es in Wien zeitweise fast modisch, russische Volkslieder zu bearbeiten, wie denn auch Beethoven drei solche Lieder in seine Sammlung von Volksliedern aufnahm (WoO 158 Nr. 13–15) und drei weitere als Variationsthemen benutzte (op. 107 Nr. 3 und 7, WoO 71).[1] Als ›Thème russe‹ werden entsprechende Melodien jedoch nur im Finale aus Nr. 1 sowie im fugierten ›Maggiore‹ aus Nr. 2 hervorgehoben, während ein entsprechender Hinweis im letzten Quartett fehlt. Schon für Czerny war es zweifelhaft, ob das Thema im zweiten Satz aus Nr. 3 »ein echt russisches oder von Beethovens eigener Erfindung« sei, und was Salmen »wie ein Lied im Volkston« erschien, wurde mitunter auch auf konkrete Vorbilder bezogen. Doch bleibt Finschers Hinweis triftig, in diesem Satz werde das »durch asymmetrische Fünftaktigkeit« geprägte Modell derart zurückgenommen, daß es »als ›fremder‹ Tonfall eines Themas und Satzes und erst damit eigentlich integriert erscheint«.[2] Von der Thematik eines Finales über das Trio eines Tanzsatzes bis zum Tonfall eines langsamen Satzes ziehen sich also diese fremden Momente zunehmend zurück, sie dienen nicht als Vorlagen für Variationen, die in op. 59 ausbleiben, sondern werden durchweg als Material in die Satzprozesse integriert. Entgegen dem Schein einer Wendung nach außen werden die Liedweisen in das Innere der Musik verlagert, und ihre graduelle Rücknahme deutet auf den zyklischen Rahmen der Werke hin.

---

1 W. Salmen, *Zur Gestaltung der ›Thèmes russes‹ in Beethovens op. 59*, in: *Festschrift für Walter Wiora zum 30. Dezember 1966*, hg. v. L. Finscher und Chr.-H. Mahling, Kassel u. a. 1967, S. 397–404.

2 L. Finscher, *Beethovens Streichquartett opus 59, 3*, S. 135.

Kaum noch einmal führt wohl ein Satz gleich eingangs seine Thematik derart emphatisch ein wie der Kopfsatz des F-Dur-Quartetts Nr. 1. Denn zu einem begleitenden Band repetierter Achtel wird eine Viertaktgruppe im Wechsel der Außenstimmen aus tiefer Lage heraus gesteigert, bis sie nach fast 20 Takten im über vier Oktaven gefächerten Tonikaakkord kulminiert. Wo gelegentlich Haydn oder Mozart kantable Melodik als Hauptthema präsentieren (wie in den Kopfsätzen aus op. 74 Nr. 6 oder KV 575), da artikulieren doch die Unterstimmen differierende Taktgruppen, aus deren Relationen sich ein Hauptthema ergibt. Dagegen halten in Beethovens Ansatz die Mittelstimmen bis T. 7 Terz und Quinte der Tonika fest, die dann von Quinte und Septime der Dominante abgelöst werden, so daß der Verlauf – scheinbar simpel – allein auf den Grundfunktionen basiert, die allerdings durch die Melodiezüge der Außenstimmen modifiziert werden. Zudem verhalten sich nicht nur die beiden ersten Viertakter im Cello analog, der zweite wird auch noch nach Eintritt der Oberstimme wiederholt, deren sequenzierte Steigerung in Augmentation der letzten Töne endlich zur Kadenz zielt. Erst näher

L. v. Beethoven, op. 59 Nr. 1, erster Satz, T. 1–21 (*NGA*).

besehen erweist sich das Raffinement der robusten Konstruktion. Den aufsteigenden Vierteln im ersten Takt, die von der Quinte aus den Quartraum zum Grundton durchmessen, folgt der Quartfall auf den Ausgangston und als Scharnier dann eine Achtelkette, die am Ende vom Grundton zur oberen Sext und zurück zur Quinte führt. Als konstitutiv erweisen sich Quart- und Sextrahmen, und wenn die Gruppe aufwärts sequenziert, so ergibt sich nach dem internen Scharnier der aufsteigende Sextrahmen als Steigerung des Bewegungszuges. Während zu dieser Sequenzgruppe die Mittelstimmen die Tonika festhalten, differenziert ihr Wechsel zur Dominante die Wiederholung in der Oberstimme, deren konsequente Steigerung mit der Kadenz abbricht. Und doch: im Schein des Eindeutigen bleibt dies Thema – gemessen an traditioneller Taktgruppierung – seltsam in der Schwebe, denn gerade seine dominantische Steigerung gibt ihm vorbereitende und damit vorläufige Funktion. Und wenn es ab T. 20 von rhythmisch markanten Akkordgruppen abgelöst wird, die zudem von Pausen durchsetzt sind, so kann momentan der Eindruck entstehen, erst hier entstehe im Wechsel der Grundfunktionen ein eigentliches Thema. Der Satzverlauf wird freilich erweisen, daß dieser Anhang erst wieder am Ende der Durchführung, nicht aber in der Reprise begegnet.

Was also Thema ist, hat zunächst eröffnende Züge, und was klar konturiert wird, erweist sich als sekundär. Zugleich zeigt sich aber, daß der so entschieden ansetzende Themenanhang auf den Sext- und Quartrahmen des Hauptthemas selbst rekurriert, denn bald verliert sich auch seine scheinbare Stabilität in verminderten Septakkorden. Erst wenn beide Violinen über Liegetönen der Unterstimmen das Incipit in Achteln umspielen, wird die Funktion des Hauptthemas durch seine Variante bestätigt, die dann von den Unterstimmen aufgegriffen wird (T. 30–37). Erstmals aber durchzieht der Themenkopf nun – recte und umgekehrt – alle Stimmen in der Modulationsgruppe, die entschlossen auf die Dominante C-Dur als neues Zentrum abzielt (T. 39–48). Die dazu eingeführten Achteltriolen der Außenstimmen tragen ihrerseits die Brücke zum Seitensatz, indem sie mit durch Pausen akzentuierten Achteln wechseln, die auf den Themenanhang zurückdeuten, während nur noch Sekundwechsel in Vierteln an das Hauptthema erinnern (T. 48–60). Die Spreizung seines Initiums auf den Oktavrahmen, der diese Brücke eröffnet, kehrt denn auch in den knappen Seitensatz ein, der dann zudem die Gangart des Hauptsatzes in gebundenen Vierteln aufnimmt (T. 60–64). Und seine oktavierte Wiederholung läuft in einer Kadenzwendung aus, die erneut den Quartraum pointiert (T. 67ff.). So verweisen die scheinbar neuen Gestalten auf abstrakte Rahmenintervalle und Bewegungszüge des Hauptthemas, und solche Varianten setzen noch die Achtel- und Triolenketten fort, die auf das Scharnier im Hauptthema selbst wie auf die Eröffnung der Überleitung zurückdeuten (T. 71–85). Ähnlich ambivalent bleibt der Satz noch immer, wenn er im Wechsel der Stimmgruppen mit akkordischer Dehnung auf Halbe innehält. Denn Töne des C-Dur-Klangs lösen sich querständig mit solchen des A-Dur-Klangs ab, die dann erst kadenzierend über die Subdominantparallele zur neuen Tonika C-Dur führen und die Schlußgruppe eröffnen. Sie wiederum kombiniert das Incipit des Hauptthemas mit seinem Scharnier, in dessen abgespaltener Umspielung die Exposition ausläuft (T. 91–103).

Thematischen Rang erhält der Hauptsatz also erst in dem Maß, wie seine rhythmischen und diastematischen Konturen die weiteren Phasen derart bestimmen, daß sich auch ihre neuen Gestalten als abgeleitet erweisen. Die scheinbare Einfachheit solcher Elemente ist die Voraussetzung ihrer Wandlungsfähigkeit, und die so emphatisch gesteigerte Eröffnung wird damit im Prozeß der Arbeit legitimiert. Gegenüber rund 100 Takten in Exposition und Reprise wird die Durchführung mit 151 Takten zum Zentrum und läßt drei Phasen unterscheiden, die wechselnd von der Verdichtung zur Auflösung des Materials oder umgekehrt führen (ab T. 103, 152 und 185). Erstmals in Beethovens Quartetten wird die Exposition nicht wiederholt (worauf im Autograph ein Vermerk hinweist, während zunächst noch die Wiederholung der Reprise vorgesehen war). Doch setzt zu Beginn der Hauptsatz in der Tonika so an, daß der Eindruck einer Wiederholung entsteht, der sich erst mit der Wendung nach B-Dur über ›neapolitanischen‹ Baßschritt als irrig erweist (ges – f ab T. 108). Viermal durchläuft das Thema die Stimmen, das Band seiner Begleitung nimmt auch figurative Varianten der Exposition auf, und die Einsatzfolge führt von F- über B-Dur nach g-Moll. Nach knappem vierstimmigen Kanon (T. 121–123) löst sich der Themenkopf in Abspaltung jener Achtel auf, die auf sein internes Scharnier und zugleich auf die ornamentierte Variante wie die Schlußgruppe zurückgehen. Ihr Wechsel zwischen den Außenstimmen wird mit isolierten Partikeln in den Mittelstimmen gepaart und verdichtet sich schließlich in Es-Dur zum Unisono (T. 124–144). Wie schon in der Exposition schlägt diese Steigerung zum Wechsel isolierter Akkorde um, deren schwebender Relation mit ›neapolitanischem‹ Schritt die zweite Phase in C-Dur folgt. Das eröffnende Themenzitat verliert sich indes rasch in figurativer Ausspinnung, wo aber der Zusammenhang fast verloren geht, treten aus den anfänglich akkordisch begleitenden Unterstimmen erneut thematische Linien heraus (T. 152–168, 169–184). Konsequent geht aus ihrer Verdichtung das doppelmotivische Fugato der dritten Phase hervor, dessen archaisierendes Thema mit Quart- und Sextrahmen wiederum den Hauptsatz umbildet, zugleich aber von Achtelketten aus seinem Scharnier kontrapunktiert wird (T. 185–203). Vier Einsätzen in es- und b-Moll folgt ab T. 204 eine Engführung, deren sequenzierte Steigerung in synkopierten Akkordketten abklingt, bis sich mit Triolen- und Achtelketten der Themenkopf in Stimmpaaren verbindet (T. 219–242). Genau dann aber, wenn die Durchführung ähnlich wie anfangs der Hauptsatz selbst kulminiert, stößt sie wie in T. 20 auf seinen stauenden Annex, und aus der changierenden Reihe verminderter Akkorde lenken gegenläufige Skalen entschieden zur Reprise hin (T. 243–253). Nicht nur durch Auslassung dieses Themenanhangs wird die Reprise verändert, verschränkt werden infolgedessen auch das Thema und seine figurative Variante, die nun in Des-Dur ansetzt. Anders als in der Exposition steigert sich jedoch die Schlußgruppe über Bordunquinten zu einem Klangfeld (T. 338–347), aus dem als Krönung die Coda hervorgeht. Klarer als je zuvor konzentriert sie sich auf das Hauptthema, und wo sich einmal eine Kadenzwendung in unverbindlichen Triolen zu verlieren beginnt (T. 364ff.), wird sie von kanonischen Themenzitaten abgefangen, die sich zu äußerster Spreizung des Klanges steigern. Doch noch in die F-Dur-Kadenz treten – so unbezogen wie beziehungsreich – drei d-Moll-Akkorde im Pianissimo wie eine Chiffre der ambivalenten Zusammenhänge ein.

Seinen finalen Sog zur Coda bezieht der äußerst weiträumige Prozeß also aus einer Thematik, die ihre zentrale Geltung erst in der Kette der Varianten bewährt. Der vormalige Wechsel kadenzmetrischer Gruppen wird nicht wie in op. 18 durch bündige Themenkontraste erfüllt, die Reihe der oft scheinbar nur figurativen Phasen entspringt vielmehr der Ableitung abstrakter Teilmomente aus dem Hauptsatz selbst. Aus diesem wechselvollen und doch planmäßigen Verfahren resultiert ein changierendes Geflecht, das sich im Spätwerk Beethovens zu den variativen Relationen kleinster Zellen radikalisieren wird. Auf andere Weise gilt solche Ambivalenz jedoch auch für die weiteren Sätze und die folgenden Quartette in op. 59.

Gleich mehrfach gebrochen wird in Nr. 1 der spielerische Tonfall im Allegretto scherzando B-Dur, das statt eines langsamen Satzes an zweiter Stelle steht, wie es eher nach einem kantableren Kopfsatz zu erwarten wäre. Nicht nur wird ein durch zwei Trios erweiterter Tanzsatz im 3/8-Takt mit dem Schema des Sonatensatzes zusammengedacht, sofern der Seitensatz in Exposition und Reprise als Minore das Trio vertritt, in der Durchführung jedoch ausbleibt. Vielmehr tritt dem Hörer keineswegs ein so klarer Verlauf entgegen, denn er wird zugleich vom verwirrenden Vexierspiel konträrer Bezüge und Varianten überlagert, deren Teilgrenzen zudem trügerisch betont oder verdeckt sind. Dabei ist der Beginn so durchtrieben einfach, als könne er kaum nur bis drei zählen, zugleich treten aber schon hier die konstitutiven Momente in harmonischer Konfrontierung hervor. Auf repetiertem Grundton führt allein das Cello volltaktig die rhythmische Kernformel ein, die in pochenden Sechzehnteln ausläuft, als wolle sie an das thematische Begleitband im Kopfsatz erinnern. Auftaktig setzt wie ein Nachsatz die melodische Formel in der zweiten Violine allein an, die nicht mehr als eine Umspielung der Tonika mit dominantischer Kadenz bedeutet. Werden dann beide Viertakter wiederholt, so rücken sie unvermittelt – weil einstimmig – nach As-Dur, und wo sich der Satz erstmals ab T. 17 akkordisch füllt, erklingt seine rhythmische Form in Ces-Dur, um ›neapolitanisch‹ in B-Dur zu münden. Rhythmische, melodische und harmonische Kennzeichen eines Themas treten also nicht zusammen, sondern werden als Teilmomente getrennt exponiert. Sie verbinden sich aber umgekehrt zur kantablen Kontrastgruppe auf der Tonika ab T. 23, die indes nach Verlängerung zu fünf Takten auf der Dominante innehält. Dem Schein jedoch, als beginne schon hier ein neues Thema, tritt im Fortissimo der akkordische Rekurs auf den anfänglichen Rhythmus entgegen, der über Zwischendominante nach g-Moll führt, wogegen sein abgespaltener Schlußtakt unter Fächerung in Einzelstimmen nach d-Moll lenkt. Der kleinen Themenvariante sodann, die punktierte Sechzehntel aufnimmt, steht ab T. 47 erneut die tendenzielle Kantabilisierung entgegen, die damit eine weitere Satzschicht wird.

So läßt sich schon hier absehen, zu welch wechselnden Konstellationen dies Material befähigt ist, wie nur exemplarisch anzudeuten ist. Der Teilschluß in d-Moll etwa wird – just im Unisono – nach B-Dur umgelenkt (T. 68), und wie in einem Rondo beginnt tonikal erneut der Hauptsatz, dessen modulierende Zelle ab T. 101 in der simultanen Schichtung seiner rhythmischen und melodischen Grundgestalt kulminiert. Der Verlauf scheint also gleichsam auf der Stelle zu treten, zugleich verschieben sich aber ständig seine Teilmomente. Klar ist die Zäsur vor dem Seitensatz in f-Moll ab T. 115, dessen kantabler Ansatz auf die thematische Alternative aus T. 23 weist, sie nimmt aber rasch Sechzehntel auf, die zu den Tonrepetitionen des Hauptthemas führen. Die elementaren, fast simplen Bausteine erlauben all diese Varianten, die den scheinbaren Kontrast der Themen unterlaufen. Ohne Zäsur setzt ab T. 155 in Des-Dur eine Durchführung an, klarer aber prägt sich mit Pausentakt eine Zäsur aus, der umgekehrt die kantable Gruppe gemäß T. 23 in H-Dur folgt. Und die modulierende Kette solcher Gruppen mündet in homorhythmischer Steigerung, der nach Pausen statt der Reprise ab T. 239 ein kantabler Viertakter folgt. Setzt die Reprise dann wirklich in Ges-Dur an, so erreicht erst die kantable Kontrastgruppe die Tonika, womit die Schichten erneut auseinander treten. Ähnlich verdeckt beginnt ab T. 394 die Coda, nach einer Zäsur ab T. 404 führt aber die Steigerung partiell hemiolischer Figuren auf jene kantable Wendung hin, die zuerst vor der Reprise begegnete. So stoßen dann auch thematische Partikel auf die kantable Gruppe gemäß T. 23, und noch die letzte Steigerung des Materials zerfällt gegenläufig in ihre Elemente, bis die Kadenz abrupt ein Ende setzt.

Derart unwägbare Konstellationen geraten also fast zu einem Kaleidoskop, dessen Elemente in steter Verschiebung immer neue Ordnungen finden, ohne doch verläßliche Konstanz zu verbürgen. Desto nachdrücklicher kontrastiert das ›Adagio molto e mesto‹ f-Moll, das zwischen die raschen, formal irregulären Sätze – wiewohl selbst Sonatensatz – als entrückte Zone eingelassen ist. Auf die Tradition der Gattung weist nicht nur die reguläre Form hin, sofern dem Hauptsatz auf der Tonika Seitensatz und Epilog auf der Molldominante entsprechen, während die Reprise in der Tonika verbleibt. Dem Herkommen folgt auch die zunehmende Figuration bis hin in die Reprise, und nach dem langsamen Sonatensatz in op. 18 Nr. 1 kann es nicht überraschen, daß die Durchführung beide Themen samt Epilog aufnimmt, wogegen die Coda den Hauptsatz zu steigern weiß. Der seltsame Schluß freilich, der zugleich zum Finale leitet, läßt den Satz so offen enden, daß sein Verlauf nicht ohne dieses Ziel verständlich wird. Der Hauptsatz zunächst, der auf den von Warren Kirkendale gekennzeichneten ›Pathotyp‹ deutet[1], setzt sich regulär aus je viertaktigem Vorder- und Nachsatz zusammen, und seine Wiederholung wird von der Oberstimme in hohe Cellolage verlegt. Den Quintrahmen des Kopfmotivs erweitert sein Ausschlag zum Septvorhalt, der durch Punktierung geschärft und im zweiten Takt zum Quartfall modifiziert wird. Rhythmisch analog verhält sich der Nachsatz, dessen akkordische Kadenz durch doppelte Punktierung mit Sforzato markiert wird. Wie schon in den Kadenzen beider Viertakter treten zur Wiederholung der Periode in den Gegenstimmen Sechzehntel hinzu, die erstmals die kantable Melodik überlagern. Und die viertaktige Überleitung ab T. 17, die aus der Kadenzwendung gewonnen wird, mündet nach homorhythmischer Straffung in ornamentaler Umspielung. Ihre Zweiunddreißigstel jedoch begleiten dann das Seitenthema ab T. 24, dessen Einsatz im Cello nach zwei Takten von der Oberstimme übernommen und sequenzierend ausgesponnen wird. Vier überleitende Takte lösen die thematischen Linien erstmals in rasche Skalenbewegung auf, und in der Schlußgruppe verebbt der melodische Impuls gänzlich, indem punktierte Sechzehntel mit Sekundwechsel ihrerseits thematisch werden. So lösen sich die Linien zunehmend in Figuration auf, die aus der variierten Wiederholung des Hauptthemas und letztlich aus seinen Teilmomenten selbst herkommen. Nicht ungewöhnlich wäre auch die ornamentale Themenumspielung in der Durchführung, und figurativ variierte Reprisen kennen oft genug schon die langsamen Sätze von Haydn. Hier jedoch verarbeitet die Durchführung den Seitensatz auch in Umkehrung und danach den Hauptsatz unter Abspaltung seines Kopfmotivs; der kantable Charakter der thematischen Gruppen wird aber durch die unruhigen Figurenketten gefärbt, die dann den melodischen Neuansatz ›molto cantabile‹ in Des-Dur ab T. 72 überlagern. So ist es nur konsequent, daß analog auch die ganze Reprise – so korrekt sie formal ist – anders beleuchtet wird. Die Coda endlich holt nach kanonischem Ansatz ab T. 114 zur oktavierender Steigerung des Hauptthemas aus, statt einer Bestätigung löst es sich auf gehaltener Dominante jedoch in die Kadenz der ersten Violine auf, in die zudem Skalengänge der Unterstimmen hineinschlagen. Statt die Thematik im Sonatensatz wie gewohnt zu entfalten, mündet ihre figurative Überlagerung also in der Kadenz, der überleitende Schluß läßt das Adagio offen auslaufen, und was in den Zellen der Themen angelegt war, schlägt konsequent in die Auflösung ihrer Kantabilität um.

Nach einem Hinweis von Lini Hübsch[2] sah die Skizze des Adagiothemas vor, dem Vordersatz eine ausgreifende Skalenfigur in Zweiund-

1 W. Kirkendale, *Fuge und Fugato in der Kammermusik des Rokoko und der Klassik*, Tutzing 1966, S. 137f.
2 L. Hübsch, *Ludwig van Beethoven. Die Rasumowsky-Quartette op. 59*, S. 56.

dreißigsteln entgegenzustellen, die so wie die Kadenz am Satzende auf der Dominante basierte. Dies disparate Moment des Anfangs wurde dann zwar eliminiert, desto entschiedener aber wurde der gesamte Verlauf auf das Ziel der entsprechenden Kadenz hin ausgerichtet. Im Umschlag des Schlusses löst sich die begleitende Figuration als eigene Schicht ab, und so differiert das Verfahren im scheinbar so regulären Adagio nur graduell von den leitenden Prinzipien der anderen Sätze. Wenn die abschließende Violinkadenz im gehaltenen Triller ausläuft, zu dem im Cello die als ›Thème russe‹ bezeichnete Melodie ansetzt, wird spätestens im Quart- und Sextrahmen, der dann auch zur Oktave geweitet wird, die Affinität zum Hauptthema des Kopfsatzes deutlich. Doch schon anfangs stiften die Teilmomente des so robusten Themas höchst ambivalente Bezüge. Zum Triller tritt das Cello unvorbereitet in Septabstand ein (d – c), dem quasi ›dorischen‹ Beginn steht in T. 3–4 in F-Dur ein wiederholtes Kadenzscharnier gegenüber (c' – b – a), dessen Varianten mit Sechzehnteln oder Punktierung später konstitutiv werden. Und erst der leittönigen d-Moll-Kadenz der letzten vier Takte paßt sich auch die aufwärtsführende Trillerkette der Violine an: Momente der Melodik, Rhythmik und Harmonik werden also wechselnd akzentuiert. Die Wiederholung des Themas im Stimmtausch wird von den Mittelstimmen nachschlagend akkordisch gefüllt, und die Fortspinnung ab T. 17 isoliert das Kopfmotiv, das nun seinen befremdlichen ersten Ton einbüßt. Indem aber das Kadenzscharnier aus T. 3 imitatorische Verschränkung erfährt, kann aus seiner punktierten Variante umspielend die absteigende Kette der Sechzehntel ab T. 22 hervorgehen, die fortan gleichsam als abstrakte Multiplikation eines thematischen Moments die ganze Überleitung trägt. Wo sie ab T. 32 in Pausen stockt, greifen erinnernde Themenzitate der Gegenstimmen ein. Ihr Bewegungsmuster jedoch hält im begleitenden Oktavwechsel der Oberstimme an, wenn dominantisch ab T. 45 der Seitensatz eintritt, dessen Quartzüge vielleicht auf den Hauptsatz hindeuten (e" – h' – c" – f"), während die nachschlagenden Unterstimmen die Struktur der Themenwiederholung übernehmen. Mit dem Seitensatz in der Mollvariante verbindet sich dann ein Kanon der Außenstimmen, zu dem in den Mittelstimmen erstmals Synkopen treten, aus der rhythmischen Variante seiner letzten Töne resultiert jedoch erneut der knappe Rekurs auf den Kopf des Hauptthemas, und aus ihm entfaltet die Schlußgruppe ab T. 73 die punktierte Formel des Kadenzscharniers in akkordischen Blöcken derart, daß die punktierten Achtel des einen Stimmpaares im anderen synkopisch verschoben werden. Die überaus klangmächtige Formation entlädt sich wiederum in Skalengängen, die in stilisierten Trillern auslaufen, an sie schließt die wiederholte Exposition ebenso an wie dann die Durchführung, die erst den Themenkopf und dann als seine Umkehrung das Kadenzscharnier abspaltet. Ihr harmonisch zunächst begrenzter Radius erweitert sich in einer aufsteigenden Quintenkette (C – f, D – G, A – d ab T. 119), der harmonische Prozeß trifft aber just mit den nahezu amorphen Skalengängen zusammen, so daß der harmonischen Entwicklung keine motivische entspricht. Auf A-Dur hält die Bewegung kurz inne, von d-Moll aus werden Kopfmotiv und Kadenzscharnier des Hauptthemas verkettet, wie in der Schlußgruppe trägt jedoch die synkopisch verschränkte Punktierung die gesamte weitere Durchführung. So wird das Zentrum des Satzes weniger mit geschlossenen Themen als mit motivischen Teilmomenten bestritten, aus denen skalare oder punktierte Felder hervorgehen. Und nach der weithin regulären Reprise wartet die Coda ab T. 266 erstmals mit durchgängiger Imitation des Kopfmotives auf, die ihm inhärenten Zellen werden jedoch fast grotesk zum ausgreifenden Klangkontrast der Stimmen übersteigert, der unvermutet in ein Adagio ma non troppo ausläuft. In ihm nun wird doppelt die ›phrygische‹ Schrittfolge im Kadenzscharnier (b – a) harmonisch interpretiert (g-Moll / A-Dur in T. 311–313), wo dann aber die F-Dur-Kadenz ›sempre perdendosi‹ verklingt, schlägt sie zum Presto im Fortissimo um, das in der Bestätigung der Tonika nur noch die rhythmische Kernformel zuläßt.

Die Konsequenzen eines »neuen Wegs«, den Beethoven einzuschlagen gedachte, sind also wenigstens mittelbar noch in op. 59 wirksam, denn die Teilmomente einer thematischen Konfiguration – um an Dahlhaus anzuschließen – werden im F-Dur-Quartett für nahezu alle Satzphasen konstitutiv. So verwirrend ihr Beziehungsnetz ist, so unübersehbar beruht es weniger auf geschlossenen Themen als auf ihren isolierten Teilmomenten. In welchem Maß das auch für die beiden weiteren Werke gilt, läßt sich nur mehr knapp andeuten. Im Vergleich mit der Überlänge des ersten Quartetts, dessen Aufführung – je nach Tempowahl – bis zu einer Stunde dauern kann, kehren die folgenden zu strafferem Format zurück. Doch auch das mittlere e-Moll-Quartett, das als »Kontrastbild« nicht »viele Rätsel« aufzugeben scheint[1], trägt wieder durchaus ambivalente Züge.

Im Kopfsatz folgt eröffnenden Akkordschlägen, wie sie seit Haydn fast zum Topos wurden, gerade keine ausgedehnte Periode, nach einem Pausentakt wird vielmehr ein Kopfmotiv mit drei Achteln nur knapp präsentiert, um schon im nächsten Takt in kadenzierender Sechzehntelkette zu enden. Wiederum nach Pausentakt wiederholt sich dieser Zweitakter, nun aber just auf der neapolitanischen Stufe F-Dur, ihre Auflösung auf der Dominante verlängert nach neuerlichem Pausentakt das Kopfmotiv nur auf vier Takte und wird dann in Sechzehntelketten ausgesponnen. Analog folgt einem Rekurs auf die eröffnenden Akkorde schon ab T. 19 die Überleitung, in deren Modulationsprozeß das Kopfmotiv rasch von der Ausspinnung seiner figurativen Kadenzwendung überlagert wird. Zwar steht dann der Seitensatz regulär auf der Tonikaparallele, kaum greifbar setzt er aber dominantisch mit kurzen Phrasen ein, um nur in einem wiederholten Zweitakter einen knappen Melodie-

---

1 L. Finscher, *Beethovens Streichquartett opus 59, 3*, S. 126.

L. van Beethoven, op. 59 Nr. 2, erster Satz, T. 1–8 (*NGA*)

bogen auszubilden. Von diesem Material entfernt sich am weitesten ab T. 49 die heftige Ballung verminderter Akkorde, in denen nur noch punktierte Rhythmik an die Überbindung zwischen den beiden Takten im Kern des Hauptthemas erinnert. Und die synkopierten Akkordfolgen der Schlußgruppe werden am Ende der Exposition von fast neutralen Figuren abgelöst. So erweitert die Durchführung zunächst modulierend die eröffnenden Akkorde, sie verkettet im modulierenden Prozeß dann Kopf- und Kadenzmotiv des Hauptthemas, und sie formuliert auch die synkopischen Stauungen der Schlußgruppe um; den weitesten Raum nehmen aber Satzphasen ein, die nur mittelbar auf thematische Momente zurückgehen (wie die Sechzehntelketten ab T. 107 oder T. 117). Und am Ende reihen sich im Fortissimo isolierte Trillermotive, wie sie zuvor in der Überleitung begegneten. Damit bleibt es der Coda vorbehalten, den Kopf des Hauptsatzes zu verdichten (T. 216–228), nach synkopischen Pausen und figurativen Ketten tritt aber erst unmittelbar vor Satzende das Kopfmotiv selbst im Unisono noch einmal hervor. Wie man sieht, sind es wieder verborgene Teilmomente eines thematischen Komplexes, die den Verlauf weit eher prägen als melodisch profilierte Kopfmotive.

Der langsame E-Dur-Satz zeichnet sich durch den Hinweis ›con molto di sentimento‹ aus, und so entspricht der Anfang in akkordischen Halben dem hymnischen Ton später Sätze Haydns (wie in op. 74 Nr. 3 oder op. 76 Nr. 1, 5 und 6). Daß in diesem Sonatensatz nach Czernys Bericht der »gestirnte Himmel« und die »Harmonie der Sphären« reflektiert werde[1], kennzeichnet höchstens seinen Beginn, kaum aber die prozessuale Entfaltung. Denn das feierliche Thema in choralhaftem Idiom wird zugleich durch chromatische Baßschritte in T. 3 und T. 6 gefärbt, und ihre punktierten Kadenzglieder werden zum Ausgangspunkt einer rhythmischen Differenzierung, die fortan die thematischen Phrasen begleitet. Denn Ketten punktierter Achtel werden nur anfangs dicht gebunden, dann aber im Staccato markiert, und sie treten in der akkordischen Formation des Seitensatzes desto eigenständiger hervor, während die Schlußgruppe in triolischer Umspielung thematischer Relikte ausläuft. Auch die Durchführung nutzt das thematische Incipit eher in rhythmischer Abstraktion, läßt es aber in steter Triolierung zurücktreten, die schließlich den Verlauf primär bestimmt. Und die Reprise wird sogar durchweg von Varianten der punktierten Rhythmik getragen, die in akkordischer Ballung fast marsch-

---

[1] C. Czerny, *Über den richtigen Vortrag der sämtlichen Beethoven'schen Klaviersonaten*, S. 16.

artigen Charakter annimmt (etwa ab T. 100). Erst die Coda stellt wieder den hymnischen Tonfall her, doch wird das Thema in akkordischer Massierung zugleich durch die latente Chromatik akzentuiert (T. 138–143), wonach der Satz wiederum in Triolenketten verebbt. Sein weihevoller Beginn erweist sich also als Ausgangspunkt einer verästelten Entwicklung, ohne nochmals ungeschmälert restituiert zu werden.

Das Allegretto als dritter Satz prägt – auch ohne die Bezeichnung Scherzo – die Paarung von Tanz und Trio höchst eigenartig um. Im Tanzsatz zunächst treten Melodiezüge, die das Gerüst der Kadenzklänge umschreiben, hinter der intrikaten Rhythmik gänzlich zurück. Anfangs markiert zwar das Cello die Takteins, zugleich richtet sich der Quart-Oktavsprung der Oberstimme auftaktig auf die zweite Zählzeit, die zudem punktiert wird, die Mittelstimmen aber schlagen verspätet in Achteln nach. Und im zweiten Formteil kompliziert sich das Muster nicht nur in markanter Oktavierung, sondern durch synkopische Verschränkung – zudem in neapolitanischer Position – gekoppelter Stimmpaare (wie im Epilog des Finales aus Nr. 1). Dagegen tritt im Maggiore die zweite als ›Thème russe‹ hervorgehobene Melodie ein, die analoge Rahmenintervalle wie ihr Pendant in Nr. 1 aufweist. Ihre rhythmische Fassung gewinnt mit Pausen und Staccati zwar tänzerischen Charakter, ohne aber nach Ansatz auf zweiter Zählzeit die metrisch verschobenen Akzente zu leugnen. Mehr noch als im F-Dur-Finale tritt einerseits die melodische Kontur in der Kette der Einsätze hervor, die nur von triolischen Achtelketten begleitet werden. Andererseits bildet sich aber in merkwürdigem Kontrast ein regelrechtes Fugato aus, das mit seinen ersten beiden Durchführungen das Liedthema wechselnd auf Tonika und Dominante eintreten läßt (ab T. 52 und T. 80), während die beiden letzten gar kanonisch verdichtet nur die Duxform zulassen (T. 104 und T. 116). Zur Einsatzkette im Fugato wird die Begleitung phasenweise durch Legato und Staccato differenziert, sie setzt indes zu den Stimmpaaren der ersten Kanonphase aus, während die zweite in freilich melodisch freier Engführung nur mehr gebundene Linien zuläßt, aus denen schließlich zweitaktige Phrasen abgespalten werden. So wird das Thema als fremd abgehoben, um erst schrittweise in die verdichtete Struktur integriert zu werden. Die Reihung seiner Einsätze wie auch die dichte Synkopik im Tanzsatz dupliziert sich aber erst recht, wenn beide nach Beethovens Anweisung zweifach wiederholt werden. – Das Finale gibt sich – wiewohl im Allabreve-Takt – klar als Sonatenrondo zu erkennen, und so dominieren hier erst recht die vehementen rhythmischen Impulse, die der Refrain mit den Achteln des Binnenauftaktes zu T. 2 zur Verfügung stellt. Statt in e-Moll setzt er jedoch in C-Dur ein und wendet sich erst in T. 8 zur Tonika, um gleich zur Wiederholung zurückzulenken, und wenn von seinen rund vierzig Takten mehr als die Hälfte in C-Dur steht, dann treten wieder thematische und harmonische

Orientierung auseinander. Die fast mechanische Begleitung mit auftaktigen Achteln vor betonten Vierteln wird im akkordischen Satz weiter verschärft, sie tritt erst im Couplet ab T. 70 zurück, aus dessen melodischen Bögen auch die begleitenden Formen abgespalten sind, und die vermittelnden Phasen nach dem ersten und vor dem zweiten Refrain werden fast gänzlich mit den abgespaltenen Formeln des Refrains bestritten, die dem Satz seinen treibenden Impetus verleihen. Erst die Durchführung, von der eigentlich die Zergliederung des Materials zu erwarten wäre, formiert sich umgekehrt zum Fugato, dessen breites, scheinbar neues Thema aus den markanten Halben abgeleitet ist, die zuvor den wiederholten zweiten Refrainteil eröffneten (T. 18 und T. 31). Einer Scheinreprise in B-Dur folgt das zweite Couplet, das dagegen in der regulären Reprise entfällt, und der letzte Refrain endet im abschließenden Presto, in dem nichts als der begleitende Rhythmus des Refrains übrigbleibt, dessen melodische Konturen gänzlich verdrängt werden.

Selbst kurze Hinweise lassen also ermessen, wie trügerisch auch in diesem Werk der Schein einer konventionellen Regulierung ist. Denn die komplexen Prozesse werden wiederum nicht durch geschlossene Gestalten, sondern durch mehrdeutige Teilmomente gesteuert, die sich zu so überraschenden wie beziehungsreichen Kombinationen fügen.

Kein anderes der russischen Quartette ist nach der eindringlichen Übersicht Kermans so oft erörtert worden wie das letzte in C-Dur. An der Exposition erkannte Dahlhaus die Indizien der »neuen Manier«, Peter Gülke hob die Elemente einer »Grenzerweiterung« hervor, und die sozialgeschichtliche Deutung Finschers stützte sich auf eine eingehende Analyse, die keiner gedrängten Zusammenfassung bedarf.[1] Obwohl gerade dieses Werk – wohl wegen seiner scheinbar simplen Thematik – den Zeitgenossen als eher ›faßlich‹ galt, greift die planvolle Mehrdeutigkeit von den Themen selbst auf ihre formalen Funktionen über. Eine abstrakte Vorordnung weist zwar die langsame ›Introduzione‹ zum Kopfsatz auf, wenn die Außenstimmen gegenläufig auseinander streben und das Cello sogar eine fallende Skala ausbildet, die von der tiefsten Saite aus am Ende mit Septsprung umgebogen wird. Aus den Phasen gedehnter Klänge, die mit verminderten Akkorden beginnen und enden, löst sich dreimal eine knappe Geste mit Triller ab, ohne daß es doch zu melodischen und rhythmischen Konturen käme. Im Umschlag zum Allegro wird auftaktig knapp die Tonika berührt, volltaktig wird sie aber gleich von der Dominante abgelöst. Auf ihr hebt sich eine irregulär fünftaktige Solophase der Oberstimme ab, die zunächst durch Punktierung profiliert wird und dann den Tonraum in Achteln ausschreitet. Erst ihre Wiederholung erreicht mit der Subdominantparallele eine weitere Kadenzstufe, und mit entschieden gedehnten Schritten führt das Tutti dann endlich zur Tonika. Der fast lärmende Ausbruch, der mit der Tonika zusammenfällt, scheint den Rang eines Hauptthemas zu beteuern, statt

1 C. Dahlhaus, *Beethovens »Neuer Weg«*, S. 56ff.; L. Finscher, *Beethovens Streichquartett opus 59, 3*, S. 123f. und S. 159ff.; J. Kerman, *The Beethoven Quartets*, S. 134–150; P. Gülke, *Introduktion als Widerspruch im System. Zur Dialektik von Thema und Prozessualität bei Beethoven*, in: Deutsches Jahrbuch der Musikwissenschaft für 1969, Leipzig 1970, S. 5–40; dass. in: *Ludwig van Beethoven*, hg. v. L. Finscher, Darmstadt 1983 (Wege der Forschung 428), S. 338–387, hier S. 360ff. und bes. S. 363; auch in: P. Gülke, *»immer das Ganze vor Augen«*, S. 67–103, hier S. 83ff. und bes. S. 86.

L. van Beethoven, op. 59 Nr. 3, erster Satz, T. 1–29 (*NGA*).

einer thematischen Formulierung wird der erweiterte Kadenzrahmen aber nur mit einer rhythmischen Formel umschrieben, die im charakteristischen Wechsel von zwei Sechzehnteln samt Achteln an das verbindende Glied der russischen Themen in den beiden anderen Quartetten erinnern kann. So steht einer prätematischen Einleitung eine konzertante Geste auf der einen und ein rhythmisiertes Tuttifeld auf der anderen Seite gegenüber, ohne eine Scheidung substantiell eindeutiger Themen zu erlauben. Der durch Pausen abgehobene Auftakt jedoch, der genau an der Nahtstelle zum Allegro plaziert war, kehrt nun auch an der Nahtstelle zur Überleitung wieder (T. 57), in der zunächst jene Figuration erweitert wird, die am Schluß der orchestralen Expansion des Tuttifeldes erreicht wurde. Fast mag man danach versucht sein, als Seitensatz schon die konträre Gruppe ab T. 65 aufzufassen, doch bleibt sie nicht nur in der Tonika, sondern greift wieder auf die auftaktige Wendung zurück. Zudem mündet sie in der rhythmischen Formel und den konzertanten Figuren des ersten Tuttikomplexes. Wo aber ab T. 77 auf der Dominante wirklich ein Seitensatz beginnen könnte, zielen Varianten solcher Figuren auf betonte Vorhalte, so daß sich mit der regulären harmonischen Position erneut kein eigentliches Thema verbindet. Der kontrapunktische Satz jedoch, den die Vorhalte indizieren, bewirkt die Integration der konzertanten Figuren, an deren kadenzierender Nahtstelle wieder die auftaktige Wendung erscheint. Dagegen folgt der zweiten Teilkadenz ab T. 99 der Epilog, der hier nur vage an rhythmische Formeln im ersten Tuttifeld gemahnt. In der Überleitung zur wiederholten Exposition und dann zur Durchführung wird die auftaktige Formel zunächst harmonisch ausgearbeitet, um dann wie zu Beginn des Allegros in die fünftaktige Solofigur zu führen. Als motivische Zelle bewährt sich der Auftakt erst recht, wenn er ab T. 117 mit nun akkordischen Taktgruppen aus der Solofigur kombiniert wird und sich dabei als ihr eigentlicher Kern erweist. Von ihm wird auch die ausgedehnte konzertante Episode umrahmt, und überdies wird er nicht nur ab T. 144 mit Dreiklangsbrechungen als Varianten der Figuration verknüpft, sondern er erfährt am Ende rhythmische und intervallische Dehnung in einem ausgeterzten Kanonpaar der Unter- und Oberstimmen. Indem die Rhythmik der kanonischen Konstruktion, die sich letztlich dem Auftaktmotiv verdankt, zum verschränkten Synkopenpaar gesteigert wird, läuft sie mit dem ausgedehntesten Figurenfeld des ganzen Satzes in die Reprise hinein. In der variierten Wiederholung des Tuttikomplexes ab T. 193 tritt nun erst seine rhythmische Beziehung zum Epilog zutage, die sich nachträglich als Ableitung ausweist. Und der Straffung im ersten Teil der weiteren Reprise entspricht eine gedrängte Coda, die nur noch vom Auftaktmotiv bestritten wird. An den vielfältigen kombinatorischen Prozessen erweist sich erst im Rückblick die integrierende Planung, die schrittweise zum Vorschein bringt, welches Material als substantiell zu gelten hat. Statt aber auf die Ausbildung eindeutig thematischer Gestalten zu zielen, behalten mehrdeutige Teilmomente durchweg den Vorrang. Und erst das wechselnde Verhältnis zwischen kleinsten Zellen und großzügigen Dimensionen begründet die außerordentliche Vielschichtigkeit des Satzes.

Nicht so verwirrend und wohl eher verbindlich gibt sich das Andante a-Moll, dessen verhangener Ton zunächst sogar ein wenig volkstümlich anmuten kann. Als Adaption einer russischen Weise wurde besonders die wiegende Kadenzgruppe ab T. 20 beansprucht[1], sie ist aber nicht thematisch, sondern bildet nur einen kadenzierenden Annex. Eher thematischen Rang hat der zweiteilige Komplex zuvor, dessen ausgreifende Stimmzüge im Legato kaum einem Volkslied gemäß sind. Das scheinbare Zitat hat also eher periphere als substantielle Bedeutung, nach seiner auspendelnden Kadenz bildet sich aber eine Variante der thematischen Gestalten aus, die über C-Dur nach f-Moll weist, durch chromatische Wendungen und Vorhalte gefärbt wird und am Ende nach G-Dur führt. Den rhythmisch homogenen Verlauf, zu dem auch der Teilschluß zurückkehrt, unterbricht nur ein kapriziöser Einschub (T. 41), auf der thematischen Variante indes basiert in f-Moll der durchführende Mittelteil, der erst später auf die eröffnende Melodik im Wechsel mit der kapriziösen Kontrastgruppe zurückgreift, und erst am Ende der Reprise wird die zitathafte Kadenzwendung auf acht Takte erweitert. In der Mitte zwischen Lied- und Sonatensatz bleibt das Andante in der Schwebe, ohne über den Rang der thematischen Glieder zu entscheiden, und in seiner artifiziellen Ambivalenz sind auch die vermeintlichen Zitate integriert. – Desto überraschender bildet den dritten Satz ein Menuett, dessen demonstrativ tänzerische Züge noch der Zusatz ›grazioso‹ unterstreicht. Den gleichmäßigen Wechsel von Halben und angebundenen Sechzehnteln modifizieren synkopische Nuancen nur an den Gelenkstellen, erst im modulierenden Prozeß ergibt sich eine motivische Ver-

---

[1] W. Salmen, *Zur Gestaltung der ›Thèmes russes‹ in Beethovens op. 59*, S. 404; ders. in: *Beethoven-Interpretationen*, Bd. I, S. 437; L. Hübsch, *Ludwig van Beethoven. Die Rasumowsky-Quartette op. 59*, S. 32f.

arbeitung, die sich aber statt des Kopfmotivs sekundärer Momente wie der figurativen Ausspinnung und der kadenzierenden Gelenke bedient. Das Trio auf der Subdominante verbindet getupfte Achtel seiner Eröffnung mit Skalenketten der Ausspinnung, höchst eindringlich hebt sich daher die abschließende Coda ab. In ihr paaren sich die rhythmischen Konturen des Menuetts mit seltsam diffuser Chromatik, und so erscheint rückblickend der ganze Tanzsatz als fragile Episode, wenn sein offener Schluß auf der Dominante zugleich in das Finale hineinführt.

Das berühmte ›Fugenfinale‹ wird schließlich zur Krönung des Werkes und des ganzen Zyklus nicht nur, indem es als wahres Perpetuum mobile seine rhythmischen Energien bis zum eruptiven Schluß vorantreibt. Ins Äußerste getrieben wird vielmehr auch in diesem Satz die Paradoxie im Verhältnis der konstitutiven Elemente zum Verlauf, wenn die motivischen Splitter gleichzeitig zu höchster Kontinuität zusammengezwungen werden. Entscheidend ist dabei nicht so sehr die Verbindung der fugierten Ansätze mit einem Sonatensatz, wie es bereits Mozarts Finali in KV 387 und 465 vorgeführt hatten. Denn auch wenn der Satz zunächst eine Fuge ankündigt, zeichnet er dann doch recht getreu die Umrisse eines Sonatensatzes nach. In der vehementen Folge der Themeneinsätze läßt der Anfang jedoch leicht überhören, wie befremdlich in einem Satz, der sich äußerlich gar als Allabreve gibt, eine motivische Substanz ist, die für sich genommen fast trivial und in ihrer Häufung nahezu redundant wirken könnte. Der übergebundenen halben Note im Themenkopf folgt nichts als eine Drehfigur in Achteln, die schon im zweiten Takt und dann – nach Sequenzierung – wieder im nächsten mit Pausen abreißt. Doch von ihren Varianten in laufenden Achteln mit steter Sequenzbildung wird auch die weitere Fortspinnung bis hin zum nächsten Themeneintritt T. 11 getragen. Und erst nach weiteren fünf Takten werden die schwirrenden Achtel mit markanten Vierteln gekoppelt, die zwar in Staccato abgesetzt sind, gleichwohl alles eher als einen ›linearen Kontrapunkt‹ darstellen. Ähnlich lösen sich in der weiteren Auffüllung des Satzes rhythmisch analoge Gruppen ab, wo aber die volle Stimmenzahl erreicht ist, wird der vierstimmige Satz in oktavierten Stimmzügen zusammengezogen, und diese klangliche Reduktion reicht sogar über die Nahtstelle hinweg, wenn das Ziel der Tonika mit T. 41 erreicht ist. In diesem Gegenbild einer würdigen Fuge wird bei minimaler motivischer Substanz in fast grotesker Übersteigerung ein Prozeß eingeleitet, der nun über die Kombination sequenzierter Achtel mit energischen Halben zugleich den Modulationsweg öffnet. Rasch zeigt sich aber, wie auch die sequenzierten Drehfiguren durch Tonrepetitionen vertreten werden können, ohne die jagende Rhythmik zu unterbrechen. Und ihr Auslauf in einer Solokadenz führt ab T. 64 einen ›Seitensatz‹ ein, der in ›durchbrochener‹ Manier wieder nur aus einer auf- und absteigenden Folge von vier Achteln samt repetierten Vierteln zusammengesetzt ist. Dichter gerät allein die knappe Fortsetzung ab T. 72, wogegen dann ein Epilog die Figuration erst recht zu bloßer Tonrepetition begradigt. Mitten in seiner Kadenz rückt der Satz unerwartet von C- nach Es-Dur (T. 88–91), womit schon die Durchführung beginnt. Sie durchmißt zwar harmonisch einen bemerkenswerten Radius, der über As- und Des-Dur von cis-Moll aus über A-Dur nach d-Moll reicht, bis nach einer Quintenkette c-Moll zur Reprise mit C-Dur vertauscht wird. Die motivische Arbeit mit dem Themenkopf paart sich durchaus mit Engführung (wie ab T. 106) und greift sogar zu einem Doppelfugato aus (ab T. 136). Doch wird der gesamte Verlauf – entgegen dem Schein kontrapunktischer Verdichtung – allein mit den motivischen Partikeln aus Themenkopf und Fortspinnung bestritten. Weit prägender als die kontrapunktische Faktur ist also die Relation zwischen isolierten Motivzellen und ihrer kettenweisen Ausspinnung, mit der sich zugleich der Wechsel von Reduktion und Füllung des Stimmverbandes paart. Eine weitere Nuance gewinnt die Reprise, sofern zum Thema ein Kontrapunkt in Halben tritt, womit konsequent das Modell aus der ersten Überleitung der Exposition thematisiert wird. So werden noch schärfer die konträren Ebenen konturiert, die auf andere Weise wieder in der doppelten Coda zum Vorschein kommen. Ihr Beginn mit T. 305 gleicht dem der Durchführung auch in der harmonischen Position (Es-Dur), doch wird dieses Modell spätestens mit der Steigerung über Orgelpunkt ab T. 319 verlassen. Zu Trillerketten der Oberstimmen löst sich der Satzverband wieder in knappe Formeln auf, umgekehrt formieren sich halbe Noten – wie zu Beginn der Reprise – sogar zu Taktgruppen im Legato, statt zu einer bündigen Kadenz führen die Steigerungswellen aber zum Abbruch im Unisono (T. 385). Dem Zielton C folgen nach Pausen B und dann A, als befände man sich am falschen Ort, und wird dann in gebundenen Achteln der Quintraum (A – D) abwärts durchmessen, so gerät er zur grotesken Verformung der motivischen Zellen. Wenn mit weiterer Begradigung der Motivik die abschließende Kulmination im Fortissimo erreicht wird, dann bleiben zum Schluß nur noch kadenzierende Akkordblöcke übrig.

So steht der internen Konzentration der Quartette op. 59 eine nach außen gerichtete Expansion gegenüber, die höchst charakteristisch im Unterschied zwischen geradezu filigranen Strukturen und einer fast orchestralen Klangmassierung hervortritt. Erreichte die Expressivität in op. 18 am Ende in der ›Malinconia‹ eine Fragestellung, die dann den Gang der Kammermusik im 19. Jahrhundert begleitete, so berührt die weithin orchestrale Faktur in op. 59 eine Grenze, die in der späteren Geschichte der Gattung auch Anlaß zu steten Irritationen und kritischen Diskussionen bleiben sollte. Desto befremdlicher wirkt dagegen die scheinbare Simplizität der einzelnen Elemente, die sich so oft zu einem verwirrenden Puzzle zusammenfinden. Diese Polarität ist aber wohl nicht allein eine Konsequenz der »neuen Manier« oder auch kaum nur die Folge einer Wendung an das Publikum im öffentlichen Konzert. Sie bildet vielmehr die Bedingung der ausgreifenden Prozesse, die in der Anlage der einzelnen Sätze und in der zyklischen Disposition insgesamt zur Entfaltung kommen. Denn erst die relative Simplizität der Partikel erlaubte es, derart vielfältige Beziehungsnetze herzustellen, in die sich selbst so exotische Modelle wie die russischen Lieder integrieren ließen. Wenn ein solches Geflecht über alle Traditionen hinaus nun auch die Sätze eines Zyklus zu verklammern sucht, dann wird daran einsichtig, daß eine so weitgespannte Planung ihren Preis haben kann, sofern die charakteristische Expressivität der thematischen Substanz reduziert werden muß. Anders formuliert: Greift die Verdichtung des Gefüges vom Einzelsatz auf den Zyklus über, so setzt sie die Aufspaltung der Themen in disponible Teilmomente voraus. Denn solche Partikel müssen stetig verfügbar sein, falls nicht umgekehrt – wie im späteren 19. Jahrhundert – geschlossene Themen in einer Montage zitiert werden sollen.

Genau von den Erfahrungen in op. 59 nehmen dann aber die Strategien der späten Quartette Beethovens ihren Ausgang. Die Ambivalenz des Materials erlaubt es in den ›russischen Quartetten‹ noch, fast trivial anmutende, aber flexibel verwendbare Partikel im Satzprozeß bis zu hymnischer und geradezu grandioser Diktion zu treiben. Beide Seiten gehören zusammen, sofern ein orchestraler Zug den Widerpart zur Aufspaltung in abstrakte Momente bildet. Diese Verfahren gehen weit über die Quartette op. 18 hinaus, deren expressive Charakteristik mit ihrer bithematischen Anlage verkettet war. Umgekehrt war es freilich nur konsequent, daß in op. 59 ein Stück jener pointierten Expressivität zurückgenommen wurde, durch die sich die früheren Werke auszeichneten. So werden die ›Rasumowsky-Quartette‹ zu Kennmarken einer Umbildung der Gattung, deren Konsequenzen erst in den hintergründigen Rätseln der Spätwerke überboten werden sollten. Jene ›hochklassische‹ Phase, für die zu gleicher Zeit die Klaviersonaten, Symphonien und weiteren Kammermusikwerke Beethovens einstehen, repräsentieren die Quartette op. 59 nur noch partiell.[1] Denn sie leiten bereits unübersehbar die Wege ein, die zu den isolierten Bezirken der späten Quartette hinführen.

---

1 Vgl. dazu M. Solomon, *Beethoven: Beyond Classicism*, in: R. Martin, R. Winter (Hg.), *The Beethoven Quartet Companion*, Berkeley / Los Angeles 1994, S. 59–75.

4. Zur Zeit der Wiener Klassik:
Vom Quatuor concertant zum Quatuor brillant

Als Hauptstadt des Musikaliendrucks besaß Paris im späteren 18. Jahrhundert auch für die Publikation von Streichquartetten zentrale Bedeutung. Dennoch ist so gut wie kein Quartett eines Pariser Komponisten im historischen Gedächtnis der Gattung aufbewahrt worden. Dieses Mißverhältnis wirkt desto erstaunlicher, wenn man noch hinzufügt, daß bei einer Zahl von etwa einer halben Million Einwohnern in Paris um 1785 nicht weniger als rund 1000 Musiker nachzuweisen sind, unter denen sich nahezu 250 Komponisten, Virtuosen und Instrumentallehrer befanden.[1] Und in einer überaus materialreichen Dissertation, die bis heute grundlegend geblieben ist, berechnete Janet Muriel Levy 1971 die Anzahl der Streichquartette, die zwischen 1770 und 1800 in Paris erschienen sind, auf wenigstens 3.600 Werke.[2] Nicht grundlos hielt Ludwig Finscher diesen Schätzwert für überzogen[3], wenn aber ein Repertoire von offenbar mehr als beträchtlichem Umfang schon vom frühen 19. Jahrhundert an derart in Vergessenheit geriet, daß es heute geradezu als verschollen gelten muß, dann dürften die Gründe dieses Vorgangs in der Eigenart dieser Musik und in ihrer sozialgeschichtlichen Funktion zu suchen sein.

Aufgrund der durch Cari Johansson 1966 veröffentlichten Kataloge Pariser Verleger[4] kam Levy zunächst zur Annahme, im Jahr 1786 seien in Paris etwa 900 Streichquartette erhältlich gewesen. Bei der zu dieser Zeit gängigen Zahl von sechs Werken in je einem der angezeigten Drucke wurden also etwa 150 Publikationen zugrunde gelegt. Auf der Basis der Bibliothekskataloge in Paris, London, Washington u. a. schätzte Levy zudem aber die Zahl der Komponisten, die in Paris Streichquartette publizierten, auf gegen 200, und wenn jeder nur drei Serien mit je sechs Werken veröffentlicht habe, so ergäbe sich die Gesamtzahl von 3.600 »Pariser Quartetten«.[5] Unmöglich sei es jedoch, dabei zwischen Pariser und auswärtigen Autoren zu trennen, da einerseits französische Musiker auch auswärts tätig geworden seien, während andererseits viele Ausländer wenigstens vorübergehend auch in Paris gelebt hätten.[6] Und so seien zum Fundus des »Quatuor concertant in Paris« all die Werke zu zählen, die dort mit dieser oder einer entsprechenden Bezeichnung gedruckt oder erhältlich gewesen seien.

Bei dieser Voraussetzung wären freilich nicht nur die Quartette Haydns als ›Pariser Werke‹ zu bezeichnen, sondern mit ihnen auch eine Fülle der Werke Wiener und weiterer deutscher, italienischer und selbst englischer Komponisten – sofern sie nur in Paris erschienen wären. So begegnen unter rund 40 Autoren, aus deren Werken Levy etwa 100 Sätze als Basis ihrer Untersuchungen wählte, wenigstens zehn, die nicht eigentlich als ›Pariser Musiker‹ gelten können, und selbst von 17 Kompo-

1 B. S. Brook, *La Symphonie française dans la seconde moitié du XVIIIe siècle*, Paris 1962 (Publications de l'institut de musicologie de l'université de Paris I), S. 20.

2 J. M. Levy, *The Quatuor concertant in Paris in the Later Half of the Eighteenth Century*, Diss. Stanford University 1971, S. 1 und S. 7.

3 L. Finscher, Art. *Streichquartett*, in: *MGG²*, Sachteil Bd. 8, Kassel u. a. 1998, Sp. 1924–1977: 1941; vgl. auch ders., *Zur Sozialgeschichte des klassischen Streichquartetts*, in: *Bericht über den Internationalen Musikwissenschaftlichen Kongreß Kassel 1962*, hg. v. G. Reichert und M. Just, Kassel u. a. 1963, S. 37–39.

4 C. Johansson, *French Music Publishers' Catalogues of the Second Half of the Eighteenth Century*, Stockholm 1955 (Publikationer utgivna av Kungl. Musikaliska Akademiens bibliotek II).

5 J. M. Levy, *The Quatuor concertant in Paris*, S. 1, Anmerkung 1, sowie S. 7.

6 Ebenda, S. 6f.

nisten, die wichtig genug für biographische Mitteilungen waren, bliebe nicht nur Pleyel als Schüler Haydns ein Sonderfall.[1] Denn während Fiorillo nur 1785–88 in Paris weilte, wirkte Viotti dort gerade ein Jahrzehnt (1782–92). Wieweit es führen kann, wenn allein vom Verlagsort Paris ausgegangen wird, zeigt drastisch ein Beispiel aus Bernhard Rombergs Quartetten op. 1 (um 1800), das in Levys Arbeit durch ungewöhnliche motivische Konzentration auffällt, sofern es in nur sieben Takten nicht weniger als fünf Einsätze des Kopfmotivs mit seinem Kontrapunkt aufweist.[2] Wer aber wollte den aus Dinklage gebürtigen Musiker, der nach kurzer Pariser Tätigkeit ab 1802 in Berlin und Hamburg lebte, einen Repräsentanten des Pariser Quatuor nennen?

Die nur scheinbar eindeutige Definition, die sich primär vom Publikationsort leiten läßt, bleibt also einseitig, solange sie nicht durch weitere Kriterien ergänzt wird. Bei aller Vorsicht vor jeder Generalisierung hebt sich jedoch aus der großen Schar ›Pariser Autoren‹ ein enger Kreis primär französischer Musiker hervor, die in Paris nicht nur Quartette herausbrachten, sondern dort auch einen Hauptteil ihres Lebens verbracht haben. Von ihren Werken wäre zunächst auszugehen, um sachliche Kriterien wie die Satzfolgen, die Satztypen und die Satztechniken zu ermitteln, die dann Anlaß dazu geben könnten, auch entsprechende Werke weiterer Komponisten einzubeziehen. Soll also vom ›Quatuor concertant in Paris‹ die Rede sein, so empfiehlt sich eine pragmatische Begrenzung, weil andernfalls auch unterschiedslos ein Hauptteil des internationalen Repertoires einzuberechnen wäre, soweit es in Paris gedruckt oder aufgeführt wurde. Zweifellos gehörte zum Pariser Kreis aber ein gebürtiger Italiener wie Cambini, der seit 1770 in Paris lebte und mit fast 150 Streichquartetten so fruchtbar wie kein anderer Autor war. Während seine Werke nach Ausweis der Quellenlage, die Dieter Lutz Trimpert eingehend untersuchte[3], auch außerhalb Frankreichs weit bekannt wurden, kann das kaum generell schon für andere Pariser Autoren gesagt werden. Das Wiener Repertoire dürfte umfangreich genug gewesen sein, um hier wie im näheren Umfeld Werken anderer Provenienz wenig Raum zu lassen, doch stehen noch gründliche Repertoirestudien zur Verbreitung der Pariser Musik aus. Immerhin konnte Fiona Little zeigen, daß zwar Autoren wie Saint-Georges, Davaux und – natürlich – Cambini am Hof zu Wallerstein vertreten waren, daß ihre Werke aber doch nur »a small fraction« im Repertoire dieser süddeutschen Hofkapelle ausmachten.[4]

Das Quatuor concertant: Von Baudron bis Cambini

Nicht wenige Musiker, die zum Pariser Quatuor beitrugen, waren als Geiger an den Theatern der Stadt oder in kleineren Kapellen des Adels

---

[1] Vgl. ebenda, Appendix II ›Biographical Notes on Composers‹, S. 392–396, zu Pleyel bes. S. 395, sowie das Verzeichnis ›Musical Sources‹, S. 397–403.

[2] Ebenda, S. 137, Bsp. 9.

[3] D. L. Trimpert, *Die Quatuors concertants von Giuseppe Cambini*, Tutzing 1967 (Mainzer Studien zur Musikwissenschaft 1), S. 29–58, sowie das Verzeichnis der Quartette Cambinis, ebenda, S. 243–295.

[4] F. Little, *The String Quartet at the Oettingen-Wallerstein Court. Ignaz von Beecke and His Contemporaries*, 2 Bände, New York und London 1989, Bd. 1, S. 131–140 sowie bes. S. 143.

tätig, wie es mitunter auch die Titel der Drucke ausweisen. Andererseits trugen zur Gattung auch manche Dilettanten bei, die nur gelegentlich eigene Quartette veröffentlichten, so der Baron Charles-Ernest de Bagge, der selbst einen berühmten Salon unterhielt, ferner der auf Guadeloupe geborene Chevalier de Saint-Georges, der in seinem abenteuerlichen Leben auch als Musiker hervortrat, oder der sich als »Amateur« bezeichnende J.-B. Davaux, dessen sich Momigny – wie früher erwähnt – noch 1818 erinnerte. So lassen sich stellvertretend für andere ein paar maßgebliche Vertreter dieser Pariser Tradition benennen:[1]

Etienne-Bernard Barrière (1748 – 1816/18?)	op. 1, 1776; op. 3, 1778; op. 8, 1782
Antoine-Laurent Baudron (1742–1834)	op. 3, 1768
Giuseppe Maria Cambini (1746 – nach 1825)	149 Streichquartette, zumeist 1773–88, die letzten sechs erst 1804/09
Nicolas-Joseph Chartrain (1740? – 1793?)	op. 1, 4, 7, 1772–78; op. 12, 16, *Quatuors dialogués*, 1781–83; op. 22, 1785
Nicolas-Marie Dalayrac (1753–1809)	op. 4–5, 1779–80; op. 7, 1781; op. 8, 10, 11, 1782
Jean-Baptiste Davaux (1742–1822)	op. 6, 1773; dass. op. 9, 1779; 6 *Quatuors d'airs connus* op. 10, 1780; 4 *Quartetti* op. 14, London 1730; 3 *Quatuors concertants* op. 17, 1800 (?)
Federigo Fiorillo (1755 – nach 1823)	op. 1, 1786; op. 6, 1788
François-Joseph Gossec (1734–1829)	op. 15, 1772 (B 64–69)
André Ernest-Modest Grétry (1741–1813)	op. 3, 1773
Hyacinthe Jadin (1776–1800)	op. 1, 1795; op. 2–3, 1796; op. 4, 1798
Louis-Emmanuel Jadin (1768–1853)	op. 3, 1787; *3 Nouveaux quatuours*, 1805
Rodolphe Kreutzer (1766–1831)	op. 1, 1790; op. 2, 1795; op. 3, 1798 (2 Quatuors, Leipzig vor 1799 = op. 2, Nr. 2–3, 3.–4. Satz)
Joseph-Boulogne de Saint-Georges (1745–1799)	op. 1, 1773; o. op., 1777; op. 14, 1785
Pierre Vachon (1738–1803)	op. 5, 1773–74; op. 6, 1777; op. 7, 1773; op. 11, 1782–86
Giovanni Battista Viotti (1755–1824)	op. 1–2, 1783–86; 3 Quatuors 1817 (= G 7–12, 78–83, 112–114; W II, 1–6, 7–12, 13, 15)

Wenn manche der hier berücksichtigten Komponisten noch heute bekannt sind, dann gewiß nicht als Autoren von Quartetten: Gossec und Grétry waren primär Repräsentanten der Pariser Oper, Viotti vertrat maßgeblich das Violinkonzert, und Fiorillo wie Kreutzer bilden zusammen mit Pierre Rode die Trias der ›klassischen‹ Autoren von Etüden oder Capricen für Violine. Wie ferner ersichtlich wird, fallen nur wenige

[1] Vgl. dazu die Verzeichnisse bei J. M. Levy, *The Quatuor concertant in Paris*, S. 397–403, und bei D. L. Trimpert, *Die Quatuors concertants von Giuseppe Cambini*, S. 314–323 (Pariser Quartettdrucke zwischen 1770 und 1787); ferner vgl. D. Klein, *Le quatuor à cordes français en 18e siècle*, Diss. Paris (Sorbonne) 1970; M. Garnier-Butel, *La naissance du quatuor à cordes français au siècle des lumières*, in: *Le quatuor à cordes en France de 1750 à nos jours*, hg. v. der Association française pour le Patrimoine Musical, Paris 1995, S. 25–62; dies., *Les avatars d'un genre artistique. Le quatuor à cordes*, in: *Le tambour et la harpe. Œuvres, pratiques et manifestations musicales sous la Révolution 1788–1800*, hg. v. J.-R. Julien und J. Mongrédien, Paris 1991, S. 221–240; B. Neven, *Catalogue des quatuors à cordes de musiciens français de 1750 à 1993*, in: *Le quatuor à cordes en France*, S. 215–315. – Ergänzend wären weitere Komponisten zu nennen wie Jean Baptiste Breval (1753–1823) mit *Six quatuors concertants* (op. 1, 1775) sowie drei Sammlungen *Quatuors concertants et dialogués* (op. 5, 1778; op. 7, 1781; op. 18, 1785), Josephus A. Fodor (1751–1828) mit ebenfalls vier Drucken (op. 8, 11–13) und der in Nancy tätige Antonio Lorenziti (um 1740 – 1789, op. 5–6, 1775–76). Hinzuweisen wäre endlich auf in Paris tätige Deutsche wie die Brüder Carl und Anton Stamitz, die 1770 nach Paris kamen (wo Anton auch blieb); während Carl Stamitz Quartette in wechselnder Besetzung bevorzugte, publizierte Anton Stamitz hier sechs Serien Streichquartette seit 1776.

Werke aus dieser Auswahl noch in die Zeit vor 1770 (und der Eindruck würde sich durch weitere Quellen kaum grundlegend ändern). Allerdings ist die Frühgeschichte des Pariser Quartetts – trotz mehrerer Untersuchungen aus neuerer Zeit – kaum schon restlos aufgeklärt.[1] Zunächst mag sich also der Gedanke aufdrängen, an der Blüte der Pariser Spezies könne die zündende Wirkung der Haydnschen Werke nicht ganz unbeteiligt gewesen sein. Dagegen fällt jedoch von vornherein in der Satzfolge wie dann auch in den Satztypen ein grundlegender Unterschied gegenüber Haydn und der Wiener sowie süddeutschen Tradition ins Auge. Während Haydn bereits mit op. 9 die Viersätzigkeit zur Norm erhob, die nicht nur für Mozart und Beethoven, sondern zunehmend auch für weitere österreichische wie deutsche Musiker verbindlich wurde, galt umgekehrt in Paris die drei- und selbst zweisätzige Anlage als Regel, wogegen erst um oder nach 1790 auch viersätzige Werke in nennenswertem Umfang hinzutraten (wie sie dann von Hyacinthe Jadin bevorzugt wurden). So gesehen bildet Cambini als produktivster Pariser Autor geradezu einen Widerpart zu Haydn, dessen Œuvre er mühelos um mehr als das Doppelte übertraf. Denn Trimperts Werkverzeichnis ist zu entnehmen, daß von insgesamt 174 Quartetten – eingerechnet 19 mit Bläsern und 6 mit zwei Violen – fast drei Viertel nur zweisätzig sind, während lediglich sechs Prozent auf vier- und die übrigen auf dreisätzige Werke entfallen.[2] Daß sich gerade unter den ersten Werken auch vier mit je vier Sätzen befinden, zeigt immerhin an, daß diese Möglichkeit nicht unbekannt war (Nr. 1, 4, 5 und 8, 1773–74). Doch erst die allerletzte Werkgruppe, die als Nachzügler nach 1804 folgte, griff wieder die Viersätzigkeit auf, die inzwischen von Wien aus als Norm etabliert und nun auch für Cambini verbindlich war. Fast war es – möchte man sagen – dafür zu spät, denn diese Werke erschienen erst mit langem Abstand zur letzten vorangegangenen Serie von 1788 und damit zu einer Zeit, zu der der Stern des Autors schon deutlich im Sinken war.[3] An einem weiteren Ausschnitt von 388 Werken suchte Trimpert zu zeigen, daß sich der Bestand bei Einbeziehung auch österreichischer und deutscher Autoren etwa zu je einem Drittel auf zwei-, drei- und viersätzige Werke verteile; ziehe man aber Cambini heran, so wachse der Anteil zweisätziger Stücke fast bis zur Hälfte, während der Hauptteil viersätziger Quartette Haydn und Mozart zukomme. Die Rechnung leidet freilich wie die Levys an mangelnder Differenzierung, denn Trimpert begnügte sich mit der Vermutung, daß »die Nationalität der Komponisten eine Rolle« spiele.[4] Wie maßgeblich sie war, würde sich aber erst im Vergleich der Pariser Autoren mit denen des habsburgischen und süddeutschen Bereichs zeigen können. Die Zahl der Sätze ist kein nur äußeres Kriterium. Sie besagt zunächst, daß sich die ungeheure Produktivität Cambinis relativiert, wenn man die Zahl seiner und der Haydnschen Quartettsätze vergleicht. Mutatis mutandis gilt das ferner

---

1 Vgl. dazu M. Garnier-Butel, *La naissance du quatuor à cordes*, S. 37–49. Einen maßgeblichen Impuls dürften die schon vor 1770 in Paris gedruckten ersten Quartettserien von Boccherini bedeutet haben.
2 D. L. Trimpert, *Die Quatuors concertants von Giuseppe Cambini*, S. 59f.
3 Ebenda, S. 293ff.
4 Ebenda, S. 60.

aber ähnlich für weitere Bereiche der Pariser Produktion, denn nur zwei Sätze zeigen nicht nur die Werke von Gossec oder Saint-Georges, sondern auch teilweise die Serien von Davaux, Vachon u. a., und zweisätzig sind selbst noch Kreutzers Quatuors op. 1. Wenn aber solche Werke fast durchweg einen maßvoll raschen Kopf- mit einem schnellen Schlußsatz paaren, dann ergibt sich daraus auch der Ausfall eines langsamen Satzes, der dagegen in dreisätzigen Werken in der Regel als Mittelsatz figuriert. Das aber bedeutet, daß allenfalls in Finali eine Angabe wie ›Tempo di minuetto‹ o. ä. begegnet. Anders gesagt: es fehlt weithin der Tanzsatz, der in Haydns frühen Reihen op. 1 und 2 wie auch sonst in solchen Divertimenti in doppelter Ausformung erschien und für Haydn selbst dann zum zentralen Ort seiner taktmetrischen Versuchsanordnungen wurde, bis er sich in Beethovens Hand zum charakteristischen Scherzo verwandelte. Insofern markiert eine scheinbare Äußerlichkeit wie die Satzzahl von vornherein auch eine maßgebliche Differenz der Traditionen. Sie aber gilt auch unabhängig von einer Antwort auf die Frage nach der Herkunft einer zweisätzigen Folge, wie sie zu dieser Zeit für andere instrumentale Gattungen sonst kaum noch gültig war. Doch läßt sich nicht ausschließen, daß dafür weniger gattungsgeschichtliche Beziehungen als sozialhistorische Umstände maßgeblich im Spiele waren.

In ihren Studien suchte Levy das soziale Umfeld der Pariser Quartettpflege zu erhellen, soweit das bei Quellen möglich ist, die gerade über nicht öffentliche Aufführungen nur spärlich Auskunft zu geben pflegen. Bestimmt für Salons, in denen Adlige wie Intellektuelle, Künstler wie auch Bürger zusammentrafen, dienten demnach die Werke – wie schon früher gesehen wurde – der ›conversation‹ und damit der geselligen Unterhaltung im besten Sinn. In diesem Kontext jedoch konnten rasche Sätze durchaus am unterhaltsamsten gelten, wogegen langsame Sätze eher als Angelegenheit für Kritiker und Kenner erschienen, wie es John Marsh als englischer Zeuge bestätigte.[1] Eine solche Haltung zu Werken, die sehr genau auf ihren Bedarf hin kalkuliert waren, äußert sich nicht allein in manchen, freilich seltenen Rezensionen, sondern ebenso in den französischen Definitionen der Kammermusik.[2] Am meisten aber bekundet sich diese Eigenart in den Werken selbst, die eine überaus feste, wo nicht mechanische Regulierung ihrer Formschemata mit einer überraschend wechselvollen und eben damit unterhaltsamen Binnenstruktur zu verbinden wissen. Freilich ist es fast unmöglich, von dieser Musik eine nähere Vorstellung zu vermitteln, solange der Interessent sich auf die Quellen verwiesen sieht, weil noch immer nur wenige Neuausgaben verfügbar sind. Zwar sind die Quellen – fast durchweg gedruckte Stimmensätze – inzwischen bibliographisch hinreichend erschlossen, und in maßgeblichen Bibliotheken liegen sie auch in nicht geringer Anzahl vor. Daß aber der Mangel an Editionen weit größer ist als für die deutsch-österreichische Quartettproduktion, liegt wohl weniger an der

1 J. M. Levy, *The Quatuor concertant in Paris*, S. 130 mit dem Zitat von John Marsh, vgl. dazu Ch. Cudworth, *An Essay by John Marsh*, in: Music and Letters 36 (1955), S. 155–174: 162. Ferner vgl. B. R. Hanning, *Conversation and Musical Style in the Late Eighteenth-Century Parisian Salons*, in: Eighteenth-Century Studies 22 (1989), S. 512–528. Der Anteil des Quatuor concertant relativiert sich freilich, wenn man den ungeheuren Umfang der Pariser Musikproduktion insgesamt in Rechnung stellt, vgl. J. Mongrédien, *La Musique en France des Lumières au Romantisme (1789–1830)*, [Flammarion] 1986, S. 285–291.

2 J. M. Levy, *The Quatuor concertant in Paris*, S. 20ff. und S. 23–41, zur Rezension der Quartette von Davaux besonders S. 29.

Eigenart des Pariser Repertoires als an der Aufmerksamkeit, die die Musik aus Haydns Umfeld gefunden hat. Eine Reihe von Beispielen aus Cambinis Werken teilte Trimpert mit, und wie andere Autoren hat Levy nicht nur zahlreiche Exempla anderer Komponisten, sondern auch ganze Sätze und sogar ein vollständiges Werk Cambinis zugänglich gemacht. Wenn aber schon Trimperts Dissertation nicht überall zugänglich ist, so gilt das erst recht für die fundamentale Arbeit von Levy, die bedauerlicherweise nicht gedruckt wurde und ähnlich schwer erreichbar bleibt wie weitere handschriftliche Spartierungen oder Quellenauszüge.[1] So bleibt nichts übrig als der Versuch einer knappen Charakteristik, die sich zudem auf nur wenige Beispiele stützen kann.

Wie die Kopfsätze im Pariser Repertoire fast ausnahmslos dem gängigen binären Schema folgen, so bilden die Finali ganz überwiegend Rondoformen, die zumeist mit drei Refrains und zwei Couplets auskommen. Wo dreisätzige Werke einen Mittelsatz in meist langsamem Tempo aufweisen, bedienen auch diese sich vorwiegend einer binären Anlage. Ausnahmen sind dagegen mehrteilige Binnensätze wie etwa Romanzen, und ähnlich begegnen seltener Variationen oder – dann vorab als Abschluß – Sätze nach Art eines ›Tempo di minuetto‹, die sich mit triomäßigen Episoden dann wiederum einem Rondo annähern können. So unvorhersehbar melodische, rhythmische und figurative Konstellationen im Satzverlauf wechseln können, so begrenzt bleibt zumeist der harmonische Radius selbst in den Modulationsphasen der Kopfsätze oder in den Couplets der Finalrondi. Desto auffälliger ist jedoch andererseits der weitreichende Verzicht auf thematische Profilierung bereits der exponierenden Satzteile, wie auch den modulierenden Mittelteilen jene motivische Arbeit fremd ist, die im Verhältnis zur Exposition erst die Rede von ›Themen‹ und ›Durchführungen‹ begründen könnte. Und da auch der Ort, an dem wieder die Tonika erreicht wird, keineswegs mit dem Wiedereintritt eines ersten ›Themas‹ zusammenfallen muß, fehlen im Grunde alle Bedingungen, um von ›Sonatensätzen‹ im engeren Sinn zu sprechen. Offensichtlich wie der Gegensatz zu der durch Haydn geprägten Tradition ist auch die gänzlich andere Strukturierung dieser französischen Werke. Denn ihre binären Formen erinnern deutlich an die Herkunft vom tradierten Modell des Suitensatzes, während die Schlußsätze in pointierter Weise die originäre Reihung einer Rondoform vertreten.

So stellte Levy denn auch durchaus treffend fest, zu keiner anderen Zeit seien Formen so starr normiert gewesen, daß sogar Dilettanten sie sich mühelos aneignen konnten: »Compositional grammar and syntax were so conventionalized that thousands of pieces could be turned out quickly, as if from a stencil.«[2] Wenn sich zudem viele Autoren mit einem Minimum an »structural coherence« begnügten, so lesen sich solche Aussagen so wenig ermutigend, daß sie nicht zu näherer Beschäftigung einladen. Doch fügte Levy auch hinzu, selbst wenn es »in the most

---

[1] Zu danken habe ich hier Ludwig Finscher, der mir nicht nur ein Exemplar der Arbeit von J. M. Levy überließ, sondern auch Einsicht in von Philippe Oboussier angefertigte Spartierungen der Quartette von P. Vachon und H. Jadin gewährte (vgl. dazu unten S. 280–285).

[2] J. M. Levy, *The Quatuor concertant in Paris*, S. 62 (ebenda auch die weiteren Zitate); von »gänzlicher Abwesenheit eigentlich thematischer Arbeit« sprach im Blick auf Cambinis »Durchführungen« auch D. L. Trimpert, *Die Quatuors concertants von Giuseppe Cambini*, S. 93.

routine compositions« kaum um »structural individuality« zu tun sei, so bleibe es doch das Gewebe (»texture«), »which is the most characteristic aspect of these works«. Und es war vor allem die fast durchgängige Bezeichnung der Werke als ›Quatuors concertants‹, die ihr den Anlaß zur näheren Erschließung der Sachverhalte bot.

Die Hinweise von Koch, Momigny und Kollmann, die bereits früher erörtert werden, deuten zunächst darauf hin, daß das Adjektiv ›concertant‹ (mit seinen Varianten) nicht allein auf solistische Besetzung zu beziehen ist, so sehr sie zur Voraussetzung im Quartettsatz wurde.[1] Wenn der Begriff im Streichquartett auch nicht auf einen Wettbewerb ungleicher Instrumente abzielen kann, so erscheint er auf den Titeln der Drucke nicht selten alternativ und mitunter auch synonym gebraucht mit der Bezeichnung ›dialogués‹[2], ohne doch primär einen Dialog solistischer oder gar extrem virtuoser Partner zu meinen (was erst die spätere Kennmarke ›brillant‹ impliziert). Primäre Aspekte der Theorie sah Levy für das Quatuor concertant demnach in der Führung der Stimmen, in der Interaktion der Partner und in ihrer wechselnden Funktion im Stimmgewebe: »Texture, then, commands first place as a criterion for stylistic analysis of the literature of the quatuor concertant.«[3] Allerdings bezog sich Koch nicht auf das französische Quatuor, und wie ihm galten Haydn und Mozart auch für Momigny als exemplarisch, wenn er sich nur selektiv und kritisch der französischen Spielart des Quatuor erinnerte. Durchaus skeptisch befand auch Kollmann, französische Musik brilliere zwar »foremost in lively imagination«, sei aber »deficient in point of just harmony and degenerates into mere passagework.«[4] Selbst wenn also diese Theoretiker kaum Zeugen für das Pariser Quatuor sind, bleibt doch der Versuch bedenkenswert, den Blick für die wechselnden Konstellationen im Satzgewebe zu schärfen. Denn je genauer man sie zu erfassen sucht, desto unterschiedlicher erscheinen ihre Relationen innerhalb der einzelnen Sätze.

So zeichnet sich für das Quatuor concertant eine eigentümliche Dialektik ab. Während die Regulierung der Formen in der Abfolge zwei-, vier- und achttaktiger Gruppen zur Mechanik tendiert, scheint ihr im ständig wechselnden Stimmgewebe eine hochgradige Individualität der Einzelsätze zu entsprechen. Es ist das Verdienst der Studien Levys, an einer Reihe von Sätzen aus Quartetten von Barrière, Cambini und Dalayrac, weiter aber auch von Vachon, Fiorillo und Saint-Georges gezeigt zu haben, wie außerordentlich verschieden dasselbe Schema mit immer anderen melodischen Bildungen, mit metrischen Impulsen, wechselnden Rhythmen und spielerischen Figuren gefüllt werden kann.[5] Offen bleibt dabei allerdings die Frage, welches Gewicht den einzelnen Formeln oder Splittern zugemessen werden darf, mit denen das Wechselspiel der Partner bestritten wird. Denn je weiter der Begriff des »concertant« im Verhältnis zur »texture« gedehnt wird, desto eher verliert er gegenüber

1 J. M. Levy, *The Quatuor concertant in Paris*, S. 46ff. und S. 57ff.; D. L. Trimpert, *Die Quatuors concertants von Giuseppe Cambini*, S. 173ff.

2 J. M. Levy, *The Quatuor concertant in Paris*, S. 51; D. L. Trimpert, *Die Quatuors concertants von Giuseppe Cambini*, S. 177f.

3 J. M. Levy, *The Quatuor concertant in Paris*, S. 59.

4 Aug. Fr. Chr. Kollmann, *An Essay on practical musical Composition, according to the Nature of that Science and the Principles of the greatest Musical Authors*, London 1799, S. 102; zu den Äußerungen von Koch und Momigny vgl. oben Abschnitt »Perspektiven der Lehre: Theoretische Normen und Kriterien der Gattung«, Anmerkung 1, S. 70, und Anmerkungen 3f., S. 79.

5 Vgl. dazu die Untersuchungen von J. M. Levy, *The Quatuor concertant in Paris*, S. 60–133 (Chapter III: ›General Characteristics of the Style‹); D. L. Trimpert, *Die Quatuors concertants von Giuseppe Cambini*, S. 66–93.

dem Risiko einer beliebigen Reihung auch an Trennschärfe, ohne zugleich ein abwägendes Urteil im Vergleich der Werke zu erleichtern.

In einem frühen Beispiel wie Baudrons dreisätzigem F-Dur-Quartett Nr. 4 (1768), dessen erster Satz gerade einmal 103 Takte (¢) umfaßt, lassen die Unterstimmen noch deutlich das einstige Fundament des Generalbasses durchscheinen. Über gleichförmiger Begleitung in repetierten oder gebundenen Achteln setzt die Oberstimme volltaktig mit Vierteln und synkopischen Halben an, in ihrer Fortspinnung, die auch interne Auftakte kennt, lösen sich Achtel, Sechzehntelketten und auch Achteltriolen ab, doch wird dieses Wechselspiel über zehn Takte hin gestreckt, ohne mehr als eine Achtelpause zuzulassen. So schlicht wie die Begleitung, aus der kurz nur die zweite Violine hervortritt, sind auch die melodischen Formeln, sie werden aber innerhalb der tonikalen Sektion nicht wiederholend bestätigt, wenn nach der ersten auch die zweite Violine die Führung übernimmt (T. 11–20). Sobald die beiden letzten Takte über doppeldomi-

A.-L. Baudron, Sei quartetti, Nr. 4, erster Satz, T. 1–7 und 14–19.

nantischem Schritt energisch auf die Dominante zielen, fällt für acht Takte einmal dem Violoncello die führende Rolle zu, doch bildet seine kantable Wendung keinen Seitensatz, denn sie kehrt weder in der Modulationsphase noch im weiteren Verlauf wieder. Im Wechsel der Oberstimmen bestreiten wieder neue Bildungen aber auch die weiteren Gruppen der dominantischen Sektion im A-Teil, sie werden aber so wenig wie die der eröffnenden Phase in der modulierenden Sektion des B-Teils aufgegriffen, der zunächst in der Dominante verharrt, um sich erst in einer zweiten Phase zu ihrer Mollparallele zu wenden. Auf der Tonika wird schließlich zwar der Satzbeginn resümiert, doch kehren – nun in der zweiten Violine – nur die ersten zehn Takte wieder, wogegen der restliche Verlauf vom paarigen Wechsel der Stimmgruppen ausgefüllt wird.

Dem Begriff ›concertant‹ entspricht vorerst weniger der Austausch der Stimmen als der bunte Wechsel der Segmente in einer führenden Stimme, die die anderen nur begrenzt partizipieren läßt. So variabel die Stimmführung ist, so floskelhaft sind freilich ihre Bauteile. Was aber zunächst als denkbar unkonzentriert anmutet, findet seine Kehrseite in einem Kaleidoskop, das seine Hörer zu überraschen und zu unterhalten vermochte.

Etwas weiträumiger ist mit 144 ¢-Takten bereits das zweisätzige F-Dur-Quartett op. 6 Nr. 5 (1773) von Davaux, aus dem nur die Oberstimme der ersten tonikalen Satzgruppe hervorgehoben sei. Denn sie

J.-B. Davaux, op. 6 Nr. 5, erster Satz, T. 1–8 und 32–37.

wird gleich von der zweiten Violine wiederholt (T. 13–24), und obwohl sie sich dominantisch öffnet, setzt noch die Fortführung erneut in der Tonika an, bis sie erst spät definitiv die Dominante erreicht (T. 34). Doch wechseln nun nicht nur Unter- und Oberstimme paarig ab, zu einfachster akkordischer Begleitung treten vielmehr dann sukzessiv alle Stimmen – zuerst Violoncello, dann Viola wie auch zweite Violine – mit überaus lebhaftem Figurenwerk hervor, das freilich keinerlei thematische Bindung duldet. Der B-Teil beginnt zwar auf der Dominante mit dem Zitat der ersten vier Takte (ab T. 65), er begnügt sich dann aber wieder mit neuer Fortspinnung, und wenn er zur Tonika zurücklenkt (T. 113), so wird nun quintversetzt und variiert nur an die Figurationsphase des A-Teils angeknüpft. In dem Maß aber, in dem alle Stimmen an diesem Gewebe teilhaben, wird ihr Wechselspiel im Quatuor concertant pointiert. Und das abschließende ›Rondeau Grazioso‹, dessen Refrain nur aus einem wiederholten Acht- samt Viertakter besteht, zeigt zwei Couplets in Tonika und Mollvariante (›Minore‹), doch wird die Wiederkehr des Refrains nicht ausgeschrieben, sondern nur durch Anweisung gefordert.

J. B. de Saint-Georges, op. 1 Nr. 4, erster Satz, T. 1–16.

Der Befund ändert sich kaum prinzipiell, wo etwa Saint-Georges einmal wie in op. 1 Nr. 4 (1772) eine Molltonart wählt. Zwar wird der eröffnende Viertakter gleich eine Oktave tiefer wiederholt, und versetzt auf die Durparallele erscheint er erst in der zweiten und dann der ersten Violine auch zu Beginn des B-Teils. Beidemal schließt jedoch an dieses

›Kopfmotiv‹ eine durchaus unterschiedliche Fortspinnung an. Sie endet im A-Teil mit Halbschluß, nach dem auf der Tonikaparallele wieder zwei neue Viertakter folgen, die wiederum in freier Figuration auslaufen. Und analog wird das Themenzitat des B-Teils wieder anders fortgesetzt, ohne im weiteren einen Rückbezug im Sinn einer Reprise kenntlich zu machen. Mit nur 55 Takten weist das rudimentäre ›Rondeau‹ als Schlußsatz eigentlich nur ein reguläres Couplet in der Molldominante auf, nach dem wiederholten Achttakter des Refrains ist aber wohl schon seine Fortführung als Vertretung eines Couplets zu verstehen, zumal danach der erste Achttakter repetiert wird.

Etwas anders steht es mit den ebenfalls zweisätzigen Quatuors op. 15 von Gossec (1772), wie ein Blick auf die Oberstimme des zweiten Werkes in Es-Dur andeuten kann. Wenn sich der Autor primär durch vokale Werke seinen Namen erwarb, so darf wohl seine einzige Quartettserie (C – Es – c – D – E – A) einen Sonderstatus beanspruchen.[1] Profilierter als sonst ist mit zwei fünftaktigen Gruppen denn auch gleich das Incipit, das dennoch kaum schon ein ›Hauptthema‹ bildet, selbst wenn es zu Beginn des B-Teils auf der Dominante wieder eintritt. Doch steht ihm im A-Teil eine weitere Satzgruppe auf der Dominante gegenüber (T. 44ff.), und wenn beide im B-Teil auf der Tonika wiederkehren, so zeichnet sich auch klarer der Ort einer Reprise ab. Die Zwischenglieder werden freilich erneut von wechselnden Konstellationen der Struktur, der melodischen Ansätze und rhythmischen Impulse gefüllt. Daß

---

1 Zur Zählung der Werke Gossecs vgl. B. S. Brook, *La Symphonie française*, wo die Quartette op. 15 als B 64–69 erscheinen. Zu Grétrys Quartetten op. 3 vgl. die Edition von M. Barthélemy, Versailles 1997.

Fr.-J. Gossec, op. 15 Nr. 2, erster Satz, T. 1–15.

Gossecs Werke aber kaum den Durchschnitt der Pariser Produktion vertreten, zeigt ihre graduell höhere Thematisierung, die eher dem Begriff eines Sonatensatzes nahekommt. Charakteristisch bleibt gleichwohl der überraschende Wechsel der Spielfiguren bis hin zur Modulationsphase des B-Teils, die trotz ihres eröffnenden Themenzitats keine thematische Durchführung ausbildet. Demgemäß ist auch der Schlußsatz (›Tempo di Minuetto‹) einerseits ein zweiteiliger Tanz mit zweifachem Trio (das zweite als ›Minore‹), doch rückt der Satz damit zugleich in die Nähe der übrigen Rondi mit zwei Couplets. Die Alternative zu drei Sätzen dieses Typus (Nr. 1–2 und 4) sind drei Finali, die in Siebers Pariser Druck den Zusatz ›Englese‹ tragen (Nr. 3 und 5–6). Im 2/4-Takt zeigen sie zwar schlicht dreiteilige Anlage, doch werden sie durch den klangdichten Satz ausgezeichnet, der die maßvoll schreitende und ganz und gar nicht virtuose Führungsstimme umrahmt.

Von der Vielfalt der Quartette Cambinis, aber auch von den Grenzen, die diesem Musiker gesetzt waren, geben die zahlreichen Beispiele, die Trimpert und Levy mitgeteilt haben, einen hinreichenden Eindruck. So genüge denn ein kurzer Auszug aus dem Es-Dur-Quartett, das am Beginn der *Six Quatuors concertants* Œuvre 4 steht (1776, Trimpert Nr. 19). Ist dieses erste wie auch das letzte Werk der Reihe dreisätzig angelegt, so bescheiden sich die übrigen (Nr. 2–5) wiederum mit zwei Sätzen (Es – F – C – D – A – B). Fast kann sich der Beginn des Kopfsatzes aus Nr. 1 zunächst als bloße Einleitung ausnehmen, wenn er mit knapper, durch Pausen getrennter Motivik beginnt, die nur vom dicht akkordischen Begleitsatz zusammengehalten wird. Die motivischen Impulse verketten sich jedoch ab T. 3 zur steigenden Sequenz, die durch Synkopierung am Ende fast orchestralen Gestus annimmt. Gleichwohl ist diese Eröffnung soweit thematisch, wie das für diese Musik gesagt

[1] J. M. Levy, *The Quatuor concertant in Paris*, S. 354–391; zur Zählung s. D. L. Trimpert, *Die Quatuors concertants von Giuseppe Cambini*, S. 253, 284 und 290.

werden kann, denn mit der dominantischen Version der ganzen Gruppe setzt auch der B-Teil an. Hier wie schon im A-Teil, aus dem einmal ein kantabler Gedanke wie ein Seitensatz hervortritt, schließen sich im übrigen jedoch wieder wechselnde Figurationen und bevorzugt Triolenketten an, wogegen die Rekapitulation im B-Teil abermals weitere Verkürzung erfährt. Wie in diesem Werk das Adagio c-Moll, sind es auch sonst die langsamen Binnensätze, die mit ornamentaler Umspielung und gelegentlichen Doppelgriffen am ehesten virtuose Fertigkeit erfordern. Dagegen begnügt sich der Schlußsatz mit spielerisch kurzzügiger Thematik, und wenn in diesem ›Presto Rondo‹ beide Couplets als Varianten des Refrains erscheinen, so kreuzen sich damit Rondo und Variationensatz.

Ähnliche Verfahren zeigen – wenn auch nicht ohne individuelle Varianten – die von Levy mitgeteilten Kopfsätze aus op. 7 (1777–78), aus Livre 22 (1785) und aus den *Douze nouveaux Quatuors* (1788, Trimpert Nr. 26, 134 und 158).[1] Der unleugbare Erfindungsreichtum Cambinis erlaubt nicht leicht eine Generalisierung, gemeinsam ist seinen Werken mit dem weiteren Pariser Repertoire jedoch, daß sich am Ort der Durchführung zwar umfänglich modulierende Phasen finden, die aber in aller Regel nur zu Beginn thematisches Material zitieren und allenfalls den

G. M. Cambini, op. 4 Nr. 1, erster Satz, T. 1–20.

Eintritt der Reprise durch Motivzitate vorbereiten, während die Reprisen selbst dann vielfach verkürzt oder doch unvollständig bleiben.

Obwohl Cambinis Quartettsatz nicht anspruchslos ist, läßt sich die Stimmführung nicht eigentlich virtuos nennen. Aber auch berühmte Geiger wie Fiorillo und Viotti wußten im Quatuor den Pariser Ton zu treffen, ohne auf blendende Virtuosität zu setzen. In ihrem Œuvre blieben solche Quartette zwar Episoden der Pariser Jahre, doch wird man den Fiorillo der bekannten 36 Capricen in seinen Quartetten kaum finden, und wer Viottis Violinkonzerte kennt, mag von den Quartetten der Jahre 1783–85 leicht enttäuscht sein. Denn wie Levy an mehreren Beispielen zeigen konnte, fügten sich beide Autoren während ihrer Pariser Zeit geschmeidig in das dortige Repertoire ein, indem ihre Quartette unter Verzicht auf bündige Thematisierung prägnante Einfälle mit wechselvollen Spielfiguren verbinden.[1]

Haydn in Sicht: Vachon und Jadin

In fast dieselbe Zeit wie die Werke Cambinis fallen auch die Quartette von Pierre Vachon, die nun allerdings in sehr andere Richtung weisen. Der Autor wirkte – anders als die weiteren Pariser Musiker – auch in Deutschland, wo er 1786–98 an der Leitung der Berliner Hofkapelle beteiligt war. Schon zuvor entstanden freilich seine Streichquartette, die ausnahmsweise auch in Neuausgaben zugänglich sind.[2] In op. 5 (1773/74) sind Nr. 1–3 drei- und Nr. 4–6 noch zweisätzig (A – g – f – B – A – Es); daß gleich zwei Werke aber in Molltonarten stehen, deutet bereits auf einen gesteigerten Anspruch hin. Dabei sind die Sätze zwar knapp, aber auch bemerkenswert konzis geformt, indem sich mit ihrem Ablauf eine weitere Thematisierung als sonst im Pariser Repertoire verbindet. Und der Ausfall eines langsamen Satzes wird in den zweisätzigen Werken wenigstens partiell durch das maßvolle Tempo der Kopfsätze kompensiert, die zweimal ›Maestoso‹ (in Nr. 4 und 6) und einmal ›Andante cantabile‹ (in Nr. 5) vorsehen. Zwar gehen die Kopfsätze noch von Suitentyp aus, in dem Maß jedoch, wie ihre Eröffnung zum prägnanten Thema umgebildet wird, verringert sich zugleich der Anteil freier Figuration. Denn fast durchweg wird dieses Thema auch in den B-Teilen genutzt, die sich damit von Modulationsphasen zu Durchführungen wandeln (in Nr. 1–2), obwohl die Rückkehr zur Tonika nicht immer mit dem Eintritt des eröffnenden Themas identisch ist (in Nr. 2). Lockerer gebaut sind die Kopfsätze zwar in zweisätzigen Werken (Nr. 5–6), umgekehrt weisen sie aber in je einem der drei- und zweisätzigen Quartette klar abgehobene Seitenthemen auf (Nr. 3–4), und das Modell eines Sonatensatzes, dessen Durchführung beide Themen verwertet, ist zumal in Nr. 3 erreicht. Dagegen zeigen die langsamen Sätze der ersten

1 Zur Werkzählung vgl. R. Giazotto, *Giovanni Battista Viotti*, Milano 1956, S. 203–207, sowie Ch. White, *Giovanni Battista Viotti (1755–1824). A Thematic Catalogue of his Works*, New York 1985; zu den Quartetten vgl. näher Kl. Fischer, *G. B. Viotti und das Streichquartett des späten 18. Jahrhunderts*, in: *Trasmissione e recezione delle forme di cultura musicale. Atti del XIV Congresso della Società Internazionale di Musicologia, Bologna 1987*, hg. v. A. Pompilio u. a., Bd. 3, Torino 1990, S. 753–767.

2 Vgl. die Ausgabe der Quartette op. 5 und 7, hg. v. Ph. Oboussier, Topsham/Devon 1987; die Edition der Quartette op. 6, hg. v. J. Brown, London 1928, war mir nicht zugänglich.

Trias (bis auf Nr. 2) schlicht dreiteilige Formen, in denen die Wiederholung des A-Teils durch Da-capo-Anweisung gefordert wird. Und während sich unter den Finali je zweimal ein Rondeau (in Nr. 1 und 4) und eine binäre Anlage (in Nr. 2 und 5) befindet, steht einem Andantino mit kontrastierendem ›Majore‹ (Nr. 3) einmal auch ein ›Tempo di Minuetto‹ (Nr. 6) gegenüber, das faktisch einem Menuett mit als ›Minuetto II‹ bezeichnetem Trio in der Dominante -entspricht.

Erst 1776 erschien in London die als op. 6 gezählte Serie (Es – G – E – c – E – D), der schon 1773 der Pariser Druck von op. 7 voranging (F – D – Es – B – d – c). Bei wiederum zwei Moll-Werken ist hier die Dreisätzigkeit zur Norm geworden, und daß ein Werk (Nr. 4) nur zwei Sätze aufweist, wird durch das erste Quartett ausgeglichen, das mit Einschub eines äußerst knappen Menuetts zur Viersätzigkeit gelangt. Auch wenn nun Seitenthemen fast zur Regel werden und die Durchführungen stets das Hauptthema zitieren, verkürzen sich die Reprisen nach älterer Art nicht selten um das erste Thema, das dann in der Durchführung letztmals auftritt. Klarer noch als in op. 5 prägt sich im d-Moll-Quartett op. 7 Nr. 5 ein Sonatensatz aus, der zu den dichtesten im Pariser Werkbestand zählen dürfte. Sein im Unisono präsentiertes Kopfmotiv,

P. Vachon, op. 7 Nr. 5, erster Satz, T. 1–10 und 39–50 (Beginn der Durchführung).

das mit Doppelschlag energisch den Grundton umschreibt und dann ebenso entschieden den Oktavraum ausmißt, weitet sich erst zum Halbschluß (T. 8) hin zu klangdichter Akkordfolge. Doch wird es gleich zweimal in der kurzen Überleitung aufgenommen, bevor sich ein ähnlich konziser Seitengedanke abzeichnet (ab T. 25). Und in die gedehnten Dreiklangsschritte hinein, mit denen die Durchführung beginnt, wird wieder dreifach das Kopfmotiv zitiert, dem gleich danach der Rückgriff auf das Seitenthema entspricht. Motivisch gesichert wird selbst die Rückleitung, und auch die kurze Reprise verzichtet nicht auf die Rekapitulation beider Themen. Nicht ganz so konzentriert gibt sich dagegen das c-Moll-Quartett Nr. 6, dessen einleitendes ›Maestoso‹ den Hauptsatz nur am Ende der Durchführung nutzt, um dann die Reprise mit dem Seitensatz zu eröffnen. Die langsamen Sätze folgen wiederum zumeist (bis auf Nr. 6) dem dreiteiligen Schema mit Da capo des ersten Teils, doch findet sich in Nr. 1 auch eine zweiteilige Form, in der die Oberstimme den Sechzehnteln der Begleitung angeglichen wird und nur in einer eingeschobenen Gruppe eigene Kantabilität gewinnt. Mehrfach zeichnen sich auch die Mittelteile als kontrastierendes ›Mineur‹ aus (in Nr. 2, 3 und 5), nach dem einmal nur die ersten acht Takte des ›Majeur‹ wiederkehren (in Nr. 2). Und unter den Finali begegnet nur noch ein leichtfüßiges Rondo Pariser Art (in Nr. 2), doch erhalten selbst zweiteilige Formen (wie in Nr. 5) einen Binnenkontrast, wenn der B-Teil zunächst rhythmisch von der triolischen Bewegung der Rahmenteile abgesetzt wird. Züge eines verkürzten Rondos scheinen auch sonst durch, wo einem ersten Kontrastteil in Nr. 2 noch ein Minore folgt, und ist in Nr. 6 am Ende das kleine ›Majeur‹ zu wiederholen, so erhält das c-Moll-Werk damit seinen Abschluß in C-Dur. Und einmal auch macht (in Nr. 3) ein Minuetto den Beschluß, dem als Trio wieder ein analoger Satz in der Dominante entspricht.

Wenn in Vachons Quartetten also der Blick auf Haydn deutlich genug wird, so gilt das doch keineswegs für die Pariser Zeitgenossen insgesamt, wie allein das Œuvre Cambinis zeigen kann. Recht normiert bleibt bei Vachon zumeist auch die periodische Gruppierung, die des Haydnschen Wechselspiels der metrischen Impulse entbehrt, wie denn oft genug noch freie Figuration dominiert. Kaum verständlich wäre es sonst, daß später aus dem Quatuor concertant die Spezies des ›brillanten‹ Quartetts erwachsen konnte. Damit deutet sich jedoch eine Spaltung an, die besonders sichtbar wird, wenn man die zwischen 1795 und 1798 publizierten Quartette von Hyacinthe Jadin mit den Werken von so bedeutenden Virtuosen wie Rodolphe Kreutzer und Pierre Rode vergleicht.

Jadin zeichnet sich wie wohl kein anderer Pariser Musiker bereits dadurch aus, daß in den zwölf Werken seiner Serien op. 1–4 die Viersätzigkeit geradezu zur Regel gemacht wird (mit der Ausnahme des zweisätzigen Quartetts op. 4 Nr. 1). Denn das bedeutet zugleich, daß nun auch das Menuett zum Regelfall wird, selbst wenn die Folge der Binnensätze in Abhängigkeit vom Tempo der Kopfsätze wechseln kann. Klarer kann nicht werden, daß sich die Orientierung nach Wien hin – und zwar nicht nur auf Haydn, sondern wohl schon auf Mozart bezogen – inzwischen auch in Paris anbahnt, selbst wenn Jadin dabei einen Sonderfall darstellen dürfte. Der Preis dafür ist es freilich, daß damit das Pariser Quatuor auch seinen besonderen Status einzubüßen beginnt. Wenn Jadins Quartette besonders attraktiv erscheinen, so bemißt sich das Urteil aus historischer Perspektive an einem Standard, der fortan mehr und mehr europaweit verbindlich wurde (wie es sich zugleich auch an der quantitativ geringeren italienischen Produktion andeutet). Bezeichnend für die Kopfsätze Jadins ist es, daß die einprägsamen Hauptthemen nun praktisch stets durch mehr oder minder prägnante Seitenthemen ergänzt werden. Die Durchführungen kennen nicht allein Themenzitate, sondern zeigen mehrfach auch Ansätze zu ausgesprochen motivischer Verarbeitung. Damit verbinden sich zugleich harmonische Exkurse, die sich schon zu Beginn einer Durchführung in mediantischem Wechsel oder chromatischer Rückung ausweisen. Und wenn die Reprisen nicht vollständig sind, so suchen sie meist doch beiden Themen gerecht zu werden. Variabilität bekundet auch schon die tonale Disposition der zwölf Werke, in denen sich nur einmal eine Tonart wiederholt (op. 1 B – A – f; op. 2 Es – h – C; op. 3 C – E – a; op. 4 G – F – D). Ausnehmend gewandt – und mitunter sogar elegant – sind die Menuette, die zwar von normgerechter Periodik ausgehen, aber auch nicht mit metrischen Finessen geizen (wie geradezu programmatisch in op. 1 Nr. 1 mit fallender Sequenzierung von zwei Achteln samt Viertel über chromatisch gleitendem Baßgerüst), wogegen sich die Trioteile dann eher entspannt geben. Die langsamen Sätze entsprechen ebenso wie die Finali fast durchweg dem binären Schema, doch steht einer Kantabilität, die ähnlich wie bei Haydn in zunehmender Ornamentierung ihren Widerpart findet, in den sehr raschen Schlußsätzen wiederum die Tendenz zu thematischer Straffung gegenüber, in der nun auch die Erinnerung an das Pariser Rondo zurücktritt. Eine Ausnahme bildet freilich die letzte Sammlung op. 4, denn im zweisätzigen G-Dur-Werk Nr. 1 folgt einem Kopfsatz, der durch auffällig gleichförmige, geradezu flächige Rhythmisierung absticht, ausnahmsweise ein Rondofinale, und weniger konzentriert als sonst sind auch die Kopfsätze der beiden anderen Werke, während die Finali rhythmisch eher etwas monoton geraten.

Die beiden Quartette, auf deren Neuausgabe verwiesen werden kann, bilden zwar in mancher Hinsicht Ausnahmen, die von der satztechnischen Variabilität Jadins noch keinen zureichenden Eindruck vermitteln.[1] Das f-Moll-Werk op. 1 Nr. 3 (1795) besticht jedoch zunächst durch ungewohnte Expressivität, die sich schon im komplexen Hauptthema mit ›abschnappender‹ Kadenz ankündet. Das Kopfmotiv wird von der zweiten Violine vorimitiert (T. 5) und dann durch die erste ausgesponnen, ehe es sich in fallender Sequenzierung einer Drehfigur entlädt, die auch vom Violoncello übernommen wird. Setzt auf der Tonikaparallele von As-Dur aus eine neue Phase an (T. 15), so wird der Wechsel der Außenstimmen, der sich auf ein karges Motivfragment beschränkt, vielleicht zu lang fortgeführt, bevor sich aus ihm zweimal eine Kadenzgruppe ablöst, die eher einem Seitensatz entspricht. Das Incipit des Hauptthemas eröffnet mit Quartfall in as-Moll die kurze Durchführung, die erst später auch – modulierend zur Dominante

[1] Vgl. die Ausgabe von op. 1 Nr. 3 und op. 2 Nr. 1, hg. v. Ph. Oboussier, Exeter 1989; zu Jadins Quartetten vgl. insgesamt Ph. Oboussier, *The French string quartet, 1770–1800*, in: *Music and the French Revolution*, hg. v. M. Boyd, Cambridge 1992, S. 74–92, wo Beispiele von Baudron, Gossec, Davaux, Vachon und Jadin mitgeteilt werden.

H. Jadin, op. 1 Nr. 3, erster Satz, T. 1–5 und 36–42 (Beginn der Durchführung).

c-Moll – die charakteristische Rhythmisierung mit punktierter Viertel samt zwei Sechzehnteln zur Geltung bringt (ab T. 36 bzw. T. 44). Und nach Halbschluß auf der Dominante setzt die Reprise gleich mit der den Seitensatz vertretenden Phase in f-Moll ein, um erst in den letzten Takten, quasi als Schlußgruppe, das Hauptthema selbst zu resümieren. Ganz im Unisono verkettet das ›Menuet‹ seine gleichmäßigen Viertel, um jedoch durch wechselnde Bindung der Gruppen die Grenzen der Periodik zu verschleiern, wonach das helle F-Dur-Trio (›Majeur‹) dieses Verfahren in klangvoll aufgefülltem Satz abwandelt. Das kurze Adagio As-Dur basiert in beiden Teilen auf einem rhythmischen Modell aus Sechzehnteln mit Pausentrennung, das zunächst in Baßlage die kantable Oberstimme trägt, bis sich daran auch wachsend alle Stimmen angleichen. Und die flotte Polonaise als Schlußsatz stimmt mit Verve ihr Thema an, es erfährt jedoch im B-Teil seine Differenzierung, wenn gearbeitete Überleitungen zu einem Kontrastglied vermitteln, wonach der Satzschluß mit kleinen Überraschungen wie einem Stillstand mit Fermate (T. 93) aufwartet.

Eine langsame Einleitung, wie sie auch in op. 1 Nr. 1 und op. 4 Nr. 3 zu finden ist, eröffnet das Es-Dur-Quartett op. 2 Nr. 1 (1796). Ob sie allerdings auf das Paradigma aus Mozarts ›Dissonanzen-Quartett‹ KV 465 Bezug nimmt, mag immerhin fraglich erscheinen.¹ Denn anders als dort gründet sie zunächst auf fallendem Quartgang (As – Ges – F – Es) in Baßlage, bevor sie die Dominante ansteuert (F – B). Wird dies Gerüst durch stete Achtelrepetitionen verkettet, so umschreiben die Oberstimmen mit der Imitation eines steigenden Quartgangs den Weg vom dominantischen Sekundakkord zur Mollvariante (es-Moll), ehe sie dann in gebundener Achtelbewegung in zwei- und zuletzt eintaktigen Gruppen die Dominante umkreisen (T. 13–25). So groß der Abstand zu

1 Ph. Oboussier, *Une rélevation musicale: Les Quatuors de Hyacinthe Jadin*, in: *Le tambour et la harpe*, S. 221–240.

Mozarts kompliziertem Modell auch ist, so geschickt weiß dann das Allegro moderato seine eintaktig ansetzende Themengruppe zu kantabler Geschlossenheit und figurativer Auflösung zu wandeln, und der Seitensatz (T. 53ff.) hat im Austausch der Außenstimmen nachgerade doppelmotivische Qualität. Entsprechend verfährt die Durchführung, die anfangs von verminderten Akkordketten ausgeht, wogegen sich die Reprise wieder durch Ausfall des Hauptthemas verkürzt. An zweiter Stelle folgt das Adagio As-Dur, in dem anfangs dem Violoncello die kantable Melodik anvertraut ist, und wird sie dann von der Oberstimme übernommen, so erfährt sie in beiden Teilen – ganz nach Haydns Art – wechselnde Ornamentierung. Knapper als üblich bleibt das Menuett, das dem energisch schreitenden ersten Viertakter einen graziösen zweiten entgegensetzt, wogegen dem Trio B-Dur stete Einschübe im Unisono vorbehalten sind. Und das Finale modifiziert das zweiteilige Schema durch motivische Arbeit im B-Teil erneut zur Annäherung an einen Sonatensatz.

Zum Quatuor brillant: Kreutzer und Rode

Auch wenn weitere Editionen wünschenswert wären, sollte man die historische Geltung von Jadins Quartetten nicht überschätzen. Denn so sehr sie sich aus dem Pariser Repertoire herausheben, so wenig erinnerte sich Momigny ihrer, als er für das ältere Pariser Quatuor auf den »amateur« Davaux und weiter auf Kammel und Cambini verwies. Nächst Haydn, Mozart und Pleyel nannte er jedoch neben Fränzl vor allem Kreutzer und Krommer als die Autoren, deren Quartette ihre »qualités brillantes« unter Beweis stellen.[1] In Paris dürfte Rodolphe Kreutzer in der Tat am deutlichsten an den gängigen Standard der Gattung anknüpfen, um zugleich aber den virtuosen Möglichkeiten der ersten Violine weiteren Raum als zuvor zu geben. Ungeachtet der wechselnden politischen Verhältnisse genoß der Geiger stets hohes Ansehen, das ihm 1815 noch das Amt des Hofkapellmeisters einbrachte. Traditionell zweisätzig sind die *Six quatuors concertants* (op. 1) vom Jahre 1790, die dem ersten Allegro einen raschen Schlußsatz – meist ein Rondo – folgen lassen. Der Kopfsatz des B-Dur-Quartetts Nr. 4 genügt, um eine Vorstellung vom durchaus konventionellen Habitus der Serie zu geben. Das eröffnende Kopfmotiv besteht nur aus fallendem Oktavgang mit nochmaligem Oktavfall, es wird durch ein auftaktiges, dreifach ansetzendes Motiv ergänzt, das jedesmal auf eine volltaktige Vorhaltbildung gerichtet ist. Sobald aber die Dominante erreicht ist, setzt sich das skalare Laufwerk durch, und der B-Teil beginnt zwar mit dominantischem Themenzitat, das dagegen bei Wiedereintritt der Tonika entfallen kann. Anders gesagt: das konventionelle Formschema wird primär durch Figuration gefüllt, die gleichwohl noch nicht geradezu

[1] J.-J. de Momigny, Art. *Quatuor*, in: *Encyclopédie Methodique Musique*, hg. v. N. E. Framery, P. L. Ganguené und J.-J. de Momigny, Bd. 2, Paris 1818 (Reprint New York 1971), S. 299.

virtuos zu nennen ist. Und das abschließende Rondo begnügt sich wie üblich mit drei Refrains und zwei Couplets, nach denen der Refrain einfach ›Da capo‹ gefordert wird.

Die bereits viersätzigen *Six Quatuors* op. 2 dagegen, die um 1795 bei André erschienen[1], zeigen nach entsprechenden Kopfsätzen wie in op. 1 an zweiter Stelle recht schlichte Menuette. Doch sind es gerade die langsamen Binnen- und raschen Schlußsätze, in denen sich der virtuose Anspruch deutlich steigert, wie es etwa im langsamen Variationensatz des D-Dur-Quartetts Nr. 1 oder im Rondo aus dem A-Dur-Werk Nr. 2 wahrzunehmen ist. Gerade diese Tendenz setzt sich jedoch in den *Trois Quatuors* op. 3 fort (Leipzig um 1798 bei Breitkopf & Härtel), die ebenfalls vier Sätze umfassen. Zwar entsprechen die Kopfsätze mit kleinen Seitenthemen und etwas stärkerer Thematisierung nun eher dem aktuellen Stand, und das Menuett aus Nr. 2 B-Dur zeigt ein Trio mit Pizzicato-Effekt, während an seine Stelle im C-Dur-Quartett Nr. 1 eine Polonaise mit Ketten punktierter Sechzehntel tritt. Bezeichnend ist es aber, daß nicht nur die Phrasierung genau angegeben wird, sondern daß nicht selten auch Fingersätze im Druck zugefügt werden. Dem entspricht der Vorrang spieltechnischer Aufgaben, der sich in der reichen Ornamentierung langsamer Sätze ebenso äußert wie in der raschen Figuration der Finali. Als Beispiel diene das Andante aus Nr. 2, das von T. 16 an mehrfach triolische Sechzehntel vorsieht, die als ›fliegendes Staccato‹ zu spielen sind und den Satz phasenweise einer Etüde annähern. Ähnlich ausstaffiert sind aber auch die anderen langsamen Sätze, und ganze Trillerketten – wiewohl zu skalaren Vierteln – fordert denn auch das Finale des a-Moll-Werkes Nr. 3.

1 Als op. 2 nannte D. Charlton, Art. *Kreutzer, Rodolphe*, in: *New Grove Dictionary²*, Bd. 13, S. 903–906: 905 »3 quatuors«, das Exemplar der Staatsbibliothek zu Berlin Preußischer Kulturbesitz (Signatur *Mus. 9316*) enthält zwar drei Werke, nennt aber im Titel *Six Quatuors* [...] Œuvre 2.

R. Kreutzer, op. 3 Nr. 2, zweiter Satz, T. 1–27 (Staatsbibliothek zu Berlin – Preußischer Kulturbesitz).

Von diesen Werken Kreutzers her führt der Weg zu jenem Quatuor brillant, das am deutlichsten durch die 12 Werke dieser Art von Pierre Rode (1766–1831) repräsentiert wird. Wie seine 24 Capricen (nach 1814) die Sammlung von Kreutzers *Études ou caprices* (1796) überbieten, so läßt sich eine gleiche Steigerung nicht nur in Rodes 13 Violinkonzerten verfolgen. An Kreutzers Spieltechnik knüpfen bereits vier Quartette an, die zwischen 1815 und 1820 in Leipzig und Paris veröffentlicht wurden, ohne vollauf ›brillant‹ zu sein. Wirksamer wurden aber die 12 Quatuors brillants, deren Publikation um 1803 einsetzte. Ein wenig gleicht das Genre dem ominösen Ungeheuer von Loch Ness: viele nennen es – wer aber hat es gesehen? So wenig es offenbar Neuausgaben gibt, so wenig wäre einem heutigen Quartett zuzumuten, im Ernst nur als Folie des Primarius zu dienen. Gerade das war aber die Funktion dieses Typus, wenn Rode als einstiger Schüler Viottis, seit 1795 zudem Professor am Conservatoire, nun der legitime Erbe Kreutzers und bewunderte Repräsentant der französischen Geigerschule war und seine Konzertreisen durch ganz Europa unternahm. Wo für die Darbietung eines Violinkonzertes nicht mit einem Orchester zu rechnen war, da ließ sich immer noch – Frucht des häuslichen Quartettspiels – ein bereitwilliges Trio zusammenbringen, um den Virtuosen in der Darbietung eines Quatuor brillant zu stützen.

In dichter Folge umfaßte die Serie zunächst die sechs Quartette op. 11–12, 14–16 und 18, die später mit je zwei Werken fortgeführt wurden (op. 24, Bonn 1825; op. 28, Berlin um 1828; op. post. Paris 1839?). Boris Schwarz zufolge erschien als op. 11 das erste dieser Werke, doch liegen unter gleicher Opuszahl drei Werke in einem späteren Nachdruck vor (Hamburg, Jean August Böhme), von denen sich aber Nr. 2–3 als identisch mit op. 14–15 erweisen.[1] Während ein dreisätziges Es-Dur-Quartett, das in diesem Druck als Nr. 1 firmiert, das Thema des ersten Satzes noch unverziert präsentiert, um dann erst das Laufwerk bis in den modulierenden Mittelteil zu entfachen, folgt einem Poco Adagio mit zurückhaltender Ornamentierung ein Finale ›Tempo di Polacca‹, das als Rondo die Mechanisierung der Form ebenso vorantreibt wie die Brillanz der Figuration. Charakteristische Beispiele sind aber die Quartette op. 14 F-Dur (Offenbach 1805, André) und op. 15 D-Dur (Wien 1806, Artaria) mit einmal drei und dann wieder nur zwei Sätzen.[2] Dem wiederum schlicht gefaßten Thema im Kopfsatz aus op. 14 schließt sich schon ab T. 9 eine erste Probe auf das Vermögen des Primgeigers an, die dann erst recht in der zur Dominante modulierenden Phase überboten wird, wonach die ›Durchführung‹ zum Objekt der Demonstration geigerischer Fähigkeiten gerät. Und nach dem kurzen Adagio C-Dur führt das Finale als ›Tempo di Menuetto‹ vollends vor, wie der einstige Tanzsatz durch die Kette der spielerischen Effekte überspült wird. Nur die akkordische Stütze der Unterstimmen erinnert noch an das Taktmaß eines Menuetts, ohne freilich für thematische Bindung des Satzes zu sorgen. Und das zweisätzige D-Dur-Quartett op. 15 endet mit einem Andante con variazioni, das seinem einfachen Thema aus zweimal 4 + 4 Takten wahre Kaskaden an technischen Schwierigkeiten entlockt. Die tradierten

---

1 B. Schwarz, Art. *Rode, Pierre*, in: *New Grove Dictionary*², Bd. 22, S. 491f.: 492; Exemplar der Staatsbibliothek zu Berlin Preußischer Kulturbesitz (*Mus. 222618* bzw. *6299*).

2 Die Datierungen folgen hier wie auch weiterhin O. E. Deutsch, *Musikverlagsnummern. Eine Auswahl von 40 datierten Listen 1710–1900*, Berlin ²1961, hier S. 7.

P. Rode, op. 14, Finale, T. 1–37 (Staatsbibliothek zu Berlin – Preußischer Kulturbesitz).

Formschemata werden also gewahrt, sie dienen aber lediglich als Hülse zur Entfaltung eines Feuerwerks der Effekte, das bei aller Bravour und Eleganz auch süße und mitunter gar larmoyante Töne nicht scheut.

Solche Extreme gelten freilich nicht für alle Pariser Werke, wie beispielsweise die 1805 veröffentlichten *Trois Quatuors* von Pierre Baillot (1771–1842) zeigen, der sich wenig später mit seinem Ensemble für Beethoven einzusetzen begann. Auch wenn die Unterstimmen meist schlicht begleitende Funktion haben, ist die erste Violine im viersätzigen B-Dur-Quartett Nr. 2 zwar anspruchsvoll, aber nicht eigentlich virtuos geführt, und das Rondofinale – nun übrigens mit drei Couplets – fordert zwar Doppelgriffe, aber doch nur als Liegetöne zum Refrainthema. Von Variationen jedoch wie denen aus Rodes op. 15 ist der Weg nicht weit zu Kabinettstücken wie seinen *Airs variés pour Violon avec Accompagnement d'un Second Violon, Alto et Violoncelle* op. 10 oder op. 16, die nicht einmal dem Schein nach genuine Quartette darstellen wollen. Sie schließen aber an jene ›Quatuors d'airs connus‹ an, die in Paris spätestens seit den entsprechenden Opera von Davaux (op. 10, 1780) in Mode waren.[1] Sie wurden bisher übergangen, weil sie ohnehin einen Grenzfall bedeuten. Denn indem gängige Melodien – etwa aus dem Opern- oder Ballettrepertoire – als Anlaß für anfangs noch nicht sonderlich virtuose Variationen dienten, wurde dem Bedarf an Unterhaltung in dem Maß Rechnung getragen, wie zugleich der Anspruch auf eigene Substanz aufgekündigt wurde. Geht aber die gesteigerte Virtuosität so weit, daß der Variationensatz eines Quartetts nur noch graduell vom brillanten Salonstück zu unterscheiden ist, dann sind auch die Niederungen der zahllosen Arrangements im weiteren 19. Jahrhundert nicht mehr fern.

Mit dem kompositorischen Niveau und demnach mit der Geschichte des Streichquartetts hat derlei kaum noch zu tun. In ihrer Gefährdung ist aber auch die Chance einer Befruchtung angelegt. Wenn Beethoven in die Quartette op. 59 zwar nicht ›airs connus‹, aber doch die ›Thèmes

[1] Vgl. die Ausgabe *Pierre Rode: Deux Airs variés*, hg. v. A. Schulz, Braunschweig o. J., Henry Litolff's Verlag.

russes‹ integrierte, so wurden sie gewiß sublimiert, ohne doch ihre Eigenart ganz einzubüßen. Aber das Maß an Virtuosität, das schon hier sichtbar wurde, wirkte noch im Spätwerk nach, so esoterisch es sich neben aller Virtuosenmusik ausnimmt. Wie Beethoven die Sonate op. 47 für Kreutzer schrieb (der sie freilich nicht spielen mochte), so wollte er 1812 die letzte Violinsonate op. 96 »mit mehr Überlegung in Hinsicht des spiels von Rode schreiben«.[1] Nachdem Louis Spohr 1803 in Braunschweig Rode gehört hatte, publizierte er wenige Jahre später sein erstes Quatuor brillant op. 11 (1807), und der Spalt zwischen solchen Alternativen im Streichquartett durchzog seither sein Werk wie das keines anderen Musikers.[2] Begreiflich ist es zwar, daß Levy das Quatuor concertant nicht nur als Vorstufe der brillanten Spezies verstanden wissen wollte.[3] Doch wäre das Quatuor concertant wohl eine lokale Spezies geblieben, wenn es nicht gerade in seiner brillanten Spätstufe auch weiter wirksam geworden wäre. Denn sie wurde nicht nur für Beethoven und Spohr belangvoll, sondern die gesteigerten technischen Möglichkeiten sind auch in den Anstrengungen spürbar, die Schuberts späte Quartette – zumal in ihren Finali – den Spielern abverlangen, und noch die Virtuosität, die Mendelssohns Quartette op. 44 zeigen, ist kaum denkbar ohne den aktuellen Stand der geigerischen Möglichkeiten. Von ihnen profitierte die Gattung, indem sie die Erweiterung ihres Radius einer zusätzlichen Herausforderung zu danken hatte. Sie mit dem thematisch legitimierten Tonsatz zu verknüpfen, gehörte seither zu den Aufgaben, an denen das Streichquartett seine Fähigkeit zur Erneuerung und zur Integration zu bewähren hatte.

Die eigenartige Dialektik zwischen scheinbar mechanischer Formung und höchst wechselvoller Ausfüllung, die anfangs das Pariser Quatuor kennzeichnete, wandelte sich also in dem Maß, wie auch hier das Werk Haydns wirksam wurde. Zugleich aber vollzog sich mit dem Quatuor brillant – auf andere Weise als in Wien und auch London – die Wendung aus dem Salon in die Öffentlichkeit, auf deren Beifall die Virtuosität des Primgeigers berechnet war, womit sich eine neue Dichotomie gegenüber dem ›Komponistenquartett‹ ergab. Für Rode und Kreutzer freilich war das Quatuor so wie schon zuvor für Fiorillo und Viotti eine Gattung neben anderen und gewiß nicht die wichtigste in ihrem Œuvre. Während aber mit Fiorillo wie auch mit Viotti zwei italienische Geiger wenigstens zeitweise zum Repertoire des Pariser Quatuor beitrugen, bildete sich in Italien selbst ein anderer Stand der Gattung aus.

---

1 *Beethoven. Briefwechsel*, Bd. 2, München 1996, S. 302 (Nr. 606, vor dem 29. 12. 1812); die Äußerung in diesem Brief an Erzherzog Rudolph bezog sich insbesondere auf den Schlußsatz aus op. 96.

2 Vgl. dazu Bd. 2, Abschnitt »Der Virtuose im Quartett: Louis Spohr.«

3 J. M. Levy, *The Quatuor concertant in Paris*, S. 327f., Anmerkung 2.

Wiener Maß in Italien: Radicati und Benincori

Wieweit von einer eigenen italienischen Tradition des Streichquartetts zu sprechen ist, muß offen bleiben, solange nähere Untersuchungen und weitere Neuausgaben ausstehen. So begrenzt die Streichersinfonien Sammartinis zur Vorgeschichte der Gattung im engeren Sinn zu zählen sind, so deutlich zeigen auch seine Quartette Tendenzen in anderer Richtung. Wenn sie nach den Hinweisen von Bathia Churgin meist mit anderer Besetzung wie etwa drei Violinen samt Baß rechnen, so weisen sie auf das ältere Quatuor mit Oberstimmen gleicher Lage zurück, zu dem jedoch der Diskurs verschiedener Klanglagen im Streichquartett quersteht.[1] Wäre demnach eine italienische Quartettproduktion erst später anzusetzen, so suchte Fausto Torrefranca doch 1931 die frühen italienischen Wurzeln der Gattung zur Geltung zu bringen.[2] Daß sein Plädoyer aber kaum weitere Folgen nach sich zog, lag nicht nur an einer auf nationale Anteile gerichteten Argumentation, wie sie der Forschung seinerzeit nicht fremd war. Vielmehr wurde kaum hinreichend zwischen dem Streichquartett und Gattungen wie dem Concerto, der Sonata und der Sinfonia mit ihrer oft mehrfachen Besetzung unterschieden, wenn selbst noch Komponisten wie Galuppi, Durante oder Tartini angeführt wurden. Weitere Schwierigkeiten bereitet jedoch eine Quellenlage, die sich vorerst nur in Umrissen abzeichnet und bislang kaum systematisch untersucht worden ist.

Zwar läßt sich eine durchaus beträchtliche Zahl von italienischen Autoren nennen, die im letzten Drittel des 18. Jahrhunderts und noch darüber hinaus am Streichquartett im engeren Sinn beteiligt waren. Doch muß es dann auffallen, daß die meisten mit nur einem Druck von sechs Quartetten hervortraten, wogegen nur recht wenige und dann oft spätere Musiker noch weitere Publikationen folgen ließen. Daß aber nur die wenigsten Drucke in Italien selbst erschienen, lag nicht nur am Fehlen von Verlagen, die sich für Kammermusik und speziell für Quartette engagierten, wie Ludwig Finscher gezeigt hat.[3] In einer regional derart weit gefächerten Musikkultur, wie sie – Wien ausgenommen – auch in deutschsprachigen Ländern bestand, konnte sich kaum ein mit Paris oder London vergleichbares Zentrum ausbilden, und gegenüber dem Vorrang der Oper vermochte sich innerhalb der instrumentalen Gattungen ein so spezielles Genre wie das Quartett nicht leicht zu etablieren. Und bei einem geringeren Anteil bürgerlicher Kreise deuten zudem die Spuren erhaltener Sammlungen mit Kammermusik eher auf ein Interesse aristokratischer Zirkel, die dann auch über Verbindungen mit habsburgischen Gebieten oder direkt mit Wien verfügten. Wenn also italienische Beiträge zumeist in Paris, London, Amsterdam und später auch in Wien herauskamen, so entspricht das zunächst internationalen Gepflogenheiten, hat aber seinen Grund wohl darin, daß sol-

1 B. Churgin, Art. *Sammartini*, in: *New Grove Dictionary²*, Bd. 22, S. 213.

2 F. Torrefranca, *Mozart e il quartetto italiano*, in: *Bericht über die musikwissenschaftliche Tagung der Internationalen Stiftung Mozarteum in Salzburg vom 2. bis 5. August 1931*, hg. v. E. Schenk, Leipzig 1932, S. 79–102; ders., *Avviamento alla storia del quartetto italiano con introduzione e note a cure di A. Bonaccorsi*, in: *L'approdo musicale*, Turin 1966 (Quaderni di musica 23, Anno XII), S. 1–187.

3 L. Finscher, *Joseph Haydn und das italienische Streichquartett*, in: Analecta musicologica 4 (1967), S. 13–37: 14ff., basierend auf den Angaben von Cl. Sartori, *Dizionario degli editori musicali italiani*, Firenze 1958 (Biblioteca di Bibliografia 32); vgl. auch die Repertoirestudie von Fr. Lippmann / L. Finscher, *Die Streichquartett-Manuskripte der Bibliothek Doria Pamphilj in Rom*, in: Analecta musicologica 7 (1969), S. 120–144.

che Autoren vielfach im Ausland wirksam wurden, wo sie ihr Glück als Virtuosen oder als Opernkomponisten suchten (selbst wenn sie in späteren Jahren in die Heimat zurückkehrten). Was also für Spezialisten des Quartetts wie Boccherini und Cambini galt, blieb auch für Komponisten wie Viotti oder Fiorillo und später noch Cherubini maßgeblich.

Kaum ein Druck mit Quartetten eines italienischen Autors dürfte früher liegen als die zweimal drei *Quartets* von Gaetano Pugnani (1731–1798), die bereits 1763 bei Welcker in London erschienen.[1] Doch bietet nicht nur die Baßstimme noch reiche Bezifferung, vielmehr zeigen die viersätzigen Werke die ältere Satzfolge langsam – schnell – langsam mit Menuett als Finale, und die Führung ist beiden Violinen überlassen, wogegen Viola und Basso meist in Achteln oder Vierteln begleiten. Wie die raschen Binnensätze folgen auch die langsamen Kopfsätze primär dem Muster des Suitensatzes, und ihrer kantablen Melodik entspricht der graziöse Ton der Menuette, die weithin kontinuierliche Rhythmik läßt jedoch wenig von der Beweglichkeit des Quatuor concertant oder gar vom diskontinuierlichen Satz Haydns spüren. Als einer der ältesten italienischen Autoren, die sich am Repertoire beteiligen, ist sodann Felice Giardini (1716–1796) zu nennen; seine Sammlungen op. 22 und 29 erschienen aber erst 1780 und 1790 in London, wo er seit 1751 wirkte.[2] Wie jedoch zuvor op. 21 (1779) noch *Quartettos for the harpsichord* enthält, so finden sich dann in op. 23 und 25 (1782–83) Quartette mit Oboe und Flöte, und die generalbaßmäßige Funktion der Baßstimme ist demgemäß noch in op. 22 und 29 erkennbar. Schon 1771 lag in Paris das op. 1 von Alessandro Frizeri (1741–1825) vor, doch war auch dieser Musiker in Paris und später in Antwerpen tätig. Vittorio Trento (1761–1833), der nur ein nicht datiertes Opus lieferte, wandte sich früh nach Lissabon, Vincenzo Manfredini (1737–1799, sechs Quartette, Florenz 1781) ging nach St. Petersburg, in London und Dublin blieb Tommaso Giordani (1733–1806), dessen op. 2 (um 1773) noch zwei Flötenquartette einschließt, wiederum in London und Paris betätigte sich Giovanni Battista Cirri (1724–1808, op. 13 und 17, um 1775), und Paris wurde auch zum Wirkungsort für Antonio Sacchini (1730–1786, sechs Quartette op. 2, London 1778), während in England Venanzio Rauzzini (1746–1810) heimisch wurde, der in op. 2 und 7 (London 1777–78) zusammengenommen 12 Quartette publizierte.[3]

Ausgesprochene Spezialisten der Gattung wurden wohl nur Antonio Bartolomeo Bruni (1757–1821), der seit 1780 in Paris mit nicht weniger als 60 Quartetten in zehn Sammlungen hervortrat, von denen zwei verloren sind, sowie Gaetano Brunetti (1744–1798), der 44 Quartette hinterließ, aber schon seit 1762 Madrid zur Heimat machte.[4] Felice Radicati (1775–1820) hingegen unterhielt ebenso wie Angelo Maria Benincori (1779–1821) nähere Beziehungen nach Wien, und wie von Radicati neun Quartette vorliegen (op. 8, 11 und 15 als einzelne sowie

---

1 E. M. von Zschinsky-Troxler, *Gaetano Pugnani*, Berlin 1939; A. Müry, *Die Instrumentalmusik Gaetano Pugnanis*, Basel 1941 (danach zählen die Quartette als Nr. 41–43 und 44–46).

2 Vgl. S. McVeigh, *Felice Giardini: a Violinist in Later Eighteenth-Century London*, in: Music and Letters 64 (1983), S. 162–172; ders., *The Violinists in London's Concert Life, 1750–1784. Felice Giardini and His Contemporaries*, New York 1989; Neuausgaben der Quartette op. 23 Nr. 3–4 besorgte A. Poltronieri, Roma 1942 (I Classici Musici Italiani).

3 Vgl. dazu J. Reindl, *Venanzio Rauzzini als Instrumentalkomponist*, mschr. Diss. Wien 1961.

4 Die Werke von Bruni sind offenbar bislang nicht erschlossen, vgl. L. Fox /M. Fend / M. Noiray, Art. *Bruni*, in: *New Grove Dictionary²*, Bd. 4, S. 511f.; nach L. Finscher, Art. *Bruni*, in: *MGG²*, Personenteil Bd. 3, Kassel u. a. 2000, Sp. 1152, sind die Quartette »einfache, meist zweisätzige Exemplare des Quatuor concertant mit konzertierenden Violinen und einem technisch anspruchslosen, orchestralfülligen Begleitsatz«; zu Brunetti s. u. Anmerkung 1, S. 297.

je drei Werke in op. 14 und 16, 1805–11), so sind von Benincori sogar 21 nachzuweisen (je drei in op. 2–5, Wien bzw. Paris 1802–05, sowie sechs in op. 8, Paris 1811).[1]

Einer Schar von Komponisten in der Diaspora, deren Werke regional wie zeitlich weit streuen, steht eine wesentlich kleinere Zahl von Autoren gegenüber, die in Italien blieben, ohne daß es an einem Ort zur Bildung einer lokalen Tradition kam, die den Verhältnissen in Paris oder Wien (und selbst Wallerstein) an die Seite zu stellen ist. Hervorzuheben wäre zunächst in Venedig Ferdinando Bertoni (1725–1813) mit sechs Quartetten op. 2, die 1780 in Venedig ediert und durch sechs weitere ergänzt wurden (London 1783). Frühe Parerga eines Opernmeisters waren dagegen wohl 12 Quartette von Giovanni Paisiello (1740–1816), die schon 1774 entstanden, zuerst aber offenbar noch mit Cembalo rechneten, bevor neun von ihnen zu Streichquartetten umgeformt wurden, während sechs Werke 1780 in Paris erschienen.[2] Jeweils ein Werk legten Ignazio Celoniati (vor 1740 – 1784, op. 2, Paris 1767?) und Francesco Zannetti (1737–1768, sechs Quartette, Perugia 1781) vor, die in Turin bzw. Perugia tätig waren. Und zu einer etwas jüngeren Gruppe gehörten bereits in Rom bzw. Neapel Gaetano Andreozzi (1744–1826, op. 1, Florenz 1786), in Bergamo Giuseppe Antonio Capuzzi (1755–1818, op. 1–2, Wien bzw. Venedig 1780, verschollen op. 6, 1787) sowie in Mailand Alessandro Rolla (1757–1841, nach fünf Einzelwerken 1804–09 noch drei Quartette op. 2, Paris 1825).

In der Regel sind diese in Auswahl genannten Musiker keineswegs durch ihre Quartette, sondern durch Opern oder weitere Instrumentalwerke bekannt geworden. Orientiert man sich am eigentlichen Streichquartett, statt wie Torrefranca andere Gattungen für vier Streicher einzubeziehen, dann läßt sich bei einer so bunten Reihe von Autoren, deren Beiträge sich über weite Bereiche und Zeiträume verteilen, schwerlich von einer geschlossenen Tradition sprechen. Während Werke wie die von Brunetti oder Trento eher nach Spanien oder Portugal weisen, mag bei anderen offen bleiben, wieweit sie dem Londoner oder Pariser Repertoire zuzuschlagen sind. Sie fügen sich aber dort jeweils in einen internationalen Kontext ein, ohne durch spezifische oder gar nationale Besonderheiten aufzufallen. Und am breiten Fundus des Quatuor concertant partizipieren sie in dem Maß, wie sich ihre Autoren auf die Pariser Tradition bezogen. Das mag nur eingeschränkt für die in England verbliebenen Giordano oder Rauzzini gelten, doch ist der Bestand zu unterschiedlich, um bereits eine verbindliche Charakteristik zu gestatten.

Solche Voraussetzungen machen es begreiflich, wieso das italienische Quartett – im Gegensatz zum Pariser – weniger zu systematischen Studien Anlaß gab. Beispielhaft für die Werke der in Italien gebliebenen Italiener können die Quartette op. 2 (B – A – c – D – F – Es) von Bertoni sein, der in Venedig vorab Opern und Kirchenmusik schrieb, hier aber auch Leh-

1 Vgl. L. Finscher, *Joseph Haydn und das italienische Streichquartett*, S. 25–33; ebenda, S. 21ff., nannte Finscher auch sechs Streichquartette von Michael Esser (1737 – ca. 1795), die in Venedig um 1775 erschienen, aber wohl eher für das lokale Repertoire als für eine spezifisch italienische Tradition einstehen dürften.

2 Vgl. M. F. Robinson, Art. *Paisiello*, in: *New Grove Dictionary²*, Bd. 18, S. 906–914: 914 (unzugänglich war die Ausgabe von drei Quartetten durch E. Bonelli, Padua 1939).

F. Bertoni, op. 2 Nr. 1, erster Satz, T. 1–9 (Ricordi, 1922).

1 Vgl. die Ausgaben von Nr. 1 und 5, hg. v. A. Toni, Milano 1922 und 1927.

rer von Capuzzi war.[1] Im zweisätzigen B-Dur-Werk Nr. 1 wird das Allegro moderato durch sein auftaktiges Thema gekennzeichnet, dessen ausschwingende Melodik mit punktierten Achteln zwar keineswegs dramatisch wirkt, wohl aber an vokale Kantilenen erinnern kann. Seine viertaktigen Gruppen werden durch kadenzierende Zweitakter ergänzt, und aus dem wiederholten Themenkopf erwächst durch Umbildung des Auftaktes zu repetierten Achteln die Überleitung zur Dominante, wonach statt eines Seitensatzes die transponierte Variante desselben Themas entsprechend zum Teilschluß führt. In pathetischem Unisono beginnt jedoch der Modulationsteil mit doppelter Umschreibung verminderter Septakkorde, die sich nach g- und c-Moll richten. Wird dann das auftaktige Motiv der Überleitung aufgegriffen, so erreicht eine ausholende Quintschrittsequenz zwar die Dominante, um aber gleich zwei Quinten abwärts zu lenken, so daß die Transpositionsreprise auf der Subdominante ansetzt und erst am Ort des Seitensatzes das Thema in der Tonika erreicht. Viertaktige Gruppen werden auch im abschließenden Menuett durch Kadenztakte erweitert, und nach regulärer Periodik der Modulationsphase bestätigt der teiltransponierte Rekurs die vorherige Taktgruppierung, wogegen das Trio aus teilweise imitatorisch verschränkten Zweitaktern besteht. Wieder anders verfährt das dreisätzige F-Dur-Quartett Nr. 5, das nach einem knappen, wenig profilierten Moderato in binärer Anlage ein Larghetto zum Zentrum macht. Auch ohne Teilwiederholung ist der Satz zweigliedrig geformt, doch zeichnet er sich nun durch eine Abfolge von jeweils fünf Gruppen aus, die primär durch den sorgsam disponierten Wechsel von voll- zu auftaktiger Metrik verkettet sind. Gegenüber der hier dominierenden Oberstimme ist die Relation der Partner in den Außensätzen ausgewogener, und auch das flinke Finale beteiligt an seinen rhythmisch konzisen Formeln wenigstens partiell die Unterstimmen.

Wie verschieden italienische Quartette ausfallen können, ließe sich gegenüber Bertoni auch an den gleichzeitigen Beiträgen von Capuzzi zeigen. Denn Finscher hat darauf aufmerksam gemacht, daß sein op. 1 (C – G – g – B – F – A) viersätzige Werke enthält, die in ihren Kopfsätzen – trotz einiger Vereinfachung – doch wohl die Kenntnis Haydns voraussetzen. Finden sich hier auch Menuette als Binnensätze, so konnten doch dann in op. 2 wieder zweisätzige und weit knappere Stücke nachfolgen, die zudem auch eher konventionelle Züge an sich haben.[1] Dagegen profitierte Rolla von einem anderen Trend, indem er sich – von Haus aus primär Bratschist – eher am Quatuor concertant orientierte, das er dann aber wenigstens streckenweise mit Zügen einer durchaus noch maßvollen Brillanz auszustatten suchte. Der Eindruck einer recht wechselvollen Orientierung bestätigt sich zudem an etwas späteren Werken, doch wird das Urteil nicht unbedingt erleichtert, wenn Autoren wie Radicati und Benincori einerseits den Blick noch deutlicher auf Wien richten, andererseits aber auch hinter den damit gesetzten Anspruch wieder zurückfallen können.

Daß Radicati sein noch immer nur dreisätziges A-Dur-Quartett op. 8 (Wien 1806, Artaria) »a son ami Pierre Haensel« widmete, ist bereits ein Indiz der Verbindungen mit Wien, wo Radicati 1805 und 1807 weilte und Hänsel einer der produktivsten Autoren war. Der Kopfsatz jedoch intoniert schon vom ersten Thementakt an jene kettenweisen Achteltriolen, die dann nicht nur in überleitenden Partien, sondern ebenso im Seitenthema dominieren. Sie rücken aber auch – im Wechsel mit Sechzehntelläufen – an die Stelle einer Durchführung, und so ist es nur konsequent, wiewohl im Ergebnis auch monoton, wenn die Reprise das Hauptthema unterschlagen kann, um dafür gleich bei dem Seitenthema anzusetzen, da beide sich ohnehin fast ununterscheidbar ähneln. Von zunehmender Figuration wird dann der langsame Mittelsatz in E-Dur überzogen, und im abschließenden ›Rondeau‹ mit immer noch nur drei Refrains tritt unverkennbar die Affinität zum Quatuor brillant hervor, wenn schon der Kern des Refrains aus Ketten punktierter Sechzehntel besteht. Dem ebenfalls in Wien tätigen Ferdinand Fränzl eignete Radicati sein Quartett op. 15 zu, eine Rezension dieses Werkes ließe sich aber mühelos auch auf die letzte Gruppe op. 16 übertragen, wenn es heißt, hier liege »eigentlich ein Violinsolo mit Quartettbegleitung« vor, dessen »Melodien an sich wenig bedeutend« seien, während »viel Ordinäres« in den »Passagen« begegne.[2] Die drei Quartette op. 16 (B – D – Es), die 1809 wiederum bei Artaria in Wien erschienen, lassen verschärft den Zwiespalt zwischen gattungsgemäßem Anspruch und marktgerechter Virtuosität hervortreten. Im ersten Satz des B-Dur-Werkes Nr. 1 wird der Themenkopf mit fallendem Dreiklang im Unisono zwar energischer formuliert, seine Fortspinnung findet er jedoch abermals in Achteltriolen, und wenn er zu Beginn der Überleitung mehrfache Sequenzierung erfährt, wird er bald von analogen Figuren abgelöst, die nur kurzfristig vom knappen, leicht sentimental gefärbten Seitensatz unterbrochen

1 L. Finscher, Art. *Capuzzi*, in: *MGG²*, Personenteil Bd. 4, Kassel u. a. 2000, Sp. 157ff., bes. Sp. 158.
2 Allgemeine musikalische Zeitung 11 (1808), Sp. 587–590: 589f.; vgl. auch L. Finscher, *Joseph Haydn und das italienische Streichquartett*, S. 26; Einsicht in Radicatis op. 16 ermöglichte dankenswerterweise Salome Reiser.

F. Radicati, op. 16 Nr. 1, erster Satz, T. 1–16.

werden. Fast themenfrei bleibt aber auch die ›Durchführung‹, die nur gegen Ende mit sequenzierten Zitaten des Kopfmotivs die Kenntnis vom Standard der Gattung anzeigt. Ein wenig individueller ist das Allegretto non tanto F-Dur an zweiter Stelle, das im 3/8-Takt knappe Taktgruppen mit kapriziöser Kurzmotivik und variativen Beziehungen wechseln läßt. Und das Menuett zeigt – eher als das gleichförmige Trio – mit Synkopen in aufsteigender Sequenz immerhin einige Vertrautheit mit der Wiener Lokaltradition, wogegen das abschließende ›Rondeau‹ wieder – durchaus französisch – mit lebhafter, wenn auch kaum virtuoser Figuration aufwartet.

Schwer vorstellbar ist es heute, wie sich solche Musik in Wien neben Beethoven ausnehmen mochte, doch deutet sie auf die verbreiteten Bedürfnisse eines Marktes hin, denen die ›Rasumowsky-Quartette‹ ganz gewiß zuwiderliefen. Noch zwiespältiger mutet jedoch das Œuvre eines unleugbar begabten Musikers wie Benincori an, der mit 21 Werken für italienische Verhältnisse fast schon als Spezialist der Gattung gelten darf. Seine Quartette op. 5 nämlich sind Finscher zufolge so klar wie keine italienischen Werke zuvor an Haydn ausgerichtet. Und die Kostprobe aus dem F-Dur-Werk Nr. 1 von 1805 läßt bereits erkennen, wie Benincori in der Lage war, einen durch Sextsprung und Quartfall profilierten Themenkern variantenreich fortzuspinnen und zugleich imitatorisch zu verdichten.[1] Die Durchführung versetzt ihn nicht nur gleich nach Des-Dur, sondern weiß dann sogar den Sextsprung des Incipits abzuspalten und seinerseits zu imitieren, während der langsame Mittelsatz von analoger Thematik ausgeht und auch das Rondofinale sorgfältiger als üblich ausgearbeitet ist. Diesem Niveau entsprechen freilich die wenig früheren drei Quartette op. 4 (Paris um 1804, Sieber) noch nicht ganz, auch

[1] L. Finscher, ebenda, S. 28ff.

wenn sie durchweg schon viersätzig mit Menuetten an dritter Stelle angelegt sind (B – C – Es). Der Themenkopf im ersten Satz aus Nr. 1 etwa begrenzt sich auf die Sequenzierung einer Formel, die im 3/4-Takt eine Halbe mit vier fallenden Sechzehnteln kombiniert; er wird zwar zu Beginn der Überleitung wie auch der Durchführung zitiert, im übrigen bleibt der Verlauf aber bei recht freier Figuration, ohne auch ein Seitenthema auszuprägen. Ähnlich verhält es sich mit dem eröffnenden ›Brillante‹ in Nr. 3, wo nach thematisch bestimmtem Beginn sich wieder rasches Figurenwerk durchsetzt, selbst wenn es nicht eigentlich ›brillant‹ zu nennen ist. Von der Dominanz der Oberstimme zu nur stützender Begleitung zehren auch die langsamen Sätze, und zumal das ›Andante con Espressione‹ in Nr. 3 wird durch virtuose Auszierung seines Themas durchzogen. Schlicht und regulär fallen dagegen die Menuette samt ihren Trioteilen aus, und die abschließenden Rondi mit nur drei Refrains tendieren erneut zu recht anspruchsvoller Figuration. Obwohl sich die Quartette op. 8 (1811) durch ein ausführliches Vorwort auszeichnen, das der Erinnerung an Haydn gewidmet ist, lassen die sechs Werke (F – g – Es – D – C – B) vom damit beschworenen Anspruch nur wenig erkennen.[1] Sie bleiben zwar viersätzig, und die eröffnenden Sonatensätze sind teilweise recht umfänglich, doch entspricht ihnen keine Thematisierung wie in op. 5, selbst wenn ein Hauptsatz so geschickt ausgesponnen wird wie im Kopfsatz aus Nr. 1. Die Durchführungen jedoch – die in Nr. 2 mißt gerade 20 Takte – sind desto weniger thematisch, je weiter sie von der Dominanz der Oberstimme bestimmt sind. Etwas genauer als in op. 4 sind die Menuette profiliert, die in der Stellung wechseln und mitunter (wie in Nr. 2) auch unregelmäßige Taktgruppen kennen. Dagegen begnügen sich die langsamen Sätze mit recht bescheidener Substanz, die um so rascher von reicher Ornamentierung aufgesogen wird, und soweit die Schlußsätze Rondi bilden (wie in Nr. 1 oder 3), füllen sie das knappe Schema mit drei Refrains und figurativ ausgedehnten Couplets. Wo einmal wie im g-Moll-Quartett Nr. 2 ein Sonatensatz den Beschluß macht, da zeigt die Durchführung zwar Ansätze zu motivischer Arbeit, wogegen die Reprise dann ganz in G-Dur abläuft.

Einstweilen bleibt abzuwarten, wieweit sich der Eindruck einer höchst wechselhaften Orientierung erhärtet, den die erwähnten Quartette italienischer Provenienz erwecken. Auch muß noch offen bleiben, ob darin die Eigenart einer italienischen Produktion zu suchen ist, in der vielleicht auch einzelne Autoren ein individuelleres Profil gewinnen. Ergänzend ist jedoch ein weiterer italienischer Musiker zu erwähnen, den es so wie schon früher Boccherini nach Spanien zog. Gaetano Brunetti nämlich kam schon 1762 – also mit kaum 18 Jahren – nach Madrid, wo er am Hofe eine Karriere durchlief, die ihn schließlich in die Stellung eines Direktors der Kammermusik brachte. Neben Sinfonien und weiterer Kammermusik hinterließ er 44 Streichquartette, die

1 Ebenda, S. 31, wird Benincoris Vorwort im Wortlaut zitiert.

A. M: Benincori, op. 8 Nr. 1, erster Satz, T. 1–18.

1 Kl. Fischer, *Die Streichquartette Gaetano Brunettis (1744–1798) in der Bibliothèque Nationale in Paris im Zusammenhang mit dem Streichquartett des 18. Jahrhunderts*, in: *Bericht über den Internationalen Musikwissenschaftlichen Kongreß Bayreuth 1981*, hg. v. Chr.-H. Mahling und S. Wiesmann, Kassel u. a. 1984, S. 350–359; vgl. weiter A. B. Belgray / N. Jenkins, Art. *Brunetti*, in: *New Grove Dictionary*², Bd. 4, S. 510; dies., Art. *Brunetti*, in: *MGG*², Personenteil Bd. 3, Kassel u. a. 2000, Sp. 1147.

ausnahmsweise zumeist in autographen Partituren erhalten blieben. Eine erste Untersuchung von 27 Manuskripten der Pariser Bibliothèque Nationale ist Klaus Fischer zu danken, der allerdings nur einzelne Datierungen aus den Jahren 1774–91 ermitteln konnte.[1] Diese Quellen nennen die Opuszahlen 2–3, doch umfassen weitere Handschriften der Library of Congress in Washington (wo zudem auch 30 Menuette für Streichquartett vorliegen) die Werkreihen op. 2–5 mit jeweils sechs Quartetten. Den viersätzigen Werken in op. 2, in denen an zweiter Stelle ein Menuett erscheint, stehen in op. 3 wieder nur zweisätzige Quartette gegenüber, die eher französischen Mustern gleichen, doch läßt sich wohl kaum bündig sagen, wieweit eine zusätzliche Zählung, die in den Pariser Handschriften bis zu Nr. 58 reicht, im einzelnen auch der Chronologie der Kompositionen entspricht. Wenn die Satzfolge in op. 2 dem Wiener Quartett nahesteht, so zeigen die Kopfsätze nach italienischer Art meist geringe Themenbindung, sehr knappe und kaum gearbeitete Modulationsteile und dazu verkürzte Reprisen. Vermitteln die langsamen Sätze zwischen breitem Largo und bewegterem Andante, so sind den Menuetten erweiterte Taktgruppen und manchmal sogar imitatorische Ansätze nicht fremd, und unter den zweiteiligen Finali begegnet nur einmal auch ein Rondo. Dagegen werden die zweisätzigen Quartette op. 3 durch Sätze in zweiteiliger Form eröffnet, die ähnlich wie zuvor bei Boccherini langsames Tempo wählen, während die Finali dem Rondo französischer Observanz verpflichtet sind. Mit dem als Nr. 37 gezählten C-Dur-Quartett scheint sich jedoch eine Wandlung abzuzeichnen, wenn nun die Kopfsätze eher konzertante Züge aufnehmen und damit die Gegenstimmen in höherem Ausmaß beteiligen. Doch dürfte im weiteren auch sichtbar werden, daß sich Brunetti ebenso wie Radicati oder Benincori dem Wechsel der Moden nicht zu entziehen mochte.

Denn in einigen Werken, die höhere Nummern tragen und wohl später anzusetzen wären, verschloß er sich nicht den Effekten des Quatuor brillant, indem er der Oberstimme auf Kosten der thematischen Konzentration auch virtuosere Aufgaben abverlangte.[1] Es wäre eine Übertreibung, mit Brunettis ungedruckten Quartetten, die keine weitere Wirkung erzielen konnten, eine eigene Tradition der Gattung in Spanien zu identifizieren. Denn schon Boccherinis Werke waren weniger in seiner Wahlheimat als vielmehr über Paris im übrigen Europa wirksam geworden. Ähnlich isoliert, wie beide Musiker in Spanien wohl blieben, erscheinen jedoch auch die Quartette von Manuel Braulio Canales (1747–1786), der aus Toledo stammte und dort auch – nach einigen Jahren in Madrid – seit 1779 an der Kathedrale tätig wurde. Zwei Sammlungen mit jeweils sechs Quartetten, die wohl die ersten eines gebürtigen Spaniers waren, konnten immerhin durch Drucke auch weiter bekannt werden: op. 1, gewidmet dem Herzog von Alba, erschien 1774 in Madrid, 1777 aber auch in Paris (g – Es – D – B – d – F), und mit Widmung »to the King of Spain« folgte op. 3 dann 1780 in London (D – Es – c – B – G – C). Nach Wien deutet bereits die viersätzige Anordnung von Allegro – Menuett – Largo oder Adagio – Presto. Näher jedoch weisen die Kopfsätze auf Haydn, und zwar auf seine erste Serie op. 9, denn sie zeigen – mehrfach auch als ›singendes Allegro‹ – eine freilich noch reduzierte Sonatenform, wogegen die Finali als rascher Kehraus den zweiteiligen Typus bevorzugen. Gerade die langsamen Sätze zeichnen sich offenbar aber durch betonte Expressivität aus, und zumal die Menuette bekunden durch asymmetrische Gruppierung und auch motivische Arbeit die Kenntnis von Haydns Modellen. Erwartungsvoll läßt sich also den Neuausgaben entgegen sehen, die durch Miguel Simarro Grande angekündigt wurden.[2]

So weist die Entwicklung der Gattung in Frankreich, Italien und selbst Spanien schließlich doch wieder nach Wien. Denn wie bei Vachon und erst recht Jadin die Orientierung an Haydn kenntlich wird, so darf sie wohl auch für Radicati und Benincori oder für Brunetti und zumal Canales vorausgesetzt werden. Allerdings gelten diese Beobachtungen – Vachon ausgenommen – erst für Werke der Zeit nach 1790 oder gar erst 1800. Mit aller Vorsicht läßt sich demnach folgern, daß der durch Haydn definierte Standard mit beträchtlicher Verzögerung wirksam wurde, ohne jedoch zuvor schon die internen Traditionen zu schmälern, die sich seit etwa 1770 vorrangig in Frankreich, in geringerem Maß aber auch in Italien und Spanien ausgebildet hatten. Anderseits bedurfte es aber noch weiterer Zeit, bis auch die Quartette Mozarts oder gar Beethovens in weiterem Radius kompositorisch rezipiert werden konnten. In Spanien entstanden erst nach 1820 die bemerkenswerten Werke des jung verstorbenen Arriaga, und neben den späten, aber desto bedeutsameren Quartetten, die Cherubini in Paris schrieb, traten die Bei-

[1] Kl. Fischer, *Die Streichquartette Gaetano Brunettis*, S. 359.
[2] L. Finscher, Art. *Canales*, in: *MGG*, Supplement Bd. 15, Kassel u. a. 1973, Sp. 1288f.; M. Simmaro Grande, Art. *Canales*, in: *MGG²*, Personenteil Bd. 4, Kassel u. a. 2000, Sp. 67f.

träge von Donizetti und auch Rossini, die freilich in einer Zeit, in der sich Beethovens Kunst durchzusetzen begann, für die Gattungsgeschichte nicht mehr belangvoll wurden. Und so bleibt letztlich mit Luigi Tomasini wohl nur ein italienischer Musiker, der unleugbar Haydn näher verstand als andere Zeitgenossen, wenngleich der langjährige Konzertmeister in Esterháza nicht mehr als Vertreter einer italienischen Tradition gelten kann.

Nachklang in Wien: Gyrowetz, Krommer und Hänsel

Und wie stand es in Wien selbst? Offenbar war auch in der Lokaltradition, auf die nun nochmals zurückzukommen ist, der Maßstab Haydns um 1800 keineswegs selbstverständlich, soweit es weiterhin um die Produktion für den Bedarf der Hausmusik ging. Am ehesten wäre das bei Joseph Eybler zu vermuten, der 1765 in Schwechat bei Wien geboren wurde, seit 1776 von Albrechtsberger und dann auch von Haydn selbst unterrichtet wurde und ebenso Mozart näher trat; lebenslang in Wien tätig, wurde er 1824 noch Hofkapellmeister und starb 1846. Seine drei ersten Quartette op. 1 (D – c – B), die 1794 bei Traeg in Wien erschienen, widmete er Haydn mit einem langen Vorwort, das freilich – im Unterschied zu Mozart – neben Formeln des Respekts nur einmal die Werke »il primo parto de' miei sudori« nennt.[1] Von vornherein steht die Viersätzigkeit fest, wobei das Menuett in Nr. 1 an zweiter und sonst an dritter Stelle erscheint. Gerade die Tanzsätze bleiben aber erstaunlich knapp und einfach, selbst wenn der erste ausnahmsweise 3/8-Takt vorsieht und der zweite sein Trio als Maggiore abhebt. Die eröffnenden Sonatensätze – in Nr. 1 mit langsamer Einleitung – weisen zwar kleine Seitenthemen auf, ihre Durchführungen sind aber immer noch primär Modulationspartien mit schwacher Themenbindung, und die Reprisen setzen statt mit den Haupt- gleich mit den Seitenthemen ein. Während das Finale in Nr. 1 ein durchaus Haydnsches Thema, das von Pausen durchsetzt ist, mit fünf Variationen versieht, bilden die beiden anderen Finali bemerkenswert lange Sonatensätze, die mit motivischer Abspaltung in Nr. 2 und mit thematischer Arbeit in Nr. 3 weit eher als die Kopfsätze auf den verehrten Lehrer zurückweisen. Ihm sind auch die zweiteiligen langsamen Sätze verpflichtet, die selbst bei wachsender Ornamentierung der brillanten Gestik Pariser Art fern stehen. Doch wandelt sich das Bild in Eyblers zweiter Serie op. 10 (Es – A – C), die 1809 wieder bei Traeg herauskam. Zwar bleiben die Menuette – nun stets an dritter Stelle – weiterhin recht einfach, die gewachsenen Dimensionen zeigen sich aber schon in der langsamen Einleitung, die in Nr. 1 auf 30 Takte erweitert ist. Die Tonrepetitionen ihrer breiten Anfangsakkorde kehren diminuiert im Allegrothema wieder, und auf sie greift nicht nur die kleine

1 H. Herrmann, *Thematisches Verzeichnis der Werke von Joseph Eybler*, München 1976; drei weitere Quartette Eyblers sind handschriftlich erhalten. Kopien der Quartette op. 1 und op. 10 überließ mir dankenswerterweise Salome Reiser (Kiel).

Schlußgruppe, sondern mehr noch die Durchführung zurück. Mit dem Hauptsatz beginnt auch hier wie in den übrigen Kopfsätzen die reguläre Reprise, und die reiche Durchführung in Nr. 2 kennt überdies Ansätze zu motivischer Abspaltung. Im Gegenstück aus Nr. 3 sind Haupt- wie Seitensatz nicht nur durch drei eröffnende Viertel verbunden, die einmal als Tonrepetitionen und dann als Dreiklang formuliert werden, sondern beidemal folgt eine fallende Kette von Sechzehnteln, die freilich die Durchführung auch in die Nähe laufender Figuration bringt. Begegnet in Nr. 2 als Finale wieder ein Andante im 6/8-Takt, dem sechs Variationen samt Coda (Presto) folgen, so bilden die anderen Schlußsätze nun Rondi mit jeweils vier Refrains, doch wissen die Couplets, von denen das zweite im Es-Dur-Finale aus Nr. 1 plötzlich nach H-Dur wechselt, mit ihrem Figurenwerk noch Maß zu halten, ohne bloße Virtuosität hervorzukehren. Zur Dreiteiligkeit tendieren jetzt die langsamen Sätze, und das Adagio Es-Dur im C-Dur-Werk Nr. 3 wird durch eine pathetische Eröffnung aufgewertet, deren punktierte Akkordfolge durch kantable Kadenzwendung ergänzt wird, in diminuierter Version aber auch das eigentliche Thema bestimmt.

Wird also Haydns Vorbild selbst bei einem persönlichen Schüler wie Eybler nur mittelbar wirksam, so erstaunt ein gleicher Befund kaum bei einem Autor wie Jan Ladislav Dussek (1760–1812), der zwar in Prag aufwuchs, dann aber über Holland nach Paris kam, vor der Revolution nach London auswich und 1804–06 in Berlin Kapellmeister des Prinzen Louis Ferdinand war, bevor er sich 1807 wieder in Paris niederließ.[1] In Hamburg war er 1782 noch C. Ph. E. Bach begegnet, in London traf er Haydn, und selbst der junge Spohr lernte ihn noch kennen. Während sich aber sein Œuvre auf Klaviermusik konzentrierte und mit den reifen Sonaten eine Brücke zur Romantik schlug, folgen die drei Streichquartette op. 60 (G – B – Es), die 1807 bei Breitkopf in Leipzig erschienen, zunächst noch dem Pariser Usus. Denn im nur dreisätzigen G-Dur-Werk Nr. 1 zeigt der Kopfsatz zwar zwei Themen samt regulärer Reprise, doch begnügt er sich mit einer wenig thematisierten Durchführung und räumt den Unterstimmen nur geringen Anteil ein. Nach einem knappen Larghetto C-Dur, dessen kantabler Kontrastgedanke im A'-Teil nach Des-Dur rückt, bildet das Finale ein pariserisches Rondo ›Tempo di Polacca quasi Andante‹, dessen zweigliedriger Refrain dreimal wiederkehrt, wogegen die drei langen Couplets an ihrer Figuration auch die Unterstimmen und zumal das Violoncello beteiligen. Die beiden anderen Quartette bieten jedoch als dritten Satz jeweils ein Menuett samt Trio (in Nr. 3 mit dem Zusatz ›Scherzo‹), und überrascht der Tanzsatz in Nr. 3 durch chromatischen Beginn, der erst mit T. 8 die Tonika Es-Dur erreicht, so wechselt das einfachere Trio hier nach H-Dur. Die Kopfsätze bilden in Nr. 2 und 3 ausgebaute Sonatenformen, wobei ein Einschub in Nr. 2 schon vor dem Seitensatz von B- und F-Dur nach fis-Moll führt,

[1] H. A. Craw, *A Biography and Thematic Catalog of the Works of Jan Ladislav Dussek (1760–1812)*, Diss. University of Southern California 1964; ders., Art. Dussek, in: *New Grove Dictionary*², Bd. 7, S. 761–765; M.-R. Schmitt Scheubel, *Johann Ludwig Dussek im Spiegel der deutschen, französischen und englischen Tagespresse seiner Zeit*, Diss. Berlin (Technische Universität) 1994. Für Kopien der Stimmen zu Dusseks op. 60 sei erneut Salome Reiser gedankt.

während die Durchführung in Nr. 3 neben dem markanten Haupt- auch das kleine Seitenthema einbezieht. Betont expressiv gibt sich in Nr. 2 das ›Adagio patheticoϛ Es-Dur mit gehäuften Vortragsanweisungen, doch geht das charaktervolle Thema rasch in kettenweisen Triolenfiguren auf. Sorgsamer ist das Adagio non tanto As-Dur in Nr. 3 ausgeformt, dessen Mittelteil (›con duolo‹) mit rezitativischen Gesten nach E-Dur rückt, und gegenüber dem knappen Rondofinale in Nr. 2 stellt der Schlußsatz in Nr. 3 einen Sonatensatz dar, dessen Durchführung zunächst wenig konzentriert wirkt, dafür aber nach einer Scheinreprise die thematische Arbeit auf engem Raum nachholt.

Aufschlußreich ist es, wie bei einem Pianisten von europäischer Geltung, der Dussek fraglos war, das Streichquartett zwar eine Ausnahme blieb, gleichwohl aber neben dem Pariser auch das Wiener Modell erkennbar wird, hinter dem wohl Haydns Autorität zu spüren ist. Besonders eindringlich läßt sich aber die Kontinuität der Wiener Tradition, die zugleich erheblichen Wandlungen unterlag, im Œuvre jener drei Komponisten verfolgen, die letztmals noch sehr umfangreiche Werkserien vorlegten und damit die Gattung von der Hausmusik des späten 18. Jahrhunderts bis in die konzertante Musikpflege nach 1820 begleiteten. Adalbert Gyrowetz (1763–1850) eröffnete die Reihe seiner wenigstens 42 gedruckten Quartette um 1788 mit op. 1, beendete sie aber schon 1804 mit drei Quartetten op. 44. Wenig später publizierte 1793 Franz Krommer (1759–1831) sein op. 1, doch setzte er die Produktion von insgesamt wohl 73 Quartetten bis 1821 zur letzten Folge op. 103 fort. Und Peter Hänsel (1770–1831) schließlich legte erst 1798 ein op. 1 vor, führte aber die Veröffentlichungen seiner 58 Quartette mit op. 37 bis 1825 und damit in die Jahre weiter, in die bereits die letzten Quartette Beethovens und Schuberts fallen. Wie Hänsel aus Leippe in Schlesien stammte, so kamen Gyrowetz aus dem böhmischen Budweis und Krommer aus Kamenitz in Mähren; nach ersten Stellungen in der Provinz wurden sie zwischen 1791 und 1795 in Wien heimisch, während aber Gyrowetz schon 1785 nach Frankreich und Italien kam, weilten Hänsel 1803 und Krommer erst 1815 in Paris. Obwohl sie über Verbindungen zum Pariser Musikalienmarkt verfügten, konzentrierte sich ihre weitere Quartettproduktion zunehmend auf Wien. Ihr fast unüberschaubares Œuvre ist zwar keineswegs schon hinreichend erschlossen, doch zeichnen sich auch beträchtliche Unterschiede ab, wie hier nur mit wenigen Hinweisen anzudeuten ist.

In Rom schrieb Gyrowetz – wie er sich später in seiner Autobiographie erinnerte – seine ersten Quartette im Winter 1786–87, sie erschienen jedoch als op. 1 (C – G – B – A – Es – D) ein Jahr später in Paris, wo ihnen dann 1789 op. 2 (C – G – D – B – F – A) und 1790 op. 3 (D – A – F – G – C – Es) folgten. In Wien lernte er 1785 nicht nur Haydn, sondern auch Mozart und später noch Beethoven kennen[1], überraschen-

1 Die Autobiographie erschien erstmals unter dem Titel *Biographie des Adalbert Gyrowetz*, Wien 1848; vgl. ferner A. Einstein (Hg.), *Biographie des Adalbert Gyrowetz*, Leipzig 1915 (Lebensläufe deutscher Musiker von ihnen selbst erzählt 3–4), bes. S. 61 und S. 120f.; ergänzend vgl. dazu W. E. Hettrick, *The Autobiography of Adalbert Gyrowetz (1763–1850)*, in: Studien zur Musikwissenschaft 40 (1991), S. 41–74.

derweise sind aber die 18 Quartette in op. 1–3 noch dreisätzig und enthalten statt eines Menuetts in der Regel einen langsamen Mittelsatz. Die noch recht rudimentären Durchführungen der Kopfsätze zeigen in op. 1 kaum schon thematische Arbeit, doch rücken die Zitate des Hauptthemas im D-Dur-Werk Nr. 6 immerhin in kleinen Terzen von Fis- über A- nach C-Dur. Pariser Usus entsprechen die Finalrondi mit nur drei Refrains, und die langsamen Sätze wechseln zwischen Zwei- und Dreiteiligkeit, tendieren aber zu wachsender Ornamentierung, ohne doch schon eigentlich virtuose Züge zu zeigen. Nur graduell ändert sich das Bild in op. 2, indem die Kopfsätze nun öfter transponierte Themenzitate aufweisen, während das Rondofinale in Nr. 5 durch ein ›Tempo di Minuetto‹ mit fünf Variationen vertreten wird. Wo aber erstmals ein Menuett den langsamen Mittelsatz ersetzt, da liegt nun gleich ein zweistimmiger Kanon vor, der durch Oktavierung alle vier Stimmen beschäftigt, und das Trio ist gar ›al rovescio‹ angelegt, wiewohl sich im Krebsverhältnis zwischen A- und B-Teil kein linearer Satz, sondern nur eine schlichte Melodie über akkordischer Begleitung einstellt. Ähnlich fol-

A. Gyrowetz, op. 2 Nr. 5, zweiter Satz: Trio al rovescio, T. 1–16.

gen aber noch in op. 3 die Ecksätze den Normen eines reduzierten Sonatensatzes und des geläufigen Rondotyps, und wieder begegnet nur einmal (in Nr. 6) ein Menuett mit Trio, wogegen Nr. 5 ein Andante mit vier Variationen bereithält. Erschienen die Reihen op. 1–3 nach den Pariser Erstdrucken dann auch in Offenbach, so folgten die nur noch drei Werke umfassenden Serien danach fast durchweg in Wien (op. 5, 9, 13 und 16 zwischen 1793 und 1796 sowie op. 21 und op. 29, 1798–1800, in Augsburg op. 42, 1802, und schließlich wieder in Wien op. 44, 1804). Gyrowetz blieb offenbar recht lange bei dreisätzigen Werken, wie eine Gruppe von drei Quartetten zeigt, die 1796 von André in Offenbach veröffentlicht wurden, aber wohl der 1793 in Wien gedruckten Reihe op. 5 entsprechen (C – D – A). Hier wird nun – besonders im D-Dur-Werk Nr. 2 – eine Tendenz zu orchestraler Wirkung mit Doppelgriffen und Klangentfaltung bis zur viergestrichenen Oktave sichtbar, die dennoch dem Quatuor brillant kaum Tribut zollt. Weiterhin wird ein fester Formenkanon übernommen, zu dessen Normen in aller Regel auch eine periodisch korrekte Syntax gehört, die kaum Überraschungen zuläßt. Symptomatisch ist daher der Verzicht auf das Menuett, denn ihm entspricht eine Praxis, der das Spiel mit wechselnden Impulsen ebenso fremd ist wie die dichte Thematisierung im Sinne Haydns.

Auch für die drei letzten Quartette op. 44 (G – B – As) bleibt dieser Befund gültig: Noch immer bescheidet sich das mittlere Werk mit nur drei Sätzen, die Menuette in Nr. 1 und 3 sind die relativ einfachsten Stücke, neben zwei dreiteiligen langsamen Sätzen findet sich ein zweiteiliger in Nr. 1, und den Rondofinali in Nr. 1–2 steht am Ende einmal ein Sonatensatz gegenüber. Trotz erheblich gewachsenen Umfangs zeichnen sich aber auch die Kopfsätze nicht primär durch einen entsprechend größeren Anteil thematischer Arbeit aus, desto auffälliger ist es aber, wie sich nicht nur in ihnen, sondern graduell wechselnd auch in den übrigen Sätzen der harmonische Radius beträchtlich erweitert. Dafür ist weniger eine zunehmende Chromatik verantwortlich, sondern primär eine Technik des Wechsels, die sich mehrfacher, auch halbtöniger Trugschlüsse, verselbständigter Nebenstufen wie zumal des ›Neapolitaners‹ oder mediantischer Terzanschlüsse bedient. Wenn solche Schaltstellen im Sinne des Quintenzirkels abwärts führen, so lenken stufenweise steigende Sequenzen wieder aufwärts, wie analog steigende Relationen durch fallende Quintschrittsequenzen ausgeglichen werden. Ein Beispiel gibt gleich der Kopfsatz des G-Dur-Quartetts Nr. 1, der von der Dominante D-Dur aus trugschlüssig nach Es-Dur lenkt; ähnlich führt in der Durchführung das eröffnende Zitat des Hauptthemas über Es- nach B-Dur. Und die Durchführung im B-Dur-Satz aus Nr. 2 wechselt von der Dominante aus mediantisch nach Des- und weiter nach Ges-Dur, während der As-Dur-Satz aus Nr. 3 am Ende der Exposition nach Ces- bzw. H-Dur gelangt, um dann über as-Moll zur Wiederholung nach As-Dur oder zum faktisch in H-Dur klingenden Beginn der Durchführung zu leiten. Solche Verhältnisse begegnen weiter nicht allein in den langsamen Sätzen, sondern auch – wiewohl seltener – in den sonst wenig gewichtigen Finali, und selbst das Trio des Menuetts in Nr. 3 zeigt einen mediantischen Wechsel.[1]

Offenkundig handelt es sich nicht – wie noch in op. 1 Nr. 6 – um einzelne Experimente, aber auch nicht um bloße Manierismen, sondern um ein planvoll eingesetztes Verfahren zur Erweiterung des satztechnischen Fundus. Es wäre nicht ohne Reiz, seine Ausbildung in den vorangehenden Quartetten näher zu verfolgen. Dann wäre auch zu prüfen, wieweit die harmonische Extension als Substitut für eine thematische Arbeit fungiert, die Gyrowetz nicht gleichermaßen geläufig wurde. Selbst wenn der Wechsel der harmonischen Beleuchtung mitunter fast an Schubert erinnern könnte, ist doch keineswegs von Vorgriffen, sondern allenfalls von historischen Voraussetzungen zu reden. Denn Gyrowetz nutzte nicht nur das Vokabular der Klassik, sondern auch das wechselvolle Gefüge der Rhythmik und Satzart, ohne es jedoch mit der thematischen Verdichtung Haydns erfüllen zu können. Eher bilden

---

[1] Vgl. dazu auch die Beispiele aus op. 3 Nr. 2 und op. 29 Nr. 2 bei R. Hickman, *The flowering of the Viennese string quartet in the late eighteenth century*, in: The Music Review 50 (1989), S. 157–180: 177f.; ein Auszug aus op. 25 Nr. 1 siehe ders., *Haydn and the ›Symphony in Miniature‹*, in: The Music Review 43 (1982), S. 15–23: 19f.

harmonische Farben, wie sie auch Jadin oder Canales nicht fremd waren, nur eine weitere Ebene in jenem Wechselspiel, das eine Kennmarke des Quatuor concertant bildete. Wie allerdings die thematische Erfindung – besonders in Seitenthemen der Kopfsätze oder in den Couplets der Rondofinali – manchmal ein wenig trivial anmuten kann, so tendieren auch Überleitungen zu leerer Figuration, wenn sie jeder thematischen Stütze entraten. Doch hielt Gyrowetz bis hin zu op. 44 Distanz zum Quatuor brillant, und daß er nach 1804 keine weiteren Quartette schrieb, obwohl er noch lange lebte, mag auf Einsicht in die Übermacht Beethovens deuten. Ein solcher Verzicht sollte allerdings nicht die Sympathie für einen Musiker verringern, der offenbar dazu imstande war, sich mit den ihm gesetzten Grenzen zu bescheiden.

Es fragt sich demnach, ob Wilhelm Heinrich Riehl im Recht war, als er in seinen noch immer lesenswerten Erinnerungen neben Pleyel und Rosetti oder Wranitzky und Hoffmeister auch Gyrowetz zu jenen »göttlichen Philistern« zählte, die das Quartett für die Hausmusik noch weiterhin pflegten, während sich der historische Kontext grundlegend veränderte. Als jüngere Zeitgenossen Haydns hatten diese Musiker noch an der Frühgeschichte der Gattung ihren Anteil, und wenn Pleyel und Hoffmeister in den Musikalienhandel wechselten, so reichte das Quartettwerk von Gyrowetz zwar noch in das neue Jahrhundert hinein, um dann aber vor dem Aufstieg Beethovens abzubrechen. Die Liebhaber jedoch, die »in den Häusern unserer Großväter« nach Riehl gerne »ein leichtes, verständliches, heiteres Quartett« spielten, sicherten Gyrowetz »seine Popularität, in welcher ihm wenige Zeitgenossen gleichkamen«.[1] Riehls Charakteristik ließe sich aber eher auf Hänsel und zumal auf Krommer anwenden, dem er zugleich ein eigenes »Charakterbild« widmete. Und seine Sicht zeigt an, wie bekannt solche Werke im ersten Drittel des 19. Jahrhunderts und noch weiter blieben. Wie Nägeli zufolge einst Pleyel das Verständnis Haydns vorbereitete, so dienten nun die »Philister« eine Weile als Statthalter, bis sich jüngere Autoren wie Romberg, Onslow und Spohr durchsetzten, die dann ihrerseits den Werken Beethovens, Mendelssohns, Schumanns und endlich auch Schuberts weichen mußten.

So homogen das Œuvre von Gyrowetz im Ganzen wirkt, so vielfältig, aber auch zwiespältig erscheint dagegen das von Franz Krommer. In 24 Opera, die je drei Werke bündelten, erschienen 72 Quartette anfangs bevorzugt in Offenbach, aber auch in Pariser Drucken, wogegen nach einem Einzelwerk (op. 23, 1802) die Wiener Ausgaben vorrangig wurden. Entgegen Riehl begegnen in op. 1 und 3 (1793) noch dreisätzige Werke, selbst drei Jahre später enthält op. 5 noch zwei Analoga, und erst im B-Dur-Quartett Nr. 3 findet sich hier erstmals ein Menuett als dritter Satz vor dem Finale. Danach jedoch dominiert im »Normalquartett« – mit Riehl zu reden[2] – nicht nur die Zahl der vier Sätze, sondern auch die

1 W. H. Riehl, *Die göttlichen Philister*, in ders., *Musikalische Charakterköpfe. Ein kunstgeschichtliches Skizzenbuch*, 2 Bde., Stuttgart und Augsburg 1853–60, zitiert Stuttgart ⁸1899, Bd. 1, S. 159–198, hier S. 159 und S. 168; eine Stimmenausgabe des noch dreisätzigen Quartetts op. 3 Nr. 1 D-Dur von Gyrowetz erschien im Österreichischen Bundesverlag, Wien 1948.

2 W. H. Riehl, *Franz Krommer. Ein Beitrag zur Geschichte der Quartettmusik*, in: *Musikalische Charakterköpfe*, Bd. 2, S. 211–254, bes. S. 233f. Der Aufsatz bietet einen fesselnden Einblick in die Quartettpflege des mittleren 19. Jahrhunderts.

Typisierung ihrer Formen. Erscheint das Menuett wechselnd als zweiter und später bevorzugt als dritter Satz, so lassen die langsamen Sätze manche Unterschiede im Grundriß zu. Wie in ihnen wird ähnlich in den Finali die Differenz zwischen Rondo und Sonatensatz sekundär, wenn sich die Teile schematisch reihen, ohne durch thematisch gearbeitete Überleitungen verbunden zu werden. Und die Kopfsätze, die zunehmend der Norm mit zwei Themen, Durchführung und regulärer Reprise entsprechen, lassen es nicht selten bedauern, wenn prägnante Themen kaum Verarbeitung finden, sondern eher als formale Markierungen im Satzablauf dienen. Nicht grundlos meinte Riehl, die Sätze seien zwar nicht länger, aber »weitschweifiger« als die in Beethovens op. 18.[1] Denn so wenig die Melodik originell zu nennen ist, so sehr fehlt dem Verlauf eine thematische Steuerung, und den Ausgleich hat reiches Figurenwerk zu liefern, das sich freilich mit wechselnder Rhythmik und partiell chromatischer Harmonik paaren kann. Krommer schrieb zwar kein eigentliches Quatuor brillant, doch erreicht die Oberstimme wachsende Dominanz, die zwar auf die Fähigkeiten des Autors schließen läßt, an Liebhaber aber solche Forderungen stellt, daß sie eigentlich gleich zu Beethovens Quartetten greifen könnten.

Als Beispiel für die frühen Werke mag das C-Dur-Quartett Nr. 1 aus op. 3 (1793) genannt sein, in dessen Kopfsatz die erste Violine über begleitenden Achtelrepetitionen das Hauptthema anstimmt. Die Gruppierung auftaktiger Viertel wird mehrfach durch Pausen getrennt und wendet sich dann erst zur Dominante, um jedoch von punktierten Achteln und schließlich von skalaren Sechzehnteln abgelöst zu werden, und derartige Figuren durchziehen auch den themenfreien Modulationsteil. Der langsame Mittelsatz koppelt im 6/8-Takt über wiegenden Ak-kordrepetitionen die Violinen weithin in parallelen Terzen oder Sexten, und das Finalrondo wendet sich nach prägnantem Kopfmotiv entschlossen zu laufender Figuration. Bei prinzipiell gleichem Befund sticht in op. 5 Nr. 3 das erste Menuett ab, das jedoch genau wie das zugehörige Trio bei ›quadratischer‹ Periodik ohne metrische Überraschungen bleibt. Ebenso einfach bleiben die Menuette aber auch weiterhin, wenn sie seit den viersätzigen Quartetten op. 10 zur Regel werden. Und den Kopfsätzen, die in dieser Serie wieder weithin unthematische Mittelteile bieten, stehen entsprechende Finali gegenüber, die in Nr. 1 und 3 als Rondo bezeichnet sind. Der binären Form des Finales aus Nr. 2 nähert sich der Schlußsatz aus Nr. 1 jedoch durch Wiederholung des ersten Teils, dem dann eine kleine Durchführung folgt.

Kurz vor Beethovens op. 18 erschien 1800 Krommers Reihe mit derselben Opuszahl, der Kopfsatz im D-Dur-Werk Nr. 1 konfrontiert aber nur lärmende Eröffnungsakkorde mit einer kantablen Melodik, die rasch in unverbindlicher Fortspinnung ausläuft, und der Modulationsteil beginnt wie das Thema mit auftaktigen Vierteln, bescheidet sich aber

---

[1] Ebenda, S. 238. Vgl. H. Walter, *Franz Krommer (1759–1831). Sein Leben und Werk mit besonderer Berücksichtigung der Streichquartette*, Diss. Wien 1931; danach auch das Werkverzeichnis bei O. Wessely, Art. *Krommer*, in: *MGG*, Bd. 7, Kassel u. a. 1958, Sp. 1815–1822, bes. Sp. 1819; vgl. zu Krommers op. 1 Nr. 1 auch R. Hickman, *The flowering of the Viennese string quartet*, S. 167. Eine Edition des Es-Dur-Quartetts op. 5 Nr. 1, hg. v. A. Nemec, erschien in Musica Antiqua Bohemica 5, Prag 1949.

mit unthematischer Figuration, bis erst nach rund 25 Takten ein Themenzitat in C-Dur eintritt, das von einem analogen Rekurs auf den Seitensatz in E-Dur gefolgt wird. Dagegen bietet der Es-Dur-Kopfsatz aus Nr. 3 gleich im Thema lebhafte Figurenketten, die den weiteren Verlauf bis in die Durchführung bestimmen und nur kurzfristig von kleinen Kontrastgruppen unterbrochen werden. Wie dieser Satz eine Rhythmik exemplifiziert, die Krommers Quartette so wechselvoll wie unruhig erscheinen läßt, so bietet das Adagio As-Dur aus Nr. 3 nach dem in Zweitakter gegliederten Thema das Muster einer gleichförmigen Fortspinnung, die aber zunehmender Ornamentierung ausgesetzt ist, wie sie nur im d-Moll-Adagio aus Nr. 2 ausbleibt. Charakteristischer als sonst ist in Nr. 3 das Menuett mit fallenden Sprüngen samt Vorhalten, das wieder binäre Finale läßt jedoch nicht nur in der Themenbildung, sondern auch durch interne Wiederholungen an ein Rondo denken.

Als »grand quartetto« ist im Offenbacher Druck (André, um 1803) das G-Dur-Quartett op. 23 bezeichnet, das in Wien schon 1801 erschien und ausnahmsweise ein Einzelwerk darstellt. Hinter einem einzeln publizierten Werk verbirgt sich bei Rode wie Hänsel und noch Spohr oft ein Quatuor brillant, im Fall Krommers bezieht sich aber das Kennwort ›grand‹ weniger auf die Steigerung des kompositorischen Anspruchs als auf erhöhte Anforderungen an den Primarius, die fortan auch die weiteren Quartette stellen. Dennoch liegt in op. 23 kein eigentlich ›brillantes‹ Quartett vor, das Hauptthema des Kopfsatzes ist aber nach freier Modulationsphase faktisch erst wieder in der Reprise anzutreffen, nach einfachem Menuett nimmt im e-Moll-Adagio das mittlere Maggiore wie erst recht der Schlußteil reiche Kolorierung auf, und das abschließende Rondo zeigt immer noch nur drei Refrains mit zwei Couplets in g- bzw. e-Moll. Indessen verändern sich die Verhältnisse graduell in op. 24, wenn hier eine Durchführung wie die des Kopfsatzes aus dem Es-Dur-Quartett Nr. 2 eher thematisch geprägt ist als bisher. Doch reiht schon das Hauptthema aufschnellende Sechzehntelfiguren, die auf tändelnde Tonrepetitionen stoßen, und so tendiert selbst eine scheinbar thematische Durchführung wiederum zu einem Figurenwerk, zu dem nur kräftige Akkordschläge oder synkopische Stauungen ein Gegengewicht bilden, ohne eigentlich motivische Arbeit zuzulassen. Zeigen die entsprechenden Sätze der beiden anderen Werke in den Durchführungen weit weniger thematische Bindung, so hebt sich aus den sonst recht schlichten Finali das D-Dur-Presto aus Nr. 1 immerhin durch etwas höhere thematische Bindung hervor.

Erst von op. 50 an (um 1804) beginnen die Durchführungen der Kopfsätze in der Regel mit den Hauptthemen, die transponiert nicht nur mit ihren Kopfmotiven, sondern unter Einschluß von Fortspinnungs- oder Kontrastgliedern zitiert werden, wiewohl sich daran wieder meist freie Figuration anschließt. Fast hat es den Anschein, als sei für Krommer erst jetzt – deutlich nach Beethovens ersten Quartetten – eine Verpflichtung maßgeblich geworden, die für andere, an Haydn orientierte Musiker schon weit früher galt. Eine Zäsur bilden 1805 jedoch in der zuvor gleichmäßig dichten Kette der Publikationen Krommers Quartette op. 85, denn ihnen folgten nach mehrjährigen Pausen erst 1809, 1816 und 1821 die letzten Drucke op. 90, 92 und 103. Gleich das F-Dur-Quartett op. 85 Nr. 1, von dem sich die beiden anderen nur graduell unterscheiden, offeriert im Hauptthema des Kopfsatzes nur etüdenhafte Figuren, die sequenzierend erweitert werden, statt eine thematische Überleitung auszubilden. Sie ziehen selbst in das Seitenthema ein, das nur in seinem Kopfmotiv einige Beruhigung verheißt, und demgemäß kennt auch die bis fis-Moll ausgreifende Durchführung kaum mehr als die Reihung analoger Formeln. Dem gänzlich unprätentiösen Menuett steht ein Andante f-Moll zur Seite, das bis hin zum abschließenden ›Maggiore‹ von ornamentalen Fiorituren durchzogen wird. Und das Finale ›alla polacca‹ dekoriert seine simple Satzweise nur durch die ›pikante‹ Rhythmik, die diesen Typus in aller Regel auszeichnet, hier aber bis zu beträchtlicher Redundanz gesteigert wird.

Krommers letzte Beiträge erschienen erst 1821 – wenige Jahre also vor dem Beginn von Beethovens Arbeit am Spätwerk. Von all den Komplikationen jedoch, die Beethovens Werke spätestens seit op. 59 austragen, wissen Krommers Quartette bis zum Schluß nichts. Das eröffnende e-Moll-Werk mag zwar mit der Wahl der Tonart etwas mehr versprechen, es illustriert aber nur den Geschmack eines Publikums, dem Krommers Quartette eher zugänglich waren als die Beethovens. Auf expressive Effekte ist im Kopfsatz gleich das Hauptthema berechnet, das auf der G-Saite bis hin in die fünfte und sechste Lage zu spielen ist. Dazu treten Dezim- und Oktavgriffe, und daß Doppelgriffe auch von den übrigen Partnern gefordert werden, beweist das klangliche Kalkül dieser Musik. Immer noch bleiben Themen isolierte Stationen im Figurenwerk, im Adagio G-Dur erhält die Kolorierung einen Zug zur Etüde, und nach dem erstaunlich simplen Menuett, das allenfalls mit getupften Tonwiederholungen scherzose Wirkung erzielt, verzichtet das Finale zwar wieder auf eine Durchführung, nicht aber auf eine auftrumpfende Coda.

Im Unterschied zu Gyrowetz blieb Haydn offenbar für Krommer kein verpflichtender Maßstab, und obwohl er Beethoven kannte, bedeuteten ihm dessen Quartette erst recht nicht die Richtmarke, die sie für jüngere Musiker wie Andreas Romberg oder Friedrich Ernst Fesca immerhin teilweise wurden. Informativ ist Krommers lange Werkserie gleichwohl für den Durchschnitt einer Produktion, die zeitweise keineswegs erfolglos war. Widersprüchlich sind die Werke aber nicht nur in der schiefen Relation zwischen Prätention und Substanz, sondern auch in ihrem Verhältnis zu den potentiellen Rezipienten. Denn während sie einerseits noch mit der häuslichen Quartettpflege rechnen, stellen sie andererseits zunehmend so

Fr. Krommer, op. 103 Nr. 1, erster Satz, T. 1–33 (Staatsbibliothek zu Berlin – Preußischer Kulturbesitz).

erhebliche Anforderungen, daß man sich fragen kann, welche Resonanz gerade die späteren Werke noch finden konnten.

Ähnliche Veränderungen lassen sich in den Quartetten von Peter Hänsel beobachten, dessen Gesamtwerk freilich nicht so umfangreich und vielseitig wie das von Krommer war. Ausgebildet in Warschau, spielte er in Petersburg im Orchester des Fürsten Potemkin, hier auch lernte ihn die Prinzessin Lubomirsky kennen, die ihn dann in Wien als Konzertmeister beschäftigte und durch eine lebenslange Pension sicherte. Doch wurde er in Wien nach 1792 noch von Haydn unterrichtet, dem er die drei Quartette op. 5 als »Serviteur et Elève« widmete. Hänsels erste Quartette entstanden nach eigenen Angaben seit 1795, gebündelt zu dritt wurden aber 1798 mit op. 1–3 und op. 5–6 gleich 15 Werke von André in Offenbach publiziert, denen sich mit op. 7–8 bei Artaria in Wien 1799–1800 sechs weitere anschlossen.[1] Zumeist in Wien erschienen bei Artaria, Cappi, Mollo u. a. die späteren Quartette, die teilweise Nachdrucke in Offenbach und Paris erfuhren. Nach zweijähriger Pause folgten 1802–03 je drei Quartette op. 9 und 10, denen nochmals in op. 14 (1806), op. 17 und 20 (1808) sowie op. 22 und 27 (1810, 1813) Reihen mit je drei Werken entsprachen. Im übrigen begegnen aber seit op. 16 und 18 (1807–08) mit op. 29–35 und op. 37 (zwischen 1815 und 1825) insgesamt zehn einzeln veröffentlichte Quartette, und als zweites von ihnen ist op. 18 – gewidmet »son ami Felix Radicati« – ausdrücklich als »Quatuor brillant« bezeichnet. Innerhalb der deutlichen Verschiebung von Werkgruppen zu Einzelwerken bilden nur drei 1823 entstandene Quartette op. 36 eine Ausnahme, die in Milano von Luigi Scotto verlegt wurden.

Die frühen Werkgruppen heben sich kaum signifikant aus der gleichzeitigen Wiener Produktion hervor, selbst wenn wie bei Gyrowetz die

[1] H. Unverricht, *Peter Hänsel als Kammermusikkomponist*, in: *Studien zur Instrumentalmusik. Lothar Hoffmann-Erbrecht zum 60. Geburtstag*, hg. von A. Bingmann, Kl. Hortschansky und W. Kirsch, Tutzing 1988 (Frankfurter Beiträge zur Musikwissenschaft 20), S. 325–342, Werkverzeichnis S. 330–336; ders., *Polnische und französische Stileinflüsse in den Kammermusikwerken von Peter Hänsel*, in: *Deutsche Musik im Wegekreuz zwischen Polen und Frankreich*, hg. v. Chr.-H. Mahling, Tutzing 1996, S. 259–265; D. Charlton / H. Un-verricht, Art. *Hänsel*, in: *New Grove Dictionary*², Bd. 10, S. 826; der Widerspruch zwischen der dortigen Angabe von »58 string quartets« und dem genannten Werkverzeichnis, das nur 55 Streichquartette aufführt, löst sich auf, wenn man drei Quartette mit Holzbläsern als Oberstimme einberechnet (op. 19, 21 und 25).

thematischen Anteile etwas höher liegen als gerade bei Hänsel. Nicht sonderlich ermutigend schrieb 1799 ein Rezensent über op. 6, nach Erprobung des ersten Quartetts »waren wir alle vollkommen befriediget, und verlangten die beyden anderen weder zu spielen noch zu hören«.[1] Wie wenig Hänsel von Beethoven Notiz nahm, zeigen die je drei Quartette op. 9 (d – A – F) und 10 (Es – D – c), die 1802–03 – also nach op. 18 – herauskamen. Vorgegeben wie das viersätzige »Normalquartett« sind die Formtypen der Sätze, die vorerst noch relativ kurz ausfallen. Das d-Moll-Quartett op. 9 Nr. 1 zeichnet sich durch einen gedrängten ersten Satz im Allabreve-Takt aus, der das Kopfmotiv des Hauptthemas nicht ohne Geschick ausspinnt, dann freilich rasch von laufenden Achteltriolen durchsetzt wird, wie sie dann auch in die kleine Durchführung einziehen. Dazwischen bleibt schon in der Exposition nur wenig Platz für ein Seitenthema, das sich unverkennbar im Sinn Haydnscher Monothematik auf das Eröffnungsthema bezieht. Den langsamen Satz vertritt hier ein anspruchsloses Allegretto G-Dur im 2/4-Takt, gänzlich regulär bleibt wie das Menuett auch sein Trio, und das Finale bildet nach langsamer Einleitung in d-Moll ein D-Dur-Presto, das sich als kleiner Sonatensatz mit knappstem Mittelteil entpuppt und zur Reihe »mehr oder weniger gelungener Nachahmungen« zählt, die der »heitere Finalgestus« Haydns in Wien fand.[2] Nach dem analogen A-Dur-Werk Nr. 2 mehren sich die Ansprüche an die Primgeige im F-Dur-Quartett Nr. 3, in dem nun aber der erste Satz ein Adagio mit Mittelteil in f-Moll ist und wieder von einem Allegretto C-Dur im 3/4-Takt gefolgt wird. Doch sticht das B-Dur-Trio des kleinen Menuetts durch eine Figuration von fast virtuosem Zuschnitt ab, wie man sie in einem Tanzsatz nicht häufig antrifft, und da das abschließende Allegro assai ein reguläres Rondo mit drei Refrains darstellt, kommt dieses Werk einmal ganz ohne einen Sonatensatz aus. Auch in op. 10 rechnen manche Sätze mit der Fertigkeit des Primarius, so etwa das Variationenfinale im D-Dur-Werk Nr. 2 und ähnlich das Finalrondo C-Dur aus Nr. 3, das übrigens mit zweiteiligem Refrain auf der einen und regelrechter Reprise auf der anderen Seite Züge von Rondo und Sonatensatz vermischt.

Ein treffendes Beispiel für die traditionsbewußte Haltung der früheren Werke Hänsels liefert der Kopfsatz des D-Dur-Quartetts op. 17 Nr. 3 (1808), den Salome Reiser mitgeteilt hat.[3] Sein Hauptthema besteht im Grunde nur aus repetierten Achteln, die von Wechselnoten mit Trillern abgelöst werden. Solange solche Triller auftauchen, bleiben sie als thematisch identifizierbar, sobald sie aber entfallen, schrumpft das Material zu Tonrepetitionen, die dann bloß begleitende Funktion haben, wenn die Oberstimme den bescheidenen Fundus durch überleitende Figuren erweitert. Daraus aber ergibt sich jene hochgradige rhythmische Kontinuität, die nicht nur diesen Satz, sondern Hänsels Quartette wie die der Wiener Zeitgenossen weithin kennzeichnet, selbst wenn die erste

1 Allgemeine musikalische Zeitung 2 (1799–1800), Sp. 118.
2 S. Reiser, *Franz Schuberts frühe Streichquartette. Eine klassische Gattung am Beginn einer nachklassischen Zeit*, Kassel u. a. 1999, S. 57.
3 Ebenda, S. 57–61 und Notenanhang, S. 219–225.

Violine rhythmisch – wie bei Krommer – wechselvoller anmutet. Diese prinzipielle Kontinuität resultiert aus einer Satzstruktur, in der eine Stimme – und in der Regel die erste Violine – für weite Strecken die Führung behält, während eine grundsätzlich akkordische Begleitung durch gleichmäßige Rhythmisierung für den Zusammenhalt sorgt. Eine Ausnahme bildet in Hänsels Satz allenfalls eine dominantische Partie (ab T. 53), die im Dialog der komplementären Außenstimmen als Vertretung eines Seitensatzes gelten könnte, würde sie nicht schon vier Takte später von den unvermeidlichen Tonrepetitionen der begleitenden Mittelstimmen eingeholt. Ein Verfahren also, das auf Haydns Monothematik zurückgeht, tendiert in dem Maß zur Monotonie, wie das Material auf repetierende Formeln beschränkt bleibt. Und auch die Durchführung exemplifiziert den gängigen Usus, nach dominantischem Themenzitat gleich zu einer Figuration überzugehen, die zwar auf die Überleitung rekurriert, aber kaum noch thematischen Rückhalt sucht.

Gerade dieses Quartett aus Hänsels op. 17 hob eine Rezension 1809 als das »brillanteste und interessanteste« der Sammlung hervor, denn zumal »das erste Allegro, originell in seinen Melodieen, im raschen Drey-Vierteltakt, athmet Kraft und Leben«; zwar erhebe sich der Autor »selten zum Neuen, Originellen, Ueberraschenden«, auch wenn er sich aber als »ein würdiger Schüler vom Vater Haydn« erweise, bleibe er mit »bescheidener Resignation innerhalb der Grenzen seines Talents« und halte sich fern von allem »Bizarren, Phantastischen und Schwülstigen«.[1] Unmittelbar nach op. 17 vollzog Hänsel jedoch mit dem B-Dur-Werk op. 18 (1808) den Schritt zum Quatuor brillant, der gleichwohl nicht ganz unvorbereitet erfolgte. Denn das Verhältnis zwischen lebhafter Führungsstimme und rhythmisch gleichförmiger Begleitung, von dem die Rede war, bedeutete eine strukturelle Voraussetzung für die Öffnung zum brillanten Typus. Ein Quartettsatz nämlich, dem die Teilhabe aller Stimmen am diskontinuierlichen Wechselspiel Haydns abging, war von sich aus – bei Hänsel so gut wie bei Krommer – für die Dominanz der ersten Violine anfällig, der sich die Gegenstimmen unterzuordnen haben. Zwar erreicht die Virtuosität in Hänsels op. 18 nicht gleich die Extreme Rodes, bezeichnenderweise kommt das dreisätzige Werk aber ohne Menuett aus. Schon im Kopfsatz bestehen – ganz nach Rodes Art – Vorder- wie Nachsatz des Hauptthemas nur aus einem ›Startton‹, von dem aus sich sofort die ausladenden Rouladen entspinnen, die ebenso die Überleitungen wie die verkümmerte Durchführung ausfüllen. Erst recht bildet das Adagio nur ein Gerüst für das glitzernde Figurenwerk, das ebenso die Fortspinnungen wie die Couplets im Schlußrondo überzieht. Die mit op. 18 gemachten Erfahrungen bleiben jedoch in den weiteren Einzelwerken Hänsels spürbar, selbst wenn sie wieder zur Viersätzigkeit zurückkehren. Deutlicher als im D-Dur-Quartett op. 29 (1815) wirken sie ein Jahr später im F-Dur-Werk op. 31 nach, wenn

[1] Allgemeine musikalische Zeitung 11 (1808–09), Sp. 495, 493f.

P. Hänsel, op. 18, erster Satz, T. 1–36 (Staatsbibliothek zu Berlin – Preußischer Kulturbesitz).

Kopfsatz wie Andante und auch Finale recht virtuose Partien bieten, von denen sich nur das noch immer recht einfache Menuett dispensiert. Geigerisch recht anspruchsvoll ist auch ein weiteres D-Dur-Werk wie op. 33, selbst wenn nicht von herrschender Brillanz zu reden ist. Den Zwiespalt zwischen betont expressiver Gestik und exponierter Virtuosität exemplifiziert als vorletztes Einzelwerk das c-Moll-Quartett op. 34 (1818). Im Kopfsatz ist nun – wie zu gleicher Zeit bei Krommer – das ganze Hauptthema durch 13 Takte hin auf der G-Saite zu spielen, was nach Ausweis der Fingersätze das Spiel bis zur 9. Lage erforderlich macht. Zwar wird aus dem volltaktigen Ansatz des ersten Taktes im folgenden ein auftaktiges Motiv gebildet, dessen rhythmische Fassung mit drei Achteln auch in den Seitensatz einzieht und solange vorhält, bis das freie Figurenwerk dominiert. Das ist allerdings schon in der achttaktigen Fortspinnung des Hauptthemas der Fall und gilt erst recht für die jeweils 22 Takte umfassenden Überleitungen vor Seitensatz und Schlußgruppe. Diese Relationen ändern sich weder in der Durchführung noch in der nach C-Dur umschlagenden Reprise, wenn vielfach Oktavketten in Sechzehnteln bis in die 6. und 7. Lage führen. Eine Ausnahme ist wieder das ebenso schlichte wie gefällige Menuett, wie man denn überhaupt in Wien bis zuletzt solide Tanzsätze zu schreiben versteht, die vom dämonischen Scherzo Beethovens nichts wissen. Dagegen gerät das As-Dur-Adagio brillanter noch als das aus op. 18, und das Rondofinale wird mit treibender Figuration zum Perpetuum mobile in C-Dur, das nur Raum für kurze ruhige Episoden läßt.

So zeichnet sich im ganzen zwar ab, daß die Wiener Tradition gegenüber dem Pariser Quartett solange ihre eigene Prägung bewahrte, wie Haydn eine respektierte Autorität blieb, selbst wenn sein Niveau kaum ansatzweise erreicht werden konnte. Erst die späte Variante des Quatuor brillant war es, die von Paris aus den deutlichen Wandel bewirkte, der in Hänsels und Krommers Œuvre hervortritt. Dabei kreuzen sich die unterschiedlichen Stränge auch in einem merkwürdigen Wechselverhältnis. Den bunten, fast taktweisen Wechsel der dialogisierenden Stimmen büßte das Pariser Quatuor concertant in dem Maß ein, in dem es sich entweder – wie bei Jadin – einer Thematisierung im Sinne Haydns öffnete oder aber die Gegenstimmen im Quatuor brillant – wie bei Rode – dem Primat der Oberstimme unterwarf. Gerade in der brillanten Version jedoch, die eigentlich den äußersten Gegenpol zu Haydn bildete, wurde das Pariser Quartett auch kompatibel für die späten Statthalter der Wiener Lokaltradition. Denn sie wußten sich nur beschränkt jene obligate Stimmführung anzueignen, die ihre Voraussetzungen in der Diskontinuität des klassischen Satzes besaß. Damit entfiel in der durchschnittlichen Produktion zugleich die prinzipielle Differenz, mit der Haydn in seinem Frühwerk ein neues Gefüge der Zeitordnung begründet hatte, das sich entschieden vom rhythmischen Kontinuum älterer Musik der Bachzeit absetzte. Andererseits war dieser Verlust nicht folgenlos, denn jene mitunter fast monotone Kontinuität, die dem Begleitsatz vieler Autoren von Vanhal an bis zu Hänsel eignet, bildete eine unterschwellige Tradition, derer man kaum gewahr wird, wenn man den Blick ausschließlich auf die Werke des Gattungskanons richtet. Damit wurde eine scheinbar rückständige Satztechnik, die von den tragenden Prinzipien des klassischen Satzes kaum berührt war, zu einer verschwiegenen Prämisse für die gänzlich neue Formierung des Stimmverbandes, die dann Schubert aus der lokalen Tradition heraus als Inbegriff der musikalischen Romantik ins Werk zu setzen vermochte.

Wenn somit am Ende doch wieder der Maßstab der Wiener Klassik ins Spiel kommt, so hat das nicht im geringsten mit einem historiographischen Leitbild zu tun, das aus Vorstellungen von »deutscher Hegemonie« gespeist würde.[1] Andernfalls müßte man Musikern wie Jadin, Tomasini oder Canales unterstellen, sie hätten sich Haydns Kunst in der Absicht erschlossen, sich damit bereitwillig einer ›deutschen‹ Führung zu unterwerfen. Eine solche Argumentation verriete weit eher nationale Verengung als ein Versuch, der nüchtern konstatieren will, wieweit der durch Haydn repräsentierte Kunstanspruch zur Geltung kam. Die Schwierigkeiten einer angemessenen Geschichtsschreibung liegen jedoch in einer anderen Problematik, die zugleich methodische Bedeutung hat.

Bis gegen 1800 und noch ein Stück darüber hinaus läßt sich die Geschichte des Streichquartetts – pointiert gesagt – als Widerspruch zweier ästhetischer Paradigmen begreifen. Gegenüber einer tradierten Auffassung, der Musik primär noch als Medium geistvoller Unterhaltung galt, formierte sich zunehmend ein anderes Konzept, in dem gerade die als autonom gedachte Instrumentalmusik zum Inbegriff eines neuen Kunstverständnisses wurde. Wer dafür plädiert, das überkommene Muster unterhaltender Funktion gelten zu lassen, hat zunächst gewiß das Recht

[1] A. Gerhard, *Zwischen ›Aufklärung‹ und ›Klassik‹. Überlegungen zur Historiographie der Musik des späten 18. Jahrhunderts*, in: Das achtzehnte Jahrhundert 24 (2000), S. 37–53: 52f.

einer historisch legitimierten Position auf seiner Seite. Und anachronistisch muß sich dann eine Sicht ausnehmen, die einen Kunstrang der Musik schon dort voraussetzt, wo sie etwa den Sonatensatz Haydnscher Prägung zum Maßstab nimmt. Umgekehrt muß sich jedoch der Apologet einer historischen Rekonstruktion, die zeitgenössischen Auffassungen ihr Recht geben will, dann auch die Frage gefallen lassen, ob er nicht konsequenterweise vom Vorhaben ablassen müßte, die Geschichte einer noch als Unterhaltung verstandenen Musik zu entwerfen. Denn so fremd den Autoren solcher Werke ein ästhetischer Kunstbegriff war, so fern lag ihnen auch der Vorsatz, unterhaltsame Musik für das historische Gedächtnis zu liefern. Sie schrieben vielmehr ihre Stücke so rasch, wie sie dann bald vergessen wurden, und sie hatten nüchtern damit zu rechnen, daß ihre Werke von anderen in gleicher Funktion abgelöst wurden. Daraus resultiert der nur scheinbar widersprüchliche Befund, daß sich derartige Quartette kaum unterscheidbar gleichen, auch wenn sie ihre Elemente immer anders zusammensetzen, um gerade damit ihre unterhaltende Funktion zu erfüllen. Der Erinnerung wert sind sie aber nicht zuletzt, weil sie erst die ungeheure Leistung begreiflich machen, mit der es Haydn vermochte, dem Zeitverlauf eines Satzes aus seiner motivischen Substanz heraus seine Richtung zu geben.

Demnach verdankt sich die Absicht, die Geschichte einer Gattung verständlich zu machen, von vornherein einer späteren Kunstauffassung, die zum älteren Begriff funktionaler Musik quersteht. Doch können sich beide Konzepte zu dieser Zeit bei unterschiedlichen Komponisten oder selbst im Werk eines Autors auch kreuzen. Und die Tatsache, daß die Autographe der meisten Autoren – bis auf geringe Ausnahmen – verloren gehen konnten, bedarf dann keiner umständlichen Erläuterung. Denn die Sammlung solcher Handschriften war wiederum die Folge eines historischen Denkens, das sich dem neuen Verständnis von Musik als Kunst verdankte und deshalb auf historisch bedeutsame Meister und nicht auf vergessene Werke aus jüngster Vergangenheit gerichtet war. Das historiographische Dilemma jedoch, von dem die Rede war, ist nicht einseitig aufzulösen, sondern nur graduell zu mildern, indem der Historiker zwischen den Positionen abwägt, wenn er auch wenig bekannte Werke zu erschließen sucht, ohne dabei auf ein Urteil zu verzichten. Denn vor dieser Folie wird erst der satztechnische Maßstab erkennbar, der für die Geschichte der Gattung konstitutiv geworden ist.

5. Hermetik und Expansion: Cherubini als Quartettkomponist

Wenig Platz bliebe für Luigi Cherubini in einer Geschichte des Quartetts, die sich allein von der historischen Wirkung der Werke leiten ließe. Denn von solchen Folgen ist für die späten Quartette Cherubinis desto weniger zu reden, als sie erst beträchtliche Zeit nach dem Tod des Komponisten gedruckt wurden. Zwar gilt das auch für Schuberts Spätwerk, und selbst die späten Quartette Beethovens lassen die Frage zu, wieweit sie vor dem Jahrhundertende wirksam wurden. Im Unterschied dazu wurden aber Cherubinis Quartette nicht so in den Werkkanon aufgenommen, wie sie es verdient hätten. Nicht zu übergehen sind sie indessen nach ästhetischen Kriterien, die in einer einzigartigen Konstellation divergierender Momente gründen.

Für eine Gattung wie das Quartett ist es offenbar charakteristisch, daß dichte Traditionen von höchst individuellen Lösungen flankiert werden, wie sie gerade die sechs Werke Cherubinis bilden. Immerhin wurden die beiden ersten in Schumanns Berichten über die Reihe der ›Quartettmorgen‹ derart vorgestellt, daß sie den Lesern gleichsam geadelt erschienen, nachdem aber drei Werke schon 1834–36 bei Kistner in Leipzig und Paris verlegt wurden, folgten die übrigen erst nach 1870 in Leipzig und Berlin bei Peters.[1] Der Publikation durch Leipziger Verleger entsprach es kaum zufällig, daß die Autographe dann 1878 von der Preußischen Staatsbibliothek in Berlin erworben wurden, wogegen nur ein Einzelsatz in G-Dur im Besitz der Bibliothek des Conservatoire in Paris blieb.[2] Die späte Rezeption steht seltsam quer zur Weltläufigkeit eines Autors, der schon 1760 – also zwischen Mozart und Beethoven – in Florenz geboren wurde und seine Ausbildung bei Sarti genoß, nach einem Aufenthalt in London aber seit 1785 in Paris Fuß faßte, wo er schließlich 1822 Direktor des Conservatoire wurde und erst 1842 verstarb. Wohl weilte er mehrfach im Ausland und kam 1804–05 in Wien mit Haydn wie Beethoven zusammen, in seiner italienischen Heimat aber war er letztmals 1788, um dann zum Franzosen zu werden.[3] So weit herum kam gewöhnlich kein Spezialist für Kammermusik, sondern ein Virtuose oder Opernkomponist, und so sind denn auch Cherubinis Quartette die Spätwerke eines Musikers, der zuvor mit seinen Opern europäischen Ruhm erlangte, in Deutschland mit seiner Kirchenmusik Bewunderung fand und als Meister des Kontrapunkts allenthalben Respekt genoß.[4] Desto mehr konnte es erstaunen, daß er 1814 – mit mehr als 50 Jahren – sein erstes Streichquartett Es-Dur schrieb, dem sich im selben Jahr der erwähnte G-Dur-Satz eines dann wohl aufgegebenen *Quatuor 2d* anschloß. Ein Jahr später entstand in London Cherubinis Symphonie D-Dur, die erst 1829 zum zweiten Streichquartett in C-Dur

---

1 Robert Schumann. *Gesammelte Schriften über Musik und Musiker*, hg. v. M. Kreisig, Leipzig ⁵1914, Bd. 1, S. 338f. und S. 346f. Zur Publikation der Werke vgl. S. Saak, *Studien zur Instrumentalmusik von Luigi Cherubini*, Diss. Göttingen 1979, S. 106f., sowie L. Finscher, *Cherubinis Streichquartette*, Einführung zur Aufnahme des Melosquartetts, Polydor International 1976, S. 4–11; ders. auch in: *Reclams Kammermusikführer*, hg. v. A. Werner-Jensen, Stuttgart 1997, S. 429–437. Vgl. auch W. Hochstein, Art. *Cherubini*, in: *MGG²*, Personenteil Bd. 4, Kassel u. a. 2000, Sp. 899f.

2 S. Saak, *Ein unbekannter Streichquartettsatz Luigi Cherubinis*, in: Die Musikforschung 31 (1978), S. 46–51; zu den Autographen vgl. ders., *Studien zur Instrumentalmusik von Luigi Cherubini*, S. 106f.

3 Zur Biographie s. R. Hohenemser, *Luigi Cherubini. Sein Leben und seine Werke*, Leipzig 1913, und L. Schemann, *Cherubini*, Stuttgart – Berlin – Leipzig 1925.

4 H.-J. Irmen (Hg.), *Luigi Cherubini. Leben und Werk in Zeugnissen seiner Zeitgenossen. Aus dem Englischen des Edward Bellasis (1874) übersetzt von Josef Rheinberger*, Regensburg 1972 (Studien zur Musikgeschichte des 19. Jahrhunderts 30); ebenda, S. 171ff., auch zur Rezeption der Streichquartette.

umgearbeitet wurde. Mit der Bearbeitung einer Klaviersonate zum Streichquartett war zwar Beethoven vorangegangen, und mitunter konnte umgekehrt ein Quartett zu orchestraler Besetzung mutieren, daß jedoch eine Symphonie von ihrem Autor zum Quartett transformiert wurde, dürfte ein wohl singulärer Fall sein, der denn auch von Rainer Cadenbach eingehend untersucht wurde.[1] Zwischen 1834 und 1837 entstanden dann aber in dichter Folge die vier weiteren Quartette, doch nur das dritte in d-Moll (1834) wurde noch mit den vorangehenden veröffentlicht, während die übrigen erst postum bekannt wurden (Nr. 4 E-Dur, 1835; Nr. 5 F-Dur, 1835; Nr. 6 a-Moll, 1835–37[2]).

Nicht grundlos machte Finscher geltend, Cherubinis Quartette wären »leichter und gerechter zu verstehen gewesen«, wäre nicht die Tradition, der sie entstammen, zur Zeit ihrer späteren Rezeption in Deutschland schon »vergessen« und »bis heute so gut wie unbekannt geblieben«.[3] Denn bereits vor 1800 hatte sich das Pariser Quartett seit Boccherini und Cambini höchst eigenständig entwickelt und im öffentlichen Musikleben weiter etabliert, als das für die Wiener Hausmusik behauptet werden kann. So waren die Sonderformen des Quatuor concertant und brillant gerade in Paris zu besonderer Geltung gekommen, und die Ansprüche an den Spieler der Prinzipalstimme steigerten sich, als sich maßgeblich Virtuosen wie Giovanni Battista Viotti und Rodolphe Kreutzer, die jedem Geiger durch ihre Capricen vertraut sind, gerade auch des Streichquartetts annahmen.[4] Zu diesen Musikern unterhielt Cherubini ebenso Kontakte wie zu seinem Schüler Pierre Baillot, der 1814 in Paris seine Quartettvereinigung gründete und maßgeblich zur Verbreitung der Werke von Haydn und Mozart und dann auch Beethoven beitrug. Doch ist es zudem sachlich begründet, daß diese brillanten Pariser Quartette in der Gattungsgeschichte rasch zurücktraten, wie ihnen denn auch im Unterschied zu Cherubinis Werken keine nachträgliche Rezeption beschieden war. Zwar sind die Werke von Viotti und Kreutzer – wie bei der Qualität ihrer Capricen und Konzerte kaum anders zu erwarten – trotz ihrer solistischen Ansprüche keineswegs sorglos geschrieben, mitunter erhalten auch die Mittelstimmen größeren Anteil, lyrisch empfindsame Momente fehlen ebenso wenig wie elegant kapriziöse Wendungen, und wiewohl nur selten von thematischer Konzentration zu sprechen ist, bleibt die harmonische Färbung nicht ohne eigenen Reiz. Doch hat Siegfried Saak in seinen Studien zu Cherubinis Quartetten vergleichsweise auch Werke französischer Zeitgenossen herangezogen, und selbst wo er formal interessante Lösungen etwa im Verhältnis zwischen langsamer Einleitung und raschem Folgesatz konstatierte, bleibt doch der Abstand vom Kanon der Gattung wie vom Rang Cherubinis deutlich genug.[5] Solange eine breite Rehabilitierung solcher Pariser Quartette nicht abzusehen ist, muß auch eine Darstellung, die statt historischer Vollständigkeit auf geschichtliche Konsequen-

---

1 R. Cadenbach, *Cherubinis »symphonistisches« Quartett zwischen »neuem Pariser Ton« und »Roccoco u.s.w.«*, in: *Neue Musik und Tradition. Festschrift für Rudolf Stephan*, Laaber 1990, S. 209–231; ders., *Streichquartette, die zu Symphonien wurden, und die Idee des »rechten Quartettstils«*, in: *Probleme der symphonischen Tradition im 19. Jahrhundert. Internationales Musikwissenschaftliches Colloquium Bonn 1989. Kongreßbericht*, hg. v. S. Kross, Tutzing 1990, S. 471–492.

2 Das Autograph vermerkt: »Commencé le 4 Juillet 1835, continué à différentes reprises et terminé le 21 Juillet 1837«, der Abstand dürfte sich durch die dazwischen liegende Arbeit am Requiem d-Moll erklären. Zur Datierung vgl. auch C. Schröder, *Chronologisches Verzeichnis der Werke Luigi Cherubinis*, in: *Beiträge zur Musikwissenschaft* 3:2 (1961), S. 24–60, bes. S. 45 und S. 51ff. (Nr. 166, 226, 233, 235, 237 und 240).

3 L. Finscher, *Einführung* (wie Anmerkung 1, S. 314), S. 5, gekürzt auch in: *Reclams Kammermusikführer*, S. 431.

4 Vgl. D. L. Trimpert, *Die Quatuors concertants von Giuseppe Cambini*, Tutzing 1967.

5 S. Saak, *Studien zur Instrumentalmusik von Luigi Cherubini*, S. 112f.; zu Cherubinis Quartetten vgl. auch O. A. Mansfield, *Cherubini's String Quartets*, in: *The Musical Quarterly* 15 (1929), S. 590–605.

zen und qualitative Maßstäbe angewiesen ist, dies kaum erschlossene Terrain der künftigen Forschung überlassen. So nehmen sich Cherubinis Beiträge vorerst zwar isoliert aus, selbst wenn aber ihr Hintergrund weiter geklärt wird, dürften in anderer Richtung die Differenzen zum Kontext desto klarer sichtbar werden. Denn dem Pariser Quartett verdanken sich im Œuvre Cherubinis wohl manche solistischen Passagen, an denen dann freilich neben der Oberstimme auch die anderen Partner teilhaben. Die Fülle konträrer Charaktere jedoch, durch die sich diese Musik auszeichnet, ist weniger einer Tradition der Gattung als den überaus verschiedenen Erfahrungen eines Komponisten zu danken, der ein Meister der Oper wie auch der Kirchenmusik war. Obwohl noch zur Generation Mozarts gehörig, liegen mit den vier letzten Quartetten die wesentlichen Beiträge doch erst nach dem Tode Beethovens und Schuberts wie auch noch nach den frühen Quartetten Mendelssohns. Die historische Konstellation ist mithin so seltsam wie die verspätete Rezeption der Werke, beidem entspricht indes ihre Position zwischen sehr unterschiedlichen Möglichkeiten der Gattung.

Schumann hatte durchaus Sinn für Eigenart und Kunstrang der Werke, aus denen »der freie, gelehrte, interessante Italiener« einerseits »in seiner strengen Abgeschlossenheit« spreche, während andererseits »der als mustergültig« anerkannte »rechte Quartettstil« als Kriterium herangezogen werden mußte.[1] Nachdem sich »selbst unter guten Musikern Meinungszwiespalt« über Cherubinis »neue Quartette« erhob, begründete nicht nationale Verengung, sondern der künstlerische Rang des klassischen Quartetts die kritische Diskussion. Ein großes »Unbehagen« weckten die beiden ersten Sätze des Es-Dur-Quartetts Nr. 1, weil diese Musik »nicht das Erwartete« war, sondern zunächst »opernmäßig, überladen« oder »kleinlich, leer und eigensinnig« erschien. Was man aber »in den oft wunderlichen Reden des Greises nicht gleich zu deuten wußte«, ließ dann auch »den gebietenden Meister« spüren, bis das »Scherzo mit seinem schwärmerischen, spanischen Thema, das außerordentliche Trio, und zuletzt das Finale« jeden Zweifel an einem Werk ausräumten, das »seines Meisters würdig« war. Spricht »ein vornehmer Ausländer« auch »nicht die trauliche Muttersprache«, so muß man sich »mit dem besondern Geiste dieses, seines Quartettstiles erst befreunden«: »je mehr wir ihn verstehen lernen, je höher wir ihn achten müssen«. Abgewogener ließe sich schwerlich über eine ›Eigentümlichkeit‹ reden, die sich erst an der Differenz zur normativen Gattungstheorie ausweisen kann, und so fragt es sich auch, ob Schumanns Bericht als »Höhepunkt einer spezifisch deutschen Cherubini-Rezeption« aufzufassen ist, die rückblickend als »Kette folgenreicher Mißverständnisse« erscheine.[2] Obwohl Cherubini noch von Brahms geschätzt wurde, haben seine Quartette in der Gattungsgeschichte kaum tiefere Spuren hinterlassen, und wo man ihre latente Affinität zur klassischen Tradition

1 *Robert Schumann. Gesammelte Schriften über Musik und Musiker*, Bd. 1, S. 339.

2 L. Finscher, Einführung (wie Anmerkung 1, S. 314), S. 4, modifiziert auch in: *Reclams Kammermusikführer*, S. 430.

empfand, da sah man immerhin auch ein Stück ihrer Artifizialität. Das hat nicht verhindert, daß sich die späteren Werke mit Abweichungen von den Autographen verbreiteten, die auf die postumen Editionen zurückgehen, wie Wilhelm Melcher gezeigt hat.[1]

Mit kontrapunktischer Arbeit ist freilich nur eine – und wohl nicht einmal die wichtigste – Seite dieser Kunst bezeichnet, denn zu ihr gehört vorab eine erstaunliche Vielfalt, deren Bündelung nicht beschwichtigend als Synthese zu bestimmen ist. Mit seinen Hauptwerken hatte Cherubini zuvor eine Öffentlichkeit erreicht, auf die diese späten Quartette kaum mehr primär abzielen. Neben die kontrapunktischen treten nicht nur virtuose, sondern auch sehr dramatische Züge, die auf die Oper hinweisen können, ohne selbst Anklänge an kirchenmusikalische Töne auszuschließen. Eine solche Kontrastierung scheint zunächst an Verfahren Mozarts zu erinnern, während Pathos und Charakter der Musik wohl auch auf Beethoven deuten, dessen Spätwerk Cherubini aber eher zum »Niesen« brachte.[2] Indes werden die Kontraste nur partiell durch motivische Arbeit reguliert, während die Ableitung aus tradierten Modellen gleich schwierig wäre. Denn jedes Glied des Satzverlaufs benötigt die übrigen, um sich erst im Kontrast zu konstituieren. Zwar blieb das Urteil von Richard Hohenemser und Ludwig Schemann durch konventionelle Maßstäbe des Quartettsatzes befangen, immerhin nahmen beide aber auch die scheinbar disparaten Züge dieser Musik wahr, denen man kaum gerecht wird, wenn man sich wie Saak nur an formalen Kriterien orientiert.[3] Erst an der Vermittlung zwischen einer hermetischen Struktur und der expansiven Charakteristik läßt sich jedoch der Rang der Werke ermessen.

Schon das erste Quartett Es-Dur präsentiert 1814 maßgebliche Prinzipien, die auch die späteren Werke leiten. Den eröffnenden Sonatensätzen, denen in Nr. 1, 2 und 5 langsame Einleitungen vorangehen, treten zumeist analog gebaute Finali gegenüber, die in Nr. 1 und 6 rondomäßig modifiziert werden, und die langsamen Binnensätze, unter denen nur in Nr. 1 eine Variationenfolge begegnet, stehen stets vor den als Scherzo bezeichneten Tanzsätzen. Auch bei beträchtlich geweitetem Umfang werden die formalen Grundrisse kaum prinzipiell modifiziert, desto entschiedener jedoch verschieben sich die internen Strukturen, was sich zumal an den metrischen Relationen und rhythmischen Charakteren zeigt. Die langsame Einleitung aus Nr. 1 läßt sich – wie Saak sah[4] – so wenig wie ihr Gegenstück in Nr. 2 motivisch auf das folgende Allegro beziehen, ihr periodisches Gefüge nimmt aber Verfahren vorweg, die auch den weiteren Verlauf prägen. Volltaktig beginnt das Adagio in den drei Unterstimmen, wie eine auftaktige Formel nimmt sich aber der punktierte Quartsprung der zweiten Violine aus, der auf die zweite Zählzeit im 3/4-Takt zielt, und real auftaktig schlägt auf der dritten Viertel die Oberstimme nach, die nun allein mit kokett verkürzter Fi-

---

[1] W. Melcher, *Cherubinis Streichquartette: Original, Ausgaben, Interpretation*, Einführung zur Aufnahme des Melosquartetts, Polydor International 1976, S. 12–21, bes. S. 15.

[2] *Felix Mendelssohn Bartholdy: Reisebriefe aus den Jahren 1830 bis 1832*, hg. v. P. Mendelssohn Bartholdy, Leipzig ⁸1869, S. 334 (Brief aus Paris vom 13. 2. 1832).

[3] Vgl. R. Hohenemser, *Luigi Cherubini*, S. 483ff. und 491, wo die späteren Quartette als manieriert bezeichnet werden, sowie L. Schemann, *Cherubini*, S. 645, der von »Absonderlichkeiten« dieser Werke sprach.

[4] S. Saak, *Studien zur Instrumentalmusik von Luigi Cherubini*, S. 112f., wo zum Vergleich auch die erste Fassung dieser Einleitung herangezogen wird.

L. Cherubini, Nr. 1, erster Satz, T. 1–6 und 21–28.

gur im fallenden Dreiklang den zweiten Takt ausfüllt. Durch diesen Einschub erweitert sich die erste Gruppe bis zum Halbschluß auf fünf Takte, ihre fließende Fortspinnung in gebundenen Achteln überbrückt zugleich die Naht zur zweiten Gruppe, die unter Stimmtausch als modifizierte Wiederholung beginnt, dann aber auf sieben Takte mit ›weiblicher‹ Kadenz und unerwartetem Trugschluß verlängert wird. Auftaktig beginnen auch die einander entsprechenden Gruppen ab T. 13 und T. 19, die je sechs Takte umfassen. Ihrem Ansatz mit graziös punktierter Figur folgt in der ersten der Wechsel zwischen begleitenden Akkorden und auftaktigen Wendungen der Oberstimme, die dann auch in die Gegenstimmen einziehen und wiederum zu analoger Kadenz mit Trugschluß führen. Bei entsprechendem Ansatz bricht dagegen die letzte Gruppe nach engräumiger Akkordkette spannungsvoll in einem Pausentakt ab, mit dessen letzter Zählzeit auftaktig das Allegro agitato im 4/4-Takt eintritt.

Exemplarisch ist schon an dieser langsamen Einleitung zu verfolgen, wie höchst verschiedene Taktgruppen durch verdeckte Fäden auch ohne motivische Bindung zusammentreten. Ihre Länge wechselt, als sei kaum ein periodisches Maß verbindlich, so verschieden aber die Abschnitte ausfallen, so unauffällig werden die Nahtstellen fortspinnend oder kadenzierend überbrückt. Daß diesem Verfahren auch das ›energisch-pathetisch‹ ansetzende Allegro entspricht, wird freilich unkenntlich, wenn man wie Saak die Formteile in einem systematischen Vergleich trennt.[1] Denn damit wird das Problem der internen Relationen ausgeblendet, das sich innerhalb der Themen wie im Verhältnis der Satzglieder stellt. Der Hauptsatz setzt sich aus zwei analogen Sechstaktern qua Vorder- und Nachsatz zusammen, die beide ihr Kopfmotiv entschieden

1 Vgl. L. Finscher in: *Reclams Kammermusikführer*, S. 434; Saak trennte die Kopfsätze vergleichend nach Hauptsätzen, Überleitungen, Seitenthemen usf. auf.

aufwärts sequenzieren und in fallender Bewegung mit akkordischer Bündelung beantworten. Sie werden zudem durch Pausen samt Fermaten getrennt, und wo ab T. 37 die Überleitung auf dies Modell zurückgreift, löst sie sich rasch in skalare Achtel auf. Schon ab T. 42 folgt eine völlig neue Gruppe, deren gedehntes Initium gleich um eine Quinte versetzt wiederkehrt und damit ein Fugato verheißt, stünde dagegen nicht über Orgelpunkt die rhythmisch markante Füllung der Binnenstimmen. Genau mit dieser Figuration jedoch, aus deren Aufspaltung nur eine auftaktige Formel verbleibt, wird der Fortgang bis zu einer Solofigur bestritten, aus deren akkordischer Raffung der Seitensatz hervortritt. Seine nun achttaktigen Gruppen kombinieren wieder ein Kopfmotiv, das eher durch Synkopierung als durch die engräumige Melodik konturiert wird, mit figurativer Ausspinnung, in der die auftaktigen Impulse des Hauptsatzes nachwirken (T. 77 und T. 84). Auch weiter füllt scheinbar freie Figuration die ausgedehnte Exposition, dazwischen schiebt sich einmal der markante Gedanke der Überleitung (T. 127), so mühsam aber eine motivische Ableitung wäre, so unübersehbar sind unterschwellige Bezüge, die weniger durch Motive als durch rhythmische Modelle und Kadenzformeln gestiftet werden. Die Durchführung greift anfangs auf Haupt- und Seitensatz zurück (T. 160 und T. 182), nutzt dann aber den Gedanken der Überleitung nun wirklich in intervallischer Variante zu einem Fugato (T. 195). Indem das rhythmisch markante Modell der Begleitung dann mit der Synkopierung aus dem Seitensatz verknüpft wird, legitimiert sich nachträglich die lockere Folge der Exposition. Und wo die Durchführung ausläuft, erwachsen aus akkordischer Ballung die auftaktigen Gesten, die den Wiedereintritt des Hauptsatzes vorbereiten. Die Reprise endlich entspricht dem Bau der Exposition, deren dynamisch zurückgenommener Ausklang aber statt einer Coda durch knappe Schlußsteigerung ersetzt wird.

Dem Wechsel der Satzgruppen steht also nicht eine solche motivische Konzentration wie bei Haydn gegenüber, doch drängen sich die Kontraste auch nicht so eng wie in der Kunst Mozarts, und selbst wo sich die Dimensionen fast auf Beethovensche Maße erweitern, werden die divergierenden Phasen nicht systematisch durch ein Netz intervallischer Bezüge gesteuert. Eine scheinbar lockere Kontrastfolge wird eher durch subkutane Scharniere zusammengehalten, die sich rhythmischer Gesten und kadenzierender Wendungen bedienen. Daß das Larghetto in B-Dur »dramatisch zerklüftet« und zugleich »lyrisch introvertiert« anmuten kann[1], resultiert weniger aus dem Thema selbst, das aus knappen, durchweg auftaktigen Phrasen mit graziöser Punktierung besteht. Dabei zeichnet sich eine dreiteilige Anlage ab, indem der dominantischen Kadenz im ersten Teil die Wendung zur Mollvariante im zweiten folgt, während der Schlußteil einen Annex erhält, der variiert auch in den vier Variationen wiederkehrt. Variation 1 begnügt sich mit eleganter Umspielung,

---

1 Ebenda.

L. Cherubini, Nr. 1, zweiter Satz, T. 1–7 (Edition Eulenburg).

T. 98–106.

die bei zusätzlicher Wiederholung des A-Teils gesteigert wird. In der Mollparallele steht dagegen Variation 2, die zunächst das Thema mit oktavierten Stimmpaaren zu pathetisch gezackten Gesten im Fortissimo umformt, dann aber auch ›dolce‹ zurückgenommene Kontrastgruppen einschließt. Am weitesten entfernt sich vom Themenkern der Mittelteil, der zu Orgelpunkt und modifiziertem Tremolo die Oberstimme zu extremen Sprüngen treibt und in chromatischem Absturz ausläuft. Drängen sich solche Kontraste im A'-Teil, so erhalten sie nahezu theatralische Drastik. Desto mehr hebt sich die knappe Variation 3 ab, die in zeilenhafter Gliederung fast an einen Choral im Contrapunctus simplex mit wenigen Syncopationes denken ließe, würden nicht die ebenmäßig gebundenen Achtelfolgen chromatisch subtil getönt. Virtuose Figuration dagegen, die alle Stimmen umgreift, bestimmt die spielerische Variation 4, in der gleichwohl das Thema bis in den Annex hinein hervortritt, um erst in der Ausspinnung zur Coda zurückzutreten, deren rhythmische Figuration vom tremolohaften Cellopart unterfangen wird. Maßgeblich ist auch für die Variationen weder die Ausarbeitung noch die Auflösung des Themas, sondern seine Umbildung zu höchst verschiedenen Charakteren, die auch Eingriffe in die melodische Substanz nicht scheuen. Das Scherzo g-Moll dagegen, das in seiner »federnden Eleganz« an Boccherini gemahnt[1], faltet sein minimales Material zu

---

[1] L. Finscher in: *Reclams Kammermusikführer*, S. 434.

L. Cherubini, Nr. 1, dritter Satz, Scherzo, T. 1–6 (Edition Eulenburg).

Trio, T. 78–81.

maximaler Kontrastierung aus. Volltaktig zwar beginnt das Cello mit zwei Achteln, die Grundton und Quinte anspringen und dann zum Bordunklang paaren, eine auftaktige Wirkung stellt sich aber desto eher ein, als auf zweiter Zählzeit die Mittelstimmen nachschlagen und die Oberstimme verspätet ihren dreitönigen Auftakt ergänzt, womit sich die Takte ebenso verschränken wie die Taktgruppen. Denn die Auftakte werden durch vorangestellte Sechzehntel erweitert, die sich in den letzten Takten des A-Teils verselbständigen, wozu die anfänglichen Impulse in den Unterstimmen nachwirken. Von engräumiger Umspielung zwischen den Oberstimmen geht der B-Teil aus, getragen wird er aber vom rhythmischen Modell des Anfangs in den Unterstimmen, und mit diesem Material wird ebenso wechselvoll die Ausarbeitung bestritten, bis der Schlußteil auf den Beginn rekurriert, seine Gruppen aber durch unvermutete Fermatenpausen unterbricht. Das G-Dur-Trio dagegen bildet ein wahres Perpetuum mobile aus laufenden Sechzehnteln, indem dies flirrende Gespinst aber von Tonrepetitionen im Staccato durchsetzt wird, gerät es geradezu zu einer Vorwegnahme Mendelssohnscher Tonfälle, auch wenn es vom tradierten Formplan umgrenzt bleibt. Den Schlußstein des Werkes bildet dann ausnahmsweise ein ausgewachsenes Sonatenrondo, dessen Refrain wie durch ein Motto mit der hochgesteigerten Motivsequenzierung im Unisono eröffnet wird. Desto effektvoller heben sich im Themenkern getupfte Viertel mit graziösen Vorschlägen ab, die sich am Ende in Skalenfiguren verlieren. Über Tonrepetitionen der Mittelstimmen setzt das ebenfalls mehrgliedrige Couplet an (T. 62), das sich primär durch gebundene Phrasierung abhebt, jedoch in rhythmischer Stauung bei harmonischer Trübung ausläuft. Die Vermittlung zum zweiten Refrain bewirkt eine ausgeweitete Variante seines Vorspanns, und die Satzmitte füllt eine lose Folge von Figuren und

L. Cherubini, Nr. 1, Finale, T. 1–16 (Edition Eulenburg).

Imitationseinsätzen, die den Kopf des Refrainkerns aufgreifen (ab T. 169). Anders wieder wird mit der Reprise der dritte Refrain vorbereitet, sofern sich zwischen Vorspann und Themenkern eine akkordische Liquidationsphase schiebt, wogegen der letzte Refrain in die brillante Coda hineinführt. Gerade das Sonatenrondo, das sonst zur motivischen Balance zwischen heterogenen Teilen herausfordert, wird von Cherubini zum bunten Wechsel der Satzglieder umgeprägt, deren leichtfüßigem Spiel die ernste Arbeit nachgeordnet bleibt.

Cherubinis erstes Quartett war näher zu kennzeichnen, weil es Schumanns Kommentar seine Geltung dankt und zugleich für die folgenden Werke bezeichnend bleibt. Soweit Cherubinis D-Dur-Symphonie bekannt blieb, überschattete sie ihre Bearbeitung zum zweiten Quartett C-Dur, das dann als bloßes Arrangement erschien. Obwohl sich Schumann in der Annahme irrte, es sei noch vor dem ersten Quartett entstanden, schloß er richtig auf die Umformung einer orchestralen Vorlage, wie ihm denn auch das Quartett zu »sinfonistisch« klang.[1] Wie sorgsam der Komponist jedoch verfuhr, hat Cadenbach gezeigt, der besonders die »Relativierung« des Tons vormaliger »Revolutionsmusik« an der Entschärfung der Tuttiausbrüche im Kopfsatz hervorhob.[2] Den Grund für die Transposition von D- nach C-Dur sah er im effektvollen Gebrauch der leeren Saiten im langsamen Satz, der indes erst für die Quartettfassung nachkomponiert wurde. Doch dürfen unter Verweis auf seine Studie wenige Hinweise genügen, zumal es sich denn doch nicht um ein originäres Quartett handelt. Der zeitlichen Nähe der Symphonie zum ersten Quartett entspricht bereits das vergleichbare Verhältnis zwischen langsamer Einleitung und raschem Kopfsatz, wenn wiederum weniger motivische als rhythmische Affinitäten hervortreten. Mehrgliedrig sind ebenso Haupt- wie Seitensatz im Allegro angelegt, aus denen sich ähnliche Figurationen bis hin zur Abspaltung einer Kernformel ergeben. Ein Ka-

1 Robert Schumann. Gesammelte Schriften über Musik und Musiker, Bd. 1, S. 346.
2 R. Cadenbach, Cherubinis »symphonistisches« Quartett, S. 211ff. und bes. S. 222.

non im Seitensatz erinnerte Schumann an die Schlußgruppe im Kopfsatz aus Beethovens IV. Symphonie, wenn zugleich »die Sätze aber so verschieden« sind, dann ist das nicht zuletzt darin begründet, daß Cherubini dem ersten Themenglied in g-Moll ein spielerisches zweites in der Durvariante folgen läßt, aus dem in neuerlichem Kontrast punktierte Akkordketten hervorgehen.[1] Gegenüber der orchestralen Fassung entfällt die Wiederholung der Exposition, da aber auch die Durchführung mit dem Hauptsatz in C-Dur ansetzt, ist seine rasche Wendung nach d-Moll desto wirksamer. Reich an solchen Überraschungen ist auch der weitere Verlauf, jene Transparenz jedoch, die schon Cherubinis orchestralem Satz zu eigen ist, wird im Quartett nur desto lichter. Kammermusikalische Faktur läßt erst recht das 1829 entstandene Lento erwarten, das in seinen drei Teilen ganz unvermutet konträre Partien verkettet. Denn dem durchsichtigen Beginn in a-Moll tritt noch im ersten Teil ein vehementer Ausbruch in A-Dur entgegen, den nach kurzer Rückleitung eine tändelnde Melodie in C-Dur abfängt. Während der Mittelteil die jähen Kontraste rhetorisch übersteigert, werden sie im Schlußteil ausgeblendet, indem nun auf der Durvariante die anmutige Melodik des vormals letzten Satzgliedes eintritt, und die Coda scheint mit trillerartiger Grundierung im Cellopart auf ihr Pendant aus dem ersten Quartett anzuspielen. Den jagenden Skalen im Scherzo, die durch markierte Synkopen unterbrochen sind, steht als Trio ein Minore gegenüber, das mit den knappen Einwürfen der Außenstimmen die regulären Taktgruppen überspielt, auch wenn die Mittelstimmen an klopfenden Tonrepetitionen festhalten. Das Finale gibt sich zunächst als beschwingter Kehraus und ist doch zugleich ein konzentrierter Sonatensatz. In Baßlage wird phasenweise der paukenhafte Wechsel von Grundton und Unterquart durchgehalten, wie von selbst steigert sich dazu in den Oberstimmen die Kette imitatorischer Einsätze, deren erste Staffel im Unisono mit Pausen abbricht, während die zweite auf eine Sequenz fallender Dreiklänge als markanten Kontrast stößt. Das Potential dieser Kontrastgruppen bringt die Durchführung zur Geltung, wogegen der verspielte Seitensatz nur als intermittierende Episode fungiert. Was bis in die klangvolle Coda hinein den Satz zusammenhält, ist die kunstvolle Verkettung der Taktgruppen, die sich über alle Kontraste hinweg bewährt.

In der Umarbeitung einer Symphonie zum Streichquartett läßt sich dieses Werk als ein Modell verstehen, das es experimentierend unternimmt, die Grenzen der Gattungen zu erkunden, bevor sich Cherubini wenige Jahre danach auf die Folge seiner vier letzten Quartette einließ. An Cherubinis Oper *Lodoiska* beobachtete Carl Maria von Weber 1817, »die einzelnen Situationen« seien »manchmal scheinbar abgerissen, die Ideen hingeworfen, die aber, in dem tiefgedachtesten innern Zusammenhange stehend, mit dem üppig gewürztesten harmonischen Reichtume geschmückt, recht das wahrhaft Bezeichnende dieses Tonschöpfers

---

[1] Robert Schumann. Gesammelte Schriften über Musik und Musiker, Bd. 1, S. 347.

ausmachen«.¹ Vorzüglich trifft diese Charakteristik – jenseits der Gattungsgrenzen – auch die vier Quartette des mehr als Siebzigjährigen, deren erstaunliche Vielfalt sich gerade im Vergleich zwischen analogen Satzformen erweist. Gleichwohl sind diese wahrhaft späten Werke noch wenig betroffen von den prekären Implikationen jenes Autonomiebegriffs, demzufolge jedes Werk – und erst recht ein spätes – den steten Fortschritt beweisen müsse. Mit Haydn vergleichbar ist eher der nahtlose Anschluß an schon früher erprobte Prinzipien, über die desto souveräner disponiert werden kann. Dabei zeigen die eröffnenden Sonatensätze höhere Konzentration, sofern sie das Potential der Themen konsequenter ausarbeiten, ohne den rhythmischen Elan einzubüßen, der ihnen noch immer Kontraste wie auch Bezüge sichert.

So beginnt etwa das dritte Quartett in d-Moll fast wie eine Einleitung mit knappen Achtelfiguren, die in den Außenstimmen den Tonika- und Dominantraum ausschreiten und dann erst durch nachschlagende Akkorde ergänzt werden. Danach aber setzt der Themenkern ein, der analoge Grundstufen rhythmisch desto straffer formuliert; wo aber seine aufsteigende Sequenzierung auf der Dominante abbricht, stellt sich ihr wieder anders eine gedehnte Akkordfolge entgegen, deren sequenzierte Quintfälle sich wie ein Gruß an Haydns ›Quintenquartett‹ ausnehmen. Erst der Satzverlauf stellt klar, daß diese Teilmomente gleichermaßen thematisch sind, auch wenn sie rhythmisch wie diastematisch variiert werden können. Dagegen bringt der Seitensatz einen Ton der französischen Spieloper zur Geltung und wird zu bravouröser Figuration erweitert, die zugleich durch Impulse aus dem Hauptsatz integriert wird. Bei nur gut 30 Takten setzt sich die Durchführung faktisch ganz aus knappen Themenzitaten zusammen, die durch engräumige Konfrontation erneut pointiert werden, und analog hebt auch die Coda an, die sich dann wie der Seitensatz der Reprise zur Durvariante wendet. Auf gleiche Weise zehrt das Allegro maestoso E-Dur in Nr. 4 vom kraftvollen Elan, den der Hauptsatz in der Überlagerung kleinster Figuren erhält. Seine ruhig ausschwingende Kadenzgruppe unterstreicht wirksam die Zäsur zur Fortspinnung, die das Material dichter verzahnt und sequenzierend entwickelt. Zweimal hält sie mit Pausen samt Fermaten inne, der Seitensatz paart weiträumige Solofiguren mit spielerischer Kadenzierung der Gegenstimmen, und rauschende Unisonofiguren der Schlußgruppe vervollständigen die überbordende Materialfülle, deren Kohärenz auf kleinsten Elementen basiert und eine so gedrängte wie vielfältige Durchführung erlaubt. Nochmals erweitert sich das Spektrum durch eine Coda, die sogar länger als die Durchführung ist, am Ende aber in eine ironisch gebrochene Kadenz voller Fermaten umbricht. Vor dem F-Dur-Allegro in Nr. 5 steht wieder eine langsame Einleitung, vom tastenden Wechsel ihrer melodischen Ansätze und akkordischen Kadenzen hebt sich verschärft der rhythmische Fluß des Hauptsatzes ab, der auch chro-

1 *Sämtliche Schriften von Carl Maria von Weber*, hg. v. G. Kaiser, Berlin und Leipzig 1908, S. 297.

matische Stimmzüge umgreift und in der Überleitung durch Punktierung und Synkopik erweitert wird. Rhythmisch kontrastiert erneut der Seitensatz, gleichwohl hält er in der Begleitung und Fortspinnung ähnlich fließende Achtelketten wie der Hauptsatz bereit. Diese gebändigte Mischung kantabler und kapriziöser Züge, in die auch Spielfiguren eingebettet sind, führt noch einmal das a-Moll-Quartett Nr. 6 vor, dessen Kopfsatz in der Überleitung besonders subtil gearbeitet ist und auch im Seitensatz auf begleitende Figuren des Hauptsatzes zurückgreift. Dem entspricht nicht nur eine besonders straffe Durchführung, sondern auch in der Reprise ein größeres Maß von Varianten. Gerade hier wird erneut sichtbar, wie konstitutiv für diese Kunst in der Drängung der Kontraste ihr Ausgleich durch rhythmische Bezüge ist, die wie Fermente den Verlauf durchdringen.

Leichter und mitunter anmutiger wirken die Finali, die in der Regel das Sonatenschema modifizieren und bei Verzicht auf Wiederholung der Exposition die Zäsurierung der Teile überspielen. Der Schlußsatz in Nr. 3 steht zwar durchweg in der Variante D-Dur, ist aber kein leichter Kehraus, sondern gemäß der Komplexität dieses Werkes ernsthaft gearbeitet. Die präludierenden Oktavfälle der Oberstimme nehmen den zweitaktigen Kopf des Hauptsatzes voraus, dessen doppelte Oktaven in Vierteln die Grundfunktionen ausschreiten. Ergänzt wird er durch einen metrisch analogen Zweitakter, dessen engräumige Umspielung sequenziert werden kann, wonach sich die Überleitung triolisch aufwärtsschraubt und dann einem verspielten Seitensatz Raum gibt, in den der modifizierte Kopf des Hauptsatzes hineinschlägt. So beschränkt sich auch die Durchführung nicht auf den Hauptsatz, sondern erreicht ihre Kontrastfülle mit Rekursen auf Seitensatz und Überleitung, und nach imitierendem Ansatz der Coda sind es die federnden Triolenketten, die den festlichen Schwung des Satzes vollenden. Pathetische Sprünge im Wechsel mit engräumigen Figuren bestimmen ähnlich das Finale aus Nr. 4, das die motivische Arbeit noch weiter treibt als der Kopfsatz, jedoch wieder von kleinsten Gestalten ausgeht, deren unterschiedliche Gruppierung gleichwohl für ein Höchstmaß der Kontraste Sorge trägt. Seltsam fahl mutet daher der Seitensatz an, den die Bratsche allein mit triolierten Vierteln in weiträumigen Sequenzen eröffnet. Zögernd nur liefern die Gegenstimmen eine akkordische Füllung, und verspätet tritt ein melodischer Ansatz im Cello dazu, allein die schrittweise Steigerung dieses kargen Materials demonstriert aber die eigenartige Kunst Cherubinis. Mit 276 Takten hat der Satz ungewöhnlichen Umfang, daß er dennoch nicht redundant ist, dankt er seiner vielschichtigen Thematik genauso wie ihrer gründlichen Ausarbeitung. Wie hier zeigt auch das Finale in Nr. 5 eine präludierende Einleitung, von deren vollstimmigen Akkorden sich der mühelos schwebende Hauptsatz abhebt. Sein engmaschiges Figurenwerk erfährt dynamische Steigerung in sequenzierter

Erweiterung und akkordischer Stauung, ein daraus abgeleitetes Fugato bestreitet die Überleitung, und analoge Figuren tragen den Seitensatz, womit eine reichhaltige Durchführung ermöglicht wird, die im konzentrierten Spiel der Coda ihr Gegenstück hat. Nicht selten wurde für diesen Satz die Kenntnis von Beethovens Finale aus op. 59 Nr. 3 geltend gemacht[1], Analogien beschränken sich aber auf eine fugierte Technik, wie sie gerade im Finale nicht als Kennmarke eines Autors allein definiert werden kann. Gegenüber dem seltsam durchbrochenen Thema Beethovens geht Cherubini vom Kontrast zwischen Akkordschlägen und figurativem Gespinst aus, aus dem ein Fugato erst sekundär entsteht. Trotz vermeintlicher Ähnlichkeit könnten also die Gegensätze kaum größer sein, die für die Eigenart beider Musiker lehrreich sind. Anders als in Nr. 3 wendet sich das a-Moll-Finale in Nr. 6 erst mit der Coda zur Durvariante, obwohl es aber mit anderen Schlußsätzen den eröffnenden Vorspann teilt, der hier aufschnellende Skalen mit raschen Akkordwechseln konfrontiert, erweist sich der Hauptsatz als Refrain einer Rondoform, die derart ausgeprägt sonst nicht begegnet. Die potenzierten Kontraste im Rondo sollten – so mag man meinen – Cherubinis Prinzipien entgegen kommen, wie sehr er dennoch auf kombinatorische Integration bedacht war, macht jedoch dieses letzte Finale sichtbar. Belangvoller als mancherlei Varianten ist es nämlich, daß gerade das mittlere Couplet, dem in einem Sonatenrondo durchführende Funktion zufiele, hier zum Ort thematischer Reminiszenzen wird, die zu den frühen Beispielen zyklischer Satzverknüpfung rechnen. So wenig wie mit Beethovens Spätwerk hat dies freilich mit den Strategien in Mendelssohns frühen Quartetten zu tun, selbst wenn Cherubini die Werke kennen mochte. Denn statt integraler Verschränkung der Zitate wird die lockere Rondoform genutzt, um in der Satzmitte die Hauptthemen aus Kopfsatz, Andantino und Scherzo so zu reihen, daß die lockere Abfolge ins Extrem getrieben wird. Nicht um eine substantielle Verklammerung ist es also zu tun, sondern das Rondo wird in eigenwilliger Konsequenz durch die Zitate gekreuzt, die Cherubinis Kunst der kontrastierenden Charaktere demonstrieren. Was sich daran als »Rückblick« ausnimmt[2], greift wohl weniger auf Stationen des kompositorischen Weges zurück, sondern legt noch einmal die konstitutiven Prämissen frei.

Unter den Scherzi hebt sich nächst dem originellen Satz in Nr. 1 vorzüglich der in Nr. 3 hervor, der als veritables Fugato in d-Moll beginnt und dazu über ein eigensinniges Thema verfügt. Der Themenkopf bricht nach akzentuiertem Dreiklang mit doppeldominantischem Leitton ab, nach Pause folgt quintversetzt – wie eine reale Antwort – analog ein zweites Themenglied, und als Fortspinnung dient eine fallende, von Pausen durchsetzte Sequenz. Erst in der Verarbeitung dieses Materials erhält der Satz eine Konsistenz, die seinen A-Teil einer Sonatenexposition angliche, würde nicht der Seitensatz durch eine Themen-

---

1 Vgl. S. Saak, *Studien zur Instrumentalmusik von Luigi Cherubini*, S. 221ff., sowie W. Kirkendale, *Fuge und Fugato in der Kammermusik des Rokoko und der Klassik*, Tutzing 1966, S. 239f.

2 L. Finscher in: *Reclams Kammermusikführer*, S. 437.

variante ersetzt, wonach eine Legatoversion des Kopfmotivs in gebundenen Vierteln die Schlußgruppe vertritt. Auch die Kontrastfiguren im B-Teil paaren sich mit Themenzitaten, in die episodisch die Legatovariante eingeblendet wird. Daß man sich dennoch in einem Scherzo befindet, stellt dann ein Moderato non lento klar, das als Maggiore leichtfüßiges Figurenwerk zu gleichmäßiger Begleitung präsentiert, während nach der Scherzoreprise die Coda das Material noch weiter fragmentiert. – Energisch setzt auch in e-Moll das Scherzo aus Nr. 4 mit analogen Zweitakten ein, deren rhythmischer Elan aber sofort verebbt, wenn ein Andantino in E-Dur folgt, das seinerseits die achttaktige Einleitung zum eigentlichen Thema bildet. Geistreich verschränkt sich fortan das Scherzo mit einem Variationensatz, dessen dreiteiliges Thema in sich bereits variativ geformt ist. Seine fließenden Viertel werden nicht nur in der Taktgruppierung differenziert, sondern das mittlere Glied wechselt zur Mediante C-Dur, um jedoch mit chromatischer Dehnung zu enden, während das letzte Glied auf Thematik und Tonart des ersten mitsamt der Einleitung zurückgreift, sie nun aber mit ornamentalen Wendungen der Oberstimme verbindet. An die Stelle eines Trios tritt sodann eine Variante des mittleren Themengliedes, ihm folgen indes zwei gänzlich konträre Variationen des thematischen Kernsatzes, der in e-Moll zunächst durchweg zu Sechzehnteln im Unisono aufgelöst wird, wogegen dann seine Legatophrasen – wieder in E-Dur – von skalaren Figurengruppen durchsetzt werden. Höchst eigenartig verbinden sich also Kontrast und Kohärenz, wie sie zu einem Scherzo gehören, in einer experimentellen Anordnung, die derart aber auch in den Formkreuzungen Mendelssohns kein Gegenstück findet.[1] Daß dann die beiden letzten Scherzi zur gewohnten Form zurückkehren, begleichen sie wiederum durch eine thematische Substanz, die ihre Schlagkraft dem Verhältnis zwischen einem einprägsamen Kopfmotiv und seiner flexiblen Fortspinnung verdankt.

Zweiteilig sind die langsamen Sätze der beiden ›mittleren‹ Quartette gebaut, die beidemal auch als Larghetto bezeichnet sind und sich dennoch nachdrücklich unterscheiden. Im F-Dur-Satz aus Nr. 3 schlägt ein graziöser Tonfall in heftige Ausbrüche um, doch steht dem pathetisch gesteigerten Schluß des ersten Teils die dynamisch zurückgenommene Coda am Ende gegenüber. Der C-Dur-Satz in Nr. 4 gewinnt hingegen seine Tonika erst von einer ausgedehnten Einleitung in As-Dur her, zusätzlich werden aber im Verhältnis der beiden Formteile ihre letzten Glieder trotz markanter Binnenkontraste noch umgeschichtet. Auch den langsamen Sätzen in den beiden letzten Werken ist trotz ihrer Dreiteiligkeit kaum der Begriff der ›Liedform‹ angemessen.[2] Seine schrittweise Differenzierung gibt das Adagio D-Dur in Nr. 5 erst dann zu erkennen, wenn man die graziösen Auftakte der Themenglieder gemäß dem Autograph für den letzten Teil reserviert, während sie in der

---

[1] Dazu siehe auch S. Saak, *Studien zur Instrumentalmusik von Luigi Cherubini*, S. 209ff.
[2] Ebenda, S. 200ff.

gedruckten Version schon für den ersten Teil beansprucht werden. Nicht grundlos trägt auch das Andantino F-Dur aus Nr. 6 den Zusatz ›grazioso‹, der treffend die deutliche Rücknahme der einst so heftigen internen Kontraste benennt.

Gerade die letzten Quartette lassen also spüren, wie zunehmend die Ansprüche auf emphatische Expressivität reduziert werden, die fast drei Jahrzehnte zuvor von Beethoven erhoben waren. Doch nicht nur den damit verbundenen Charakteren wird man bloß phasenweise begegnen, vermissen kann man zugleich eine lyrische Kontinuität, die sich von Musik aus ›romantischer‹ Zeit erwarten ließe. Solchen Alternativen entzieht sich Cherubini mit einer kühlen Distanz, die wohl als unverbindlich aufgefaßt werden kann, solange man nur die vom klassischen Kanon gesetzten Normen gelten läßt. Doch wäre auch eine andere Sicht zu begründen, falls die Werke nicht nur aus französischen Traditionen abzuleiten sind, über die sie bereits so entschieden hinausgreifen. Nicht zufällig wird ein Versuch ihrer Interpretation immer wieder dazu genötigt, Cherubinis Musik als spielerisch, graziös und elegant oder aber als heftig, energisch und eruptiv zu umschreiben. In ihrer Position zwischen den vertrauten und zugleich vertrackten Kategorien von Klassik und Romantik mag Cherubinis Kunst zunächst die Bezeichnung ›klassizistisch‹ auf sich ziehen, sofern man neben ihrer Syntax und Harmonik auch den Reichtum ihrer Kontraste als Affinität zur Klassik empfinden kann.[1] Meint aber der Begriff Klassizismus ein spezifisches Verhältnis zur Wiener Klassik, dann trifft er nur eine Dimension der vielseitigen Kunst Cherubinis, die durch die Konfrontierung sehr verschiedener Idiome charakterisiert ist. Doch kann auch das französische Repertoire – selbst wenn es besser erschlossen wäre – nicht umstandslos als ›klassische‹ Stufe gelten und damit eine Folie für den ›Klassizisten‹ Cherubini abgeben, zumal die Begriffe in französischer Terminologie kaum zu scheiden sind. Symptomatisch ist demnach, daß sich Cherubinis späte Artifizialität einer raschen Zuordnung verweigert. Nicht nur die Balance zwischen ostentativen Kontrasten und latenten Scharnieren, die der klanglichen Expansion auch hermetische Züge mitgeben, verleiht der Musik eine eigene Art von klassischer Reife. Ihrem Abstand von verpflichtenden Normen entspricht eine kompositorische Vollmacht, die aus den Erfahrungen mit sehr unterschiedlichen Aufgaben resultiert. Und eine so bewußte Disposition verbürgt eine Unabhängigkeit, die als klassisch verstanden werden kann, selbst wenn Cherubini kaum zum auctor classicus des Streichquartetts wurde.

1 St. Kunze, *Cherubini und der musikalische Klassizismus*, in: Analecta musicologica 14 (1974), S. 301–323. In einem Brief an Hiller vom 22. 11. 1837 begründete Cherubini selbst seine späte Vorliebe für Kammermusik mit deren »moindre prétention«, vgl. L. Schemann, *Cherubini*, S. 637, Anmerkung 2.

Teil III: Krisis im Kontinuum – Polarisierung der Möglichkeiten (I)

1. Beethovens späte Quartette

Beethovens Streichquartett Es-Dur op. 74 gehört zu der bis zum Klaviertrio op. 97 reichenden Reihe von Werken, in denen Carl Dahlhaus zufolge die »strenge Konsequenzlogik der thematisch-motivischen Arbeit« von einer »lyrischen Emphase« abgelöst und Kantabilität »zum dominierenden Strukturprinzip« ganzer Sätze werde.[1] Seinen Beinamen ›Harfenquartett‹, auf den nach Anton Schindler »die liebe Einfalt« verfiel[2], verdankt das Werk jenen Phasen im Kopfsatz, die durch effektvolles Pizzicato auffallen. Daß eine Komposition, die noch Joseph Kerman als »an open, unproblematic, lucid work of consolidation« erschien[3], gemeinsam mit dem sehr anderen Gegenstück f-Moll op. 95 in einen Zusammenhang mit den späten Quartetten gebracht wird, muß gegenüber der landläufigen Gruppierung der Quartette Beethovens befremden. Denn beide Werke pflegt man zusammen mit den drei ›Rasumowsky-Quartetten‹ op. 59 zur Gruppe der ›mittleren‹ Quartette zu rechnen, die damit von den frühen Werken op. 18 und den späten ab op. 127 zu unterscheiden wären. So geläufig diese Einteilung ist, so fließend bleibt gleichwohl die Abgrenzung der Gruppen. Denn der Abstand zwischen dem Erstdruck von op. 18 und dem Beginn der Arbeit an op. 59 (1801–04) entspricht etwa dem zwischen der Beendigung von op. 59 und der Entstehung von op. 74 (1806–09), und während die 1810–11 entworfene Erstfassung von op. 95 erst 1814 ihre definitive Gestalt erhielt, begann 1822 die Arbeit am Spätwerk mit op. 127. Eher als die Trias op. 59 könnten also die beiden Quartette op. 74 und 95 als ›mittlere‹ gelten, wogegen zwischen dem Druck von op. 95 und dem Spätwerk ab op. 127 immerhin acht Jahre liegen. Wichtiger als chronologische Erwägungen ist es indes, daß mit op. 74 die Reihe der Quartette begann, die Beethoven je für sich publizierte. Die isolierte Edition der Werke sollte man nicht gering schätzen, denn sie hat nicht bloß sozialgeschichtliche Bedeutung, sofern Komponist und Verleger darauf verzichteten, einem Publikum von Liebhabern wie einst ein wechselndes Angebot zu offerieren. Vielmehr besteht nun der Komponist darauf, daß das einzelne Werk – wie bisher schon eine Symphonie – für sich allein einzustehen vermag. Und dieser Anspruch wurde auch später für Quartette verbindlich, falls nicht wie in Mendelssohns op. 44, Schumanns op. 41 und Brahms' op. 51 ausnahmsweise mit der Bündelung von Werken beziehungsvoll auf die Gattungstradition zurückgewiesen wurde. Schließlich

---

[1] C. Dahlhaus, *Ludwig van Beethoven und seine Zeit*, Laaber 1987, S. 246; ders., *Cantabile und thematischer Prozeß. Der Übergang zum Spätwerk in Beethovens Klaviersonaten*, in: Archiv für Musikwissenschaft 37 (1980), S. 81–98.

[2] *Anton Schindler: Biographie von Ludwig van Beethoven*, Münster 1860, Neuausgabe hg. v. E. Klemm, Leipzig 1973, S. 192.

[3] J. Kerman, *The Beethoven Quartets*, New York und London 1967, S. 156.

aber bedeutet gerade die Polarität, die zwischen den Quartetten op. 74 und 95 besteht, einen entschiedenen Verweis auf jene Probleme, die dann vollauf im Spätwerk ausgetragen wurden. Von einer ›Krise‹ läßt sich freilich nicht so reden, als sei der Bestand der Gattung in Frage gestellt, vielmehr ist im eigentlichen Wortsinn eine kritische Scheidung polarer Möglichkeiten zu erkennen, die dann erst recht im Spätwerk und in der weiteren Gattungsgeschichte zur Geltung kamen. Diesen Zusammenhang sah immerhin bereits 1885 Theodor Helm in der ersten Monographie über Beethovens Quartette, wenn er in op. 74 »schon halb und halb den Schlüssel zum Verständnis der schwierigen letzten Quatuors« wahrnahm.[1] Es kann daher hilfreich sein, von op. 74 und 95 als den konträren Pendants auszugehen, wenn im weiteren ein Zugang zu den späten Quartetten gesucht wird.

»Beethoven kann zu keiner Verbindlichkeit wegen diesem Gehalt angehalten werden, indem der Hauptzweck seiner Kunst, nämlich die Erfindung neuer Werke darunter leiden würde.« Was als Mischung von Amtssprache und Heroisierung anmutet, hat einen sehr realen Kern, denn die Formulierung eröffnet den *Entwurf einer musikalischen Konstitution*, mit der Erzherzog Rudolf und die Fürsten Kinsky und Lobkowitz Beethoven 1809 eine lebenslange Rente aussetzten, um ihn in Abwehr einer Berufung durch König Jérôme von Westfalen in Wien zu halten. Gegenüber Ignaz von Gleichenstein benannte Beethoven selbst im Februar 1809 sein Ziel, »dem Wichtigsten Zweck meiner Kunst Große Werke zu schreiben ganz obliegen zu können«.[2] Entschiedener erhob kein Musiker zuvor den Anspruch auf öffentliche Unterstützung, um ganz seiner Kunst mit »großen Werken« leben zu können. Die Äußerungen fallen gerade in die Zeit zwischen den Quartetten op. 59 auf der einen und op. 74 sowie op. 95 auf der anderen Seite, das hier bekundete Selbstbewußtsein gründete also in einer langen Werkreihe und blickte auf »die Erfindung neuer Werke« voraus. Und so wurde denn auch flugs von der Presse das Ereignis kommentiert, daß »der geistreiche, genialische, tiefsinnige Beethoven« – der »Genius im Hauptsitz deutscher Instrumentalmusik« – in Wien bleiben »und ohne zu entscheidende fremde Einflüsse seinen selbstgebrochenen Pfad weiter wandeln müsse«, damit er »sorgenfrey seiner Kunst leben, und auch ohne Abhängigkeit vom Geschmack der gemeinern Menge, grosse, erhabene, vielumfassende Werke liefern könne«.[3] Früh also formierten sich die Stereotypen eines Geniekults, der sich an Beethoven entzündete und die Rezeption seiner Musik – nicht ohne ›nationale‹ Töne – höchst ambivalent begleiten sollte. Was die Dokumente jedoch eint, ist die Rede von ›neuen‹, ›großen‹ und gar ›erhabenen‹ Werken als Inbegriff einer Kunst, die von materiellen Sorgen, fremden Einflüssen und Rücksichten des Geschmacks unabhängig sein müsse. In solchen Stichworten sammelt sich ein Kernbestand jener Überzeugungen, die zu gleicher Zeit durch die Ästhetik

1 Th. Helm, *Beethoven's Streichquartette. Versuch einer technischen Analyse dieser Werke im Zusammenhange mit ihrem geistigen Gehalt*, Leipzig 1885, S. 118.

2 *Beethovens Sämtliche Briefe. Kritische Ausgabe mit Erläuterungen von Alfred Christlieb Kalischer*, Bd. 1, Berlin und Leipzig 1906, Nr. 161, S. 241; *Ludwig van Beethoven. Briefwechsel. Gesamtausgabe*, hg. v. S. Brandenburg (fortan abgekürzt: *Beethoven. Briefwechsel*), Bd. 2, München 1996, Nr. 252, S. 40.

3 *Beethoven. Briefwechsel*, Bd. 2, Anmerkung 2 zu Nr. 359, S. 46; vgl. Allgemeine musikalische Zeitung 11 (1809), Sp. 395f.

Hegels und Schellings systematisch fundiert wurden. Dem entspricht zudem die öffentliche Resonanz, der Beethoven wie kein früherer Komponist von Anfang an ausgesetzt war, nachdem mit der *Allgemeinen musikalischen Zeitung* seit 1798 erstmals ein solches Organ für ein halbes Jahrhundert Bestand haben sollte. Im Todesjahr Haydns kreuzt sich also mit dem Anspruch des Künstlers die Aufmerksamkeit der Öffentlichkeit, deren kritische Reaktion gerade die Streichquartette verfolgten. Mit der ökonomischen Unabhängigkeit jedoch, die freilich durch den Kontrakt mit dem Hochadel zustande kam, paart sich zugleich ein künstlerisches Sendungsbewußtsein, in dem schon umrißweise die Bedrohung der späteren Isolation zu ahnen ist. Und mitten in der ›Hochklassik‹ zeichnen sich die Risiken ab, die mit den ästhetischen Ansprüchen von Innovation und Originalität den Künstler auf den Weg des unabsehbaren Fortschritts weisen – bis hin zu den weit späteren Aporien der Moderne.

Als Beethoven am 19. September 1809 Breitkopf & Härtel mitteilte, »nächstens über Quartetten, die ich schreibe«, hatte er neben op. 74 vielleicht auch schon op. 95 im Blick.[1] Unbekannt wie der Verbleib des Autographs ist auch der Zeitpunkt der Uraufführung von op. 74, doch fiel die Arbeit an dem Werk offenbar vor allem in den Herbst 1809, und schon im nächsten Jahr erschien es bei Breitkopf & Härtel in Leipzig. So dürfte es zwar zügiger als zuvor op. 59 und später op. 95 entstanden sein, doch verringert sich damit keineswegs die prinzipielle Bedeutung eines neuen Ansatzes. Ein Jahr nach der Publikation erschien das Es-Dur-Quartett 1811 dem ungenannten Rezensenten der *Allgemeinen musikalischen Zeitung* im Vergleich mit den »lieblichsten Melodien« in op. 18 und den »fremdartigsten Einfällen« in op. 59 »mehr diesen letztern« ähnlich, denn indem es »mehr tief und kunstreich als gefällig und ansprechend« wirke, vermöge es durch »eine gewisse Gewalt« den Hörer nicht »viel zu liebkosen«.[2] Seien die »Verschlingungen« von »verschiedenartigen Gedanken und Einfällen« im Kopfsatz kaum »zu verfolgen«, so bilde das Adagio »ein dunkles Nachtstück«, und nach dem »rauhen« Presto biete auch das Finale »statt des Gefälligen und Bekannten, etwas Tieferes und Originelles«. Eine solche Reaktion, die durchaus dem Echo der späten Quartette entspricht, macht es in historischer Perspektive fragwürdig, dies Werk mit Walter Riezler als »ganz gelöste, unbeschwerte Musik« aufzufassen, selbst wenn auch Riemann zum Finale lapidar vermerkte: »Einer Analyse bedürfen die Variationen nicht«.[3] In der Tat kann kaum schon die formale Anlage Irritationen auslösen, denn dem Kopfsatz geht zwar eine langsame Einleitung voran, wie sie zuvor – freilich ganz andersartig – in op. 59 Nr. 3 begegnete, im Unterschied zu früheren Quartetten Beethovens zeichnet sich das Finale als Allegretto mit sechs Variationen aus, der langsame Satz modifiziert seine dreiteilige Anlage durch interne Kontraste, und der Tanzsatz erweitert den Wechsel von Scherzo und Trio durch doppelte Wiederholung beider Teilsätze mit

---

1 *Beethoven. Briefwechsel*, Bd. 2, Nr. 400, S. 81.
2 Allgemeine musikalische Zeitung 13 (1811), Sp. 349f.; vgl. auch St. Kunze (Hg.), *Ludwig van Beethoven. Die Werke im Spiegel seiner Zeit. Gesammelte Konzertberichte und Rezensionen bis 1830*, Laaber 1987, S. 207ff.
3 W. Riezler, *Beethoven*, Zürich 1951, S. 201; H. Riemann, *Beethoven's Streichquartette*, Berlin 1903 (Meisterführer Nr. 12), S. 90.

abschließender Coda. Die vertrauten Formen sind also so deutlich ausgeprägt, daß sich fast an einen Rückfall hinter den Abstraktionsgrad von op. 59 denken ließe. Die Eigenart des Werkes erschließt sich aber erst, wenn man nach dem Verhältnis des formalen Rahmens zu einer thematischen Substanz fragt, die weder nur durch lyrische Kantabilität noch durch rhythmische Kontinuität allein bestimmt ist. Die Relationen zwischen »Kantabilität und thematischer Abhandlung«, die Peter Gülke einsichtig machte, erfahren in op. 74 höchst vielfältige Brechungen, für deren Verständnis eine semantische Deutung von biographischen Umständen wenig hilfreich ist.[1]

op. 74   Es-Dur ›Harfenquartett‹, entstanden bis 1809, Erstdruck gewidmet Fürst Fr. J. v. Lobkowitz, Leipzig 1810, Breitkopf & Härtel (Stimmen; Partitur Offenbach 1833, J. André)
Poco Adagio, 1–24 ¢; Allegro, 25–262 c – Adagio ma non troppo, As, 169 3/8 – Presto, C, 467 3/4 – Allegretto con variazioni, 195 2/4

op. 95   f-Moll ›Quartetto serioso‹, entstanden 1810–11, revidiert 1814, Erstdruck gewidmet N. Zmeskall v. Domanovecz, Wien 1816, Steiner & Comp. (Stimmen; Partitur Offenbach 1835, J. André)
Allegro con brio, 151 c – Allegretto ma non troppo, D, 192 2/4 – Allegro assai vivace, ma serioso, 206 3/4 – Larghetto espressivo, 1–7 2/4; Allegretto agitato, 8–132 6/8; Allegro F, 133–175 ¢

Die langsame Einleitung zum Kopfsatz aus op. 74 stimmt zunächst – sehr anders als in op. 59 Nr. 3 – einen fast ›romantisch‹ anmutenden Tonfall an, wenn der Tonikaakkord sogleich durch den Baßschritt (es–des) zur Dominante umgedeutet wird, während die Oberstimme nach Sextsprung abwärts zu eben dieser kritischen Septime aufsteigt und auf ihr dann abbricht. Der analoge Neuansatz nach gleichsam sprechender Pause färbt indes den entsprechenden Klang zum verminderten Septakkord, und von ihm geht die harmonische Erweiterung aus, die erst in einer absinkenden Kadenzlinie (T. 7–8) ihr Ziel findet und in seufzerhaften Gesten mit Pausen ausschwingt. Eine weitere Verlängerung bewirkt die ornamentale Wendung der Oberstimmen (T. 9), die in der klangdichten Kadenz auf der Subdominante innehält und von zwei analogen Wendungen mit jeweils drei auftaktigen Achteln beantwortet wird. Gerade sie aber stoßen in T. 13 auf denselben dominantischen Akkord wie zu Beginn des Satzes, der Rückgriff der Viola auf die eröffnende Geste – gepaart mit der ornamentierten der Oberstimme – trifft wiederum auf zwei analoge Gruppen mit dreitönigen Auftakten, denen erneut der dominantische Quintsextakkord im Forte entgegentritt (T. 17 analog T. 2 und 13). Die chromatische Akkordkette endlich, die aufsteigend die Einleitung in das Allegro treiben läßt, geht ihrerseits vom Initium in der Oberstimme aus, das dreifach vom Cello aufgenommen wird.

---

[1] P. Gülke, *Kantabilität und thematische Abhandlung. Ein Beethovensches Problem und seine Lösungen in den Jahren 1806/1808*, in: Beiträge zur Musikwissenschaft 12 (1970), S. 252–273; auch in ders., »*... immer das Ganze vor Augen«. Studien zu Beethoven*, Kassel – Stuttgart – Weimar 2000, S. 105–130. Zur langsamen Einleitung des Kopfsatzes vgl. auch P. Gülke, *Introduktion als Widerspruch im System. Zur Dialektik von Thema und Prozessualität bei Beethoven*, in: *Ludwig van Beethoven*, hg. v. L. Finscher, Darmstadt 1983 (Wege der Forschung 428), S. 338–387: 368; auch in ders., »*... immer das Ganze vor Augen«*, S. 67–103: 89f.; zu op. 74 insgesamt vgl. H. Krones, *Streichquartett Es-Dur ›Harfenquartett‹ op. 74*, in: *Beethoven. Interpretationen seiner Werke*, hg. v. A. Riethmüller, C. Dahlhaus (†) und A. L. Ringer (fortan abgekürzt: *Beethoven-Interpretationen*), Bd. I, Laaber 1994, S. 585–592.

L. v. Beethoven, op. 74, erster Satz, Einleitung T. 1–9 (*NGA*, G. Henle Verlag).

Der gesättigte Klang ›sotto voce‹ prägt also zusammen mit der harmonischen Nuancierung den eigentümlichen Tonfall dieser Einleitung, die ihre melodischen Ansätze in steter Fortspinnung differenziert und damit verdeckte Partikel für den folgenden Sonatensatz bereithält. Eine Klärung der Situation verheißt im Allegro ein energischer Akkordschlag, den der aufsteigende Grunddreiklang in markanten Vierteln bestätigt. Hinter dem Schein des Kantablen jedoch, den danach die Oberstimme über Achtelbegleitung erwecken kann, verbirgt sich eine wahrhaft polymotivische Struktur. Denn für den Satzprozeß werden die aufsteigenden Viertel (a) ebenso wichtig wie das mit drei auftaktigen Achteln ansetzende Begleitmodell (b), und der kantablen Geste der Oberstimme (c), die aus dem Beginn der Einleitung den Sextsprung und seine dominantische Umfärbung übernimmt, entspricht noch die punktierte Rhythmik der Fortführung (d). Bereits die modifizierte Wiederholung macht diese Elemente getrennt verfügbar, wenn bei Stimmtausch die kantable Linie (c) in die Viola rückt, während die Dreiklangsschritte (a) anschließend den Satzverband im Pizzicato auffächern (T. 37–43). Analoge Akkordschläge eröffnen – nun coll'arco – die Kadenzierung auf der Doppeldominante, der ganz regulär ein Seitensatz folgen könnte. Spä-

L. v. Beethoven, op. 74, erster Satz, Allegro T. 17–34 (*NGA*).

testens hier aber zeigt sich auch, wie flüchtig der Schein ungebrochener Kantabilität war. Denn unentschieden bleibt nicht nur, welche der folgenden Gestalten als Seitensatz gelten soll, vielmehr wechseln sich akzentuierte und gedehnte Akkorde ab, von denen sich eine Achtelkette im Staccato ablöst. Gleichsam polymotivisch wie der Hauptsatz ist die Gruppe also angelegt, zu deren variierter Wiederholung zudem skalare Sechzehntelfiguren treten, die schließlich ab T. 58 durch ausschwingende Kantilenen der Oberstimme überblendet werden. So ergibt sich ein komplexes Gefüge, das kaum anders als in op. 59 von einer Fülle latenter Bezüge gesteuert wird, partiell aber melodisch auch verbindlicher anmuten kann. Wie im kantablen Beginn der Einleitung verflüchtigt sich indes der Eindruck melodischer Kontinuität in der rhythmischen Komplexität, und der Epilog ab T. 70 setzt solche Ambivalenz fort, indem er zwar wieder mit drei auftaktigen Achteln ansetzt, sie aber durch Sforzato auf der jeweils ersten Note gegen den Taktakzent artikuliert, bis die gestaute Energie erst in den repetierten Schlußakkorden zur Ruhe kommt. – Auf dem Material des Hauptsatzes allein basiert die Durchführung derart, daß wiederum der Abstand zu op. 59 hervortritt. Dem Motivkomplex des Hauptsatzes mit Achtelkette (b) und kantabler Oberstimme (c) gesellt sich im Cello ein Relikt der markanten Viertel zu (a), die Achtel aus dem internen Scharnier der Melodiestimme (a) werden abgespalten, und aus ihrer Reihung ergibt sich die Begleitung zur punktierten Rhythmik (d), die dann im Wechsel der Außenstimmen die gesamte weitere Durchführung trägt (T. 98–124). Wenn irgendwo ein neuer Ansatz sichtbar wird, dann in dieser Phase der Durchführung, deren rhythmische Kontinuität nicht nur durch die thematische Substanz, sondern auch durch die tremolohafte Begleitung verbürgt wird. So scheint gerade die Durchführung einem Muster romantischer Satzstrukturen zu entsprechen, wenn sich nicht die punktierten Impulse ständig auf ihre Fortführung hin richten würden. Sie aber münden in jener Satzphase (T. 125–139), die über dominantischem Akkord den Dreiklangsschritt des Themenkopfes (a) im Pizzicato wie ein Harfenarpeggio von Vierteln bis zu Achteltriolen steigert. Die gleichermaßen klangliche, rhythmische und dynamische Steigerung führt in die Reprise hinein, die gleich nach dem Hauptsatz gerade die Episode im Pizzicato von vier auf volle sechzehn Takte erweitert (T. 153–169). Ziel des Satzes aber ist die Coda, die mit 60 Takten gleiches Gewicht wie die Durchführung erhält. Sie knüpft zunächst an den Epilog und dann an die Achtelgeste des Themenkopfes (c) an, aus der akkordischen Verdichtung aber resultiert die kontinuierlichste Phase des Satzes. Zu unausgesetzter Sechzehntelfiguration der Oberstimmen breiten die Unterstimmen das Pizzicato aus, bis die zweite Violine den kantablen Themenkopf endlich sequenzierend zu einer geschlossenen Gestalt fortspinnt (T. 221–232–246). Kantabilität setzt sich also im thematischen Prozeß erst in der Coda ungeschmälert durch, in ihrem strömenden Klang aber wird durch die gleichmäßig pulsierende Figuration, die alles eher als untergeordnete Begleitung ist, der Zeitverlauf derart klar bewußt gemacht, wie es dem klassischen Satzbau gemäß ist. Von den auftaktigen Gesten, die der Epilog der langsamen Einleitung entlehnte, geht auch das Satzende aus, bis markante Viertel im Pizzicato den Schluß herbeiführen.

So prägen sich in op. 74 zuerst jene kantablen Wendungen und harmonischen Farben ein, die zwei Jahrzehnte später der junge Mendelssohn im zyklischen Plan seines Quartetts op. 12 aufnahm. Unübersehbar sind aber nicht nur die internen Brechungen, sondern ebenso die verdeckten Beziehungen, die das Formgerüst von innen her begründen. Prinzipiell nicht anders verhält es sich aber mit dem f-Moll-Quartett op. 95, so konträr sich auch sein expressiver Charakter geben mag. Der konzise Kopfsatz bildet mit nur 151 Takten nicht allein die knappste Eröffnung in Beethovens Quartetten, sondern gilt auch mit der »Verbissenheit« der jähen Kontraste als das wohl »unwirschste Stück« von Beethoven schlechthin.[1] Dabei geht er im Gegensatz zu op. 74 von extrem knappen Elementen aus, die erst in ihrer Verkettung weitere Zusammenhänge bewirken und dann sogar kantable Enklaven einlassen können. Daß Beethoven an diesem Werk, das das autographe Titelblatt als ›Quartett(o) serioso‹ bezeichnet, besonders lange zu arbeiten hatte, geht aus den zahlreichen Skizzen ebenso hervor wie aus dem vierjährigen Abstand zwischen erster und revidierter Fassung (1810–14). Im Mai 1814 erklang das Werk zuerst in einer Prater-Matinee des Schuppanzigh-Quartetts, und die bei S. A. Steiner in Wien erschienene Ausgabe wurde dem verständnisvollen Freund Nikolaus Zmeskall gewidmet. Doch noch im Oktober des Jahres äußerte Beethoven zu Georg Smart, dieses Quartett sei für den »small circle of connoisseurs« geschrieben und daher »never to be performed in public«.[2] Klarer läßt sich kaum der Vorbehalt formulieren, der gegenüber dem Anspruch der Öffentlichkeit die Intimität der Gattung hervorkehrt und damit im weiteren auch die späten Quartette umgreift.

Das Kopfmotiv im ersten Satz bildet kaum mehr als die im Unisono energisch artikulierte Variante einer Doppelschlagfigur, wonach in Achteln der Quartraum ab- und aufwärts durchmessen wird, um bereits im zweiten Takte abzubrechen. Über drei Takte hin wird dann nur der Wechsel zwischen Tonika und Dominante in quasi punktierter Rhythmik bei steten Oktavfällen der Oberstimme heftig pointiert, ein neuer Ansatz ab T. 6 rückt das Kopfmotiv in Baßlage auf die neapolitanische Stufe Ges, während der Kadenzraum von den Oberstimmen in gebundenen Linien umschrieben wird. Wo wieder die Dominante erreicht ist, wird sie von einer gezackten Cellofigur markiert, und bereits die Anschlußtakte kombinieren kantable Außenstimmen mit dem Zitat des viertönigen Kopfmotivs in der Viola. Noch zum Abschluß rekurriert der Hauptsatz auf das mehrfach wiederholte Kopfmotiv, um mit auffahrenden Figuren im Unisono auszulaufen. Gänzlich gewandelt gibt sich sodann die Überleitung, die in Des-Dur kantable Linien ausbreitet und nach nur drei Takten ein zweitaktiges Modell mit Achteltriolen expo-

---

1 A. Wh. Thayer, *Ludwig van Beethovens Leben*, bearb. v. H. Deiters, Bd. III, hg. v. H. Riemann, Leipzig ²1911, S. 242; vgl. auch W. Riezler, *Beethoven*, S. 20f.

2 *Beethoven. Briefwechsel*, Bd. 3, München 1996, Nr. 983, S. 306.

L. v. Beethoven, op. 95, erster Satz, T. 1–12 (*NGA*).

niert. Seine Wiederholungen tragen indes die viertaktige Phrase der Oberstimme, die am ehesten als Seitensatz gelten mag und ihrerseits variierend wiederholt wird (T. 21–25, 26–33). Wo aber die Triolierung weiter zurückgenommen wird, erscheinen ab T. 34 bereits wieder die Zitate des viertönigen Themenkopfes, sie werden kettenweise gereiht und münden erneut in einer Sechzehntelskala, die dem Schluß des Hauptsatzes entspricht (T. 38 analog T. 20). Daß sie befremdlich genug in A- und D-Dur notiert ist, verdeckt durch enharmonische Verwechslung ihre neapolitanische Funktion im Verhältnis zu As- und Des-Dur.[1] Sobald aber wieder Des-Dur erreicht ist, verbindet sich die kantable Oberstimme erneut mit der trillerartigen Reihung des Kopfmotivs, während aber diese Schlußgruppe (T. 38–48) modifizierte Wiederholung erfährt (T. 49–59), wird bereits mit T. 60 die Durchführung erreicht, ohne zuvor die Exposition insgesamt zu wiederholen. Zwar schrumpft die Durchführung auf ganze 22 Takte, nicht anders als in op. 74 zeichnet sie sich aber durch äußerste Konzentration auf den Hauptsatz aus. Aus der Abspaltung des Kopfmotivs erreicht sie durch seine reihende Verkettung gerade im Herzen des Satzes unvermutete Kontinuität, nur einmal tritt die punktierte Rhythmik dazwischen, auf die anfangs der Themenkopf stieß, sie aber wird nun auch mit dem Kopfmotiv selbst kombiniert. Noch gedrängter beginnt die Reprise, die den Hauptsatz auf vier Takte verkürzt, im Fortgang freilich weithin der Exposition entspricht. Desto überraschender setzt die Coda mit neapolitanischem Trugschluß an (T. 129), knappe Zitate des Kopfmotivs werden von akkordischen Formationen abgelöst, die erst nachträglich motivisch abgesichert werden. Der Schluß endlich führt vor, daß der Themenkern selbst nur eine Kadenz umschrieb: Sein Zitat nämlich beendet den Satz und wird nur dreifach noch akkordisch bestätigt.

Ihrem expressiven Habitus nach unterscheiden sich zwar die benachbarten Quartette op. 74 und 95 diametral, läßt man sich aber auf ihre

[1] H. Danuser, *Streichquartett f-Moll Quartetto serioso op. 95*, in: *Beethoven-Interpretationen*, Bd. II, S. 78–85: 84f.; vgl. dazu C. Dahlhaus, *Zum Begriff des Thematischen bei Beethoven. Kommentare zu opus 95 und opus 102,1*, in: *Beethoven '77. Beiträge der Beethoven-Woche 1977*, hg. v. Fr. Döhl, Zürich 1979, S. 45–64: 55–59, wo besonders das Verhältnis zwischen Motto und Thema erörtert wird. Ferner vgl. K. von Fischer, *»Never to be performed in public«. Zu Beethovens Streichquartett op. 95*, in: Beethoven-Jahrbuch 9 (1977), S. 87–96.

Struktur ein, so tritt auch ihre prinzipielle Affinität hervor. Vertauscht werden allerdings die Ausgangspunkte, sofern einerseits aus strömender Kantabilität interne Kontraste erreicht werden, wogegen andererseits erst aus schroffen Kontrasten kontinuierliche Phasen gewonnen werden. Die Kohärenz des Verlaufs sichern aber beidemal subkutane Beziehungen, zu denen neben intervallischen und rhythmischen auch harmonische Kennzeichen wie die dominantischen Septwendungen im einen und die neapolitanischen Rückungen im anderen Satz gehören. Hinter der expressiven Gestik, die das Material so unverwechselbar prägt, wird gleichermaßen die Arbeit mit verdeckten Partikeln wirksam, sie greift aber die Erfahrungen aus op. 59 auf, um sie zu expressiver Charakteristik umzusetzen. Was zunächst für die Kopfsätze beider Werke gilt, bleibt nicht folgenlos für den weiteren Verlauf, in dem jeweils der langsame Satz dem Scherzo vorangeht.

Das Adagio ma non troppo As-Dur in op. 74 breitet nach einem Vorschalttakt seine thematische Kantilene in der ersten Violine derart aus, daß sich ihr die Unterstimmen fast als bloß akkordische Begleitung unterordnen. Wie genau indes die einzelnen Stimmen im dichten Satzgefüge disponiert sind, wird an ihrer zunehmenden Emanzipation in den variierten Wiederholungen des weiteren Verlaufs zum Vorschein kommen. Die durchaus regelhafte Periodik des Themas wird erst im

L. van Beethoven, op. 74, zweiter Satz, T. 1–10 (*NGA*).

siebentaktigen Anhang modifiziert (T. 18–24), der über tonikalem Orgelpunkt die Kadenzstufen verschränkt und damit erst recht eine fast ›romantisch‹ zu nennende Innigkeit annimmt (worauf später der langsame Satz in Mendelssohns op. 13 reagierte). Daß sich ein Kontrastteil zur Mollvariante wendet (ab T. 25) und knappe Motive voller Vorhalte präsentiert, müßte so wenig überraschen wie sein Ausklang mit Reminiszenzen seines Kopfmotivs (ab T. 50). Noch die strukturell modifizierte Wiederkehr der eröffnenden Kantilene (ab T. 64), die sich nicht nur auf ornamentale Varianten der Melodiestimme beschränkt, würde zum herkömmlichen Muster einer dreiteiligen Anlage passen, zumal die periodische Anordnung unter Einschluß des siebentaktigen Anhangs genau bewahrt bleibt. Desto bemerkenswerter ist es aber, wenn ab T. 87 ein neuerlicher Kontrastteil in Des-Dur ansetzt, dessen melodisches Profil keiner der bisherigen Phasen gleicht. Der Wechsel der Teile mag an ein Rondo gemahnen (A – B – A' – C – A" – Coda), solange man sich nur an der formalen Außenseite orientiert.¹ Doch setzt sich zugleich der variative Prozeß fort, indem die rhythmischen Modelle auf die vorangegangenen Varianten des Themas zurückdeuten, während sich die auftaktige Diktion schon in der motivischen Abspaltung des ersten Kontrastteils abzeichnete. Zweifach wird die achttaktige Melodielinie in der Oberstimme und dann in hoher Cellolage intoniert, doch schließt sich ihr das Thema selbst an, nun jedoch in der zuvor dem Binnenkontrast vorbehaltenen Mollvariante. Die seltsam verblaßte Kantilene bricht aber schon nach wenigen Takten ab, aus ihr lösen sich auftaktig isolierte Splitter, deren triolische Reihung zur Aufnahme des Themenkerns in As-Dur vermittelt. Während also die thematische Substanz zunächst durch eine scheinbar neue Gestalt vertreten wird, wird sie selbst dann der entgegengesetzten Charakteristik der Kontrastteile ausgesetzt. Und die letzte Wiederkehr der Kantilene bewirkt zugleich ein Maximum an rhythmischer Differenzierung, die nun erst die latent polyphone Satzstruktur zur Geltung bringt. Wie in der Coda des Kopfsatzes hat aber auch hier die pulsierende Figuration der Begleitung eine eigenartige Brechung der einstigen Kantabilität zur Folge. Noch die Coda des eindringlichen Satzes verkettet das Initium seiner Kontrastgruppe mit der imitatorischen Entfaltung seines vormals so innig gesammelten Themenanhangs (T. 139–147), bevor der Satz mit Fragmenten seiner Substanz ›morendo‹ endet.

Das Scherzo vertritt als dritter Satz ein Presto c-Moll, das lyrische Qualitäten konsequent durch rhythmische Kontinuität ersetzt. Formal folgt es der zweiteiligen Form des Tanzsatzes, statt auf metrische Subtilität setzt es aber auf schwirrende Klangfolgen, die mitunter an ein romantisches Elfenscherzo anklingen. Das begleitende Band der Achtelbewegung wird im A-Teil von markanten Baßschritten gestützt, die auftaktigen Ansätze der Oberstimmen erweitern zwar taktweise sequenzierend den Dreiklangsrahmen, sie nehmen aber kaum schon motivisches oder gar melodisches Profil an, und in der Kadenzgruppe treffen huschende Achteln aller Oberstimmen auf pochende Repetitionen in Baßlage. Mit derart auftaktigen Impulsen beginnt auch der B-Teil in As-Dur, doch erst in der erweiterten Kadenz nach Des-Dur (T. 17ff.) hebt sich eine achttaktige Melodielinie der Oberstimme ab, die wiederholend bekräftigt wird. Dann erst werden die rhythmischen Partikel kombinierend verarbeitet, indem auftaktige Achtel und weite Sprünge in Vierteln dem ersten Viertakter des Satzes entnommen werden. Bis zuletzt prägen noch auftaktige Achtel die bündige Reduktion in der ausgedehnten Kadenz. Denkbar anders ist das ›quasi prestissimo‹ in C-Dur angelegt, das über ein herkömmliches Trio weit hinausgreift. In der Notierung sind nach Beethovens Anweisung jeweils sechs Viertel als ebenso viele Achtel aufzufassen, der Beginn mit Skalengruppen im Cello verheißt fast einen fugierten Satz, dazu tritt in der Viola statt eines

1 H. Riemann, *Beethovens Streichquartette*, S. 83; H. Krones in: *Beethoven-Interpretationen*, S. 591.

zweiten Themeneinsatzes ein Kontrapunkt in breiten Werten, womit das Satzbild an kontrapunktische Grundübungen erinnert.¹ In gleicher Paarung treten beide Violinen ein, doch ändert sich die diastematische Gestalt des choralhaften Kontrapunkts, der zudem von der Viola imitiert wird. So fest sich also die Satzstruktur gibt, so variabel sind ihre Elemente, denn im vierstimmigen Satz wechselt auch die Zuordnung der Stimmen, und ihre Funktionen verschieben sich in der modulierenden Erweiterung, bevor der Satz in doppelter Paarung von Skalen und Kontrapunkt ausläuft. Die Partikel für sich besagen wenig, geistvoll verbinden sie sich aber zum Gegenbild des Scherzos. Die zweifache Wiederholung beider Teilsätze widersetzt sich – scheinbar mechanisch – der Erwartung subtiler Varianten, indem sie trotzig auf die Identität der Substanz beharrt. Minimal verändert wird nur der Teilanschluß (T. 77 und T. 240), und erst die Coda erweitert den Verlauf durch ausgedehnte Reduktion der rhythmischen Impulse des Scherzos, bis sie sich im Quintsextakkord auf B ›attacca‹ zum Es-Dur-Finale öffnet.

Gerade der Schlußsatz bedürfte – um Riemann abzuwandeln² – einer Analyse, wie sie hier freilich nicht zu leisten ist. Zwar wird ein ›Allegretto con variazioni‹ verheißen, fast widersinnig klingt aber die Melodik des Themas erst in der Coda kurz einmal wieder an (ab T. 170). Statt dessen kündigen die Variationen den melodischen Zusammenhang mit ihrem Modell auf, indem sie ganz auf seine metrische und harmonische Struktur vertrauen, die zu ebenso konträren wie charakteristischen Gestalten umgeformt wird. So durchgängig das Thema aus punktierten Wendungen der Oberstimme und schließlich des ganzen Stimmverbandes besteht, so geschlossen präsentieren sich die Variationen im Wechsel von Achteln, Triolenketten, laufenden Sechzehnteln und gebundenen Vierteln bis hin zu den internen Auftakten in der fünften Variation. So wird primär die rhythmische Faktur transformiert, melodische Konturen des Themas bleiben nur an exponierten Tönen kenntlich, beibehalten wird jedoch mit der periodischen Ordnung auch die harmonische Stufenfolge. Selbst von diesen Vorgaben distanziert sich jedoch die letzte Variation, die nicht nur anfangs durch zwei vorgeschaltete Takte erweitert wird, sondern zudem strukturell zur Coda hinleitet. Da sie dazu durchweg auf Orgelpunkten basiert, wird zugleich die harmonische Struktur weiter verändert. Erst die Coda bricht aus der Geschlossenheit der bisherigen Phasen aus, wenn sie abschnittsweise die Rhythmik vorantreibt und auf das Allegro der letzten Takte im Unisono hinzielt. So konträr sich also die Satzteile zueinander und zum Thema verhalten, so eng bleiben sie im Umriß auf sein abstraktes Substrat bezogen, dessen Realisierung die charakteristischen Kontraste darstellen. Das Prinzip der kontrastierenden Ableitung, das zuerst Arnold Schmitz erkannt hat³, konstituiert demnach nicht allein die thematischen Gestalten, sondern wird zur tragenden Kategorie für den ganzen Satzprozeß.

---

1 H. Krones in: *Beethoven-Interpretationen*, S. 586.
2 H. Riemann, *Beethovens Streichquartette*, S. 90; zum Finale als »Doppelgerüst-Technik« vgl. H. Krones in: *Beethoven-Interpretationen*, S. 592.
3 A. Schmitz, *Beethovens ›Zwei Prinzipe‹. Ihre Bedeutung für Themen- und Satzbau*, Berlin und Bonn 1923, S. 10f.; vgl. dazu aber auch K. von Fischer, *Die Beziehung von Form und Motiv in Beethovens Instrumentalwerken*, Baden-Baden ²1972 (Sammlung musikwissenschaftlicher Abhandlungen 30), S. 134, Anmerkung 31.

Den melodisch oder rhythmisch kontinuierlichen Phasen in op. 74 stehen nicht nur im Kopfsatz aus op. 95, sondern ebenso in den weiteren Sätzen geradezu zerklüftete Partien gegenüber. Das ›Allegretto ma non troppo‹ an zweiter Stelle des f-Moll-Quartetts steht bemerkenswerterweise in D-Dur, jener Tonart also, die im Kopfsatz als Neapolitaner zur Mediante Des-Dur die schärfste harmonische Zäsur bildete. Entgegen jedem Lehrbuchschema setzt sich der Satz aus dem Wechsel lyrisch kantabler und fugiert chromatischer Teile zusammen, beide scheinen jedoch bei ihrer Wiederholung vertauscht zu sein, und zwischen ihnen stehen Abschnitte, die eindeutig entwickelnde Funktion haben (A – B – x – B' – x' – A'). Man muß nicht den Umweg über eine Verbindung

L. van Beethoven, op. 95, zweiter Satz, T. 1–9 (*NGA*).

zum Quartgang im Thema des Kopfsatzes suchen, um dennoch den Zusammenhang zwischen den Hauptteilen A und B zu durchschauen.[1] Denn der fallende Gang in Baßlage bleibt als Satzbeginn nicht folgenlos, sondern kehrt bei partiell chromatischer Färbung in den Mittelstimmen wieder, wenn sich darüber der melodische Bogen der ersten Violine erhebt. Und Relikte seiner chromatischen Variante begegnen auch in weiteren Gruppen des A-Teils, bevor das Fugatothema diesen chromatischen Abstieg vom Grundton aus zur thematischen Substanz macht (B). Von schulgerechter Fugierung entfernt sich die Kombination der dichten Einsatzfolge mit der Fülle motivischer Varianten in allen Stimmen. Kehrt dann aber der absteigende Baßgang des Anfangs – zudem von as aus – erstmals wieder, so wird er erweitert und von den Gegenstimmen harmonisch ergänzt. Umstandslos geht er, ohne auf die Melodik des A-Teils zu rekurrieren, erneut in das Fugato über, das nun erst recht mit Engführung, Umkehrung und motivischer Abspaltung die Qualität durchführender Arbeit annimmt. Desto nachdrücklicher wirkt mit der Rückkehr zur Tonika der Rückgriff auf den eröffnenden Baßgang und die Kantilene des A-Teils, so daß sich im Rückblick die Durchführung als Zentrum bestätigt. Doch geht die gleichmäßige Bewegung des A-Teils ab T. 144 in die Motivik des Fugatos derart nahtlos über, daß sich nun auch die Substanz beider Teile annähert. Denn auf engem Raum verschränkt sich die Engführung des Fugatothemas mit dem thematischen Nachsatz aus dem A-Teil, und noch am Satzende stößt seine Rhythmik auf den ursprünglichen Baßgang, der nun aber in der Oberstimme liegt und in sich die den ganzen Verlauf durchsetzende

1 C. Dahlhaus, *Zum Begriff des Thematischen bei Beethoven*, S. 60ff.

Chromatik aufnimmt, um sich im verminderten Septakkord dann zum Scherzo hin zu öffnen. So gegensätzlich also die Satzteile zunächst anmuten, so planvoll werden sie durch die Arbeit mit dem Material aufeinander bezogen.

Das ›Allegro assai vivace‹, das an der Stelle des Scherzos erscheint, trägt ausdrücklich den Zusatz ›ma serioso‹. Weiter als gewohnt reicht die Distanz zum konventionellen Tanzsatz, sofern nach wiederholtem ersten Teil gerade der zweite überraschend einen Kontrast bildet, wie er einem Trio wohl anstehen könnte. Werden beide Satzteile wiederholt, so wird der zweite und zum Schluß auch der erste mit Varianten gestrafft. Überdies changiert die Disposition der Tonarten, wenn der Satz ungeachtet der f-Moll-Vorzeichnung faktisch in c-Moll beginnt; und der erste Teil endet zwar in f-Moll, der Kontrastteil aber setzt in Ges-Dur – also wieder der neapolitanischen Stufe – an und führt über D-Dur nach h-Moll, während seine variierte Wiederholung gleich in D-Dur ansetzt und allein die Coda regulär in der Tonika beginnt und endet. Eine wahre Attacke bedeutet bereits der heftige Beginn, dessen punktierte Rhythmik zugleich mit Pause abreißt und erst nach Wiederholung des Vorgangs zur Kadenzlinie führt. Aus derart eruptiver Substanz wird der spürbar gearbeitete Verlauf zu wachsender Kontinuität gebracht, bis er nach der Kulmination – im gespreizten Des-Dur-Klang – auf motivische Splitter reduziert wird. Den B-Teil jedoch kennzeichnet eine sehr andere Struktur, wenn die einem Choral gleichende Linie in breiten Werten als geschlossenes Segment wiederholt und erst am Ende verkürzt wird. Anders als in op. 74 ergibt sich jedoch kein kontrapunktisches Gefüge, denn statt einer Gegenstimme tritt zum Kernsatz nur die Achtelbegleitung der ersten Violine. Von der Kadenz in h-Moll führt er unter Umdeutung des verminderten Septakkords zur Wiederholung des A-Teils zurück, und nach der gestrafften Rekapitulation beider Teile vertritt eine Teilwiederholung des A-Teils die Coda. Unverkennbar gleicht zwar die formale Disposition der des Gegenstücks in op. 74, mit den Kontrasten der Teile reichen aber auch die Varianten ungleich weiter.

Auf der Dominante setzt das Finale mit einer langsamen Einleitung ein, wie sie zu einem Kopfsatz wohl eher passen möchte. Zwar umkreist sie nur die Grundstufen, ohne profilierte Motivik auszubilden, daß aber die auftaktigen Wendungen, die rasch mit Pausen abbrechen, am Ende zu knappen Splittern der Oberstimmen fragmentiert werden, ist für den folgenden Satz und für den Zyklus insgesamt bedeutsam (T. 5–7). Denn die Außenstimmen berühren mehrfach die ›neapolitanischen‹ Stufen vor Grundton und Quint mitsamt den entsprechenden Leittönen (Violine des – h – c, Cello E – F – Ges), sie stützen sich dabei also genau auf jene Wendungen, die auch in den übrigen Sätzen und besonders im Kopfsatz hervortraten. Zugleich zeichnet sich dabei ein intervallisches Substrat ab, das mit dem Quintrahmen samt Unter- und Obersekunde für die späten Quartette Beethovens und insbesondere für op. 131 und 132 so charakteristisch ist. Mit Beschleunigung dieser seufzerartigen Gesten gleitet die Einleitung steigernd in das Allegretto agitato, seinem eigentlichen Thema werden dabei vier ›hinleitende‹ Takte vorgeschaltet, die ihm verkürzt oder verändert auch weiter noch vorangehen. Zwar umfaßt der Satz 175 Takte, rechnet man aber mit der Einleitung auch die sehr eigenständige Coda ab, so bleiben nur mehr 125 Takte, desto erstaunlicher ist es jedoch, daß in so knappem Rahmen ein derart dicht gearbeitetes Sonatenrondo bewältigt wird. Der im Kern auf sechs Takte komprimierte Refrain wird nach wenigen Zwischentakten verändert wiederholt, er löst sich in der Überleitung in Akkordschläge zu tremoloartiger Begleitung auf, deren Band auch zu dem auf zwei wiederholte Takte begrenzten Couplet weiterläuft. Der rasch auf der Tonika folgende zweite Refrain, der auf sein Kopfmotiv gestutzt ist, geht sofort in die extrem komprimierte Durchführung über, die Reprise wird durch transponierten Eintritt des dritten Refrains verschleiert, und nach Überleitung und zweitem Couplet eröffnet das letzte Refrainzitat bereits die doppelte Coda. Sie reduziert die abschließenden Wendungen der Einleitung, aus denen der Vorspann des Refrains gewonnen wurde, zunächst derart planmäßig, daß in gleichmäßigen Achteln die neapolitanischen Wendungen ständig umspielt werden, bis sie im nach Dur aufgelichteten Schlußakkord zum Stillstand kommen. Damit könnte der Satz wohl enden, im Umschlag zum Allegro F-Dur folgt jedoch noch ein Annex, der sich von thematischen Pflichten offenbar zu distanzieren sucht. Mühsam wäre es jedenfalls, in ihm noch motivische Affinitäten aufzudecken, die über allgemeine Skalensegmente hinausreichen könnten. Allerdings ist die Folgerung, »Kadenz und metrische Ordnung« seien »Gegenstand des Schlußabschnitts«, wohl nur unter der Prämisse triftig, ihre »Ordnung stiftende Kraft« werde in op. 95 zuvor in Frage gestellt.[1] Doch drängt sich eher der Eindruck auf, als führe nur eine entschiedene Abkehr aus der steten Arbeit heraus, die auf die Integration des ambivalenten Materials bedacht war. Denn indem der Schluß, der nicht nur ein Kehraus ist, die chromatischen Spannungen aufhebt, wird er zum Gegenpol im Zyklus, und nur im Rückgriff auf den Zustand einer Musik, die von solchen Problemen wenig weiß, scheint er sich endlich von weiteren Schwierigkeiten zu lösen.

So ergänzen sich die konträren Pendants des ›Harfenquartetts‹ und des ›Quartetto serioso‹ nicht nur wechselseitig, sofern sie bei ganz verschiedenen Voraussetzungen analoge Verfahren gleich konsequent umsetzen. Statt als ›mittlere‹ lassen sie sich daher auch als ›vermittelnde‹ Quartette bezeichnen, denn ihnen ist nicht nur die substantielle Vermittlung der Kontraste gemeinsam, sondern sie haben zugleich vermittelnde Funktion zum Spätwerk hin, das gerade den Ausgleich zwischen Abstraktion und Konkretisierung der Substanz zu einem leitenden Prin-

[1] R. Wiesend, *Bemerkungen zum Streichquartett op. 95*, in: *Beiträge zu Beethovens Kammermusik. Symposion Bonn 1984*, hg. v. S. Brandenburg und H. Loos, München 1987 (Veröffentlichungen des Beethovenhauses in Bonn, N. F., Vierte Reihe: Schriften zur Beethovenforschung 10) (fortan abgekürzt: *Beiträge zu Beethovens Kammermusik*), S. 125–134: 128f.; vgl. dazu auch H. Danuser in: *Beethoven-Interpretationen*, S. 85.

zip macht. Nicht umsonst fiel die Revision, der sich die heutige Gestalt von op. 95 verdankt, in eine Phase, in der mit der Arbeit an op. 101 bereits die Reihe der späten Klaviersonaten begann. So ist es denn auch kein Zufall, daß sich aus den harmonischen Relationen in op. 95 intervallisch ähnliche Konstellationen ergeben, wie sie dann in den späten Quartetten ausgetragen wurden. Und im Rückblick auf op. 74 und op. 95 wird sichtbar, wie beharrlich Beethoven seine kompositorische Problemstellung umkreiste.

Je weiter sich Beethovens Spätwerk im öffentlichen Musikleben durchsetzte, desto mehr wurde es von einem seltsamen Schleier nachgerade mystischer Esoterik umgeben. So verhielt es sich freilich kaum von vornherein, wie die teils verwirrten, teils brüsk ablehnenden Reaktionen der Zeitgenossen zeigen. Denn der überaus intrikaten Struktur der Musik entspricht nicht allein eine komplizierte Entstehungsgeschichte, die in all ihren Details noch immer nicht restlos durchschaubar ist, vielmehr gehört dazu auch die tief gespaltene Resonanz in der frühen Rezeption der Werke. Die lange herrschende Gewohnheit, Musik als Spiegel der Biographie ihres Autors zu verstehen, hatte ihren eigentlichen Grund in der Erscheinung Beethovens, und sie wurde nicht zuletzt durch Mitteilungen aus dem Umkreis des Meisters wie die des nicht durchweg sehr sachlichen Adlatus Anton Schindler genährt. Zu Verweisen auf die »Stimmungen« des Autors sah sich auch ein so kundiger Theoretiker wie Adolf Bernhard Marx gedrängt, als er in seiner umfänglichen Biographie die Rätsel der späten Quartette zu erläutern hatte, die er freilich nicht mehr mit der unausrottbaren Rede von Beethovens Taubheit bemänteln wollte.[1] Denn gerade dem Spätwerk gegenüber ließen sich Schwierigkeiten des Verständnisses seit jeher mit der Annahme motivieren, der Komponist habe die Resultate seiner Arbeit nicht mehr hörend überprüfen können. Auch Wagners so knappe wie lesenswerte Einführung in das cis-Moll-Quartett op. 131 suchte 1854 das Werk als einen Tag aus Beethovens Leben zu deuten[2], und eine solche Sicht färbte zumal die erste Monographie über Beethovens Quartette, die 1885 Theodor Helm vorlegte, ohne der Gefahr der Trivialisierung immer ganz zu entgehen.[3] Je wortreicher der Ausdruckscharakter der Werke umschrieben wurde, desto weiter traten freilich die eigentlichen Probleme zurück, die sich mit dem Verständnis der Werke stellten. Erst die nüchternen Analysen Hugo Riemanns, die freilich auf den Nachweis metrisch ›korrekter‹ Verhältnisse bedacht waren, schoben der konventionellen Paraphrasierung 1903 zuerst und entschieden einen Riegel vor.[4]

In der weiteren Forschungsgeschichte hat sich vor allem das Studium der Skizzen und Entwürfe als hilfreich erwiesen, die ungemein dicht und zahlreich überliefert sind. Sie gewähren auf einzigartige Weise Einblick in die ebenso planvolle wie mühsame Arbeit, die durchweg die Entstehung dieser Werke bestimmte. Eine ganze Reihe von entsagungs-

---

1 A. B. Marx, *Ludwig van Beethoven. Leben und Schaffen*, Bd. I–II, Berlin 1859, hg. v. G. Behncke, ebenda ⁴1884, Bd. II, S. 421–449.

2 R. Wagner, *Beethovens Cis moll-Quartett (1854)*, in: Sämtliche Schriften und Dichtungen, Volksausgabe Bd. 12, Leipzig o. J., S. 350; vgl. auch ders., *Beethoven*, ebenda Bd. 6, S. 61–126, bes. S. 96f.

3 Th. Helm, *Beethoven's Streichquartette*, S. 162f., 191f. oder 223f.

4 H. Riemann, *Beethoven's Streichquartette*, Vorbemerkung, S. 5f.

vollen Spezialstudien, die keineswegs schon abgeschlossen sein dürften, hat hier vielerlei zu klären vermocht; gleichwohl bleiben Fragen genug zu lösen, um nicht nur philologische Kenntnisse zu gewinnen, sondern sie auch für das Verständnis der kompositorischen Strukturen nutzbar zu machen. Allerdings ist die komplexe Problematik zu umfangreich, als daß hier auch nur ansatzweise versucht werden könnte, all diese Untersuchungen im einzelnen zu verfolgen oder generalisierend zusammenzufassen.[1] Auszugehen ist statt dessen von den Werken selbst, über deren Entstehung, Publikation und Satzfolge eine gedrängte Übersicht nur die wichtigsten Angaben mitteilen kann (siehe rechte Seite).

Nachdem schon 1826 die Edition von op. 127 vorausging, traten den Zeitgenossen dann 1827 die weiteren Werke als gebündelte Reihe entgegen, was die Verwirrung nur noch weiter steigern mußte. So erklärt es sich wohl auch, daß die ungewohnte Disposition der Quartette zunächst – aber für lange Zeit wirksam – nicht nur dazu Anlaß gab, in ständig variierten For-mulierungen vom vorgeblichen »Zerbrechen« der Formen zu sprechen. Vielmehr mußte die Ratlosigkeit, die der erste Blick auf die Formanlage statt auf die satztechnische Differenzierung auslöste, erst recht mit steten Verweisen auf die Taubheit des Komponisten beschwichtigt werden. Gänzlich isoliert blieben dagegen die enthusiastischen Kommentare des jungen Mendelssohn, der wohl als erster Komponist auf die Herausforderungen durch Beethoven mit zwei eigenen Quartetten antwortete. Maßgeblich für die Entstehung der Werkreihe war kaum allein der Auftrag des Fürsten Galitzin, der Beethoven erst im November 1822 erreichte, nachdem die Arbeit an op. 127 wohl schon im Frühjahr dieses Jahres begonnen hatte. Sie verzögerte sich freilich durch die Konzentration auf die 9. Symphonie und reichte bis in das Jahr 1825 hinein, während zugleich schon zuvor op. 132 und dann auch op. 130 mitsamt der ›Großen Fuge‹ op. 133 in Angriff genommen wurden. Erst in den Jahren 1825 und 1826 kam dann die Reihe der Werke mit op. 131 und schließlich op. 135 zu ihrem Abschluß. Den drei Werken, die Fürst Galitzin gewidmet und bis 1826 übersandt wurden (op. 127, 132 und 130), entsprachen drei weitere Widmungen an namhafte Gönner Beethovens, unter denen Erzherzog Rudolph als Widmungsträger der ›Großen Fuge‹ op. 133 zu nennen ist. Die Folge also, in der die Werke entstanden, weicht von der Reihe der Opusnummern ab, weil sich einerseits die Publikation von op. 132 um zwei Jahre verzögerte, während andererseits die ›Große Fuge‹ als ursprünglicher Schlußsatz von op. 130 erst im Herbst 1826 durch ein zweites Finale ersetzt wurde, um gesondert als op. 133 im Mai 1827 zu erscheinen.

Die Drucklegung war also von manchen Schwierigkeiten begleitet, nachdem den Verlagen Peters, Schlesinger und Probst zunächst die Quartette op. 127, 130 und 132 angeboten worden waren. Im weiteren wurden je zwei Ausgaben den Verlegern Artaria in Wien, Schott in

1 Stellvertretend seien genannt: G. Nottebohm, *Zweite Beethoveniana*, hg. v. Eus. Mandyczewski, Leipzig 1887, darin u. a.: *Skizzen zum Quartett Op. 74*, S. 91–95; *Skizzen zum zweiten Satz des Quartetts Op. 127*, S. 210–220; J. von Hecker, *Untersuchungen an den Skizzen zum Streichquartett cis-moll op. 131 von Beethoven*, mschr. Diss. Freiburg 1956; R. Winter, *Plans for the Structure of the String Quartet in C Sharp Minor, Op. 131*, in: *Beethoven Studies 2*, hg. v. A. Tyson, London 1977, S. 106–137; Chr. Wolff (Hg.), *The String Quartets of Haydn, Mozart, and Beethoven. Studies of the Autograph Manuscripts. A Conference at Isham Memorial Library 1979*, Cambridge/Mass. 1980, darin: S. Brandenburg, *The Autograph of Beethoven's Quartet in A Minor, Opus 132: The Structure of the Manuscript and its Relevance for the Study of the Genesis of the Work*, S. 278–300; S. Brandenburg, *Die Quellen zur Entstehungsgeschichte von Beethovens Streichquartett Es-Dur op. 127*, in: Beethoven-Jahrbuch 10 (1978/81), S. 221–276; D. Johnson / A. Tyson / R. Winter (Hg.), *The Beethoven Sketch Books. History, Reconstruction, Inventory*, Oxford 1995, S. 463–510; W. Kinderman (Hg.), *Beethoven's Compositional Process*, Lincoln und London 1991 (North American Beethoven Studies 1); L. Lockwood, *Beethoven. Studies in the Creative Process*, Cambridge/Mass. u. a. 1992.

op. 127 Es-Dur, entstanden 1822–25, Uraufführung Wien 6. 3. 1825, Erstdruck gewidmet Fürst N. v. Galitzin, Mainz 1826, Schott (Stimmen März, Partitur Juni 1826)
Maestoso 2/4, Allegro 3/4 282 – Adagio ma non troppo e molto cantabile, As, 126 12/8 (Thema, 5 Variationen, Coda) – Scherzando vivace, Es – es, 435 3/4 – Finale, 299 ¢

op. 130 B-Dur, entstanden Mai – November 1825 (Erstfassung mit Fuge als Finale), Oktober – November 1826 (mit neuem Finale), Uraufführung Wien 21. 3. 1826 (Erstfassung), 22. 4. 1827 (Zweitfassung), Erstdruck gewidmet Fürst N. v. Galitzin, Wien 1827, Artaria (Partitur und Stimmen)
Adagio ma non troppo 3/4, Allegro 4/4, 234 – Presto, b, 105 ¢ – Andante con moto ma non troppo, Des, 88 c – Alla danza tedesca. Allegro assai, G, 150 3/8 – Cavatina. Adagio molto espressivo, Es, 66 3/4 – Finale. Allegro, 493 2/4

op. 131 cis-Moll, entstanden Ende 1825 – Sommer 1826, Uraufführung Halberstadt 1828, Erstdruck gewidmet J. v. Stutterheim, Mainz 1827, Schott (Partitur und Stimmen)
Adagio ma non troppo e molto espressivo, 121 ¢ – Allegro molto vivace, D, 198 6/8 – Allegro moderato, h – E, 11 c – Andante ma non troppo e molto cantabile, A, 277 2/4 (Thema, 8 Variationen, Coda) – Presto, E, 498 ¢ – Adagio, quasi un poco andante, gis, 28 3/4 – Allegro, 388 ¢

op. 132 a-Moll, entstanden Ende 1824 – Juli 1825, Uraufführung Wien privat 9./11. 9. 1825, öffentlich 6. 11. 1825, Erstdruck gewidmet Fürst N. v. Galitzin, Berlin – Paris 1827, Schlesinger (Partitur und Stimmen)
Assai sostenuto – Allegro, 1–8 ¢, 9–264 c – Allegro ma non tanto, A, 238 3/4 – Heiliger Dankgesang eines Genesenen an die Gottheit, in der lydischen Tonart. Molto adagio – Andante, F-lydisch – D-Dur, c – 3/8, 211 – Alla Marcia, assai vivace, A, 24 c – Più allegro – Presto, a, 22 c – Allegro appassionato, 404 3/4

op. 133 B-Dur ›Große Fuge‹, entstanden 1825 (als erstes Finale zu op. 130), Uraufführung Wien 21. 3. 1826, Erstdruck gewidmet Erzherzog Rudolph, Wien 1827, Artaria (Partitur und Stimmen)
Overtura. Allegro – Meno mosso e moderato – Allegro. Fuga (mit mehrfachem Tempowechsel), G – B – Ges – B – As – Es – As – B, 741 6/8, 2/4, c

op. 135 F-Dur, entstanden Sommer 1826, Uraufführung Wien 23. 3. 1827, Erstdruck gewidmet J. Wolfmayer, Berlin – Paris 1827, Schlesinger (Partitur und Stimmen)
Allegretto, 193 2/4 – Vivace, F, 272 3/4 – Lento assai e cantante tranquillo, Des, 54 6/8 – (Der schwer gefaßte Entschluß. Grave – Allegro, 3/2 – ¢, 5 Takte) – Grave, ma non troppo tratto – Allegro, f – F, 3/2 – ¢, 277

Mainz sowie Schlesinger in Berlin und Paris überlassen, womit eine Verbreitung über Wien hinaus nach Norden und Westen erreicht wurde. Die Möglichkeiten der öffentlichen Wirkung der Werke lassen sich kaum nur an den Daten der Erstaufführungen ablesen, die in der Regel vom Schuppanzigh-Quartett in Wien übernommen wurden (eine Ausnahme bildete die Uraufführung von op. 131 durch das Müller-Quartett in Halberstadt). Auch wenn die Anforderungen an Spieler und Hörer weitere Aufführungen nicht eben begünstigten, waren die Werke dennoch in anderer Weise zugänglich. Nicht zu überschätzen ist es nämlich, daß diese Quartette Beethovens erstmals nicht nur in Stimmen, sondern zugleich auch im Partiturdruck erschienen (selbst wenn er für op. 127 erst ein paar Monate verspätet herauskam). In der Geschichte der Gattung bedeutete dies eine Ausnahme, durch die zuerst die späten Quartette Beethovens ausgezeichnet wurden. Ein Gegenstück bildet allenfalls der Partiturdruck der Quartette von George Onslow, der durch die Verbreitung dieser eleganten Musik und die Sonderstellung eines aristokratischen Autors erleichtert wurde.[1] Während auch Haydns Quartette erst ab 1802 von Pleyel als Auswahl in Partituren herausgebracht wurden, erschienen die früheren Werke von Mozart selbst in Stimmen erst nach dem Tod des Komponisten, und so wurden auch die vorangegangenen Quartette Beethovens bis hin zu op. 95 erst zwischen 1829 und 1835 durch J. André in Partituren veröffentlicht. Die gleichzeitige Edition der späten Quartette in Partituren und Stimmen war also die Voraussetzung dafür, daß sich dann seit Mendelssohns op. 44 der Partiturdruck in der zweiten Jahrhunderthälfte weiter durchsetzte und schließlich selbstverständlich wurde. Für die späten Quartette war es offenbar Beethoven selbst wichtig, daß die Werke nicht nur für Musiker, sondern auch für weitere Interessenten zugänglich wurden, die sich die Musik aus der Lektüre der Partituren zu erschließen suchten. Daß solche Musik aber unabhängig von der Praxis auch für das Studium erreichbar wird, entspricht dem Grad an Abstraktion, der sie von vornherein charakterisiert. Mit der kompositorischen Struktur ist also die Form ihrer Publikation verkettet, die zugleich eine neue Bedingung für die öffentliche Rezeption darstellt.

Wenn all diese Werke – bis auf op. 127 – erst nach Beethovens Tod in weiterem Ausmaß rezipiert werden konnten, dann sind auch nicht nur die frühen, noch zu Lebzeiten des Komponisten erschienenen Rezensionen belangvoll.[2] Denn aus der Folgezeit bis hin zur Jahrhundertmitte stammt eine Fülle widersprüchlicher Äußerungen, und aufschlußreicher als die Töne halbherziger Zustimmung oder blinder Verehrung sind gerade die skeptischen Stimmen, soweit sie um sachliche Begründung bemüht sind, ohne Ratlosigkeit zu verschweigen. Daran werden die Sachverhalte offenbar, die für die Zeitgenossen so bestürzend neu waren, und wenn Beethoven damit zu rechnen hatte, dann deuten auch

1 Chr. Nobach, *Untersuchungen zu George Onslows Kammermusik*, Kassel u. a. 1985, Thematisches Verzeichnis, S. 297–332.

2 St. Kunze (Hg.), *Ludwig van Beethoven. Die Werke im Spiegel seiner Zeit. Gesammelte Konzertberichte und Rezensionen bis 1830*, Laaber 1987; hervorzuheben unter den späteren Zeugnissen ist H. Hirschbach, *Ueber Beethoven's letzte Streichquartette*, in: Neue Zeitschrift für Musik 11 (1839), S. 5f., 9f., 13f., 25f. und 49ff.; ferner I. Mahaim, *Beethoven. Naissance et Renaissance des Dernier Quatuors*, Bd. 1–2, Paris 1964, zu frühen Aufführungen bes. Bd. 1, S. 23–75.

die zeitgenössischen Rezensionen auf das intendierte Risiko der kompositorischen Arbeit hin. Daher vermitteln diese Quellen nicht zu unterschätzende Informationen für jeden, der sich nicht mit dem Schein einer selbstverständlichen Akzeptanz dieser Musik abfinden mag, womit zugleich ihre genuine Neuheit und Eigenart verstellt werden kann. Wenn wachsende Vertrautheit mit den Werken die Schwierigkeiten ihres Verstehens heute verringert, dann bleibt nicht nur zu fragen, wodurch frühere Rezipienten derart überfordert wurden. Zweifelhaft würde auch die Maxime der Historiker, eine adäquate Interpretation müsse von historisch angemessenen Kriterien ausgehen. Denn für Beethovens Spätwerk haben die ästhetischen und theoretischen Normen der Zeit offenbar so begrenzt Geltung, wie es die skeptischen Reaktionen der Zeitgenossen andeuten. In der Unabhängigkeit von zeitgebundenen Erwartungen tritt zwar die transhistorische Geltung solcher Musik hervor, doch könnte auch etwas von ihrem originären Anspruch verloren gehen, wenn sie voreilig den Schein des Selbstverständlichen annimmt. Sofern aber Widerstände des Verstehens dem Komponisten nicht unbewußt blieben, markieren sie ein Stück seiner Intention, und statt solche Herausforderungen zu verdrängen, lassen sie sich an frühen Rezeptionszeugnissen kenntlich machen.

Es waren immerhin führende Köpfe der Zeit, die sich auf mehr oder minder eingehende Besprechungen einließen. Ohne die Schwierigkeiten zu leugnen, vor die ihn op. 131 stellte, forderte Friedrich Rochlitz zur Auseinandersetzung mit Beethovens späten Quartetten auf, »die gänzlich aus der gewohnten Bahn« schreiten. Bewundernswert bleibe zwar der »Reichthum seiner Harmonie« oder »das Wunderbare seiner Combinationen«, auch wenn der Verlauf »als unklar, wo nicht als unzusammenhängend« erscheine.[1] Wirkten die Einfälle aber »höchst wunderlich und willkürlich«, so wäre doch die »Ausarbeitung derselben grossentheils nicht zu erkennen, viel weniger zu verfolgen«, und daher seien Zusammenhänge »mehr noch zu ahnen, als einzusehen«. Ähnlich brachte Ignaz von Seyfried 1828 op. 131 »Bewunderung« ohne »warme Liebe« entgegen, denn die »ununterbrochene Kettenreihe« der Sätze müsse »ermüden«, und so »kontrastreich ausgearbeitet« der Kopfsatz sei, so wenig könne das folgende Allegro dazu »recht passen«, zumal die stetigen »Verrückungen des Zeitmasses« auch noch »den Fluss der Melodie« zerreißen.[2] Wiewohl für Gottfried Weber »der früheren Beethovenschen Muse bei Weitem der Preis vor seiner jetzigen« gebührte, verkannte er nicht die in op. 127 noch immer »durchschimmernde Meisterschaft«, doch sei »nicht jedes Überschreiten auch wirkliches Vorschreiten«, und so frage sich, ob der Hörer dieses »Zusammengetöne zu fassen und zu dulden« vermöge.[3] Der Berliner Ästhetiker Ludwig Rellstab verwies bereits 1825 auf Beethovens Taubheit, um aber zu konzedieren, was in op. 127 »verworren erscheinen mag«, habe seine »Notwendigkeit

1 Allgemeine musikalische Zeitung 30 (1828), Sp. 485–495 und Sp. 501–509: 494 bzw. 506f.; vgl. auch St. Kunze, *Ludwig van Beethoven. Die Werke im Spiegel seiner Zeit*, S. 560–572.

2 *Cäcilia* 9 (1828), S. 241ff.; vgl. auch St. Kunze, *Ludwig van Beethoven. Die Werke im Spiegel seiner Zeit*, S. 576f.

3 *Cäcilia* 5 (1826), S. 239–243, bes. S. 239ff.; vgl. auch St. Kunze, *Ludwig van Beethoven. Die Werke im Spiegel seiner Zeit*, S. 551–554.

in der Seele des Schaffenden«, auch wenn ohne »genaue Gemeinschaft des Masses« wohl »keine rechte Würdigung« möglich sei.[1] Hellsichtig konstatierte Carl Loewe am gleichen Werk das »fast eigensinnige Stimmenführen gegen die Harmonie«, doch selbst zunächst »häßliche Stellen« ließen einen »nicht davon loskommen«, bis sich der Eindruck ergebe: »Die Stelle ist doch schön, das muß wahr sein«.[2] Ähnlich nahm A. B. Marx an op. 132 und 135 wahr, die »freieste Entfaltung« der Stimmen sei »leicht überschüttend und verwirrend«, doch erfasse man schließlich »die Harmonie der bis dahin disharmonisch erschienenen Züge«, sobald man »eine höhere Idee erkannt« habe.[3] Selbst der Beethoven nahestehende Schindler faßte rückblickend zusammen, das zeitgenössische Urteil sei zunächst »ein vorsichtiges, reserviertes gewesen«, denn »die auf dem Wege der Reflexion gesuchte Kombination« müsse »die logische Notwendigkeit in der Ideenverbindung« gefährden.[4]

Statt achselzuckend über scheinbar verständnislose Äußerungen hinwegzugehen, läßt sich also fragen, ob die Irritation der Zeitgenossen dem außerordentlichen Rang der Werke nicht eher angemessen war als die bloße Gewöhnung an ihren scheinbar selbstverständlichen Status. All diese Kommentare verbindet die Beobachtung, der Zusammenhang der Musik werde stetig gestört, und neben Abweichungen von vertrauten Formen wird vor allem die Fülle abrupter Kontraste auf allen Ebenen hervorgehoben, deren verdeckte Zusammenhänge eher zu ahnen als zu erkennen seien. Mittelbar wirkten solche Motive aber noch in der späteren Forschung nach, wenn man unablässig bemüht war, neben der formalen Struktur die interne Logik der Musik mittels der substantiellen Zusammenhänge des Materials nachzuweisen. Mit der Zauberformel der »Substanzgemeinschaft« sollte eine strukturelle Verdichtung erfaßt werden, die es erlaubte, auch das Spätwerk Beethovens als Kulmination einer Klassik zu begreifen, die durch Kriterien musikalischer Stringenz und Konstruktivität charakterisiert war. Marjan Rosenberg versuchte in einer nicht gedruckten Dissertation schon 1930, die späten Quartette insgesamt aus einer motivischen Keimzelle abzuleiten, ähnlich wollte Rudolph Réti 1961 thematische und tonartliche Beziehungen zwischen den Sätzen des zyklischen Werkes belegen, und solche Bemühungen setzten 1963 Deryck Cooke und noch 1984 Emil Platen fort.[5] Wenn also Erwin Ratz zusammenfaßte, im Kopfsatz aus op. 132 erweise Beethoven eine »vor ihm nie erreichte Natürlichkeit des musikalischen Ausdrucks«, dann pointierte er damit nur die verbreitete Neigung, irreguläre Momente der Werke auszublenden und dafür ihre ›organische‹ Einheit hervorzukehren.[6] Leitend bleibt noch immer die Vorstellung, auch für diese Musik sei die Gültigkeit der formalen Kriterien zu beweisen. So wollte Rudolf Stephan zeigen, Beethoven habe geläufige Formen im Gegensatz zu ihrer »klassischen« Herkunft umgekehrt und damit die vermeintliche Klassik als klassizistische Ideologie enthüllt,

1 Berliner Allgemeine musikalische Zeitung 2 (1825), S. 165f.; vgl. St. Kunze, *Ludwig van Beethoven. Die Werke im Spiegel seiner Zeit*, S. 549ff.

2 Berliner Allgemeine musikalische Zeitung 4 (1827), S. 25ff.; vgl. St. Kunze, *Ludwig van Beethoven. Die Werke im Spiegel seiner Zeit*, S. 554–557 (die Rezension erschien unter dem Pseudonym »v. d. O...r«).

3 Berliner Allgemeine musikalische Zeitung 5 (1828), S. 467f., und 6 (1829), S. 169f.; vgl. St. Kunze, *Ludwig van Beethoven. Die Werke im Spiegel seiner Zeit*, S. 592f. und S. 594f.; durch Marx wurde die *Berliner Allgemeine musikalische Zeitung* zum Forum der frühen Rezeption von Beethovens Spätwerk, und zwar gerade in den Jahren, bevor dieselbe Zeitung sich zum Anwalt der ersten Wiederaufführung von Bachs Matthäus-Passion durch Mendelssohn machte; die außerdeutsche Rezeption der späten Quartette eröffnete 1830 François-Joseph Fétis mit seiner Stellungnahme zu op. 131, vgl. St. Kunze, *Ludwig van Beethoven. Die Werke im Spiegel seiner Zeit*, S. 581–589.

4 *Anton Schindler: Biographie von Ludwig van Beethoven*, S. 366ff.

5 Siehe Anmerkung 1, S. 350.

6 E. Ratz, *Einführung in die musikalische Formenlehre. Über Formprinzipien in den Inventionen J. S. Bachs und ihre Bedeutung für die Kompositionstechnik Beethovens*, Wien 1951, ³1973, S. 197 und weiter S. 188ff.

[1] R. Stephan, *Zu Beethovens letzten Quartetten*, in: Die Musikforschung 23 (1970), S. 245–256: 255f.

[2] C. Dahlhaus, *Ludwig van Beethoven und seine Zeit*, S. 268ff., 272ff., 275ff. und 279ff. Auf die Perspektive des Hörers, dem sich erst die Vielfalt der Ereignisse im Zusammenhang erschließen kann, verwies dagegen A. Forchert, *Rhythmische Probleme in Beethovens späten Streichquartetten*, in: Bericht über den Internationalen Musikwissenschaftlichen Kongreß Bonn 1970, hg. v. C. Dahlhaus u. a., Kassel u. a. 1971, S. 394ff.; vgl. ferner Fr. Krummacher, *Synthesis des Disparaten. Zu Beethovens späten Quartetten und ihrer frühen Rezeption*, in: Archiv für Musikwissenschaft 37 (1980), S. 99–134.

denn die von den Zeitgenossen als natürlich empfundene Norm der Harmonik oder Periodik wirkten heute unverbindlich, »die sie verletzenden Quartette dagegen natürlich«.[1] Und Carl Dahlhaus resümierte prägnant solche Tendenzen 1987, indem er den Begriff des »Spätwerks« mit Kategorien wie der »Abstraktion«, dem »Beziehungszauber«, der »Ambiguität« und dem Verhältnis zwischen »Kantabilität und motivischer Arbeit« entfaltete.[2]

Auch eine gedrängte Zusammenfassung, die unmöglich alle analytischen Studien im einzelnen erfassen kann, mag immerhin maßgebliche Tendenzen der Forschung kenntlich machen. Der provokanten Herausforderung, die einst die späten Quartette bedeuteten, steht nicht nur das Maß der Klassizität gegenüber, das sie mittlerweile gewonnen haben, vielmehr korrespondiert der vormaligen Wahrnehmung von Brüchen oder Widersprüchen auch die Suche nach abstrakten Beziehungen, wie sie Dahlhaus zuletzt umrissen hat. Der Fülle dieser Ansätze läßt sich in einer Übersicht keine weitere Generalformel entgegensetzen, doch ist daran zu erinnern, daß all die verdeckten Zusammenhänge, um deren Klärung man immer wieder bemüht war, stets auch die extremen Kontraste voraussetzen, von denen die Zeitgenossen verwirrt wurden. In dem Maß also, in dem beide Perspektiven gleichermaßen zur Geltung gebracht werden, können auch die historisch unterschiedlichen Perspektiven konvergieren, die erst gemeinsam dem Reichtum dieser Musik und ihrer transhistorischen Bedeutung gerecht werden dürften. Denn auf der einen Seite begegnen in den späten Quartetten zumal langsame Sätze, aber auch Scherzi, in denen lyrische Kantibilität oder rhythmische Motorik den Verlauf zu höchster Geschlossenheit treiben, um dennoch oft genug nur die Folie für plötzliche Einbrüche oder Auflösungsprozesse zu bilden. Ihnen stehen auf der Gegenseite zumal all die Ecksätze entgegen, in denen sich das genaue Gegenteil vollzieht: die Zerspaltung der Musik in kleinste Splitter, die gleichsam der Reflex einer scheinbar zerrissenen Formung sind. Solche Splitter jedoch, die für sich wenig besagen, gaben einst das Material für die ersten Ansätze Haydns ab, um aus ihrer wechselnden Zusammenfügung einen zeitlichen Prozeß zu gewinnen. Gänzlich anders pointiert bilden sie nun im Spätwerk Beethovens das Rohmaterial für ausgreifende und rätselhafte Pläne, und während sie im reifen Œuvre Haydns zu konzentrierter Expressivität und noch im Werk Mozarts zu polaren Kontrasten gebündelt wurden, erhielten sie durch Beethoven in op. 18 jene charakteristische Pointe, aus der seit op. 59 einzelne Teilmomente abgespalten wurden, um dennoch die Totalität des Werkes zu konstituieren. Nun erst jedoch, nach den Ansätzen in op. 74 und 95, zieht daraus das Spätwerk seine radikalen Konsequenzen. Seine eigenartige Stellung bezieht es nicht zuletzt daraus, daß es auf die Anfänge der Gattung ebenso zurückblickt, wie es auf die weit spätere Entwicklung nach 1900 vorausweist. Denn so sehr es insgeheim die kompositorischen Diskurse im weiteren 19. Jahrhundert begleitet und herausgefordert hat, so breite Wirkung fand es dann doch erst im Œuvre von Schönberg und seinem Kreis und zumal dann im Werk Béla Bartóks.

In einem gattungsgeschichtlichen Überblick läßt sich der Kosmos dieser Werke weder nach verbindlichen Satztypen noch nach Prinzipien der zyklischen Disposition zusammenfassen. Ohne die einzelnen Sätze gleichermaßen zu erfassen, sind nur prägnante Beispiele für die polaren Differenzen ihrer internen Struktur herauszugreifen, mit denen jene konträren Verfahren zur Geltung kommen, von denen bisher die Rede war.

Schon ein flüchtiger Überblick zeigt, daß Kontraste der Tempi innerhalb eines Satzes nicht bloße Ausnahmen sind. Abzulesen ist das besonders an den Kopfsätzen der drei ›Galitzin-Quartette‹, die gleichermaßen mit Einleitungen in langsamem Tempo beginnen. Die langsame Einleitung war im Streichquartett – anders als in der Symphonie – eher eine Ausnahme, und sie begegnete bei Beethoven zuvor nur in op. 59 Nr. 3 und in op. 74, nun aber erscheint sie in op. 127, 132 und 130 nicht allein zu Beginn der Kopfsätze, sondern greift auch zunehmend in den internen Verlauf der raschen Sätze selbst ein. Das eröffnende Maestoso in op. 127 kehrt um jeweils eine Terz auf- und abwärts transponiert nicht nur vor der Durchführung, sondern in ihr selbst noch vor einer Scheinreprise wieder, um dann jedoch vor der eigentlichen Reprise wie vor der Coda auszubleiben. In op. 132 wird dagegen das einleitende ›Assai sostenuto‹ im weiteren Satz nicht eigentlich zitiert, doch schon die erste Themenaufstellung der Exposition wird für einen Takt durch ein ›Adagio‹ unterbrochen, auch ohne Tempowechsel greift der Beginn der Durchführung mit rhythmischer Augmentierung auf den Satzbeginn zurück, und vor der Reprise wird wiederum ein Takt ›Adagio‹ eingeschoben. Noch komplizierter verhält es sich in op. 130, wenn der Kopfsatz von nicht weniger als sieben Rückgriffen auf das einleitende ›Adagio ma non troppo‹ geradezu durchsetzt wird. Nicht grundlos also bemerkte Seyfried die »eingemischten Verrückungen des Zeitmasses«, mit denen der Zusammenhang zerrissen werde. Wenn demnach die langsame Eröffnung sich nicht bloß wie vordem auf die Funktion einer Einleitung beschränkt, sondern zunehmend in den Satzverlauf eingreift, so heißt das zunächst, daß tradierte Formen nicht als selbstverständlich vorauszusetzen sind, auch wenn sich nicht voreilig von ihrem Zerbrechen reden läßt. Radikal umgedacht werden vielmehr die Prämissen, die in den Relationen der einzelnen Parameter des Satzes liegen. Sofern es sich nicht von selbst versteht, daß eine Einleitung in ein Allegro hineinführt, das dann aber – bis auf ein nochmaliges Zitat des Beginns – sein geschlossenes Tempo wahrt, dann stoßen nun innerhalb eines Satzes konträre Zeitmaße, also unterschiedliche Ordnungen der musikalischen Zeit aufeinander. Und das bedeutet nicht weniger, als daß die Formung der musikalischen Zeit durch den Komponisten von vornherein zu einem Problem gemacht

[Anmerkung 5 zu S. 348:] M. Rosenberg, *Studie zum Gestaltungsproblem der letzten fünf Streichquartette Ludwig van Beethoven's*, mschr. Diss. Wien 1930; R. Réti, *The Thematic Process in Music*, London 1961, S. 206–218 (zu op. 135) und S. 72ff. (zu op. 130 und 131); D. Cooke, *The Unity of Beethoven's Late Quartets*, in: The Music Review 24 (1963), S. 30–49; E. Platen, *Über Bach, Kuhlau und die thematisch-motivische Einheit der letzten Quartette Beethovens*, in: *Beiträge zu Beethovens Kammermusik*, S. 152–164; P. Bekker, *Beethoven*, Berlin ²1912, S. 553f. – Aus der Fülle der weiteren Literatur seien nur einige Studien herausgegriffen: Ph. Radcliffe, *Beethoven's String Quartets*, London 1969; H. Truscott, *Beethoven's Late String Quartets*, London 1968; C.-H. Mann, *Formale Probleme in den späten Werken Beethovens. Untersuchungen zum Stil der Kammermusik und des Klavierwerks*, mschr. Diss. Hamburg 1955; E. Kreft, *Die späten Quartette Beethovens. Substanz und Substanzverarbeitung*, Bonn 1969; M. Kopfermann, *Beiträge zur musikalischen Analyse später Werke Ludwig van Beethovens*, München und Salzburg 1975; U. Siegele, *Beethoven. Formale Strategien der späten Quartette*, München 1990; R. Martin / R. Winter, *The Beethoven Quartet Compendium*, Berkeley 1994; J. Breitweg, *Vokale Ausdrucksformen im instrumentalen Spätwerk Ludwig van Beethovens*, Frankfurt a. M. u. a. 1997; S. Imeson, »*The time gives it proofe«. Paradox in the Late Music of Beethoven*, New York u. a. 1996.

wird. Die Arbeit setzt also bereits mit einer so grundlegenden Entscheidung wie der des gewählten Zeitmaßes an, das seinerseits gleichsam thematisiert wird. Die Tragweite einer so grundlegenden Maßnahme will bedacht werden, bevor man die Suche nach substantiellen Beziehungen aufnimmt, die dann wohl auch im Ausgleich ein Gegengewicht bilden könnten. So gesehen ist es weniger zufällig als konsequent, wenn in op. 131 der umfängliche erste Satz durchweg im langsamen Tempo bleibt, um dann erst im Anschluß – freilich bei Wechsel von cis-Moll nach D-Dur – zum in sich geschlossenen Allegro überzugehen. Die ›Große Fuge‹ endlich, die in op. 130 als Finale dem Kopfsatz gegenüberstand, beginnt zwar mit ihrer ›Overtura‹ im Allegro, der stete Tempowechsel trägt jedoch – im Unterschied zur Tradition der Fuge – zum zerklüfteten Bau maßgeblich bei. Die Ausnahme bildet nur der Kopfsatz in op. 135 als letztem Werk, das in mehrfacher Hinsicht seine Komplexität hinter dem Schein des leichteren Gewichts verbirgt.

Als ›Maestoso‹ beginnt der erste Satz aus op. 127 im 2/4-Takt mit einer massierten Akkordkette voller Doppelgriffe (T. 1–5), während aber die Außenstimmen in synkopisch akzentuierten Vierteln ansteigen, bilden sie im Allegro – nun im 3/4-Takt – umgekehrt fallende Linien aus (T. 7–10). Eine Verbindung zwischen den kontrastierenden Gruppen stiftet jedoch der übergreifende Kadenzbogen, der im Maestoso nach mehrfachem Wechsel der Grundstufen mit dem Scharnier (T. 5) auf der Subdominante verharrt, von der dann die umgekehrte Stufenfolge im Allegro ausgeht (T – D – T – S und S – T – D – T). Treten

L. v. Beethoven, op. 127, erster Satz, T. 1–16 (*AGA*, Breitkopf & Härtel).

ferner im Maestoso betonte Quartsprünge der Außenstimmen hervor, so wird gerade mit Quartausschlag im Allegro die fallende Linie der Oberstimme erweitert, die sich in der Sequenzierung fließender Viertel als Hauptsatz formiert. Entsprechende Viertakter bilden auch die weiteren Satzgruppen, die vom Kopfmotiv und seiner variierten Wiederholung ausgehen, und aus unauffälligen Achteln seines Kadenzglieds gewinnt die Überleitung ein prägnantes Motiv, das zunächst sequenziert und dann imitiert wird (T. 28–32, 33–40). Wo ein Seitensatz anzunehmen wäre, wechselt zwar die Vorzeichnung nach B-Dur (T. 41), in g-Moll indes scheint ein neues Thema zu beginnen, das aber an die fallende Linie und fließende Rhythmik des Hauptsatzes anschließt, und statt einer Schlußgruppe tritt erneut der Hauptsatz selbst ein (ab T. 57), der durch mehrfache Kadenzierung in g-Moll abgeriegelt wird. Wie ein plötzlicher Einbruch muß es daher wirken, wenn nach einer so ungewohnt homogenen Exposition, die analoge Gruppen statt konträrer Themen bot, nun vor die Durchführung der Rückgriff auf das eröffnende Maestoso in G-Dur tritt. Doch folgt ihm im Allegro wie zuvor das thematische Material, und auch die Harmonik greift zunächst kaum sonderlich weit aus. Denn in As-Dur fügt sich der Seitensatz an (T. 117), er mündet indes in weiträumigen Dreiklangsfiguren, die in viertaktigen Gruppen eine nach C-Dur zielende Sequenzkette umgreifen (F – b, G – C, T. 121–135). Indem ihr Schlußglied auf zwei Takte verkürzt wird, verbindet es sich jedoch mit dem letzten Rekurs auf das Maestoso, das nun aber harmonisch vorbereitet in C-Dur eintritt. Weiter noch wird es in den Satzprozeß integriert, wenn sein Scharniertakt (gemäß T. 5) ausfällt, so daß das Hauptthema erstmals auf der relativen Tonika statt der Subdominante ansetzen kann. Durch die tonale Position in C-Dur erweist sich sein Eintritt freilich als Scheinreprise, und so lösen sich auch die melodischen Konturen rasch in bloße Abbreviaturen auf (T. 141–166). Denn die ornamentierte Formel der Oberstimme und die gebundenen Viertel der Unterstimmen bilden zwar Relikte der Kadenzformel und des Themenkopfes (aus T. 9 und T. 7), so knapp sich aber diese Derivate ausnehmen, so konsistent bleibt gerade hier die Satzstruktur über zwanzig Takte hin erhalten. Das Verhältnis zwischen thematischer Substanz und entwickelnder Arbeit changiert also, wenn scheinbar primäres Material zurücktritt und durch nahezu abstrakte Varianten vertreten wird. Dennoch schließt sich – als sei nichts gewesen – eine weithin getreue Reprise an, und erst in der Coda zieht in alle Stimmen die kantable Formulierung des Hauptsatzes ein, bis sie zum Satzende hin emphatisch gesteigert und zuletzt dynamisch zurückgenommen wird. Mehrfach also unterbricht das Maestoso den Satzverlauf, in dem es nicht allein maßgebliche Formstationen anzeigt, ihm gegenüber vermag sich in der Reprise und vollends in der Coda die thematische Substanz so durchzusetzen, daß sie erst am Schluß als Hauptsatz bestätigt wird.

Systematisch wird das Verfahren in op. 132 erweitert, wenn die langsame Eröffnung in allen Stimmen mit rhythmisch neutralen Halben jene intervallischen Zellen einführt, die auch mit ihren harmonischen Konsequenzen diesen Satz und die Reihe der Spätwerke insgesamt prägen: Der Raum einer Quinte wird mit unterem und oberem Halbton umrahmt (Gis – A, f – e) und dann auch transponiert (dis – e, c' – h) und weiter transformiert. Im Allegro setzt die erste Violine unvermutet mit einer fallenden Figurenkette ein, die sich fast wie ein Zitat aus einer Solokadenz ausnimmt und zugleich die kritischen Töne der einleitenden Intervallkonstellation umgreift. Kommt sie auf der Tonikaquinte im Halteton zur Ruhe, so intoniert das Cello in hoher Lage eine zweitaktige Bildung, die mit Punktierung erstmals rhythmisches Profil erreicht und sogleich von der Oberstimme übernommen und umgebildet wird, während die intervallischen Zellen im harmonischen Gefüge nachwirken, bis alle Stimmen im Unisono fallend den Neapolitaner (B-Dur) in punktierter Rhythmik ausschreiten und nach markantem Kadenzschritt im eintaktigen Einschub des Adagio auslaufen. Der analoge

L. v. Beethoven, op. 132, erster Satz, T. 1–16 (*AGA*).

Rückgriff auf diesen thematischen Komplex erlaubt es nun, schrittweise die strukturellen Relationen weiter auszubilden, doch durchdringen sich erneut kadenzierende Linien, motivische Segmente und rhythmische Kontraste auf engem Raum. So setzt ab T. 40 der auftaktig profilierte Quartsprung zu imitatorischer Bündelung an, um jedoch sogleich in der mächtig aufsteigenden Kadenzgruppe in F-Dur abzubrechen. Höchst differenziert ist auch der Seitensatz angelegt (ab T. 48), dessen Begleitung komplementäre Achteltriolen bilden; im dominantisch nach C- und F-Dur gerichteten Melodiebogen, dessen fragmentierte Wendungen wie ein Echo eingeflochten werden, deuten punktierte Werte auf den Hauptsatz zurück. Ihre äußerste Komplexität erreicht die Exposition erst dort, wo eigentlich ein summierender Epilog zu erwarten wäre, denn gerade diese Satzstrecke (ab T. 60) verklammert konträre Varianten des Materials zu einem Gefüge, in das die skalaren Sechzehntel der vormaligen Kadenzformeln ebenso eingehen wie die harmonischen Spannungen der Einleitung und die punktierte Rhythmik der motivischen Kerngruppe. Sehr unterschiedlich also finden all solche Partikel konkrete Gestalt, bis sie in getupften Akkorden der Kadenzgruppe verfliegen (T. 73f.). Sichtbar wird schon hier, daß der Satz weder von geschlossenen Themen noch nur von abstrakten Zellen ausgeht. Ungleich prinzipieller verfährt er, indem voneinander getrennt intervallische, figurative, rhythmische und dann auch motivische Gestalten eingeführt werden, die zu wechselnden Konstellationen zusammenkommen. Weder periodische Themen noch bloße Substrate bilden das Material, vielmehr wird der einst gültige Zusammenhang der Parameter in elementare Teile aufgespalten, die jeweils für sich maßgeblich werden: Kadenzfiguren oder Intervallkonstellationen können ebenso bedeutsam werden wie eine Kadenzwendung oder eine punktierte Formel. So elementar diese Gebilde sind, so wechselnde Konfigurationen erlauben sie, und die Schwierigkeit liegt darin, daß der Fülle der Partikel die Vielfalt ihrer potentiellen Kontraste und Beziehungen entspricht. Die auffällig kurze Durchführung bestätigt dies Prinzip damit, daß sie die langsame Einleitung nicht mehr unter Tempowechsel zitiert, sondern mit Dehnung auf ganze Noten in den Allegrosatz selbst aufnimmt. Daß diese Zelle aber immer noch nachwirkt, zeigt ihr rhythmischer Kontrast zum Kontext, je mehr indes die neutrale Introduktion integriert wird, desto weiter greift sie in das Gefüge des Satzes ein. Sichtbar wird das dort, wo die ganzen Noten – gelöst von ihrer ursprünglichen Intervallik – weiter gespreizt werden und zur Reihung der punktierten Formeln kontrastieren. Wenn kulminierend alle Stimmen im Unisono zusammentreten und danach erst akkordisch aufgefächert werden, pointieren sie in ganzen Noten erneut die leittönige Spannung der Einleitung (T. 103–106 dis – e sowie c – h im Cello). Innerhalb der derart zerfurchten Schichtung setzt sich aber zugleich die prozessuale Integration fort, denn unverkennbar nimmt die letzte Phase der Durchführung – freilich von e-Moll aus – in sich die Umrisse der Einleitung selbst auf, wie es nach den gedehnten Rahmenintervallen vom Zitat der Kadenzfigur an abzulesen ist (T. 111ff. und T. 119ff.). Nur auslaufend hält sie für einen Takt im Adagio inne, doch bleibt im weiteren offen, ob von einer Reprise im gewohnten Sinn zu reden ist, wenn die folgenden Satzphasen um eine Quinte versetzt erscheinen. Auf doppelte Weise also – und weiter noch als in op. 127 – bildet die Coda das Ziel des Satzes (ab T. 195). In ihr erst stabilisiert sich die Tonika, wenn die thematischen Gruppen bis hin zum Seitensatz resümiert werden, dessen Begleitung höhere Kontinuität als zuvor gewinnt. Unmittelbar anschließend spinnt dann aber die Oberstimme erstmals zu gleichmäßigem Begleitsatz das Hauptthema zu melodischen Bögen aus, die endlich in fast konzertanter Figuration ausschwingen. Die internen Kontraste, die durch die Relationen aller Teilmomente geprägt waren, werden also zunehmend im Satzverlauf ausgetragen und erlauben erst der Coda eine Synthese.

Um einen Schritt weiter noch werden die Relationen in op. 130 pointiert, denn höchst eigenständig erscheint gegenüber dem weiteren Satz das eröffnende Adagio. Es greift aber wie in op. 132 schon in die

Exposition ein (T. 20–24), und jeweils dreifach wechselt das Tempo zu Beginn der Durchführung und dann der Coda. Wiederum muß man an den Grundlagen des Materials ansetzen, um neben den offenkundigen Kontrasten auch übergreifende Beziehungen zu erkennen. Die beiden Zweitakter nämlich, mit denen das Adagio beginnt, korrespondieren im Modell einer erweiterten Kadenz, die erst als Halb- und dann als Ganzschluß auf unbetontem Taktteil endet. Und der dritte Ansatz, der zur

L. v. Beethoven, op. 130, erster Satz, T. 1–6 (*AGA*).

T. 13–16.

Dominante auf betonter Zählzeit führt, wird einerseits von Pausen durchbrochen, bildet andererseits aber in der Oberstimme einen durchgehenden Quartzug aus (c" – f"). In der Auffächerung der Stimmen wird dann dieser Quartgang von der zweiten Violine modifiziert und in der Oberstimme zum Quartsprung umgebildet (T. 8 und T. 11), der vorangehende Celloeinsatz weist aber ebenso wie die Fortführung der Oberstimme eine absteigende Achtelfolge auf, die durch Wechsel mit Sechzehnteln gleichsam gezackt wirkt (T. 8, 10, 12) und von den überleitenden Partien im Allegro aufgenommen wird (ab T. 37). In die sequenzierten Drehfiguren, die im Auftakt zu T. 15 das Allegro einführen, klingt wie ein Signal der rhythmisch markierte Quartsprung hinein (b' – es" und c" – f" in Violine II), kehrt aber nach nur fünf Takten das erste Zeitmaß wieder, so wird das Adagio zunächst nur kurz unterbrochen. Kadenzmodell, Quartzug und gezackte Linie formieren die Kernzellen, von denen aus nach nur viertaktigem Einschub das Allegro erneut seinen Fortgang nimmt. Wie in den anderen Sätzen treten diese Partikel zu verdichteten Konstellationen zusammen, und wo sie sich zur chromatisch steigenden Kadenzlinie bündeln, begegnet ab T. 53 ein Kontrastfeld in Ges-Dur, das trügerisch als ruhiger Seitensatz erscheint. Der melodische Bogen der Oberstimme entspricht jedoch im Sextrahmen wie im Kadenzglied der ersten Taktgruppe im Adagio, und zugleich lassen sich in den engräumigen Figuren der Cellostimme die Rekurse auf den Hauptsatzkomplex nicht überhören. Durch analoge Figuren in Kombination mit Varianten des rhythmisch konträren Signalmotivs wird auch die Schlußphase bestritten, die zudem weiter in Ges-Dur bzw. es-Moll verharrt. Bevor die Exposition aber als ganze wiederholt wird, zieht sich das Material in den letzten Takten zu engräumiger Achtelbewegung zusammen, die mit Halbschluß zur Dominante zurückkehrt. Steht dann vor der Durchführung wie vor der Coda der dreifache Wechsel des Zeitmaßes, so stoßen damit die Zellen beider Strukturen aufeinander. Wie sie aufeinander reagieren, läßt sich in doppelter Richtung erkennen. Denn einerseits gibt das Adagio bei zunehmender Kürzung seine kantable Verbindlichkeit auf, wie zumal in T. 101–103, andererseits entfallen dann in der Durchführung, die fast durchweg in der Mediante G-Dur steht, die laufenden Figurenketten der Exposition. Übrig bleiben nur knappe Auftakte, während zugleich kantable Bögen in den Cellopart einziehen (so T. 106 und T. 110 usw.). Erst die Reprise kehrt zur vormaligen Komplexität des Satzes zurück, ohne jedoch durch konträre Einschübe gestört zu werden. Umgekehrt erweitert sich die Zone des Seitensatzes von Des-Dur aus auf doppelten Umfang, während ihre engräumigen Figurenketten zugleich die weiteren Stimmen durchsetzen. Der mehrfache Tempowechsel vor der Coda entspricht zwar der Phase vor der Durchführung, deutlicher noch als zuvor beginnen aber beide Ebenen zu kommunizieren. Denn das skalare Initium aus dem Allegro bricht nicht mehr wie zuvor im Adagio ab, sondern läuft in einer Vorhaltkadenz aus, die metrisch den eröffnenden Gruppen im Adagio entspricht (T. 218f. und T. 222f.), und genau dieses Material wird nach dem dritten Einschub ab T. 222 steigernd im Allegro ausgesponnen. Mit anderen Worten: Aus der raschen Skalenfigur ›non ligato‹ erwächst die kantable Kadenzgeste im Legato, von der das Adagio ausging. Indem sie nun in das Allegro selbst einzieht, werden in der Coda beide Ebenen des Satzes zusammengedacht.

Zu welchen Konsequenzen die Maßnahmen Beethovens führen, kann aber auch an der harmonischen Disposition einsichtig werden. Wie im Kopfsatz aus op. 127 die Tonika Es-Dur von den Zitaten der Einleitung in G- und C-Dur als Terzrelation umrahmt wird, so flankieren in op. 130 die Stationen des Seitensatzes in Ges- und Des-Dur die Tonika B-Dur. In der Durchführung werden hier jedoch mit D- und G-Dur Tonarten einbezogen, die einerseits wieder Terzen zum Grundton und andererseits Halbtonabstände zu den Positionen des Seitensatzes markieren. Insgesamt erweitert sich also der Radius im Quintenzirkel, eine Achse bezeichnet indes das Themenzitat in Fis-Dur (T. 96) als enharmonische Umdeutung von Ges-Dur. Indem es dann nach D-Dur lenkt, ergibt sich in den Stationen von der Exposition bis zur Durchführung eine Folge fallender großer Terzen (B – Ges / Fis – D), der in Durchführung und Reprise eine Kette steigender kleiner Terzen gegenübersteht

(G – B – Des). Demnach werden auch die Voraussetzungen jener diatonischen Kadenzharmonik überprüft, von der die thematische Substanz – repräsentiert durch kadenzierenden Quartsprung – im Verhältnis zur Einleitung geprägt wird.

Ein Prinzip also, das die späten Quartette in einer Richtung leitet, läßt sich im Rückblick auf diese Kopfsätze genauer fassen. Das Verfahren geht gleichsam von den Wurzeln des klassischen Komponierens aus, indem die Diskontinuität, die seit Haydns ersten Ansätzen maßgeblich war, in alle Zellen der Struktur vorgetrieben wird. So wie selbst das Zeitmaß zur Disposition steht, wenn eine langsame Einleitung in den Satzverlauf eingreift, so werden noch kleinste Elemente zu eigenen Partikeln, die offene Kontraste und zugleich verdeckte Beziehungen stiften. Das gilt für Stufenfolgen und Kadenzlinien wie für rhythmische Konfigurationen und intervallische Zellen, schließlich auch sekundär für melodische Linien, die nicht von vornherein thematischen Rang besitzen. Von Haupt- und Seitensatz, Überleitung oder Schlußgruppe ist schwer da zu reden, wo sich die Setzung des Materials nicht länger von selbst versteht, sondern erst sukzessiv aus den Teilmomenten heraus gewonnen werden muß. Der Verlauf kehrt sich also um, wenn der Satz von einer Aufspaltung ausgeht, wie sie vordem eher das Ziel der Arbeit bildete, um dann erst in der Coda melodische Linien auszubilden, die einst als Themen präsentiert werden konnten. Eine weitere Konsequenz ist es, daß sich solche Anstrengung primär in der Exposition auswirkt, während die Durchführung ihren einst zentralen Rang mit den übrigen, nun aber mindestens ebenso gearbeiteten Satzfeldern teilen muß. Damit verschiebt sich die frühere Hierarchie der Teile, sofern alle nun gleichermaßen am Prinzip der wechselnden Vernetzung von Kontrasten und Relationen teilhaben. Eine solche Komplexität überschritt notwendigerweise den Horizont der Zeit, doch ist sie andererseits als radikale Konsequenz aus den Prämissen der klassischen Kompositionsweise zu verstehen, womit sie auch Züge der Retrospektion annimmt. Nicht anders als das Spätwerk Bachs, der konsequent weit frühere Entscheidungen vorantrieb und damit in Widerspruch zur eigenen Zeit geriet, läßt sich Beethovens Isolierung nicht allein als Weg in neues Land begreifen, sondern als Folgerung aus den Vorgaben, über die weit früher im Werk von Haydn und dann Mozart entschieden worden war. So eigenartig sich herkömmliche Modelle und Satzweisen verschränken, so eigenständig greifen in historischer Sicht die Vor- und Rückgriffe in Beethovens Spätwerk ineinander.

Ein Gegenbild zur Zerklüftung der Kopfsätze bieten die Finali, die zunächst eher regulär und geschlossen anmuten, womit sie die prozessuale Richtung der eröffnenden Sätze im Abschluß des vielgliedrigen Zyklus aufnehmen. Hinter ihrer Außenseite entfalten sie aber auch ihre eigenen Probleme, die bereits an der wechselnden Vermittlung zwischen

Rondo und Sonatensatz hervortreten. Substantiell maßgeblich ist indes eher, wie sich ihre Struktur – mit Stefan Kunze zu reden – »zu den gegebenen Ordnungen des musikalischen Denkens verhält«.¹ Das Finale in op. 127 gibt sich zunächst als Sonatensatz, zeigt aber im Bau der Themen, im Ansatz eines zweiten Refrains vor der Durchführung und in der Selbständigkeit der Coda auch Züge eines Rondos. Dagegen wird die zunächst rondomäßige Anlage des Schlußsatzes aus op. 130 durch Wiederholung der ganzen Exposition umgebildet, während die Durchführung ein kontrastierendes Couplet umgreift, das dann jedoch auch nach der Reprise transponiert erscheint, wo eigentlich nur noch eine Coda zu erwarten wäre. Und das Finale in op. 132 entspräche den Normen eines Sonatenrondos, wäre nicht der Kontrast des Couplets derart reduziert und die Coda auf einen Umfang erweitert, der fast einem Drittel des sonst so konzentrierten Verlaufs entspricht. Wie man sieht, bündelt sich die Fragestellung im Ende der drei Sätze, doch wird sie erst begreiflich, wenn man sich die vorangehenden Prozesse vergegenwärtigt.

Der Schlußsatz aus op. 127 wird durch einen viertaktigen Vorspann eröffnet, dessen Sequenzfolgen sich mit fließenden Vierteln im Unisono auf die Tonika richten (G – c – B – Es). Der volltaktig anhebende Hauptsatz umschreibt mit dreifachem Quintausgriff der ersten Takthälfte in Achteln die Tonika, während diese Drehfigur zur zweiten Takthälfte zweifach zur Dominantsept wechselt, die im dritten Ansatz leittönig erhöht wird und dann mit gebundenen Vierteln in rhythmischer Analogie zum Vorspann ausläuft. Die umständliche Beschreibung wird notwendig, weil der Satz nicht so sehr vom Thema selbst als von den wechselnden Relationen seiner Teilmomente zehrt. Die Wiederholung der in 3 + 5 Takte gegliederten Gruppe kadenziert vorerst mit Ganz- statt mit Halbschluß, was dann aber mit auftaktigem Quartsprung zu T. 21 als rhythmisch analoge Überleitung erscheint, ließe sich auch als Nachsatz oder als Mittelglied eines Refrains verstehen. Denn auf der Tonika kehrt ab T. 37 der Themenkopf selbst wieder, seine Struktur wird nun freilich in der dominantischen Modulation durch Aufspaltung und metrische Versetzung seiner Elemente aufgebrochen. Desto fester nimmt sich dagegen ab T. 55 der wiederum volltaktige Seitensatz aus, dessen viertaktige Gruppe über fallender Baßlinie akkordische Viertel mit Vorschlägen akzentuieren. Und die Verkürzung der Taktgruppe staut sich in akkordischer Dehnung auf doppeldominantischer Position, bis sie ab T. 81 von der Schlußgruppe abgefangen wird. In dieser letzten Phase der Exposition paaren sich jeweils in der ersten Takthälfte Achtel, die bei engräumiger Intervallik metrisch dem Kopf des Hauptthemas entsprechen, mit auftaktigen Impulsen sowie mit repetierten Vierteln in der zweiten Takthälfte analog zum Seitensatz. In ihre Liquidation greift jedoch unvermutet der Vorspann des Satzbeginns ein, und da er auch nicht transponiert wird, läßt sich desto eher der zweite Refrain eines

1 St. Kunze, *Fragen zu Beethovens Spätwerk*, in: Beethoven-Jahrbuch 9 (1973–77), Bonn 1977, S. 293–317: 317; ders., *Figuration in Beethovens Spätwerk. Zur Krise der instrumentalen Spielformel in der Musik um 1800*, in: *Festschrift Arno Forchert*, hg. v. G. Allroggen und D. Altenburg, Kassel u. a. 1986, S. 153–168.

Rondos erwarten. Nach wenigen Takten wird aber der transponierte Seitensatz eingeschaltet, und wenn er ab T. 121 mit dem Hauptsatz selbst verknüpft wird, wird nachträglich klar, daß man sich mitten in der Durchführung befindet. So kann es den Eindruck einer Scheinreprise erwecken, wenn ab T. 145 in As-Dur der Hauptsatz und wenig später dazu sein Nachsatz erscheint. Doch ist das Verwirrspiel formaler Funktionen nur die Außenseite einer Kreuzung metrisch unterschiedlicher Impulse, die durch das Material selbst impliziert sind. Dabei lösen sich nicht nur voll- und auftaktige Gruppen ab, sondern der viertönige Themenkopf selbst wird in komplementärem Wechsel in beiden Takthälften plaziert. Die Reprise stellt zwar trotz aller Varianten die ursprüngliche Ordnung wieder her, wo indes ihre Schlußgruppe ausklingt, wird statt einer konventionellen Coda das Ziel im Umschlag zum Allegro con moto im 6/8-Takt erreicht. Aus einem flimmernden Klangfeld in C-Dur, das durch getrillerte Liegetöne und rasche Triolenskalen geprägt wird, heben sich thematische Segmente ab, in denen der Kopf des Hauptsatzes erkennbar wird. In der Transformation seiner gleichmäßigen Achtel werden die beiden ersten Töne mit Quintsprung im Legato verbunden, wogegen die folgenden mit dem vormaligen Liegeton in der zweiten Takthälfte zusammentreten. So prägnant diese Umbildung ist, so fest wird ihr Umriß bewahrt, wenn von C- über As-Dur schließlich die Tonika Es-Dur gewonnen wird. Nur für zwei Takte rückt ein Themenzitat nach E-Dur, womit einmal an die tonale Relation erinnert wird, die zuvor in dem an zweiter Stelle stehenden Adagio die dritte und mittlere Variation in E-Dur auszeichnete. Doch ist nicht die emphatische Steigerung des transformierten Themenkopfes das eigentliche Ziel, denn auch sie erfährt am Ende motivische Fragmentierung, aus der nur amorphe Skalen- und Trillerfiguren übrig bleiben, bis den letzten Themenzitaten im Pianissimo Akkordschläge im Fortissimo entgegen treten.

In das Gehäuse eines Sonatensatzes dringen also nicht nur Züge eines Rondos, dem Wechsel formaler Relationen entspricht vielmehr das subtile Spiel mit metrischen Impulsen, und die Coda geht weniger aus einem gearbeiteten Prozeß als aus der entschiedenen Umbildung des Materials hervor. Sie stellt damit Ziel und Einbruch zugleich dar, läßt aber den Abschluß bis zuletzt in der Schwebe, und die emphatische Steigerung wird derart zurückgenommen, daß noch der Schluß des zyklischen Werkes seine schwierigen Voraussetzungen in Erinnerung hält.

Die gänzlich andere Disposition des Schlußsatzes aus op. 132 ist weniger in seiner Anlage als Sonatenrondo als in den Prämissen seines Materials begründet. Denn im Anschluß an das knappe »Alla marcia«, das seinerseits auf den Heiligen Dankgesang antwortet, wird gerade dieser höchst regelmäßig periodisierte Satz unerwartet von den beredten Gesten des instrumentalen Rezitativs abgelöst. In zwei Ansätzen kadenzieren seine fallenden Linien mit Vorhalten, deren Sequenzierung jäh zum Presto umschlägt. Die sprechende Gestik im Rezitativ entspricht zugleich den Relationen zwischen öffnenden und schließenden Gliedern, und erst recht die Kadenzfigur im Presto hat nicht nur ihr Gegenstück in der Eröffnung des Kopfsatzes, sondern umkreist deutlich die nämlichen kritischen Töne wie dort (Gis – A, f – e). Genau diese Töne treten dann aber im Refrain des Finalsatzes hervor (Cello e, Violine I–II a' – gis' und f" – e"). Nach zwei vorgeschalteten Takten, die das Modell der Begleitung präsentieren, prägt das Thema trotz regulär achttaktiger Gruppierung eine Kontinuität aus, die zugleich fast als ›rhythmische Polyphonie‹ zu bezeichnen wäre. Im Gefälle des 3/4-Taktes überlagern sich nämlich überbundene, nachschlagende und punktierte Werte zu einer komplementären Formation, deren Teilmomente im weiteren wechselnd plaziert und kombiniert werden. Sichtbar wird das bereits an der Überleitung, in der das punktierte Kopfmotiv abgespalten wird, während Pausentakte durch leittönige Achtelketten gefüllt werden (ab T. 34). An dieser rhythmischen Komplexität hat auch der Seitensatz Anteil, der freilich auf vier Takte beschränkt und nur um zwei Takte verlängert wird (T. 52–57), und noch in die Achtelketten der Schlußgruppen greifen synkopische Akkorde mit Sforzati ein. Der zweite Refrain in der Tonika macht dann zwar die Rondoform kenntlich, die Durchführung jedoch, deren Gegenstand eher die rhythmische Polyphonie als ein diastematisch definiertes Thema ist, setzt diese Aufspaltung fort, wenn sich der 3/4-Takt faktisch zum 6/8-Takt wandelt, aus dem sich quasi hemiolische Gruppen abheben (T. 125–164). Wiederum scheint eine weithin getreue Reprise den herkömmlichen Normen zu folgen, an ihrem Ende aber wird der vormals kaum auffallende Epilog durch mehrfache Imitation so erweitert, daß sich in neutraler Viertelbewegung ein eigenes Satzfeld ergibt, das zugleich der weiträumigen Coda vorgeschaltet ist (T. 245–264). Erst schrittweise wird wieder das Material des Refrains eingeführt und planvoll gesteigert (T. 265–298), in seiner Kulmination jedoch schlägt der Satz zur Durvariante um, statt aber schlichtweg zum Durchbruch zu streben, scheinen sich nun alle thematischen Bindungen zu lösen (T. 299–405). Abgestreift sind zugleich die rhythmischen Komplikationen, nur einmal noch wird in vier (von über 100) Takten das Initium zitiert, das sich in diesem Kontext nun fast fremd ausnimmt (T. 337ff.). Doch verrinnen die Wellen des Aufschwungs im Pianissimo, bis markante Akkordschläge so unwägbar wie in op. 127 das Ende herbeiführen.

Das Sonatenrondo aus op. 130 entstand als zweites Finale des Werkes erst im Herbst 1826, also nach op. 135 und als letzter Quartettsatz Beethovens überhaupt. Es ist einerseits die Alternative zur ›Großen Fuge‹ als dem ursprünglichen Finale, zugleich aber auch eine in sich gültige Finallösung innerhalb des zyklischen Werkes. Mag der Satz verbindlicher wohl als die Pendants wirken, so gehen in ihn doch Erfahrungen der Zwischenzeit ein, um ambivalente Züge nur noch zu mehren. Das

Thema schon, das ganz rondomäßig aus zwei wiederholten Teilen samt internem Kontrastglied besteht, basiert auf einer Quintschrittsequenz (G – c, F – B), gegen alle Konventionen des Rondos wird die Tonika also derart verschleiert, daß sie erst am Ende des ersten Teils hervortritt. Ähnlich doppeldeutig fällt die Fortführung aus, die das Kadenzglied aus dem dritten Thementakt herauslöst und im Einklangskanon samt partieller Umkehrung so staffelt, daß Substanz und Aufwand quer zueinander stehen. Zugleich gewinnt diese Phase eine Selbständigkeit, die ihr fast den Rang eines Seitensatzes gäbe, zumal dann ab T. 51 mit energischen Sechzehnteln eine wiederum sequenzierende Satzgruppe ansetzt, die nun aber erst – mit entsprechend wechselnder Vorzeichnung – auf der Dominante steht. Doch folgt ihr erst ab T. 67 der eigentliche Epilog, der scherzos mit drei auftaktigen Achteln anhebt und ebenso plötzlich in verminderten Akkorden auspendelt. Auf engstem Raum kontrastieren dazu in rasch wechselnder Dynamik Klangfelder, in denen die Dominante umspielt wird, gegenüber dem Schein eines Rondos wird dann jedoch die gesamte Exposition wiederholt. Tonale, motivische und formale Kriterien treten also derart auseinander, daß sich die Fixierung ihrer Funktionen auch in der Durchführung verwirrt. Denn sie beginnt mit dreifachem Zitat des leicht variierten Refrainkopfes, dessen federnder Impuls – fast resultatlos – zweimal abbricht, wogegen erst der dritte Anlauf unvermutet ab T. 109 von einer gänzlich anderen Satzgruppe abgelöst wird. Sie steht zudem in As-Dur und wirkt bei regelmäßiger Periodik im klangdichten Satz wie ein Couplet, das formal freilich eine Durchführung zu vertreten hätte. Doch auch ein dritter Refrain (ab T. 160) verflüchtigt sich rasch in Skalenformeln, in die ständig das Kadenzscharnier eingeflochten wird. So muß die Durchführung fast ganz ohne das Hauptthema auskommen, und wenn sie am Ende so lautstark wie beharrlich in neutralen Achteln die Dominante der Mollparallele umkreist, so wird bereits in weit ausgreifender Stufenfolge die Reprise eröffnet. Sie läuft zwar scheinbar normal ab, gerät aber überkomplett, wenn ab T. 341 nicht nur der transponierte Beginn der einstigen Durchführung, sondern auch noch das Couplet in Es-Dur folgt. Um die Verwirrung zu vervollständigen, schließt also an die eigentliche Reprise noch eine Teilwiederholung der Durchführung an, aus deren Auflösung ab T. 406 die reguläre Coda heraustritt. In ihr vollzieht sich, was zuvor verweigert wurde: motivische Arbeit mit dem Themenkern. Abgespalten werden nämlich nicht nur Themenkopf und Kadenzscharnier, aus beiden werden noch kleinste Partikel präpariert, die ihrerseits weiträumige Reihung erfahren. Dabei gleichen die isolierten Vorhalte der einstigen Kadenzgruppe jenen Wendungen, die in der Coda des Kopfsatzes die Annäherung zwischen langsamer Einleitung und Allegro bewirkten. Im Wechsel solcher Relikte mit lapidaren Skalen erreicht der doppeldeutige Satz sein Ende. Doppeltes Gesicht hat er, indem er einerseits im

Rahmen des Sonatensatzes sein Spiel mit dem Material treibt, während er andererseits keiner Gestalt letzte Verbindlichkeit zugestehen mag. So leichtfüßig und mitunter fast konventionell er sich gibt, so ambivalent sind nicht nur die formalen, sondern auch die harmonischen, motivischen und rhythmischen Konstellationen, die sich im scheinbar festen Gefüge ausbilden. Daß sie dennoch keinen triumphalen Schluß oder nur eine haltbare Synthese erreichen, deutet denn auch an, wie schwierig verbindliche Lösungen dort sind, wo grundlegende Voraussetzungen des Komponierens zur Disposition stehen. Zum mehrschichtig gestaffelten Kopfsatz aus op. 130 bildet jedenfalls das nachkomponierte Finale eine durchaus überzeugende Alternative.

Wie gleiche Schwierigkeiten auch die Sätze austragen, die von der Norm des Tanzsatzes ausgehen, ohne mehr als eine Tempoangabe zu tragen, braucht nur mehr knapp skizziert zu werden. Greifbar wird ihr fragiler Status schon an dem kleinen A-Dur-Satz, der als ›Alla marcia‹ von nur 24 Takten dem Dankgesang in op. 132 folgt. Denn seine streng regulierte Periodik mit Wiederholung beider Teile stößt auf den Umschlag zum Rezitativ, das die gewohnten Normen sprengt, um am Ende nur noch die Kernintervalle des Werkes zur Geltung zu bringen. Wie hier der Marsch wird in op. 130 der Tanz stilisiert, der als ›Alla danza tedesca‹ bezeichnet ist. In G-Dur stehend, vermittelt sein heller Klang mediantisch zwischen der Rahmentonart B-Dur und der folgenden Cavatina in Es-Dur, doch hat er zugleich seinen Platz zwischen zwei langsamen Sätzen, sofern ihm das eigentümliche Andante in Des-Dur mit der Charakterisierung ›poco scherzoso‹ vorangeht. Dem knappen Tanz im wiegenden 3/8-Takt steht ein Trio gegenüber, dessen gleichmäßige Figuration in Sechzehnteln dann als rhythmische Variante in die Wiederholung des Hauptteils eingeht, für weitere Nuancierung sorgt zudem eine Dynamik, die stetig an- und abschwellend die periodischen Gruppen schwingen läßt. In seinem Kontext gibt sich der Satz zwar als geschützte Enklave, daß aber auch er den Spannungen des Spätwerks nicht ganz entgehen kann, erweist seine Coda, die seine melodischen Bögen in taktweiser Aufteilung zwischen den einzelnen Stimmen zerfallen läßt. Selbst wenn die letzten acht Takte nochmals die ursprüngliche Ordnung herstellen, bleibt der Hinweis auf ihre Gefährdung nachdrücklich genug.

Der dritte Satz in op. 127 ist – anders als seine Analoga – als Scherzando bezeichnet, und so unmißverständlich wie der 3/4-Takt ist die Form mit wiederholten Teilen, konträrem Trio und summierender Coda ausgeprägt. Zum »wahren Spiel mit musikalischen Formen«[1] paßt es auch, daß nach Akkorden im Pizzicato der Themenkopf (arco) allein vom Cello und dann in Umkehrung von der Viola präsentiert wird, während vor analogem Einsatz der Violinen das Kadenzglied mit Triller für sich wiederholt wird. Daraus folgt die schrittweise Auffüllung des Satzverbandes in der ersten Hälfte, wogegen die zweite vom Unisono aus

1 W. Steinbeck, »*Ein wahres Spiel mit musikalischen Formen*«. *Zum Scherzo Ludwig van Beethovens*, in: Archiv für Musikwissenschaft 38 (1981), S. 194–226.

die Stimmen wieder auflockert und dann in mächtiger Ballung zusammenführt. Gerade vor dem Rückgriff auf das Ausgangsmaterial vollzieht sich aber ein Einbruch, der durch zweifachen Wechsel von Tempo und Taktart angezeigt wird. Denn nach Abbruch im Tuttiklang schiebt sich einstimmig in tiefer Lage ein Viertakter ein, der gänzlich aus dem Zusammenhang rückt. Erst wenn man seine ersten Töne abrechnet, erweist er sich als gedehnte, dazu leittönig geschärfte Umformung des intervallischen Kerns, mit dem der Satz begann (Sekunde und Terz auf- sowie Halbton abwärts). Indem dieser Einschub von der Grundgestalt des Incipits beantwortet und in der Wiederholung um eine Quinte versetzt wird, partizipiert er am Fortgang des Satzes, doch führt er zugleich vor, wie selbst ein Scherzo mit abstrakten Zellen operiert. Daß der Verlauf dann fortgesetzt und der ganze zweite Teil wiederholt wird, gibt dem Einbruch erst recht sein Gewicht. Das knappe Presto in es-Moll, das als Trio fungiert, gleicht trotz seiner Zweiteiligkeit fast einem Kettenrondo. Denn zwischen primäre Phasen, in denen zu Tonrepetitionen die Oberstimme weiträumig die Grundstufen umspielt, treten kontrastierende Gruppen, die unison beginnen und kargere Gesten mit gehaltenen Akkorden verbinden. Und nach Wiederholung des Scherzando stoßen die konträren Teilsätze in der Coda unmittelbar aufeinander. – Deutlich geht dagegen der zweite Satz in op. 132 als Allegro ma non tanto in A-Dur vom eher gemächlichen Menuett im 3/4-Takt aus. Allerdings wird das Taktgefälle relativiert, sofern zugleich im Unisono Leittöne auf betonter Zählzeit zur unbetonten Taktmitte zielen, und das metrische Spiel wird nicht aufgehoben, wenn im nächsten Viertakter eine regulär akzentuierende Gegenstimme dazutritt. Denn aus ihr werden die kadenzierenden Achtel herausgelöst und versetzt, bis der Schluß des ersten Teils auftaktige Diktion annimmt. Vollends verschiebt sich das Gefüge, wenn im zweiten Teil sogar das volltaktige Kopfmotiv auftaktig umgebildet wird (wie ab T. 58). Selbst die Coda verklingt unentschieden mit zwei Achteln samt Viertel auf wechselnder Zählzeit. Diesem rhythmisch subtilen Spiel entspricht das klangliche Raffinement im Trio, dessen Oberstimme ihre melodischen Bögen über Haltetönen und wiegender Achtelbegleitung ausbreitet, während kontrastierende Gruppen tänzerische Drehfiguren mit getupften Achteln verbinden. – Auch in op. 130 findet sich als zweiter Satz – dazu als Widerpart zum G-Dur-Tanz – ein Presto in b-Moll, das nicht nur in der zweiteiligen Anlage Merkmale eines Tanzsatzes hat, obgleich es im geraden Takt steht. Denn trotz des knappen Formats von 105 Takten prägt der Satz, der fast durchweg im Pianissimo vorbeihuscht, den geläufigen Formtyp sehr eigenartig um. Bei gleichmäßig viertaktiger Gruppierung betont das Cello auf- und abtaktig die Zählzeiten, und die zweite Violine nimmt sich fast als rhythmische Augmentation der Oberstimme aus, die ihrerseits eintaktige Glieder im Kadenzrahmen sequenziert. Die metrische Regulierung ist der Rahmen der komplexen Rhythmik, die ihre Impulse aus kurzen Phrasen bezieht. Das Trio dagegen wechselt nach B-Dur bei steter Triolierung, so daß sich mit faktischer Beschleunigung latente Dreizeitigkeit durchsetzt. Vor der Wiederholung des Presto drängt sich aber ein befremdlicher Kontrast ein, der trotz anderer formaler Position an den Sachverhalt in op. 127 gemahnt. Im Unisono wird eine steigende c-Moll-Skala auf punktierte Ganze gedehnt und in der Oberstimme mit chromatisch fallenden Wendungen beantwortet, die auf abgesetzte Viertel mit Halbton stoßen (f – f – ges). Ohne den gedehnten Vorspann wiederholt sich der Vorgang zweimal unter Ausweitung der chromatischen Linie, der dritte Anlauf aber führt in das wiederholte Presto hinein. Nun erst erweist sich der abgesetzte Halbton als Substrat des Initiums, von dem das Presto ausging, und so lassen sich wohl auch die Skalen als Abstraktion der Sequenzfolgen auffassen, die das Material zuvor strukturierten. Wiederum ist die Kontinuität der Struktur die Bedingung für einen Einbruch, der sich unter Berufung auf abstrakte Zellen legitimiert und damit die Strategien des Spätwerks freilegt.

Es gehört zu der Systematik, mit der die späten Quartette kompositorische Möglichkeiten ausloten, daß im Zyklus nicht nur tänzerische, sondern auch langsame Sätze in doppelter und höchst unterschiedlicher Gestalt begegnen. So folgt dem Presto in op. 130 als dritter Satz das Andante con moto Des-Dur, das schon im Zusatz ›scherzoso‹ eine changierende Note hat. Zwei eröffnende Takte leiten zur Tonika hin und führen zugleich in den Unterstimmen einen motivischen Kern ein, der das Material des ersten Satzglieds bildet. Zu getupften Sechzehnteln und synkopischen Füllstimmen erhält eine punktierte Drehfigur fast schlenkernden Duktus, doch ergeben sich gerade aus der Begleitung die verdeckten Fäden zu weiteren Satzgruppen. Denn in dem verschachtelten Verlauf zeichnen sich zwei analoge Großteile samt Coda ab, doppelt erscheint in beiden – und zusammen viermal – der erwähnte Hauptteil, dazwischen tritt zunächst ein weiter aufgebrochenes Satzglied und dann eine ›Cantabile‹-Gruppe, so daß fast eine Rondoform entsteht. Obwohl ein Zentrum der Verarbeitung fehlt, stellt sich bloßer Reihung nicht allein die intrikate Rhythmik entgegen. Der bedächtige und fast derbe Ton kennt vielmehr auch subtile Valeurs, die auf einem dichten Netz primär rhythmischer Beziehungen basieren.

Den langsamen Sätzen der ›Galitzin-Quartette‹ sind die variativen Züge gemeinsam, auch wenn sie sehr unterschiedlich wirksam werden. Die außerordentliche Nuancierung, die das Thema im Adagio As-Dur aus op. 127 auszeichnet, wird auch für die Kette der fünf Variationen maßgeblich. Beide Teile des Themas bestehen aus Viertaktern, die schon in ihrer Wiederholung modifiziert werden, und zwei eröffnenden Takten entspricht eine zweitaktige Kadenzgruppe, womit sich insgesamt 20 Takte ergeben. Eingangs wird der Grundton des vorangehenden Kopfsatzes (Es) im Zutritt der Mittelstimmen durch Septime und Quinte dominantisch umgedeutet, bis zuletzt der verlängerte Auftakt der Oberstimme die Terz einfügt. Dabei wird zunächst der 12/8-Takt synkopisch verschleiert, und erst vom dritten Takt an begegnen geschlossene Melodiebögen, deren Kurven schließlich zur Oktave ausgreifen. Wo dann der dominantische Halbschluß erreicht wird, übernimmt das Cello die melodische Führung, um diesmal auf der Dominante zu kadenzieren. Analog sind die weiteren Taktgruppen gebaut, doch wechselt innerhalb der Wiederholung die melodische Linie nach zwei Takten von der Ober- zurück zur Unterstimme, und in der zweitaktigen Kadenzgruppe werden die Grundstufen chromatisch getönt. In Worten ist freilich kaum faßbar, wie sich melodische Linien im periodischen Rahmen zur Stufenfolge verhalten und zum kantablen Strom verbinden. Indessen liegt den Variationen von Anbeginn an weniger ein melodisches Modell als das harmonische und periodische Gehäuse zugrunde, und so entfernt sich schon die erste Variation von der thematischen Substanz so weit, wie es vordem nur in späten Phasen eines solchen Satzes möglich war. Bei Ausfall der einleitenden Takte bleibt zwar der Wechsel der Außenstimmen – wiewohl in umgekehrter Folge – im Verhältnis der Taktgruppen erkennbar, doch schon die ersten Töne des Themas werden gleich auf engem Raum von einer Gegenstimme aufgegriffen, während der Terzfall in der Oberstimme umgekehrt und chromatisch gefüllt wird. Den ständigen Varianten dieses Modells entspricht die zunehmende Differenzierung in der Wiederholung der viertaktigen Gruppen, die sich zudem auch klanglich und rhythmisch verdichten. Weiter noch lösen sich in der zweiten Variation die thematischen Konturen in knappe synkopische Formeln auf, die dann wiederum zu Figurenketten verlängert werden, wogegen die gleichmäßig getupfte Begleitung ein fast scherzoses Moment einbringt. Und an einen solchen Tonfall schließt später auch die vierte Variation an, in der über begleitenden Tonrepetitionen die melodischen Bögen in Trillern und Dreiklangsbrechungen auslaufen. Den Fluchtpunkt des Satzes bildet dazwischen das Adagio molto espressivo als dritte Variation, die zwar immer noch das periodische Gerüst beibehält, zugleich aber weit hinaus nach E-Dur rückt. Der Abstand zur Tonika wird am Anfang und Schluß durch entschiedene Rückung überbrückt, der tonalen Distanz entspricht andererseits eine Kantabilisierung, die auch zum Wechsel der Außenstimmen zurückkehrt. Dabei scheinen melodische Konturen anfangs nur in Umrissen durch, und erst in der zweiten Hälfte werden sie klarer greifbar, doch entspricht es dem innig verhaltenen und fast entrückten Ton, daß melodische Konsistenz nur in einer solchen tonalen Distanz nochmals möglich wird. Die letzte Variation dehnt schließlich das Verfahren auf alle Dimensionen des Satzes aus, indem sie nicht nur intern moduliert, sondern auch die periodischen Relationen verschiebt. Denn dem internen Wechsel nach cis-Moll gehen vier Takte voran, die sich als Eröffnung oder als Vertretung einer thematischen Phrase auffassen lassen, während sich mit der Rückwendung nach As-Dur die Melodik vollends in Skalenfiguren auflöst. Daß aber die Coda für einen Takt noch eine Kadenzfolge in E-Dur aufnimmt, erinnert noch einmal an die entlegene Mitte des Satzes.

Wer verstehen will, welches Ereignis der Heilige Dankgesang in op. 132 darstellt, ist weder auf biographische Daten noch auf ausschweifende Spekulationen angewiesen. Einzigartig ist kaum der Rückgriff auf das Choralidiom oder die lydische Tonart für sich, sondern die vielschichtige Kreuzung divergierender Prinzipien im variativen Prozeß. Der Wechsel von zwei auch tonal abgehobenen Formteilen nach dem Muster A B A' B' A'' entspricht einem für langsame Sätze nicht unüblichen Bau, ungewöhnlich ist indes der weite Abstand zwischen einem Choral im F-Modus und geradem Takt und einem Andante D-Dur im 3/8-Takt, das zudem die charakteristische Angabe ›Neue Kraft fühlend‹ trägt. Beide Ebenen prägen diametral unterschiedliche Prinzipien aus und kongruieren doch insgeheim in ihrer variativen Entwicklung. Manfred Hermann Schmid hat zuletzt zusammengefaßt, was über historische Vorgaben zu ermitteln ist. Demnach griff Beethoven nicht nur auf das Notat der Doxologie aus einem Magnificat von Palestrina zurück, vertraut war ihm neben dem lydischen Modus offenbar auch der Typus des älteren protestantischen Chorals mitsamt den tradierten Verfahren seiner Bearbeitung.[1] All solche Realien treten freilich hinter der konkreten Ausformung des Modells zurück, dessen Melodie im Kern aus vier zeilenhaften Gliedern mit Klauseln in f, e, d und wiederum f besteht. Die letzte Zeile wird zusätzlich als einzige wiederholt, wobei ihre Klausel nach e als Quinte im A-Dur-Klang lenkt. Den diatonischen Linien, deren Ambitus sich zur dritten Zeile hin erweitert und dann wieder verengt, entspricht ein scheinbar schlicht homorhythmischer Satz nach Art des contrapunctus simplex. Doch resultiert der Eindruck, die Musik komme gleichsam von weit her, nicht allein aus modalen oder trugschlüssig wirkenden Klangfolgen, vielmehr ist deren Korrelat mit dem Fehlen konventioneller Modulationen auch die Abschwächung regulärer Kadenzen. So folgen etwa am Ende der ersten Zeile G- und C-Dur sowie d-Moll als Quintfall samt Trugschluß aufeinander, der Schlußton der zweiten Zeile wird Terz im C-Dur-Klang, am Beginn der dritten Zeile lösen sich a- und e-Moll und dann C-Dur ab, und endet diese Zeile mit Halbschluß auf G, so kadenziert die vierte mit doppeltem Quintfall (G – C – F). Zwar umgreifen die Zeilen regelmäßig vier Takte, und auftaktig wie sie beginnen auch die ihnen vorangestellten Einleitungen. Sie umfassen jeweils zwei Takte, daß sie sich aber unabhängig vom Zeilenwechsel entsprechen, läßt wohl auch an Bachs Kunst der Choralbearbeitung denken, die in der motivischen Einheit der Gegenstimmen begründet ist. Der Quintfall zu Beginn der Imitation vor den Binnenzeilen

1 M. H. Schmid, *Streichquartett a-Moll op. 132*, in: *Beethoven-Interpretationen*, Bd. II, S. 326–337: 333ff.; dazu vgl. A. Klimowitzkij, *Ein ›Gloria‹ von Palestrina als Modell des ›Heiligen Dankgesanges‹ aus Beethovens Streichquartett op. 132*, in: *Bericht über den Internationalen Beethoven-Kongreß Berlin 1977*, hg. v. H. Goldschmidt u. a., Leipzig 1978, S. 513–517 und S. 225–228; S. Brandenburg, *The Historical Background to the ›Heiliger Dankgesang‹ in Beethoven's A-minor-Quartet Op. 132*, in: *Beethoven Studies*, Bd. 3, hg. v. A. Tyson, Cambridge u. a. 1982, S. 161–191.

wird durch stufenweise Fortführung ausgeglichen, der entsprechende Sextsprung der Rahmenzeilen erfährt intervallisch erweiterte Ausspinnung, und dazu werden die Einsätze der Stimmen regelmäßig ab- oder aufsteigend gestaffelt (nur vor den Binnenzeilen treten die letzten Einsätze simultan ein). Da aber der Wechsel der Abschnitte so gleichmäßig wie ihre Rhythmik bleibt, werden im Molto adagio die Taktakzente derart abgeschwächt, daß das metrische Gefüge so ungreifbar wird wie die Kadenzordnung.

Die Differenz der Prinzipien wird im Vergleich mit dem Andante D-Dur deutlich, das sich aus wiederholten Taktgruppen zusammensetzt (a – a' – b – b' – c). Dabei besteht das erste Glied aus acht Takten, die variiert wiederholt werden, während das zweite zehn Takte erreicht und sich das dritte aus zwei wiederholten Viertaktgruppen ergibt. Der metrischen Ordnung im dreizeitigen Taktmaß entspricht die harmonische Disposition, die im ersten Glied zur Dominante führt, dann die Tonika umkreist und zum Schluß die Kadenzfolge erweitert. Zugleich verbindet sich mit der Wiederholung der Gruppen ihre fortschreitende Variierung, wobei die Erweiterung der mittleren aus der emphatischen Steigerung ihrer Kadenzlinie entsteht, die im Schlußglied zurückgenommen wird. In all dem ist das Andante ein Paradigma des kadenzmetrischen Satzes, so reich es freilich in der Stimmführung differenziert wird. Doch wird nun auch die Tragweite der Entscheidung für einen Choralsatz greifbar, der die Verbindlichkeit funktionaler Harmonik und metrischer Gruppierung einschränkt. Denn damit werden die Grundlagen der Satztechnik relativiert, von denen Beethovens Komponieren sonst ausging. So begegnet den Komplikationen des Spätwerks der Rückgriff auf fast archaische Alternativen, die mit gänzlich anderen Voraussetzungen rechnen. Jenseits spekulativer Hypothesen lassen sich also historische Perspektiven erfassen, die sich als Schichten des Satzes im variativen Prozeß kreuzen. Weniger wird davon das nur einmal wiederholte Andante berührt, dessen genauer Bauplan übernommen wird, auch wenn die Stimmführung weitere Nuancierung erfährt. Beidemal rückt aber am Ende ein eingeschobener Takt von der Tonika D-Dur zum C-Dur-Sextakkord, der mit Quintschritt zum Choral in F leitet. Der Einschub erfolgt so unvermutet, als greife in die Kadenz bereits das modale Gefüge des Chorals ein. Umgekehrt wendet sich die wiederholte Schlußzeile des Chorals nach A-Dur, in dominantischem Anschluß wirkt also das Andante bereits auf die letzte Klausel des Chorals ein. Bei ihrer ersten Wiederkehr hebt sich die Choralweise in der Oberstimme als cantus firmus mit gleichmäßigen Halben ab, die Vorimitationen beginnen zwar wie zuvor, sie werden aber nicht nur rhythmisch modifiziert, sondern auch zu den Zeilen fortgeführt. Indem der kontrapunktische Satz nun auch Vorhaltdissonanzen einschließt, treten die Aspekte der Choralbearbeitung näher zusammen. Weiter noch führt das letzte Satzglied, das sich allein auf die erste Zeile konzentriert. Sie wandert in Halben durch die Stimmen und erfährt mehrfache Quintversetzung, die auch die modale Ordnung tangiert, wenn das lydische Incipit (f – e – d) intervallisch verändert wird (g – f – e). Zugleich überlagern sich die Zeilen in Engführung, in ihre Kontrapunktierung ziehen synkopische Achtel ein; je enger sich die Schichten aber kreuzen, desto weiter tritt der Choral selbst zurück, der zudem einmal eine leittönige Kadenz zuläßt (T. 181). Die Distanzierung vom Modell ist eine Folge seiner Verarbeitung und reicht so weit, daß ihr mit der Raffung zum homorhythmischen Satz begegnet wird, dessen Preis aber der Zerfall der Weise in knappe Segmente ist (ab T. 191). Zunehmend durchdringen sich also die Teilmomente, bevor der Satz mit klarer F-Dur-Kadenz in höchster Lage schließt. Der aus der Ferne eingeführte Choral verrinnt in dem Maß, wie sich in ihm die Verfahren seiner Verarbeitung durchsetzen. Die entrückte Alternative entschwindet also, je mehr sie aktuellen Maßnahmen ausgesetzt ist, doch öffnet der historische Rekurs auch neue Dimensionen, indem die Spaltung der Möglichkeiten zugleich die Geltung selbstverständlicher Normen schmälert. Desto entschiedener führt der knappe Satz Alla marcia, indem er im Rezitativ ausläuft, auf die Fragestellung des ganzen Werkes zurück.

Die wahrhaft unbeschreibliche Cavatina Es-Dur aus op. 130 hält wohl jeden Interpreten zur Scheu an, doch auch wenn sich ihre Schönheit der Analyse entzieht, läßt sich ihr singulärer Rang mit ein paar Hinweisen andeuten.[1] Denn kaum noch einmal kennt der klassische Kanon des Quartetts einen langsamen Satz, der zunächst so einfach anmutet. Nicht allein verzichtet er auf die gewohnten Relationen zwischen Melos und Begleitung oder akkordischem und figurativem Satz, eine Ausnahme ist es auch, daß sich die Substanz nicht nach Maßgabe ihrer Entwicklung ändert oder auflöst. Scheinbar nähert sich die Cavatina damit dem Typus des ›romantischen‹ Liedsatzes, und wenn sie nicht selten als Stimmungsbild verstanden wurde, dann trug dazu die Kennzeichnung des Mittelteils mit dem Wort ›beklemmt‹ bei. Was den Satz gleichwohl zum Inbegriff klassischer Kunst macht, ist die Differenzierung der zurückhaltenden Harmonik wie auch der metrischen Verhältnisse. Der volltaktige Ansatz der Unterstimmen wird bis in T. 9 hinein verlängert, auftaktig beginnt die zweitaktige Phrase der Oberstimme, die nach Pause so ansetzt, daß sich die Stimmen erst ab T. 5 synchron treffen. Daß die zweite Violine die kadenzierenden Wendungen der ersten echoartig aufgreift, trägt weiter zur Verschränkung der Taktgruppen bei. Der Rückgriff auf den Beginn ab T. 11 löst in der modulierenden Erweiterung die melodische Kurve in kleinere Glieder auf, wonach in der Quintschrittsequenz ab T. 17 die regelmäßigen Einsätze der Unterstimmen hervortreten. Der Stabilisierung der Tonika entspricht die melodische Entfaltung der abschließenden Taktgruppe, die zudem mit Varianten wieder-

---

[1] Zu dem Satz vgl. R. A. Kramer, *Between Cavatina and Ouverture: Opus 130 and the Voice of Narrative*, in: *Beethoven Forum*, Bd. 1, hg. v. Chr. Reynolds u. a., Lincoln und London 1992, S. 165–189; L. Lockwood, *On the ›Cavatina‹ of Beethoven's String Quartet in B Flat Major, Opus 130*, in: *Liedstudien. Wolfgang Osthoff zum 60. Geburtstag*, hg. v. M. Just und R. Wiesend, Tutzing 1989, S. 293–305.

holt wird. Grundlegend anders ist der nur achttaktige Mittelteil verfaßt, in dem die Taktgruppierung ihre regulierende Funktion einbüßt. Denn die Unterstimmen begleiten in triolischen Tonrepetitionen, mit dem Eintritt der Oberstimmen wendet sich der Satz nach Ces-Dur, um später über as-Moll zur Tonika zurückzukehren. Zwar führt der harmonische Exkurs kaum sonderlich weit ab, doch zerfällt die Melodik in knappe Gesten, die nicht nur als sprechend oder rezitativisch zu charakterisieren sind. Die Angabe ›beklemmt‹ verwehrt es, in Worte zu fassen, was hier Musik für sich allein besagen will, indes fehlt eine metrische Akzentuierung so weit, daß diese Phase nahezu haltlos aus dem Umfeld heraustritt. Zwar stellt sich danach der kantable Ton der Cavatina wieder her, im Anschluß an die eröffnende Gruppe wird aber die melodische Entfaltung weiter zurückgenommen. Vom vorangegangenen Einbruch wird damit auch der Ausklang des Satzes überschattet, dessen fragile Kantabilität im zyklischen Zusammenhang nicht weiter Bestand haben kann.

Dem vielfach zerklüfteten Satzverlauf der späten Quartette entspricht ferner eine zyklische Disposition, die sich von der gewohnten Satzfolge löst und daher unterschiedliche Interpretationen ausgelöst hat.[1] Wie sich aber die Brechungen der Formen, die schon die Zeitgenossen verstörten, aus dem Verhältnis der Zellen des Satzes verstehen lassen, so kann auch als weitere Pointe des Verfahrens die Umbildung des Zyklus aufgefaßt werden. Zwar wird in op. 127 noch die Viersätzigkeit gewahrt, zu der am Ende auch op. 135 zurückkehrt, doch sind in op. 132 wenigstens fünf Sätze zu unterscheiden (falls man nicht vom Alla marcia seinen rezitativischen Ausgang trennt). Dagegen werden in op. 130 sechs Sätze erreicht, und in op. 131 lassen sich sogar sieben einzelne Sätze zählen. Allerdings ist über die wechselnde Zahl und Stellung der Sätze nicht unabhängig von ihren Funktionen und Charakteren zu reden. Dem zyklischen Zusammenhang, der manchmal fast als Geheimnis beschworen wird, sind kaum Versuche adäquat, die ›Einheit‹ der Quartette aus gemeinsamen intervallischen Kernen abzuleiten. Solche Bemühungen können leicht esoterisch anmuten und kranken daran, daß sie ein Ideal von ›organischem‹ Zusammenhang gegenüber der konkreten Vielfalt der Musik festzuhalten suchen. Unausgesprochen folgen sie also einem klassizistischen Leitbild, wie auch der Begriff des ›Organischen‹ dem Denken des späteren 19. Jahrhunderts entstammt. Am Kopfsatz aus op. 132 wurde auf die kritischen Intervalle verwiesen, die hier wie im Finale und partiell in den Binnensätzen hervortreten, ähnliche Relationen lassen sich in op. 130 verfolgen, und sie begegnen dann besonders in op. 131. Orientiert man sich nur an solchen Kriterien, dann kommen zwar einzelne Sachverhalte zur Geltung, doch läßt sich die Fülle der Gestalten kaum auf ein Substrat reduzieren. Auch aus den Skizzen sind kaum passende Belege herauszugreifen, ohne zugleich zu zeigen, wie sie sich zu derart konträren Gestalten verhalten. Die Absicht jedoch, pri-

---

[1] D. K. L. Chua, *The Galitzin Quartets of Beethoven*, Princeton 1995.

mär Faktoren der Einheit zu demonstrieren, ist eine verschwiegene Reaktion auf die Irritationen der Werke, die durch einseitige Argumente aber auch begradigt werden können. Die Nachweise intervallischer und harmonischer Beziehungen, die aus dem Kontext gelöst werden, erfassen also nur isolierte Teilaspekte, ohne die Herausforderungen der Musik zum Vorschein zu bringen.

So wenig wie in den Einzelsätzen handelt es sich in den Zyklen um Relationen, die an abstrakten Intervallen allein greifbar sind. Denn in ihrer rhythmischen, harmonischen oder melodischen Konkretisierung erhalten sie erst ihr eigenes Gepräge, das ihr zyklisches Verhältnis bestimmt. Wie selbst die Ecksätze in Form, Zeitmaß und Charakter jede Typologie hinter sich lassen, so folgen die Binnensätze in ihrer Stellung und Charakteristik keiner gängigen Norm mehr. Bei aller Zurückhaltung läßt sich immerhin wahrnehmen, daß zwischen den Ecksätzen in op. 130 jeweils ein tänzerischer Satz in raschem Tempo den langsamen Sätzen vorangeht. Den pointierten Relationen der Ecksätze entspricht also eine Potenzierung in den Binnensätzen, die höchst unterschiedliche Seiten ihrer traditionellen Charakteristik gleichermaßen zur Geltung bringt. Dem huschenden Presto in b-Moll folgt im Terzabstand das scherzose Andante Des-Dur, und vor der versunkenen Cavatina Es-Dur steht wieder in mediantischem Verhältnis das Alla danza tedesca in G-Dur. Nicht ganz unähnlich wird der Dankgesang als Zentrum in op. 132 vom Allegro ma non tanto in A-Dur und in gleicher Tonart vom Alla marcia umrahmt, dessen rezitativischer Auslauf zugleich zum Finale vermittelt. Auch im cis-Moll-Quartett op. 131 sind nicht sieben gleichrangige Sätze zu rechnen, denn das kurze Allegro moderato an dritter Stelle bildet zugleich modulierend eine Brücke zwischen den ihm benachbarten Sätzen, während das Adagio an vorletzter Stelle in das Finale leitet. Im Kern wird demnach der umfängliche Variationensatz vom eröffnenden Satzpaar einerseits und dem scherzosen Presto mitsamt dem Finalsatz andererseits eingefaßt. So gänzlich befremdend sind also die Verhältnisse nicht, daß sie Anlaß zu umständlichen Deutungen geben müßten. Denn zu den Beziehungen der Sätze gehören auch ihre frappanten Kontraste, die nicht einseitig durch abstrakte Gerüste zu eliminieren sind. Die Radikalität des Spätwerks erweist sich daran, daß nicht nur intervallische Konfigurationen, sondern alle Partikel des klassischen Tonsatzes geprüft werden, um wechselseitig Kontraste wie Beziehungen zu stiften. So wäre es nur konsequent, daß dieses Prinzip, das eher latent als ostentativ wirksam wird, auch in die Relationen der Sätze eingreift. Und der Musik könnte es eher angemessen sein, ihr vieldeutiges Gefüge wahrzunehmen, statt es in hypostasierter Einheit aufzuheben. Unter diesen Voraussetzungen wäre es dann nicht bloß befremdlich, wenn die Charaktere von Sätzen, die einst durch die Tradition hinreichend beglaubigt waren, so grundsätzlich pointiert werden, daß sie auch im Zyklus potenziert in Erscheinung treten, während vormals einleitende Abschnitte nun – scheinbar selbständig – zwischen die Sätze einrücken können. So läßt sich die gestaffelte Satzfolge in op. 130 nicht anders als die um den Dankgesang zentrierte Anordnung in op. 132 oder die abermalige Erweiterung in op. 131 zuerst als ein Verfahren der Amplifikation begreifen. Der Fundus tradierter Formen und Charaktere wird in mehrdeutigen Lösungen gedehnt, die den internen Strategien der Sätze Rechnung tragen. Darin noch ist das Spätwerk der durch Haydn begründeten Tradition verpflichtet, so weit es auch vorauszudeuten scheint.

Besonders virulent werden solche Fragen für die ›Große Fuge‹, die als ursprünglicher Schlußsatz zu op. 130 durch das nachkomponierte Finale ersetzt wurde und daher weitere Diskussionen veranlaßt hat. In einem Plädoyer für das »gespaltene Werk« hat sich Klaus Kropfinger entschieden dafür eingesetzt, die Fuge gleichsam als intentionalen Schluß des Werkes zu verstehen, dessen Spannungen nur durch diese Lösung ausgetragen werden, was das zweite Finale bei aller Souveränität nicht leiste. Dagegen wandte Albrecht Riethmüller ein, »im Bann der Urfassung« werde das Skandalon verdrängt, »daß zwei Schlüsse offenbar nicht als gleichberechtigt gelten dürfen«.[1] Die Argumente Kropfingers für die Restituierung des ursprünglichen Zusammenhangs sind zwar bedenkenswert, doch könnte es plausibel sein, daß die doppeldeutigen Verfahren der Sätze und Zyklen nun sogar die Verbindlichkeit des Schlusses tangieren. Falls es zutrifft, daß die Fragen des Spätwerks keine einseitigen Lösungen zulassen, dann wäre als ihre Konsequenz noch eine so ambivalente Finallösung zu akzeptieren. Selbst die Entscheidung Beethovens, den Satz separat zu publizieren, bedeutete keine Abwertung, und auch damit blieb er in der weiteren Gattungsgeschichte ebenso singulär wie in seiner dichten Struktur. Selbst wo seine Verkettung thematischer Transformationen später wirksam wurde, fand er dennoch kein Gegenstück, und so läßt er sich in seiner unvergleichlichen Position hier nicht angemessen analysieren. Der Versuch von Warren Kirkendale, die ›Große Fuge‹ als Gegenstück zu Bachs *Kunst der Fuge* zu verstehen, überzeugt weniger als sein Hinweis auf Johann Georg Albrechtsberger, dessen *Gründliche Anweisung zur Composition* Beethoven vertraut war.[2] Weiter ließe sich an ältere Modelle wie das Ricercar oder die kontrapunktische Fantasia erinnern, deren Abschnitte rhythmische oder intervallische Varianten eines Soggetto kennen. Doch ist nicht nur fraglich, welche Kenntnisse Beethoven von solchen Traditionen hatte, sie überbrücken vielmehr keineswegs den Abstand zur Radikalität seiner Verfahren. Dabei steht nicht allein die genuine Tradition des Quartetts auf dem Prüfstand, sondern die denkbar ehrwürdigste Satztechnik, die im historischen Rückblick möglich war. Denn die Auseinandersetzung mit der Fuge, die sich in Haydns Finali aus op. 20 oder Mozarts Sätzen in KV 387 und 464 vollzog, rückt nun in den Diskurs des Beethovenschen Spät-

---

1 Kl. Kropfinger, *Das gespaltene Werk. Beethovens Streichquartett Op. 130/133*, in: *Beiträge zu Beethovens Kammermusik*, S. 296–335; ders., *Streichquartett B-Dur op. 130*, in: *Beethoven-Interpretationen*, Bd. II, S. 299–316; *Fuge B-Dur für Streichquartett ›Große Fuge‹ op. 133*, ebenda, S. 338–347; dagegen A. Riethmüller, *Im Bann der Urfassung. Am Beispiel von Beethovens Streichquartett B-Dur op. 130*, in: Die Musikforschung 43 (1990), S. 201–211: 209.

2 W. Kirkendale, *The ›Great Fugue‹ Op. 133. Beethoven's ›Art of Fugue‹*, in: Acta musicologica 35 (1963), S. 14–24; *Johann Georg Albrechtsberger: Sämmtliche Schriften über Generalbaß, Harmonie-Lehre, und Tonsetzkunst*, hg. v. I. Ritter von Seyfried, Bd. 1–3, Wien 1826, bot noch eine gedrängte Übersicht der Modi, vgl. ebenda, Bd. 2, § 4, S. 7f.

werks ein. Fugierte Sätze finden sich zwar in anderen Instrumentalwerken aus Beethovens späten Jahren, so etwa in der Cellosonate op. 102 Nr. 2, den Diabelli-Variationen op. 120 oder den Klaviersonaten op. 101, 106 und 110. Ging es aber vordem um einen Ausgleich zwischen den Prinzipien von Fuge und Sonatensatz, so wird nun – jenseits formaler Vorgaben – eine kompositorische Arbeit, die an den Zellen des Satzes ansetzt, auf den fugierten Satz projiziert, der grundsätzlich auf die Integrität des Themas so angewiesen war, wie es Beethoven aus Bachs Werk vertraut war. Daß aber in die Fuge ein diametral entgegengesetztes Verfahren eingreift, hat die extremen Relationen der Teile und Gestalten mit ihren rhythmischen Kontrasten und harmonischen Spannungen zur Folge.

In einer ersten Übersicht lassen sich nach der Overtura drei Abschnitte in B-, Ges- und wiederum B-Dur unterscheiden (A – B – C), auf sie wird später unter eingreifender Veränderung und auch Kürzung in Es-, As- und B-Dur zurückgegriffen (A' – B' – C'), in der Mitte steht demnach die ›Fuga‹ in As-Dur (D) und am Ende eine ausgedehnte Coda. Eine solche Gliederung bleibt jedoch eine Simplifikation, die dem Netzwerk der Anlage nicht entspricht. Denn den Satzteilen ist nicht nur der Bezug auf ein zentrales Thema gemeinsam, zunehmend finden sich zwischen ihnen auch vermittelnde Partien, wogegen in sie wiederum Teilmomente früherer Abschnitte eingehen. So präsentiert die Overtura innerhalb einer Quintprogression, wie sie ähnlich das zweite Finale zu op. 130 eröffnet (G – c – F – B), vierfach das thematische Substrat zunächst gedehnt im Unisono und dann im 6/8-Rhythmus, während zu seinem Zitat in Baßlage schließlich die Legatowendungen in Sechzehnteln treten, die später das Meno mosso Ges-Dur bestimmen (B). Die intervallische Gestalt des Themas, die Beethoven offenbar schon während der Arbeit an op. 132 beschäftigte, erweist sich als Potenzierung der

L. v. Beethoven, op. 133 (Große Fuge), T. 1–10 (*AGA*).

T. 28–32.

kritischen Intervalle aus dem Kopfsatz dieses Werkes, sofern der Quintrahmen mit angrenzenden Halbtönen sequenzierend erweitert und dann kadenzierend zur Oktave der Tonika geführt wird. Zwar ist der Doppelfuge (A) nochmals das Thema in einer rhythmischen Gestalt vorangestellt, die es nach Art des Kontrapunkts alla zoppa mit Pausen auftrennt und die Einzeltöne – notiert als zwei gebundene Achtel – auf schwacher Zeit plaziert. Sobald aber die ›Fuga‹ eintritt, zeigt sich auch, daß dieses Soggetto nur als Kontrasubjekt zu einem Thema fungiert, das neben den weiten Sprüngen seines Initiums durch scharf punktierte Rhythmik gekennzeichnet ist und in der Fortspinnung der latenten Sequenzierung des Kernmodells entspricht. Im steten Forte oder Fortissimo der Doppelfuge (T. 31–158) folgen zwar zunächst fünf Einsätze des Themenpaars, doch schon nach den zwei letzten bereitet sich motivische Abspaltung in eingeschobenen Takten vor. Zu den vier Einsätzen im zweiten Abschnitt, die nun auch auf weiteren Stufen erfolgen, tritt zusätzlich als freier Kontrapunkt eine stete Triolenbewegung, um die rhythmische Komplexität zu steigern. Zugleich wird ab T. 72 aus dem Kadenzglied des Themas ein Partikel abgespalten, mit dem dann nach dem vorerst letzten Themeneintritt der Satz bestritten und unter zunehmender Spreizung des Klangverbands zur ersten Vollkadenz in d-Moll getrieben wird (T. 109). Nach zwei Takten, in denen nur ein analoges Fragment des Materials übrigbleibt, verändert sich die Faktur im dritten Abschnitt noch weiter. Während die Töne des Soggetto nun in synkopischer Stellung erscheinen, werden die Glieder des Fugenthemas auf jeweils zwei Stimmen verteilt, und ergänzend tritt erstmals eine knappe Wendung mit gebundenen Sechzehnteln hinzu, die sich freilich in T. 126 verliert. Doch kennt dieser Abschnitt nur anfangs noch zwei reguläre Einsätze des Themenpaars, aus dem im weiteren zunehmend nur noch die prägnanten Kopfmotive herausgegriffen werden. Dabei hat der freie Umgang mit dem Soggetto eine Vorgeschichte, die bis in das kurze Meno mosso der Overtura zurückreicht, wo bereits der verminderte Septsprung des Incipits zur großen Sext verändert wurde. So hob auch Kerman hervor, daß im dreimaligen Eintritt des Themenpaars zu Beginn des letzten Abschnitts der Doppelfuge (ab T. 139) vier Varianten des Soggetto begegnen, die zumal an den variablen Kadenzgliedern ablesbar sind.[1] Nachdem die synkopische Gestalt des Soggetto schon zuvor durch komplementäre Einsätze aufgefüllt wurde, wird sie nun durch Ausfall der Pausen auf zwei Takte zusammengezogen, und dieser Raffung entspricht im Fugenthema selbst eine gedrängt triolische Version. Am kadenzierenden Auflösungsfeld, das den Schluß der Doppelfuge bildet, ist das Soggetto nur mehr mittelbar beteiligt, während die Oberstimme das Fugenthema in höchster Lage ein letztes Mal einführt.

Der verminderte Septakkord auf verschwiegenem Grundton der Dominante wird überraschend statt nach B-Dur zur Mediante Ges-Dur

---

[1] J. Kerman, *The Beethoven Quartets*, S. 285f.

aufgelöst. Und das Meno mosso (B) beginnt dann mit Taktwechsel im Pianissimo mit Relikten des Kopfmotivs aus dem Soggetto, spätestens mit den begleitenden Tonrepetitionen seines dritten Taktes ändert sich aber das Satzbild so völlig, daß die Assoziation an einen langsamen Satz kaum zu unterdrücken ist (T. 159–232). In das fließende Gewebe der begleitenden Stimmen tritt das Soggetto selbst mit gleichmäßigen Vierteln in einer Gestalt ein, die ihm periodische Rundung und kadenzierenden Abschluß zugleich verleiht. Zwar folgen sich zunächst vier Einsätze im Wechsel von Tonika und Dominante wie in einer Fuge, sie bilden aber auch dann nicht eigentlich einen fugierten Satz, wenn der fünfte Einsatz durch eine Engführung potenziert wird. Demgemäß reduzieren die weiteren Einsätze den Themenkern auf seine ersten vier Töne, bis ein letzter vollständiger Einsatz (T. 209) in einer Fortspinnung ausläuft, mit der er auch entschwindet. Und so pendelt der Satz in engräumiger Bewegung aller Stimmen aus, um sich modulierend zur neuen Dominante F-Dur zu wenden. – Desto entschiedener meldet sich das Soggetto mit dem Allegro molto e con brio in B-Dur zurück (C), das nun sein Initium durch kadenzierende Umspielung erweitert (T. 233–272). Dabei gewinnt gerade diese Fortspinnung durchaus periodische Gestalt, und wenn die Kadenzwendungen zudem durch Triller markiert werden, stellt sich fast unvermeidlich der Gedanke an einen Scherzocharakter ein. Er bleibt freilich episodisch, wenn ein paar energische Kadenzschritte nach As-Dur lenken und die zweite Fuge (D) eröffnen, die sich zugleich als Zentrum auffassen läßt (T. 273–413). Sie übernimmt zwar den 6/8-Takt, konzentriert sich aber so wie zuvor kein Abschnitt auf das Soggetto als Fugenthema, das zu-dem auf punktierte Ganze bzw. Halbe augmentiert wird. Kontrapunktiert wird es durch zwei charakteristische Derivate aus dem Soggetto selbst, die nicht nur den 6/8-Rhythmus artikulieren, sondern mit Trillerfiguren zugleich auch auf den scherzosen Teil zuvor zurückweisen. Vier regulären Einsätzen folgen vier weitere unter Verkürzung des Themas, in seiner anschließenden Auflösung treten desto mehr die scherzosen Partikel und Triller hervor, doch wird der Prozeß zugleich durch eine vollständige Progression im fallenden Quintenzirkel zusammengeschlossen (T. 309–343). Der Zutritt von kettenweisen Achteln bewirkt zwar eine rhythmische Stabilisierung, die auch weitere Einsätze des verkürzten Themas erlaubt, sein letzter vollständiger Eintritt läuft aber in der Oberstimme mit Trillerketten aus; ihnen entspricht zudem der Zerfall der Achtelbewegung, und selbst die thematischen Konturen im Kanonpaar der Unterstimmen (T. 379–400) hindern nicht die schrittweise Auflösung, die zugleich auch modulierend nach Es-Dur vermittelt.

Bei gleichem Taktmaß zeichnet sich im Wechsel nach Es-Dur eine erste Phase des Rückblicks ab (A'): Fragmentierte Reste des gezackten Themas aus der ersten Doppelfuge verbinden sich mit einer extremen

Abbreviatur des Soggetto, das am ehesten im Halbton des Kadenzglieds kenntlich ist, während das dreitönige Initium mit Oktavsprung auf den Schluß der As-Dur-Fuge zurückgeht (T. 414–492). Einmal nur greifen mottohaft von As-Dur aus die augmentierten Kernintervalle ein, deren Verkürzung dann zusammen mit den synkopischen Achteln in Baßlage Elemente der beiden fugierten Sätze einbezieht. In As-Dur wird auch im zweiten Resümee auf das Meno mosso zurückgegriffen (B'), dessen Begleitband die thematischen Zitate zusammenschließt (T. 493–510), und ein akkordischer Anhang führt im Accelerando zurück nach B-Dur (T. 511–532) und damit zum Allegro molto (C'), das aber nicht nur rekapituliert, sondern beträchtlich verlängert wird (T. 533–657). Mit seinen scherzosen Kadenzfiguren treten in dieser Erweiterung auch die thematischen Konturen zurück, und erst die Einblendung des gedehnten Soggetto in ausharmonisiertem Satz erinnert daran, daß seine Kernintervalle noch immer das Umfeld durchziehen. Mit knappen Zitaten der ersten Doppelfuge und des Meno mosso als den Gegenpolen des Satzes beginnt seine Coda (T. 657–741), und mit dem anschließenden Rekurs auf die Overtura folgen damit die Ausgangspunkte des ganzen Werkes in umgekehrter Anordnung. Nur vier Takte gemahnen nochmals an seine graziöse Diminution, bevor sich seine harmonische Version augmentiert über subdominantischem Orgelpunkt zusammenzieht. Seinem Zerfall in getrillerte Kadenzformeln tritt indes die mächtige Schlußsteigerung entgegen, in dreifacher Oktavlage entfaltet sie das Thema der eröffnenden Doppelfuge, das vom Soggetto selbst in Cello und zweiter Violine getragen wird. Indem aber beide in gleichmäßigen Achteln begleitet werden, fügen sich ihre antinomischen Kräfte der Kadenzbewegung in periodische Taktgruppen ein. Die rhythmischen und harmonischen Spannungen, die zuvor aufeinandertrafen, gehen so wie die kontrapunktische Struktur im kadenzmetrischen Satz auf, und zugleich erweist sich die wiegende 6/8-Bewegung als Kehrseite der einstmals gezackten Rhythmik.

So aussichtslos es wäre, die ›Große Fuge‹ nach dem Sonatenschema zu analysieren, so deutlich zeichnen sich in ihr die Charaktere unterschiedlicher Teilsätze ab: »tantôt libre, tantôt recherchée«. Der Hinweis im Druck meint nicht allein den Wechsel zwischen freiem und strengem Satz, sondern den dialektischen Zusammenhang gleichsam gesuchter und gelöster Momente. Nach einleitender Präsentation intervallischer Zellen exponiert die Doppelfuge in grimmiger Attacke ihr Themenpaar, in dessen Verarbeitung das Soggetto ebenso aufgeht wie die fugierte Technik. Dem lyrischen Ton eines langsamen Satzes, der das Thema zum Kadenzbogen rundet, stehen die kapriziösen Züge eines Allegro gegenüber, das die periodische Gliederung befestigt. Die zentrale As-Dur-Fuge läuft in motivischen Segmenten aus, die der harmonische Progressus verklammert. Und die resümierenden Phasen erinnern an

Charaktere, ohne das Soggetto im fugierten Satz zu restituieren, bis die Coda den Prozeß einer strukturellen und nicht nur thematischen Transformation zum Abschluß bringt. So umfassen denn auch die Phasen, die fugiert genannt zu werden verdienen, kaum die Hälfte der ›Großen Fuge‹, sie dienen vielmehr dazu, mittels der fugierten Struktur eine zwar nicht geradlinige, aber doch planvolle Entwicklung in Gang zu setzen. Ihr Ziel ist die schrittweise Verwandlung einer historisch tingierten Technik durch die Maßnahmen des späten Beethoven, die von den Partikeln des Satzes ausgehen. Und es ist ihr Resultat, daß die Fuge in der Auseinandersetzung mit konträren Kräften ihre Dominanz verliert und am Ende im kadenzmetrischen Satz mündet. Was alle Phasen des gestaffelten Verlaufs eint, ist ihr wechselndes Verhältnis zu den kritischen Kernintervallen, die eingangs exponiert wurden. Damit setzt sich zwar ein Denken durch, das intervallische Substrate weiter als zuvor präferiert, seinen Rückhalt jedoch in der wahrhaft ungeheuerlichen Vielfalt der konkreten Gestalten findet. Daß ein Parameter abstrahiert werden kann, ist gewiß ein folgenreicher Schritt, der an die Wege neuer Musik weit späterer Zeit denken läßt. Doch bleibt er noch immer vom Zusammenhang der Teilmomente getragen, und daraus werden weitere Konsequenzen in op. 131 gezogen, die noch in op. 135 als Gegenentwurf nachwirken.

Das cis-Moll-Quartett op. 131 erschließt sich leichter, wenn man sich nicht von der Zahl der sieben Sätze beirren läßt, die schon dem Umfang nach – wie erwähnt wurde – nicht gleiche Funktionen haben.[1] Deutlich zeichnet sich nach dem zentralen Variationensatz ein ausgedehntes Scherzo ab, dem nach einem langsamen Zwischensatz der abschließende Sonatensatz folgt. Auch wenn man das elftaktige Allegro an dritter Stelle als bloßes Zwischenglied gelten läßt, bleibt jedoch das Verhältnis zwischen den ersten beiden Sätzen fraglich. Denn das eröffnende ›Adagio ma non troppo e molto espressivo‹ in cis-Moll nimmt sich im Allabreve-Takt fast wie ein Ricercar in breiten Werten aus, das zwar graduell differenziert, aber nicht grundsätzlich verändert wird. Sehr anders gibt sich danach das Allegro molto vivace D-Dur im 6/8-Takt, das als klares Rondo mit vier Refrains durchaus gearbeitete Teile, aber keine ausgeprägten Couplets aufweist. Wie also läßt sich das Verhältnis zwischen zwei benachbarten, aber so verschiedenen Sätzen in derart entfernten Tonarten verstehen? Erinnert man sich der verzweigten Prozesse in der ›Großen Fuge‹, dann zeigt sich zunächst, daß ebenso das erste Satzpaar in op. 131 die Pole eines historisch getönten strengen Satzes und eines höchst gegenwärtigen Rondo im kadenzmetrischen Satz repräsentiert. Zwischen beiden Sätzen vollzieht sich freilich keine interne Entwicklung, sondern sie treten sich getrennt und eigenständig gegenüber. Zwar kann man ergänzen, daß der Kernton Cis, der im ersten Satz von den benachbarten Halbtönen umrahmt wird, im Übergang zum zweiten Satz selbst Leitton zur neuen Tonika D-Dur wird. Doch läßt die

1 Zusammenfassend vgl. M. H. Schmid, *Streichquartett cis-Moll op. 131*, in: *Beethoven-Interpretationen*, Bd. II, S. 317–326.

strenge Arbeit im Kopfsatz kaum nach, und das Rondo kennt keine kontrapunktischen Phasen, so daß auch nicht vom wechselseitigen Austausch der Prinzipien zu reden ist. Grundlos wäre also die Behauptung, beide gemeinsam verträten eine langsame Einleitung samt raschem Folgesatz, denn selbst bei großzügiger Auslegung formaler Kriterien stünde dann eine fast monströs lange Einleitung vor einem Allegro, das alles eher als ein Sonatensatz ist. Dagegen fällt es auf, daß sich beide Sätze auf jeweils nur ein Thema konzentrieren, ohne weiteres Material einzuführen. So läßt sich vielleicht schließen, daß sie zwar nicht das gemeinsame Material eines übergreifenden Formverlaufs abgeben, wohl aber getrennt die strukturellen Prinzipien vertreten, die sonst der Tradition gemäß innerhalb eines Kopfsatzes zur Geltung kommen. In den ersten Sätzen der ›Galitzin-Quartette‹ begann die Fragestellung bereits mit der Entscheidung über das Zeitmaß, wenn die langsame Einleitung mehrfach in den Satzverlauf eingriff und am Ende zu seinem Bestandteil wurde. Anders zwar, aber ähnlich prinzipiell verfährt op. 131, wenn die thematischen Kontraste, die zuvor innerhalb eines Kopfsatzes ausgetragen wurden, nun auf ein Paar konträrer Sätze verteilt werden. Daß beide gemeinsam eine Frage exponieren, wie es sonst einem Kopfsatz zufällt, läßt sich erst an ihren Differenzen und an den weiteren Folgen im Zyklus einsichtig machen.

Im Adagio besteht das prägnante Thema, das nun erst recht ein Soggetto genannt werden kann, aus jenen kritischen Tönen, von denen für op. 132 und 133 die Rede war: Der Leitton zur Tonika (his – cis) trifft auf den Halteton oberhalb der Quinte (a – gis), die zuvor schon als Auftakt erschien. Trotz auftaktiger Diktion ist aber kaum von einem

L. v. Beethoven, op. 131, erster Satz, T. 9–17 (*AGA*).

akzentuierenden Takt zu reden, weil das Gleichmaß der Bewegung – fast wie im mensuralen Takt – keine hierarchische Abstufung der Zeitwerte ergibt. Demgemäß läßt auch die Fortspinnung in Vierteln, die zugleich sequenzierte Bögen andeuten, keine förmlichen Kadenzen zu, und wenn der Oberstimme im Wechsel von Dux und Comes die Unterstimmen folgen, tragen Syncopationes erst recht zur kontrapunktischen Struktur bei. Im fließenden Strom lassen sich zwar drei Durchführungen unterscheiden, die sich gleichwohl nicht kontrastierend abheben. Über erweiterte Sequenzgruppen, die auf der Fortspinnung basieren, führt ein erster Teil zu deren Diminuierung über der originalen Themenversion in Baßlage, im vollstimmigen Satz über Orgelpunkt beginnt ein zweiter Durchgang (T. 63), der dann von Stimmpaaren ausgeht, und der dritte kombiniert erneut die diminuierte Fortspinnung mit dem Themenkopf in ursprünglicher und augmentierter Fassung (ab T. 93). Doch erlaubt der Fluß der Stimmen kaum starre Zäsuren, weil in ihm auch die Kadenzmarken überbrückt werden, und trotz der harmonischen und rhythmischen Differenzierung infolge der Diminuierung und Augmentation vollzieht sich – sehr anders als in op. 133 – keine planvolle Transformation des Satzmodells. Zwar wird schon bald der Themenkopf abgespalten (wie ab T. 22), und sequenzierte Stimmpaarung hat auch harmonische Sequenzen zur Folge (wie ab T. 27), doch wird dadurch der lineare Stimmverlauf nicht grundsätzlich aufgehoben. Selbst der Wechsel der Vorzeichnung zu es-Moll bedeutet keine harmonische Zäsur, sondern ergibt sich aus dem Weg zur zweiten Stufe (dis-Moll). Der mittlere Abschnitt stützt sich zwar im Verhältnis der Stimmpaare auf die Fortspinnung, ohne den Themenkopf zu verarbeiten, wieder resultieren daraus aber lineare Sequenzen statt zielstrebiger Modulationen. Und die letzte Phase verdeutlicht mit der Kombination der thematischen Fassungen die Ebenen des kontrapunktischen Satzes, ohne seine strenge Faktur einzuschränken. Eine Ausnahme könnte die durch Sforzato betonte Dissonanz vor dem Satzende bedeuten (ab T. 113), wenn im Sinn einer phrygischen Kadenz der auf Cis-Dur zielende ›neapolitanische‹ D-Dur-Klang zugleich auf den Leitton His in Baßlage trifft. Doch ist die Konstellation nicht harmonisch zu interpretieren, sondern das Resultat thematischer Einsätze der Außenstimmen im kontrapunktischen Gefüge. Als Potenzierung der kritischen Töne im Soggetto richten sich oberer und unterer Halbton simultan auf Cis-Dur als Ziel der nachdrücklichen Kadenzbewegung.

»Schliesst sehr gräulich in cis dur, alle haben cis; und da kommt's mit so einem süssen d dur hinein (das andere Stück nämlich).« Mit diesen Worten beschrieb der junge Mendelssohn einen der ›Übergänge‹, die ihn in Beethovens späten Quartetten besonders fesselten.[1] In der Tat beginnt das Allegro so sanft wie entschieden, als hebe das verklingende cis – zuvor Ziel der Spannungen – den Satz nun förmlich an. Zudem führt sich das Thema über tonikalem Liegeton ein, während auf die latenten Kadenzwendungen nur die Viola zögerlich reagiert. Mit der 6/8-Bewegung meldet sich aber zugleich die metrische Regulierung der Taktgruppen zu Wort, und ihr periodischer Rahmen erlaubt eine rhythmische Nuancierung, die schon in der Wiederholung des Refrains durch die Viola mit der komplementären Rhythmik der Gegenstimmen beginnt. Vom halbtaktig verlängerten Auftakt, mit dem das Thema selbst einsetzt, gehen die unterschiedlichen Versionen der auftaktigen Gruppen im weiteren Verlauf aus. Obwohl der zweite Refrain auf die Dominante, also die eigentliche Ebene eines Seitensatzes transponiert ist (T. 49), hebt er sich

[1] *Bref till Adolf Fredrik Lindblad från Mendelssohn* […] *och andra*, Stockholm 1913, S. 17ff.; in seltsamer Koinzidenz hob gerade diesen Übergang auch Richard Wagner hervor (*Über das Dirigieren*, in: *Sämtliche Schriften und Dichtungen*, Bd. 8, S. 293f.).

durch die vollständige Themengestalt deutlich ab. Nach wechselnder Zerlegung und Kombination wirkt der dritte Refrain mit Einsatz der Bratsche und dann der beiden Violinen fast reprisenartig (ab T. 58), wogegen der letzte erst dominantisch in der Unter- und dann tonikal in der Oberstimme erscheint (ab T. 158). Durchweg kann die Achtelbewegung wechselweise aufgegliedert oder im Zusammentritt der Stimmen gebündelt und zu akkordischer Dehnung erweitert werden. Und nach dem letzten Refrain sammeln sich die Impulse in unisonen Bewegungsketten, die sich im Septakkord mit Fermate stauen. Die Kadenzierung der knappen Coda endet mit einem Pausentakt, nach dem der Schlußakkord zweifach in Vierteln repetiert wird. Genau diese Akkordschläge eröffnen – nun auf der Tonikaparallele – das kurze Allegro, das zum Variationensatz leitet. Seiner dominantischen Öffnung nach Fis-Dur entspricht in einer Stimmfolge, die an den Beginn des strengen Kopfsatzes erinnert, eine skalare Ausfüllung, die mit zwei auftaktigen Sechzehnteln auf die Rhythmik des folgenden Variationenthemas vorandeutet. Und die modifizierte Wiederholung dehnt das Tempo zum Adagio, dessen Quintschrittsequenz mit ausladender Kadenzgeste E-Dur erreicht.

Der Variationensatz in A-Dur rückt ähnlich wie der Dankgesang in op. 132 in die Mitte des Zyklus, seine sieben Variationen basieren aber auf einem periodischen Thema, dessen Kadenzfolge durch stetes Pizzicato im Cello markiert wird. Die beiden achttaktigen Gruppen, die einmal mit dominantischem Halb- und dann mit Ganzschluß in der Tonika enden, werden in ihrer Wiederholung durch Lagen- und Stimmtausch beider Violinen modifiziert. Obwohl die federnden Synkopen der Melodik fast in jedem Takt erscheinen, erfährt das kantable Thema durch die taktweise Ablösung der Melodiestimmen und die wechselnden Impulse der Begleitung höchst lebendige Artikulation. Gleichwohl liegt dem Satz weniger ein melodisches Gerüst als der periodische Kadenzrahmen des Themas zugrunde, und zugleich behält keine Variation ihr Verfahren bei, ohne es im Verlauf auch zu entwickeln. So beginnt gleich die erste Variation nur mit eingeschobenen Figuren der Außenstimmen, die auftaktig auf die verkürzten Gruppen des Themas zielen, doch verdichtet sich der Satz im B-Teil zum Austausch aller Stimmen, der endlich in rhythmischer Diffusion endet. Dagegen heben sich von äußerst reduzierter Begleitung in der zweiten Variation kurze Einwürfe der Außenstimmen ab, die sich weiter verdichten und dann auch die Mittelstimmen einbeziehen. Wenn gar die dritte Variation die Stimmpaare in Sekundkanons anordnet, die sich zur Wiederholung des B-Teils noch zur Vierstimmigkeit erweitern, dann vermag der periodische Kadenzsatz jene strengen Verfahren zu assimilieren, von denen einst der Kopfsatz geleitet wurde. Dazu kontrastiert der graziöse Duktus der vierten Variation, die sich zu geschlossenen Skalenzügen entwickelt, und in der klanglichen Verdichtung der fünften Variation erhalten ihre Liegetöne synkopisch wirksame Akzente. Zentral aber ist die sechste Variation als Adagio ›semplice‹. Scheinbar einfach beginnt in der Tat der A-Teil, der mit flutenden Akkordfeldern in getragenen Vierteltriolen und erst recht in den melodiösen Kadenzwendungen einen fast ›romantisch‹ innigen Ton anschlägt. Schon in der Wiederholung markieren kurze Sechzehntel im Cello trillerhaft die unbetonten Zählzeiten, sie setzen sich erst recht im B-Teil durch und greifen zu seiner Wiederholung sogar in die Oberstimme ein, bis sie im stetigen Widerspruch den strömenden Klang durchsetzen. Noch weiter greift die Auflösung der letzten Variation, die auf kadenzierende Figuren der einzelnen Stimmen reduziert wird und zuletzt in getrillerten Haltetönen endet. Doch schlägt der Satz mit seiner Coda zum Allegretto in C-Dur um, das später nochmals in F-Dur begegnet, womit die Medianten der Tonika A-Dur markiert werden. Erstmals wieder wird das Incipit des Themas restituiert, in steter Wiederholung wird es aber zugleich zum Allegro gesteigert, und wenn eine letzte Variation das Thema nur ornamental zu verbrämen scheint, wird es doch rasch wieder auf bloße Fragmente zurückgedrängt. Auch nach dem nochmaligen Allegretto in F-Dur bleiben in den kadenzierenden Taktgruppen nur noch thematische Relikte übrig.

In seinem überaus festen Bau gibt sich das Presto an drittletzter Stelle deutlich als Vertreter eines Scherzo zu erkennen, dessen Trio wie zuvor in op. 74 oder 95 zweifach erscheint. Vom gängigen Tanzsatz entfernt es sich – wie schon der zweite Satz in op. 130 – durch den geraden Takt, der zudem in Analogie zu den beiden Ecksätzen als Allabreve notiert ist. Die klare Gliederung gibt zugleich den Rahmen für unerwartete Eingriffe ab, wenn etwa gleich die eröffnende Dreiklangsbrechung in Baßlage mit Pausentakt abbricht oder dann die fliegenden Ketten von Vierteln, die sich in Viertakter gliedern, schon im zweiten Ansatz des B-Teils im Quartsprung auslaufen, in dessen sukzessiver Übernahme die Stimmen innehalten. Zweimal noch durchzieht die dem zweiten Thementakt entnommene Wendung den Stimmenverband, einmal zur Mollvariante gefärbt und zuletzt wiederum in Dur verlangsamt zum Adagio, bevor der Neuaufbau in dichter Überlappung der Einsätze die ursprüngliche Ordnung wiederherstellt, die am Ende strettahafte Steigerung erfährt. Im Trio dagegen stehen gebundenen Halben im einen Stimmpaar komplementär versetzte Viertel im anderen gegenüber, und in den beiden Verlaufskurven (deren zweite in A-Dur beginnt) löst sich die periodische Gruppierung zum Ende hin in der intrikaten Überlagerung kleinster Partikel. Nach dem Rückgriff auf das Presto wiederholt sich der Vorgang insgesamt zweifach, wie im Scherzo aus op. 127 bricht aber ein letztes Triozitat in der Coda ab, wonach der Kernsatz des Presto durch die Spielanweisung sul ponticello in ein seltsam fahles Licht gerückt wird. Der Kadenz auf der Tonika folgt aber nach Pausentakt dreifach im Unisono ihre Terz (gis), und von gis-Moll aus führt dann das kurze Adagio zum Finale hin.

Im klangdichten Satz wird insgesamt viermal der Kadenzraum durchschritten, zwei eingeschobene Taktgruppen lösen seine Schlußwendung in den einzelnen Stimmen heraus, die dann in der vollstimmigen Erweiterung endlich nach cis-Moll umlenkt. Daß der Leitton jeweils durch doppelte Punktierung Nachdruck erhält, läßt an die leittönige Spannung im strengen Kopfsatz denken, doch bleibt sie nun im periodisch kadenzierenden Gefüge eingebunden. Unverkennbar ist dann auch, daß das Finale im doppelt ansetzenden Initium auf die Kernintervalle des ersten Satzes rekurriert, sie schließen sich aber über die harsche Zäsurierung durch Pausen hinweg zu einer Kadenzbewegung zusammen, die als Vorspann des ebenso fest gegliederten Hauptsatzes fungiert. Die kritischen Intervalle werden also in die kadenzmetrische Ordnung des Sonatensatzes integriert, der gegenüber dem Kopfsatz zum Ziel des Zyklus wird. Die rhythmische Fassung des Hauptthemas entspricht dem gezackten Fugenthema aus op. 133, doch lädt die Melodik auch zum Vergleich mit dem Finalthema aus Schuberts d-Moll-Quartett ein, neben dessen pointierter Expressivität zugleich die Komplexität in Beethovens Themenbau einsichtig wird. Denn die in der Taktmitte ansetzenden Viertakter werden nicht allein vom eruptiven Vorspann, sondern umgekehrt am Ende von der beruhigten Variante im Legato umrahmt. Zwar drängt die Überleitung die punktierte Rhythmik weiter zurück, doch klingen in den Linien der Gegenstimmen noch die kritischen Intervalle nach, und das Motto des Anfangs tritt zur punktierten Rhythmik hinzu, wenn der Hauptsatz wie in einem Rondorefrain wiederkehrt. Die Unterschiede zwischen Rondo und Sonate werden allerdings sekundär, wenn sich innerhalb des Sonatenschemas die Themen so direkt entgegentreten wie hier. Denn nach nur viertaktigem Auslauf des Hauptsatzes beginnt sogleich der Seitensatz, dessen fallende Linie über zweitaktigen Liegetönen durch weiträumige Dreiklangsbrechung ergänzt wird. Wohl pendelt er in engräumigen Akkorden aus, denen die chromatischen Signaturen eingeschrieben sind, doch ebenso direkt greift die konzise Durchführung ein, die der Hauptsatz wie ein Refrain auf der Subdominante eröffnet. In ihrem Zentrum führt ein skalares Segment in ganzen Noten – flankiert von den rhythmischen Gesten des Hauptsatzes – seinen leittönigen Beginn dem harmonischen Ziel entgegen, womit nun die Leittonspannungen entschärft werden. Nach der weithin regulären Reprise konfrontiert die Coda das anfängliche Motto mit dem Rhythmus des Hauptthemas, dazwischen rücken einmal die geschwungenen Bögen aus der vormaligen Überleitung ein. Nachdrücklich wird endlich das Modell der Durchführung aufgenommen, sofern nun abwärts gerichtete Skalensegmente in Ganzen den rhythmischen Gestus der Thematik überlagern. Und höchst eindringlich reduziert der Schluß die Implikationen des Materials, wenn in der Verlangsamung des Zeitmaßes die thematischen Relikte der plagalen Kadenz in Cis-Dur zugeführt werden, die letztmals auf die harmonische Ambivalenz des Kopfsatzes zurückweist.

So löst sich erst im kadenzmetrischen Satz des Finales die Frage auf, die das Werk im Kontrast der beiden ersten Sätze stellte. Entschiedener als in op. 132 und auch 133 sind im cis-Moll-Quartett op. 131 historisch geschiedene Ebenen angelegt, die in der Differenz ihrer strukturellen und temporalen Verfassung gründen. Dabei bilden intervallische Konfigurationen, wie sie den späten Quartetten gemeinsam sind, nur ein Teilmoment neben anderen. Denn ein weiteres Indiz ist es, daß sowohl das Presto als auch das Finale im Allabreve-Takt notiert sind, der zuerst den strengen Satz auszeichnete. Damit deutet sich an, daß eine akzentarme Zeitordnung, wie sie zum kontrapunktischen Satz gehört, gemeinsam mit der intervallischen Konstellation aus der historischen Aura in die Präsenz des kadenzmetrischen Satzes überführt wird, der die strukturellen Kontraste auflöst. Doch vollzieht sich dieser Prozeß noch nicht vom Standpunkt eines Historismus aus, den die Verpflichtungen der Vergangenheit zu einer Auseinandersetzung nötigen, wie sie erstmals in den fast gleichzeitigen Werken des jungen Mendelssohn hervortritt. Höchst selbstbewußt trifft vielmehr Beethoven seine Entscheidung, Relikte des Vergangenen souverän zu wählen, sie den eigenen Prozeduren zu unterwerfen und in zielbewußter Integration zur Kongruenz zu bringen. Ohne verklärenden Rückblick macht sich eine derart freie Sicht historische Implikationen zu eigen, um aus ihrem Verhältnis zu den Bedingungen der Gegenwart die internen Prozesse um eine Dimension zu erweitern. Die temporalen, intervallischen und harmonischen Relationen treten zumal im Verhältnis der Außensätze hervor, während die Binnensätze primär den Weg zum kadenzmetrischen Satz bahnen, der im fast unvermittelt eintretenden Rondo als Alternative zum strengen Kopfsatz postuliert wird. Daher stützen sich die Binnensätze auch weniger auf die kritischen Kernintervalle, die als Fragestellung im Kopfsatz exponiert und im Finale planvoll integriert werden. Gerade damit wird im Zyklus – und nicht in einem Satz wie in op. 133 – das Ziel eines Prozesses der Integration erreicht.

Kommt man von den Werken seit op. 74 zum letzten Quartett Beethovens, so nimmt sich op. 135 als relativ einfacher Nachklang aus. Daß dem nicht so ist, zeigt sich erst, sobald man das Werk an seinen eigenen Vorgaben mißt. Mehrfach war von den Schwierigkeiten im Eröffnen und Schließen der Teile und Sätze die Rede. Wenn selbst ein Zyklus wie op. 130 nicht mehr einen verbindlichen Schluß kennt, wäre es da so unbegreiflich, daß am Ende – nach dem ambitionierten cis-Moll-Quartett – das Gegenstück in F-Dur zum gelösten Abgesang würde? Der Schein des Heiteren verfliegt allerdings, sofern man der Umkehrung bisheriger Problemstellungen gewahr wird. Denn die Frage im Kopfsatz lautet nun, wie gleichsam aus einem Nichts an Substanz dennoch konzise Verläufe zu gewinnen sind. So gesehen ist dieses Quartett wahrlich nicht simpel oder nur witzig, sondern es kehrt die Verfahren um, indem es mit Splittern des Materials beginnt, um Wege der Konsolidierung zu erkunden. Die Arbeit Beethovens richtete sich vordem auf die Aufspaltung thematischer Substanz in ihre Teilmomente, und das Spätwerk setzte an der Relation der Partikel an, aus deren Verkettung es seine zyklischen Dimensionen bezieht. Dagegen kehrt zwar op. 135 zur viersätzigen Norm zurück, die Pointe liegt aber darin, daß das Werk erst zunehmend im Verlauf der Sätze über seine Themen verfügt, bis am Ende die skeptische Frage steht: »Muß es sein?« Was aber ist es, was da sein muß?

Schon auf den ersten Blick erschließt sich die dichte Thematisierung des Kopfsatzes, und daß auch die Durchführung wie dann die Coda konzentriert gearbeitet wird, ist nicht selbstverständlich im Vergleich mit op. 127 und 132, wo sich die Arbeit auf Exposition und Reprise unter Entlastung der Durchführung verlagerte. Kaum strittig ist hier auch die Grenze zwischen Exposition und Durchführung mit der Zäsur T. 62, der in T. 101 und T. 163 der Beginn von Reprise und Coda entspricht. Heikler ist die Frage zu beantworten, wo ein Seitenthema anzusetzen wäre. Orientiert man sich am konventionellen Themenkontrast, so hebt sich keine Phase derart ab wie der akkordische Satz ab T. 46, der zudem auf der Dominante steht. Als Seitensatz käme er aber zu spät, da sich bald danach das Ende der Exposition ankündigt. So könnte ein Seitensatz auch in der veränderten Struktur ab T. 24 angenommen werden, doch beginnt der zweitaktige Wechsel der Violine über begleitenden Tonrepetitionen in der Tonika und lenkt erst in modifizierter Wiederholung zur Dominante. Schließlich bliebe noch ein Einschnitt mit T. 38, wonach zu raschen Triolen der Unterstimmen markante Dreiklangsbrechungen der Violinen treten. Trotz dominantischer Position zeichnet sich aber keine thematische oder gar kantable Gestalt ab, und die Figuren verflüchtigen sich rasch in Splittern. Dem Hauptsatzkomplex treten also drei verschiedene Gruppen entgegen, sie bilden nicht für sich einen Seitensatz aus, sondern verteilen dessen Momente auf unterschiedliche Stationen. Daß aber kein geschlossenes Thema vorliegt, gehört zum Plan der Exposition, die in nur 62 Takten eine scheinbar lose Folge von Gedanken umgreift. Der eröffnende Zweitakter kehrt variiert im zweiten wieder, beide gehören zusammen, repräsentieren aber keine melodische Linie oder nur feste Struktur, und nicht einmal die Tonart steht gleich fest. Zwar lassen sich die Rahmentöne auf die Dominante beziehen, deren Grundton im Cello getrübt wird (Des vor C). Verwirrend ist zumal der quasi isolierte Ton der Oberstimme in T. 2, der in T. 4 zweistimmig akzentuiert wird. Konträre Splitter treten zusammen und bleiben doch getrennt, und das gilt auch für die weiteren Einsätze, die eine Sequenzkette bilden, sich aber auf die Einzelstimmen verteilen. Ähnlich gliedern sich die folgenden Takte auf, die über variierte Wiederholung erst in T. 10 die Kadenz auf der Tonika erreichen. Erneut ändert sich indes die Struktur, wenn mit Vierteln im Unisono fallende Septimen

L. v. Beethoven, op. 135, erster Satz, T. 1–16 (*AGA*).

und Sekunden eine stufenweise Sequenz ausbilden. Sobald sich aber der Satz akkordisch zusammenzieht, löst sich aus ihm die dominantisch gerichtete Solofigur der Oberstimme ab (T. 17). So wechseln konträre Splitter, die keine stringente Entwicklung zulassen, und wenn es fraglich ist, wieweit vom Hauptsatz zu reden wäre, so bleibt erst recht die Funktion dieses Gebildes offen. Zwar taugen elementare Bildungen wie Punktierung, Auftaktigkeit oder Sequenz kaum dazu, für sich einen Zusammenhang zu begründen. Maßgeblich bleibt jedoch die Trennung von Elementen, die sich wechselnd ändern und nähern können. Denn auf der Dominante bilden sich nun festere Gruppen aus, die an die punktierten Formeln zuvor anschließen, und die komplementäre Rhythmik trägt zu wachsender Homogenität bei, aus der die Imitationskette der Violinen ab T. 25 heraustritt, die erstmals strukturelle Kontinuität stiftet. Nimmt man dagegen ab T. 38 einen Seitensatz an, so beschränkt sich das Material bei triolischer Begleitung auf Dreiklangsbrechung, durch die sich der Satz freilich akkordisch verdichtet. Doch erst in der homorhythmischen Schlußgruppe wird ab T. 46 ein Höchstmaß der Koordinierung erreicht, selbst wenn sie sich rasch in einzelne Formeln auflöst. Damit geht der Satz von der Umkehrung gewohnter Relationen aus, indem er anstelle klarer Themen mit isolierten Elementen beginnt, die durch latente Beziehungen verkettet werden. Der Idee schrittweiser Verdichtung gemäß verteilt sich ein Seitensatz auf verschiedene Orte, bis die Schlußgruppe weitere Homogenität gewinnt. Das hat auch Folgen für die Durchführung, die mit 38 Takten weit hinter der Exposition zurückbleibt. Wohl wäre es redundant, wenn sie zu jener Zerlegung führte, mit der die Exposition begann. Daher erprobt die Durchführung kombinatorische Varianten, indem gleich anfangs Elemente des Hauptsatzes anders als zuvor zusammentreten. Gewahrt wird nicht nur die Sequenzfolge zweitaktiger Gruppen im Wechsel der Stimmen (T. 62–77), sondern die füllenden Dreiklangsbrechungen deuten auch auf Material aus dem Seitensatz zurück, und die motivische Synthese basiert auf einer weiträumigen Quintprogression (G – c – F – B – Es). Die zweite Sektion der Durchführung konzentriert sich derart auf das mittlere Glied des Hauptsatzes, daß man an eine vorzeitige Reprise glauben könnte, zumal der Satz schon zur Tonika lenkt (T. 83–88). Doch gerade mit dem Motivglied, das anfangs die Koordinierung zur Kadenz hin übernahm, setzt nun umgekehrt eine Auflösung ein, mit der sich die letzte Durchführungsphase ab T. 89 ankündigt. In ihre triolische Sechzehntelbewegung, die wiederum dem Seitensatz entstammt, ziehen nun jene ornamentierten Achtel ein, die im Hauptsatz als ›isolierte Töne‹ befremdeten. Statt auf die Zergliederung des Materials zielt die Durchführung also auf die Integration isolierter Partikel in kontinuierlicher Bewegung, und daher spart sie auch jene Satzgruppen aus, die schon in der Exposition größere Kohärenz erreichten. Die Reprise zollt zwar äußerlich der Konvention Tribut, konsequent wird aber der Hauptsatz weit dichter als zuvor gefügt, sein Kopfmotiv rückt in einen klangdichten Einschub ein (ab T. 114), dagegen wird die Überleitung gestrafft und der Seitensatz subdominantisch erweitert, während nur die Schlußgruppe weithin identisch bleibt. Noch die Coda führt den Prozeß weiter, wenn sie in die Kombination von Elementen aus dem Hauptsatz stetig auch den einst ›isolierten‹ Ton des zweiten Taktes aufnimmt (T. 165–176). Je weiter sich die Struktur befestigt, desto mehr prägt der Hauptsatz einen Duktus aus, der eher einem Satzbeginn gemäß wäre. Und erst in einem letzten Resümee löst sich die Frage, die sich mit der Verkehrung der gewohnten Verfahren von Beginn des Satzes an stellte.

Auf seine Weise stellt ähnlich das Vivace als zweiter Satz, der ein Scherzo mit Trio vertritt, seine Vorgaben in Frage. Bei binärer Anlage ist nur der zweite Teil zu wiederholen, den Satzkern aber bildet – mit Riemann zu sprechen – ein »Meisterstück atemversetzender Polyrhythmik«[1], wenn auftaktig das Cello luftige Viertel markiert und die punktierten Halben der Viola in den Violinen bei doppelter Synkopierung um jeweils eine Viertel verschoben werden, bis die Verhältnisse am Ende der Taktgruppen zurechtgerückt werden. Mit Beginn des B-Teils rücken alle Stimmen unerwartet um einen Ganzton abwärts und lösen sich erst nach insistierender Wiederholung dominantisch auf, wonach das rhythmische Modell des Anfangs über Orgelpunkt wiederkehrt. Rhythmische wie harmonische Irritationen rütteln am periodischen Gerüst; wo sich dann die Polyrhythmik abschwächt, wird umgekehrt die periodische Anordnung differenziert, sobald jedoch die Schichten in Tonrepetitionen und Skalensegmenten justiert werden, ist formelhafte Reduktion bis hin zum fünffach repetierten Kadenzglied der Preis. Der Alternativteil, der als Trio fungiert, beginnt mit einer auftaktigen Floskel aus vier Achteln, zwei achttaktige Gruppen entsprechen sich zunächst mit ausgreifenden Skalen über Tonrepetitionen, rasch aber verkettet sich die auftaktige

---

[1] H. Riemann, *Beethoven's Streichquartette*, S. 178. Zu op. 135 vgl. zusammenfassend Fr. Krummacher, *Streichquartett F-Dur op. 135*, in: *Beethoven-Interpretationen*, Bd. II, S. 347–364.

Formel im Unisono der Unterstimmen, und rückt der Satz von F- über G-Dur stufenweise bis nach A-Dur, so verfestigt er sich über 48 Takte hin zum wahren Ostinato. Denn über der unablässig kreisenden Auftaktformel der Unterstimmen reiht die erste Violine scheinbar regellos Skalen und Dreiklangsfiguren, die in höchster Lage mit bordunartigen Tonwiederholungen wechseln. Der bizarre Effekt setzt indes die periodische Ordnung voraus, die systematisch über vier- und zwei- auf eintaktige Bildungen verkürzt wird. Wo sie ihr Ziel findet, kommen die Stimmen in der ostinaten Figur zusammen, die zur Scherzowiederholung führt. Motorische und statische Züge verketten sich wechselweise, und selbst die kleine Coda überrascht nochmals mit steter Wiederholung der Tonika, die aber im Pianissimo rhythmisch unbestimmt bleibt, während der Schlußakkord zum Forte umschlägt.

Das Lento assai in Des-Dur, das den Zusatz ›cantante e tranquillo‹ trägt, zeichnet sich kaum nur durch ein »wunderschönes Thema« von »größter Einfachheit« aus, dessen »sehr strenge« Bearbeitung in »vier Variationen« kaum »weiterer Bemerkungen« bedürfte.[1] Zwar bescheidet es sich wie kein anderer langsamer Quartettsatz Beethovens mit durchgängig homorhythmischer Faktur, die einzelne Stimmen nur nach Maßgabe ihrer melodischen Funktion hervortreten läßt. In der dreiteiligen Anlage, in der sich der Mittelteil in cis-Moll auch strukturell abhebt, wird der achttaktige Themenkern zunächst durch je zwei vorangestellte und kadenzierende Takte erweitert, wogegen er im Schlußteil ohne seine Eröffnung vom Cello übernommen wird. Auch wenn man den Mittelteil als Variation gelten ließe, bliebe doch fraglich, wie sich die weiteren Gruppen der Rahmenteile, in denen die thematische Melodie zurücktritt, zur Rede von vier Variationen verhalten. Daß sich das Thema so unvergeßlich einprägt, verdankt sich seiner melodischen Entfaltung in gleichem Maß wie der klanglich intensiven Homogenität, die in tiefer Lage aller Stimmen keine nur begleitende Schicht zuläßt. Doch kündigt sich schon in den eröffnenden Takten mit der sechsstimmigen Staffelung der Tonika ein Vorrang der harmonischen Disposition an. Dem halbtaktigen Wechsel der Grundfunktion entspricht ihre umgekehrte Folge in den Kadenztakten (T. 3–6, 9–12), dazwischen entfaltet sich eine Quintenkette (F – b, B – f und As – Des), die der Bogen der Melodiestimme überwölbt. Auf dieser harmonischen Basis gründet jedoch auch die anschließende Gruppe (T. 13–22), in der die Oberstimme nur anfangs auf die thematische Melodie verweist. Doch zeichnen sich nach betonten Vorhalten (ab T. 15) auf unbetontem Taktteil die harmonischen Stationen des Themas ab, auf dessen Quintenkette auch die Fortführung beruht. Im Wechsel nach cis-Moll hebt sich der Mittelteil zunächst klarer als Variation ab, sofern sich zunächst die Grundfunktionen auf der relativen Tonika und dann auf ihrer Parallele E-Dur ablösen. Ihre rhythmische Fragmentierung reicht auch im homophonen Satz so weit,

[1] H. Riemann, *Beethoven's Streichquartette*, S. 182; W. Kinderman, *Tonality and Form in the Variation Movements of Beethoven's Late Quartets*, in: *Beiträge zu Beethovens Kammermusik*, S. 135–151: 140ff.

daß das Thema kaum noch greifbar ist, doch scheint noch immer seine mittlere Sequenzkette in harmonischer Variante durch (Cis – Fis – Gis – cis). In der Rückwendung nach Des-Dur liegt das Thema in der Unterstimme, es wird zugleich in freiem Kanon von der Oberstimme beantwortet, und zum Gerüst der Außenstimmen tritt die rhythmische Differenzierung der Mittelstimmen. Sie aber erfaßt in der letzten Variation auch die Oberstimme, in der sich nun die thematische Melodie zu Vorhalten mit Pausen auflöst, während die Mittelstimmen die rhythmische Kontinuität verbürgen. Hintergründig wirkt das Thema endlich noch in der Auflösung des Satzes nach, der wiederum seine Sequenzkette zugrunde liegt. Auch den Beginn der kurzen Coda eröffnet der dominantische Akkord, der als verminderter Septakkord nun nach es-Moll führt, und einem extremen Umschlag in der Lage der Oberstimme folgt in den Schlußtakten die Zersplitterung des melodischen Kontinuums, dessen letzte Geste im sechsstimmigen Schlußakkord als Gegenbild des Satzbeginns einmündet. Zwar fällt die Variationskette nicht mit dem dreiteiligen Schema zusammen, doch bildet sein harmonisches Modell eine Basis, die dem rhythmischen Ostinato im vorangehenden Satz gegenüber steht.

Daß die vorangehenden Sätze so wechselnd zwischen Konsolidierung und Aufspaltung der Partikel vermitteln, kann sodann für das Finale nicht folgenlos bleiben. Das berühmte Motto, das dem Satz vorangestellt ist, läßt sich nicht umstandslos entschlüsseln, ist aber auch kaum nur ein Scherz, wie es die Anekdoten glauben machen.[1] Erstmals wohl sind in einem Quartett Noten nicht für die reale Aufführung notiert, und würden sie gespielt, so vermittelten sie doch nicht den Sinn der Worte. Die Bedeutung, die das Motto verspricht, bleibt also unbestimmt und bestätigt damit die Autonomie instrumentaler Musik. Denn das Motto präsentiert zwei unterschiedliche Zellen, deren erste in der f-Moll-Einleitung zuerst real erklingt. Den Worten »Muß es sein« entspricht die erste Zelle, die nach Terzfall die Mollterz erreicht (g – e – as), sie erklingt in den Unterstimmen und wird von skalaren Achtelketten der drei Oberstimmen in freier Imitation beantwortet. Die transponiert variierte Wiederholung des zweitaktigen Modells stößt auf repetierte Akkordschläge, und beide Partikel lösen sich stetig ab, bevor der Satz zum Unisono dynamisch reduziert wird. Im Umschlag nach F-Dur setzt das Allegro in beiden Violinen mit der zweiten Formel ein, die den Worten »Es muß sein« gemäß wäre. Mit Terzsprung und Quartfall erweist sie sich als freie Umkehrung, die noch einmal sequenziert wird und dann vorerst zurücktritt. Denn sie wird über Orgelpunkt von Legatolinien abgelöst, die durch ihre variative Ausarbeitung als eigentliches Thema erscheinen und auch nach einer Kette auftaktiger Akkordschläge die Fortführung bestimmen. Ihr plötzlicher Wechsel nach A-Dur mag an ein Couplet in einem Rondo erinnern, doch bleibt zunächst der thematische Kontext bewahrt,

---

[1] Vgl. A. Schindler, *Biographie von Ludwig van Beethoven*, S. 405f.

DER SCHWER GEFASSTE ENTSCHLUSS.

und erst zu seiner Auflösung in Dreiklangsbrechung wird ein unscheinbares Seitenthema in den Außenstimmen eingeführt (ab T. 53). Wenn aber in den Schlußtakten der Exposition erneut das Motto auftritt, dann wird auch die Funktion der vorangehenden Themen fraglich, denen weder gleiche Prägnanz noch derart prominente Position gegönnt ist. Denn auch die Durchführung beginnt dreimal mit unerwarteten Transpositionen des Mottos, das danach erst von C-Dur aus mit den gebundenen Linien des Hauptthemas kombiniert wird, und unter Abtrennung durch Akkordschläge fügt sich in D-Dur das kleine Seitenthema an, zu dem sich gar ein Kanon der Außenstimmen ankündigt. Mit seiner akkordischen Begleitung gewinnt es gleiche Kontinuität wie die anschließenden Sequenzketten des Hauptsatzes, womit die Themen, die in der Exposition den Mottozitaten nachgeordnet waren, ihre Konsolidierung in der Durchführung finden. Desto markanter drängt dann als Zentrum und nicht als bloßer Vorspann das eröffnende Grave ein, das nun freilich durch tremolohafte Tonrepetitionen überlagert wird. Mit der gesteigerten Expressivität wird zugleich eine Kohärenz bewirkt, die den Wechsel der Motivgruppen überbrückt. Denn erstmals treffen beide Mottozellen direkt aufeinander, indem die Frage der ersten von der Gestalt der zweiten beantwortet wird, die mit der Mollfärbung auch die verminderten Quarten übernimmt (T. 161–173). Obwohl ihr Kontrast aufgehoben wird, bleibt zunächst ihre Funktion noch offen. Die anschließende Reprise greift nämlich zugleich die Kombination mit der Dur-Form des Mottos auf und entspricht dann weithin der Exposition, wonach als Reverenz an ältere Konventionen die Wiederholung von Durchführung und Reprise vorgeschrieben ist. Wie die Durchführung beginnt die Coda mit dreifachem Zitat der zweiten Mottogestalt, ihre gedehnte Fassung verbindet sich mit verminderten Septakkorden und führt im dritten Ansatz zu einem enharmonisch verwechselten es-Moll fern von der Grundtonart. Indem die Durversion des zweiten Mottos den Mollcharakter des ersten aufnimmt, verschränken sich beide erneut, sie kommunizieren aber nicht mit dem eigentlichen thematischen Prozeß des Satzes. Wenn sie in ihn von außen eingreifen, wird damit ein Satzverlauf fragwürdig, der sich allein auf das eigene Material verläßt. So offen wie die Geltung des Mottos bleibt also seine Fragestellung, und muß dennoch ein Schluß gemacht werden, so geht er vom Quartfall des Seitenthemas aus, um rasche Steigerung zur Stretta zu erfahren, die im Zitat der zweiten Mottoform ausläuft.

Statt auf biographische Umstände zielt die Frage, die das Motto dem Finale stellt, auf die kompositorischen Probleme, die in diesem Satz wie in der Reihe der späten Quartette ausgetragen werden. Sie erlauben so wie die verschränkten Mottogestalten keine verbindlichen Antworten, ihre vorläufige Auflösung kommt nicht ohne Eingriffe aus, und so offen wie der Status des Mottos bleibt auch der scheinbar so schlüssige Ausgang des Satzes. Die Lösungen müssen wohl in der Schwebe bleiben, nachdem Beethoven am Ende seines Weges die Voraussetzungen seiner Arbeit so radikal reflektiert hatte. Denn daraus ergab sich die Frage nach den Möglichkeiten eines Komponierens, dem die Koordinierung der Bestandteile nicht mehr selbstverständlich war. Wo jedes Element auf seine Beschaffenheit hin geprüft wird, kann es je für sich zum Träger von Kontrasten und Analogien oder Veränderungen und Beziehungen werden. Damit wird ein geradliniger Verlauf in tradierten Formgehäusen fraglich, und so findet die Frage »Muß es sein« ihre Antwort nur im herrischen Schluß »Es muß sein« – falls denn Musik jenseits solcher Probleme noch möglich sein soll.

Weder formale Strategien noch Schärfen des Ausdrucks kennzeichnen also hinlänglich die späten Quartette, die schon gar nicht mittels biographischer Konnotationen zu entschlüsseln sind. Indem ihr Verfahren bei den Zellen des Satzes ansetzt, konstituiert es den Zeitverlauf von Grund auf derart, daß es von der Bildung der Themen über die Koordinierung des Materials bis zum zyklischen Verhältnis der Sätze wirksam wird. Noch einmal wird das Prinzip des klassischen Komponierens erneuert, das in der wechselnden Verfügung über elementare Bausteine die musikalische Zeit zu stiften wußte. Den Zeitgenossen mußte diese Kunst weithin fremd sein, denn solche Handhabung noch unscheinbarer Partikel entsprach kaum jenen Leitbildern, die schon seit der gespaltenen Nachfolge Haydns aufkamen. Wenn andere Komponisten nicht ebenso dicht oder kunstvoll arbeiteten, dann ist das nur die Kehrseite des Sachverhaltes, daß ihre Musik nicht so komplexe Relationen auf engstem Raum kennt, wie sie nach Haydn auch für Mozart und schließlich noch Beethoven maßgeblich waren.

Kaum zehn Jahre trennen die frühen Quartette Haydns, die den Wechsel rhythmischer Impulse im periodischen Gehäuse erproben, vom Spätwerk Bachs, dessen interne Kontinuität in der Regel vom rhythmischen Impuls eines Satzbeginns vorgegeben ist. Der Abstand zwischen »zwei Kulturen der Musik«[1], die man mit den Begriffen des Barock und

1 Aug. Halm, *Von zwei Kulturen der Musik*, München 1920, S. 140f.; ferner St. Kunze, *Fragen zu Beethovens Spätwerk*, S. 294f.; zur gleichermaßen lähmenden wie auch stimulierenden Wirkung der späten Quartette vgl. R. Brinkmann, *Wirkungen Beethovens in der Kammermusik*, in: *Beiträge zu Beethovens Kammermusik*, S. 79–110.

der Wiener Klassik zu bezeichnen pflegt, verschärft sich in dem Maß, wie man sich an den Repräsentanten zweier Epochen orientiert. Zwar verfließen die Grenzen, sobald man daneben auch Telemann oder Graupner und andererseits Dittersdorf oder Pleyel gelten läßt. Denn dann läßt sich erkennen, daß zum ›galanten‹ Tonfall, den schon ›barocke‹ Musik vor 1740 ausprägte, auch wechselnde Impulse beitragen, die das Prinzip rhythmischer Kontinuität modifizieren. Umgekehrt kann Musik aus Haydns Generation ein beträchtliches Maß an rhythmischer Kontinuität aufweisen, selbst wenn es sich mit ›klassischer‹ Periodik und ihrer melodischen und harmonischen Diktion paart. Gegenüber der pointierten Diskontinuität, die den Kern im kadenzmetrischen Satz der Wiener Klassik ausmacht, setzte sich unterschwellig der eher gleichmäßige Zeitverlauf einer älteren Traditionschicht fort, der später im Liedsatz der Romantik eine gänzlich neue Ausprägung erfahren sollte. So ging dann Schubert in Kenntnis Beethovens höchst bewußt seinen eigenen Weg, der auf die expressive Profilierung liedhafter Themenbildung bedacht war, während sich gleichzeitig im Frühwerk des jungen Mendelssohn die Auseinandersetzung mit Beethoven wie mit Bach verband, aus der erst später die reifen Werke ihre Konsequenzen zogen.

Das Prinzip der Diskontinuität innerhalb des kadenzmetrischen Satzes wurde im Spätwerk Beethovens freilich so pointiert, daß es bei seiner Projektion in die Zellen des Satzes zugleich gefährdet scheinen mußte. Wenn gleichsam alles mit allem kommunizieren kann, dann bedarf es der gestaltenden Kraft, über die Beethoven verfügte, um dennoch Konsequenz statt bloßer Beliebigkeit zu bewirken. Dabei nahm sich sein Verfahren auch eher befremdlich aus, je mehr sich der Vorrang einer expressiven Melodik oder avancierten Harmonik durchsetzte. Im Spätwerk Beethovens mischen sich – nicht ganz anders als in dem des alten Bach – die Kennmarken ambitionierten Fortschritts mit unübersehbaren Zügen des Rückblicks. Die Partikel des Satzes konnten sich wohl als karg oder simpel ausnehmen, wenn ihre intrikaten Konstellationen in späterer Sicht verdeckt blieben, während sich melodische Bögen oder harmonische Akzente weithin vermissen ließen. Doch erweist sich daran auch, wie wenig sich die ›Wiener Klassik‹ als Epochenbegriff verstehen läßt. Die schrittweisen Veränderungen, die sich in der Kompositionsgeschichte vom späten 18. bis zum frühen 19. Jahrhundert vollzogen, wären vielleicht einfacher darzustellen, folgte nicht dem Lebenswerk Haydns und Mozarts noch das Œuvre von Beethoven, das gerade mit dem Spätwerk eine ähnliche Barriere darstellt, wie es die letzten Werke Bachs um 1750 bildeten. Wie aber Bachs Spätwerk seine Vorgeschichte reflektierte, um damit zum Potential für die Zukunft zu werden, so versammeln sich in Beethovens späten Quartetten die geschichtlichen Traditionen, in deren Aktualisierung die Chancen der künftigen Rezeption begründet sind. Im kontrastreichen Beziehungsnetz dieser Werke sind all die Möglichkeiten ausgeschöpft, die der Satz der Wiener Klassik in seinem Kern umgriff. Weder melodische Linien noch harmonische Progressionen für sich prägen jene Expressivität aus, die sich erst der wechselweisen Verschränkung aller Elemente verdankt. Möglich war das nur unter den Prämissen der durch Haydn gestifteten Tradition, die im gänzlich neuen Umgang mit der musikalischen Zeit begründet war. Sie macht nicht nur die singuläre Leistung Beethovens begreiflich, dessen Quartette für Musiker von Rang eine Zone bildeten, der man sich nur scheu mit eigenen Versuchen näherte. Vielmehr bedeuteten die radikalen Folgerungen aus den Prämissen der Klassik zunächst einen Endpunkt, der eine Weiterführung nur unter gänzlich veränderten Vorgaben zuließ. Erschöpft waren die Möglichkeiten, die Beethoven so exzessiv zum Ende gebracht hatte. Poetische Gestimmtheit war fortan die Losung der Zeit – wie aber war sie im streng stimmigen Satz des Streichquartetts möglich?

Aus späterer Sicht galt oft das Quartett als bürgerlich konservativ oder umgekehrt als aristokratisch elitär. Nirgendwo sonst waren aber Komponisten wohl so frei in ihren Maßnahmen wie gerade in dieser Gattung, die zunächst nur auf den Konsens der Kenner angewiesen war. Der homogene Satz von vier Streichinstrumenten war zwar prädestiniert für das Wechselspiel der Impulse im klassischen Sinn, doch blieb er fortan auch für andere Arten des Komponierens ein Medium der eigenen Vergewisserung, womit das traditionsreiche Quartett zum Terrain kompositorischer Experimente werden konnte, wie es bis zur Moderne nach 1900 galt. Zwar mögen ›romantische‹ Quartette satztechnisch zunächst einfacher wirken, weshalb sie sich scheinbar leichter erfassen lassen. Während die Subtilität des klassischen Komponierens in der Entfaltung einfachster Elemente zu höchster Vielfalt lag, bildet der romantische Satz in doppelter Hinsicht ein Gegenbild. Einerseits treten die Komplikationen zurück, die in der gleichzeitigen Entwicklung der temporären Parameter lagen, andererseits wird damit eine Kontinuität ermöglicht, die sich in der stärkeren Gewichtung einzelner Dimensionen wie der Harmonik oder Melodik, aber auch der Rhythmik und Dynamik kundtut. Die daraus resultierende Fragestellung definiert sich an der Balance, die zwischen der Stimmigkeit des Satzes und der Stimmung des Ausdrucks herzustellen ist. Unter derart veränderten Voraussetzungen wurde das Quartett, das zunächst das Medium der klassischen Kunst war, erneut zum Paradigma des Komponierens, doch war eine Entwicklung nicht ohne die Vorgaben möglich, die der klassische Werkkanon als verpflichtende Herausforderung bedeutete. So wird es begreiflich, daß die bedeutenden Musiker nach Beethoven – und zumal in Deutschland – nur in begrenzter Zahl Quartette zu schreiben suchten. Rechnet man die Werke von Mendelssohn, Schumann und Brahms zusammen, so verbleibt im deutschen Repertoire aus mehr als einem halben Jahrhundert kaum ein Dutzend erstrangiger Werke. Gegenüber einer Tradition, die aus Respekt zur Zurückhaltung tendierte, verbreitete sich aber zugleich das Quartett auch zunehmend im außerdeutschen Bereich, in dem es dann zusammen mit der Symphonie zum Prüfstein für die Erprobung einer national eigenständigen Kunst wurde.

2. Im Schatten Beethovens: Quartette des frühen 19. Jahrhunderts

Auch nachdem sich Beethoven mit op. 18 in die Geschichte der Gattung eingeschrieben hatte, setzten nicht wenige Autoren – wie früher gezeigt wurde – in Wien und Paris, in Deutschland und Italien die überkommenen Traditionen des Streichquartetts fort, selbst wenn sie spürbaren Änderungen unterworfen waren. Doch gerade im deutschsprachigen Bereich, auf den sich die kompositorische Entwicklung zu konzentrieren begann, vollzog sich zugleich ein bemerkenswerter Wandel. Denn neben die Musiker, die an die von Haydn begründeten Modelle anschlossen, rückte eine Generation von Komponisten, die gleichaltrig mit Beethoven oder noch jünger waren. Bei ihnen ist nun nicht nur die Kenntnis der Werke Mozarts vorauszusetzen, vielmehr muß ihnen wenn nicht zu Beginn, so doch während ihrer Laufbahn auch die inkommensurable Leistung Beethovens bewußt geworden sein, auf die sie freilich sehr unterschiedlich reagierten. Ein äußeres Indiz ist es, daß so gut wie überhaupt nicht mehr Serien mit je sechs Werken publiziert wurden, und selbst die Zusammenfassung von drei Quartetten in einem Opus wurde mehr und mehr von der Veröffentlichung einzelner Werke abgelöst, die dann im 19. Jahrhundert zur Regel wurde (von historisch reflektierenden Komponisten wie Mendelssohn, Schumann und Brahms abgesehen). Demgemäß ist jetzt nicht nur die Viersätzigkeit eine so selbstverständliche Norm, daß Ausnahmen geradezu der Erklärung bedürfen. Neben den Formtypen, die erst durch Heinrich Birnbach und Adolf Bernhard Marx ihre verbindliche Definition fanden, erhielt das Leitbild der thematischen Arbeit im Verband obligater Stimmen wachsende Geltung. Noch nicht ganz ungültig war die Vorstellung, das Quartett sei als Genre für Liebhaber in jener Hausmusik zu verstehen, die nach 1800 vom Adelspalais immer mehr in das bürgerliche Heim wechselte. Gegenüber dem ›Virtuosenquartett‹, wie die deutsche Bezeichnung des Quatuor brillant hieß, erhielt jedoch das durch Beethoven repräsentierte ›Komponistenquartett‹ erhöhte Bedeutung, auch wenn es nur einen Anschluß auf wechselndem Niveau erlaubte. Schließlich ist es aber kein Zufall, daß neben dem Zentrum Wien – dem Gegenpol zu Paris und Ort der Klassik – jetzt west- und norddeutsche Autoren einen zunehmenden Anteil an der Produktion übernahmen.

Kam Spohr aus Braunschweig, um dann in Kassel heimisch zu werden, so wurde in Magdeburg Friedrich Ernst Fesca geboren, der später in Karlsruhe wirkte. Aus Dinklage und Vechta in Niedersachsen stammten die Vettern Bernhard und Andreas Romberg, die nach langen Reisejahren in Hamburg und Gotha ansässig wurden, und aus einer Bonner Musikerfamilie kam Ferdinand Ries, der seine Laufbahn in Frankfurt a. M. beschloß. Mitglieder der Bonner Hofkapelle, der Beethoven bis 1792 angehörte, waren aber neben Franz Ries und Anton Reicha seit 1790 auch die beiden Romberg, bis mit dem Einzug der Franzosen und der Auflösung der Kurstaates 1793 die Bonner Hofmusik ihr Ende fand. Zuvor jedoch konnte man hier Haydn begegnen, der 1790 und 1792 auf dem Hin- wie Rückweg seiner ersten Londoner Reise durch Bonn kam.[1] Und in dem Maße, wie die einstigen Bonner Hofmusiker auch später noch Verbindungen mit Beethoven bewahrten, reihten sie sich wiederum in die Erbfolge der Wiener Klassik ein, die auch damit ihre wirksame Verbindlichkeit gewann.

Über die namhaften Vertreter dieser Gruppe, die neben Beethoven das Quartettrepertoire im frühen 19. Jahrhundert bestritten, liegen mittlerweile Studien vor, die zunächst die biographischen und chronologischen Voraussetzungen klären konnten. Das darf als ein Zeichen dafür gelten, daß wenigstens die historische Geltung dieser Komponisten von der Musikforschung erkannt wurde, selbst wenn das nicht heißt, ihre Werke – und zumal die Quartette – seien schon gleichermaßen anerkannt. Obwohl man nicht behaupten kann, dieser Werkbestand sei gänzlich unerschlossen, ist faktisch doch kaum eines dieser Quartette in einer neuen Partiturausgabe greifbar. Gerade daran wird aber deutlich, wie sehr noch immer Beethovens Schatten über den Musikern liegt, deren Werke in den ersten Jahrzehnten nach 1800 neben den seinen standen und zeitweise mehr als zumindest seine späteren Quartette aufgeführt wurden, wie sich den Berichten der Zeitschriften entnehmen läßt. Ob diese Autoren zurecht derart verdrängt wurden, wie es dann nach 1850 geschah, ließe sich allerdings erst entscheiden, wenn wenigstens Proben ihres Œuvres in Neuausgaben zugänglich wären. Vorerst aber scheint die Sachlage noch aussichtsloser zu sein als für die früheren Komponisten, deren Werke immerhin teilweise ediert worden sind (und sei es nur in der Absicht, ihren Anteil an der Genese der Gattung zu belegen). Wenn jedoch Musik aus Beethovens Zeit merklich komplexer wird, so vermitteln auch die alten Stimmendrucke weniger als zuvor eine erste Orientierung, weshalb sich der Mangel an neuen Editionen desto fühlbarer auswirkt.[2]

Das Mißverhältnis zwischen den historischen Gegebenheiten und ihrer heutigen Kenntnis fällt jedoch auch deshalb auf, weil sich die Zahl der maßgeblichen Komponisten, die noch nach 1820 an der Quartettproduktion beteiligt waren, in geradezu drastischem Ausmaß verringer-

---

[1] H. C. Robbins Landon, *Haydn at Esterháza 1766–1790*, London 1978, S. 755f.; ders., *Haydn in England 1791–1795*, London 1976, S. 192f.; I. Bodsch, *Das kulturelle Leben in Bonn unter dem letzten Kölner Kurfürsten Maximilian Franz von Österreich (1780/84–1794)*, in: *Joseph Haydn und Bonn. Katalog zur Ausstellung*, hg. v. I. Bodsch, O. Biba und I. Fuchs, Bonn 2001, S. 61–73.

[2] Eine Edition ausgewählter Quartette von Andreas Romberg und Friedrich Ernst Fesca, herauszugeben von Siegwald Bütow und Markus Frei-Hauenschild, war im ›Erbe deutscher Musik‹ geplant, wird aber nicht erscheinen können, da die Reihe nach Beendigung ihrer Förderung durch öffentliche Mittel nicht fortgeführt werden kann; desto dankbarer bin ich beiden Herren für die Überlassung ihrer Materialien.

te. Spätestens seit dem Wiener Kongreß hatten sich die Verhältnisse nicht nur in dieser Stadt, sondern im gesamten deutschen Sprachraum und darüber hinaus spürbar gewandelt. Waren zuvor zahlreiche Musiker zu nennen, die bis 1800 und noch weiter zur Verbreitung der Gattung im Rheinland und in Süddeutschland, nach Berlin und gar bis nach Skandinavien beitrugen, so nimmt nun die Zahl der Autoren, die Quartette nicht nur vereinzelt, sondern in nennenswertem Umfang schrieben, auf bemerkenswerte Weise ab. Die Musterwerke der Wiener Klassik bewirkten offenbar eine tiefere Zäsur, als es die äußeren Daten anzeigen, wenn man sich nur an den langen Werkserien von Krommer oder Hänsel orientiert, die immerhin auch nach 1820 zum Ende kamen. Je weiter das Œuvre Beethovens bekannt wurde, desto klarer mußte es einem Musiker mit Selbstachtung werden, daß sich Quartette nicht länger nur zur Unterhaltung der Liebhaber schreiben ließen. Im Gefolge der Französischen Revolution waren zunächst in Paris und mit den napoleonischen Kriegszügen auch im weiteren Europa die Voraussetzungen jener Hof- und Adelskultur brüchig geworden, die zuvor zu den tragenden Voraussetzungen der Quartettkultur gehört hatten. Und mit der normativen Geltung eines neuen Kunstbegriffs, den die Ästhetik nach Kant immer genauer zu bestimmen suchte, wurde in gleichem Maß eine Musik obsolet, die so wie einst im Dienste der Konversation stand. Wie im Pariser Salon wurde es auch im Wiener Palais stiller, und der bürgerliche Berliner Salon favorisierte nicht unbedingt speziell das Streichquartett. Zu gleicher Zeit entstanden aber gerade in diesen Städten Quartettvereinigungen, die sich in öffentlichen Konzerten insbesondere für den Werkkanon der Wiener Klassik engagierten.

Auf eine Formel gebracht: Das Feld der Mitbewerber lichtete sich zusehends, je weiter sich Beethoven durchzusetzen vermochte. Nicht der geringste Beleg für die Anerkennung, die der Anspruch des Streichquartetts der Wiener Klassik erreichte, liegt also im quantitativen Rückgang der Produktion nach 1820. Und wie die Wiener Lokaltradition zu dieser Zeit auslief, so versiegte die Produktion nun zunehmend auch in Frankreich und Italien. Kaum noch einmal läßt sich aber für die Geschichte der Gattung in solcher Weise von der Gleichzeitigkeit des Ungleichzeitigen sprechen wie gerade für diese Phase, in der neben Romberg, Ries und Fesca vor allem Spohr hervortrat. Denn zugleich erreichte – noch immer von Paris aus – George Onslow einen internationalen Ruhm wie kaum einer seiner Konkurrenten, obwohl sein anspruchsvolles Spätwerk in Paris kaum noch die gebührende Aufmerksamkeit fand. Dagegen blieben die bezaubernden Beiträge von Donizetti in Italien ebenso fast eine Privatsache, wie es für die Quartette Cherubinis in Paris galt. In demselben Jahrzehnt jedoch, in dem Beethovens späte Quartette entstanden, arbeitete Schubert an seinen Meisterwerken, während der junge Mendelssohn seine erstaunlichen ersten Quartette in Berlin schrieb.

Eine so komplexe Situation mag es verständlich machen, daß sich die Geschichtsschreibung lange allein an den qualitativ erstrangigen Werken ausrichtete. Denn ohnehin dauerte es bis zur zweiten Hälfte des 19. Jahrhunderts, um die Spätwerke Beethovens und Schuberts zu erschließen, während die Bedeutung der frühen Werke Mendelssohns erst in den letzten Jahrzehnten einsichtig wurde. Ob sich von »nachklassischer Zeit« für eine Phase reden läßt[1], die immerhin mit Schubert und Beethoven die letzte Stufe der Wiener Tradition umschloß, mag dahingestellt bleiben. Fragt man aber, worin trotz aller Widersprüche ein Faden von kompositionsgeschichtlicher Kontinuität zu finden sei, so kann man sich nicht auf die Schritte Schuberts und Beethovens beschränken, die dann nur als radikale Taten genialischer Einzelgänger erscheinen. Je genauer man op. 18 zu begreifen sucht, desto trügerischer wird der Schein des unmittelbaren Anschlusses an eine Überlieferung, die hier vielmehr ihre radikale Neuformulierung erfuhr. Je weiter aber der Umkreis des jungen Schubert erhellt wird, desto deutlicher zeichnet sich auch ab, welche Prämissen für seine grandiosen letzten Werke bereitstanden. Sucht man indes nach Spuren einer Rezeption Mozarts, so dürfte man sie weniger bei Wiener Autoren wie Krommer oder Hänsel finden als vielmehr in den Werken von Andreas Romberg, der gerade nicht in die Wiener Konvention hineingeboren war und sich gleichsam von der Peripherie aus das Vermächtnis der Klassik anzueignen hatte.

Die Vettern Romberg

Um drei Jahre älter als Beethoven, teilte Andreas Romberg (1767–1821) mit seinem Vetter Bernhard Romberg (1767–1841) nicht nur das Geburtsjahr, sondern dazu die ersten Stationen einer Virtuosenkarriere, die sie schon als Kinder zusammenbrachte (weshalb sie fälschlich auch die ›Brüder Romberg‹ genannt wurden). Von Bonn aus führte sie ihr Weg nach Hamburg und dann nach Italien sowie über Wien bis nach Paris. Während der Geiger Andreas 1802 nach Hamburg zurückkehrte, wo er als Dirigent wirkte, bis er 1815 als Hofkapellmeister die Nachfolge Spohrs in Gotha übernahm, blieb Bernhard, der als Violoncellist wohl der bedeutendere Virtuose war, zunächst in Paris, wechselte aber schon 1802 nach Berlin und wurde dort 1816 zum Hofkapellmeister ernannt, um jedoch 1819 der Vormacht Spontinis zu weichen und danach von Hamburg aus seine Konzertreisen fortzusetzen.

Insgesamt elf Streichquartette hinterließ Bernhard Romberg in zwei Gruppen mit je drei Werken op. 1 (Es – B – D) und op. 25 (g – C – G) sowie fünf Einzelwerken op. 12 (F), op. 37 (d), op. 39 (A), op. 59 (a) und op. 60 (E). Sie sind zwar noch nicht näher untersucht worden[2], weisen aber vor allem die Handschrift des virtuosen Spielers aus, der

---

[1] S. Reiser, *Franz Schuberts frühe Streichquartette. Eine klassische Gattung am Beginn einer nachklassischen Zeit*, Kassel u. a. 1999.

[2] Vgl. dazu die Arbeit von H. Schäfer, *Bernhard Romberg. Sein Leben und Wirken. Ein Beitrag zur Geschichte des Violoncello*, Diss. Bonn 1931.

solcher Musik bedurfte, um seine Fähigkeiten vorzuführen. In der Berliner Staatsbibliothek befindet sich die augenscheinlich autographe Partitur des F-Dur-Quartetts (op. 12), die mit der Angabe ›Brumaire 18‹ in die Pariser Zeit um 1800 deutet.[1] Zwischen den zu dritt gebündelten Werkgruppen eröffnet dieses Quartett zugleich die Reihe der späteren Einzelwerke, statt aber die kompositorischen Ansprüche zu steigern, demonstriert es gleich nach der Themenaufstellung im Kopfsatz die konzertante Rolle, die dem Violoncello im Wechsel mit der Primgeige zugedacht ist. Sie beide teilen sich nämlich nicht nur den Vortrag des

1 Staatsbibliothek zu Berlin Preußischer Kulturbesitz, *Mus. ms. autogr. B. Romberg 2*.

Seitenthemas, sondern sie behaupten auch den Löwenanteil an der kleinen Durchführung, die durch die thematisch konstitutiven Spielfiguren bestimmt wird. Fast hat es den Anschein, als sei ein solches Werk auf den Bedarf der konzertierenden Vettern hin berechnet, die dann nur noch zwei Liebhaber für die weit anspruchsloseren Mittelstimmen benötigten. Denn auch im Menuett wird die Oberstimme nach der Themenpräsentation rasch vom Cello abgelöst, das vollends das Trio zu beherrschen vermag. Ebenso werden im Andante scherzando B-Dur, das sein zweiteiliges Thema im 2/4-Takt zweimal variiert und dann freier

B. Romberg, Quartett F-Dur (op. 12), erste Seite, T. 1–37 (Staatsbibliothek zu Berlin – Preußischer Kulturbesitz, Musikabteilung mit Mendelssohn-Archiv, *Mus. ms. autogr. B. Romberg 2*, S. 1, 1.–4. Akkolade).

ausspinnt, wechselweise allein die Außenstimmen bedacht, ohne den Partnern eine andere als bloß füllende Funktion zuzubilligen. Und vollends bestreiten die Konzertatstimmen das Finale (Allegrezza), das wie ein rudimentärer Sonatensatz gebaut ist, die zweite Violine und die Viola aber fast zur Rolle von Statisten verurteilt. Das Autograph enthält zwar mehrfach Streichungen schon vor dem Seitensatz und der Schlußgruppe sowie dann in der Durchführung, sie betreffen jedoch figurative Passagen, die gestrafft und durch andere Anschlüsse ersetzt werden. Die Durchführung verwendet hier beide Themen, während in ihr aber der Hauptsatz letztmals in transponierter Version begegnet, setzt die Reprise in der Tonika gleich mit dem Seitensatz an. Denselben Vorrang der Außenstimmen zeigt noch – zumal in den Ecksätzen – das weit spätere A-Dur-Quartett (Nr. 8, op. 39, nach 1820). Es bliebe zu prüfen, wieweit dieser Eindruck durch andere Werke zu modifizieren wäre, doch stellt bereits ein Blick auf weitere Stimmensätze die durchgängige Dominanz klar, die der Komponist dem Eigenbedarf als Spieler einräumte.

Dagegen erweisen bereits die drei Werke, die Andreas Romberg als erste von insgesamt rund 30 Quartetten in op. 1 veröffentlichte, ein sehr anderes Niveau. Denn obwohl der Primarius auch hier zu seinem Recht kommt, zeichnet sich schon der Weg ab, der den Autor später zur Abkehr von der Virtuosenkarriere bewog, um ihm dafür beträchtliches Renommee als Komponist einzubringen. Sieht man von einigen Frühwerken ab, die Kurt Stephenson zufolge nur handschriftlich überliefert sind, so verteilen sich die gedruckten Quartette, die jeweils zu dritt bei Breitkopf und später bei Peters in Leipzig, daneben auch bei Böhme in Hamburg, Simrock in Bonn und André in Offenbach erschienen, auf eine über zwanzigjährige Zeitspanne von etwa 1798 bis 1820.[1] Die Daten verschieben sich geringfügig, wenn man die Entstehungszeit der Werke einbezieht, soweit sie zu ermitteln ist (op. 1 Es – a – F, um 1795; op. 2 E – a – B, 1797–99; op. 5 Es – D – f, 1799–1800; op. 7 D – E – C, 1803–04; op. 16 F – g – B, 1804–06; op. 30 h – A – F, 1806–10; op. 53 G – fis – Es, 1815–17; op. 59 e – C – D, 1819–20). Der Bonner Zeit entstammten – wieder laut Stephenson – weitere drei Quartette (C – G – fis), die von Romberg später in Gotha überarbeitet und aus dem Nachlaß 1829 als op. 67 veröffentlicht wurden.[2] Als Ausnahme hebt sich von diesen 27 Quartetten das A-Dur-Werk op. 11 ab, das explizit als ›Quatuor brillant‹ bezeichnet ist. Daß es seit 1805 von mehreren Verlagen gedruckt wurde, deutet denn doch auf eine bemerkenswerte Nachfrage nach solchen Bravourstücken hin.[3] Und so ließ Romberg auch mehrere entsprechende Publikationen folgen, die dann allerdings nicht mehr als Quartette firmierten (*Trois airs variés* op. 17, *Tre Rondi alla Pollacca* op. 34, *Fantasie* op. 40 und *Capriccio* op. 52). Demnach unterschied er zunehmend nach Graden des Anspruchs und der Virtuosität, und wenn an den früheren Quartetten ihr Verhältnis zur Gattungstradition zu

---

1 K. Stephenson, *Andreas Romberg. Ein Beitrag zur hamburgischen Musikgeschichte*, Hamburg 1938 (Veröffentlichungen des Vereins für Hamburgische Geschichte XI), bes. S. 138–150; ders., *Andreas Romberg. Bibliographie seiner Werke*, Hamburg 1938 (Veröffentlichungen des Vereins für Hamburgische Geschichte XII). E. Wulf, Art. *Romberg, Andreas Jacob*, in: *Rheinische Musiker. 1. Folge*, hg. v. K. G. Fellerer, Köln 1960 (Beiträge zur rheinischen Musikgeschichte 43), S. 210–218. Autographe von op. 2 Nr. 1 und 3 in der Staatsbibliothek zu Berlin Preußischer Kulturbesitz, *Mus. ms. autogr. A. Romberg 1*. Für Kopien der Partituren von Siegwald Bütow danke ich Karlheinz Höfer und Klaus Werner von der Andreas-Romberg-Gesellschaft Vechta.

2 K. Stephenson, *Andreas Romberg. Ein Beitrag*, S. 139 und S. 147f.

3 L. Finscher, Art. *Streichquartett*, in: *MGG²*, Sachteil Bd. 8, Kassel u. a. 1998, Sp. 1944, wonach Rombergs op. 11 von acht Verlagen gedruckt wurde; als weitere Vertreter des Quatuor brillant werden hier Fr. X. Pecháček, M. Strebinger, J. Mayseder, J. Drechsler, L. Hirsch und L. Jansa genannt.

klären wäre, so ließe sich für die späteren Werke wohl fragen, wieweit das ›brillante‹ op. 11 doch seine Spuren hinterließ.

Die drei Quartette op. 1, die wohl schon um 1795 komponiert wurden, erschienen 1798–99 bei Breitkopf & Härtel und wurden sogleich als Werke begrüßt, die »selbst unter den vorzüglichern von Haydn und Mozart mit Vergnügen gehört werden können«.[1] Wenn Kennern und Liebhabern sonst »beynahe nichts mehr in dieser Gattung Musik behagen will, welches nicht von einem dieser Meister ist«, so werden damit Rombergs Erstlinge ausdrücklich von der weiteren Konkurrenz abgehoben. Obwohl kritische Anmerkungen zu satztechnischen Details nicht fehlen, wird der höchste Maßstab angelegt, der vor Beethovens op. 18 denkbar war. Doch bekräftigt der Rezensent sein Urteil mit der abschließenden Äußerung, »daß diese Quartetten unter die vorzüglichern von Haydn und Mozart gezählt werden müssen«. Bemerkenswert wie schon das Format der Sätze ist das Ausmaß an thematischer Verarbeitung, das besonders die Kopfsätze unter Beweis stellen.

Das Allegro Es-Dur aus Nr. 1 beginnt ganz wie die Muster aus Haydns op. 71 und 74 mit einer knappen zweitaktigen Kadenz, die von der Subdominante zur Dominante und Tonika führt. Dann erst setzt in sukzessiver Staffelung der Stimmen der Hauptsatz ein, dessen prägnanter Kopf aber sogleich Sequenzierung, Verkürzung und Abspaltung erfährt. Kehrt nach 13 Takten der Vorspann wieder, so wandert er nun in die Violoncellostimme, um in der Fortspinnung seinen thematischen Status zu bewähren. Gleichermaßen thematisch ist aber nach dominantischem Halbschluß die Überleitung geprägt, und wenn die Dominante – nach Umweg über ihre Mollvariante – erreicht wird, so hebt sich noch ein kleiner Seitensatz ab. Der weitere Gang der Exposition gehört freilich doch dem Figurenwerk, an dem auch die Mittelstimmen partizipieren, bevor ein Rekurs auf den Vorspann den Abschluß bildet. Von ihm wie

1 Vgl. die Rezension in: Allgemeine musikalische Zeitung 1 (1798–99), Sp. 614–620, bes. Sp. 614 und Sp. 620; ebenda, Sp. 616, ein Auszug aus op. 1 Nr. 1.

A. Romberg, op. 1 Nr. 1, erster Satz, Hauptsatz T. 1–6 (Spartierung von S. Bütow).

Durchführung T. 63–67.

dann vom Nachsatz des Hauptthemas geht die Durchführung aus, die nach einer Figurationsphase auch den Seitensatz in C-Dur nutzt. Und obwohl die gestraffte Reprise ohne den Vorspann auskommt, resümiert sie doch beide Themen, während die kurze Coda nochmals energisch den Hauptsatz bündelt. Weiter reicht die Dominanz der Außenstimmen im nicht ganz so konzentrierten Kopfsatz des g-Moll-Quartetts Nr. 2, dessen Exposition und Durchführung Salome Reiser mitgeteilt hat.[1] Zum Hauptsatz, der nach eröffnendem Oktavsprung punktierte Ketten in französischer Manier bietet, müssen sich die Gegenstimmen mit begleitenden Achteln begnügen, doch werden sie dann immerhin an der Überleitung beteiligt. Wird hier ein Seitensatz durch die kantable Variante des Hauptthemas vertreten, so setzt sich danach triolische Figuration weiter als sonst durch, und sie tendiert zu mechanischer Geschäftigkeit, wenn sie sich am Ende der Exposition mit kettenweisen Sequenzen verbindet. Mit einem kleinen Coup wartet dafür die Durchführung auf, indem sie gleich anfangs in Großterzen von B- über Ges- nach D-Dur wechselt. Und in Es-Dur verbindet sie mit Skalenfiguren den Themenkopf, der taktweise wechselnd die Stimmen durchzieht, bis die Reprise nach G-Dur umlenkt. Konziser ist wieder das Allegro maestoso F-Dur aus Nr. 3, dessen Themenkopf einen markant punktierten Quintsprung mit fallenden Skalenmotiven voller Vorschläge paart. Sobald dieser Anhang durch Legatovarianten ersetzt wird, gewinnt das Thema ab T. 13 einen kantablen Gestus, doch fehlt wieder nicht ein kleiner Seitensatz, dessen Kadenzformel abgespalten wird, um wenigstens anfangs die nächste Figurationsphase zu legitimieren. Ähnlich verfährt die Durchführung, die aus dem Anhang des Hauptthemas knappe Akkordfolgen herauslöst und mit seinem Kopfmotiv kombiniert. Mit dem Seitensatz in der Tonika ist bereits die Reprise erreicht, indem sie aber auf die nochmalige Beanspruchung des Hauptsatzes verzichtet, bleibt sie nicht bloß defizitär, sondern bildet im Vergleich mit den anderen Sätzen eine weitere Variante aus.

Ähnlich variabel sind die Finali aus op. 1, obwohl sie sich zunächst nur als lockerer Ausklang geben. Ein reguläres Sonatenrondo liegt in Nr. 1 vor, und wenn aus der auftaktigen Figur seines Refrains schon die Figurationsketten der Fortspinnung bezogen werden, so kontrastiert dazu zwar der volltaktige Ansatz des ersten Couplets, das aber seinerseits dann wieder auf die Refrainfiguren rekurriert. An den zweiten Refrain schließt sich indessen eine veritable kleine Durchführung an, die auf eine Legatovariante der Refrainmotivik hinführt, und nach dem letzten Couplet wird gar sein Kopfmotiv in dichter Imitation zur Coda ausgearbeitet. Ganz auf den Bariolage-Effekt seines Hauptthemas setzt der abschließende Sonatensatz G-Dur in Nr. 2, der zwar erneut ein kurzes Seitenthema kennt, seinen gleichsam fliegenden Verlauf aber nur zweimal in akkordischer Stauung unterbricht. So geschickt das Potential der Primgeige genutzt wird, so spielerisch gerät die Durchführung

[1] S. Reiser, *Franz Schuberts frühe Streichquartette*, S. 227–232, sowie dazu ebenda, S. 61–66.

trotz ihrer thematischen Bindung. Ganz anders wieder die vorangestellte langsame Einleitung, denn sie präsentiert über 28 Takte hin einen Oktavkanon der drei Oberstimmen, der auf durchgehenden Achteln in Baßlage basiert. Er fiel schon der *Allgemeinen musikalischen Zeitung* auf, die ihn als Beilage ihren Lesern bekanntmachte.[1] Bemerkenswert ist dieser Satz aber nicht nur, weil die rhythmische Angleichung der Oberstimmen bei gleichmäßigem Baßfundament fast an die vormalige Staffelung der Stimmgruppen im Generalbaßsatz erinnert. Was hier ausnahmsweise die Folge der Kanonanlage ist, demonstriert zugleich etwas von der Eigenart, durch die sich Rombergs Musik von Modellen der Wiener Klassik abhebt. Nicht ganz so apart fällt das Rondofinale in Nr. 3 aus, dessen Couplets die zweiteilige Form des ersten Refrains übernehmen. Doch fehlt diesmal eine so subtile Vernetzung wie in Nr. 1, wiewohl der Schluß mit Imitation und Synkopen überrascht.

Recht schlicht sind dagegen die Tanzsätze, die hier wie in Rombergs folgenden Serien meistens an zweiter Stelle stehen. Nur das Menuett in Nr. 1 zeigt wechselnde Akzente, glatter fügen sich die Taktgruppen in Nr. 2 und 3 zusammen, obgleich auch hier die Modulationspartien der zweiten Teile thematisch gestützt sind. Wenn aber die Trios zu widerstandsloser Achtelfiguration der Oberstimme tendieren, dann ist auch kaum die Assoziation an spätere Walzerweisen zu unterdrücken. Deutlicher beziehen sich die langsamen Sätze auf Haydn, wie es fast ostentativ das Adagio f-Moll aus Nr. 1 hervorkehrt. Denn es teilt mit dem ersten Satz aus Haydns f-Moll-Quartett op. 55 Nr. 1 nicht nur die Tonart und den 2/4-Takt, sondern auch den melodischen Gestus mitsamt der variativen Verkettung der Formteile. Gegenüber der Komplexität, die Haydns Modell gemäß der Position eines Kopfsatzes auszeichnet, beschränkt sich Rombergs Binnensatz allerdings auf die gängige Dreiteiligkeit mit einem Maggiore in der Mitte. Intern dreiteilig sind auch die Formteile gebaut, mit ihrer zunehmenden Ornamentierung verbinden sie jedoch eine Thematisierung aller Stimmen, die offenbar Haydn zu überbieten sucht. Eine gleiche Strategie verfolgt das B-Dur-Andante aus Nr. 2, wenn sein fünfgliedriges Thema von zwei Variationen samt Coda gefolgt wird, die sich aber nicht mit figurativer Umspielung in je einer Stimme begnügen, sondern alle Partner einzubeziehen suchen. Am eigenartigsten ist das Andante As-Dur aus Nr. 1, das in seinem ersten Teil zwar dem Satztyp aus Nr. 3 entspricht, als B-Teil jedoch ein Allegro einfügt, nach dem die Reprise des A-Teils auf ganze drei Takte schrumpft. So erhält das Allegro erhöhtes Gewicht, zumal es sich nicht wie sonst durch seine Tonart, sondern primär durch Tempo und Satzart abhebt. Denn einer steten Kette akkordischer Achtel, die sich mit chromatischer Färbung und Verhalten zwischen den paarig geführten Stimmen überlagern, entspricht eine engschrittige Melodik in sachter Bewegung, der aber kein eigentliches Thema zugrunde liegt. Ohne thematische Regu-

[1] Allgemeine musikalische Zeitung 1 (1798–99), Beilage No. XV, Juni 1799.

A. Romberg, op. 1 Nr. 1, dritter Satz, Andante sostenuto T. 1–8 (Spartierung von S. Bütow).

Dritter Satz, Allegro T. 56–65.

lierung erscheint der Satz in der schwebenden Angleichung der Stimmen seltsam ziellos, als sei in ihm die Zeit aufgehoben, und indem er damit weit voranweist, distanziert er sich zugleich vom klassischen Satzbau mit seiner thematischen Straffung.

Bei aller Nähe zu klassischen Modellen suchen Rombergs erste Quartette doch unübersehbar ein eigenes Idiom zu finden, und sie scheinen damit den anonymen Rezensenten zu bestätigen, der ihnen den Vorrang vor den Mitbewerbern attestierte. Bevor jedoch über dieses Urteil zu entscheiden ist, sind wenigstens ein paar weitere Werke dieses bemerkenswerten Musikers in den Blick zu nehmen. Wenig später wird op. 2 durch ein E-Dur-Quartett eröffnet, dessen Kopfsatz wieder einen knapp kadenzierenden Vorspann zeigt. Zwischen ihn und das kantable Hauptthema drängt sich diesmal aber eine sechstaktige Solofigur der ersten Violine, die gewiß nicht virtuos zu nennen ist, im Satzverlauf aber fast mehr Gewicht erhält als das Thema selbst. Nicht ganz so dicht wie in op. 1 ist die thematische Prägung aller Formteile, wie auch die Durchführung die Stimmen nicht gleichermaßen beteiligt. Wie wenig jedoch zu generalisieren ist, beweist der erste Satz des a-Moll-Quartetts Nr. 2, dessen Hauptthema zwei analoge Dreitakter durch Pause trennt. Selbst wenn die Figuration früher beginnt als sonst, gehen die Themenglieder nicht verloren, und eine Variante erscheint diesmal so wie bei Haydn statt des Seitensatzes. Ebenso ist die Durchführung in ihrem ersten Teil konzentriert gearbeitet, wogegen nach einer Figurationsphase die Reprise ganz nach A-Dur wechselt. Umschichtig partizipieren die Stimmen auch im B-Dur-Satz aus Nr. 3 an der thematischen Substanz, die diesmal aber minder profiliert ist, und so entspricht der geringeren Dichte eine deutlich gestraffte Reprise. Prägnanter als in op. 1 sind dagegen die Menuette, so in Nr. 1 mit akzentuierten Vierteln samt nachfolgenden Halben, die zu wirksamen Synkopen führen, oder in Nr. 3 – diesmal an dritter Stelle – mit Halbtonschritt im Kopfmotiv, woraus sich bei Imitation in taktweisem Abstand eine chromatische Kette ergibt. Besonders das a-Moll-Menuett aus Nr. 2 spinnt im Unisono der Violinen sein Thema auf sieben Takte aus, wozu die ebenso gepaarten Unterstimmen in Achtelketten kontrapunktieren, bis sich die Relationen dann umkehren. Nach einem lockeren A-Dur-Trio wird das Menuett aber nicht einfach repetiert, sondern nun erst erweist sich, daß beide Stimmpaare gegeneinander vertauscht werden können. Geringere thematische Bindung als in op. 1 zeigen gleichfalls die langsamen Sätze, wobei den Variationen in Nr. 2, die beide Außenstimmen begünstigen, in Nr. 1 und 3 wieder dreiteilige Formen gegenüberstehen, die im einen Fall ein Minore und im anderen eine thematische Umkehrung im Mittelteil bieten. Einem Rondofinale in Nr. 2, das die Teilgrenzen durch thematische Fortspinnung überbrückt und das zweite Couplet durchführend erweitert, stehen in Nr. 1 und 3 zweiteilige Schlußsätze zur Seite, die formal allerdings weit lockerer als die Kopfsätze gefügt sind.

Erstmals versucht sich der Kopfsatz des Es-Dur-Quartetts op. 5 Nr. 1 an einer langsamen Einleitung, die als ›Grave‹ mit punktierter Rhythmik kaum zufällig an die vormalige französische Ouvertüre erinnert. Indessen bezieht sie sich nicht substantiell auf das folgende Allegro, das ungeachtet des Allabreve-Taktes nur partiell thematisch und kaum kontrapunktisch gearbeitet ist, um dafür triolischen Figuren der ersten Violine mehr Raum zu lassen. Und im Moderato D-Dur aus Nr. 2 tendiert die kleingliedrige Rhythmik erstmals zu Figurenketten der Oberstimme, die zudem recht virtuos anmuten. Daß dennoch der kompositorische Anspruch insgesamt nicht nachläßt, zeigt eindrucksvoll der erste Satz des f-Moll-Quartetts Nr. 3, dessen kantabler Hauptsatz im 3/4-Takt ausschließlich aus der wechselnden Position eines zweitaktigen Kernmotivs mit Halber samt Doppelschlag und fallender Achtelkette besteht, dafür die Unterstimmen vorerst zu bloß stützenden Akkorden verurteilt. Seiner Durvariante folgt ein kontrastierender Seitensatz, der trotz ähnlicher Bausteine mit repetierten Achteln und einem diesmal ausgeschriebenen Doppelschlag eher spielerischen Charakter annimmt, nun aber auch allen Stimmen ihren Anteil zubilligt. Die komprimierte Durchführung jedoch zielt (ab T. 121) auf die Kombination beider Themen in einer freien Doppelfuge, die dennoch durchaus unangestrengt wirkt. Wenn sie sich in motivischer Abspaltung auflöst, so mündet die äußerst gedrängte Reprise in der eigens so benannten ›Coda‹, die erneut die Arbeit der Durchführung aufnimmt. Mit der souveränen Verdichtung des Satzes, die in der Durchführung wie in der Coda kulminiert, verbindet sich jedoch eine rhythmische Homogenität, die hier sogar freie Figurationsfelder so gut wie ganz ausschließt. Wie die langsamen Sätze haben allerdings die Menuette, von denen das in Nr. 3 den dritten Satz bildet, nicht gleiches Profil wie in op. 1 oder noch op. 2, und erweitert das Final-

A. Romberg, op. 5 Nr. 3, erster Satz, Hauptsatz T. 1–7 (Spartierung von S. Bütow).

Seitensatz T. 43–49.

Durchführung T. 126–132.

rondo in Nr. 1 sein zweites Couplet wieder in durchführender Weise, so gerät der Sonatensatz in Nr. 1 zum bescheidenen Perpetuum mobile mit laufenden Achtelketten, selbst wenn die Unterstimmen ihre begleitende Funktion einmal zugunsten einer fugierten Episode aufgeben dürfen.

Noch 1802 rühmte die Besprechung von Rombergs Quartetten op. 2 »Originalität, Geschmack, Einheit und doch Mannichfaltigkeit« als »die unverkennbaren Vorzüge, wodurch sich diese Quartetten über alle dem Rec. bekannte gleichzeitige so sehr erheben«. Und eine Anzeige der Quartette op. 8 von Franz Alexander Poessinger (1767–1827) wußte 1808 diese Werke als »angenehme Unterhaltung« den Liebhabern zu empfehlen, die sich »nicht blos auf Mozarts, Haydns und Rombergs Quartetten« einschränken wollten.[1] Für wenigstens ein Jahrzehnt schien also der Norddeutsche Romberg nächst Haydn und Mozart fast zum Klassiker der Gattung aufzusteigen. Und so fragt es sich, ob ihn aus dieser Stellung ausschließlich die unabsehbaren Schritte verdrängten, die Beethoven gleichzeitig von op. 18 hin zu op. 59 vollzog.

Dem Vetter Bernhard eignete Andreas Romberg die drei Quartette op. 7 zu, und daß sie auf die virtuosen Fähigkeiten des Violoncellisten rechnen, zeigt die unübersehbare Bevorzugung der Außenstimmen. Davon wird freilich weder der Grundriß der Formen noch die Bemühung um thematische Absicherung der konzertanten Phasen tangiert. Vielleicht schon zuvor und gewiß kaum viel später entstand indessen das A-Dur-

[1] Allgemeine musikalische Zeitung 11 (1808–09), Sp. 96; zu Rombergs op. 2 vgl. Allgemeine musikalische Zeitung 4 (1801–02), Sp. 535–539: 536; ebenda, Sp. 598, eine Probe des Kanons aus op. 2 Nr. 2.

Quartett op. 11, das mit dem Kennwort ›brillant‹ versehen wurde und in mehreren Editionen offenbar einige Verbreitung fand. Dem Typus gemäß umfaßt es unter Verzicht auf das Menuett nur drei konventionell gebaute Sätze, doch kann sich die Solostimme mit der glanzvollen Virtuosität Rodescher Piecen keineswegs messen. Schon im Blick auf op. 1 hatte 1799 der Rezensent betont: »Vorzüglich muß der erste Violinist sein Instrument in der Gewalt haben«, während es zu op. 2 nur hieß, für diese Werke sei »ein ungewöhnlich sorgfältiges Studium sowohl des Ganzen, als der einzelnen Stimmen höchst nöthig«.[1] Daß Romberg mit Virtuosen wie Rode oder Spohr kaum mithalten konnte, erklärt zunächst seinen Verzicht auf eine gleiche Karriere, macht aber wohl auch den Erfolg seines op. 11 verständlich, mit dem selbst ein wohlgeübter Liebhaber brillieren konnte, ohne gleich ein wahrer Zauberkünstler zu sein. Denn die Ansprüche, die dieses Werk an den Primgeiger stellt, gehen nicht grundsätzlich über die früherer Werke wie etwa op. 5 Nr. 2 hinaus. Zwar fehlen weder Dezimengänge noch Doppelgriffe oder Kadenzeinlagen, sie liegen aber im allgemeinen recht günstig und überschreiten nur selten die fünfte Lage (wogegen etwa Krommers oder Hänsels spätere Stücke schwieriger sein dürften, ohne als ›brillant‹ gekennzeichnet zu sein). Der Tribut an das spezielle Genre liegt demnach weniger in den virtuosen Spielfiguren, selbst wenn sie weit mehr Raum einnehmen als sonst, sondern vor allem im Verzicht auf die thematische Verdichtung des Satzgefüges, in das sich die Unterstimmen als bloße Begleitung einzuordnen haben. Weniger die Brillanz für sich als vielmehr die bedenklich verschobene Balance der Stimmen scheint also der Preis gewesen zu sein, den Romberg im ›Quatuor brillant‹ zu zahlen bereit war (unabhängig von der Frage, ob er darin Rode vorausging oder nur dessen ersten Werken nacheiferte, die er wohl schon vor ihrem Druck kennenlernen konnte).

Daß der Zeitabstand zwischen den weiteren Werkserien größer wurde, muß nicht auf zunehmende Schwierigkeiten zurückgeführt werden, die sich in dieser Gattung stellten, seit Beethovens Quartette bekannt wurden. In Hamburg ergaben sich für Romberg weitere Aufgaben als zuvor, indem er sich nun neben der Kammermusik auch anderen Gattungen zuwandte und seinen nachhaltigsten Erfolg mit der Vertonung von Schillers *Lied von der Glocke* (1809) erlebte. Demgemäß zeigen die folgenden Quartette keine grundlegenden Änderungen, und so wenig sie auf Beethoven reagieren, so wenig verfallen sie leerer Brillanz. Verändert erscheint jedoch das Verhältnis der Stimmen im Quartettsatz, wenn etwa im g-Moll-Werk op. 16 Nr. 2 die Unterstimmen nicht nur das Hauptthema des Kopfsatzes akkordisch zu begleiten haben, sondern auch in der Durchführung kein so dichtes Gewebe wie früher ausbilden. Gewiß ist der Part des Primarius nicht virtuoser als vordem, und im Gegenteil ist es bemerkenswert, welch durchsichtigen Satz Romberg weiterhin zu schreiben vermochte. Er bleibt selbst im Finalrondo einfach

[1] Allgemeine musikalische Zeitung 1 (1798–99), Sp. 618, sowie Allgemeine musikalische Zeitung 4 (1801–02), Sp. 536.

genug, um für Dilettanten erreichbar zu sein, und spieltechnisch halten sich auch die Variationen im langsamen Satz zurück, doch gelingt zugleich nicht mehr eine subtile Verkettung der Teile wie zuvor. Mehr noch mutet der erste Satz des h-Moll-Quartetts op. 30 Nr. 1 wie eine Etüde für den Primgeiger an, die zwar durchaus nicht virtuos zu nennen ist, sichtlich aber zu Lasten der übrigen Partner geht. Und wie im Trio des Tanzsatzes ist die Fortspinnung der Themen nicht nur im Adagio, sondern ebenso im zweiteiligen Finale ganz auf die führende Oberstimme angelegt. Klarer noch zeigt das A-Dur-Werk Nr. 2 in dieser Reihe, daß es Romberg nun offenbar darum ging, nicht gerade kunstlose, aber primär spielbare und zudem wirksame Musik für den Bedarf der Liebhaber zu liefern. Beide Ecksätze stehen hier im Allabreve-Takt, während jedoch die Oberstimme mit laufenden Achteln im ersten Satz vorherrscht, verheißt das Finale mit seiner Thematik ein Fugato, um dann die Erwartung durch bloßes Figurenwerk gründlich zu täuschen.

Auch in den späteren Werken, die schon in Rombergs Gothaer Jahre fallen, ändert sich das Bild nicht mehr grundlegend. Wenn man vom Gros all der Sätze absieht, in denen sich die erste Violine weithin auf die stützende Begleitung der Unterstimmen verläßt, dann bleiben doch immerhin einzelne Leistungen hervorzuheben, in denen der frühere Anspruch des Komponisten noch einmal zur Geltung kommt. In op. 53 etwa bietet das Menuett des G-Dur-Werkes Nr. 1 einen einfachen Einklangskanon beider Violinen, wenn aber als Trio ein Minore mit der üblichen Dominanz der Oberstimme folgt, so setzt nach der Repetition des Menuetts überraschend ein zweites Trio ein, das sich nun als kleiner Kanon ›al rovescio‹ ausweist. Das in g-Moll beginnende Finale kennt als Seitensatz ein kurzes Fugato, und auch der Kopfsatz im fis-Moll-Quartett Nr. 2 erweitert sein Hauptthema zu einem Fugato mit chromatischem Annex, wovon noch die Durchführung zehrt, bis sich wieder die übliche Figuration ausbreitet. »Gute Unterhaltungsmusik« bietet nach Stephenson die letzte Serie op. 59, in der aber erstmals statt des Menuetts im C-Dur-Quartett Nr. 2 ein Scherzo auftritt. Und das letzte Finale spannt sein Thema mit denen der beiden vorangehenden Schlußsätze zu einem Fugato zusammen – ein Kunstgriff, auf den sich der Autor einiges zugute tat.[1]

Schon bald nach Rombergs Tod resümierte Friedrich Rochlitz 1824 in einer warmherzigen Würdigung, der Komponist sei »bei weitem am glücklichsten« in seinen Quartetten gewesen. Denn selbst wenn man den Ecksätzen »mehr Originalität in Erfindung und öftere Entfernung von dem einigermaßen Feststehenden« wünschen möge, fehle ihnen keineswegs »Einsicht, Fleiß, große Geübtheit und Erfahrung«.[2] Nächst Haydn habe »noch mehr Mozart« auf Romberg »entschiedenen Einfluß gehabt«, und »so wenig wir daher eine Zeit lang lauter Quartette von ihm hören möchten: so wenig möchten wir eine Zeit lang sie gänzlich

---

1 K. Stephenson, *Andreas Romberg. Ein Beitrag*, S. 147, Anmerkung 42.
2 Fr. Rochlitz, *Andreas Romberg*, in: ders., *Für Freunde der Tonkunst*, Bd. 1, Leipzig 1824, S. 118–138: 135ff.

entbehren«. Der Wunsch freilich, ihm möge »eine lange Wirksamkeit durch seine Werke« beschieden sein, hat sich nicht erfüllt.

Die Konkurrenz mit Beethoven nahm Romberg gar nicht erst auf, doch verdient es Respekt, wie sehr er bei seinem Vorsatz blieb, die Liebhaber mit solider Musik zu versorgen. Daß Haydns Quartette ihm als maßgebliche Voraussetzung galten, ist bereits an seinen ersten Werken abzulesen, daß aber auch Mozarts Kunst nicht ganz folgenlos blieb, wird weniger an einzelnen Wendungen als an den geweiteten Dimensionen des Satzverlaufs zumindest in den früheren Quartetten kenntlich. Denn neben dem größeren Anteil, den gegenüber Haydn die figurativen Episoden einnehmen, treten in Rombergs ersten Serien kontrastierende Themen ebenso hervor wie die kontrapunktischen Verfahren, die in den Ablauf der Sätze integriert werden, wie es für Mozarts reife Werke charakteristisch ist. An der genauen und zunehmend fast mechanischen Regulierung der metrischen Verhältnisse wird freilich sichtbar, daß sich Romberg an einen Regelkanon gebunden fühlte, der derart erst im Gefolge der Klassik normiert werden konnte. Doch gelangen ihm gerade im Frühwerk zuweilen frappierende Lösungen, die so wie der Kanon vor dem Finale in op. 1 Nr. 2 oder der Einschub im Adagio aus op. 1 Nr. 1 mit ihrer rhythmischen Kontinuität auf die Vorgaben einer ganz anderen Kunst hinführen, die sich erst weit später entfalten konnte. Daß sich dieses Niveau dann nicht mehr halten ließ, ist desto mehr zu bedauern, wenn man sich der frühen Werke erinnert, die zum Gelungensten gehören, was die Musik neben dem jungen Beethoven bereit hält. Fast hat es eine tragische Note, daß Romberg sein Œuvre offenbar im hellen Bewußtsein jenes Kunstrangs begann, den das Quartett durch Haydn erhalten hatte. In dem Maß jedoch, wie er an einem einmal erkannten Ideal festhielt, vermochte er nicht mehr der Forderung nach steter Innovation zu genügen, die zugleich die Kehrseite jenes Kunstbegriffs war. Doch sind seine Werke nicht nur lehrreich für die Schwierigkeiten, in die fortan Musiker neben Beethoven gerieten, wenn sie zudem ebenso der öffentlichen Kritik durch die Fachpresse ausgesetzt waren. Vielmehr bieten zumal die ersten Werkreihen so eindrucksvolle Leistungen, daß eine Neuausgabe ausgewählter Frühwerke das Repertoire bereichern könnte.

Heikle Ambitionen: Hummel und Ries

Mit der Bemühung, den von Haydn gesetzten Maßstab zu bewahren, stand Romberg keineswegs allein. Auch in Wien schrieben Hänsel und Krommer achtbare Werke, bevor sie der Verführung des Brillanten nachgaben. Neben Poessinger wäre Ambros Rieder (1771–1855) zu erwähnen, der 1796 bei Kozeluch drei relativ schlichte Quartette op. 2 herausbrachte. Und Franz Weiss (1778–1830) komponierte nach drei

Werken op. 1 wenigstens fünf weitere, die mit fortlaufender Zählung gedruckt wurden (*Deux Quatuors* op. 8 sowie je ein Werk op. 9, 10 und 12). Sie fanden bisher kaum Beachtung und sind vorerst nicht genauer zu datieren, daß Weiss aber über nicht unbeträchtliche Fähigkeiten verfügte, zeigt ein Blick auf das G-Dur-Quartett op. 8 Nr. 1, das im Kopfsatz ein eigentlich recht einfaches Thema schon während der Exposition mehrfach transponiert, um es dann in der Durchführung mittels chromatischer Harmonik expressiv aufzuladen.[1] Zwar bleiben längere Figurationsphasen nicht aus, die in der Reprise des langsamen Satzes fast übermächtig werden, doch verrät auch das Rondofinale mit der modulatorischen Pointierung seines zunächst ganz leichten Themas einigen Ehrgeiz.

Für die süddeutsche Produktion wäre weiter Franz Danzi (1763–1826) heranzuziehen, der in Mannheim, München und seit 1712 in Karlsruhe wirkte. Zwar gehörte er noch zu einer etwas älteren Gruppe, die Reihe seiner 19 Quartette begann aber erst mit je drei Werken op. 5–7, die in München zwischen 1800 und 1802 erschienen. Einem einzelnen Quartett A-Dur (op. 16, 1804) schloß sich noch eine Trias an (op. 29, Leipzig 1805), bedeutend später jedoch folgten mit op. 44 und 55 in Leipzig bzw. Offenbach nochmals je drei Werke.[2] Danzi kam vom Quatuor concertant her und übernahm anfangs auch Züge des Quatuor d'airs connus, gerade die späteren Werke waren aber jener Konkurrenz ausgesetzt, die sich aus dem gesteigerten Anspruch der Gattung ergab. Und so wurden seine Beiträge rascher noch als die der eigentlichen Spezialisten verdrängt, zumal er in anderen Gattungen wie Oper, Sinfonie und Konzert noch weit fruchtbarer gewesen war. Einer näheren Untersuchung harren bislang noch die wenigstens 12 Streichquartette, die der aus Prag stammende Anton Reicha (Rejcha, 1770–1836) wohl in Wien komponierte, bevor er 1808 nach Paris übersiedelte, wo er 1818 Professor an der École royale de musique und damit Lehrer von Musikern wie Onslow, Dancla und noch Berlioz und Liszt wurde. Seine Quartette (op. 48–49, Leipzig 1804–05) fanden zwar teilweise spätere Ausgaben in Paris (op. 90, 94, 95, 1801–08, Paris 1819–24), und sie könnten wohl aufschlußreich sein, wenn man Reichas Verhältnis zu Beethoven und seine Bedeutung als Theoretiker einbezieht. Allerdings hat der Ruf des Theorielehrers das Ansehen seiner Werke schon so früh überschattet, daß den Streichquartetten kaum größere gattungsgeschichtliche Bedeutung zukommen dürfte.[3]

Aus anderen Gründen sind die drei Quartette belangvoll, die Johann Nepomuk Hummel (1778–1837) wohl noch vor oder um 1804 schrieb und als op. 30 (C – G – Es) bei Steiner in Wien 1808 veröffentlichte. Sie bilden in der Kammermusik Hummels und erst recht in seinem reichen Lebenswerk Ausnahmen, und obwohl sie in der Geschichte der Gattung kaum wirksam werden konnten, interessieren sie als frühe Beiträge eines Pianisten, der so wie vormals Dussek primär mit Sonaten und

---

[1] Salome Reiser danke ich herzlich für die Möglichkeit zum Einblick in die Werke von A. Rieder, Fr. Weiss und J. N. Hummel.

[2] V. von Pechstaedt, *Thematisches Verzeichnis der Kompositionen von Franz Danzi (1763–1826)*, Tutzing 1996; P. M. Alexander, *The Chamber Music of Franz Danzi. Sources, Chronology, and Style*, Diss. Indiana University 1986; ders. / P. Corneilson, Art. *Danzi, Franz (Ignaz)*, in: *New Grove Dictionary²*, Bd. 7, S. 4–6.

[3] Vgl. die weiteren Hinweise von P. E. Stone, Art. *Reicha, Antoine*, in: *New Grove Dictionary²*, Bd. 21, S. 129–136, bes. S. 135f.; Proben aus Quartettfugen finden sich bei A. Reicha, *Traité de haute composition musicale*, Bd. 2, Paris 1826, passim; vgl. auch die recht kritische Rezension von op. 48–49 in: Allgemeine musikalische Zeitung 11 (1808–09), Sp. 134f.

Konzerten für sein eigenes Instrument der Kompositionsgeschichte weitere Akzente zufügte. Die Quartette verdanken sich noch der Zeit, in der Hummel als Kapellmeister in Eisenstadt die Stelle Haydns einnahm[1], so deutlich sie aber an Haydn anschließen, so unüberhörbar finden sie eigene Töne. Zunächst fällt es auf, wie Hummel hier jene Virtuosität zu zügeln wußte, die ihm für seine Klaviermusik durchaus zu Gebote stand. Im Couplet aus dem Finale des G-Dur-Quartetts Nr. 2 fand Michael Kube zudem ein Zitat aus der Variatio 10 in Bachs Goldberg-Variationen BWV 988, dem im zweiten Satz des Es-Dur-Werkes Nr. 3 eine Anspielung auf das Accompagnato »Comfort ye my people« aus Händels *Messiah* (HWV 56:2) zur Seite stünde. Unabhängig von ihrem Gewicht beweisen solche Allusionen aber keine historisierende Tendenz, falls zugleich Beethovens Quartette op. 18 ihre »Spuren hinterlassen« hätten, die »am deutlichsten wohl« im C-Dur-Werk Nr. 1 zur Geltung kämen.[2] Die langsame Einleitung zum Kopfsatz zehrt zwar in c-Moll vom konventionellen Kontrast zwischen markanten Akkorden im Forte und seufzerhaften Gesten im Piano, auch ihre Harmonik begrenzt sich auf die Grundstufen, und auf das folgende Allegro führt sie nicht thematisch, sondern nur mit ihrem dominantischen Halbschluß hin. Doch besticht dann das Hauptthema durch seine kantable Linie in klangdicht tiefer Lage, und der Nachsatz in a-Moll läuft mit ›phrygischer‹ Kadenz in E-Dur aus. Achtelketten im Staccato stoßen in der Überleitung auf eine kantable Gruppe, die an den Hauptsatz anschließt, während die führende Viola im Seitensatz von laufenden Achteln kontrapunktiert wird, die für rhythmische Kontinuität zu sorgen haben. Und nach Triolenfiguren rekurriert die Schlußgruppe auf das Kontrastglied der Überleitung und damit indirekt auf den Hauptsatz. In Es-Dur setzt die Durchführung mit Motivik der Überleitung an, nachdem sie aber über c-Moll zur Tonika zurücklenkt, kombiniert sie Varianten beider Glieder

1 K. Benyovszky, *J. N. Hummel. Der Mensch und Künstler*, Berlin 1934, S. 53ff.; D. Zimmerschied, *Thematisches Verzeichnis der Werke von Johann Nepomuk Hummel*, Hofheim 1971; ders., *Die Kammermusik Johann Nepomuk Hummels*, Diss. Mainz 1966; zur Entstehung der Quartette op. 30 schon im Jahr 1804 vgl. ebenda, S. 10, sowie Hummels Brief vom 17. 5. 1804, ebenda, S. 339f.; Partiturausgabe Cambridge 1992, SJ Music.

2 M. Kube, *Ein Mosaikstein zur Wiener Bach-Tradition. Über ein Bach-Zitat bei Johann Nepomuk Hummel*, in: *Bach, G. Schumann, Dvořák, Hummel. Beiträge zur Musikforschung*, S. 31–39, bes. S. 32f. und S. 34; ergänzend ließe sich auch im Refrain des Finalsatzes aus dem C-Dur-Quartett Nr. 1 eine Affinität zum Quodlibet (Variatio 30) aus BWV 988 sehen. Die folgenden Hinweise ergänzen die Angaben bei Zimmerschied, *Die Kammermusik Johann Nepomuk Hummels*, S. 35–43, die mit Notenbeispielen immerhin eine Vorstellung vermitteln.

J. N. Hummel, op. 30 Nr. 1, erster Satz, Einleitung T. 1–5 (SJ Music 1992).

Erster Satz, Allegro T. 12–19.

der Überleitung. Entsprechend sorgfältig ist auch die Reprise gearbeitet, die statt schematischer Wiederholung das Material zu variieren versteht. Zum herkömmlichen Tanzsatz wollen im Menuett die chromatischen Linien nicht recht passen, die zudem im Unisono durch Staccato markiert werden. Sie deuten aber damit auf Scherzi Beethovens wie in op. 18 Nr. 1 und 6 hin, wie denn auch das Trio ohne Gliederung in repetierte Teile auskommt. Indem es zweifach, erst in As- und dann in E-Dur, einsetzt, prägt es so wie schon der Kopfsatz Terzverhältnisse aus, die Ketten seiner nachschlagenden Viertel jedoch, die mehrfach metrisch justiert werden, basieren weithin auf ostinatem Baßgerüst, dessen Chromatik auf die Linien des Menuetts zurückweist, und wenn dann das Menuett mit einer kleinen Variante am Schluß neu ausgeschrieben wird, so werden seine Verbindungen zum Trio im Rückblick kenntlich. Weder thematisch noch formal fällt zunächst das Adagio cantabile aus dem Rahmen, das immerhin wieder mediantisch nach E-Dur wechselt. Doch zeigt schon sein kantables Thema eine stufenreiche Harmonik, die dem G-Dur-Mittelteil und ebenso der variierten Reprise zugute kommt. Ähnlich folgt das Finale zwar dem geläufigen Rondotyp, doch ist sein huschender Refrain schon eingangs auf Imitation hin angelegt, die sich im weiteren zum Fugato mit Zutritt eines kleinen Gegenthemas verdichtet. So wird das Rondoschema modifiziert, indem gerade der Refrain seine Varianten aus kontrapunktischer Verdichtung bezieht.

Nicht ganz gleiches Niveau zeigen zwar die beiden anderen Werke, insgesamt beweisen aber Hummels Quartette eine Selbständigkeit, die auch dann bemerkenswert ist, wenn sie dem Maßstab Beethovens höchstens indirekt verpflichtet ist. Während thematische Arbeit keine vergleichbare Konsequenz erreicht, paart sich mit farbiger Harmonik eine intime Expressivität, die auf Hummels spätere Leistungen hindeutet. Mit Beethoven war dagegen Ferdinand Ries (1784–1838) schon seit gemeinsamen Bonner Jahren bekannt, bevor er sich 1801 nach Wien wandte und dort von Albrechtsberger und Beethoven unterrichtet wurde. Nach weiteren Jahren in Paris und wieder Wien führte ihn sein Weg über Kassel, Hamburg und Kopenhagen nach St. Petersburg, Stockholm und London, bis er 1824 nach Godesberg zurückkehrte und schließlich in Frankfurt a. M. seßhaft wurde. So mischt sich auch in seinen 26 Streichquartetten, die Gisela Schewe 1993 untersucht hat, die Wirkung Beethovens mit dem Echo der vielfachen Eindrücke, die er in einer so bewegten Laufbahn sammeln konnte.[1] Noch der Bonner Zeit zwischen 1798 und 1800 entstammen 9 Frühwerke ohne Opuszahl (WoO 1 Nr. 1–3, WoO 71, 72 und 74 sowie WoO 73 Nr. 1–3), die ebenso wie zwei weitere aus den Wiener Jahren (WoO 6 und 10) ungedruckt blieben. Erst mit op. 70 Nr. 1–3 (F – G – fis) und dann op. 126 Nr. 1–3 (B – c – A) setzten die gezählten Werke ein, die in den Reisejahren zwischen 1809 und 1817 entstanden und in Leipzig bzw. London 1816 und

---

1 G. Schewe, *Untersuchungen zu den Streichquartetten von Ferdinand Ries*, Kassel 1993 (Beiträge zur rheinischen Musikgeschichte 147), Zeittafel S. 13 sowie Satzübersicht S. V; C. Hill, *Ferdinand Ries. A Thematic Catalogue*, Armidale 1977 (University of New England, Monographs I); ders., *Ferdinand Ries. A study and addenda*, ebenda 1982 (University of New England, Occasional Papers 2); ders., *Ferdinand Ries. Briefe und Dokumente*, Bonn 1982.

1824 veröffentlicht wurden. Ihnen folgten noch 1823–31 drei Werke op. 150 (a – e – g) sowie zwei weitere op. 166 (Es – g), die in Bonn bzw. Frankfurt 1828 und 1834 erschienen, wogegen die übrigen Spätwerke (WoO 34, 36, 37 und 48, zwischen 1825 und 1835) ungedruckt blieben. Von 26 Quartetten wurden also nur elf publiziert, doch handelt es sich bei den unveröffentlichten zumeist um frühe Studienwerke, während andererseits nur die vier letzten Quartette nicht mehr veröffentlicht wurden. Die Drucke erschienen – wie es die Regel war – in Stimmen und lassen zunächst nur auf Publikationsdaten schließen. Ausnahmsweise haben es aber glückliche Umstände gefügt, daß alle Quartette ab op. 70 auch in handschriftlichen Partituren erhalten blieben, die zur Entstehung der Werke Orts- und Zeitangaben mitteilen. Die Manuskripte aus dem Besitz des jüngeren Bruders Hubert Ries (1802–86) wurden zumeist 1875–76 geschrieben und gelangten über dessen Söhne in die Berliner Staatsbibliothek. Zudem liegen für op. 150 Nr. 1–3 sowie für WoO 34 und 37 frühe Partituren aus den Jahren 1831–34 vor, daß aber beide Reihen auch ungedruckte Spätwerke einschließen, dürfte für deren Wertschätzung im Umkreis des Komponisten sprechen.[1]

Überzeugend hat Schewe die Gründe dargelegt, die den späten Werken ab op. 150 ein besonderes Interesse sichern, weshalb sich auf sie auch die weiteren Hinweise konzentrieren werden. Obwohl die neun Bonner Quartette fast noch als Versuche eines Knaben erscheinen könnten, ist doch die Sicherheit erstaunlich, mit der das satztechnische Reservoir des ausgehenden 18. Jahrhunderts angewendet wird.[2] Die Kopfsätze kennen – wie nicht anders zu erwarten – kaum schon eigentliche Seitenthemen, sie verarbeiten demnach höchstens Glieder der Hauptthemen und Überleitungen, daß aber die Durchführungen nicht selten mit harmonischen Überraschungen beginnen, verdankt sich nicht nur einer Mode, sondern dürfte schon auf spätere Verfahren von Ries verweisen. Wo nicht Variationen vorliegen (wie in WoO 73 Nr. 2–3), übernehmen die dreiteiligen langsamen Sätze zumeist den Typus der Kantilene mit führender Oberstimme, doch zeigen sie schon Verfahren der rhythmischen Aufteilung eines Kernsatzes, um die Stimmen gleichmäßiger zu beteiligen. Und falls die Wahl entlegener Tonarten auf Haydns Vorgehen in op. 76 zurückzuführen wäre, so würde das heißen, daß Ries schon um 1800 die erst 1799 gedruckten ›Erdödy-Quartette‹ bekannt wurden. Die Menuette erscheinen – mit nur einer Ausnahme – an dritter Stelle und beziehen ihre Wirkung weniger aus metrischen Relationen als aus dynamischen Kontrasten und harmonischen Rückungen, sie verfügen aber bereits über thematisch gestützte Modulationspartien und gelegentlich über thematische Verbindungen zum Trio (so in WoO 72 und 73 Nr. 1). Wenn die Finali wie üblich zwischen Rondo und Sonatensatz alternieren, so fehlt doch nicht ein Sonatenrondo (in WoO 71), und Sätzen mit brillierender Primgeige steht einmal sogar ein Fugato mitten

[1] Staatsbibliothek zu Berlin Preußischer Kulturbesitz, *Mus. ms. 18537/1–7* (nicht erwähnt bei G. Schewe); in den handschriftlichen Partituren fehlt das dreisätzige Quartett WoO 36, das G. Schewe nur in der Übersicht (S. VI) nannte und sonst nicht behandelte. Hubert Ries schrieb auch selbst Quartette, von denen eines mit Widmung an Wilhelm Taubert, datiert 30. 11. 1884, in einer Partitur der Staatsbibliothek zu Berlin erhalten ist. Zu den Berliner ›Quartett-Aufführungen‹ von H. Ries vgl. Chr.-H. Mahling, *Zum ›Musikbetrieb‹ Berlins und seinen Institutionen in der ersten Hälfte des 19. Jahrhunderts*, in: *Studien zur Musikgeschichte Berlins im frühen 19. Jahrhundert*, Regensburg 1980 (Studien zur Musikgeschichte des 19. Jahrhunderts 56), S. 27–284: 46f.

[2] Vgl. zum Folgenden G. Schewe, *Untersuchungen zu den Streichquartetten von Ferdinand Ries*, S. 15–41.

im Rondo gegenüber (in WoO 73 Nr. 1). Am Kopfsatz des A-Dur-Quartetts WoO 1 Nr. 2 suchte Schewe zu zeigen, daß Haydns A-Dur-Satz aus op. 55 Nr. 1 als Vorlage gedient habe, doch scheinen ähnliche Beziehungen noch den ersten Satz des Wiener F-Dur-Quartetts WoO 6 (1801) mit Modellen Mozarts (aus KV 590) und Beethovens (op. 18 Nr. 1) zu verbinden.[1] Hier wie im Es-Dur-Quartett WoO 10 (1806) läßt sich aber auch eine beträchtliche Erweiterung der Möglichkeiten verfolgen, die weniger den satztechnischen Prinzipien als ihrer zunehmenden Differenzierung zugute kommt. Richtet sich nämlich der erste Satz aus WoO 6 auf »scharfe Kontrastierung der Abschnitte«, so zielt der aus WoO 10 umgekehrt auf ihre engere Verkettung mittels kontinuierlich fließender Bewegungsmuster.[2]

Zur ersten veröffentlichten Trias op. 70 (Leipzig und London 1816) zählt neben den 1812 in St. Petersburg entstandenen Quartetten Nr. 1 F-Dur und Nr. 2 G-Dur auch das fis-Moll Werk Nr. 3, das 1809 in Wien komponiert wurde. Kurz zuvor waren 1808 Beethovens ›Rasumowsky-Quartette‹ op. 59 erschienen, der Abstand zu ihnen ist aber noch größer als der zu den früheren Werken von Ries. Wachsende Anforderungen an die Spieler scheinen sich zwar ähnlich wie bei Beethoven auf das öffentliche Konzert zu beziehen, ihnen entspricht jedoch bei Ries keineswegs eine vergleichbare Radikalisierung der satztechnischen Maßnahmen. Brillantere Figuren werden wohl auch den Gegenstimmen zugeteilt, die nicht immer nur begleitende Funktion haben, wo die Oberstimme virtuoser hervortritt. Was aber einerseits als ein geweitetes Spektrum erscheint, kann andererseits zur Reihung höchst divergierender Satzteile tendieren. Dem rhythmisch recht komplizierten Kopfsatz F-Dur aus Nr. 1, dem Schewe eine wenig planvolle Entwicklung bescheinigte, steht im G-Dur-Satz aus Nr. 2, der in seiner aufgefächerten Motivik an Beethovens op. 18 Nr. 2 erinnern kann, eine »stringente Formgestaltung« gegenüber, die auf der »konsequenten Ausnutzung« des Materials basiert.[3] Nicht ohne einigen Anspruch setzt sich von Beethoven der frühere fis-Moll-Satz aus Nr. 3 ab, wiewohl er sein Hauptthema kaum als Fugato exponiert.[4] Denn der dreimalige Themeneintritt wird nicht von linearen Gegenstimmen kontrapunktiert, indem aber das Kopfmotiv die Töne des Tonikaklangs intervallisch spreizt, hebt es sich markant von der Fortspinnung ab, die eine laufende Achtelsequenz am Ende im steigenden Dreiklang staut. Gerade dieses Kadenzglied kehrt – gedehnt zum Adagio – an den Nahtstellen des Satzes wieder, bis es zum Abschluß im fallenden Tonikaklang umgekehrt wird. Recht unauffällig bleibt jedoch nicht nur der Seitensatz, sondern die Überleitungsphasen bieten ähnlich wie weithin die Durchführungen figurative Passagen, die nur mittelbar thematisch gestützt sind. Daß ein Mangel an motivischer Arbeit durch ausgreifende Harmonik kompensiert wird, die den Beginn der Durchführung mit der Rückung von Cis- nach C-Dur markiert und

---

1 Ebenda, S. 42–56, bes. S. 47f. und S. 55f.
2 Ebenda, S. 54f.
3 Ebenda, S. 82 und zu Nr. 1 S. 76.
4 Ebenda, S. 63–69.

dann bis B- und E-Dur moduliert, ist aber auch für weitere Werke von Ries charakteristisch. Ähnliche Relationen beweisen die Quartette op. 70 indessen in ihren Folgesätzen. Einem ›Air russe‹ mit sehr schlichten Variationen in Nr. 1 steht in Nr. 2 eine Rahmenform mit mittlerem Minore gegenüber. Im fis-Moll-Werk Nr. 3 gewinnt dagegen das Adagio molto cantabile A-Dur sein Thema aus der Ausspinnung eines eintaktigen Motivkerns, doch wird es von einem Seitensatz abgelöst, der auf figurativer Umspielung eines akkordischen Gerüstes gründet, während der Mittelteil wieder geringere Konzentration durch Modulationen bis nach f-Moll ausgleicht. Setzt das F-Dur-Menuett in Nr. 2 auf die Aufspaltung eines akkordischen Kernsatzes, so wird das Trio als Minore durch sukzessiven Eintritt melodischer Linien abgehoben. Daß der Tanzsatz in Nr. 2 als ›Scherzo‹ bezeichnet ist, bedeutet keine Affinität zu Beethoven, denn sein Effekt begrenzt sich auf das Verhältnis der Melodik zu bordunartigem Orgelpunkt. Das fis-Moll-Menuett pointiert dagegen den Kontrast seiner streng periodischen Thematik zu kapriziösen Tonrepetitionen im Trio, das zudem überraschend nach G-Dur rückt. Und vom Rondofinale in Nr. 1 wie vom abschließenden Sonatensatz in Nr. 2 unterscheidet sich wieder der Schlußsatz in fis-Moll durch seine kontrastreiche Themengliederung. Den stetigen Wechselnoten im Kern des Hauptsatzes wird eine eröffnende Geste vorangestellt, die jedoch im dritten Takt mit Halteton samt Fermate abbricht, wogegen das A-Dur-Seitenthema einen skalaren Kern fortspinnend erweitert.

Was demnach in op. 70 und zumal im fis-Moll-Quartett Nr. 3 als mangelnde Balance zwischen Intention und Resultat verstanden werden kann, bildet andererseits nur die gespaltene Kehrseite eines Versuchs, Beethoven nicht ganz zu ignorieren, ohne doch seinen radikalen Schritten folgen zu können. Eine verbindliche Lösung wissen auch die folgenden Quartette op. 126 nicht zu formulieren, die 1824 in Leipzig erschienen. Das erste Werk in B-Dur entstand schon 1823 in Stockholm, die folgenden in c-Moll und A-Dur wurden dagegen 1815 in Bath und 1817 in London komponiert. Deutliche Unterschiede machen sich zwar darin bemerkbar, daß die Kopfsätze gedrängter als zuvor ausfallen, und wenn die Ansprüche an die Unterstimmen zurückgenommen werden, so kann der Part der Primgeige in Nr. 3 fast wie ein Quatuor brillant anmuten. Dagegen wird die herkömmliche Satzfolge in Nr. 2 erstmals durch eine Kreuzung der Binnensätze modifiziert: Beginnt der zweite Satz als Adagio, so wird er von einem Allegretto abgelöst, das mit seinem internen Kontrastteil auf das Trio eines Tanzsatzes deutet, bis ein knapper Rekurs mit Solokadenz den Bogen zum Adagio zurückschlägt. Die Menuette unterscheiden sich jedoch von früheren Werken höchstens graduell, und zwei sonatenförmigen Finali voller Spielfiguren tritt in Nr. 3 ein Rondo entgegen, das auf thematische Vernetzung der Refrains und Couplets bedacht ist.[1]

1 Zu op. 126 vgl. ebenda, S. 83–98, zum Mittelsatz aus Nr. 2 bes. S. 84f.

Zurecht wandte sich Gisela Schewe gegen die Gewohnheit, Ries als Eklektiker oder Epigonen zu etikettieren; auch wenn er als Musiker respektiert wurde, fielen die Urteile über seine Werke schon zu Lebzeiten gespalten aus, und daß in den ausgewerteten Zeitschriften keine Rezensionen der Quartette belegbar sind, läßt wohl an der weiteren Wirksamkeit dieser Kompositionen zweifeln.[1] Obwohl Ries primär als Klaviervirtuose und Dirigent hervortrat, fordern gerade die Quartette seiner Londoner Jahre vom Primarius nicht geringe Fähigkeiten. Offenbar suchen sie den Erwartungen einer Öffentlichkeit zu entsprechen, auf deren Beifall die Spieler angewiesen waren. Zugleich aber blieb Ries – der Schüler Beethovens – den Maßstäben verpflichtet, die er in Wien aufgenommen hatte. Das mag wenigstens teilweise die widersprüchlichen Kennzeichen in Werken jener Zeit erklären – im Unterschied zu den Quartetten der späteren Jahre in Godesberg und Frankfurt. Klassifiziert man ihn aber voreilig als bloßen Eklektiker, so verdeckt man die Konflikte, mit denen seine Werke die problematische Situation der Zeit reflektieren und zumindest historisches Interesse verdienen.

Besonders spürbar wird der kompositorische Zwiespalt in den drei Quartetten op. 150 (a – e – g), die 1828 in Bonn erschienen und ihren Anspruch schon mit der Wahl von drei Molltonarten postulieren. Wie in op. 70 wurde das früheste Werk, das 1823 noch in England entstand, im Druck nach den beiden späteren eingeordnet, die in Godesberg 1826 ergänzt wurden. Während die Kopie aus dem Jahr 1875 der Reihenfolge des Drucks entspricht, spiegelt eine frühere Partitur vom 15. 9. 1831 noch die Entstehungsfolge mit dem g-Moll-Quartett als Nr. 1.[2] Die späteren Quartette von Ries gruppierte Schewe streng chronologisch, so daß sich zwischen die in op. 150 und 166 gedruckten Werke jeweils unveröffentlichte Quartette aus gleicher Zeit schoben (WoO 34 E-Dur, 1825; WoO 37 C-Dur, 1827; WoO 48 f-Moll, 1833–35). Da der Autor aber mit den Drucken 1828 und 1834 (?) eine Wahl aus dem Bestand traf, hatten für ihn offenbar nicht alle Werke gleichen Status, weshalb bevorzugt die beiden Publikationen herangezogen seien.

Das g-Moll-Quartett op. 150 Nr. 3 wird erstmals durch eine langsame Einleitung eröffnet, die über Ketten steigender Sextakkorde die erste Violine aus quasi rezitativischen Gesten zur ausladenden Solokadenz entfaltet. Zugleich erweitert sich der harmonische Radius bis As-Dur mit ›neapolitanischer‹ Auflösung über D-Dur zur Tonika, die mit Einsatz des Allegro erreicht ist. Allerdings hat die Einleitung mit ihren 13 Takten kaum thematisch vorbereitende Funktion, wenn man nicht vagen Kriterien wie etwa Halbtonwendungen trauen mag.[3] Trotz figurativer Kaskaden der Primgeige sind die Gegenstimmen im Allegro zumindest für den modulatorischen Verlauf essentiell, der schon nach dem Hauptsatz zu H-Dur hin umschaltet und den Seitensatz erst in H- und dann in B-Dur einführt. Doch begnügt sich die Durchführung nicht mit

---

[1] Vgl. ebenda, S. 205ff.; zur Etikettierung von Ries vgl. S. 1–12 sowie die Zusammenfassung S. 189–195.

[2] *Mus. ms. 18537/3* und *18537/7.* Der Staatsbibliothek zu Berlin danke ich für die Bereitstellung von Mikrofilmen.

[3] G. Schewe, *Untersuchungen zu den Streichquartetten von Ferdinand Ries,* S. 110–114; zu Nr. 3 ebenda, S. 128, und zu Nr. 2 S. 134–139.

F. Ries, op. 150 Nr. 3, erster Satz, Ende der langsamen Einleitung (Larghetto quasi Andante) und Allegro T. 14–38 (Staatsbibliothek zu Berlin – Preußischer Kulturbesitz, Musikabteilung mit Mendelssohn-Archiv, *Mus. ms. 18537/7*, S. 2–3).

einer ähnlich erweiterten Harmonik, sondern sucht beide Themen anzunähern, indem eine Achtelfigur des Seitensatzes durch Diminution auf eine entsprechende Formel in Sechzehnteln hinführt, die für den Hauptsatz konstitutiv ist. Deutlich tritt dagegen der virtuose Anteil in den Kopfsätzen der nur zwei Jahre später entstandenen Quartette Nr. 1–2 zurück. Dafür sucht nun der erste Satz a-Moll aus Nr. 1 eine eigenartige Lösung, sofern er in seinen ersten 20 Takten zweifach ein Allegrothema im Allabreve-Takt mit einem Andantino im 6/8-Takt alternieren läßt. Das Werk entstand just in dem Jahr, in dessen zweiter Hälfte Beethovens Es-Dur-Quartett op. 127 erschien, dessen Kopfsatz im mehrfachen Wechsel von Maestoso und Allegro zuerst die integrative Arbeit austrug, die das Spätwerk durchzieht. Ob Zufall oder nicht: Die Vorgaben bei Ries sind insofern anders, als auf beiden Ebenen recht geschlossene Themen präsentiert werden, die sich fundamental durch ihr Taktmaß unterscheiden. Verläßt man sich wiederum nicht auf schwache intervallische Bezüge, so ließe sich eine Integration der Themen nur unter Preisgabe ihrer rhythmischen Charakteristik konstatieren. Anders gesagt: Sie können sich bloß wechselweise ablösen, ohne ihr Profil zu verlieren, und so wird denn das Andantino in den Sonatensatz nur mehrfach an seinen Nahtstellen zitatweise eingeblendet. Hingegen nimmt sich der e-Moll-Satz in Nr. 2 fast als gegenläufiger Entwurf eines dicht geschlossenen Verlaufs aus, der mit harmonischen Exkursen so zurückhaltend verfährt wie mit virtuoser Brillanz. Und seiner rhythmischen Kontinuität, die sich im Seitensatz über Orgelpunkten besonders ausprägt, entsprechen geschlossene Klangfelder, die derart zuvor nicht zu finden waren.

Den dreiteiligen langsamen Sätzen in Nr. 1 und 3, die sich vorab in der graduellen Dominanz der Oberstimme unterscheiden, steht in Nr. 2 ein Andante mit drei Variationen gegenüber, deren rhythmische Differenzierung auf der zunehmenden Figuration in der ersten Violine beruht. Bezieht das Menuett aus Nr. 3 seine Kontinuität aus einer Achtelbewegung, die auch bei Aussetzen der Oberstimme fortläuft, so distanzieren sich die Scherzi in Nr. 1–2 vom Tanzsatz durch ihre Thematik, die im B-Teil aus Nr. 2 zu einem kleinen Fugato ausgearbeitet wird. Und im Unterschied zu den konventionellen Sonatensätzen am Ende von Nr. 1 und 2 richtet sich das Sonatenrondo in Nr. 3 auf seine Durchführung, in der die fugierte Verarbeitung des Refrains ›poco meno mosso‹ auf seine motivische Aufspaltung zuläuft.

Die beiden Godesberger Werke suchen also die Divergenzen zu schlichten, die zuvor im etwas früheren g-Moll-Quartett zum Vorschein kommen. Sie klingen aber noch im letzten Druck nach, in dem Ries um 1834 nur zwei, dafür aber denkbar verschiedene Quartette zusammenfaßte, obwohl auch weitere Werke vorlagen, die indessen unveröffentlicht blieben. Das Es-Dur-Quartett Nr. 1 war bereits 1825 und damit vor op. 150 Nr. 1–2 entstanden, wogegen das g-Moll-Werk Nr. 2 erst 1831 komponiert worden war.[1] Im Es-Dur-Kopfsatz ist beiden Themen der Ansatz mit drei Halben gemeinsam, die von der Terz in Es- bzw. C-Dur aus einmal den steigenden Dreiklang und das andere Mal ein fallendes Terzband umschreiben. Und dem federnd punktierten Aufstieg in der Fortspinnung des einen Themas entspricht im anderen umgekehrt eine fallende Achtelbewegung. Durch intervallische Änderung der Kopfmotive und rhythmische Differenzierung der Fortspinnung ließen sich also beide Themen aufeinander beziehen, die knappe Durchführung jedoch, die auch harmonisch auffällig zurückhaltend verfährt, stützt sich nur auf den Hauptsatz und überleitende Figuren. Dagegen verfügt der erste Satz des g-Moll-Quartetts Nr. 2 wieder über eine langsame Einleitung, in der auftaktige Akkordschläge – gespannt als verminderte Akkorde – mit knappen melodischen Gesten wechseln, die in nur elf Takten weitere Reduktion erfahren. Der Hauptsatz im Allegro nimmt sodann in der Oberstimme die kantablen Linien der Einleitung auf, während markante Einwürfe in Baßlage auf die eröffnenden Akkordschläge zurückgreifen. Sie treten in der Überleitung zurück, um dem knappen Seitensatz mit konträrer Staccatomotivik in D-Dur Raum zu geben. Doch wird die Durchführung von den einleitenden Akkorden umrahmt, die nun keines nochmaligen Tempowechsels bedürfen und

[1] G. Schewe, *Untersuchungen zu den Streichquartetten von Ferdinand Ries*, S. 122ff. und S. 147ff.

F. Ries, op. 166 Nr. 2, erster Satz, Einleitung T. 1–10 und Allegro T. 11–20 (Staatsbibliothek zu Berlin – Preußischer Kulturbesitz, Musikabteilung mit Mendelssohn-Archiv, *Mus. ms. 18537/4*, S. 1–2 bzw. 50–51).

ihren Widerpart im Hauptsatz selbst finden. Rasch wird er freilich von der kapriziösen Rhythmik des Seitensatzes abgelöst, die in der Mischung mit Skalenfiguren der weiteren Konzentration nicht eben förderlich ist.

Nach den Erwartungen, die diese Sätze wecken können, haben in beiden Quartetten die Folgesätze keinen leichten Stand. Das Adagio con moto g-Moll in Nr. 1 begünstigt nach kantablem Incipit wieder die Oberstimme, wiewohl die tremolierende Begleitung des Mittelteils auch in den Schlußabschnitt einzieht. Nach Halbschluß in D-Dur setzt das Menuett zunächst nur mit der g-Moll-Terz ein, die erst im Zutritt weiterer Stimmen zur Tonika B-Dur aufgefüllt wird, um dann aus wellenförmiger Motivik einen konzisen Ablauf zu gewinnen. Dagegen wird der Tanzsatz in Nr. 2 durch ein Allegretto ma non troppo im 6/8-Takt ersetzt, und das Larghetto cantabile D-Dur läßt seine Thematik rasch wieder in Solofiguren einmünden. Erweist sich das Finale in Nr. 1 als Sonatenrondo mit leicht sentimentalisch getöntem Couplet, so findet sich in Nr. 2 ausnahmsweise ein Variationenfinale, das ein sehr schlichtes Thema anfangs nur figurativ umspielt. Nach imitatorischem Beginn der dritten Variation fällt jedoch die letzte wieder in ornamentale Manieren zurück, selbst wenn die effektvolle Coda eine Solokadenz mit Themenzitaten vermischt.

Die übrigen unveröffentlichten Quartette können den Gesamteindruck, den die Werke von Ries hinterlassen, im einzelnen wohl noch ergänzen, ohne ihn doch prinzipiell zu verändern. Anders als im Falle Rombergs stecken die Quartette von Ries den Weg ihrer Veränderungen recht deutlich ab. Nach seinem umfänglichen Frühwerk suchte der Komponist lange zwischen wirksamer Virtuosität und der ihm vertrauten Tradition eine Brücke zu schlagen. Auf andere Weise sah jedoch auch er sich vom einstigen Lehrer Beethoven überholt, als er sich seit 1825 – also recht spät – für die Konzentration auf das klassische Quartett entschied. Kaum ging ihm nur – wie Fétis meinte – die wahre Originalität ab[1], und unübersehbar ist gegenüber den Anfängen die Steigerung des handwerklichen Standards, die sich zumal an der harmonischen Versatilität zeigt. Als Ries aber die letzten Quartette veröffentlichte, war nicht nur das Œuvre von Beethoven und Schubert abgeschlossen, mehrere Jahre lagen auch die frühen Werke zurück, in denen der junge Mendelssohn die Auseinandersetzung mit Beethovens Spätwerk aufnahm, und mit den reifen Werken von ihm und dann Schumann sollte bald bereits eine neue Phase der Gattungsgeschichte begründet werden. So geriet denn auch Ries rasch in den Schlagschatten einer sich ständig erneuernden Tradition, deren Entfaltung in Wien er selbst noch während seiner jungen Jahre verfolgen konnte.

Neben Romberg und Ries könnte nun eine nicht geringe Zahl von weiteren Musikern genannt werden, die etwa zwischen 1810 und 1830 nicht nur vereinzelt Quartette schrieben. Auch wenn solche Werke mit mehr oder minder ausführlichen Rezensionen bedacht wurden, erreichten sie doch keine weitere Wirkung. Zu diesen Autoren zählten beispielsweise der Dresdner Carl Zeuner (1775–1841), der in Paris starb und mit einem Quartett op. 8 (1817) einige Beachtung fand, ferner der in Berlin und Hannover wirkende Anton Bohrer (1783–1852), der mit drei Quartetten op. 53 (1819) hervortrat, sowie der in Würzburg tätige Joseph Küffner (1777–1856) mit drei Quartetten op. 41 (1817) und weiteren Einzelwerken (op. 53, 89, 90). Hervorzuheben wäre daneben wohl Wilhelm Speyer (Speier, 1790–1878), der zwar im Hauptberuf Bankier in Offenbach war, sich als Musiker jedoch mit seinen Quartetten op. 8–10 einiges Ansehen erwarb. Und wenigstens ein Streichquartett op. 30 (um 1826) publizierte Peter Josef von Lindpainter (1791–1856), der seit 1819 Hofkapellmeister in Stuttgart war.[2]

---

1 Vgl. ebenda, S. 9.
2 Eine Zusammenstellung einschlägiger Rezensionen bei M. Frei-Hauenschild (s. u. Anmerkung 1, S. 419), S. 183f.

Auch ein so angesehener Komponist wie Carl Loewe (1796–1869), der mit seinen Oratorien weit über Stettin hinaus wirkte und als Balladenkomponist in Erinnerung blieb, schrieb vier lange übersehene Streichquartette, auf die erst unlängst Michael Kube aufmerksam machte.[1] Die drei Quartette op. 24 (G – F – B), die schon 1821 entstanden, aber erst 1833 in Berlin erschienen sind, geizen nicht mit aparten Zügen wie einem Adagio con adorazione als zweitem Satz in Nr. 1, das dann vom langen fugierten Scherzo aufgenommen wird, oder einer dem Hauptthema im Kopfsatz vorangestellten Einleitung in Nr. 1, die gleichwohl bereits in das Allegro integriert ist. Gegenüber dem reiferen dritten Quartett, das noch immer auf Haydn zurückblickt, zeichnen sich jedoch die beiden ersten durch seltsam inhomogene Strukturen aus. Und sollte es zutreffen, daß das Finale aus Nr. 1 das abschließende Rondo des C-Dur-Quartetts aus Haydns op. 33 aufgreift, dann würde das bedeuten, daß sich Loewe an einem fast ein halbes Jahrhundert zurückliegenden Modell orientierte. So bildet auch das Quatuor spirituel c-Moll op. 26 aus dem Jahr 1830, das 1831 bei Trautwein in Berlin herauskam, nicht nur ein Kuriosum, wenn es drei Sätzen biblische Spruchtexte beigibt und den zweiten Satz sogar mit der Melodie ›Mitten wir im Leben sind‹ als Choralbearbeitung »über einen alten [...] canto fermo« anlegt. Wie niemand sonst zu dieser Zeit verkörperte Loewe als Organist und Kantor in Stettin eine Amtstradition, die ihre einst zentrale Funktion längst verloren hatte. Und demgemäß trug er zur bürgerlichen Musikpflege vor allem mit seinen Oratorien bei, die noch die kritische Aufmerksamkeit Schumanns fanden. Schon 1827 war er jedoch – wie erinnerlich – als Rezensent von op. 127 um das Verständnis von Beethovens Spätwerk bemüht. Und am 20. Februar dieses Jahres leitete er in Stettin nicht nur die Uraufführung von Mendelssohns Sommernachtstraum-Ouvertüre, sondern spielte auch mit dem Komponisten dessen As-Dur-Konzert für zwei Klaviere, wonach die norddeutsche Erstaufführung der IX. Symphonie ein denkwürdiges Konzert beschloß. Die nämliche Mischung traditioneller Verfahren mit aktuellen Formen, die sich in Loewes Oratorien bekundet, kennzeichnet aber auch sein c-Moll-Quartett. Der dichte Kontrapunkt im dunkel getönten Kopfsatz (nach Ps. 77:2–10) läßt mit zwei thematischen Ebenen zugleich das Sonatenmodell durchscheinen, der langsame Satz verfügt über seine Vorlage nach alter Art eines ›wandernden cantus firmus‹, dem dritten Satz (nach Jes. 41:10 und 43:1) liegt zugleich das Muster von Scherzo und Alternativo zugrunde, auch wenn das dreizeitige Taktmaß wieder durch intensive Kontrapunktik überlagert wird, und das Finale setzt nach rascher Einleitung zu einer Doppelfuge an, deren Reprise sich zur Durvariante wendet, um gemäß dem Bibelspruch (Ps. 91:7, 51:14) einen hymnischen Ausklang zu erlauben. Zwar ist nicht auszuschließen, daß für die Choralbearbeitung – mit der Angabe ›Phrygice‹ – Beethovens ›Dankgesang‹ aus op. 132

[1] M. Kube, *Carl Loewes Streichquartette*, in: *Carl Loewe 1796–1869. Bericht über die musikwissenschaftliche Konferenz 1996*, Halle 1997 (Schriften des Händel-Hauses in Halle 13), S. 226–257. Von ähnlich konservativer Haltung ist übrigens das 1823 in Berlin entstandene g-Moll-Quartett op. 19 von Carl Arnold, vgl. dazu H. Herresthal, *Carl Arnold. Ein europäischer Musiker des 19. Jahrhunderts. Eine Dokumentarbiographie mit thematischem Werkverzeichnis*, Wilhelmshaven 1993 (Quellenkataloge zur Musikgeschichte 23), AWV 26.

(in der lydischen Tonart) Pate gestanden hat, während der erste Satz auf den kontrapunktischen Beginn von op. 131 bezogen werden könnte. Die überaus konträren Vorgaben treten jedoch in Loewes Quartett zu einer Kreuzung zusammen, die denn doch – so krude sie zunächst erscheinen kann – für die Singularisierung des einzelnen Werkes nach Beethoven höchst charakteristisch bleibt. Wenn aber die zitierten Bibeltexte weniger auf ein ›Programm‹ als auf die intendierten ›Affekte‹ verweisen, so zieht mit der Choralbearbeitung in das Quartett eine historische Schicht ein, die zur normativen Tradition der Gattung einen eigentümlichen Querstand bildet.

In signifikantem Kontrast zu Loewe verdient dagegen Joseph Mayseder (1789–1863) Beachtung, der in Wien geboren war, Schüler Anton Wranitzkys wurde und als Geiger im Schuppanzigh-Quartett und in der Wiener Hofkapelle mitwirkte. Daß er in Wien nicht zu Unrecht einen Ruf als Virtuose genoß, bestätigen seine acht Streichquartette, die dem Quatuor brillant selbst dort nahestehen, wo sie nicht eigens so benannt sind. Salome Reiser hat den Kopfsatz des g-Moll-Quartetts op. 6 (1811) zugänglich gemacht, der recht genau den Beobachtungen entspricht, die Markus Frei-Hauenschild am G-Dur-Quartett op. 23 (um 1824) konstatierte.[1] Am Kopfsatz aus op. 6 nahm Reiser wahr, das Hauptthema umgehe eine »strenge Themenperiodik«, indem es aus einem einzigen Seufzermotiv »konstruiert« sei.[2] Doch handelt es sich auch um eine eröffnende Solopassage, die sich als quasi improvisatorische Kadenz der Periodik entzieht und dafür prototypische Vorhaltwendungen favorisiert. Und statt eines ›zweiten Themas‹ liegen im nächsten Block lediglich punktierte Skalensegmente vor, die genauso wenig Profil besitzen wie ein drittes ›Thema‹ auf der Durparallele. Die Primitivität der Satzstruktur, die durchweg die Unterstimmen als Statisten benutzt, gipfelt in einem Mittelteil, dem jede durchführende Qualität fremd ist, wenn die Begleitung nur zwischen akkordischen Halben oder punktierten Vierteln zu wählen hat. Ungewohnt deutlich fiel denn auch die Kritik der Rezensenten an op. 23 aus: »Virtuosenkünste« mögen zwar in solche Stücke gehören, wie aber wäre »mit so weniger Veränderung, in so gewöhnlichen Modulationen, an eine künstlerische Absicht zu denken?«[3]

Erhöhter Anspruch: Friedrich Ernst Fesca

Wo immer möglich wurde bislang vermieden, von der ›Einordnung‹ eines Autors zu reden, wie es sonst in geschichtlichen Darstellungen gängig ist und dem Ordnungsbedarf eines Wissenschaftlers wie auch der Leser dienlich sein mag. Nahe liegen dann nicht nur Begriffe wie ›Einfluß‹ und – als Kehrseite – ›Abhängigkeit‹, die leicht auch individuelle Leistungen oder komplexe Relationen verdecken können. Vielmehr setzt

---

1 M. Frei-Hauenschild, *Friedrich Ernst Fesca (1789–1826). Studien zu Biographie und Streichquartettschaffen*, Göttingen 1998 (Abhandlungen zur Musikgeschichte 3), S. 271f.; zur Vorgeschichte des Quatuor brillant vgl. ebenda, S. 191f. und bes. S. 194, Anmerkung 123.

2 S. Reiser, *Franz Schuberts frühe Streichquartette*, S. 67ff. sowie das Notenbeispiel ebenda, S. 233–244.

3 M. Frei-Hauenschild, *Friedrich Ernst Fesca*, S. 197; eine andere Rezension (ebenda, S. 196) unterschied das »trauliche Gespräch« des Quartetts vom »Solo-Quartett«, das eine »gefährlichere Abirrung« darstelle.

jede ›Einordnung‹ bereits einen wie immer gegebenen Zusammenhang voraus, während die Aufgabe des Historikers eher darin liegen dürfte, Beobachtungen zu ermitteln, um aus ihnen erst ein Geflecht von Beziehungen zu erkennen. Kein anderer Musiker des frühen 19. Jahrhunderts dürfte jedoch einer Einordnung gleiche Schwierigkeiten entgegensetzen wie Friedrich Ernst Fesca (1789–1826), der lange genug nur dem Namen nach bekannt war, bis ihm Marcus Frei-Hauenschild 1998 eine glänzende Monographie widmete, die mit ihren zahlreichen Notenbeispielen eine Vorstellung vom Rang dieses Komponisten vermitteln kann.[1] So still und bescheiden Fesca nach der Schilderung der Zeitgenossen war, so sperrig widersetzen sich seine Streichquartette einer Einordnung. Denn sie können zwar mehr als andere Werke dazu verleiten, von einem ›Vorschein‹ der Romantik zu reden, doch bliebe dann auch offen, was mit einer solchen Kennzeichnung gemeint sei.

Unter den Autoren, die neben Beethoven weiterhin Quartette schrieben, zeichnet sich kaum einer durch ebenso souveräne Beherrschung des satztechnischen Handwerks aus wie Fesca. Seine Leistungen machen die Etikettierung als ›Kleinmeister‹ vollends obsolet, ohne daß deshalb gleich umstandslos das Prädikat der ›Größe‹ zu vergeben wäre. Schon mit seinen ersten Beiträgen fand er seit 1816 die Aufmerksamkeit der Rezensenten, und mit 16 Streichquartetten, die binnen eines Jahrzehnts noch durch je vier Streichquintette und Flötenquartette ergänzt wurden, war er zwar kein Vielschreiber, wohl aber der produktive Spezialist für Kammermusik, als der er seinen Zeitgenossen erschien. Im Jahrzehnt seiner Wirksamkeit avancierte er zum am meisten rezensierten Quartettautor, auch wenn er in einem Leben, das mit 37 Jahren nicht länger währte als das Mozarts oder Mendelssohns, dazu drei Symphonien, zwei Ouvertüren, zwei Opern und noch Lieder, geistliche Vokal- und weitere Instrumentalwerke schrieb. Und doch wurde er nach seinem frühen Tod so rasch verdrängt, daß seine Quartette schon nach der Mitte des Jahrhunderts kaum noch genannt wurden. Schumann erwähnte nur einmal »den verstorbenen liebenswürdigen Musiker Fesca«, und wenn er in zusammenfassenden Darstellungen nicht vollends übergangen wurde, so wurde er sonst allenfalls nur gestreift; lediglich Ludwig Finscher bescheinigte seinen frühen Quartetten im Vergleich mit denen der Zeitgenossen »ein beträchtlich höheres Niveau«, da er dem Quatuor brillant »fast ganz widerstanden« habe.[2] Worin aber gründet der Wandel vom raschen Aufstieg bis zur gründlichen Verdrängung eines einst so bekannten Autors?

Wenigstens teilweise erklärt sich der Vorgang aus einer Biographie, die dem Lebensweg von Musikern früherer Jahrhunderte eher glich als der Karriere vieler Zeitgenossen. Fesca war zwar in seinem Umkreis als hervorragender Geiger bekannt, dessen Stärke freilich weniger in blendender Technik als im beseelten Vortrag lag. Anders als die Romberg oder gar Rode und Spohr war er kein reisender Virtuose und wirkte auch

1 Vgl. die Angaben in Anmerkung 1, S. 419; die Arbeit bietet auch ein musterhaftes Thematisch-bibliographisches Werkverzeichnis im Anhang, S. 443–570.

2 L. Finscher, Art. *Streichquartett*, in: *MGG*, Bd. 12, Kassel u. a. 1965, Sp. 1581; dagegen heißt es in der Neufassung in *MGG²*, Sachteil Bd. 8, Kassel u. a. 1998, Sp. 1952, bei Fesca trete »thematische Arbeit hinter melodischer Fülle« zurück. Zu Schumanns Notiz vgl. *Robert Schumann. Gesammelte Schriften über Musik und Musiker*, hg. v. M. Kreisig, Leipzig ⁵1914, Bd. 1, S. 473.

nicht im Ausland. Nach der Ausbildung in seiner Heimatstadt Magdeburg weilte er vom Juni 1805 bis zum Februar 1806 in Leipzig, wo ihn der Thomaskantor August Eberhard Müller unterrichtete, und wurde danach Hofmusiker in Oldenburg. Seit 1808 war er Sologeiger der westphälischen Hofkapelle, die Napoleons Bruder Jérôme in Kassel unterhielt, bis sie 1813 aufgelöst wurde. Und nachdem Fesca den folgenden Winter in Wien verbracht hatte, wurde er 1814 Konzertmeister der Hofkapelle in Karlsruhe, wo er im Mai 1826 verstarb. Daß er also in keinem der musikalischen Zentren wirkte, mag ein Grund für den begrenzten Ruhm sein, dessen er sich kurzfristig erfreuen durfte. Auch wenn er in Wien nicht näheren Kontakt zu Beethoven fand, trat er immerhin mit Schuppanzigh in Verbindung, und so konnte er es erreichen, daß die ersten Quartette op. 1 (Es – fis – B), op. 2 (h – g – E) und op. 3 (a – D – Es) 1815–16 bei Mechetti in Wien erschienen, wo 1816 bei Steiner noch das c-Moll-Quartett op. 4 folgte. Dem Nekrolog von Rochlitz zufolge, der 1830 in revidierter Fassung veröffentlicht wurde, schrieb Fesca »in Kassel seine ersten sieben Quartette (Op. 1 und 2; von Op. 3 das aus D dur)«.[1] Demnach gehören die weiteren Werke in die Karlsruher Jahre, nur in op. 7 (f – e) wurden aber nochmals zwei Werke in einem Druck verbunden, der 1817 bei Peters in Leipzig herauskam. Dort auch wurden von Breitkopf & Härtel bzw. Hofmeister 1819 zwei weitere Einzelwerke publiziert (op. 12 d-Moll und op. 14 B-Dur), die bereits 1817 fertiggestellt waren. Und nach diesen ›mittleren‹ Quartetten wurden mit op. 34 D-Dur und op. 36 C-Dur von Simrock in Bonn 1824–25 zwei ›Spätwerke‹ übernommen, falls dieser bedeutungsschwere Begriff für eine so kurze Laufbahn statthaft ist.

Bis auf die bemerkenswerte Tatsache, daß acht Werken in Durtonarten ebenso viele in Moll gegenüberstehen, entsprechen alle Quartette nach Zahl und Formen der Sätze durchaus dem Standard der Zeit mit eröffnenden Sonatensätzen – in op. 4 auch mit langsamer Einleitung – und mit Finali, die sich auf acht Sonatensätze und 6 Sonatenrondi nebst zwei Variationsfolgen verteilen. Es kommen also keine reinen Rondi mehr vor, obwohl drei Schlußsätze noch als ›Rondo‹ betitelt sind, und umrahmen in op. 1 und 2 je zwei Finalrondi einen Variationensatz, so begegnen solche Sonatenrondi danach nur noch in op. 3 Nr. 2 und in op. 14, so daß sich der Akzent deutlich vom in Kassel bevorzugten Rondo zum Sonatensatz in den späteren Jahren verlagert. Zwölf langsame Binnensätze zeigen jene dreiteilige Anlage, die sich mit gebotener Vorsicht als Modifikation des Sonatenprinzips bezeichnen ließe. Ausnahmen bilden neben zwei als ›Siciliano‹ bezeichneten Sätzen (op. 2 Nr. 2 und op. 36) eine dreiteilige Form (op. 2 Nr. 3) und das rondohafte Andante (op. 2 Nr. 3). Und in den raschen Binnensätzen halten sich »Menuette und Scherzi/Scherzandi – zumindest wenn man den Satzbezeichnungen folgt – genau die Waage«[2], zumal sie sich wieder weithin Prinzipien des Sonatensatzes nähern.

---

1 Fr. Rochlitz, *Friedrich Ernst Fesca*, in: Allgemeine musikalische Zeitung 28 (23. 8. 1826), Sp. 545–555: 548; ders. in: *Für Freunde der Tonkunst*, Bd. 3, Leipzig 1830, S. 117–139: 125; zu den Quartetten weiterhin ebenda, S. 234ff.

2 Zu Menuetten und Scherzi s. M. Frei-Hauenschild, *Friedrich Ernst Fesca*, S. 383; zu langsamen Sätzen und Finali vgl. ebenda, S. 372ff. und S. 408ff.; ein besonderer Dank gebührt Markus Frei-Hauenschild, der mir seine Arbeit noch vor der Drucklegung und dazu Partituren von Fescas Quartetten zugänglich machte.

Was aber berechtigt dazu, von einer ausgeprägten Eigenart zu sprechen, die Fescas Musik von der vieler Zeitgenossen unterscheidet? In seinen systematischen Studien konnte Frei-Hauenschild zunächst zeigen, über welch reiche harmonische Palette Fesca verfügte, in der nicht allein melodische Chromatik, sondern partiell eine durchaus chromatisch zu nennende Harmonik wie selbstverständlich zu Gebote steht.[1] Ein Indiz dafür sind jene mediantischen Fortschreitungen, die man gemeinhin vor allem mit Schubert zu verknüpfen pflegt. In den zeitgenössischen Rezensionen werden sie oft mit dem Begriff der ›Enharmonik‹ benannt, auch wenn sie nur in vereinfachter Notation von enharmonischer Verwechslung eines Tons Gebrauch machen. Wenn Fesca weiterhin »contrapunctische Gewandtheit« attestiert wurde, so waren damit keineswegs nur Sätze gemeint, in denen sich eine »gelehrte Schreibart« geltend machte wie in dem weithin kanonischen Adagio aus op. 2 Nr. 1 oder in den drei Fugen, die in der Durchführung des Kopfsatzes aus op. 1 Nr. 2, in der Coda des Variationenfinales aus op. 2 Nr. 2 sowie im Finale aus op. 3 Nr. 3 begegnen. Was indessen die Rezensenten gleichermaßen wahrnahmen, das war die ungewöhnlich dichte Thematisierung des ganzen Satzverlaufs, die auch virtuose Passagen nicht ausschloß, selbst wenn sie quantitativ kaum größeren Raum in Anspruch nehmen als in den Werken der klassischen Trias. Doch reicht dies – wie ein Vergleich etwa mit Romberg zeigen kann – für sich noch nicht aus, um die Individualität Fescas einsichtig zu machen. Zu ihr gehört es jedoch, daß die virtuosen Passagen, auf die es einem professionellen Geiger ankommen mußte, wenigstens formal ihre klar definierte Funktion haben und darüber hinaus oft von den Gegenstimmen thematisch gestützt und damit in den Satzverlauf eingebunden werden. Das gilt mutatis mutandis auch für die Harmonik, die mitunter fast extravagant anmuten kann und doch kein Selbstzweck ist wie so oft bei Gyrowetz oder Krommer. Wenn deren Werke belegen können, welche Gewandtheit in der Harmonik der Zeitgenossen vorauszusetzen ist, so wären hier wohl die Prämissen ausfindig zu machen, die für das Reservoir der harmonischen Konstruktionen Schuberts geltend zu machen wären. Ein Stück der Eigenart Fescas dürfte aber darin liegen, daß die Maßnahmen der Harmonik, der Kontrapunktik und der Virtuosität, die zunächst drei unterschiedliche Aspekte meinen, ständig wechselweise wirksam und damit in den schlüssigen Verlauf eines Satzes integriert werden. Das läßt sich freilich weniger an gesonderten Belegen als am Zusammenhang der Sätze verfolgen, wie hier nur an wenigen Beispielen anzudeuten ist.

Der erste Satz im Es-Dur-Quartett op. 1 Nr. 1 beginnt mit einem Thema, dessen Kopfmotiv zunächst noch recht konventionell die Grundfunktionen in punktierter Rhythmik zu begleitenden Akkorden umschreibt. Wie aber die Fortspinnung schon vom dritten Takt an drängende Synkopen über Legatolinien der Unterstimmen einführt, so setzt

[1] Zur Harmonik s. M. Frei-Hauenschild, *Friedrich Ernst Fesca*, S. 201–248 und weiter zur »contrapunctischen Gewandtheit« S. 249–289; nicht ganz so überzeugend sind die Belege für zyklische Zusammenhänge, vgl. ebenda, S. 289–316.

Fr. E. Fesca, op. 1 Nr. 1, erster Satz, Hauptsatz T. 1–9 (nach Spartierung von M. Frei-Hauenschild).

Durchführung T. 99–105.

die nächste Taktgruppe noch analog an, um durch eine in der Viola zugefügte Sechzehntelfigur und aufwärts gerichtete Motivfortspinnung eine dynamische Variante zu gewinnen. Zugleich werden die Viertakter durch Motiverweiterung verkettet, und die erste Gruppe der Überleitung paart bereits abgespaltene Motivglieder, die vom Orgelpunkt in Baßlage zusammengehalten werden (T. 10–17). Auf der Abspaltung des Kopfmotivs im Wechsel mit seiner Ausspinnung basiert der weitere Verlauf, an dem auch die Gegenstimmen in wechselnden Konstellationen teilhaben (T. 17–41). Selbst wenn sich mit Orgelpunkt auf der Dominante ein Seitensatz ankündigt, folgt statt dessen unter Umschlag zur Dominantparallele g-Moll ein Einschub, dessen Sechzehntelketten eine andere Gangart einschlagen, dabei aber auf entsprechende Wendungen im Hauptsatz selbst rekurrieren (T. 41–49).[1] Und im Seitensatz formieren sich die Stimmen zu einer neuen Schichtung mit wiegender Achtelbegleitung über breiten Notenwerten im Fundament, die thematische Linie der Oberstimme bildet jedoch eine neue Variante des punktierten Kopfmotivs aus dem Hauptsatz, auf dessen Motivglieder auch die Fortspinnung mitsamt der Schlußgruppe zurückgreift. Mit der hochgra-

1 Eine etwas abweichende Sicht bei M. Frei-Hauenschild, *Friedrich Ernst Fesca*, S. 321–334; vgl. auch die Rezension von Fescas op. 1 in: Allgemeine musikalische Zeitung 18 (1816), Sp. 206–208.

digen Kohärenz des Materials verbindet sich also beträchtliche Flexibilität der motivischen Varianten und satztechnischen Strukturen. Von der Tonikaparallele c-Moll geht die Durchführung aus (T. 84–146), die sich harmonisch in Quintschritten aufwärts bis a-Moll bewegt, in ihrer zweiten Phase aber (T. 102–125) – unter Aufhebung der Es-Dur-Vorzeichnung – bis H-Dur führt, um endlich mittels enharmonischer Verwechslung (ais/b) von der relativen Dominante Fis/Ges-Dur mediantisch nach B-Dur zu rücken. Erst die Schlußphase vor der Reprise wechselt zu figurativen Ketten der Primgeige, zuvor aber kann der gesamte Prozeß thematisiert werden, indem er die Glieder der motivischen Konfiguration aufnimmt. Und aus der Fortspinnung leiten sich noch die raschen Figuren her, die als wirksamer Widerpart zur federnden Rhythmik des Hauptsatzes und zur kantablen Variante des Seitensatzes fungieren. Nach der Reprise bezieht sich die Coda kurz vor dem Satzende mit mediantischer Rückung (Es – Ces – B – Es) auf den entsprechenden Knotenpunkt der Durchführung. Wie sich demnach die harmonische Entfaltung mit einer variablen Thematisierung verbindet, so wird die periodische Regulierung zugleich durch die Verkettung der Taktgruppen überbrückt.

Obwohl das Finale als ›Rondo‹ bezeichnet ist, nähert es sich formal einem Sonatenrondo, wenn die Satzmitte von Varianten der Refrainmotivik und einem Zitat aus dem Couplet eingenommen wird. Von motivischer Arbeit ist vorerst gleichwohl nicht zu sprechen, und auch das Material des Refrains bleibt mit flinker Figuration – zudem bevorzugt in der Oberstimme – noch durchaus rondogemäß. Ähnlich zeigt das dreiteilige Adagio As-Dur die herkömmliche Ornamentierung eines Satzgerüstes, dessen liedhafter Kern jedoch die diatonische Melodik leicht chromatisch einfärbt, wie es in der unmittelbaren Nachfolge Haydns kaum schon vorstellbar wäre. Und die ornamentale Figuration schlägt im Mittelteil zu knapp abbrechenden Gesten um, die dem Satz eine unvermutet expressive Note geben. Mit den beiden Rahmensätzen ist aber auch dem Adagio die weit ausholende Harmonik gemeinsam, die hier wie dort zur Aufhebung der Generalvorzeichnung in den Mittelteilen nötigt. Und obwohl das Menuett samt Trio der formalen Konvention folgt, ohne sonderlich dicht gearbeitet zu sein, wird die einst konstitutive Pointierung des Taktmaßes so überspielt, daß sich kaum noch ein Tanzcharakter einstellt.

Nicht grundsätzlich unterscheiden sich vom Befund dieses ersten Werkes aus op. 1 die weiteren ›Kasseler Quartette‹, auch wenn immer wieder fesselnde Details hervorzuheben wären. Im g-Moll-Quartett op. 2 Nr. 2 etwa gleichen sich Haupt- und Seitenthema im Kopfsatz derart, daß fast von Monothematik zu reden wäre, wenn nicht der den Hauptsatz charakterisierende Quintfall im Seitensatz seine Umkehrung zum Quartanstieg fände. Sie gibt ihm den Status einer eigenen Variante, so daß sich beide Versionen – herausgerückt nach E-Dur – in der Durchführung treffen können. Während den langsamen Satz hier ein kleines Siciliano im 6/8-Takt vertritt, mündet das Variationenfinale, dessen Andante-Thema durch synkopische Viertel profiliert wird, in ein Fugato in G-Dur ein, nach dem sich freilich die Coda etwas konventioneller ausnimmt. Im ersten Satz des h-Moll-Quartetts op. 2 Nr. 1 basiert der Hauptsatz in akkordischen Halben auf Orgelpunkt, und die steigende Linie des Kopfmotivs ist auf das Kennzeichen eines übermäßigen Sekundschrittes angewiesen (fis – g – ais – h). Nach einem scheinbar so statischen Hauptsatz wird im Seitensatz ein Kontrast erforderlich, der zunächst durch Beschleunigung zu Vierteln erreicht wird, doch kehrt in die weitere Ausspinnung die latente Chromatik ein, die vom übermäßigen Schritt im Hauptsatz ausgelöst wurde. Noch deutlicher wird eine solche ›Verklammerungstechnik‹ zuvor in der Überleitung, die treibende Skalenketten einführt und zugleich in der Kombination mit dem charakteristischen Kopfmotiv thematisch legitimiert.[1] Ähnlich weit wie hier in der Durchführung greift die Harmonik auch im Rondofinale aus, wogegen das Menuett in seinem B-Teil vermehrt durchführende Züge annimmt. Der langsame D-Dur-Satz jedoch wird diesmal durch einen zweistimmigen Kanon ausgezeichnet, der zweimal zunächst in dreistimmigem Satz exponiert wird, um dann erst zur Vierstimmigkeit ergänzt zu werden. Zwar kennt der weitere Verlauf frei imitatorische Taktgruppen, vorab garantiert die kontrapunktische Struktur aber die hochgradige rhythmische Kontinuität des Satzes, dessen kantables Gleichmaß nur durch die sacht pulsierenden Begleitstimmen modifiziert wird.

Neben der weitgehenden Thematisierung, der Kette motivischer Varianten und dem harmonischen Ambitus tritt jedoch als Eigenart in Fescas Musik die genaue Kalkulation der rhythmischen Verhältnisse hervor. Daß sich die Themen rhythmisch oft entsprechen, statt scharfe Kontraste auszubilden, ist nur die Konsequenz einer Disposition, die auf die interne Kohärenz des Bewegungsmaßes ausgerichtet ist. Das konventionelle Satzbild einer von gleichförmiger Begleitung unterfangenen Melodik, die schon bei Zeitgenossen Haydns wenig von ›klassischer Diskontinuität‹ weiß, schlägt bei Fesca in eine andere Qualität um, wenn nun die höchst sorgfältig geführten Gegenstimmen für die rhythmische Korrespondenz thematischer Phasen sorgen und gleichzeitig die Grundlage ihrer fortschreitenden Umbildung abgeben. Für diese schrittweise Änderung sind neben der motivischen Arbeit jene ›Unruhefiguren‹ maßgeblich, die schon im Verbund der Themen oder in ihrer Fortspinnung eingeführt und dann so selbständig eingesetzt werden, daß mit ihnen der prozessuale Verlauf erreicht werden kann. Und aus der Monothematik Haydns, die auf der Umformung prägnanter Motive beruht, entsteht die Affinität thematischer Phasen, die in der Korrespondenz variabler Elemente gründet. Solche Charakteristika dürften es sein, mit denen sich

[1] M. Frei-Hauenschild, *Friedrich Ernst Fesca*, S. 334–344 mit den dort beigegebenen Notenbeispielen. Eine ausführliche Rezension von op. 3 erschien mit zahlreichen Beispielen in: Allgemeine musikalische Zeitung 19 (1817), Sp. 443–447.

Fescas Musik von den Modellen der Klassik distanziert, deren Kunstanspruch sie so offensichtlich verpflichtet bleibt.

Das c-Moll-Quartett op. 4, das als erstes Einzelwerk veröffentlicht wurde, unterscheidet sich diametral von all den einzeln publizierten Stücken, hinter denen sich bei Krommer, Hänsel oder Spohr meist nur brillante Werke mit bloß drei Sätzen verbergen. Seinen Anspruch dokumentiert Fescas Kopfsatz mit einer langsamen Einleitung, die nach Sextansprung eine fallende Linie ausspinnt und damit das Allegrothema vorbereitet. In der Entfaltung der melodischen Kurve, die sich gegen Ende hin wieder zusammenzieht, werden zugleich die Zäsuren der Taktgruppen überspielt. Und der Hauptsatz im Allegro ergänzt die fallende Linie der zweiten Violine in der ersten gleich durch rasche Einwürfe, die damit von vornherein thematischen Rang haben. Lösen sich am Ende der Überleitung drei Stimmen mit motivischen Varianten ab, deren erste den eröffnenden Sextsprung der Einleitung aufnimmt, so erweist sich der Seitensatz wieder als Konfiguration von Partikeln des Hauptsatzes, und nur eine kurze Triolenpassage entfernt sich vor der Schlußgruppe vom dichten thematischen Netzwerk, das die Durchführung dann zusätzlich durch ihre harmonische Bewegung zu erweitern vermag. Ähnlich gewinnt das Finale – diesmal ein Sonatensatz – sogleich an Statur, indem es sein Hauptthema wiederum durch Sextsprung profiliert und die hüpfende Achtelbewegung mehrfach stauend durchbricht. Thematisch gearbeitet ist ebenso die Fortspinnung, wie im Kopfsatz bildet das Seitenthema eine Variante des Hauptsatzes, und wiewohl dem Final-

Fr. E. Fesca, op. 4, erster Satz, Einleitung T. 1–6 (nach Spartierung von M. Frei-Hauenschild).

Allegro – Hauptsatz T. 20–25.

Durchführung T. 120–123.

charakter ein höherer Anteil von Passagen Rechnung trägt, greift die weithin imitatorisch angelegte Durchführung harmonisch ähnlich wie die des ersten Satzes aus. Wenn das charaktervolle Menuett in der Modulationsphase die motivische Arbeit betreibt, so fesselt das Adagio durch subtile Töne, ohne seine eindringliche Geschlossenheit in konventioneller Ornamentierung zu verlieren.

Nach diesem außerordentlich dichten Werk bedeuten aber auch die beiden Quartette f- und e-Moll in op. 7 keinen Rückfall.[1] Bereits der Kopfsatz des f-Moll-Werkes kann Fescas Verfahren illustrieren, aus der tremolierenden Begleitung allmählich die Stimmen herauszulösen, um sie an der Verarbeitung des Hauptsatzes zu beteiligen. Eingespannt im

[1] Der Staatsbibliothek zu Berlin sei für einen Film der Partiturkopie von Fescas op. 7 gedankt (*Mus. ms. 6190*).

Fr. E. Fesca, op. 7 Nr. 1, erster Satz, Hauptsatz T. 1–14, Seitensatz T. 43–57 (Staatsbibliothek zu Berlin – Preußischer Kulturbesitz, Musikabteilung mit Mendelssohn-Archiv, *Mus. ms. 6190*, S. 1, 1.–3. Akkolade, S. 4, 1.–3. Akkolade).

tonikalen Rahmen, umgreift das Kopfmotiv in dominantischer Position mehrfach die kritischen Töne des verminderten Septakkords (e – b, des – e). Im Dialog der Außenstimmen bilden die Zweitakter ab T. 8 Varianten aus, die dann zu eintaktigen Segmenten reduziert werden. Dagegen hebt sich der Seitensatz zwar auf der Durparallele ab, über Achtelbegleitung entspricht er aber dem Hauptsatz nicht nur rhythmisch, sondern als freie melodische Umkehrung, die von der originalen Version in der Viola ergänzt wird. Der verminderte Septakkord jedoch, der am Ende der Exposition von As-Dur aus zu ihrer Wiederholung in f-Moll lenkt, wird zu Beginn der Durchführung sogleich umgedeutet (e – g –

b – cis), um nun über A- nach D-Dur zu weisen, von wo aus ein weiter Bogen von Quintschritten wieder zurückführen kann. Und wo die Oberstimme auch rasche Figurenketten nicht verschmäht, werden sie doch durch Themenzitate wirksam gestützt. Eine derartige Vermittlungsstrategie verfolgt nicht nur der langsame Satz in Des-Dur, der sein inniges Thema aus tiefer Lage heraus entfaltet, um es mit variativen Verfahren statt mit bloßer Kolorierung auszuarbeiten. Denn auch das Finale verfügt zwar als Sonatensatz über ungewöhnlich kontrastreiche Themen, der höchst kantable Seitensatz jedoch wird schon am Ende der Exposition und erst recht in der Durchführung von Achtelketten überlagert, die sich aus den vehementen Impulsen des Hauptsatzes herleiten.

Besonders eindrucksvoll stellt Fesca indessen seine Fähigkeiten im d-Moll-Quartett op. 12 unter Beweis, das um 1817 entstanden ist. Seine komplizierte Faktur forderte den Rezensenten 1820 zur Unterlegung eines Programms heraus, das durch zahlreiche Notenbeispiele begleitet wurde.[1] Der Kopfsatz kann sich im Hauptthema eine Kette analoger Zweitakter leisten, weil die Gegenstimmen von Anfang an nicht nur begleitend fungieren, sondern ein dichtes Gewebe ausbilden, das zugleich die Zäsuren der Oberstimme verschleiert. Die motivische Komplexität bindet auch dramatische Einwürfe mit Synkopen und Tremoli ein, und ohne strenger Kontrapunktik zu bedürfen, tendiert der Satz weithin zu einer polyphonen Struktur, die sich ›musikalischer Prosa‹ nähert. Indem sich solche Kontraste bereits in die Ausspinnung des Themenkomplexes verlagern, kann auch ein kantables Gegenthema entfallen, während die Ruhezone erst dem Epilog der Exposition vorbehalten bleibt. Daß sie das eigentliche Gegenthema vertritt, beweist die konzise Durchführung, die nicht mehr so weiter harmonischer Exkurse wie vordem bedarf. Denn sie kombiniert schon bald nach Beginn jene beruhigte Phrase mit gezackten Kontrastfiguren, die sich aus dem komplexen Arsenal der Thematik ergeben, und auch die Reprise setzt die variative Umbildung der Partikel noch fort. Eine ebenso erstaunliche Differenzierung beweist das Menuett, und die Erinnerung an den herkömmlichen Tanz verblaßt vollends, wenn sich die Modulationsphase zur veritablen Durchführung wandelt. Lediglich das Trio erscheint als beruhigte Phase in akkordischem Satz, der dafür aber die chromatische Harmonik bis zu mehrfacher enharmonischer Verwechslung intensiviert. Ein entsprechend nuanciertes Satzbild zeigt auch das Larghetto D-Dur, das barer Kantabilität zugunsten einer überaus differenzierten Rhythmik entsagt. Und der abschließende Sonatensatz im 6/8-Takt bezieht aus seiner rastlosen Thematik eine Fülle von motivischen Varianten, die schon den ersten Rezensenten zur Mitteilung zahlreicher Belege veranlaßte.

Erst etwa sieben oder acht Jahre nach diesem Werk folgten Fescas letzte Quartette op. 34 D-Dur und op. 36 C-Dur, denen allerdings

[1] Allgemeine musikalische Zeitung 22 (23. 8. 1820), Sp. 569–575; vgl. dazu M. Frei-Hauenschild, *Friedrich Ernst Fesca*, S. 189ff. und weiter S. 355–371.

schon im B-Dur-Quartett ein gleichfalls etwas heller gestimmtes Werk vorangegangen war.¹ Wiewohl sich der Vorrat der Formen und Verfahren nicht prinzipiell veränderte, läßt sich doch nicht verkennen, daß besonders die beiden späten Werke versuchen, mit ihrer ein wenig leichter getönten Thematik zugleich eine eher durchsichtigere Struktur zu verbinden. Das bedeutet zwar keine Senkung des Niveaus, nachdem aber die Kritik mit op. 12 sichtliche Schwierigkeiten hatte, bleibt nun jedenfalls zu konstatieren, daß die zunehmende Verdichtung, die in op. 7 begann und zum Experiment in op. 12 führte, keine gleichartige Fortsetzung fand. Ein Abstand von mehr als einem halben Jahrzehnt wiegt nicht gering in einem Œuvre, das einen so kurzen Zeitraum umfaßte, und er wird nach der dichten Reihe der ersten Quartette desto auffälliger. Wenn Fesca sich in der Zwischenzeit vermehrt vokalen Gattungen zuwandte und neben Solo- und Chorliedern 1822 und 1824 auch seine beiden Opern schrieb, so könnte dabei die Stellungnahme Carl Maria von Webers mitspielen, dessen Aufsatz über *Die Tondichtweise des Herrn Konzertmeisters Fesca* 1818 erschienen war. Die schon 1816 geplante Abhandlung hatte sich verzögert und nahm von Äußerungen zu einzelnen Werken Abstand; obwohl also offen bleibt, welche Quartette Weber vorlagen, dürfte es sich um relativ frühe Werke vor op. 7 gehandelt haben.²

Mit der berühmten Formulierung, das »rein Vierstimmige« sei »das Nackende in der Tonkunst«, hielt Weber den Namen Fescas eher als seine Quartette in Erinnerung, doch sollte es nachdenklich stimmen, daß gerade Fescas Werke den Anlaß zu einer so grundsätzlichen Bestimmung gaben.³ An Fescas Musik beobachtete Weber »Weichheit« und »zarten Schmelz der Empfindung«, aber auch »Kraft« und »eigentümlichen Reiz«. Daß der Komponist »scharf und schnell« zu modulieren wisse und »seine Ideen klar und mannigfaltig« entwickle, nahm er ebenso wahr wie die »ungemein schöne Haltung des Charakters des Ganzen sowohl als der dasselbe konstruierenden einzelnen Teile«. Freilich: Fesca »fühlt zu weich«, um es wie Beethoven »zu wagen, uns unerwartet mit kühner Riesenfaust zu packen und blitzschnell über einen Abgrund schwebend zu halten«. Immerhin seien aber die Stimmen »selbständig«, und auch als »Vorredner« degradiere die Primgeige nicht »die andern Stimmen nur zu dienenden«. Doch schloß Weber mit der Mahnung an Fesca, sich nicht auf das »Bearbeiten der Quartett-Gattung« einzuschränken, deren »komplizierte Gedrängtheit zur Miniaturmalerei verführen« könne.

So wandte sich Fesca denn auch anderen Aufgaben zu. Dem Inventar seines Nachlasses zufolge besaß er aber neben Werken Mozarts und Haydns »10 Quatuors« von Beethoven (und dazu solche von Romberg, Rode und Spohr).⁴ Außer op. 18 und op. 59 dürfte er also op. 74 oder op. 95 und damit so gut wie alle Quartette vor Beethovens Spätwerk gekannt haben. Und ihr Anspruch mußte einem Musiker, dessen Œuvre – anders als bei Romberg und Ries – erst nach op. 18 begann, von An-

---

1   Die Quartette op. 34 und 36 wurden nicht mehr in den zeitgenössischen Zeitschriften rezensiert und auch von Frei-Hauenschild nicht für nähere Analysen herangezogen.

2   C. M. von Weber, *Die Tondichtweise des Herrn Konzertmeisters Fesca in Karlsruhe, nebst einigen Bemerkungen über Kritikwesen überhaupt*, in: *Sämtliche Schriften von Carl Maria von Weber*, hg. v. G. Kaiser, Berlin und Leipzig 1908, S. 332–339 [zuerst in: Allgemeine musikalische Zeitung 20 (1818), Sp. 585–591]. Zur Vorgeschichte des Aufsatzes vgl. M. Frei-Hauenschild, *Friedrich Ernst Fesca*, S. 83–87.

3   C. M. von Weber, *Die Tondichtweise*, S. 337f.; dort und S. 339 auch die folgenden Zitate.

4   Zum Nachlaßinventar vgl. M. Frei-Hauenschild, *Friedrich Ernst Fesca*, S. 574 sowie die Kommentierung S. 147ff.; daß Fescas Quartette auch in Paris Interesse fanden, beweist eine Gesamtausgabe bei Richault, vgl. die Angaben im Werkverzeichnis von Frei-Hauenschild, bes. S. 448.

fang an zum höchsten Maßstab werden. Verführerisch wäre der Gedanke, gerade ein so exzeptionelles Werk wie Beethovens ›Quartetto serioso‹ könnte ein Anstoß für Fescas eigenwilliges op. 12 gewesen sein. So offenkundig ernst jedoch die Gattung genommen wird, so schwer dürften greifbare Spuren Beethovens ausfindig zu machen sein. Unüberhörbar sind dagegen allenthalben die Wendungen, die bei Fesca wie seinen Zeitgenossen auf den Fundus einer Musik nach Mozart hinweisen. Von vornherein verbindet sich aber mit der Anstrengung, harmonische Weitung und thematische Sicherung zu vereinbaren, eine auffallende Kontinuität von Satzphasen, die ihre deutlichste Konsequenz in der wechselseitigen Affinität der Themen vieler Sonatensätze findet. Und nimmt man dazu die lyrische Qualität, die nicht allein den Seitenthemen, sondern ebenso den langsamen Sätzen und nicht selten sogar den Menuetten eignet, so ist die Assoziation an ›romantische‹ Züge kaum zu unterdrücken.

Damit erscheinen Fescas Quartette in der Gattungsgeschichte als eine Station zwischen der Übermacht Beethovens und den Gegenpositionen neben und nach ihm. Abgesehen von einer Harmonik, über deren Mittel auch andere verfügten, haben Fescas Verfahren aber am wenigsten mit Schubert zu tun, dessen Quartette aus ganz anderen Vorgaben heraus entstanden und demgemäß zu durchaus konträren Resultaten führten. Jene vermittelnde Technik jedoch, die für Fesca durch die Relation der Themen erforderlich wurde, verweist in auffälliger Weise auf die Ansätze, die wenig später Mendelssohns Quartette op. 13 und op. 12 in der Auseinandersetzung mit Beethoven erprobten. Ob Schubert oder Mendelssohn etwas von Fesca wußten, bleibt dabei zweitrangig (wiewohl seine frühen Quartette gerade in Wien erschienen und in Berlin bis nach 1840 aufgeführt wurden). Daß Fescas ›Zwischentöne‹ nicht erst von Beethoven, sondern bald auch von jüngeren Komponisten überdeckt wurden, mag der wichtigste Grund für die rasche Verdrängung seiner Musik sein. Verfuhr er aber in Webers Sicht keineswegs naiv, so reflektierte sein Werk eine ›nachklassische‹ Problemlage, in der sich die unmittelbaren Impulse des kadenzmetrischen Satzes verloren hatten. Was Beethoven nicht erst im Spätwerk zu äußerster Pointierung der Kontraste und zugleich zu ihrer abgründigen Integration vorantrieb, das findet bei Fesca – gewiß auf ungleich bescheidenerem Niveau – eine bemerkenswerte Alternative. Der Diskontinuität im kadenzmetrischen Satz tritt die Vorstellung einer charakteristischen Gestimmtheit entgegen, die sich in der Korrespondenz geschlossener Themen und Phasen äußert und Folgen für die gesamte Satzstruktur zeitigt. Fescas Fähigkeiten wie seine Grenzen wurden von Weber klar erkannt, unter den deutschen Autoren jedoch, die neben Beethoven und Schubert noch immer Quartette schrieben, darf er dennoch einen eigenen Platz beanspruchen.

Echo im Süden: Arriaga und Donizetti

Reaktionen auf Beethoven zeigen sich in der Gattungsgeschichte – bei Fesca wie seinen Zeitgenossen – nicht primär in der Übernahme von Verfahren oder Formmodellen. Wirksam wurde jedoch der erhöhte Anspruch, der das Quartett zu einer immer ernsthafteren Aufgabe machen mußte. Es wäre einseitig, die Gründe für die quantitative Reduktion des Repertoires vorab in sozialgeschichtlichen Umständen zu suchen. Den gewachsenen Anforderungen an die Spieler entsprach zwar die zunehmende Professionalisierung des öffentlichen Konzerts, auf die auch die Erwartungen des bürgerlichen Publikums antworteten. Doch war es vor allem der kompositorische Rang Beethovens, der der Gattung fortan ein Prestige sicherte, das im weiteren Gang der Geschichte immer mehr zunahm. Indessen beschränkte sich der Prozeß keineswegs auf Deutschland, denn die Produktion reduzierte sich nun auch in Frankreich, Italien und Spanien – also just in den Ländern, die einst am intensivsten zur Entstehung und Etablierung des Quartetts beigetragen hatten. Gewiß entstanden weiterhin Stücke geringeren Gewichtes, von denen schon ihrer begrenzten Resonanz halber hier nicht die Rede sein kann. Das Renommee des Streichquartetts dokumentieren aber nach wie vor einzelne Leistungen von beträchtlichem Niveau. Die breiteste Geltung erreichte fraglos – und zwar noch einmal von Paris aus – George Onslow mit der langen Reihe seiner weit verbreiteten Quartette. Dagegen standen die nicht minder qualitätvollen Werke eines Opernkomponisten wie Donizetti zu abseits, um ebenso rezipiert zu werden. Gänzlich isoliert blieben die drei kostbaren Werke, die der Spanier Arriaga vor 1824 in Paris komponierte.

Juan Crisóstomo de Arriaga (1806–1826) kam aus Bilbao 1820 nach Paris, wo er neben seiner Ausbildung als Geiger Kompositionsunterricht durch François-Joseph Fétis erhielt.[1] Nach einem *Tema variado en cuarteto* op. 17 (1820) entstanden die drei Streichquartette (d – A – Es), die 1824 in Paris gedruckt wurden. Arriaga starb zu früh, um ein unverwechselbares Profil oder gar weitere Wirkung zu finden. Ohne konkreten Vorbildern verpflichtet zu sein, beweisen diese Quartette eines Geigers, der hier ganz auf virtuose Wirkungen verzichtete, wie sehr sich der klassische Typus der Gattung nun auch in Paris durchgesetzt hatte. Satztechnisch am späten Haydn orientiert, folgen die Werke in der Kontrastierung der Themen Mozarts Modellen, wogegen Beethoven noch keine Spuren hinterläßt. Das Autograph fehlt ebenso wie eine nähere Datierung, aus inneren Gründen dürfte es aber naheliegen, daß zuerst das A-Dur-Werk Nr. 2 entstand, während danach wohl das in Es-Dur Nr. 3 und zuletzt das den Druck eröffnende d-Moll-Quartett folgten.

Am konzentriertesten ist an der Spitze des d-Moll-Werkes ein Sonatensatz, der sein Thema aus unterschiedlich rhythmisierten Terzsprüngen samt einem komplementären Legatomotiv gewinnt. Ihm tritt

---

1 Vgl. die Angaben von J. A. Gómez Rodríguez, Art. *Arriaga*, in: *MGG²*, Personenteil Bd. 1, Kassel u. a. 1999, Sp. 1023–1026; eine dort nicht genannte Stimmenausgabe besorgte W. Höckner, Wilhelmshaven – Locarno 1963.

die geschwungene Linie des Seitensatzes statt auf der Parallele in ihrer Variante f-Moll gegenüber. So klar also das Material auf die Abspaltung seiner Motive hin disponiert ist, so intensiv werden seine Partikel schon in den Überleitungen eingesetzt, und die Durchführung nutzt Kopf und Annex des Hauptsatzes ebenso aus wie die Kantilene des Seitensatzes. Weit lockerer ist dagegen der erste Satz im A-Dur-Quartett angelegt, in dem die Begleitung weithin den Dialog der Außenstimmen nur mit Tonrepetitionen ausfüllt, und wie die Exposition die melodischen Einfälle reiht, so bleibt diesmal die Durchführung recht bescheiden. Ein Kopfmotiv, das einen Doppelschlag erweitert und auch die Überleitungen durchzieht, konfrontiert der Es-Dur-Satz hingegen mit einem kantablen Kontrast, und beide Gestalten werden im Seitensatz wirksam und in der Durchführung neu gruppiert. Im Andante D-Dur aus Nr. 2 folgen dem kleinen Thema fünf Variationen, die zunächst nur die Melodik und dann auch das harmonische Gerüst abwandeln, und vom Lento-Minore in der dritten Variation setzt sich desto kräftiger die folgende als Pizzicato-Satz ab. Daß dagegen das zweiteilige Adagio B-Dur in Nr. 1 seine vier Gruppen in der zweiten Hälfte umstellen kann, ist für die reihende Anlage des Satzes symptomatisch, der zugleich virtuoser Auszierung mehr Raum als sonst gönnt. Was dem fünfteiligen Andantino pastorale As-Dur aus Nr. 3 an thematischer Substanz abgeht, machen die Binnenglieder durch eine harmonische Erweiterung wett, die ihnen zudem mit Tremoloeffekten zu unerwartet dramatischen Akzenten verhilft. Im Unisono setzt hier ein unwirsches Menuett in c-Moll ein, das sich im C-Dur-Trio mit nachschlagenden Begleitakkorden fast walzerhaft gibt. Dagegen wechselt das Trio in Nr. 2 mediantisch von A- nach F-Dur, um dann fallende Skalen in den drei Oberstimmen zu imitieren. Ernsthafter gearbeitet ist wieder das d-Moll-Menuett in Nr. 1, dessen Trio mit gezupfter Begleitung fast spanisch anmutet. Nur in Nr. 2 findet sich ein Rondofinale, das zweimal ein kurzes Andante dem doppelt exponierten Refrain voranstellt und das zweite Couplet durchführend ausweitet. Der abschließende Sonatensatz aus Nr. 1 fügt in der Reprise an das ›Majeur‹ des Seitensatzes noch einmal den leicht veränderten Hauptsatz als ›Mineur‹ an, womit er nun fast als dritter Refrain eines Rondos erscheint. Intensive Arbeit bestimmt aber das Allegro agitato am Ende des letzten Werkes, denn wie in den Kopfsätzen werden überleitende wie durchführende Abschnitte gleichermaßen thematisch abgesichert.

Die genau bemessene Periodisierung, die auf die Relation der Taktgruppen zu den rhythmischen Impulsen bedacht ist, zeigt am klarsten an, wie sehr Arriagas Quartette – im Unterschied etwa zu gleichzeitigen Werken Fescas – noch immer in der früheren Tradition des Wiener klassischen Quartetts beheimatet sind. Von ihr sind aber auch – und wiederum fast zur gleichen Zeit – die Quartette geleitet, die der junge Gaetano Donizetti für einen privaten Zirkel in seiner Heimatstadt Bergamo schrieb. Er war keineswegs der einzige Opernkomponist, der so wie einst Grétry oder Gossec auch nach 1800 noch gelegentlich Quartette komponierte (was in Deutschland kaum ein Opernspezialist nach Mozart riskierte). Der zwölfjährige Rossini hatte 1804 mit leichter Hand seine bezaubernden sechs *Sonate a quattro* entworfen, die in der Besetzung für zwei Violinen und Violoncello samt Kontrabaß nichts mit der Geschichte des Streichquartetts zu tun haben. Daß sie aber der weltberühmte Maestro gut zwanzig Jahre später noch als Quartette arrangierte, ist immerhin ein Zeichen dafür, wie lange die Gattung in Kreisen von Liebhabern überlebte.[1] Auch Auber hatte 1799 ein Streichquartett geschrieben, mit drei Werken war 1814 Hérold gefolgt, und noch 1833 legte Ambroise Thomas ein Quartett vor, das nach alter Art als op. 1 figurierte.[2] Der leichte Ton, in den sich auch Klänge aus Oper und Salon mischen können, ist ebenso in Donizettis Beiträgen nicht ganz zu überhören. Sie bilden jedoch eine geschlossene Serie und zeugen damit von den Bemühungen eines sehr jungen Autors, sich des Rüstzeugs für spätere Aufgaben zu vergewissern.[3]

Als Donizetti nach der Ausbildung in Bologna nach Bergamo zurückkehrte, veranlaßte ihn Ende 1817 sein Lehrer und Mentor Johann Simon Mayr dazu, die Liebhaber hier mit eigenen Quartetten zu versorgen. Der aus Bayern gekommene Mayr, der in Bergamo seit 1802 Kapellmeister an S. Maria Maggiore war, verfügte über eine Sammlung mit Kammermusik, die Werke der Wiener Meister einschloß. Und Donizetti beendete seine Werkreihe vorerst 1821, als er aufbrach, um sein Glück als Opernkomponist zu suchen. Die Serie umfaßte also zunächst 16 Quartette, zwei weitere blieben unvollendet, und später kamen 1825 und 1836 nochmals zwei Werke hinzu. Den autographen Datierungen zufolge, die mehrfach sogar Tag und Monat der Entstehung nennen, wurden die Quartette gleichsam in mehreren Schüben geschrieben. Einer ersten Gruppe (bis Nr. 5) vom Dezember 1817 bis Sommer 1818 schlossen sich bis Mai 1819 die nächsten drei Werke an, zwischen Januar und April 1821 kamen in dichter Folge gleich fünf Quartette hinzu (Nr. 9–13), und ebenfalls 1821 sind die drei letzten Quartette anzusetzen (Nr. 14–16), bis dann weit später noch zwei Werke ergänzt wurden. An fast unscheinbaren Indizien lassen sich manche Änderungen verfolgen, selbst wenn der Typus von Anfang an recht fest umrissen ist.

Bis auf ein dreisätziges Quartett (Nr. 11), das mit dem Menuett endet, umfassen die Werke von vornherein vier Sätze. Nach dem langsamen Satz erscheint an dritter Stelle stets der Tanzsatz, gelegentlich ist er ›Scherzo‹ genannt (in Nr. 2), mitunter fehlt neben der Tempobezeichnung der Zusatz ›Minuetto‹, stets aber wird die Norm des zweiteiligen Menuetts mit Trio eingehalten. In den langsamen Sätzen begegnet neben der üblichen Dreiteiligkeit auch jene binäre Anlage, die den zweiten Teil modulatorisch ein wenig erweitert. Und wenn die Kopfsätze, die

---

[1] Zu den wechselnden Versionen und Ausgaben vgl. Fr. Lippmann, Art. *Rossini*, in: *MGG*, Bd. 11, Kassel u. a. 1963, Sp. 970.

[2] Von zwei Quartetten Aubers ist nur eines in C-Dur erhalten, vgl. H. Schneider, Art. *Auber*, in: *MGG²*, Personenteil Bd. 1, Kassel u. a. 1999, Sp. 1138.

[3] *Gaetano Donizetti: 18 Quartetti per archi*, hg. v. Istituto Italiano per la storia della musica, Rom und Buenos Aires 1948 (?); neben dieser nicht ganz verläßlichen Edition liegen die Werke auch in einer Ausgabe in Stimmen vor, hg. v. B. Päuler, Wilhelmshaven u. a. 1966. Nicht zugänglich war mir die Arbeit von Fr. Bellotto, *I quartetti per archi di Gaetano Donizetti*, Diss. Pavia 1989.

kleine Seitenthemen aufweisen, den gängigen Typus nur anfangs etwas modifizieren, so entsprechen ihnen darin die Finali, die nur in den ersten Werken Züge des Rondos einfließen lassen. Satztechnisch dominiert die Oberstimme, gelegentlich im Austausch mit dem Violoncello, wogegen die Mittelstimmen in der Regel füllende Funktion haben. Demgemäß liegt im Kern ein primär akkordischer Satz vor, der nur ausnahmsweise kleine Imitationen zuläßt, während kontrapunktische Arbeit fast ganz fehlt. Desto prägnanter ist jedoch neben der melodischen Erfindung die lebhafte, oft geradezu pikante Rhythmik, die sich freilich meistens in eine streng symmetrische Periodik einfügt.

Fern jeder Virtuosität, ist der Part des Primarius auch von einem geübten Dilettanten zu bewältigen. Gerade darum ist es aber erstaunlich, wie Donizetti scheinbar leichthin eine unterhaltsame und zugleich überzeugende Musik zu liefern verstand. Fast durchweg zeugen die Themen von einer Inspiration, die es manchmal bedauern läßt, daß aus dem Material nicht mehr ›gemacht‹ wird. Denn an die Stelle motivischer Arbeit tritt in Überleitungen und erst recht in durchführenden Phasen – für die der Begriff der Durchführung fast zu hoch greift – der lockere Wechsel melodischer und figurativer Gruppen, die primär durch tonale und metrische Relationen zusammengehalten werden. Ein solches Satzbild kann zunächst fast noch an das Pariser Quatuor concertant erinnern, dessen Blüte freilich lange zurücklag. Es fehlt jedoch der unabsehbare Wechsel der Struktur, der für dieses Genus anfangs maßgeblich war, bevor mit Geigern wie Viotti und Kreutzer die erste Violine zu herrschen begann. Somit hat es den Anschein, als habe Donizetti den viersätzigen Zyklus Wiener Art mit dem satztechnischen Standard des späteren Quatuor concertant vereint, ohne jedoch Konzessionen an das Virtuosenquartett zu machen. Wenn in der Sammlung Mayrs die Werke Haydns und Mozarts nicht fehlten, so bleibt es doch unerheblich, ob man in Bergamo schon Beethovens Quartette spielte, denn von ihnen sind bei Donizetti keine Spuren zu finden.

Noch einmal gelingt die glückliche Balance von Kunst und Unterhaltung, die allenfalls abseits möglich war, wo man unbelastet von Kritik und Öffentlichkeit unter sich blieb. Höchstens in der Tatsache, daß man sich hier derart dem Quartett widmete, spielt das Prestige mit, das der Gattung durch die Klassik zugewachsen war. Doch muß man für Donizettis Beiträge nicht einmal die Kenntnis der reifen Werke Haydns und Mozarts voraussetzen, um dennoch die gelungene Mischung von Spiel, Phantasie und Raffinement zu goutieren. Wie nicht anders zu erwarten, melden sich oft Effekte zu Wort, die den künftigen Opernmeister auch dann ahnen lassen, wenn man sich vor eilfertiger Teleologie hüten möchte. Am meisten drängt sich ein solcher Eindruck auf, wenn Themen federnd triolische Auftakte beigegeben werden, wenn ganze Phasen durch punktierte Rhythmik schwingenden Antrieb erhalten oder wenn selbst kantable Melodien mit lebhaft rhythmisierter Begleitung unterlegt werden, statt sich lyrisch versunken auszubreiten. Weit weniger als von mühsamer Arbeit, die gänzlich fern liegt, leben die Stücke von ihren Einfällen und Überraschungen, für die nur wenige Beispiele zu nennen sind.

Im Es-Dur-Quartett Nr. 1 umschreibt das Thema des Kopfsatzes in breiten Werten eine schlichte Kadenz, ohne aber für den Verlauf weitere Folgen zu haben. Und im zweiteiligen Finale dominiert der thematische Rhythmus derart, daß transponierte Zitate fast an ein Rondo gemahnen könnten, wenn nicht vom gleichen Muster statt von Kontrasten auch die Zwischenglieder geprägt wären. Der erste Satz des A-Dur-Werkes Nr. 2 scheint nach vorangestellten Achtelskalen erst in T. 5 ein Hauptthema zu exponieren, wenn jedoch die ›Durchführung‹ nur den Vorspann in C-Dur zitiert, mit dem auch die Reprise beginnt, dann kehrt sich das Verhältnis der Thementeile zunehmend um. Und das Finale charmiert hier durch Bordunquinten in allen Phasen, die dann mehrfach transponiert oder von Orgelpunkten abgelöst werden. Marschhaft beginnt das c-Moll-Quartett Nr. 3 mit einem geschäftigen Thema, dem erst nach fast 40 Takten eine kantable Melodie folgt; da aber der übrige Satz ohne seine pathetische Eröffnung auskommt, gerät sie zur Episode ohne Konsequenzen. Ähnlich zeigt das Prestissimo-Finale einen Vorspann ohne Wiederkehr, während hier wie in fast allen Mollsätzen die Reprise rasch zur Durvariante umschlägt. Erstmals beginnt im e-Moll-Werk Nr. 5 eine Durchführung mit Zitat des Hauptthemas, das dafür in der Reprise ausfällt und erst wieder in der Coda bemüht wird, wogegen das abschließende Allegro agitato einmal ganz in e-Moll verharrt. Der Kopfsatz des g-Moll-Quartetts Nr. 6 schickt eine Thematik nach Art der alten ›Chasse‹ zu Beginn der Durchführung derart durch alle Stimmen, daß quasi imitierend mit steten Septakkorden auf engem Raum der Quintenzirkel von B- bis G-Dur durchmessen wird. Wenn aber in die Kette statische Vier-

G. Donizetti, Nr. 6, erster Satz, Allegro – Durchführung, T. 75–93 (Auszug).

takter in Des- und E-Dur eingeschaltet werden, so hat es fast den Anschein, als wolle der Autor mit dem Kleinterzzirkel spielerisch vorführen, was er gelernt habe. Und das Finale serviert einen kleinen Coup gleich eingangs mit einer Kette leerer Quinten über alle Violinsaiten hinweg, die doch nur vom Dominant-Tonika-Wechsel begleitet sind. Hält sich der harmonische Aufwand sonst meist in Grenzen, so zeigt das Larghetto A-Dur aus Nr. 2 einen Mittelteil, der von der Mediante C-Dur aus über ihre Mollvariante B-Dur erreicht, um dann über Quint- und Terzschritte zur Tonika zurückzufinden. Die Pointe der Aktion liegt aber darin, daß sie bei rein akkordischem Satz mit dem melodischen Minimum einer kleinen Drehfigur auskommt. Und vor kleinen Überraschungen ist man selbst in langsamen Sätzen nicht sicher, wenn etwa im Largo c-Moll aus Nr. 1 am Schluß die Oberstimme mit einer drastisch aufschnellenden Fanfare aufwartet. Indessen sind es die Menuette, die durchweg am ehesten die Kenntnis der Wiener Tradition verraten. Denn sie benötigen zwar nicht viel Figurenwerk und bevorzugen markante Rhythmik aus Halben und Vierteln; mit Synkopen, Einschüben, ungeraden Taktgruppen (wie schon in Nr. 1) und plötzlichen Pausen bewahren sie dennoch mehr Witz als gleichzeitige Sätze von Krommer oder Hänsel. Und das Scherzo A-Dur aus Nr. 2 überrascht phasenweise mit einem Ostinato, der mit seinen Quartfällen und Sekundschritten vormals besser als Romanesca bekannt war (a – e – fis – cis – d – e); ganz unbefangen wird das historische Modell hier aber immer wieder von Spielfiguren abgefangen.

Schon in den ersten Werken fällt auf, daß allenfalls bei Wahl einer Molltonart die Tanzsätze zur Durvariante wechseln, während langsame Sätze oft die Tonika beibehalten, wie es dann fast zur Regel wird. Für das f-Moll-Quartett Nr. 7 erklärt sich das aus dem Anlaß einer Trauermusik auf den Tod eines Mitglieds dieses Zirkels, doch ändern sich deshalb weder die Formen noch die Verfahren prinzipiell. Gerade hier wird das Seitenthema im Kopfsatz von einer lebhaften Begleitung konterkariert, wogegen das eröffnende Thema erst wieder am Satzende auftritt. Das Adagio f-Moll ist zwar von affektvollen Seufzern durchzogen, das Presto jedoch – diesmal kein Menuett – setzt akzentuierte Akkordschläge gegen ein ruhiges As-Dur-Trio, und den Beschluß macht eine Marcia lugubre, die trotz langsameren Tempos dem Typ anderer Finali entspricht. Die Grundtonart behalten noch die folgenden Werke in allen Sätzen bei, doch setzt mit dem d-Moll-Quartett Nr. 9 die Kette jener Werke ein, die nach beinahe zweijähriger Pause (zwischen Mai 1819 und Januar 1821) in dichter Folge entstanden. Wenn sich in den Binnensätzen vorerst wenig ändert, so wird doch nun im Kopfsatz aus Nr. 9 die Überleitung mit mehreren Themenzitaten gefüllt, und sofern das Thema auch in die Durchführung einzieht, muß es dafür wie bisher in der Reprise entfallen. Deutlicher noch wirkt im Finale das kleine Kopfmotiv mit auftaktig überbundenen Intervallsprüngen in fast alle Satzphasen hinein, um erstmals den Maßstab motivischer Verdichtung geltend zu machen. Derart verfährt auch das A-Dur-Werk Nr. 13, das als letztes genau auf den 19. 4. 1821 datiert ist. Das ruhige Thema des ersten Satzes verbindet sich mit auftaktigen, fast marschartigen Akzenten der Begleitung, die nicht nur die Überleitung, sondern dazu den Seitensatz einbeziehen, und demgemäß wird die Durchführung streckenweise thematisiert und dann durch eine reguläre Reprise ergänzt. Bezwingend ist zumal das Larghetto a-Moll, das im Sequenzmodell seines Themas eine chromatische Linie in einer der Außenstimmen mit kurzen Einwürfen der Gegenstimmen paart und nicht nur im Mittelteil harmonisch ungewöhnlich weit gespannt ist, sondern dazu dem Schluß eine letzte Kulmination reserviert. Auch das konzise Menuett in C-Dur verbindet hochgradige Dichte mit plötzlichen Skalen im Spiccato, wogegen das Finale seine Thematisierung nur aus den Tonrepetitionen seines eröffnenden Themas bezieht. Dieses Niveau behalten auch die drei letzten ›Quartette aus Bergamo‹, die offenbar ebenfalls noch in das Jahr 1821 fallen. Im h-Moll-Werk Nr. 16 eröffnen triolische Auftakte des Hauptthemas im ersten Satz analog rhythmisierte Phasen, in denen nur der Seitensatz eine kurze Ruhezone gewährt. Die Durchführung versetzt das Thema in Terzrelationen, und die verkürzte Reprise resümiert wieder beide Themen. Das Largo H-Dur breitet nach seinem Kopfmotiv in sachten Tonrepetitionen Klangflächen aus, in die sich die knappen Einwürfe der Außenstimmen fügen, Binnenimitation mit dem Kopfmotiv versucht auch das kleine Minuetto, und das Finale führt gar eine Themenvariante in einem kleinen Fugato aus, in dem sich die Stimmpaare im Quintabstand wie Dux und Comes verhalten.

So unverkennbar also die Verfahren innerhalb der ganzen Werkserie reifen, so unleugbar bleibt noch am Ende der Abstand von jenen Problemen, die sich in der Gattungsgeschichte zu dieser Zeit sonst stellten. Und doch wird dadurch nicht im mindesten die Eigenart verringert, die schon die ersten Quartette zeigen. Vier Jahre später nimmt 1825 das D-Dur-Werk Nr. 17 sofort mit seinem klangdichten Hauptthema gefangen, das mit fließender Rhythmik aus Halben samt zwei Vierteln nicht nur den Seitensatz, sondern untergründig noch die Figurationsphasen trägt und dem Satz seine lyrische Note selbst dort gibt, wo er sich zu feurigem Aufschwung steigert. Und ist die Durchführung nicht eigentlich thematisch gearbeitet, so bezieht sie sich doch latent auf das Themenmodell, das die Taktgruppen markiert. Eine schmachtende Kantilene mischt das Larghetto mit raschen Pizzicati in Baßlage, wie schon früher versucht sich das kleine Minuetto an Imitationsgruppen, und nur das Finale fällt mit stereotyper Rhythmik und fast trivialem Seitensatz ab, wie auch die Durchführung lockerer als sonst bleibt. Dagegen ist dem e-Moll-Quartett Nr. 18 (1836) nun in der Tat anzumerken, daß es fast zwanzig Jahre nach den ersten Versuchen das Opus eines erfahrenen Opernmeisters ist. Trotz gewachsener Dimensionen – vorab der ersten Sätze – klingt unverhohlener noch der Opernton durch, den bereits die Frühwerke mit preziöser Rhythmik und schmelzendem Melos angekündigt hatten. Am bedeutendsten ist der erste Satz mit breiter Plagalkadenz als Kopfmotiv, ergänzt durch aufschießende Ketten; die Themenzitate der Durchführung gehen von der Tonikaparallele und ihrer Variante aus und werden stufenweise hochsequenziert, bis die Dominante wiedergewonnen ist. Ein Adagio C-Dur erweist sich als kleiner Sonatensatz mit Seitenthema und gedrängter Durchführung, und nach einem intrikaten Minuetto enttäuscht nur das Finale ›alla polacca‹ mit simpler Begleitung ein wenig.

Nicht allein der schieren Menge halber beanspruchen Donizettis Quartette ihren Platz. Erst lange nach dem Tod des Autors erschlossen, wurden sie gewiß nicht weiter wirksam. Die längste Quartettreihe, die ein Opernspezialist im 19. Jahrhundert hinterließ, ist aber in mehrfacher Hinsicht ein Indikator. Das handwerkliche Vermögen, das sich in ihr ausbildete, war nicht bloß die Vorstufe künftiger Leistungen. Wohl nur fern vom Zentrum konnte nochmals ein Ausgleich glücken, der von historischen Lasten wenig weiß. Im Vergleich mit den an Haydn und Mozart geschulten Quartetten Arriagas oder der ganz anderen Haltung Fescas wird aber erkennbar, welch unterschiedliche Positionen und Problemlagen zu gleicher Zeit bestanden. Und so machen auch Donizettis Werke einsichtig, wie wenig sich eine Gattungsgeschichte, die eher ein verwickeltes Geflecht darstellt, als linearer Prozeß erzählen läßt.

Von Paris nach Leipzig: George Onslow

Wohl kein anderer Komponist erreichte mit seiner Kammermusik in der ersten Jahrhunderthälfte eine so weite Verbreitung wie George Onslow, der 1784 als Sohn eines aus England eingewanderten Adligen in Clermont-Ferrand geboren wurde, wo er auch 1853 verstarb. Nachdem er schon früh in London durch J. L. Dussek und J. B. Cramer unterwiesen worden war, suchte er noch 1808 Reicha als Kompositionslehrer in Paris auf und lebte fortan wechselnd in der Hauptstadt und auf dem Familienbesitz in der Auvergne. Seine insgesamt 36 Quartette mußten ihr Ansehen freilich mit 34 Streichquintetten teilen, die ähnlich wie die von Boccherini länger zum Repertoire zählten, weil in einer nicht durch Beethoven bestimmten Gattung die Konkurrenz geringer blieb. Mit drei Quintetten op. 1 begann eine Reihe, die bis hin zu op. 82 ein halbes Jahrhundert und damit die gesamte Schaffenszeit Onslows durchzog. Aber auch die Quartette umspannen von op. 4 (1807) bis zu op. 69 (1846) noch immer den Rahmen von vier Jahrzehnten und somit von Beethovens op. 59 bis zur Phase nach den Quartetten op. 44 von Mendelssohn und op. 41 von Schumann. Sie umgreifen also einen gattungsgeschichtlichen Weg, der vom klassischen Quartett bis zur Etablierung eines Kanons reichte, in den zwar neben Mendelssohns und Schumanns auch Schuberts Quartette, nicht mehr jedoch die Werke Onslows aufgenommen wurden. Zuvor hatte allerdings noch Schumann gemeint, man habe »sich einmal an die Art der drei bekannten deutschen Musiker gewöhnt und in gerechter Anerkennung auch Onslow und zuletzt Mendelssohn, als die Spuren jener weiter verfolgend, in den Kreis aufgenommen«. Noch wenige Jahre danach folgte der Feststellung, nach Haydns, Mozarts und Beethovens Quartetten sei lange »nichts jenen Vergleichbares« entstanden, erneut die Ergänzung: »Onslow allein fand Anklang und später Mendelssohn«.[1]

Onslow schien also in den Gattungskanon einzurücken, aus dem seine Quartette dennoch bald wieder herausfielen. Andererseits war die deutsche Kritik recht spät auf diese Werke eingegangen, deren verbreitete Kenntnis dann aber schon vorausgesetzt wurde. Die *Leipziger Allgemeine musikalische Zeitung* rezensierte erst 1830 die Quartette op. 36, die freilich nur Arrangements der mehr als zehn Jahre zuvor erschienenen Klaviertrios op. 14 darstellten. In demselben Jahrgang wurden – mit mehr als zwanzigjähriger Verspätung – die Quartette op. 4 in einer revidierten Version gewürdigt, 1832 war die Partiturausgabe von op. 9, 10 und 21 Anlaß eines kurzen Rückblicks, aber erst 1841 widmete G. W. Fink den unlängst zuvor publizierten vier Quartetten op. 47–50 eine Besprechung, die zugleich die einzige ausführliche Rezension blieb.[2] Während die reservierte Haltung einer vergleichsweise konservativen Zeitschrift auffallen kann, äußerte sich Schumann in der von ihm erst 1834 begründeten *Neuen Zeitschrift für Musik*, doch hielt auch er es nicht mehr für nötig, Onslow in der Reihe seiner ›Quartettmorgen‹ mit einem eigenen Werk zu berücksichtigen. Zugleich war Onslow aber so etabliert, daß nicht nur seine Quintette, sondern auch die Quartette bis op. 21 (Nr. 1–15) von Breitkopf & Härtel in Partituren herausgebracht wurden, deren Reihe dann durch Kistner in Leipzig zusammen mit Schlesinger in Paris fortgesetzt wurde. Es hat daher den Anschein, als seien Onslows Quartette von der Kritik erst in dem Maß beachtet worden, wie sie sich in der Praxis der Liebhaber bereits durchgesetzt hatten. Fink beschloß seine Stellungnahme 1841 mit dem Hinweis auf die früheren Werke, die doch »meist die frischeren« seien. Vorbehalte klingen indessen an, wenn Onslow der »Liebling der Dilettanten und dilettantischen Musiker« genannt wird. Und das Urteil, er erscheine nicht »als eigentliches Genie«, erhält den etwas impertinenten Zusatz, »adlige Geburt« ersetze nicht »die Gnade des Höchsten«.[3] Ungeachtet seiner Herkunft konnte aber Onslow – der Schüler Reichas – gewiß nicht als Dilettant gelten, denn nicht nur als Pianist, sondern auch als Cellist war er geübt genug, um in seiner Kammermusik mitzuwirken, die gerade im Cellopart durchaus professionelle Fertigkeiten verlangt. Was die Partiturausgaben

---

1 *Robert Schumann. Gesammelte Schriften über Musik und Musiker*, Bd. 1, S. 339 (Zweiter Quartettmorgen) sowie Bd. 2, S. 71.

2 G. W. Fink in: Allgemeine musikalische Zeitung 43 (1841), Sp. 606–612; zu op. 36 vgl. Allgemeine musikalische Zeitung 32 (1830), Sp. 165–167, zu op. 4 ebenda, Sp. 487–489, sowie zu op. 9, 10 und 21 Allgemeine musikalische Zeitung 34 (1832), Sp. 664f.

3 Allgemeine musikalische Zeitung 43 (1841), Sp. 611.

seiner Werke bedeuten, lassen die Rezensionen mehrfach erkennen, wenn 1830 betont wird, man habe sich die »angezeigten Werke in Partitur gesetzt«; zwei Jahre später wird der »nützlichen Partitur-Ausgabe meisterlicher Quartetten und Quintetten« Anerkennung gezollt, und für op. 69 wird 1846 bedauert, man habe noch »keine genauere Einsicht in die Partitur« nehmen können.[1] Wie wichtig dieser Zugang jetzt wurde, geht auch aus den handschriftlichen Partituren der Quartette Onslows hervor, die sich in der Staatsbibliothek zu Berlin befinden und die Frage nahelegen, ob sie noch vor dem Druck der Partiturausgaben angefertigt wurden.[2]

Die Konzentration auf Kammermusik für Streicher war für Onslow offenbar nicht von vornherein selbstverständlich. Den ersten Quartetten op. 4 (B – D – a, 1804) gingen nicht nur die Quintette op. 1 voran, sondern neben einer Klaviersonate op. 2 die drei Klaviertrios op. 3. Und in den späten Jahren nach dem letzten Quartett A-Dur op. 69 (1846) fällt nächst weiteren Quintetten die Konzentration auf Kammermusik mit Klavier oder Bläsern auf. Nach dem Unterricht bei Reicha dominierte allerdings zunächst das Quartett mit je drei Werken in op. 8 (c – F – A), op. 9 (g – C – f), op. 10 (G – d – Es) und op. 21 (B – e – Es), womit bis um 1823 insgesamt 15 Streichquartette vorlagen. Abgesehen von den erwähnten Arrangements der Quartette op. 36 (1828) erschien danach mit op. 46 (um 1832) aber nur noch einmal eine Trias (fis – F – g), zwischen der früheren Gruppe bis op. 21 und der späteren ab op. 46 lag also ein beträchtlicher Abstand, der vorab durch Quintette ausgefüllt wurde. Erst danach behauptete das Quartett wieder den einstigen Vorrang, indem nun in dichter Folge Einzelwerke erschienen: op. 47–50 (C – A – e – B), op. 52–56 (C – D – Es – d – c), op. 62–66 (B – h – c – g – D) und endlich op. 69 (A).

Das auffällige Verhältnis der Werkgruppen, das die phasenweise Zuwendung zur Gattung spiegelt, dürfte belangvoller sein als die Chronologie der Einzelwerke, die noch nicht genau feststeht.[3] Gegenüber den Erstausgaben in Stimmen sind zudem die Partituren, auf die ein Interessent – einst wie heute – zuerst zurückgreifen dürfte, für die früheren Werke beträchtlich verspätet und für die weiteren immerhin noch um einiges verzögert anzusetzen. In die Reihe der Quartette rechnete Viviane Niaux auch op. 60 ein, das nach Themen aus der Oper *Guise* (1837) arrangiert wurde.[4] Seine Einbeziehung widerspräche indes der durchgehenden Zählung von Nr. 1 bis 36, die den Drucken der wechselnden Verleger und den genannten Handschriften gemeinsam ist. In sie gingen allerdings auch die Arrangements op. 36 ein, die in die Pause zwischen op. 21 und op. 46 fallen und hier ebenfalls außer Betracht bleiben können, wiewohl eine vergleichende Studie interessant genug sein dürfte. Statt der Zählung nach laufenden Nummern sei im weiteren die Opuszählung bevorzugt, da sie mit der Unterscheidung zwischen Werkserien und Einzelwerken zugleich auf die chronologischen Relationen

1 Allgemeine musikalische Zeitung 48 (1846), Sp. 350f., sowie Allgemeine musikalische Zeitung 32 (1830), Sp. 488.

2 *Mus. ms. 1630/15–36*; zu Dank verpflichtet die freundliche Bereitschaft zur Herstellung von Mikrofilmen; Kopien gedruckter Partituren verdanke ich Kungliga Musikaliska Akademiens Bibliothek, Stockholm sowie Dorothea Redepenning und Thomas Schipperges (Heidelberg).

3 Chr. Nobach, *Untersuchungen zu George Onslows Kammermusik*, Kassel u. a. 1985, beschränkte sich im Chronologisches Werkverzeichnis, S. 277–282, auf die Angaben von Fr. Hofmeister und C. F. Whistling, *Handbuch der musikalischen Literatur*, Leipzig 1817ff. (mit den Nachträgen 1818–1828), ohne aber die Erstausgaben in Stimmen heranzuziehen, die am ehesten Aufschlüsse über die Datierung versprechen. Vage blieben auch weitere Hinweise S. 83ff. und S. 177f., und ein Thematisches Verzeichnis, S. 287–332, nennt wechselnd Stimmen- und Partiturausgaben, zumeist aber ohne Datierung.

4 V. Niaux, Art. Onslow, in: *New Grove Dictionary²*, London 2001, Bd. 18, S. 414 (ohne Datierungen); dies., *Les quatuors à cordes de George Onslow (1784–1853)*, in: *Le quatuor à cordes en France de 1750 à nos jours*, hg. v. der Association française pour le Patrimoine Musical, Paris 1995, S. 63–72, zur Datierung der Werke S. 64f. und S. 66f., zu den französischen Editionen S. 70f.

hinweist. Daß aber die späteren Quartette trotz ihrer dichten Folge als Einzelwerke publiziert wurden, legt zugleich die Frage nahe, warum sie dann nicht wie vormals zu dritt gebündelt wurden. Ein Grund mag im verlegerischen Risiko zu suchen sein, das bei Serien recht anspruchsvoller Werke noch heikler war als bei Einzelpublikationen, bei denen ein geringerer Absatz eher zu verschmerzen war. Ein vielleicht wichtigeres Motiv lag aber wohl in dem Prestige, das nach Beethovens Vorgang seit op. 74 die Einzelausgabe als Zeichen der Individualität des Werkes gewann, womit die vormaligen Serienausgaben zugleich obsolet wurden.

Auf Differenzen zwischen den frühen Werken bis op. 21 und den späten ab op. 46 deuten bereits manche äußeren Symptome hin. In den 15 früheren Quartetten begegnet nur einmal eine langsame Einleitung zum Kopfsatz (in op. 10 Nr. 3), über die dann aber sieben spätere Werke verfügen (op. 47, 53–54, 62 und 64–66). Dazu enthalten die 15 Einzelwerke ab op. 47 neben fünf Menuetten und zwei unbezeichneten Sätzen acht Scherzi, während zuvor ausschließlich Menuette vorkommen. Recht spät also und auch dann nicht sehr entschieden reagierte Onslow auf den veränderten Status, den der Tanzsatz durch Beethoven erhalten hatte. Im übrigen wechselt die Folge der Binnensätze traditionsgemäß, indem einem raschen Kopfsatz zuerst der langsame und einem gemäßigten der Tanzsatz folgt. Bieten die Dreiergruppen in der Regel – bis auf op. 9 und zuletzt op. 46 – nur je ein Werk in einer Molltonart, so halten sich die Tongeschlechter in den Einzelwerken fast genau die Waage. Dem entspricht schließlich der sichtlich wachsende Umfang der späteren Quartette, die sich auch mit höheren Anforderungen an die Spieler und größerem Reichtum der Harmonik abheben, wogegen den früheren Werken noch die Abkunft vom Pariser Quatuor concertant eingeschrieben ist.

Die erste Trias op. 4 entstand offenbar vor dem Unterricht bei Reicha und sollte demnach nicht zu genau gewogen werden. Doch zeigt sie Onslow schon dermaßen im Besitz seiner Fähigkeiten, daß sich auch fragen läßt, wieso er überhaupt noch Reichas Unterweisung benötigte. Sollte es um die Einführung in einen soliden Kontrapunkt gegangen sein, so wäre das Studium wenigstens für die Streichquartette fast ohne Ertrag geblieben. Denn weder die folgenden noch die späteren Werke weisen – sehr im Unterschied zu den Fugen und Kanons von Romberg und Fesca – streng kontrapunktische Sätze auf, und selbst längere Imitationsphasen haben keine maßgebliche Funktion in Onslows Satztechnik. Vielleicht war es ihm primär darum zu tun, sich der eigenen Fertigkeiten kritisch zu vergewissern und zugleich als Schüler eines renommierten Theoretikers und damit auch als professioneller Musiker auszuweisen.

Gleich das erste Quartett B-Dur op. 4 Nr. 1 fällt mit der höchst charakteristischen Themenbildung des Kopfsatzes im 6/8-Takt auf. Einem prägnanten Quartfall in zwei punktierten Vierteln antwortet die auf Achtel verkürzte Repetition desselben Intervalls, und dem ersten Zweitakter steht der nächste gegenüber, der von der gedehnten Quinte aus eine fallende Sechzehntelfigur in trillerhafter Umspielung der Dominante auslaufen läßt. Taktweise gebündelt treten also das gedehnte

G. Onslow, op. 4 Nr. 1, erster Satz, Hauptsatz T. 1–5 (Breitkopf & Härtel).

Durchführung T. 95–102.

Kopfmotiv und seine Diminution samt Lauf- und Trillerfigur zusammen, doch werden sie nicht als metrisch wechselnde Impulse, sondern als knappe Motive definiert, die isolierbar sind und damit im Satzverlauf fast ubiquitär verwendet werden können. Der Quartfall wird im Seitensatz – nun von der Dominante aus – in Achteln ausgefüllt und steigend fortgesponnen, und die Schlußgruppe greift sequenzierend auf den Hauptsatz zurück. Die aufeinander bezogenen Themen gehen in die Durchführung ein, die mediantisch nach Des-Dur springt, um dann in Quintschritten die Tonika zu erreichen, bis erst nach der Reprise die kleine Coda auf eine Imitation des Kopfmotivs in halbtaktigem Abstand zuläuft. Die Thematisierung ist also die Kehrseite der motivischen Vielfalt, und das bunte Gewebe des früheren Quatuor concertant wird nicht nur wie schon bei Jadin thematisch konzentriert, sondern motivisch von vornherein so bestimmt, daß es daraus seine Kohärenz beziehen kann.

In bezeichnender Weise stattet das Andante sostenuto G-Dur die dreiteilige Form mit variativen Zügen aus, indem bereits im A-Teil ein zweites Glied als Variante des schlichten Themas erscheint.¹ Da aber das Minore im B-Teil und auch der A'-Teil weitere Varianten bieten, paart sich der Wechsel sehr verschiedener Phasen zugleich mit ihrer variativen Relation. Ähnlich wie der Kopfsatz kombiniert das Menuett ein gedehntes Kopfmotiv mit seiner raschen Fortspinnung zu einer Taktgruppe, wogegen das Trio in g-Moll mit der Reihung eines zwei Zählzeiten messenden Kurzmotivs das dreizeitige Taktmaß überspielt. Wie oft noch später wird der zweite Teil nicht wiederholt, sondern als modulierende Rückleitung zur Wiederkehr des Menuetts erweitert. Ebenso nutzt der Refrain im Finale Synkopen als Widerpart zum Allabreve-Takt, und da auch das Couplet durch Synkopen geprägt ist, lassen sich die Themen so aufeinander beziehen, daß sie erneut ein motivisches Geflecht ergeben, das den Wechsel der Teile überbrückt. Dabei präsentiert das Finale eine weiterhin typische Spielart des Sonatenrondos, sofern nach dem zweiten Refrain zwar der Mittelteil Kennzeichen einer Durchführung mit dem Rekurs auf das Couplet vereint; doch folgt danach statt einer Reprise des Refrains zunächst das letzte Couplet und dann erst der dritte Refrain (der in der Coda später noch durch ein weiteres Refrainzitat ergänzt werden kann). Formal unterscheiden sich damit Sonatensätze und Sonatenrondi fast nur noch durch die Position des Hauptthemas in der Satzmitte: Eröffnet seine Wiederkehr im Sonatensatz die Reprise, so steht es im Sonatenrondo vor der Durchführung, um dafür erst nach dem letzen Couplet wieder einzutreten.

Eine deutliche Alternative entwirft in op. 4 das a-Moll-Quartett Nr. 3. Das Hauptthema des ersten Satzes kombiniert ein Kopfmotiv, das mit Halben im Unisono gespannte Intervalle exponiert (a – c – dis – e) und dominantisch ausläuft, im zweiten Viertakter mit punktierter Rhythmik, die in Baßlage Vorhaltmotive der Oberstimmen grundiert. Bereits die Fortspinnung bringt jene chromatischen Durchgänge ein, die harmonisch so folgenlos bleiben wie oft später noch, und nach Ketten verminderter Septakkorde sucht der Seitensatz in C-Dur eine diatonische Variante, ohne aber die punktierte Rhythmik aufzugeben. Auf dem Kopf des Hauptsatzes, der mottohaft die Stimmen durchläuft, basiert der erste Teil der Durchführung, in dem sich die Gegenstimmen sonst mit Triolenfiguren bescheiden, während ein zweiter Ansatz den Kopf des Seitensatzes abspaltet, um doch in analoger Triolierung zu enden. Chromatische Tönung und punktierte Achtel kehren im Menuett wieder, dessen Trio als Maggiore zwar zu Achtelketten wechselt, dafür aber chromatische Durchgänge erst recht pointiert. Das zweiteilige Andante sostenuto E-Dur kommt ausnahmsweise ohne ornamentale Figuration aus, der akkordische Satz wird jedoch vom punktierten Kopfmotiv mit chromatischen Leittoneinstellungen durchsetzt, die auch dann nicht ausbleiben, wenn ein kleines Seitenthema in Achteln die stete Punktierung aufgibt und einen leicht sentimentalen Tonfall akzentuiert. Obwohl das ab-

---

1 Vgl. dagegen die abweichenden Angaben bei Chr. Nobach, *Untersuchungen zu Onslows Kammermusik*, S. 125 (weitere Irrtümer lassen sich nur stillschweigend richtigstellen).

schließende Presto diesmal einen Sonatensatz darstellt, entspricht der dreiteilige Bau des Hauptthemas einem Rondorefrain, dem kurzen Seitensatz folgt eine Imitation des Hauptsatzkopfes, und die Durchführung versucht sich gar in durchbrochener Manier, deren Preis freilich eine recht mechanische Sequenzfolge ist. Unverkennbar ist aber die Intention, mit gleichen Mitteln wie in Nr. 1 der motivischen Pointierung statt eines leichten Spiels nun in Moll einen ernster gestimmten Charakter abzugewinnen.

Gleiche Formen und Verfahren bewahren noch nach dem Unterricht bei Reicha die Quartette op. 8–10. Das Modell aus op. 4 Nr. 1 findet ein Gegenstück im F-Dur-Quartett Nr. 2 aus op. 8, dessen Kopfsatz wieder im 6/8-Takt knapp auftaktige Ansätze zur durchgängigen Achtelkette mit ornamentalen Figuren verlängert. Wie dort mischt hier das Andante grazioso die Dreiteiligkeit mit variativen Beziehungen, und das Finale folgt als Sonatenrondo dem gestrafften Typus mit verlagertem Schlußrefrain. Noch das G-Dur-Quartett Nr. 1 in op. 10 fügt – erneut im 6/8-Metrum – pointierte Kurzmotive zum Thema des ersten Satzes zusammen. Akkordschläge und steigende Dreiklänge in Achtelketten, tremoloartige Tonrepetitionen samt auftaktigen Trillern bieten einen Fundus, der allenthalben einzusetzen ist und einen so lockeren wie zugleich verläßlichen Zusammenhang verbürgt. Das Adagio C-Dur er-

G. Onslow, op. 10 Nr. 1, erster Satz, Hauptsatz T. 1–5 (Breitkopf & Härtel).

Durchführung T. 87–92.

weitert die dreiteilige Form zu einem reduzierten Sonatensatz, wie ihn auch das kurze Finale mit eng verhakter Rhythmik im 2/4-Takt ausbildet. Gewichtiger als sonst ist dagegen das vorangehende Menuett in g-Moll, das den Wechsel von zwei- und vierstimmigen Phasen mit steten Achtelfolgen überbrückt. Seine eigentümliche Kontinuität bewahrt der Satzverband auch in der Wiederholung, die diesmal den kargen Klang akkordisch ausfüllt. Wenn dem Trio hier wie in den übrigen Tanzsätzen aus op. 10 eine ›Air de Danse des Montagnes d'Auvergne‹ zugrunde liegt, so läßt der Rückgriff auf Volksweisen wohl an die ›Thèmes russes‹ in Beethovens ›Rasumowsky-Quartetten‹ denken. Da sich aber Onslows Modelle von vornherein nicht annähernd so sperrig geben, sind sie auch umstandslos in einen primär akkordischen und dazu klar periodisierten Satz zu integrieren. Im Es-Dur-Quartett op. 10 Nr. 3 geht dagegen dem Kopfsatz erstmals ein 14 Takte umfassendes Largo voran, das einleitend das Hauptthema des nachfolgenden Allegro con brio als Mollvariante vorwegnimmt, den akkordischen Satz aber nur sparsam durch skalare Achtel erweitert. Wo langsame Sätze sich sonst nicht mit der herkömmlichen Dreiteiligkeit begnügen, bemühen sie sich um eine Verklammerung durch variative Verfahren wie schon in op. 4. Und zu etwa gleichen Teilen folgen auch die Finali als Sonatensätze oder Sonatenrondi den früher erprobten Satztypen.

Etwas vom dunklen Espressivo des a-Moll-Quartetts aus op. 4 suchen auch die weiteren Werke in Molltonarten beizubehalten. Das g-Moll-Quartett op. 9 Nr. 1 läßt beispielsweise zum liegenden Tonikaklang der Oberstimme das Violoncello eine steigende Dreiklangsbrechung in Achteln intonieren, die nach markierendem Triller vom unisonen Stimmverband in Gegenbewegung beantwortet wird. Die anfängliche Abspaltung auftaktiger Motivpartikel wird jedoch bald durch Triolenketten ersetzt, die sich als ›scherzando‹ verändert mit Terzparallelen zum Seitensatz formieren. Und vor die Schlußgruppe rückt eine Phase getragener Akkorde ›legatissimo‹, die ›neapolitanisch‹ von F- zu Ges-Dur wechselt und ihre Auflösung wieder mit chromatischen Durchgängen anreichert. All diese Partikel nutzt zwar die Durchführung und erreicht doch nur wenig verarbeitende Qualität, weil zu den Themenzitaten den Gegenstimmen nur die Rolle der Begleitung verbleibt. Im ›Andante religioso‹ schließen sich Variationen über »God save the King« an, die ihr Vorbild – natürlich – in Haydns ›Kaiser-Quartett‹ finden. Und so verläßt erst die vierte und letzte Variation den Modus figuraler Umspielung, sobald aber die erste Zeile nicht als festes Segment durch die Stimmen läuft, bleiben in imitatorischen Ansätzen nur ihre vier ersten Töne erhalten. Auch das eröffnende Moderato f-Moll aus op. 3 Nr. 9 zielt auf straffe Formulierung des Hauptsatzes mittels Punktierung und Synkopen; von ihm wird ebenso die Überleitung gestützt, und wenn die Durchführung vom Seitensatz ausgeht, so bewährt der Hauptsatz seine Signifikanz zumal in der

Rückleitung zur Reprise und in der effektiven Coda. Gegenüber dem Finale in Nr. 1, das als Sonatenrondo in den letzten Takten zur Durvariante umschlägt, wechselt der abschließende Sonatensatz aus Nr. 3 zwar mit dem Seitensatz der Reprise nach Dur, um dann aber mit der Coda doch in f-Moll zu enden.

Ob die Quartette op. 21 einer ›mittleren‹ Phase zuzurechnen sind, zu der nach Christiana Nobach dann aber auch die Quartette ab op. 46 gehören würden, kann durchaus bezweifelt werden.[1] Obwohl zwischen den frühen Quartetten und den drei Werken in op. 21 ein mehrjähriger Abstand liegt, lassen sich gemeinsame Kennzeichen nicht verkennen, während die Distanz zu den späteren Quartetten desto deutlicher ist. Das e-Moll-Werk Nr. 2 aus op. 21 bildet im Hauptthema des ersten Satzes – wieder im 6/8-Takt – eine stetige Achtelkette aus, die jedoch derart auf die Stimmen verteilt wird, daß sich mit ihren Einsätzen ungleiche Segmente ergeben, die klopfende Tonrepetitionen mit gebrochenen Dreiklängen und chromatischen Skalen verschränken. Im Seitensatz gewinnen analoge Achtelfolgen im Legato über Liegetönen eine andere Qualität, doch nutzt die Durchführung diese Relationen kaum aus, indem sie sich auf die Partikel des Hauptsatzes beschränkt. In der funktionslos gleitenden Chromatik, die in Skalenbändern den Satz durchzieht, läßt sich indes die Gefahr einer ›Manier‹ nicht ganz überhören. Den langsamen Satz vertritt ein Andantino grazioso im 3/8-Takt mit zwei wiederholten Teilen, nach denen erst ein Schlußteil modulierende Verarbeitung erreicht. An Beethovens Scherzando-Satz kann die engräumige Melodik im akkordischen Verband erinnern, aus dem sich im Staccato die Einzelstimmen herauslösen. Doch schon der erste Themenrekurs überzieht den Satz mit unruhigen Figuren, die sich zudem mit chromatischen Skalen verbinden. Gelungener ist wieder das konzise Menuett, nach dem sich das Finale als Sonatenrondo bewährter Art ausweist.

Die von Nobach konstatierte »Anhäufung von Motivmaterial« hat in den Frühwerken nichts von bloßer Redundanz; historisch gesehen verdankt sie sich dem Pariser Quatuor concertant, ohne jedoch – entgegen Niaux – das Geringste mit dem ›brillanten‹ Typ zu tun zu haben.[2] Denn das Material steht durchaus im Dienst der motivischen Legitimation eines Satzes, der gerade nicht auf Haydns monothematische Konzentration gerichtet ist. Verbinden sich damit die prototypischen verminderten Septakkorde und die allzeit verfügbaren chromatischen Färbungen, so resultiert daraus jener fast nervöse Wechsel, der selbst langsame Sätze so oft charakterisiert. So verfehlt es aber wäre, den späteren Werken »formsprengende Tendenzen«, »Brüchigkeit« der Themen oder gar »programmatische« Absichten vorzuhalten, die zudem »sehr trivial« blieben, so mißverständlich wäre es auch, in ihnen nach Reaktionen auf Beethovens späte Quartette zu suchen.[3] Eine solche Behauptung verriete wenig Einsicht in die labyrinthischen Strategien des späten Beethoven,

1 Ebenda, S. 134 und S. 219 (wo es heißt, op. 21 unterscheide sich »in gar keiner Weise« von späteren Werken). Eine Einteilung nach »Schaffensperioden« bleibt heikel, solange sie sich nur auf die nachträglichen Angaben im Hofmeister-Verzeichnis stützt.

2 Ebenda, S. 219f.; V. Niaux, Art. *Onslow*, S. 414.

3 Chr. Nobach, *Untersuchungen zu Onslows Kammermusik*, S. 219f., V. Niaux, Art. *Onslow*, S. 414, und bes. R. Hayes, *Onslow and Beethoven's Late Quartets*, in: Journal of Musicological Research 5 (1985), S. 273–296; vgl. ferner V. Niaux, *Les quatuors à cordes de George Onslow*, S. 64ff., wo andererseits auch Onslows Äußerung über die »absurdités« der »derniers quatuors de Beethoven« zitiert wird.

deren scheinbar gebrochene Formen nur die Kehrseite ihrer esoterischen Differenzierung sind. Nichts davon bei Onslow, der als eleganter Aristokrat auch ein zu nobler Musiker war, um es mit der Radikalität Beethovens aufnehmen zu wollen. Wer partout Parallelen braucht, sollte sich an die ›mittleren‹ Quartette Beethovens halten, um sich dann doch einzugestehen, welche Welten zwischen beiden Komponisten lagen. Schon früh hatte Onslow über eine bunte Palette verfügt, geleitet war er jedoch von der Intention, die Vielfalt der Motive in einer Struktur zu bündeln, die weniger auf Verdichtung als auf Abwechslung bedacht war. Der Versuch, die Mozartsche Fülle der Gestalten mit einer Thematisierung wie bei Haydn zu vereinbaren, war indessen riskant, weil Onslow als Erbe der Traditionen nicht mehr von den originären Prämissen ausgehen konnte. Je länger er Beethoven überlebte, desto unvermeidlicher wurde es, ihn nicht gänzlich zu ignorieren. Und diese Bemühung tritt zumal dann hervor, wenn die späteren Werke betont ernste Töne anstimmen wollen, um zugleich das harmonische und satztechnische Arsenal zu erweitern, ohne die eigenen Formen und Verfahren aufzukündigen.

Voller Elan setzt das fis-Moll-Quartett op. 46 Nr. 1 im Allegro espressivo mit punktiertem Auftakt zum Grundton ein, der sogleich mit vermindertem Quintfall abgefangen wird. Wenn dieses Kopfmotiv im verminderten Septakkord sequenziert wird, so mündet es im Halteton (T. 4–5), der nur sacht von punktierten Wendungen umspielt wird. Sie aber verketten sich dann zu gegenläufigen Skalen (T. 7–8), die neuerlich auf getragene Akkordfolgen stoßen, bis peitschende Punktierung wieder in höchste Lagen treibt und mit Triolen im Unisono abstürzt. So

G. Onslow, op. 46 Nr. 1, erster Satz, T. 1–19 (Kistner).

unleugbar kunstvoll und dazu wirksam die Thematik entworfen ist, so wenig hält ihr doch die weitere Verarbeitung stand. Denn fortan dominieren triolische Repetitionen, in die motivische Fragmente und zunehmend auch chromatische Läufe eingelassen sind. Wo sich die Stimmen akkordisch ballen, erreichen sie nicht die obligate Funktion, die vom Quartettsatz erwartet wurde, und wie Punktierung den Seitensatz prägt, so kehren Triolen in der Schlußgruppe wieder. Sie liefern ebenso die Basis für die Themenzitate der Durchführung, die ihr Ziel wiederum in harmonischen Sequenzgruppen findet. Ähnlich tendiert der einstige Tanzsatz mehr als zuvor zum Charakterstück, dessen Bezeichnung als Menuett – wie hier – oder auch als Scherzo zweitrangig wird, wenn in lange Haltetöne nur versprengt repetierte Achtel und dann hemiolische Ketten eingefügt werden, neben denen nur noch das kleine Trio den tänzerischen Pulsschlag in Erinnerung hält. Das Andante A-Dur versucht sich zwar an fünf Charaktervariationen, für die jedoch die Substanz des periodisch abgezirkelten Themas nicht ganz zureichen will. Erst recht gerät die Absicht, dem Finale im 6/8-Takt einen seriöseren Anstrich zu geben, in Widerspruch zur Konvention eines Kehraus. Denn zu begleitenden Tonrepetitionen liefert der Refrain im Sonatenrondo motivische Formeln, die auf gebrochenen Dreiklängen basieren und in gebundenen Skalen des Seitenthemas ihr Pendant finden. Auch im g-Moll-Quartett op. 46 Nr. 3 fällt alles Gewicht auf den Kopfsatz im 6/8-Takt, der nach knappen Akkordschlägen eine beruhigte Melodielinie anstimmt; die begleiteten Achtel treibt aber die Überleitung zu unruhigen Sechzehnteln, und die schwach thematisierte Figurationsphase führt zum spielerischen Seitenthema, das erst nach der auf den Hauptsatz gerichteten Durchführung in der Coda am drängenden Impetus des Satzes teilnimmt. Ein ›Adagio religioso‹ Es-Dur wechselt zwischen feierlich akkordischem Satz ›con sordino‹ und rhythmisch markierten Abschnitten, ohne doch eine Vermittlung beider Sphären zu erreichen. Sollte für das choralhafte Idiom Beethovens ›Dankgesang‹ aus op. 132 Pate gestanden haben, so ließe sich im Ergebnis doch kaum eine drastischere Differenz denken. Aus einem motivischen Kern, der mit Viertel und punktierter Achtel in steter Reihung das Taktgefälle verschleiert, bezieht der dritte Satz in G-Dur – noch immer ein Menuett – seinen Charakter. Und mit stereotyper Rhythmisierung des Hauptsatzes fällt das Finale – diesmal ein Sonatensatz – so uniform aus wie mit unausgesetzten Synkopen im Seitensatz.

Ganz offenkundig war es Onslow darum zu tun, der Fülle knapper Motive im Frühwerk nun ausgedehnte, strukturell geschlossene Phasen entgegenzusetzen. Doch ging er damit auch das Risiko ein, das in der Monotonie der Abschnitte zutage tritt. Denn sie sind auf die thematische Substanz desto mehr angewiesen, je weiter sie motivische Formeln zu gleichmäßiger Begleitung reihen. So zehrt das c-Moll-Quartett op. 56 – um noch ein Beispiel zu nennen – im Kopfsatz vom Kontrast zwischen akkordisch geballten Oberstimmen und aufschnellenden Figuren im Violoncello, die auf ihr punktiertes Schlußglied zielen. So rhapsodisch das anmuten kann, so schwer ist eine Balance selbst dann zu erreichen, wenn die Stimmen ihre Rollen vertauschen. Vom Anspruch des ›Allegro maestoso ed espressivo‹ sticht desto mehr der Seitensatz ›con eleganza‹ ab, indem er chevaleresk punktierte Ketten reiht und lange sogar auf Arpeggien in Baßlage [!] gründet. Eine akkordisch zurückgenommene Enklave bleibt die Schlußgruppe, das heterogene Material kann aber die Durchführung so wenig wie die Coda ausgleichen. Der wohl beste Satz ist immer noch das Menuett in c-Moll, das mit hemiolischen Gruppen im klangdichten Satz einen verhangenen Tonfall findet. Allenfalls für einen solchen Einzelfall wäre »a surprising anticipation of the language of Brahms« zu reklamieren[1], von der sonst keine Rede sein kann, wenn man nicht fundamentale Divergenzen verkennt. Wie aber dieser Satz am trivialen Trio (wieder ›con eleganza‹) leidet, so entgeht auch das Adagio cantabile As-Dur nicht dem Konflikt zwischen prätendiertem Ernst und wiegendem 6/8-Metrum. Und auch im Finale – einem Sonatensatz – fällt ein beeindruckender Hauptsatz dem ähnlich schwachen Seitenthema zum Opfer.

Etwas entspannter geben sich die späteren Werke in Durtonarten wie etwa das in C-Dur op. 47, dessen langsame Einleitung freilich nur gehaltene Akkorde (bevorzugt verminderte Septimen) mit Akkordbrechungen im Pizzicato paart. Doch kommt der Hauptsatz im Allegro maestoso so wenig ohne Punktierungen aus wie der Seitensatz ohne Triolenbegleitung, dem diesmal sehr tanzmäßigen Menuett steht ein Andante As-Dur im 3/8-Takt zur Seite, dessen Seitenthema synkopische Kurzmotive auf chromatischen Leittönen abbrechen läßt, und das kurze Sonatenrondo am Schluß entschädigt mit einem klangvollen Refrain, den jeweils eine Stimme zu liegenden Akkorden anstimmt. Das Bild ändert sich auch im letzten Quartett op. 69 A-Dur nicht mehr grundsätzlich, obgleich das Hauptthema im Kopfsatz – trotz des 6/8-Metrums – etwas intrikater konstruiert ist. Denn überleitende und durchführende

1 V. Niaux, Art. *Onslow*, S. 414.

Phasen begrenzen wieder die thematische Arbeit, und das Adagio molto espressivo F-Dur läßt dem breiteren Strom des Themas erneut Triolen und Punktierungen in den weiteren Satzgruppen folgen. Dem Menuett (›molto grazioso‹) begegnet das Trio F-Dur als ›Risoluto‹, und der Sonatensatz zu guter Letzt beginnt in a-Moll, um in der Reprise nach Dur umzuschwenken.

So bleiben im ganzen die Regularien gültig, die Onslows spätere Quartette lenken. Und doch lassen sich generelle Regeln nur um den Preis der individuellen Note angeben, die aus einzelnen Sätzen immer wieder heraussticht. Langsame Introduktionen (in op. 53 und 64 auch ›Preludio‹ geheißen) verschleiern mitunter nicht ohne Raffinesse das folgende Allegrothema (so in op. 62), und die Scherzi, die nun mehrfach die Menuette ersetzen, ändern zwar kaum die binäre Form, nehmen sich jedoch zuweilen die Freiheit, ein anderes Zeitmaß als gewohnt zu wählen. So folgt in op. 53 dem Scherzo d-Moll im 6/8-Takt ein ›Poco più lento‹ D-Dur im 2/4-Takt, wie aber danach das Scherzo wiederkehrt, so wahren beide Teilsätze die vertraute Zweiteiligkeit. Mit entwaffnender Offenheit legen indessen gerade manche Binnensätze die erwünschte Charakteristik frei, wenn etwa in op. 52 das ›Adagio grandioso‹ die Anweisung ›con molto sentimento‹ erhält oder das Trio des Menuetts ›con innocenza‹ vorzutragen ist. Wo einmal ein Scherzo ›Il cicalamento‹ (in op. 53) oder ein langsamer Variationensatz ›Preghiera‹ (in op. 54) tituliert ist, da besteht doch nicht Anlaß zur Suche nach einem verschwiegenen Programm. Derlei konnte zwar einem französischen Musiker naheliegen, nicht aber im Streichquartett einem so traditionsbewußten Autor wie Onslow. Eher dürfte ihm an verbaler Kommentierung gelegen gewesen sein, falls die Musik allein nicht den intendierten Charakter zu vermitteln vermochte.

Man tut Onslow keinen Gefallen, wenn man in seinen Quartetten nach einem – sei's nur fernen – Echo Beethovens oder gar einem Vorgriff auf Brahms fahndet. Denn ein ernstlicher Vergleich muß zu Lasten eines Komponisten gehen, der sein Œuvre noch im Zeichen unterhaltsamer Konversation beginnen durfte. Daß er auf die Übermacht Beethovens mit betontem Espressivo zu reagieren suchte, mußte ihn in einen unlösbaren Konflikt bringen, wenn er zugleich nicht mehr seinen satztechnischen Standard verändern konnte. Daraus resultiert der Widerspruch zwischen dem Anspruch markanter Themen und der Substanz von überleitenden und durchführenden Phasen, die das Verhältnis zwischen thematisch führenden und untergeordneten Begleitstimmen nicht prinzipiell aufgeben. Und in allen Sätzen verschärft sich der Zwiespalt, sobald die Seitenthemen eben doch den Status von Enklaven haben, ohne mit dem thematischen Prozeß vermittelt zu werden. Niemand hat die heikle Problematik Onslows so verständnisvoll beschrieben, wie es Wilhelm Heinrich Riehl aus der Perspektive eines jüngeren Zeitgenossen vermochte. Als eine der »modernen Künstlernaturen« galt ihm Onslow, der dennoch »sicher und fertig« auftrat und dem »einmal gesteckten Ziel« zustrebte.[1] Daß er für Riehl »wesentlich der Geschichte der deutschen Musik« angehörte, war nicht Ausdruck nationalistischer Verengung. Vorzüglich wurden seine Werke vielmehr in Deutschland geschätzt, während Onslow »less famous in France« war, wie Niaux konstatierte.[2] Seine »Blütezeit« fiel nach Riehl in ein »Zwischenreich« nach dem Tod Beethovens bis zum »Durchdringen« Mendelssohns – in jene Zeit also, in der Romberg »noch nicht ganz vergessen war«, Hänsel sein »anmutiges Spiel« trieb und Spohr seinen »elegischen Ton« fand, während Schuberts und Cherubinis Quartette nur wenigen »Kennern« zugänglich waren. An Beethovens »Formen« lehne sich Onslow an, aber: »er veräußerlicht sie mehr als er sie fortbildet«, da ihm »der große weite Strom« fehle. Geradezu »epigrammatisch« sei seine Thematik in ihrer »pointierten Knappheit«, als »geistvoller Weltmann« voller »Grazie« und »Eleganz« werde er aber nicht »tragisch«, selbst wo er mit »pathetischen Rhythmen und Modulationen« überrasche.[3] Im »Mißbrauch« von »verminderten Septakkorden und chromatischen Harmonien« wurde aus »Eigenart« jedoch »mehr Manier als Stil« – bis er durch Mendelssohn »in Vergessenheit gestürzt« wurde. Auch wenn Onslow »Salonmusik im guten Sinn« schrieb, bleibe aber das Studium seiner frühen Quartette »recht dringend zu empfehlen«.

Treffender ist Onslows Position schwerlich zu kennzeichnen, und zu ergänzen wäre nur, daß seine Musik auch einer Forschung zu empfehlen wäre, die jenes »Zwischenreich« näher erkunden wollte. Vorerst stehen freilich so umsichtige Studien aus, wie sie bislang nur für Fesca geleistet wurden. Die Rede vom »Zwischenreich« wird aber erst verständlich, wenn man daran erinnert, daß sich Beethovens Spätwerk so wie das Œuvre Schuberts erst in der zweiten Jahrhunderthälfte erschließen ließ. Ein anderes Bild als das heutige ergab sich für Beobachter wie Schumann oder Riehl, für die zwischen dem ›mittleren‹ Beethoven und Mendelssohn ein Abstand von drei Jahrzehnten lag. Fast unüberbrückbar wird die Kluft jedoch in einer Sicht, in der aus fast einem Jahrhundert zwischen Beethoven und der Moderne als Beiträge deutscher Autoren kaum ein Dutzend Quartette von Mendelssohn, Schumann und Brahms erinnernswert sind. Die Vorstellung von einer Zeit, die ganz ›im Schatten Beethovens‹ lag, erweist sich zwar nicht nur als historiographische Konstruktion, vorab aber als Resultat einer historischen Selektion, die wenig mit der einstigen Perspektive gemeinsam hat. Gewiß waren Beethovens und Schuberts Meisterwerke nicht auf die Beiträge der Zeitgenossen angewiesen, die ihrerseits aber umgekehrt nicht nur Epigonen waren. Nicht zuletzt aus respektvoller Scheu ließen sich weder Modelle noch Prinzipien Beethovens übernehmen, weshalb auch die Suche nach greifbaren Wirkungen fruchtlos bleibt. Die Orientierung an seinem

---

[1] W. H. Riehl, *George Onslow (1852)*, in: ders., *Musikalische Charakterköpfe. Ein kunstgeschichtliches Skizzenbuch*, Bd. 1, Stuttgart 81899, S. 223–234: 223f.

[2] V. Niaux, Art. *Onslow*, S. 414; dies., *Les quatuors à cordes de George Onslow*, S. 68ff.; zu den folgenden Zitaten vgl. W. H. Riehl, *George Onslow*, S. 226ff.

[3] W. H. Riehl, *George Onslow*, S. 229ff. und weiterhin S. 231ff. und S. 234.

Kunstanspruch wird aber an der unübersehbaren Steigerung des technischen Niveaus einsichtig, die sich zusammen mit der Zunahme der expressiven Charakteristik seit etwa 1810 vollzog.

Die Wege all dieser Zeitgenossen waren jedoch zu verschieden, um eine Generalisierung zu erlauben. Romberg und Fesca starben früh und mußten nicht wie Ries und Onslow erleben, daß ihre Musik von anderer abgelöst wurde. Unterschiedlich sind aber auch ihre Werke, und daß sie auf keinen gemeinsamen Nenner zu bringen sind, ist nicht das geringste Indiz einer Individualisierung, die keine pauschalen Urteile duldet. Denn all diese Quartette sind nicht bloß eine Folie, die desto heller die Meisterwerke leuchten läßt. In ihnen sind auch verdeckte Verbindungen aufzuspüren, die von der Wiener Klassik zu den Prämissen einer anderen Kunst führten. Im Gegensatz zur hermetischen Radikalität, zu der Beethoven die Prinzipien des klassischen Satzes trieb, bereiteten sich zu gleicher Zeit die intern geschlossenen Strukturen vor, die dann Schubert und Mendelssohn unabhängig voneinander erprobten. Wer sich allerdings weigert, andere als die geläufigen Werke zur Kenntnis zu nehmen, weiß auch nicht, was ihm entgeht. Eine Chance auf Gehör kann die Musik neben Beethoven erst finden, wenn Spieler, Hörer und Forscher dazu bereit sind, auf die Nuancen von Zwischentönen zu achten. Wer aber die Komplexität der Gattungsgeschichte begreifen will, wird auch Musik aus fernen »Zwischenreichen« nicht missen wollen.

Geigenbaumeister
CHRISTOPH SCHACHNER

Violino ~ Viola
Violoncello ~ Contrabasso
Viola da Gamba
Baryton
Viola d`Amore

SALA di MUSICA
Feiner Musikraum
vis a`vis der Werkstatt
Wien 1

MUSIKRAUM und WERKSTATT
1010 Wien, Innere Stadt
im Heiligenkreuzerhof
Schönlaterngasse 5/3

Telefax & TELEPHON
0043 ~ 1 ~ 51 36 214
christoph.schachner@vienna.at
www.Violino.at

AUSTELLUNGEN:

2001 HONGKONG
2002 MASKAT (OMAN)
2003 TOKYO

Johann Sebastian Bach
Orgelbüchlein

Johann Sebastian Bach
Orgelbüchlein BWV 599-644
Faksimile nach dem Autograph der Staatsbibliothek zu Berlin
Preußischer Kulturbesitz (Signatur *Mus. ms. autogr. Bach P 283*)
Herausgegeben und eingeleitet (dt. / engl.) von Sven Hiemke,
XXIX / 188 Seiten im Mehrfarbdruck. Gebunden.
ISBN 3–89007–570–3 (LV 01437)
Subskriptionspreis bis 31. Dezember 2004 148,–

Laaber-Verlag GmbH ♦ Regensburger Straße 19 ♦ 93164 Laaber

Tel.: 09498/2307 ♦ Fax: 09498/2543 ♦ E-Mail: info@laaber-verlag.de ♦ **www.laaber-verlag.de**